Microsoft Office Excel 2010 –
Formeln und Funktionen

Das bhv Taschenbuch

Bernd Held

Microsoft Office Excel 2010 – Formeln und Funktionen

Das bhv Taschenbuch

Bibliografische Information der Deutschen Nationalbibliothek

Die Deutsche Nationalbibliothek verzeichnet diese Publikation in der Deutschen Nationalbibliografie; detaillierte bibliografische Daten sind im Internet über <http://dnb.d-nb.de> abrufbar.

Bei der Herstellung des Werkes haben wir uns zukunftsbewusst für umweltverträgliche und wiederverwertbare Materialien entschieden.

Der Inhalt ist auf elementar chlorfreiem Papier gedruckt.

ISBN 978-3-8266-8186-8

E-Mail: kundenbetreuung@hjr-verlag.de

Telefon: +49 89 / 2183-7928
Telefax: +49 89 / 2183-7620

© 2010 bhv, eine Marke der Verlagsgruppe Hüthig Jehle Rehm GmbH
Heidelberg, München, Landsberg, Frechen, Hamburg

www.it-fachportal.de

Korrektorat: Renate Feichter
Satz: Gisela Osenberg, Neuss
Druck: Beltz Druckpartner GmbH Co. KG, Hemsbach

Inhaltsverzeichnis

2 Typische Beispiele für den Einsatz von Formeln 59

Vorwort

Excel ist das Standardprodukt für Tabellenkalkulation! Dieses Programm wird in den meisten Fällen zum Kalkulieren, d.h. zum Berechnen von Daten verwendet. Dabei bilden die Tabellenfunktionen und Formeln das Herzstück von Excel. Aus diesem Grund wurde beschlossen, ein umfassendes Buch zu schreiben, in dem die allermeisten Tabellenfunktionen sowie die Formeln anhand von typischen Praxisaufgaben beschrieben werden. Dazu passende Tipps & Tricks und sonstige Features sind natürlich auch in diesem Buch enthalten. Mit fast 300 Praxisbeispielen gibt Ihnen dieses Buch die optimale Hilfestellung bei Ihrer täglichen Arbeit.

Das Buch ist wie folgt aufgebaut:

Im direkten Anschluss an dieses Vorwort finden Sie eine kurze Beschreibung zu den neuen Funktionen bzw. Änderungen in Excel 2010. Gerade für Umsteiger von Excel 2003 soll dieser Abschnitt hilfreich sein.

In Kapitel 1 lernen Sie die grundlegenden Dinge über die Eingabe von Formeln und das richtige Anwenden von Bezügen kennen. Des Weiteren erfahren Sie, wie Sie Formeln, Funktionen und Verknüpfungen auf Excel-Tabellen aufspüren und überwachen können. Weitere Themen in diesem Kapitel sind Zellenschutz, das Anwenden von Namen sowie zahlreiche Tipps & Tricks im Umgang mit Formeln.

In Kapitel 2 werden praktische Beispiele für den Einsatz von Formeln beschrieben. Auf fast einhundert Seiten haben Sie dort ein breites Sammelsurium an Aufgaben und Übungen.

In Kapitel 3 erfolgt eine Anleitung, wie Sie mit Tabellenfunktionen arbeiten können.

In Kapitel 4 lernen Sie Tabellenfunktionen aus der Kategorie Logik kennen. Die darin enthaltenen Funktionen werden oft im Zusammenspiel mit anderen Tabellenfunktionen eingesetzt.

In Kapitel 5 lernen Sie die Textfunktionen von Excel kennen. Die Textfunktionen sind dann sehr wertvoll, wenn Sie Texte in Tabellen bearbeiten oder anpassen möchten. Oft müssen vor allem Daten, die aus Fremdsystemen kommen, in Excel umgewandelt und in eine besser auswertbare Form gebracht werden.

In Kapitel 6 lernen Sie die Datums- und Zeitfunktionen von Excel kennen. Da Excel alle Datumsangaben und Zeitangaben intern in

Zahlenwerte umwandelt, gibt es von dieser Seite aus mit dem Rechnen keine Probleme.

In Kapitel 7 werden die Funktionen aus den Kategorien Math. & Trigonom. beschrieben und anhand von Beispielen aus der Praxis erklärt. Die prominenteste Funktion aus dieser Kategorie ist die Tabellenfunktion **SUMME**.

In Kapitel 8 werden einige der Statistikfunktionen von Excel vorgestellt. Werten Sie unter anderem Maschinenauslastungen und Stückzahlen aus.

In Kapitel 9 lernen Sie die Tabellenfunktionen der Finanzmathematik kennen. Darunter gibt es Funktionen, über die Sie die Abschreibung von Wirtschaftsgütern oder die Zins- und Tilgungsbelastung von Krediten errechnen können.

In Kapitel 10 lernen Sie die so genannten Datenbankfunktionen kennen. Um größere Datenmengen unter Berücksichtigung verschiedener Kriterien auswerten zu können, stehen Ihnen dabei einige sehr gute Datenbankfunktionen zur Verfügung.

In Kapitel 11 erfahren Sie mehr über die Matrixfunktionen von Excel. Zu den Matrixfunktionen zählen unter anderem Tabellenfunktionen, mit deren Hilfe Sie Daten in Bereichen suchen können.

In Kapitel 12 werden die Informationsfunktionen von Excel vorgestellt. Zu den Informationsfunktionen zählen unter anderem Tabellenfunktionen, mit denen Sie Zellenformatierungen und -bezüge, Eingaben und mehr überprüfen können.

In Kapitel 13 lernen Sie, wie Sie die bedingte Formatierung in Verbindung mit Formeln noch weiter ausreizen können. Die bedingte Formatierung gibt es in Excel seit der Version Excel 97. Damit lassen sich je nach Zellenwert bzw. Formel unterschiedliche Formate wie Zellenhintergrundfarbe, Rahmungen sowie Schriftfarben und Schriftschnitte den Zellen zuweisen. Dabei funktioniert die bedingte Formatierung ganz automatisch. Einmal eingestellt, befolgt sie strikt das, was Sie vorher festgelegt haben. Die Formatierung wird völlig automatisch vorgenommen und auch wieder entfernt, wenn die Eingabe nicht mehr der eingestellten Definition entspricht.

In Kapitel 14 geht es darum, die erlernten Formeln und Tabellenfunktionen ein wenig zu üben. Dazu werden Aufgaben gestellt. Ihre Aufgabe besteht darin, zu erkennen, welche Tabellenfunktion für die jeweilige Aufgabenstellung verwendet werden kann.

Da mehr und mehr Firmen auch international arbeiten, finden Sie im Anhang eine Liste mit einer Gegenüberstellung Deutsch-Englisch aller Tabellenfunktionen, die Excel zu bieten hat. Dabei werden die Funktionen nach den Kategorien in diesem Anhang präsentiert, wie sie auch in Excel selbst vergeben sind. Dabei sind auch Tabellenfunktionen des Add-Ins *Analyse-Funktionen* bereits berücksichtigt.

Bei Nachfragen und allgemeinem Feedback zu meinem Buch erreichen Sie mich über meine Excel-Homepage *http://held-Office.de* oder über *b.Held@Held-office.de*.

Alle Beispieldateien zum Buch können Sie direkt von meiner Homepage unter der URL *www.held-office.de/FormelnUndFunktionen2010.zip* herunterladen.

Möchten Sie einen VBA-Kurs besuchen, so finden Sie auf meiner Homepage regelmäßig Schulungsangebote. Diese Angebote reichen von individuellen Schulungen bei mir in Vaihingen an der Enz, über Hotel- und Firmenschulungen, die ich als Dozent abhalte.

Auf meiner Internetseite finden Sie Termine für Schulungen und weitere VBA-Lernmaterialien. Benötigen Sie Hilfe bei der Umsetzung eines Excel-Projektes helfen ich und mein Team Ihnen gerne weiter. Ich wünsche Ihnen während des Lesens des Buches und beim späteren Anwenden der Lösungen viel Spaß!

Bernd Held

Einleitung

Neuigkeiten in Excel 2010

Seit der Office-Version 2007 wurde von Seiten Microsoft ein neuer Weg in der Benutzerführung eingeschlagen. Alle Office-Anwendungen verabschiedeten sich von den herkömmlichen Symbolleisten. Diese wurden durch so genannte Ribbons ersetzt. Diese Ribbons sollen Befehle übersichtlicher und besser strukturiert darstellen. Anwendern der Version 2007 sind die Ribbons ja nun schon einige Zeit bekannt, diejenigen, welche von der Version 2003 auf 2010 aufgerüstet haben, müssen sich nun wieder auf die Suche nach lange bekannten Befehlen machen, da so gut wie gar nichts mehr so aussieht wie in der genannten Vorversion. Neben dieser auf den ersten Blick auffallenden Neuerung gibt es eine ganze Reihe von weiteren Neuigkeiten und Verbesserungen, von denen einige in diesem Abschnitt beschrieben werden.

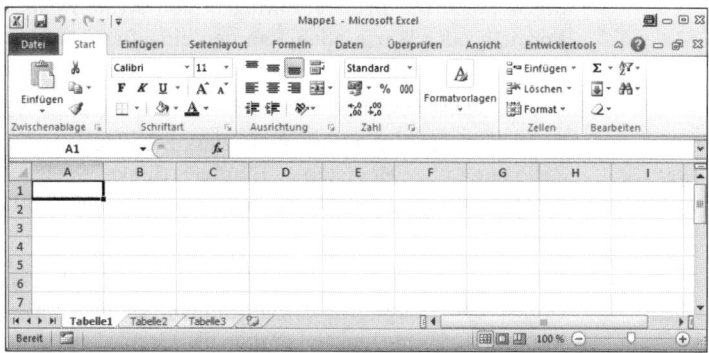

Abbildung E.1: Der neue Look von Excel 2010

Aufheben der Zeilen- und Spaltenlimits

Wer seit Jahren schon auf die Aufhebung der bisherigen Kapazitätsgrenzen bezüglich der maximal möglichen Spalten und Zeilen je Tabelle gewartet hat, wird seit der Version 2007 endlich zufrieden gestellt. Die Spaltenbegrenzung von 256 Spalten wurde auf 16.384 Spalten erweitert. Auch bei der Zeilenlimitierung wurde kräftig erweitert. Nach 65.536 Zeilen pro Tabelle sind nun 1.048.576 Zeilen pro Tabelle nutzbar.

Trotz dieses immensen Zuwachses an Zeilen und Spalten nehmen die Speichervolumina nicht zu, sondern erstaunlicherweise sogar drastisch ab. In einem Vergleichstest mit einer in Excel 2003 erstellten Mappe mit zehn Tabellen, wobei jede Tabelle mit 2.000 Zeilen und 100 Spalten gefüllt wurde, betrug der Speicherbedarf dieser Mappe in der neuen Excel-Version nur noch ca. fünf MByte anstatt der vorherigen 20 MByte in der Vorgängerversion. Das neue Speicherformat heißt XML. Sie können das schon an der Dateiendung einer Excel-Datei erkennen. Statt wie bisher gewohnt **xls** werden nun die Dateien mit der Endung **xlsx** gespeichert.

Auch bei der Berechnung umfangreicher Arbeitsmappen ist bei dieser Version eine deutliche Geschwindigkeitszunahme zu verzeichnen.

Spezielle Kopier- und Einfügeoptionen

Im Ribbon *Home* finden Sie ganz links einen Abschnitt, über den Sie Daten kopieren und einfügen können. Dabei können Sie entscheiden, ob Sie kopierte Zellen mitsamt Formeln, Werten und Rahmen einfügen möchten. Bei der Einfügeoption *Keine Rahmenlinien* werden Formeln oder Werte ohne Rahmen eingefügt. Andere Formatierungen wie beispielsweise Fett- oder Kursivdruck werden bei dieser Option standardmäßig übertragen.

Neu ab dieser Version ist auch, dass Sie eine Verknüpfung zu einer Zelle auch über Kopieren & Einfügen direkt erstellen können. Wählen Sie dazu nach dem Kopieren der Zelle die Option *Verknüpfung einfügen*.

Gut versteckt in alten Excel-Versionen ist auch die Funktion *Als Grafik kopieren* bzw. *Als Grafik einfügen*. Damit können Sie beispielsweise Diagramme unveränderbar als Grafik kopieren und einfügen. Auch bestimmte Bereiche aus Tabellen lassen sich über diese Funktion als Grafik in andere Programme wie beispielsweise Word übertragen.

Mehrfachkopier- und Einfügevorgänge können über die schnell zugängliche Zwischenablage relativ elegant durchgeführt werden. Die Zwischenablage wird dabei über einen einzigen Klick zur weiteren Bearbeitung geöffnet. So können Sie beispielsweise mehrere Kopiervorgänge hintereinander durchführen, um anschließend die kopierten Inhalte nacheinander einzufügen.

Erweiterte Formatierungsoptionen

Bei den Farben wurde bereits seit der Version 2007 vom herkömmlichen Konzept der 56 Standardfarben abgegangen und für Zellen wurden weitere Farben, auch selbst zusammenstellbar, angeboten. Beim Einstellen einer Farbe für eine Zelle wird diese in der Zellenvorschau bereits auf die Zelle angewendet. So können verschiedene Farben einmal auf die Schnelle ausprobiert und wieder verworfen werden. Auch Farbverläufe, die bisher nur für Diagramme und Grafiken anwendbar waren, können nun auch für den Zellenhintergrund angewendet werden. Insgesamt stehen in Excel 16 Millionen Farben zur Verfügung.

In Excel 2010 können Sie auch gleich ganze Designs komplett anwenden oder neu zusammenstellen. Dabei versteht man unter einem Design einen ganzen Satz von Formatierungen wie Hintergrundfarbe, Schriftschnitte und Rahmungen, die dann schnell und ganz gezielt auf ganze Tabellen oder einzelne Bereiche angewendet werden können.

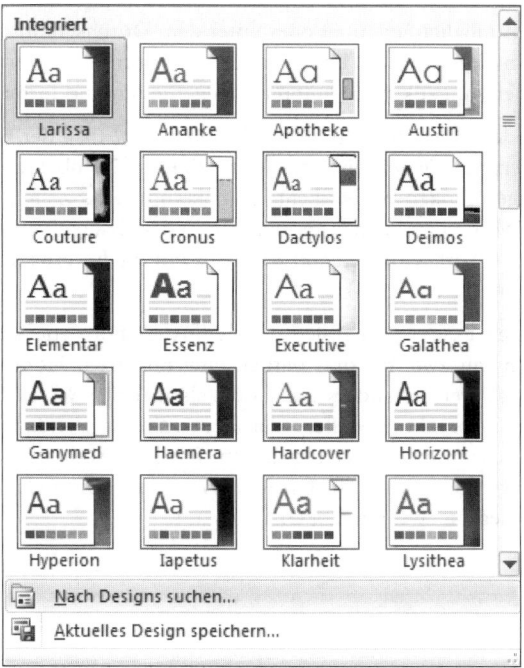

Abbildung E.2: Designs sind auf Knopfdruck abrufbar

Neuerungen bei der bedingten Formatierung

In den Vorgängerversionen von Excel war es bereits möglich, über das Zusammenspiel der bedingten Formatierung mit diversen Tabellenfunktionen Aufgaben wie beispielsweise das Aufspüren von doppelten Daten zu realisieren. Gerade diese Aufgabe kann in der neuen Version direkt eingestellt werden. Dazu wird der Bereich, in dem die doppelten Werte herausgesucht werden sollen, vorher markiert und anschließend mit dem bedingten Format *Doppelte Werte* belegt. Dabei werden alle doppelten Daten automatisch durch eine spezielle Formatierung hervorgehoben.

Auch das Hervorheben von Datumswerten ist in dieser Version stark vereinfacht worden. So können Sie beispielsweise anhand von Datumsangaben bestimmte Daten einfärben, indem Sie etwa die Option *In den letzten 7 Tagen* auswählen.

Über die Einstellung *Obere / Untere Regel* können Sie beispielsweise Werte automatisch kennzeichnen, die in einem bestimmten Wertebereich liegen. Es sind ebenfalls automatische Formatierungen von Daten möglich, die über oder unter dem Durchschnitt der markierten Daten liegen. Auch Texte, die einen bestimmten Wortlaut erhalten, können nun zukünftig automatisch gefunden und formatiert werden.

Geradezu revolutionär ist die Option *Datenleisten* der bedingten Formatierung. Dabei wird der Wert einer Zelle über einen vertikalen farbigen Balken verdeutlicht. So bekommt eine Zelle mit einem kleinen Wert einen kleinen Farbbalken in der Zelle, eine Zelle mit einem großen Wert wird dementsprechend mit einem größeren Farbbalken formatiert.

Bei den neuen Farbskalen der bedingten Formatierung können Sie Daten mit zwei bis drei Farben eingruppieren. Höhere Werte einer Gruppe werden anders formatiert als niedrige Werte. So lassen sich ganze »Ampeln« erstellen, aus denen sofort sichtbar wird, wo die »Stärken« und »Schwächen« liegen. Die Einfärbung führt Excel dabei ganz von alleine durch. Excel analysiert die vorhandenen Werte und teilt diese in zwei bis drei Gruppen auf.

Abbildung E.3: Über unterschiedliche Farben die Daten gruppieren

Wenn Sie sich die Abbildung 3 einmal etwas näher ansehen, dann erkennen Sie in der Statusleiste (unten) eine weitere Neuheit. Dort finden Sie zu den markierten Zahlen eine Kurzstatistik mit den gängigen Funktionen wie Mittelwert, Anzahl und Summe. Bei vorherigen Versionen konnte jeweils nur eine Funktion in der Statusleiste angezeigt werden.

Selbst das Integrieren von Symbolen in Zellen über die bedingte Formatierung ist in dieser Version eine komfortable und leichte Angelegenheit.

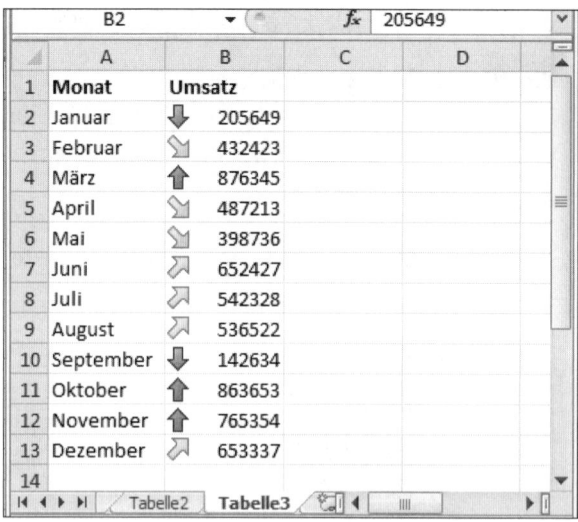

Abbildung E.4: Die Entwicklung des Umsatzes kann über Symbole verdeutlicht werden

Erweiterter Datenfilter & Sortierungsoption

Bisher konnten Daten anhand von Werten gefiltert werden. Seit Version 2007 haben Sie noch die Möglichkeit, Daten auf Basis der Zellenfarbe zu filtern.

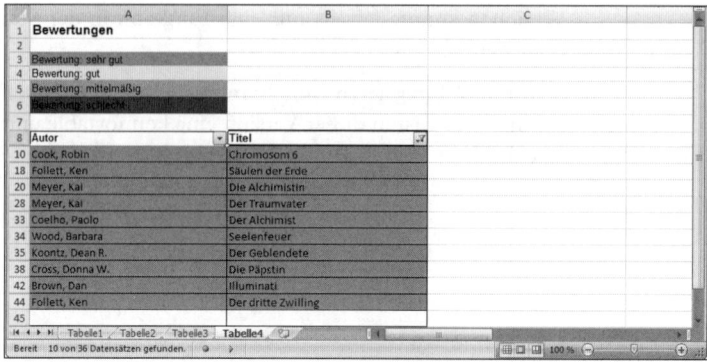

Abbildung E.5: Der neue Farbfilter in Excel 2007

Klar auf den ersten Blick erkenntlich sind in dieser Version auch die gefilterten Spalten. In Abbildung 5 können Sie in Zelle **B8** den gesetzten Filter anhand des geänderten Filtersymbols erkennen. Aus einem Pfeilsymbol wurde hier ein Filtersymbol. In vorherigen Excel-Versionen konnte ein gesetzter Filter nur über die geänderte Einfärbung des Filterpfeils (blau) von nicht gesetzten Filtern unterschieden werden.

Was für das Filtern gilt, hat in Zukunft auch für das Sortieren von Daten Gültigkeit. Sie haben in dieser Version die Möglichkeit, die Daten auf Basis einer Farbe zu sortieren.

Sonstige Neuerungen, Veränderungen und Verbesserungen

Da die neuen Ribbons zugegebenermaßen etwas gewöhnungsbedürftig sind, können die einzelnen Ribbons auch über die Taste [Alt] ausgewählt werden. Drücken Sie einfach einmal etwas länger auf die Taste [Alt]. Excel zeigt nun automatisch die dazugehörigen Buchstaben an, über die Sie die Ribbons schneller auswählen können.

Im Ribbon *Daten* finden Sie die Funktion *Duplikate entfernen*. Über diese Funktion können Sie aus einer Liste alle doppelten Werte herauslöschen lassen. Bisher war diese Aufgabe über den Spezialfilter von Excel abrufbar.

Weitere Verbesserungen finden sich bei den Pivot-Tabellen, bei denen es nun möglich ist, mehrere Schritte bei der Erstellung und der Gestaltung rückgängig zu machen. Auch lässt sich die bedingte Formatierung auf Pivot-Tabellen anwenden.

Auch bei der Formelerfassung wurde nachgebessert. So können jetzt längere Formeln mit tieferen Verschachtelungen dank einer sich anpassenden Bearbeitungsleiste übersichtlich eingegeben werden.

Zusammenfassung

Excel 2010 besticht durch seine nun nahezu grenzenlose Tabellengröße und die stark verminderten Speichervolumina. An die neue Oberfläche wird man sich – zumindest, wenn man vorher Excel 2003 kannte, gewöhnen müssen. Einige Features finden sich unter anderem Namen wieder und es wird eine Weile dauern, bis Anwender sich mit dieser Version zurechtfinden werden. Insgesamt kann man sagen, dass seit der Version 2007 im Gegensatz zu den Neuerungen bei vorherigen Versionen bis 2003 stark zugelegt wurde. Diese Version verdient auf jeden Fall die neue Versionsnummer.

1 Arbeiten mit Formeln und Bezügen

Excel steckt voller Funktionen und Formeln, die Ihnen Ihre tägliche Arbeit erleichtern können. Jede Formel in Excel beginnt mit einem Gleichheitszeichen (=), dahinter die zu berechnenden Operationen, samt Operanden, die von Operatoren getrennt werden. Excel führt die Rechenoperationen – in Übereinstimmung mit der Reihenfolge der Operatoren, von links nach rechts durch, beginnend mit dem Gleichheitszeichen (=). Sie können die Reihenfolge der Rechenschritte jedoch beeinflussen, indem Sie diese mit Klammern festlegen.

Excel verwendet als Operatoren genau die Zeichen, die Sie vom Taschenrechner her kennen und bestimmt schon Tausende Male eingegeben haben. Excel verhält sich in dieser Hinsicht wie Ihr Taschenrechner.

Operator	Kurzbeschreibung
+	Addition
-	Subtraktion
/	Division
*	Multiplikation
^	Potenzierung
%	Prozent

Tabelle 1.1: Die arithmetischen Operatoren in Excel

Da Sie aber in Excel nicht nur rechnen möchten, sondern ebenso Zahlen oder Texte miteinander vergleichen möchten, gibt es hierfür die Vergleichsoperatoren.

Operator	Bedeutung
=	Gleich
>	Größer als
<	Kleiner als
>=	Größer oder gleich
<=	Kleiner oder gleich
<>	Ungleich

Tabelle 1.2: Die Vergleichsoperatoren in Excel

Die Eingabe von Formeln können Sie entweder direkt in einer Zelle oder auch über die Bearbeitungsleiste vornehmen und mit der Taste ⌐⌐⌐ bestätigen. In der Zelle, die eine Formel enthält, wird standardmäßig das Ergebnis aus dieser Formel angezeigt. Wenn Sie die Zelle mit der Maus selektieren, wird die Formel jedoch in der Bearbeitungsleiste angezeigt.

Rechenformeln einsetzen

Rechenformeln werden in einer Excel-Tabelle eingesetzt, indem Sie als erstes Zeichen ein Gleichheitszeichen eingeben. Sehen Sie in der **Abbildung 1.1** einige typische Rechenformeln.

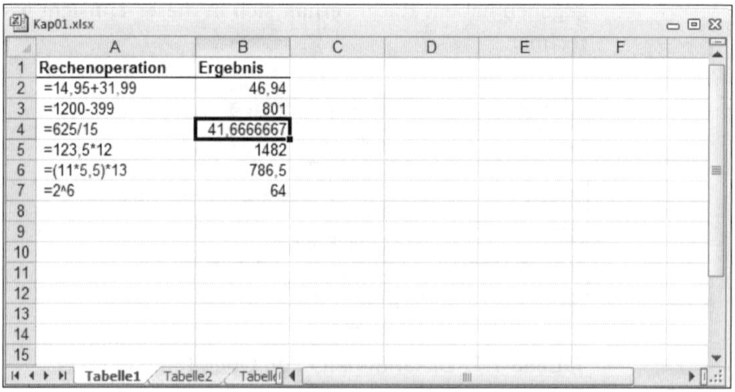

Abbildung 1.1: Rechenformeln mit konstanten Zahlen

Jede Zelle wird durch eindeutige Spalten-Zeilen-Koordinaten beschrieben. Denken Sie einmal an das Spiel »Schiffe versenken«. Auch da wird eine Position durch den Schnittpunkt von Spalte und Zeile angegeben.

Im vorherigen Bild wurden Formeln verwendet, die sich auf Konstantenwerte bezogen haben. Eine Formel sollte sich möglichst auf andere Zellen beziehen, d.h. mit Zellbezügen rechnen. Denn wenn eine Zelle einen variablen Wert enthält, so ändert sich über den Zellbezug automatisch auch das Formelergebnis. Der Unterschied zwischen Formeln mit Konstanten bzw. mit Zellbezügen wird im nächsten Beispiel klar.

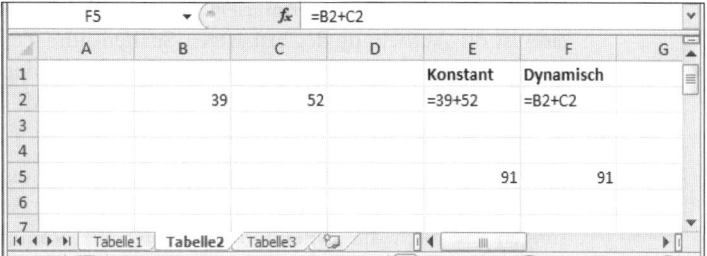

Abbildung 1.2: Der Unterschied zwischen konstanter und dynamischer Formel

Beide Formeln aus **Abbildung 1.2** kommen zum selben Ergebnis. Was passiert aber, wenn Sie beispielsweise den Wert in Zelle **C2** ändern?

Das Ergebnis in Zelle **F5** wird automatisch angepasst, da dort der Zellenbezug **=B2+C2** steht. Das Ergebnis der konstanten Formel wird allerdings nicht angepasst, da die konstante Formel nichts von der Änderung der Zelle **C2** mitbekommt.

Da jede Eingabe in eine Zelle, die mit einem Gleichheitszeichen beginnt, sofort als Formel bzw. auch als Funktion oder Verknüpfung in Excel interpretiert wird, kann der eigentliche Formeltext in einer Zelle nicht eingegeben werden. Möchten Sie den Formeltext einer Zelle beispielsweise in die Nebenzelle schreiben, dann gehen Sie wie folgt vor:

1. Kopieren Sie zunächst die Formel, indem Sie die Formel in der Bearbeitungsleiste von Excel auswählen und über die Tastenkombination [Strg] + [C] kopieren.

2. Setzen Sie danach den Zellenzeiger in die Zielzelle.

3. Drücken Sie einmal die [Leer].

4. Betätigen Sie die Tastenkombination [Strg] + [V], um den Formeltext einzufügen.

Das Bezugssystem von Excel

Standardmäßig ist Excel mit dem A1-Bezugssytem ausgestattet, das heißt, die erste Zelle kann über die Koordinaten A1, die letzte Zelle mit der Koordinate XFD1048576 angesprochen werden. Die Spaltenbeschriftung wird dabei mit Buchstaben nach dem Alphabet von links nach rechts durchnummeriert. Erstaunlich bei dieser neuen Version ist die Aufhebung der bisherigen Spalten- und Zeilenbegrenzungen, die seit Jahren wie zementiert erschienen. In der neuen Excel-Version stehen nun 16.384 Spalten und über eine Million Zeilen zur Verfügung.

Neben diesem Standardsystem gibt es auch noch das so genannte Z1S1-Bezugssystem. Bei diesem System werden die Spaltenbeschriftungen wie auch die Zeilennummerierung mit Nummern versehen. Dabei kann die erste Zelle über Z1S1 (Zeile 1, Spalte 1) und die letzte Zelle über Z1048576S16384 adressiert werden. Um dieses Bezugssystem einzustellen, verfahren Sie wie folgt:

1. Klicken Sie auf die Registerkarte *Datei*.

2. Klicken Sie danach auf die Schaltfläche *Optionen*.

3. Markieren Sie im linken Listenfeld die Kategorie *Formeln*.

4. In der Rubrik *Arbeiten mit Formeln* aktivieren Sie das Kontrollkästchen *Z1S1-Bezugsart*.

5. Bestätigen Sie Ihre Einstellung mit *OK*.

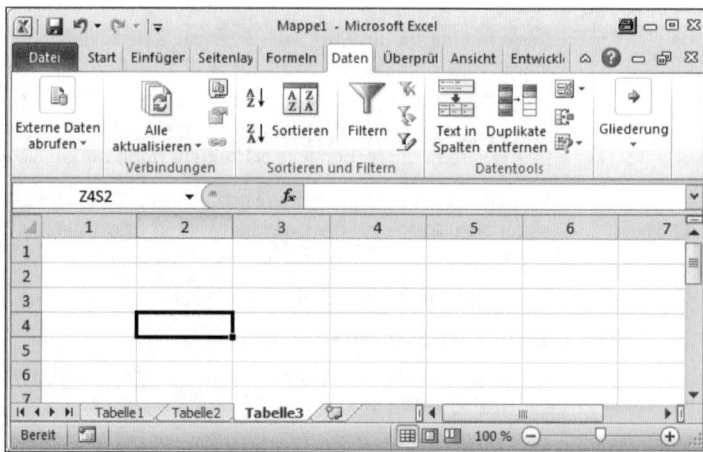

Abbildung 1.3: Die Spaltenüberschriften werden von 1 bis 16384 durchnummeriert

Beide Bezugssysteme können in Excel verwendet werden, ja es kann sogar bei Bedarf hin- und hergeschaltet werden. In der Praxis hat sich das A1-Bezugssystem wegen seiner etwas leichteren Bedienbarkeit durchgesetzt. Allerdings sollten Sie sich für ein einheitliches Bezugssystem entscheiden, da es bei Mischformen zu Problemen kommen kann.

 Alle Aufgaben in diesem Buch werden über das A1-Bezugssystem dargestellt!

Die unterschiedlichen Zellbezüge

In Excel unterscheidet man zwischen absoluten und relativen Zellenbezügen. Der Unterschied zwischen beiden Bezügen wird anhand des folgenden Beispiels klar:

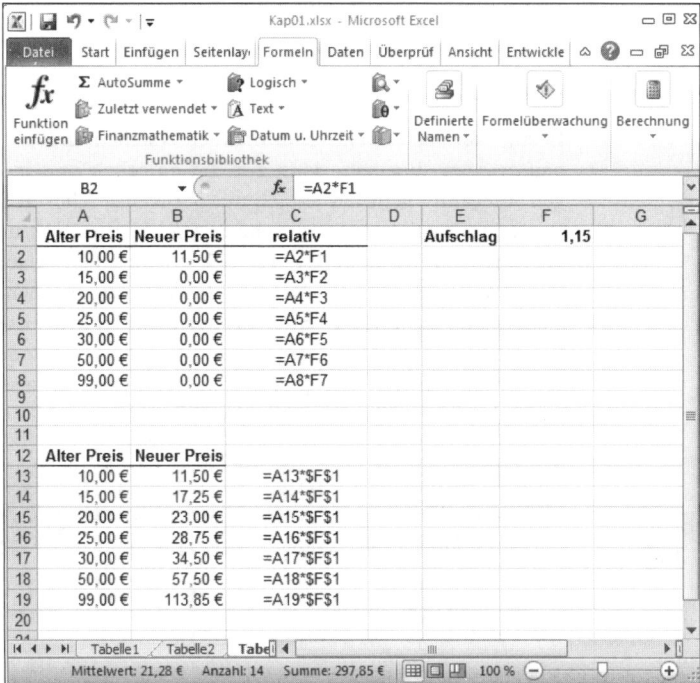

Abbildung 1.4: Relative und absolute Bezüge

Im obigen Beispiel soll eine Preiserhöhung um 15 % vorgenommen werden. Dazu wurde in Zelle **B2** die Formel **=A2*F1** (Alter Preis * Aufschlagsfaktor) eingegeben und über das Ausfüllkästchen bis in Zelle **C8** heruntergekopiert. Die Preiserhöhung wurde aber nur in Zelle **B2** durchgeführt. Warum das? Da der Aufschlagsfaktor nur in Zelle **F1** steht und beim Kopieren der Formel dieser Aufschlagsfaktor verloren geht, kann Excel die Preiserhöhung nicht mehr durchführen.

Die richtige Lösung dieser Aufgabenstellung sehen Sie im zweiten Block. Hier verbleibt zwar der Bezug zu den alten Preisen relativ, jedoch wird die Zelle **F1** mit dem Aufschlagsfaktor absolut gesetzt. Den absoluten Bezug erkennen Sie an den Dollarzeichen.

Generell gilt folgende Syntax:

A1 Spalte A ist relativ, Zeile 1 ist relativ

$A1 Spalte A ist absolut, Zeile 1 ist relativ

A$1 Spalte A ist relativ, Zeile 1 ist absolut

$A$1 Spalte A ist absolut, Zeile 1 ist absolut

Bezüge können Sie entweder manuell erstellen, indem Sie ein Gleichheitszeichen eingeben, dann z.B. **F1** eingeben und mit ⏎ bestätigen. Eleganter geht das jedoch mit der Maus. Klicken Sie dazu in der Bearbeitungsleiste auf das Symbol *Gleichheitszeichen* und klicken Sie anschließend auf Zelle **F1**. Excel hat jetzt einen relativen Bezug erstellt. Wenn Sie daraus einen absoluten Bezug machen möchten, klicken Sie direkt in die Formel auf der Bearbeitungsleiste und drücken Sie die Taste F4. Drücken Sie mehrmals hintereinander diese Taste, so werden Sie feststellen, dass sich der Bezug dynamisch verändert und schließlich sogar ganz verschwindet.

Neben den relativen und absoluten Bezügen gibt es auch noch so genannte 3D-Bezüge. Bei den 3D-Bezügen wird eine Zelle in einem anderen Tabellenblatt angesprochen. Die Syntax für 3D-Bezüge lautet dabei:

=Tabelle3!A10

Formeln auskundschaften

Da eine Formel standardmäßig in Excel nur dann in der Bearbeitungsleiste angezeigt wird, wenn Sie die entsprechende Zelle markiert haben, ist es gar nicht mal so einfach, sich in mit Formeln gefüllten Tabellen zurechtzufinden. Excel gibt Ihnen jedoch einige Hilfen an die Hand, um auch diese Aufgabe schnell zu lösen.

Formelansicht aktivieren

Möchten Sie auf einen Blick feststellen, welche Formeln in einer Tabelle enthalten sind, dann können Sie in die Formelansicht umschalten. Dazu gehen Sie wie folgt vor:

1. Wählen Sie aus dem Ribbon *Formeln* den Befehl *Formelüberwachung*.

2. Wählen Sie den Befehl *Formeln anzeigen*.

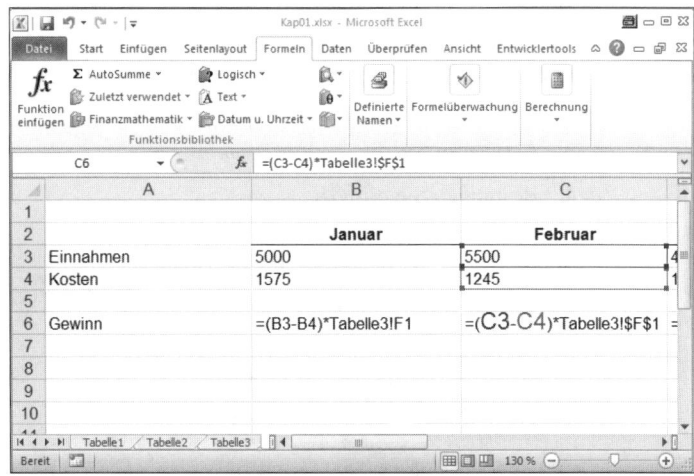

Abbildung 1.5: Die Formeln werden deutlich erkennbar angezeigt

Die an der Formel beteiligten Zellen werden farblich hervorgehoben und im Formeltext selbst zusätzlich eingefärbt, wodurch eine schnelle Zuordnung möglich ist.

Formelzellen markieren

Eine elegante Methode, um beispielsweise alle Zellen in einer Tabelle zu markieren, die Formeln enthalten, ist folgende Vorgehensweise:

1. Drücken Sie die Taste [F5], um das Dialogfenster *Gehe zu* aufzurufen.

2. Im Dialogfenster *Gehe zu* klicken Sie auf die Schaltfläche *Inhalte*.

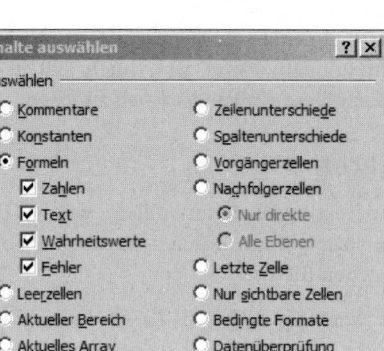

Abbildung 1.6: Formelzellen markieren

3. Aktivieren Sie die Option *Formeln*.

4. Bestätigen Sie mit *OK*.

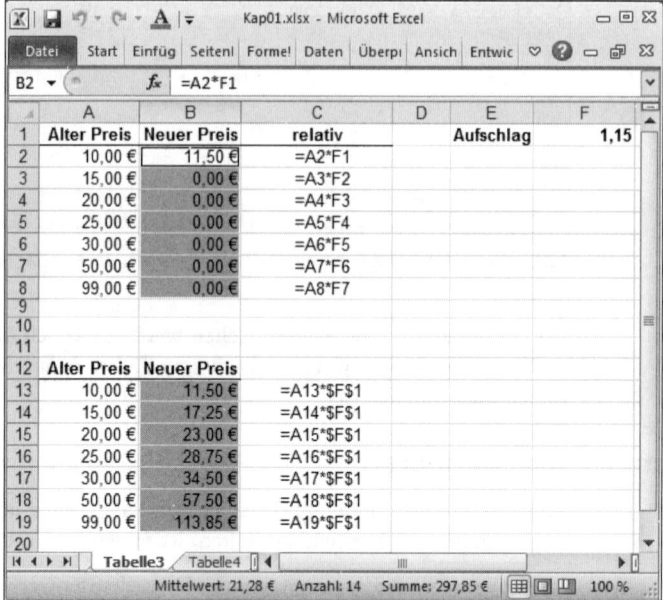

Abbildung 1.7: Alle Formelzellen wurden in der Tabelle markiert

Wenn Sie jetzt mehrmals die Taste ⇥ drücken, springt die Markierung von einer Formelzelle zur anderen. Die Formel wird dabei jeweils in der Bearbeitungsleiste von Excel angezeigt. Über die Tastenkombination ⇧ + ⇥ springen Sie in Ihrer Tabelle rückwärts von Formelzelle zu Formelzelle.

Bereits seit Version 2007 ist die Anzeige der am meisten verwendeten Standardfunktionen in der Statusleiste. Dort werden alle markierten Zellen vorab summiert, gezählt und der Mittelwert davon gebildet.

Möchten Sie alle Formelzellen einer Tabelle deutlich kennzeichnen, dann markieren Sie alle Formelzellen wie gerade beschrieben und wählen danach aus dem Ribbon *Start* aus der Dropdownliste *Füllfarbe* eine gewünschte Hintergrundfarbe.

Jede einzelne Zelle auf einer Excel-Tabelle, ob sie nun eine Formel enthält oder nicht, kann schnell aktiviert werden. Dazu gibt es mehrere Möglichkeiten:

✔ Das Einstellen der Zelle mit Hilfe der horizontalen und vertikalen Bildlaufleiste (langsamste Methode).

✔ Die Zellenaktivierung über das Dialogfenster *Gehe zu*.

✔ Das direkte Anspringen von Zellen über das Namensfeld.

Beim Aktivieren einer Zelle über das Dialogfenster *Gehe zu* verfahren Sie wie folgt:

1. Drücken Sie die Taste F5, um das Dialogfenster *Gehe zu* aufzurufen.

Abbildung 1.8: Zellen schneller aktivieren

2. Geben Sie im Feld *Verweis* die gewünschte Zelleadresse ein, die Sie markieren möchten.

3. Bestätigen Sie mit *OK*.

Der Zellenzeiger springt nun automatisch an die Zelle **A100**. Übrigens können im Dialogfenster *Gehe zu* im Feld *Verweis* auch ganze Zellenbereiche eingegeben werden. So können Sie dort beispielsweise einen ganzen Zellenblock **A1:D100** elegant und schnell markieren.

Selbst nicht zusammenhängende Bereiche können über das Dialogfenster *Gehe zu* mühelos markiert werden. Um die Bereiche **A1:A10**, **C1:C10** und **E1:F10** zu markieren, füllen Sie das Dialogfenster wie in **Abbildung 1.9** aus.

Abbildung 1.9: Nicht zusammenhängende Zellblöcke markieren

Im Listenfeld *Gehe zu* werden die Markierungen, die Sie bereits durchgeführt haben, dokumentiert. Mit einem Doppelklick auf einen der Einträge kann die Markierung jederzeit wieder vorgenommen werden.

Formelzusammenhänge feststellen

Bezieht sich eine Formel in einer Tabelle gleich auf mehrere Zellen, dann bietet Excel eine integrierte Funktion, bei der alle an der Formel beteiligten Zellen automatisch markiert werden.

Setzen Sie zu diesem Zweck den Zellenzeiger in die Zelle, die die Formel enthält, und drücken Sie die Taste F2.

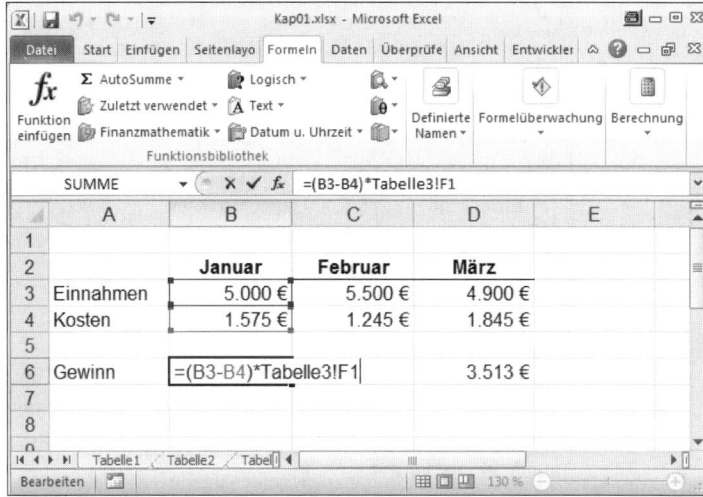

Abbildung 1.10: Die beteiligten Zellen werden gekennzeichnet

Jede an der Formel beteiligte Zelle (hier sind es die Zellen **B4** und **B3**) wird mit unterschiedlichen Farben umrandet. Ein Klick auf die Taste Esc oder ⏎ entfernt die Markierung wieder.

Eine erweiterte Funktion, um sich mit Formeln in Tabellen zurechtzufinden, bietet der integrierte Detektiv. Dieser Detektiv blendet in Ihrer Tabelle Pfeile zu den an einer Formel beteiligten Zellen ein. Um diese Funktion zu nutzen, wählen Sie aus dem Ribbon *Formeln* den Befehl *Formelüberwachung*. Klicken Sie dann auf *Spur zum Vorgänger* (siehe **Abbildung 1.11**).

Der Gebrauch des Detektivs wird dann noch viel interessanter, wenn Formeln über mehrere Tabellen eingesetzt werden. So wird beispielsweise in der folgenden Aufgabe die Zelle **B6** noch mit der Zelle **F1** der **Tabelle3** verknüpft (siehe **Abbildung 1.12**).

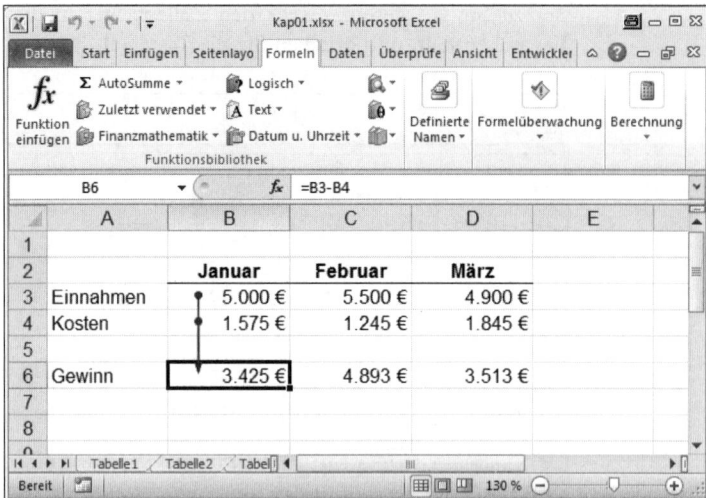

Abbildung 1.11: Die Pfeile werden zur besseren Orientierung in der Tabelle eingeblendet

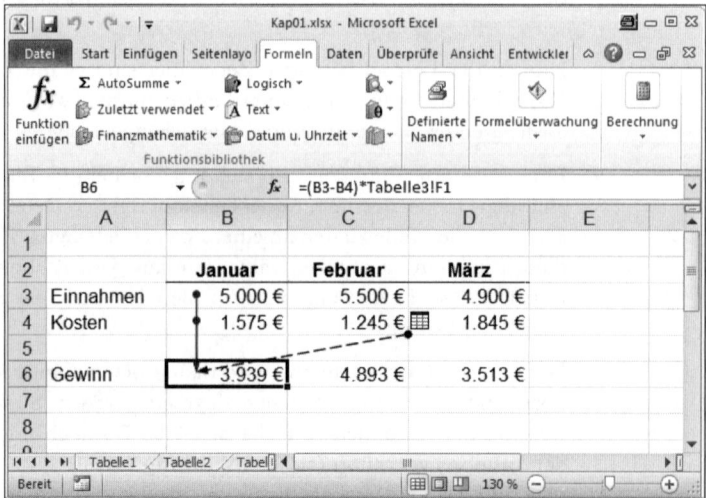

Abbildung 1.12: Auch Verknüpfungen zu anderen Tabellen können über den Detektiv angezeigt werden

Mit einem Klick direkt auf den gestrichelten Pfeil wird ein Dialogfenster eingeblendet, über das Sie die verknüpfte Tabelle schnell aktivieren können.

 Um alle Spurpfeile im Arbeitsblatt zu entfernen, wählen Sie aus dem Ribbon *Formeln* den Befehl *Formelüberwachung*. Wählen Sie danach den Befehl *Pfeile entfernen*.

Formeln überwachen

Seit der Excel-Version 2002 haben Sie die Möglichkeit, Formeln in Tabellen über ein Überwachungsfenster zu betrachten. Um diese Funktion nutzen zu können, gehen Sie wie folgt vor:

Markieren Sie zunächst alle Formelzellen, die Sie überwachen möchten.

Wählen Sie aus dem Ribbon *Formelüberwachung* den Befehl *Überwachungsfenster*.

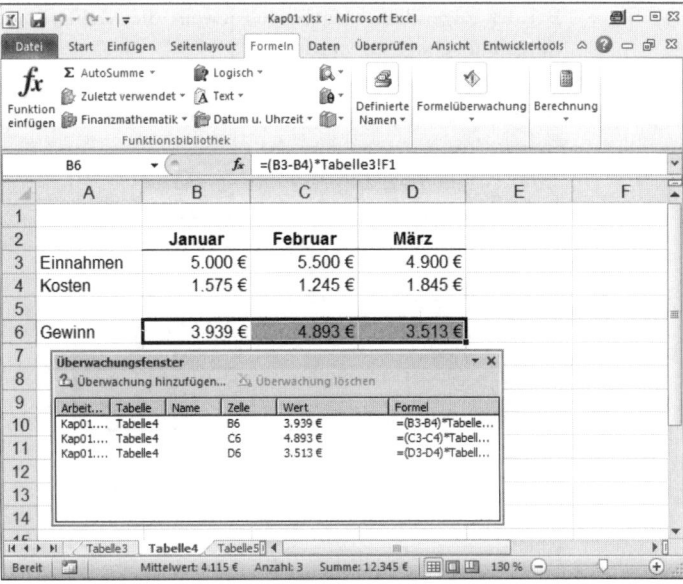

Abbildung 1.13: Die Formelüberwachung nutzen

Verschieben Sie die Symbolleiste *Überwachungsfenster* an den oberen, unteren, linken oder rechten Rand des Fensters.

Sollten sich Änderungen in der Tabelle auf mehrere andere Formelzellen auswirken, so kann man über das Überwachungsfenster diese
Änderungen sehr schön nachverfolgen.

Mit einem Klick auf die jeweilige Überschrift im Überwachungsfenster
können Sie die darunterliegenden Einträge automatisch sortieren lassen.

Formeln kopieren und einfügen

Haben Sie eine Formel erfasst und möchten Sie diese in andere Zellen kopieren, dann haben Sie dafür mehrere Möglichkeiten.

Kopieren über das Ausfüllkästchen

Eine Formel können Sie über das Ausfüllkästchen der Zelle, die die
Formel enthält (rechts unten), durchführen.

Bei der folgenden Aufgabe soll jeweils die Mehrwertsteuer von Leistungen ausgewiesen werden.

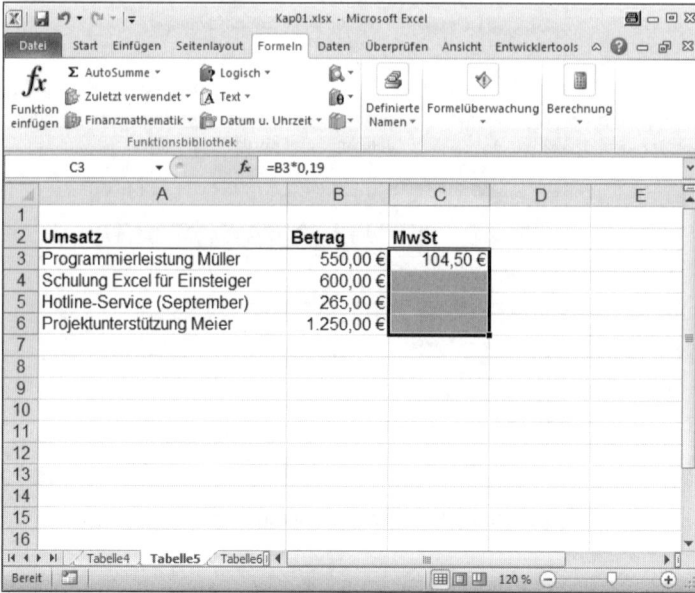

Abbildung 1.14: Die Mehrwertsteuer ausweisen

Die Formel in Zelle **C3** lautet:

=B3*0,19

Über einen Doppelklick auf das Ausfüllkästchen der Zelle **C3** wird die Formel bis in die Zelle **C6** automatisch nach unten kopiert. Excel orientiert sich dabei an der Nebenspalte **B**. Da in Zelle **B6** die Liste endet, wird die Formel dadurch bis nach Zelle **C6** ausgefüllt. Alternativ dazu können Sie selbstverständlich auch das Ausfüllkästchen aus Zelle **C3** anpacken und mit gedrückter linker Maustaste bis in Zelle **C6** nach unten ziehen. Wenn Sie sich das Ergebnis in den Zellen **C4** bis **C6** ansehen, dann stellen Sie fest, dass der Bezug auf die Spalte **B** sich anpasst.

Übrigens können Sie mit Hilfe des Ausfüllkästchens auch Daten aus Zellen löschen. Im Beispiel aus **Abbildung 1.14** setzen Sie dazu den Zellenzeiger auf die Zelle **C9** und ziehen das Ausfüllkästchen nach oben bis in Zelle **C3**.

Kopieren über die Zwischenablage

Eine andere, auch gängige Methode ist, eine Formel über die Zwischenablage zu kopieren und in die Zielzellen einzufügen. Dabei verfahren Sie wie folgt:

1. Markieren Sie den Zellenbereich **C3:C6**.

2. Schreiben Sie die Formel **B3*0,19**.

3. Drücken Sie die Tastenkombination ⌷Strg⌷ + ⌷↵⌷.

Die Formel wird nun in alle Zellen der Markierung geschrieben. Dabei werden die Zellenbezüge automatisch angepasst.

Wenn Sie eine Formel ohne Veränderung der Zellenbezüge in die darunterliegende Zelle kopieren möchten, dann setzen Sie den Mauszeiger in diese Zelle und drücken die Tastenkombination ⌷Strg⌷ + ⌷.⌷.

Kopieren, ohne die Formatierung mitzuübertragen

Soll eine Formel in einer Tabelle ohne die Zellenformatierung kopiert und an einer anderen Stelle wieder eingefügt werden, dann verfahren Sie wie folgt:

1. Markieren Sie die Zelle, die die Formel enthält.

2. Klicken Sie im Ribbon *Start* auf das Symbol *Kopieren*.

3. Setzen Sie den Zellenzeiger auf die Zelle, die die kopierte Formel erhalten soll.

4. Klicken Sie im Ribbon *Start* auf den Pfeil des Befehls *Einfügen*.

5. Wählen Sie aus der Dropdownliste den Befehl *Formeln*.

Formeln schützen

Haben Sie sich sehr viel Mühe mit einer Excel-Tabelle gemacht und möchten diese schützen, damit sie nicht mehr gelöscht werden kann, gehen Sie wie folgt vor:

1. Markieren Sie zunächst alle Zellen, die Sie editierbar halten möchten.

2. Klicken Sie im Ribbon *Start* auf das Dropdownfeld *Format*.

3. Wählen Sie aus der Dropdownliste den Befehl *Zelle sperren*.

4. Drücken Sie nun die Taste F5, um das Dialogfenster *Gehe zu* aufzurufen.

5. Klicken Sie auf die Schaltfläche *Inhalte*.

6. Aktivieren Sie die Option *Formeln*.

7. Bestätigen Sie mit *OK*. Sie haben jetzt alle Formelzellen der Tabelle markiert.

8. Klicken Sie im Ribbon *Start* auf das Dropdownfeld *Format*.

9. Wählen Sie aus der Dropdownliste den Befehl *Zelle sperren*.

10. Wählen Sie zum Abschluss aus dem Ribbon *Überprüfen* den Befehl *Blatt schützen*.

11. Vergeben Sie im Feld *Kennwort zum Aufheben des Blattschutzes* bei Bedarf ein Kennwort ein.

12. Bestätigen Sie mit *OK*.

Abbildung 1.15: Tabelle vor Veränderungen schützen

Wenn Sie nun versuchen, eine Zelle, die eine Formel enthält, zu löschen bzw. die Formel zu ändern, dann gibt Excel eine Fehlermeldung aus.

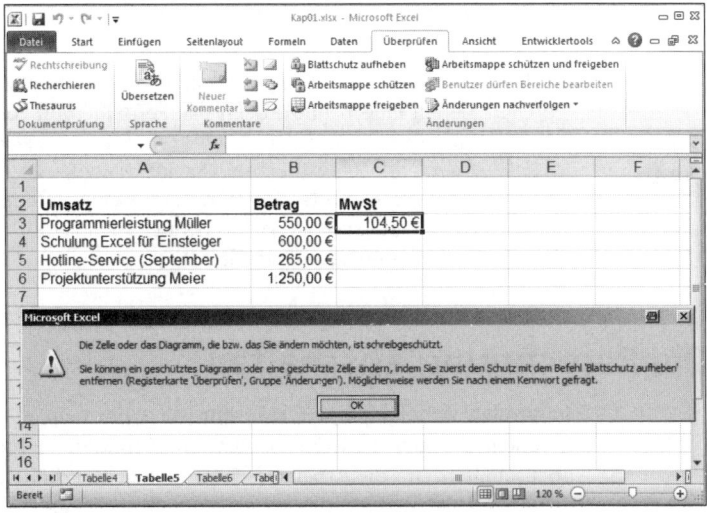

Abbildung 1.16: Formeln lassen sich nicht mehr löschen

Formeln verstecken

Möchten Sie die Anzeige der Formeln in Ihren Tabellen unterbinden, müssen Sie die Tabelle schützen. Davor müssen Sie jedoch die entsprechenden Zellen markieren, aus dem Ribbon *Start* das Dropdownfeld *Format* anklicken und anschließend den Befehl *Zellen formatieren* auswählen. Auf der Registerkarte *Schutz* des Dialogfensters aktivieren Sie das Kontrollkästchen *Ausgeblendet* und bestätigen mit *OK*.

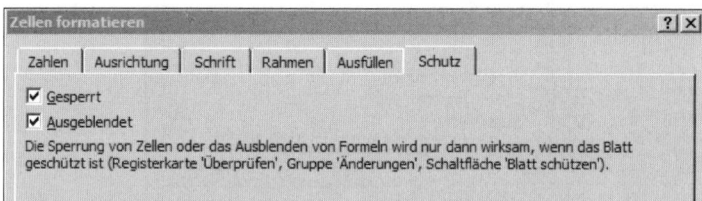

Abbildung 1.17: Die Formeln werden bei geschützten Tabellen nicht mehr angezeigt

Danach werden die so geschützten Formeln in der Tabelle nicht mehr angezeigt. Um die Formeln anzuzeigen bzw. zu ändern, müssen Sie den Blattschutz wieder wegnehmen. Dazu klicken Sie im Ribbon *Überprüfen* die Schaltfläche *Blattschutz aufheben* an.

Sollen Formeln in den Zellen überhaupt nicht angezeigt werden, dann greifen Sie auf eine benutzerdefinierte Formatierung zurück. Klicken Sie dazu im Ribbon *Start* den Befehl *Format* an und wählen Sie den Befehl *Zellen formatieren*. Wechseln Sie im Dialogfenster *Zellen formatieren* auf die Registerkarte *Zahlen*, wählen Sie die Kategorie *Benutzerdefiniert*, geben Sie im Feld *Typ* das benutzerdefinierte Format ;;; (drei Semikolons) ein und bestätigen Sie mit *OK*.

Die Berechnung abschalten

In großen Arbeitsmappen, die sehr viele Formeln enthalten, ist es möglich, die automatische Berechnungsfunktion in Excel temporär abzuschalten, um die Arbeitsgeschwindigkeit zu erhöhen.

Um die automatische Berechnungsfunktion von Excel abzuschalten, verfahren Sie wie folgt:

1. Klicken Sie im Ribbon *Formel* das Dropdownfeld *Berechnung* an.
2. Klicken Sie auf die Schaltfläche *Berechnungsoptionen.*

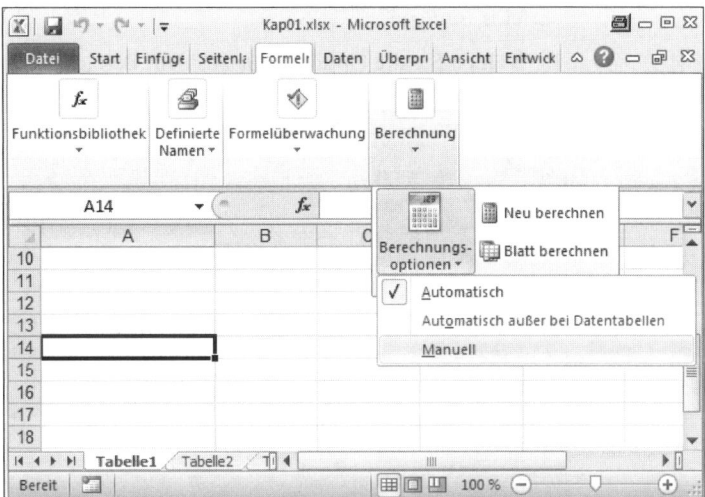

Abbildung 1.18: Auf manuelle Berechnung umschalten

3. Wählen Sie den Befehl *Manuell.*

Vergessen Sie aber nicht, die Berechnung am Ende wieder einzuschalten, da Excel diese Einstellung, auch nach einem Neustart, nicht automatisch einstellt.

Formeln in Festwerte umwandeln

Da Formeln sich ändern, sobald Zellen, auf die sie sich beziehen, geändert werden, bieten Formeln die allergrößte Dynamik. Nicht immer soll dieser Automatismus jedoch greifen. Stellen Sie sich vor, Sie haben eine Kalkulation in Excel vorgenommen, die sich auf keinen Fall mehr ändern darf, oder Sie möchten eine Tabelle an einen Kunden versenden, sicherheitshalber aber alle verwendeten Formeln in Festwerte umwandeln, dann verfahren Sie wie folgt:

1. Markieren Sie den kompletten verwendeten Bereich in Ihrer Tabelle. Dazu setzen Sie den Mauszeiger in Zelle **A1** und drücken zweimal die Tastenkombination Strg + A .

2. Kopieren Sie den markierten Bereich über das Symbol *Kopieren* aus dem Ribbon *Start*.

3. Klicken Sie im Ribbon *Start* auf das Pfeilsymbol des Dropdown-felds *Einfügen*.

4. Wählen Sie die Option *Werte* aus dem Bereich *Werte einfügen*.

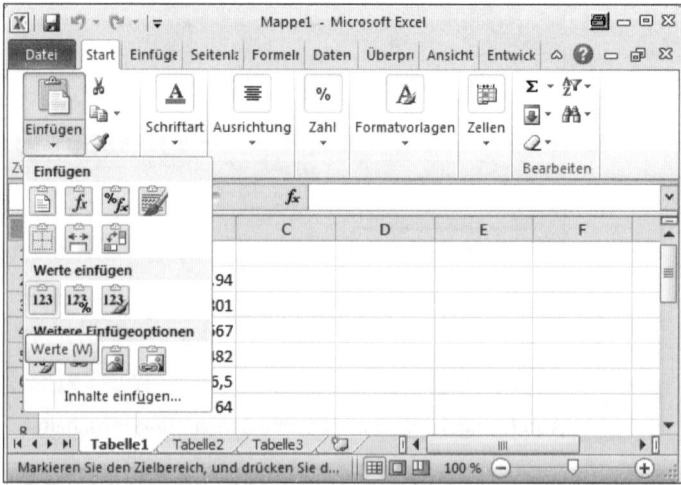

Abbildung 1.19: Formeln in Festwerte umwandeln

Danach sind alle Formeln in der Tabelle durch Festwerte ersetzt worden.

Eine etwas elegantere und schnellere Methode, um diese Aufgabe zu lösen, geht wie folgt:

1. Markieren Sie den Bereich, in dem Sie die Formeln in Festwerte umsetzen möchten.

2. Klicken Sie mit der rechten Maustaste auf den rechten Rand der Markierung und ziehen Sie den markierten Bereich eine Spalte weiter nach rechts. Halten Sie dabei die rechte Maustaste ge-drückt.

3. Schieben Sie den markierten Bereich wieder an den Ausgangsort zurück und lassen Sie die rechte Maustaste wieder los. Dadurch wird automatisch ein Kontextmenü angeboten.

4. Wählen Sie aus dem Kontextmenü den Befehl *Hierhin nur als Werte kopieren*.

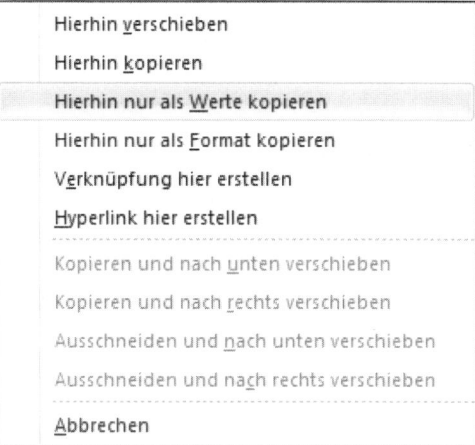

Abbildung 1.20: Formeln in Festwerte umsetzen

 Eine einzelne Formel können Sie in einer Zelle schneller umwandeln, wenn Sie den Zellenzeiger auf die Zelle setzen, dann die Taste [F2] und direkt im Anschluss die Taste [F9] drücken. Bestätigen Sie diese Aktion mit der Taste [↵].

Teilberechnung der Formeln

Um komplizierte Formeln leichter lesbar zu machen, können Sie Teilergebnisse in der Formel ausrechnen lassen und das Ergebnis in die Formel einfügen. Dazu gehen Sie wie folgt vor:

1. Doppelklicken Sie auf eine Zelle mit einer längeren Formel.

2. Markieren Sie den Teilbereich, der ausgerechnet werden soll.

3. Drücken Sie [F9] und sofort berechnet Excel ein Teilergebnis der Formel.

4. Wenn Sie die Zahl in die Formel übernehmen wollen, drücken Sie [↵].

5. Wollen Sie die Berechnung verwerfen, reicht ein Druck auf [Esc].

Wenn jedoch erst einmal ein Teilergebnis den Bezug in der Formel ersetzt hat, dann ist der Bezug endgültig weg.

Das bedeutet unter anderem, dass eine Änderung in der Zelle, auf die sich das Teilergebnis bisher bezogen hat, keine Auswirkungen mehr auf die Formel hat.

Arbeiten mit Namen

In Excel kann man für Bezüge, Formeln oder Konstanten auch Namen definieren und benutzen. Dabei wird anstatt des Zellenbezugs ein sprechender Name eingesetzt. Das Arbeiten mit Namen in Tabellen erleichtert die Lesbarkeit der Tabellen immens. So klingt beispielsweise die Formel **=Netto*MwSt** doch besser als **=A1*B1**.

Generelles zur Namensvergabe

Bei der Definition von Namen muss eine bestimmte Syntax eingehalten werden. So muss das erste Zeichen eines Namens ein Buchstabe sein. Für alle folgenden Zeichen des Namens können Buchstaben, Ziffern, Unterstriche und sogar Punkte verwendet werden. Allerdings werden keine Namen akzeptiert, bei denen eine Verwechslung mit Zellenbezügen möglich ist. So werden Namen wie U2 und B52 beispielsweise von Excel verworfen. Die Groß- und Kleinschreibung spielt bei der Namensvergabe keine Rolle und kann in beliebiger Mischung verwendet werden. So ist der Name **KostenJanuar** gleichbedeutend mit dem Namen **kostenjanuar**. Der Name darf nicht länger als 255 Zeichen sein. Sie sollten die Namen immer so kurz wie möglich, aber dabei noch so sprechend wie möglich definieren.

Generell müssen Namen in einer Arbeitsmappe eindeutig sein, das heißt, wenn Sie einen Namen vergeben und später denselben Namen auf einer anderen Tabelle erneut definieren möchten, wird der zuerst definierte Name überschrieben. Selbstverständlich ist ein Name, der auf einer bestimmten Tabelle vergeben wurde, auch in der gesamten Arbeitsmappe verwendbar und abrufbar.

Namen vergeben

Die Benennung von einzelnen Zellen und Bereichen kann mit unterschiedlichen Methoden durchgeführt werden. Im folgenden Beispiel werden aus Nettopreisen Bruttopreise gemacht. Sehen Sie sich dazu **Abbildung 1.21** an.

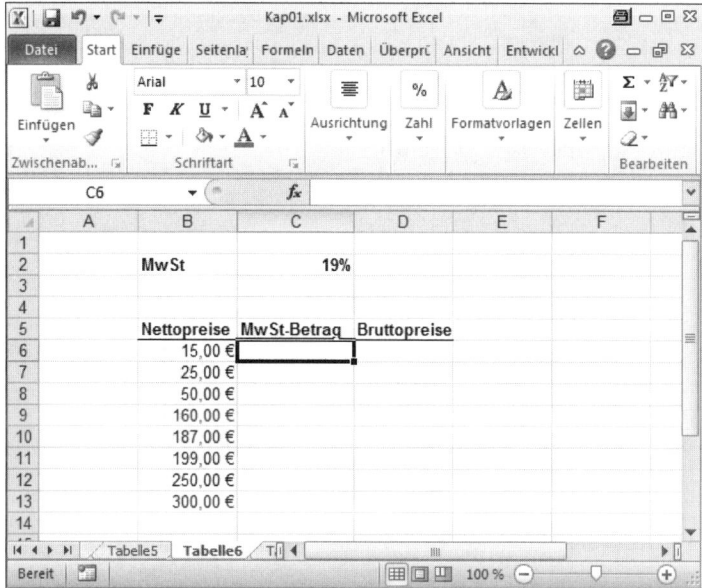

Abbildung 1.21: Die Vorbereitung für die Errechnung der Bruttopreise

Geben Sie der Zelle **C2** den Namen **MwSt**. Dazu verfahren Sie wie folgt:

1. Setzen Sie den Mauszeiger in die Zelle **C2**.

2. Schreiben Sie den Namen **MwSt** direkt in das Namensfeld (rechts oben, unterhalb der Bearbeitungsleiste).

3. Bestätigen Sie Ihre Eingabe mit [←].

4. Markieren Sie jetzt den Zellenbereich **C6:C13**.

5. Erfassen Sie die Formel **=B6*MwSt**.

6. Schließen Sie die Formel über die Tastenkombination [Strg] + [←] ab.

7. Schreiben Sie in die Zelle **D6** die Formel **=B6+C6**.

8. Führen Sie einen Doppelklick auf das Ausfüllkästchen der Zelle **D6** aus, um die Formel nach unten zu kopieren.

Bei dieser Lösung wird der MwSt.-Betrag in einer separaten Spalte ausgewiesen. Möchten Sie die Bruttopreise direkt, also ohne Hilfsspalte ausrechnen, dann sehen Sie sich dazu **Abbildung 1.23** an.

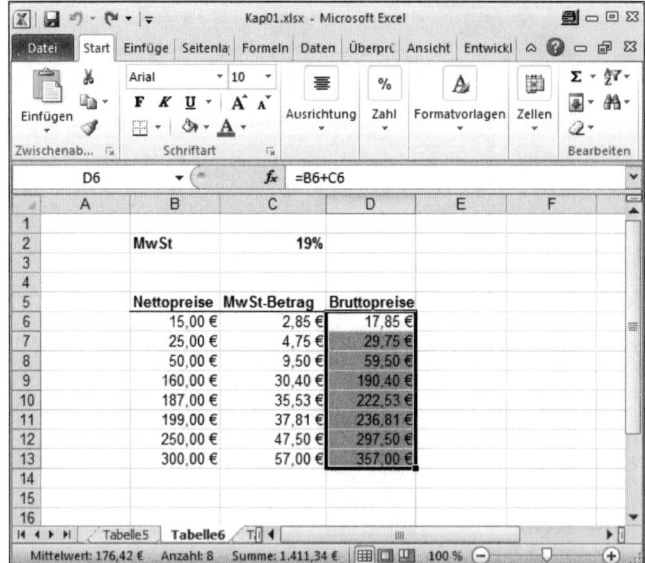

Abbildung 1.22: Die Bruttopreise wurden errechnet

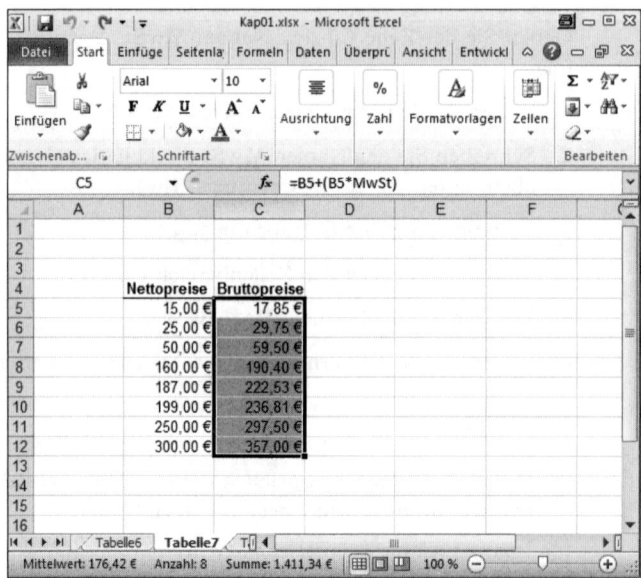

Abbildung 1.23: Direktes Ausrechnen des Bruttobetrages

Bei beiden Lösungen wurde der Name **MwSt** der Zelle **C2** auf der **Tabelle6** zugewiesen. Diesen Namen können Sie in der gesamten Arbeitsmappe einsetzen.

Namen vergeben ohne Zellbezug

Als Alternative können Sie auch Namen vergeben, ohne dass diese Namen einen Zellenbezug haben. In der folgenden Aufgabe wird beispielsweise ein versteckter Zuschlag von 2% auf eine Preisliste hinterlegt.

Um einen solchen versteckten Zuschlag in Excel anzulegen, verfahren Sie wie folgt:

1. Rufen Sie das Dialogfenster *Namen definieren* auf, indem Sie die Tastenkombination Strg + F3 drücken.

2. Im Dialogfenster *Namens-Manager* klicken Sie auf die Schaltfläche *Neu*.

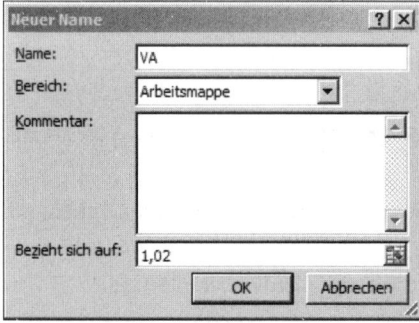

Abbildung 1.24: Einen versteckten Zuschlag definieren

3. Geben Sie im Feld *Name* den Namen **VA** ein.

4. Im Dropdownfeld *Bereich* belassen Sie den Eintrag *Arbeitsmappe*.

5. Im Feld *Bezieht sich auf* geben Sie den Faktor **1,02** ein.

6. Klicken Sie auf *OK*, um den Namen anzulegen.

7. Beenden Sie den *Namens-Manager* mit einem Klick auf die Schaltfläche *Schließen*.

Integrieren Sie nun diesen versteckten Zuschlag auf Ihre Preisliste. Gehen Sie dabei von der folgenden Ausgangssituation aus:

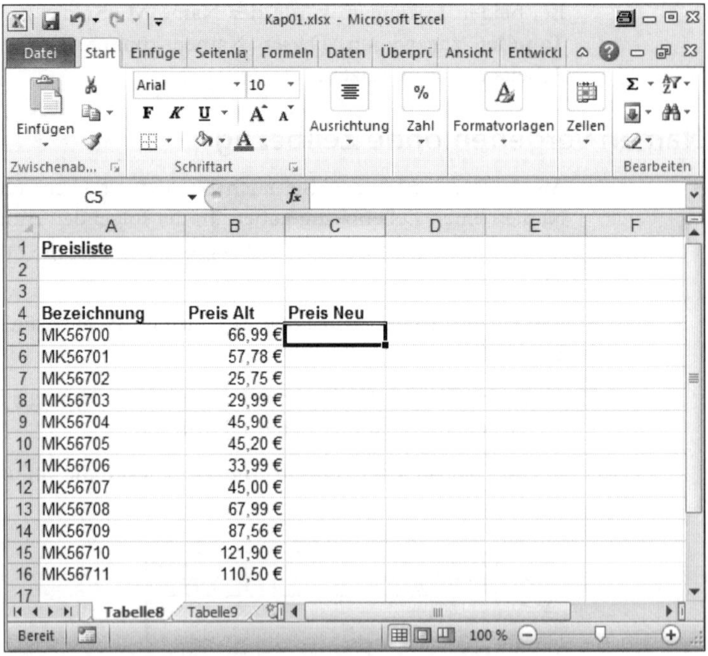

Abbildung 1.25: Preise kalkulieren über einen versteckten Namen

Um einen Preiszuschlag in der Liste vorzunehmen, verfahren Sie wie folgt:

1. Markieren Sie den Zellenbereich **C5:C16**.

2. Erfassen Sie die Formel **=B5*VA** in C5.

3. Schließen Sie die Formel über die Tastenkombination [Strg] + [↵] ab.

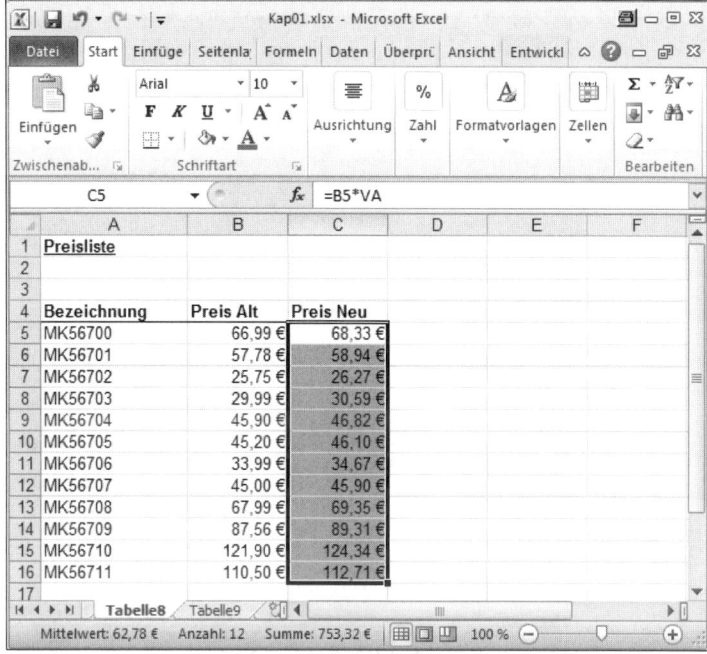

Abbildung 1.26: Die Preise wurden in Spalte C neu kalkuliert

Bereiche benennen

Selbstverständlich ist es in Excel auch möglich, ganze Bereiche zu benennen. Bei der folgenden Aufgabe soll aus den Maßen Länge und Breite die Fläche von Holzbrettern berechnet werden. Sehen Sie sich dazu die folgende Ausgangstabelle an:

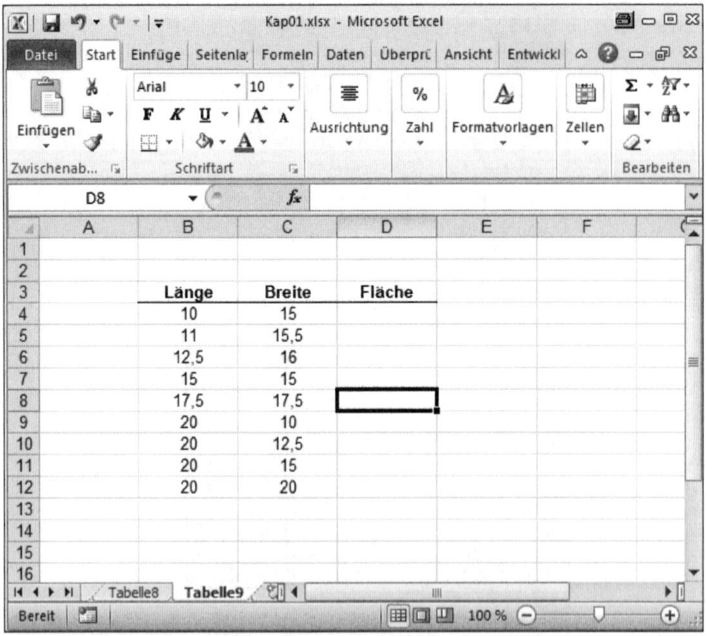

Abbildung 1.27: Mit der Formel Länge * Breite die Fläche errechnen

Standardmäßig würden Sie in Zelle **D4** nun die Formel **=B4*C4** erfassen, um die Fläche auszurechnen. Eine alternative Möglichkeit ist es, die kompletten Spalten zu benennen und in die Formel einzubauen. Dazu verfahren Sie wie folgt:

1. Klicken Sie auf die Spaltenüberschrift **B**, um die komplette Spalte **B** zu markieren.

2. Schreiben Sie direkt in das Namensfeld den Namen **Länge**.

3. Bestätigen Sie diese Eingabe mit ⏎.

4. Markieren Sie im Anschluss die Spalte **C**, schreiben Sie ins Namensfeld den Namen **Breite** und bestätigen Sie mit ⏎.

5. Markieren Sie den Zellenbereich **D4:D12**.

6. Erfassen Sie die Formel **=Länge*Breite**.

7. Bestätigen Sie die Eingabe über die Tastenkombination [Strg] + ⏎.

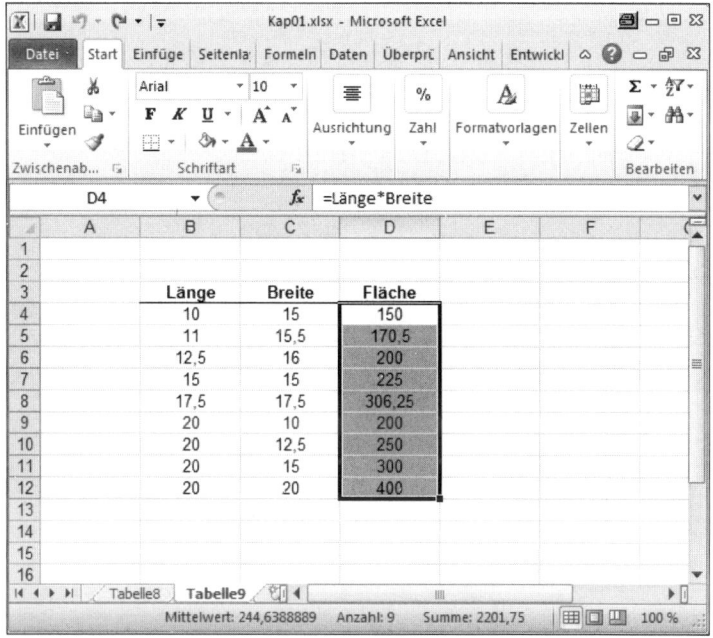

Abbildung 1.28: Mit sprechenden Formeln arbeiten

2 Typische Beispiele für den Einsatz von Formeln

Um ein wenig mit Formeln zu üben, folgen in diesem Kapitel einige typische Beispiele aus der täglichen Praxis.

Rechnen mit unterschiedlichen Mehrwertsteuersätzen

Zum jetzigen Zeitpunkt gibt es in Deutschland zwei Mehrwertsteuersätze, einen mit 19 Prozent sowie einen mit 7 Prozent. In einer Tabelle sollen beide Mehrwertsteuerbeträge ausgewiesen werden. Sehen Sie sich dazu die Ausgangssituation in **Abbildung 2.1** an.

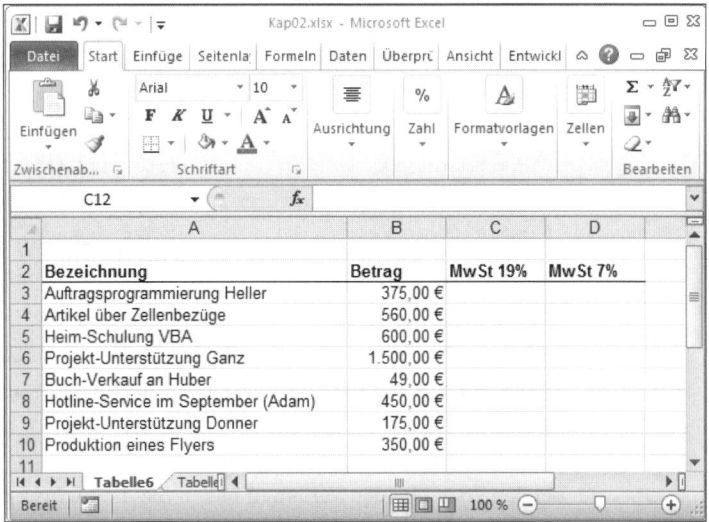

Abbildung 2.1: Die Mehrwertsteuerbeträge sollen ausgewiesen werden

Zur Lösung dieser Aufgabenstellung haben Sie mehrere Möglichkeiten.

Variante 1:

✓ Schreiben Sie in Zelle **C3** die Formel: **=B3*0,19**.

✓ Kopieren Sie diese Formel auch in die Zellen **C5, C6, C8, C9** und **C10**.

✓ In Zelle **D4** schreiben Sie die Formel: **=B4*0,07**.

✓ Kopieren Sie diese Formel auch in die Zelle **D7**

Variante 2:

✓ Schreiben Sie in Zelle **C3** die Formel: **=B3*19%**.

✓ Kopieren Sie diese Formel auch in die Zellen **C5, C6, C8, C9** und **C10**.

✓ In Zelle **D4** schreiben Sie die Formel: **=B4*7%**.

✓ Kopieren Sie diese Formel auch in die Zelle **D7**.

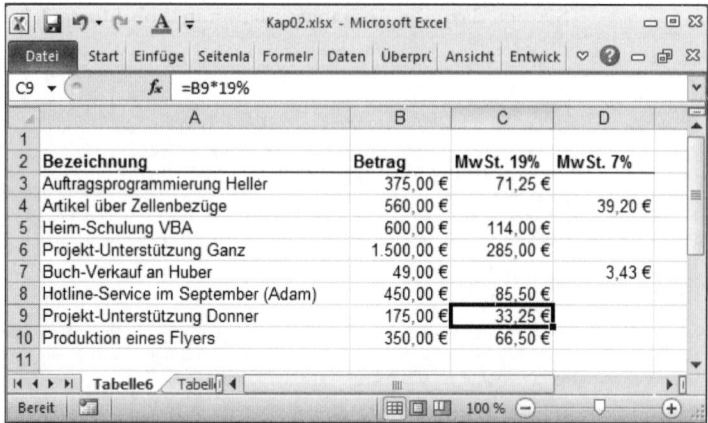

Abbildung 2.2: Die unterschiedlichen Mehrwertsteuerbeträge werden ausgewiesen

Bei den ersten beiden Varianten haben Sie die Mehrwertsteuerbeträge errechnet. Dabei wird der Mehrwertsteuersatz in den Zellen mehrfach verwendet. Was aber passiert, wenn der Mehrwertsteuersatz geändert werden muss? Bei diesen beiden Varianten müssen Sie dann Zelle für Zelle ändern, was sehr mühsam ist. Daher ist die folgende **Variante 3** zu bevorzugen. Legen Sie dazu eine neue Tabelle nach folgendem Vorbild an.

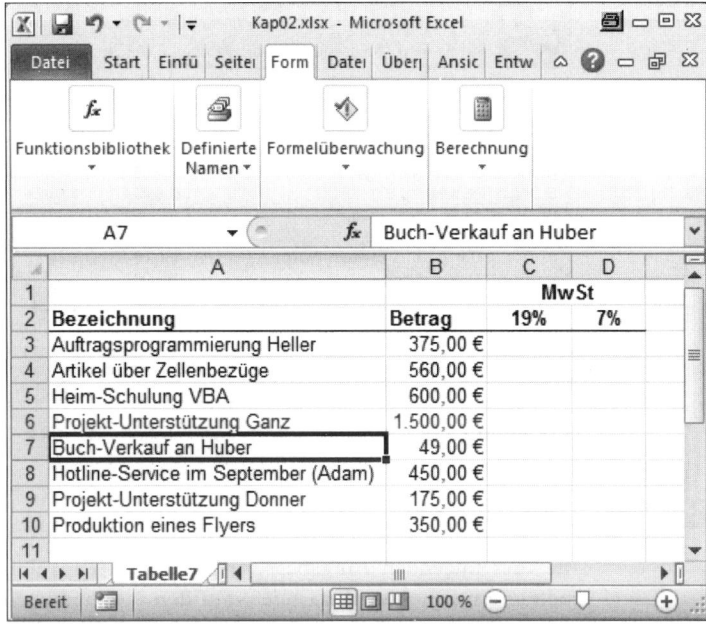

Abbildung 2.3: Die dynamische MwSt.-Tabelle

Variante 3:

✔ Erfassen Sie in der Zelle **C3** die Formel: **=B3*$C$2**.

✔ Kopieren Sie diese Formel auch in die Zellen **C5, C6, C8, C9** und **C10**.

✔ Schreiben Sie in Zelle **D4** die Formel **=B4*$D$2**.

✔ Übertragen Sie diese Formel auch in Zelle **D7**

✔ Wählen Sie aus dem Ribbon *Formeln* den Befehl *Formelüberwachung* und dort den Befehl *Formeln anzeigen*, um die Formeln noch einmal in der Formelansicht zu kontrollieren.

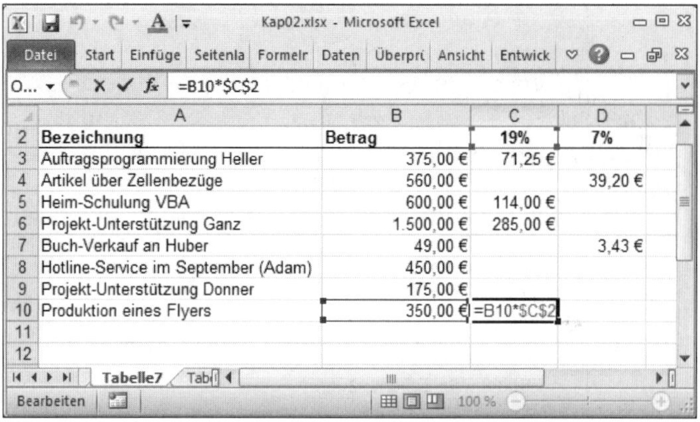

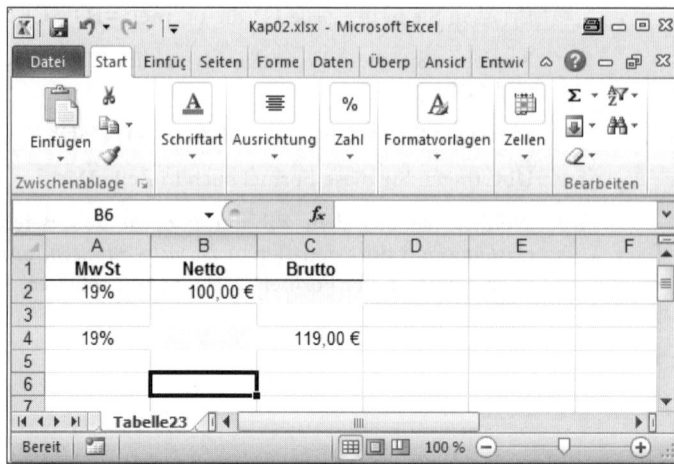

Abbildung 2.4: Die verwendeten Formeln im Überblick

Brutto und Netto

Bei der folgenden Aufgabe soll zu einem Nettobetrag der Bruttobetrag errechnet werden, indem auf den Nettobetrag die Mehrwertsteuer von derzeit 19% aufaddiert wird. Des Weiteren soll ausgehend
vom Bruttobetrag durch Abzug der Mehrwertsteuer der Nettobetrag
errechnet werden. Beide Varianten werden in **Abbildung 2.5** dargestellt.

Abbildung 2.5: Der Netto- bzw. der Bruttowert muss errechnet werden

Um den Bruttowert in Zelle **C2** zu errechnen, erfassen Sie folgende Formel:

=B2+B2*A2

Um den Nettowert in Zelle **B4** auszurechnen, geben Sie folgende Formel ein:

=C2/(1+A2)

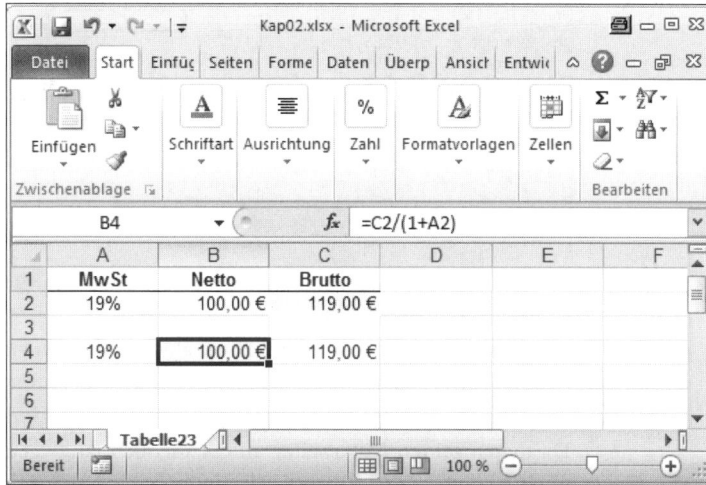

Abbildung 2.6: Das Ergebnis mit nochmaliger Kontrolle

In beiden Fällen stimmen die ausgerechneten Netto- und Bruttobeträge miteinander überein.

Stückzahlen ausrechnen

Bei der folgenden Aufgabe soll die Arbeitsleistung verschiedener Mitarbeiter errechnet werden. Dazu sehen Sie sich die Ausgangssituation aus **Abbildung 2.7** an.

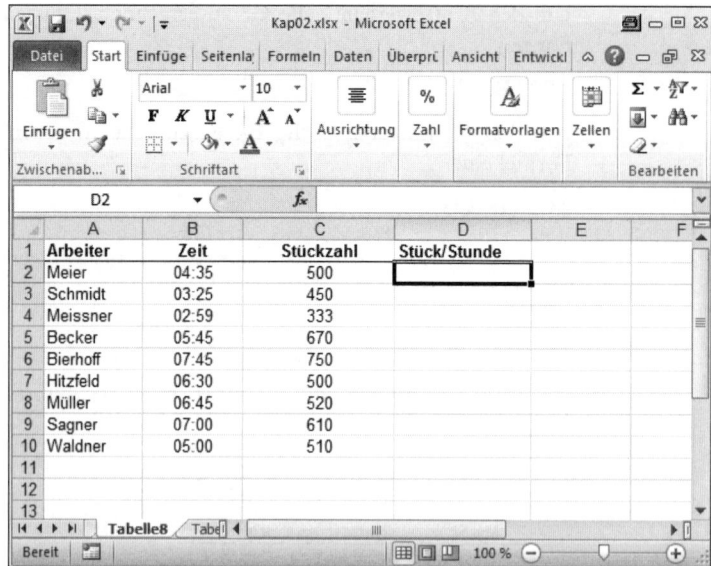

Abbildung 2.7: Die Zeiten und Stückzahlen werden in einer Tabelle erfasst

Da die einzelnen Mitarbeiter unterschiedlich lange gearbeitet haben, muss jetzt errechnet werden, wie viel Stück jeder einzelne Mitarbeiter pro Stunde hergestellt hat.

Um diese Aufgabe zu lösen, gehen Sie wie folgt vor:

1. Markieren Sie den Zellenbereich **D2:D10**.

2. Erfassen Sie die Formel **=C2/(B2*24)**.

3. Drücken Sie die Tastenkombination [Strg] + [↵].

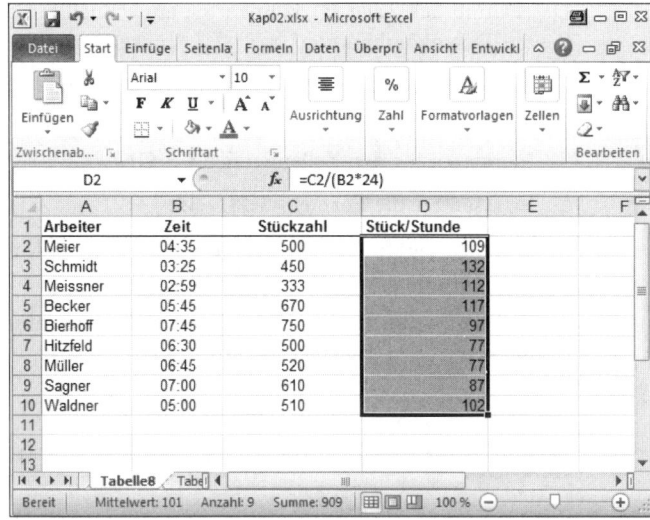

Abbildung 2.8: Der Arbeiter Schmidt ist am produktivsten

Das Alter berechnen

In der nächsten Aufgabe soll das Alter von verschiedenen Personen in Tagen errechnet werden. Sehen Sie sich dazu **Abbildung 2.9** an.

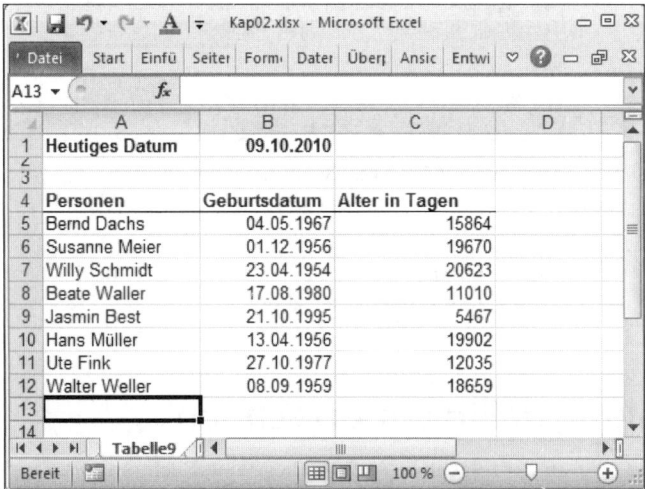

Abbildung 2.9: Eine Geburtstagsliste

Das Datum aus Zelle **B1** können Sie am schnellsten erfassen, wenn Sie die Tastenkombination Strg + . drücken.

Um das Alter der einzelnen Personen zu ermitteln, befolgen Sie die nächsten Arbeitsschritte:

1. Markieren Sie den Zellenbereich **C5:C12**.

2. Erfassen Sie die Formel **=$B$1-B5**.

3. Drücken Sie die Tastenkombination Strg + ↵, um die Formel im markierten Bereich einzufügen.

4. Wählen Sie im Ribbon *Start* aus der Dropdownliste das Format *Standard*.

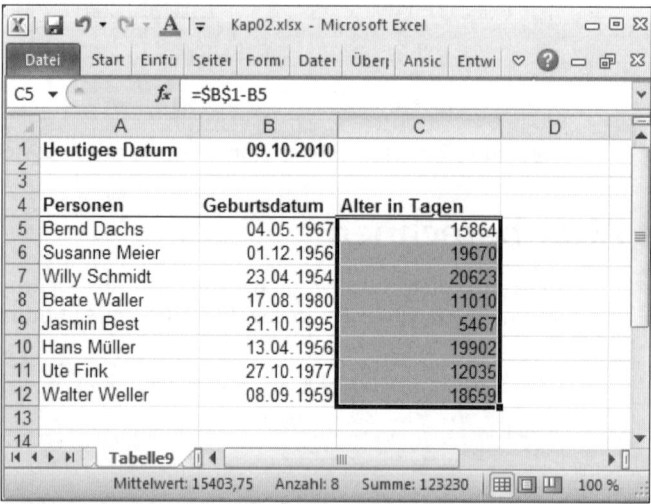

Abbildung 2.10: Willy Schmidt ist am ältesten

 Im weiteren Verlauf des Buches lernen Sie, wie Sie diese Aufgabe mit Tabellenfunktionen lösen können.

Zahlungsfälligkeit errechnen

In der folgenden Aufgabe liegt eine Rechnungsliste vor. Ihre Aufgabe besteht darin, die Fälligkeit der einzelnen Rechnungen zu ermitteln. Sehen Sie sich als Vorbereitung auf diese Aufgabe **Abbildung 2.11** an.

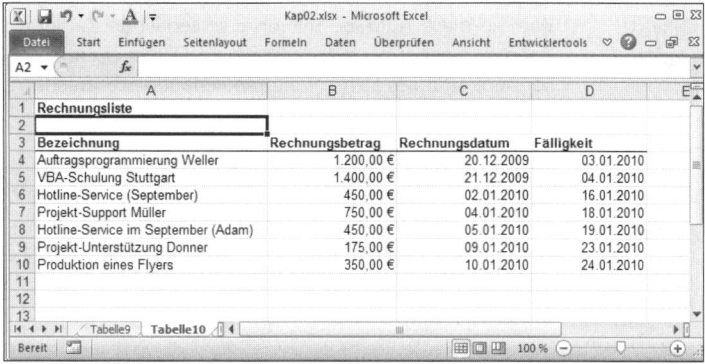

Abbildung 2.11: Die Rechnungsliste

Für die Rechnungsliste aus **Abbildung 2.11** gehen Sie von der Prämisse aus, dass die Rechnungen einheitlich jeweils 14 Tage nach Rechnungsdatum spätestens zu bezahlen sind.

Um die Fälligkeit der Rechnungen auszuweisen, befolgen Sie die nächsten Arbeitsschritte:

1. Markieren Sie den Bereich **D4:D10**.

2. Erfassen Sie die Formel **=C4+14**.

3. Drücken Sie die Tastenkombination [Strg] + [↵].

Abbildung 2.12: Das Ergebnis – alle Rechnungen haben ein Fälligkeitsdatum

Wie Sie diese Aufgabe mit unterschiedlichen Zahlungsbedingungen lösen und dabei noch Arbeitstage und Wochenenden berücksichtigen können, erfahren Sie im weiteren Verlauf dieses Buches.

Sollten Sie die Ribbons bei der Dateneingabe stören, können Sie diese temporär ausblenden, indem Sie die Tastenkombination $\boxed{\text{Strg}}$ + $\boxed{\text{F1}}$ drücken. Dadurch werden nur noch die Ribbon-Überschriften angezeigt. Bei nochmaligem Drücken dieser Tastenkombination werden die Ribbons wieder komplett angezeigt.

Eine Preisreduktion durchführen

Bei der nächsten Aufgabenstellung sollen die Preise einer Preisliste um 30 Prozent reduziert werden. Dabei sollen die alten Preise aber noch erhalten bleiben. Gehen Sie bei dieser Aufgabe von der Ausgangssituation aus **Abbildung 2.13** aus.

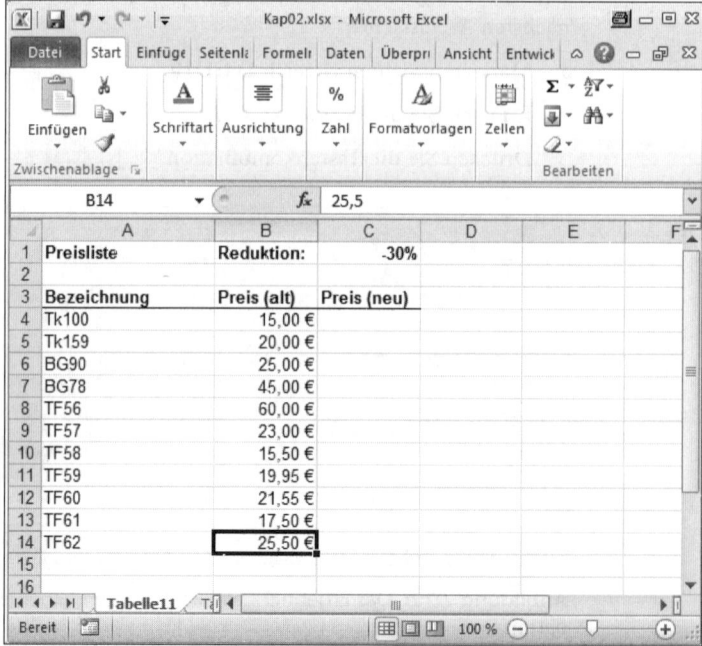

Abbildung 2.13: Die Preisliste soll überarbeitet werden

Um nun auf alle Artikel eine Preisreduktion von 30% vorzunehmen, verfahren Sie wie folgt:

1. In Zelle **C1** schreiben Sie **-30%**.

2. Markieren Sie den Zellenbereich **C4:C14**.

3. Geben Sie die Formel **=B4+(B4*$C$1)** ein.

4. Bestätigen Sie die Eingabe über die Tastenkombination [Strg] + [↵].

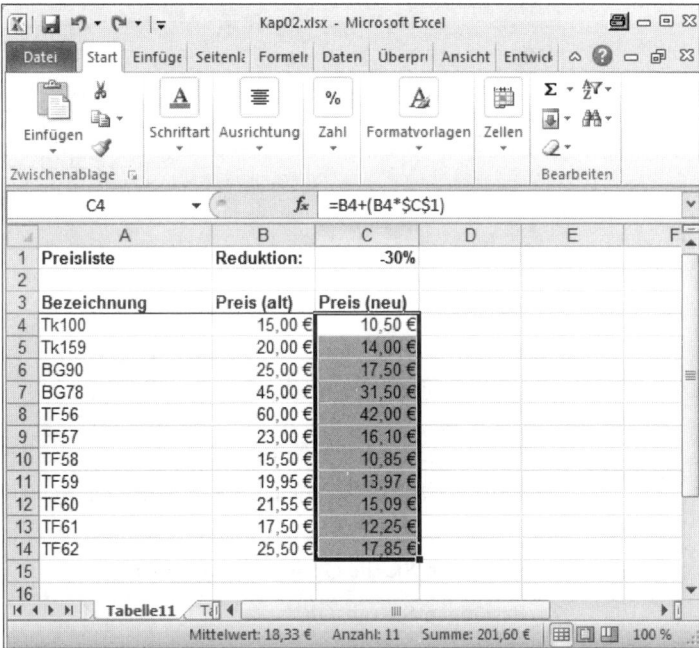

Abbildung 2.14: Die Artikel wurden um 30% reduziert

> Möchten Sie einen Preisaufschlag beispielsweise von 10% vornehmen, dann geben Sie in Zelle **C1** den Prozentsatz 10% ein.

Wenn die Daten aus der Spalte **B** direkt überschrieben werden dürfen, dann gibt es eine noch schnellere Methode, diese Aufgabe durchzuführen. Es soll auch hier eine Reduzierung der Preise um 30% erreicht werden.

1. Geben Sie in Zelle **E1** den Wert **0,70** ein.

2. Kopieren Sie diese Zelle beispielsweise über die Tastenkombination [Strg] + [C].

3. Markieren Sie den Datenbereich **B4:B14**.

4. Klicken Sie im Ribbon *Start* auf den Dropdownpfeil der Schaltfläche *Einfügen*.

5. Wählen Sie den Befehl *Inhalte einfügen*.

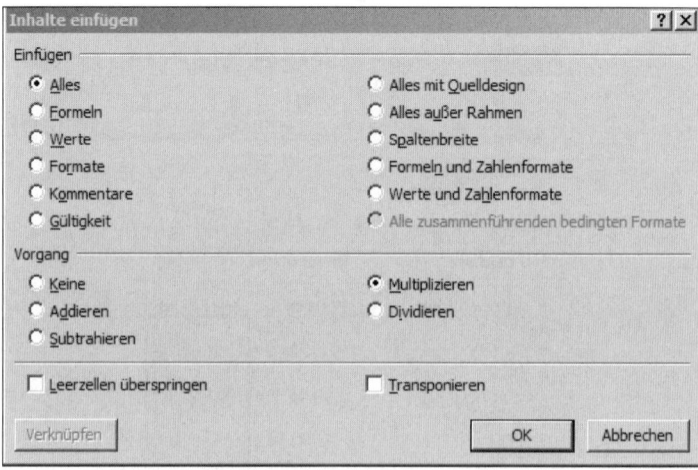

Abbildung 2.15: Preisreduktion direkt durchführen

6. Aktivieren Sie die Option *Multiplizieren*.

7. Bestätigen Sie mit *OK*.

8. Löschen Sie den Inhalt der Hilfszelle **E1**.

Währungen umrechnen

Das folgende Beispiel kann dann eingesetzt werden, wenn Sie Währungen umrechnen müssen. In **Abbildung 2.16** ist eine Tabelle noch mit DM-Beträgen abgebildet. Ihre Aufgabe besteht nun darin, diese Tabelle in Euro umzurechnen.

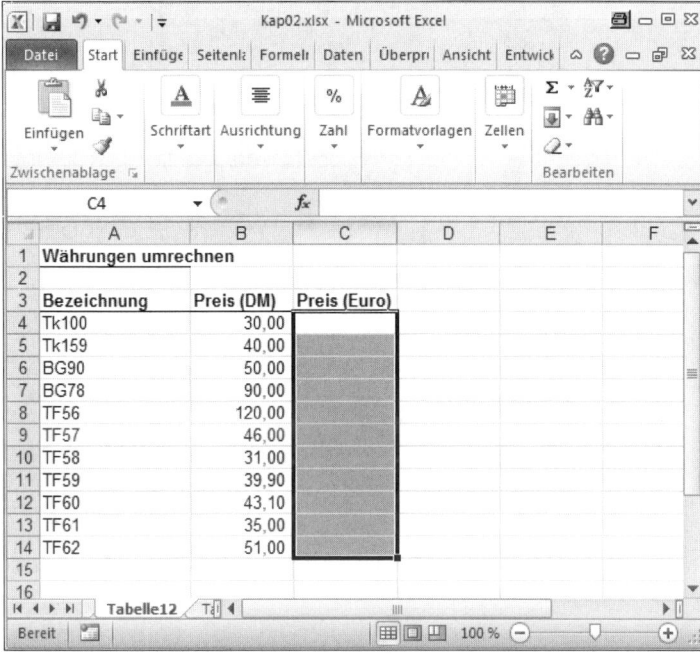

Abbildung 2.16: Eine alte Preisliste soll umgerechnet werden

Um diese Preisliste in Euro umzurechnen, verfahren Sie wie folgt:

1. Markieren Sie den Zellenbereich **C4:C14**.

2. Erfassen Sie die Formel **=B4/1,95583**.

3. Schließen Sie die Formel über die Tastenkombination Strg + ⏎ ab.

4. Drücken Sie die Tastenkombination Strg + 1, um das Dialogfenster *Zellen formatieren* aufzurufen.

5. Wechseln Sie auf die Registerkarte *Zahlen*.

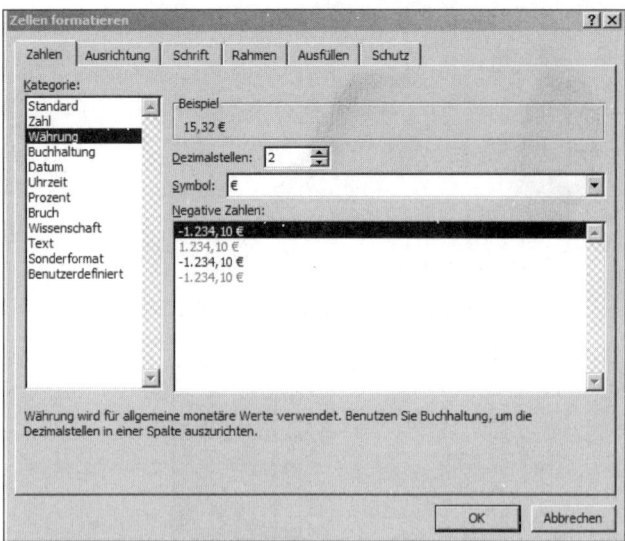

Abbildung 2.17: Die Beträge werden noch auf zwei Stellen hinter dem Komma formatiert

6. Im Listenfeld *Kategorie* wählen Sie die Kategorie *Währung*.

7. Übernehmen Sie die Einstellungen, wie sie in **Abbildung 2.17** gezeigt werden.

8. Bestätigen Sie die Formatierung mit *OK*.

Können die alten Daten direkt überschrieben werden, dann empfiehlt sich folgende Vorgehensweise:

1. Schreiben Sie in eine Hilfszelle den Umrechnungsfaktor **1,95583**.

2. Kopieren Sie diese Zelle.

3. Markieren Sie den Zellenbereich **B4:B14**.

4. Klicken Sie im Ribbon *Start* auf den Dropdownpfeil der Schaltfläche *Einfügen*.

5. Wählen Sie den Befehl *Inhalte einfügen*.

6. Im Dialogfenster *Inhalte einfügen* aktivieren Sie die Option *Dividieren*.

7. Bestätigen Sie mit *OK*.

8. Löschen Sie den Umrechnungsfaktor.

4. Drücken Sie die Tastenkombination [Strg] + [1], um das Dialogfenster *Zellen formatieren* aufzurufen.

5. Wechseln Sie auf die Registerkarte *Zahlen*.

6. Stellen Sie im Listenfeld *Kategorie* den Eintrag *Standard* ein.

7. Bestätigen Sie diese Einstellung mit *OK*.

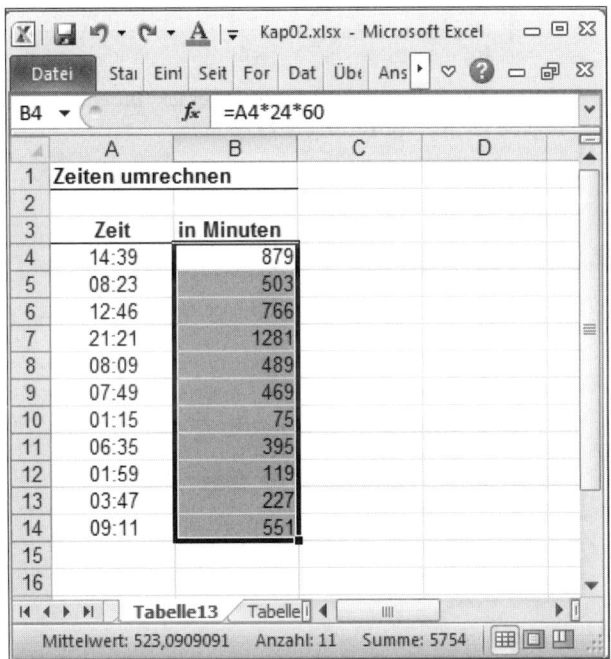

Abbildung 2.21: Die Zeiten wurden in Minuten umgerechnet

Die Umrechnung der Zeiten (Stunden und Minuten) in Minuten erfolgte über die Formel **=A4*24*60**.

Dabei bedeutet der Wert **24**, dass von **24** Stunden = 1 Tag ausgegangen wird. Der Wert **60** bedeutet, dass **60** Minuten genau 1 Stunde
ausmacht. Die an die Umrechnung folgende Formatierung muss
durchgeführt werden, da Sie sonst nur den Wert **0:00** in den Zellen
sehen.

Alle Zeitangaben werden in Excel intern in Bruchteilen von Tagen behandelt und über die Zellenformatierung in das gewünschte Format gebracht. So gelten folgende Aussagen:

✓ 1 Tag = 1

✓ 1 Stunde = 1/24

✓ 1 Minute = 1/1440

✓ 1 Sekunde = 1/86400

Beim umgekehrten Fall liegen in einer Tabelle Zeiten in Minutenangabe (siehe **Abbildung 2.22**) vor.

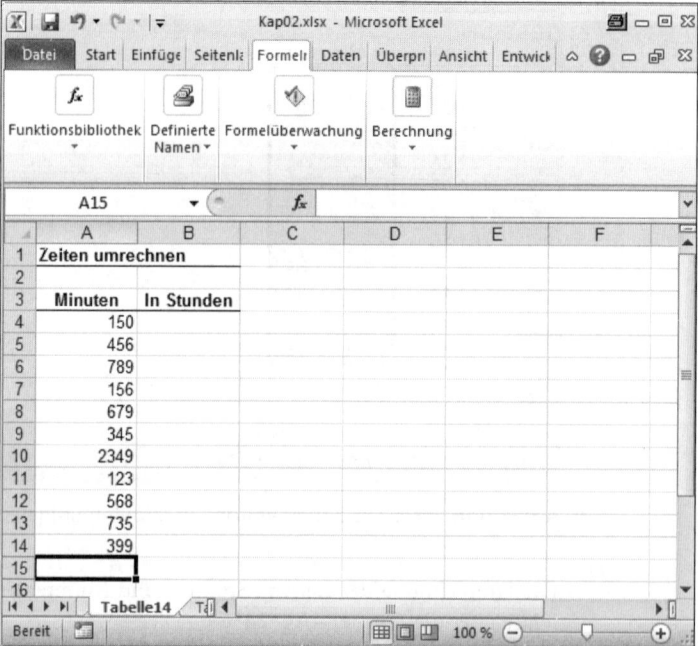

Abbildung 2.22: Die Minutenangaben sollen in Stunden umgerechnet werden

Um diese Aufgabe zu lösen, verfahren Sie wie folgt:

1. Markieren Sie den Zellenbereich **B4:B14**.

2. Schreiben Sie die Formel **=A4/24/60**.

3. Schließen Sie die Formel über die Tastenkombination ⌈Strg⌉ + ⌈◡⌉ ab.

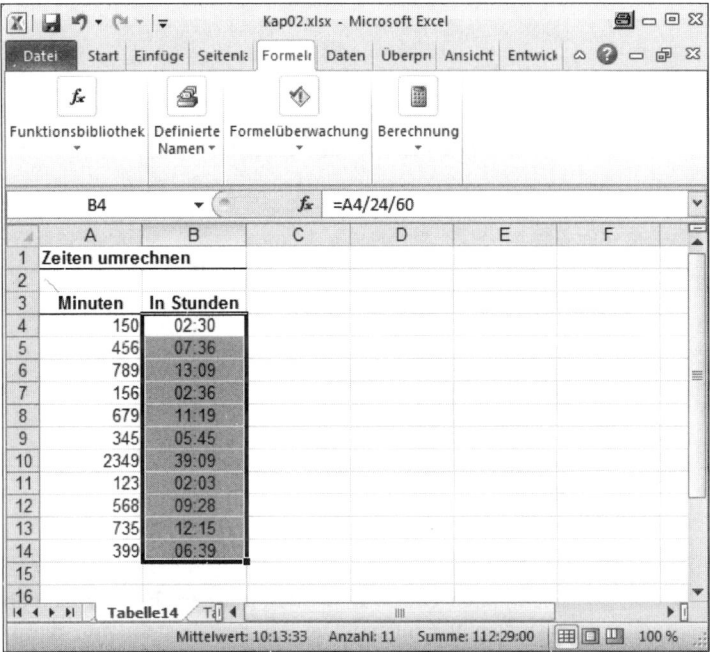

Abbildung 2.23: Die Umrechnung wurde erfolgreich durchgeführt

Zeitwerte kombinieren

Bei der folgenden Aufgabe werden Zeitwerte aus einer Tabelle miteinander kombiniert. Sehen Sie sich zu diesem Zweck die **Abbildung 2.24** an.

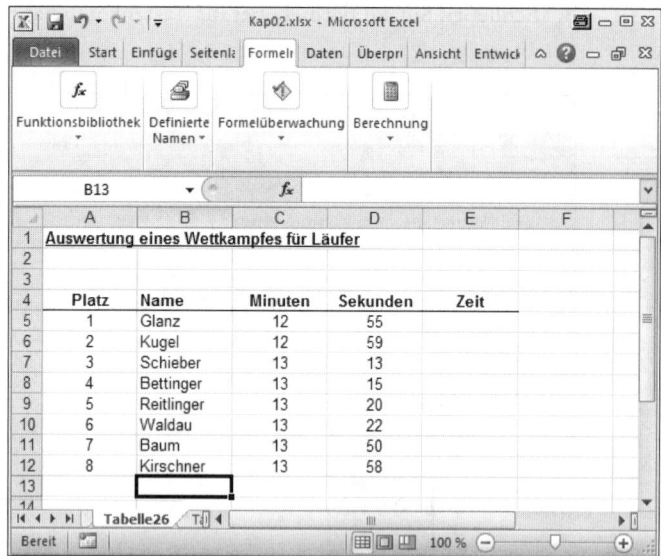

Abbildung 2.24: Die Minuten und Sekunden sollen zusammengefasst werden

Die Spalten **C** und **D** wurden mit dem Format *Zahl* ohne Nachkommastellen formatiert. Die Aufgabe besteht nun darin, die Minuten und Sekunden zusammen in Spalte **E** auszugeben. Dazu gehen Sie folgendermaßen vor:

1. Markieren Sie den Zellenbereich **E5:E12**.

2. Erfassen Sie die Formel **=C5/1440+D5/86400**.

3. Schließen Sie die Formel über die Tastenkombination [Strg] + [↵] ab.

4. Drücken Sie die Tastenkombination [Strg] + [1], um das Dialogfenster *Zellen formatieren* aufzurufen.

5. Wechseln Sie auf die Registerkarte *Zahlen*.

6. Im Listenfeld *Kategorie* stellen Sie den Eintrag *Benutzerdefiniert* ein.

7. Im Feld *Typ* geben Sie das benutzerdefinierte Format **hh:mm:ss** ein.

8. Bestätigen Sie mit *OK*.

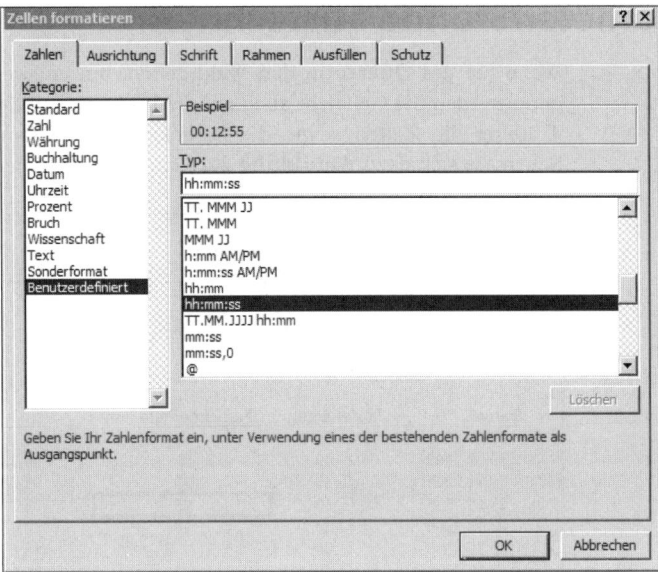

Abbildung 2.25: Eine benutzerdefinierte Formatierung zuweisen

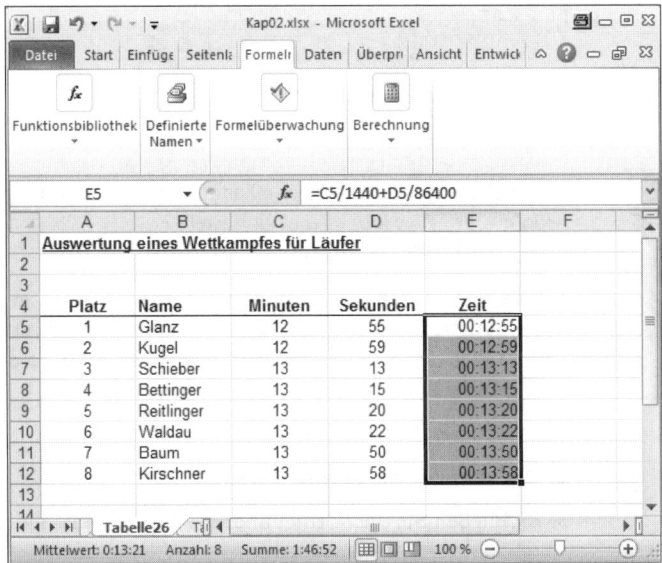

Abbildung 2.26: Die Minuten und Sekunden wurden zusammengefasst

Kilometer/Stunde ausrechnen

Wenn Sie des Öfteren in den Wald gehen, um ein wenig zu joggen, dann werden Sie vielleicht auch auf die Uhr sehen und sich nach dem Training die Zeiten sowie die zurückgelegten Kilometer notieren. Sehen Sie sich dazu **Abbildung 2.27** an.

	A	B	C	D	E
1	Laufliste auswerten				
2					
3					
4	Datum	Gelaufene Zeit	Zurückgelegte km	km/h	
5	29.09.2009	00:31:10	8	15,40 km/h	
6	30.09.2009	00:29:45	8	16,13 km/h	
7	02.10.2009	00:45:36	12	15,79 km/h	
8	05.10.2009	00:55:10	15	16,31 km/h	
9	07.10.2009	00:41:34	10	14,43 km/h	
10	09.10.2009	00:45:00	12,5	16,67 km/h	
11	12.10.2009	00:44:40	12	16,12 km/h	
12	15.10.2009	00:50:30	13,5	16,04 km/h	
13					
14					
15					

Abbildung 2.27: Die »Läufer-Liste«

In Spalte **B** wird die gelaufene Zeit mit dem Format **hh:mm:ss** im Dialogfenster *Zellen formatieren* eingestellt.

Da an den einzelnen Tagen unterschiedlich lange gelaufen wurde, muss nun ermittelt werden, wie hoch die Durchschnittsgeschwindigkeit an den einzelnen Tagen war. Um diese Aufgabe durchzuführen, befolgen Sie die nächsten Arbeitsschritte:

1. Markieren Sie den Zellenbereich **D5:D12**.

2. Erfassen Sie die Formel **=C5/(B5*24)**.

3. Schließen Sie die Formel über die Tastenkombination [Strg] + [↵] ab.

4. Drücken Sie die Tastenkombination ⌈Strg⌉ + ⌈1⌉, um das Dialogfenster *Zellen formatieren* aufzurufen.

5. Wechseln Sie auf die Registerkarte *Zahlen*.

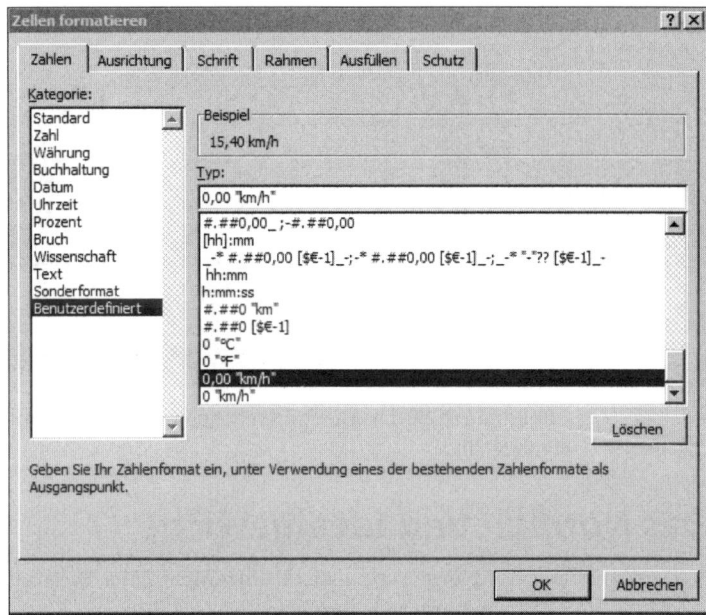

Abbildung 2.28: Die benutzerdefinierte Formatierung 0,00 "km/h"

6. Stellen Sie im Listenfeld *Kategorie* den Eintrag *Benutzerdefiniert* ein.

7. Geben Sie im Feld *Typ* das benutzerdefinierte Format **0,00 "km/ h"** an.

8. Bestätigen Sie diese Einstellung mit *OK*.

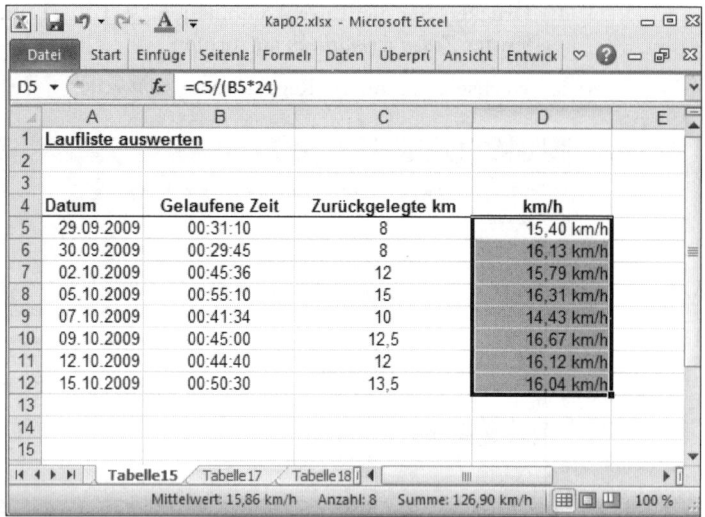

Abbildung 2.29: Die Durchschnittsgeschwindigkeit wird in km/h angegeben

Das Normal- und Idealgewicht

Um das Normal- bzw. das Idealgewicht einer Person zu bestimmen, gibt es mehrere Möglichkeiten.

Die Standard-Methode

Bei der am meisten eingesetzten Methode wird die Körpergröße als Kriterium benötigt. Als Ausgangssituation sehen Sie sich **Abbildung 2.30** an.

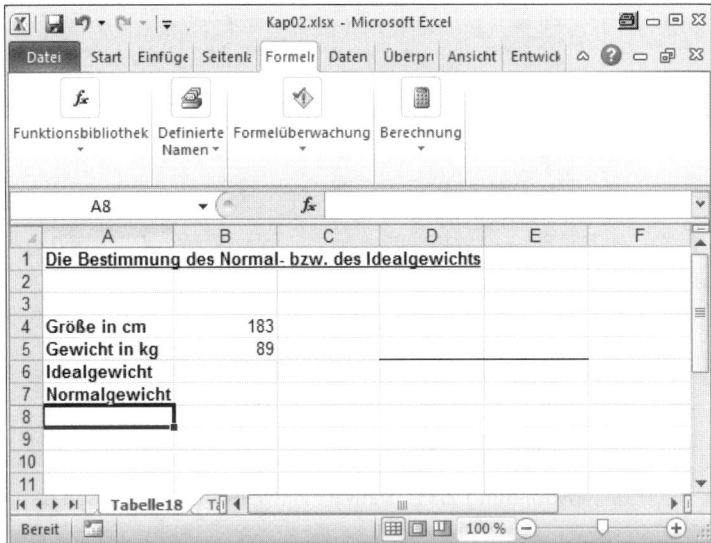

Abbildung 2.30: Die Bestimmung des Idealgewichts

Um nun das Ideal- bzw. das Normalgewicht zu bestimmen, verfahren Sie wie folgt:

1. Schreiben Sie in Zelle **B6** die Formel **=(B4-100)*0,9**.

2. In Zelle **B7** tragen Sie die Formel **=B4-100** ein.

3. In Zelle **D6** ermitteln Sie die absolute Abweichung vom Idealgewicht über die Formel **=B5-B6**.

4. In Zelle **E6** ermitteln Sie die prozentuale Abweichung vom Idealgewicht über die Formel **=1-B5/B6**.

5. In Zelle **D7** ermitteln Sie die absolute Abweichung vom Normalgewicht über die Formel **=B5-B7**.

6. In Zelle **E7** ermitteln Sie die prozentuale Abweichung vom Idealgewicht über die Formel **=1-B5/B7**.

7. Formatieren Sie die beiden Zellen **E6** und **E7** über das Dialogfenster *Zellen formatieren* über die Kategorie *Prozent*.

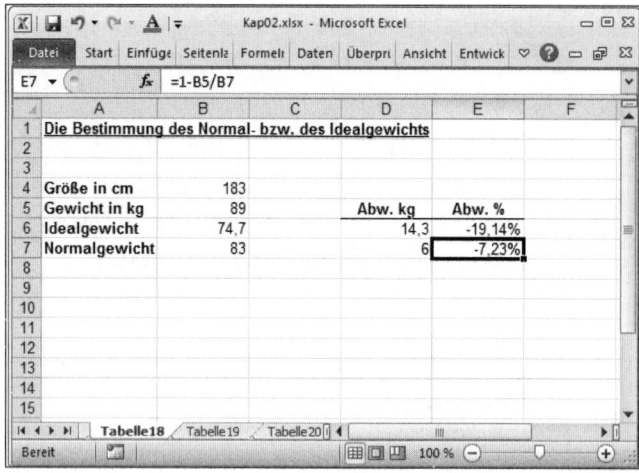

Abbildung 2.31: Schwarz auf weiß – die Testperson ist übergewichtig

Die BMI-Methode

Bei der zweiten Methode BMI (Body-Mass-Index) zur Gewichts-Standortbestimmung wird ebenfalls von der Körpergröße einer Person ausgegangen. Die dazu benötigte Formel sowie die Auswertung dieses Indexes sehen Sie in **Abbildung 2.32**.

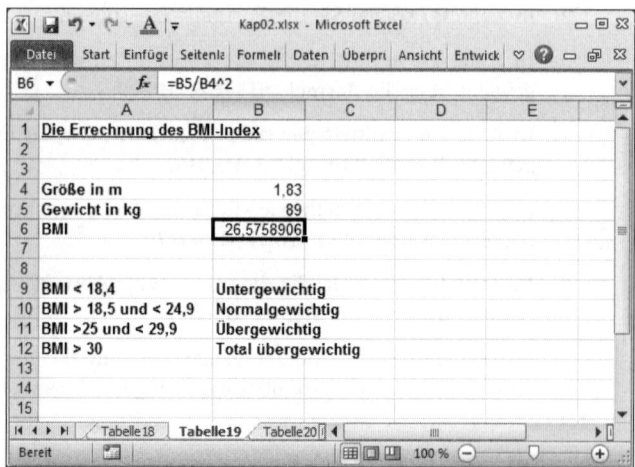

Abbildung 2.32: Auch hier wird das Ergebnis bestätigt: Die Testperson ist übergewichtig

Den Benzinverbrauch ausrechnen

Bei der nächsten Aufgabe soll der durchschnittliche Benzinverbrauch auf 100 km ausgerechnet werden. Dazu liegt Ihnen folgende Tabelle aus **Abbildung 2.33** vor:

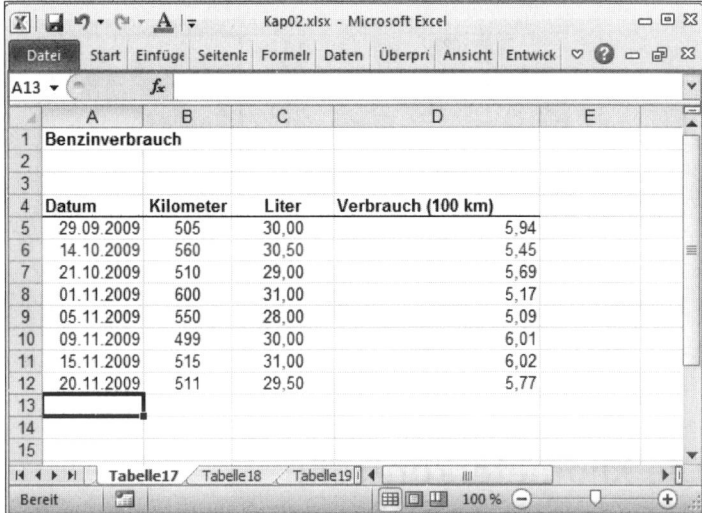

Abbildung 2.33: Wie viele Liter Benzin werden auf 100 km gebraucht?

Um diese Aufgabe zu lösen, verfahren Sie wie folgt:

1. Markieren Sie den Zellenbereich **D5:D12**.

2. Schreiben Sie die Formel **=C5/B5*100**.

3. Bestätigen Sie die Eingabe der Formel über die Tastenkombination ⌷Strg⌷ + ⌷↵⌷.

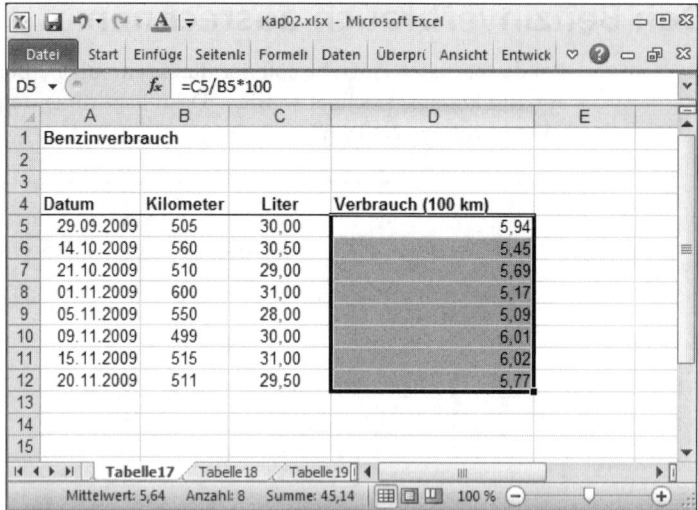

Abbildung 2.34: Der Durchschnittsverbrauch liegt zwischen 5 und 6 Liter Benzin auf 100 km

Die Kilometerkontrolle

Stellen Sie sich vor, Sie haben vor ca. zwei Jahren ein neues Auto gekauft. Seit dieser Zeit sind Sie insgesamt 34.567 km gefahren. Wie stellen Sie nun fest, wie viele Kilometer Sie im Schnitt täglich fahren?

Sehen Sie sich dazu zuerst noch die **Abbildung 2.35** an.

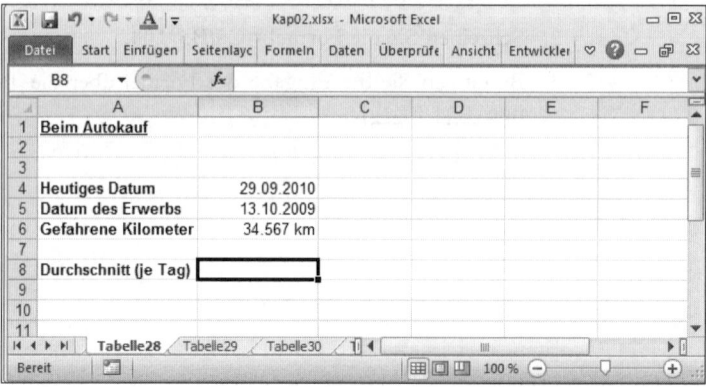

Abbildung 2.35: Wie viele Kilometer fahren Sie am Tag?

Die Zellen **B6** und **B8** wurden über das benutzerdefinierte Format #.##0 "km" formatiert. Um diese Aufgabe zu lösen, schreiben Sie in die Zelle **B8** die Formel =B6/(B4-B5).

Wenn Sie die Zelle **B8** markieren und danach die Taste F2 drücken, werden alle an der Formel beteiligten Zellen in verschiedenen Farben umrandet.

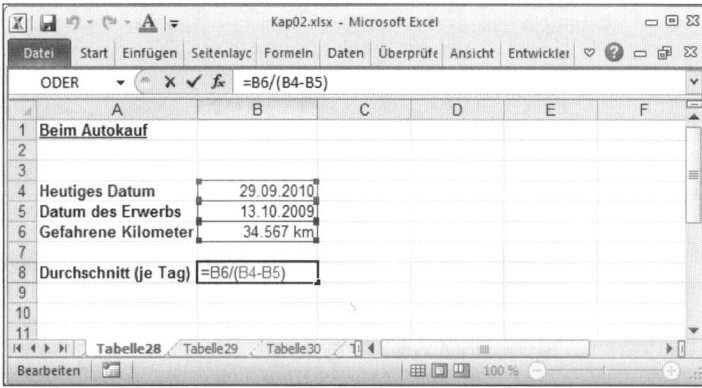

Abbildung 2.36: Über den Trick mit der Taste F2 können Formeln nachträglich noch einmal kontrolliert werden

Eine eigene Datumsleiste erstellen

Möchten Sie gerne einen Kalender in einer Excel-Tabelle darstellen, dann können Sie wie folgt vorgehen:

1. Setzen Sie den Mauszeiger in die Zelle **A1**.

2. Drücken Sie die Tastenkombination Strg + ⎵, um das aktuelle Tagesdatum einzufügen.

3. In Zelle **B1** schreiben Sie die Formel =A1+1.

4. Ziehen Sie das Ausfüllkästchen der Zelle **B1** nach rechts bis zur Zelle **G1**.

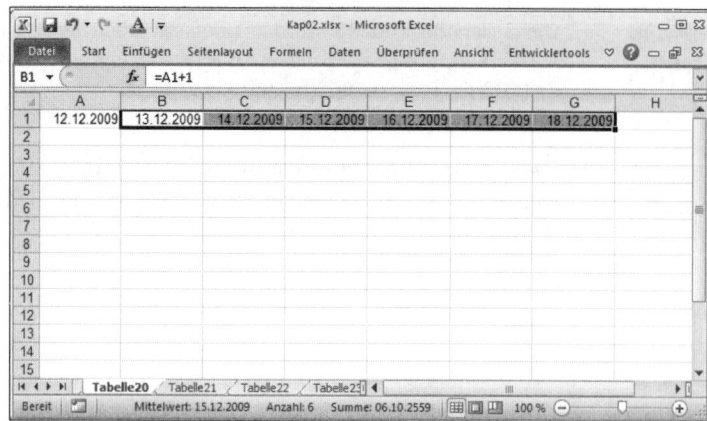

Abbildung 2.37: Eine dynamische Datumsleiste in Excel

Wenn Sie nun in Zelle **A1** ein anderes Datum eingeben, werden die Zellen **B1** bis **G1** automatisch aktualisiert. Selbstverständlich können Sie auch eine andere Schrittweite angeben. Möchten Sie beispielsweise einen Wochenrhythmus, dann geben Sie in Zelle **B1** die Formel =A1+7 ein und kopieren diese Zelle nach rechts bis in Zelle **G1**.

Eine eigene Zeilennummerierung

Standardmäßig bietet Excel in einer Tabelle bereits eine Zeilennummerierung in Form der Zeilenbeschriftungen an. Dabei können in einer Tabelle bis zu 1.048.576 Zeilen angesprochen werden. Diese vorgegebene Zeilenbeschriftung kann beispielsweise auch mit ausgedruckt werden, indem Sie wie folgt vorgehen:

1. Klicken Sie im Ribbon *Seitenlayout* auf das Symbol rechts unten.

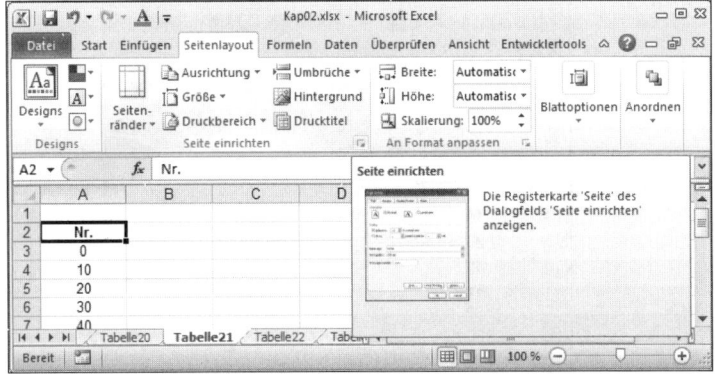

Abbildung 2.38: Eine dynamische Zeilennummerierung in Excel

2. Wechseln Sie im Dialogfenster *Seite einrichten* auf die Registerkarte *Tabelle*.

3. Aktivieren Sie das Kontrollkästchen *Zeilen- und Spaltenüberschriften*.

4. Bestätigen Sie diese Einstellung mit *OK*.

Bei dieser Einstellung werden auf dem Ausdruck sowohl die Zeilenwie auch die Spaltenüberschriften ausgedruckt.

Möchten Sie eine eigene Zeilennummerierung in einer Tabelle vornehmen, die beispielsweise mit der Schrittweite 10 durchnummeriert wird, dann befolgen Sie die nächsten Arbeitsschritte:

1. Geben Sie in einer neuen Tabelle in Zelle **A2** den Text **Nr.** ein.

2. In Zelle **A3** wird der Startwert **0** eingetragen.

3. Markieren Sie danach den Zellenbereich **A4:A16**.

4. Geben Sie die Formel **=A3+10** ein.

5. Bestätigen Sie diese Eingabe über die Tastenkombination ⌨Strg⌨ + ⌨↵⌨.

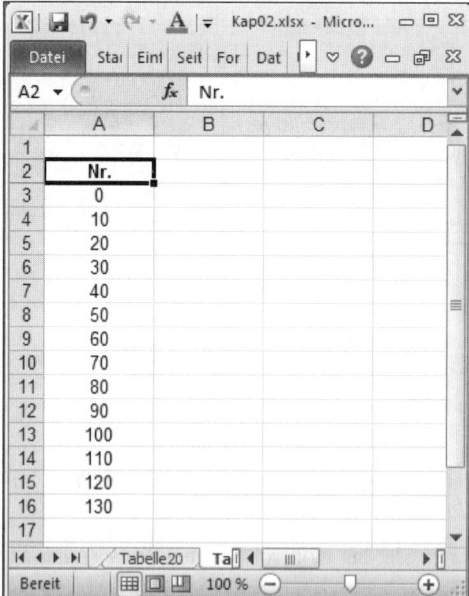

Abbildung 2.39: Die eigene Zeilennummerierung mit 10er-Schritten

Einen Stundenplan erstellen

Im nächsten Beispiel soll eine Liste mit vollen Stunden erstellt werden. Dazu erfassen Sie in einer neuen Tabelle in Zelle **A3** die Startuhrzeit, beispielsweise **7:00**. Danach verfahren Sie wie folgt:

1. Markieren Sie den Zellenbereich **A4:A14**.

2. Erfassen Sie die Formel **=A3+(1/24)**.

3. Übertragen Sie diese Formel in alle anderen Zellen der Markierung, indem Sie die Tastenkombination ⌊Strg⌋ + ⌊⏎⌋ drücken.

4. Rufen Sie das Dialogfenster *Zellen formatieren* über die Tastenkombination ⌊Strg⌋ + ⌊1⌋ auf.

5. Wählen Sie im Listenfeld *Kategorie* den Eintrag *Benutzerdefiniert*.

6. Erfassen Sie im Feld *Typ* das benutzerdefinierte Format **[hh]:mm**.

7. Bestätigen Sie Ihre Einstellung mit *OK*.

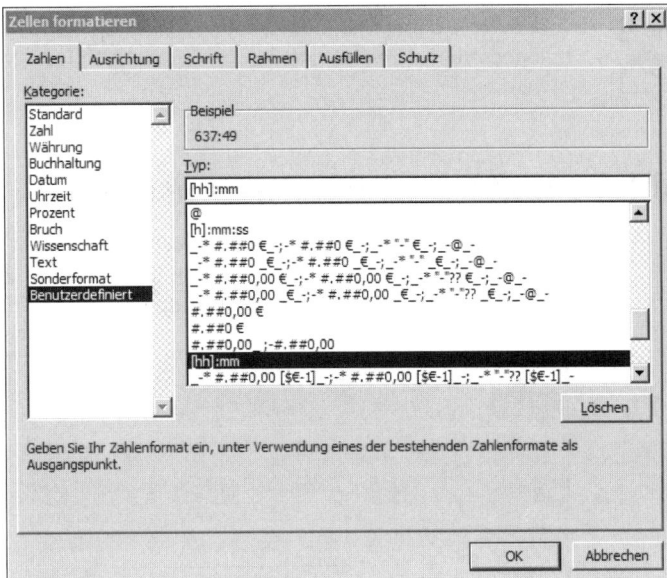

Abbildung 2.40: Das richtige Format zuweisen

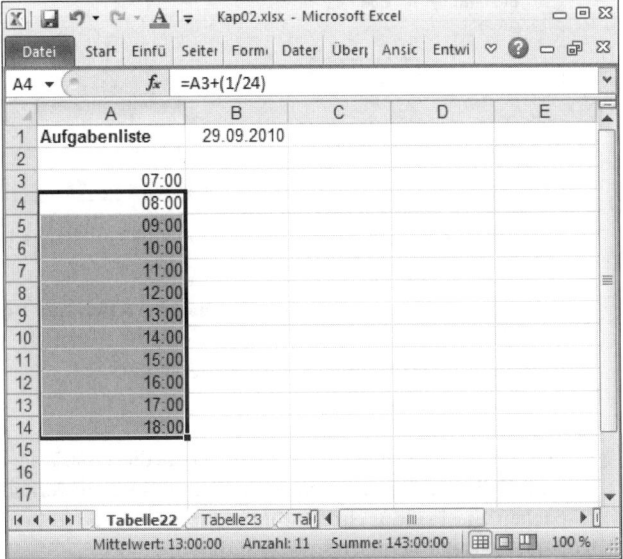

Abbildung 2.41: Die dynamische Zeitliste

Der Vorteil dieser Methode ist, dass Sie die Startzeit in Zelle **A3** ändern können und damit automatisch die Zellen **A4** bis **A14** mit geändert werden.

Zahlen, Texte und Bezüge mischen

Eine interessante Aufgabe besteht auch darin, einen Text in einer Zelle zu erfassen und dabei einzelne Zellenbezüge zu integrieren. Sehen Sie sich als Vorbereitung **Abbildung 2.42** an.

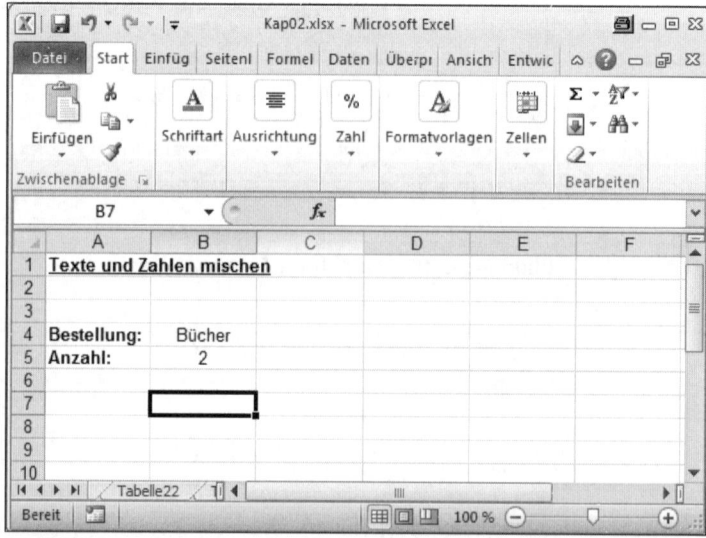

Abbildung 2.42: Zellenbezüge sollen in einen Text eingebunden werden

Schreiben Sie nun den Satz: **»Sie haben 2 Bücher bestellt!«** in die Zelle **B7**. Dabei sollen die Zellen **B4** und **B5** in den Text eingebunden werden. Die dazu notwendige Formel lautet:

="Sie haben " & B5 & " " & B4 & " bestellt!"

Der Verkettungsoperator & dient dazu, die einzelnen Teile wie Text und Zellenbezüge zusammenzuführen. Den unveränderlichen Text packen Sie in doppelte Anführungszeichen, die Zellenbezüge schließen Sie in die Verkettungsoperatoren ein.

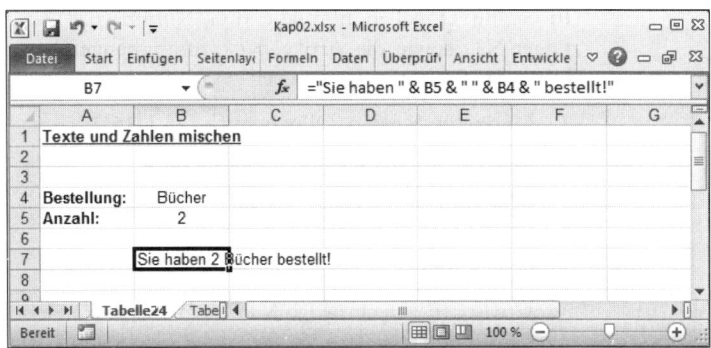

Abbildung 2.43: Mühelos werden Texte und Bezüge miteinander vermischt

Mehrere Spalten miteinander verbinden

In der nächsten Aufgabe liegt eine Tabelle mit mehreren Spalten vor. Diese Tabelle in **Abbildung 2.44** enthält diverse Nummern, die zusammengeführt werden sollen.

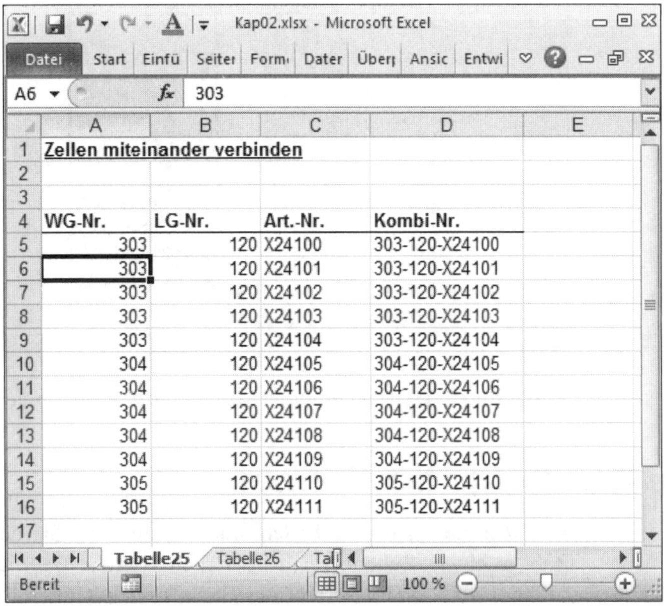

Abbildung 2.44: Drei verschiedene Nummernkreise

In Spalte **D** sollen nun alle drei Nummern (Warengruppen-Nr., Lager-Nr., sowie die Artikel-Nr.) zusammengeführt werden. Dabei gehen Sie folgendermaßen vor:

1. Markieren Sie den Zellenbereich **D5:D16**.

2. Erfassen Sie die Formel **=A5&B5&C5**.

3. Schließen Sie die Formel ab, indem Sie die Tastenkombination [Strg] + [⏎] drücken.

Soll zwischen den einzelnen Nummern jeweils ein Bindestrich gesetzt werden, dann erweitern Sie die Formel wie folgt:

=A5& "-" & B5 & "-" &C5

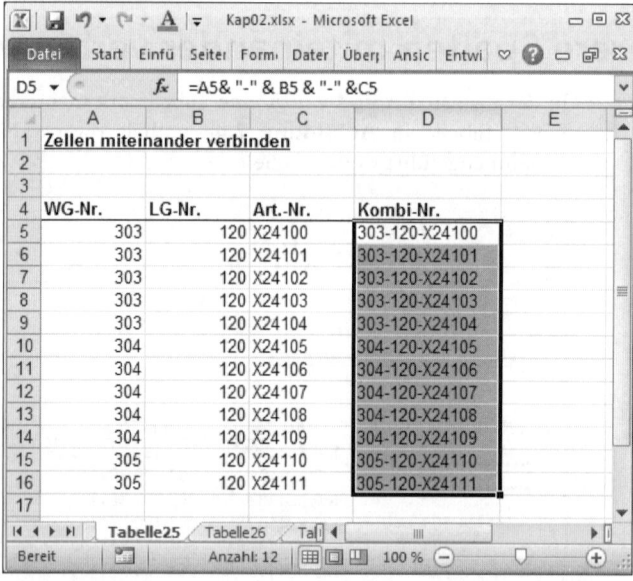

Abbildung 2.45: Die Kombi-Nr. wurde aus drei Einzelnummern gebildet

Die Rangfolge bestimmen

In Excel gibt es eine Tabellenfunktion, über die Sie den Rang einer Zahl in einem Zellenbereich feststellen können. Bei dieser Tabellenfunktion, die Sie im Verlauf des Buches noch kennen lernen werden, erfolgt die Rangfolgennummerierung wie folgt:

Wert	Rang
10	1
11	2
12	3
12	3
13	5

Tabelle 2.1: Die normale Rangfolge

Da der Wert 12 gleich zweimal in der Tabelle vorkommt, wird der Rang 3 ebenso zweimal vergeben. Daher wird dem Wert 13 der Rang 5 zugewiesen.

Gesucht ist nun aber eine Lösung, die wie folgt in Excel umgesetzt wird:

Wert	Rang
10	1
11	2
12	3
12	3
13	4

Tabelle 2.2: Die angepasste Reihenfolge

Um die Rangfolge in Excel darzustellen, wie sie in **Tabelle 2** aufgezeigt wird, gehen Sie wie folgt vor:

1. Geben Sie in die Zelle **B5** den Wert 1 ein.

2. Markieren Sie danach den Zellenbereich **B6:B13**.

3. Erfassen Sie die Formel **=B5+(A5<A6)**.

4. Schließen Sie die Formel über die Tastenkombination [Strg] + [↵] ab.

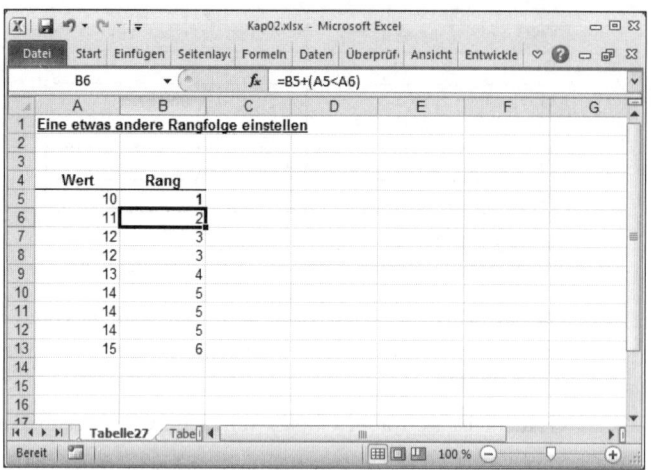

Abbildung 2.46: Die etwas andere Rangfolge in Excel

Aktien – Erst runter, dann rauf

Stellen Sie sich vor, Sie haben eine Aktie für 100 Euro gekauft. Nach einem halben Jahr sinkt der Wert der Aktie um 15%. Um wie viel Prozent muss Ihre Aktie dann steigen, um wieder auf den ursprünglichen Wert von 100 Euro zu kommen? Da von einem kleineren Wert der Aktie bei der Rückwärtsrechnung ausgegangen wird, muss der Prozentwert für den Zuwachs natürlich höher sein.

In **Abbildung 2.47** sehen Sie, wie Sie diese Aufgabe anpacken müssen.

Die Formel in Zelle **A7** lautet:

=A6/(1-A6)

Um also einen Verlust von **15%** auszugleichen, muss ein anschließender Zuwachs von **17,65%** erfolgen. Kontrollieren können Sie diese Formel, indem Sie die Formel mit Werten füllen.

Geben Sie dazu in Zelle **C5** den Ausgangswert der Aktie ein. Danach erfassen Sie die beiden folgenden Formeln in den Zellen **C6** und **C7**:

✓ Die Formel für den Verlust in Zelle **C6** lautet: **=C5-(C5*$A$6)**

✓ Die Formel für den Gewinn in Zelle **C7** lautet: **=C6+(C6*$A$7)**

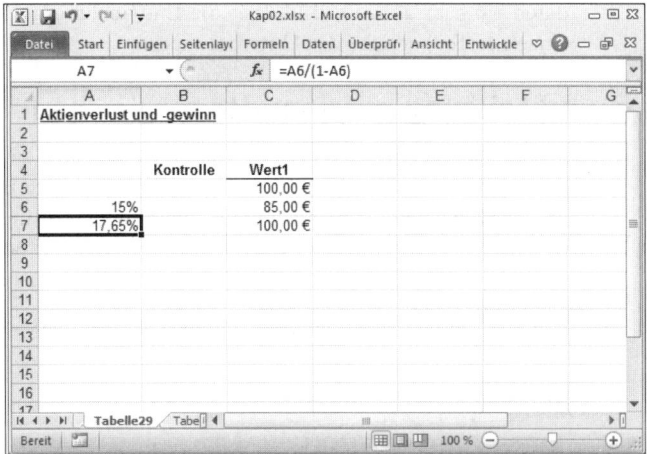

Abbildung 2.47: Verluste bei Aktien wieder ausgleichen

Wirtschaftlichkeitskennzahlen erstellen

Zu den wichtigsten Themen in Unternehmen gehört die Kosten- und Leistungsrechnung. Dabei werden die Kosten einer abgelaufenen Periode erfasst und abgerechnet. Dazu ist es wichtig, dass die Daten richtig erfasst werden. Achten Sie darauf, dass Sie zeitgenau buchen und die Kosten und Leistungen verursachergerecht den einzelnen Kostenstellen/Produkten zuordnen.

Eine wichtige Unterscheidung bei den Kosten liegt darin, dass manche Kosten fix und andere Kosten variabel sind. Die variablen Kosten steigen bzw. sinken mit zunehmenden bzw. fallenden Produktionsmengen. Die fixen Kosten sind mengenunabhängig und bleiben, wie der Name schon sagt, konstant. Im Fachjargon spricht man daher gerne von »Eh da«-Kosten.

Selbstverständlich gehört zu diesem Thema auch die Frage nach der Wirtschaftlichkeit von Produkten und ihre Produktivität, die Sie über Kennzahlen ermitteln können. Die Ermittlung von Kennzahlen ist eines der wichtigsten Instrumente eines Unternehmens, um den Plan-Ist-Vergleich zu erleichtern, indem diese als Frühwarnsystem dienen. Sie geben Auskunft über Schwachstellen und geben Ihnen somit die Möglichkeit für ein rechtzeitiges Gegensteuern. Kennzahlen gelten als Orientierungsgrößen, Vorgabe- sowie Stellgrößen für die Unternehmensführung. Sie ermöglichen durch Vergleich der Unternehmensdaten ein sehr genaues Bild über die Entwicklung des Betriebes und einzelner Teilbereiche des Unternehmens.

Kosten und Leistung miteinander vergleichen

Um die Wirtschaftlichkeit von Produkten errechnen zu können, müssen selbstverständlich Daten vorliegen. Das gängigste Beispiel hierfür ist die Wirtschaftlichkeitsrechnung, die aus Kosten und der dazugehörigen Leistung errechnet wird. Dabei werden diese beiden Informationen miteinander verglichen und daraus eine Kennzahl gebildet.

Erfassen Sie zunächst ein paar Daten und orientieren Sie sich dabei an der folgenden **Abbildung 2.48**:

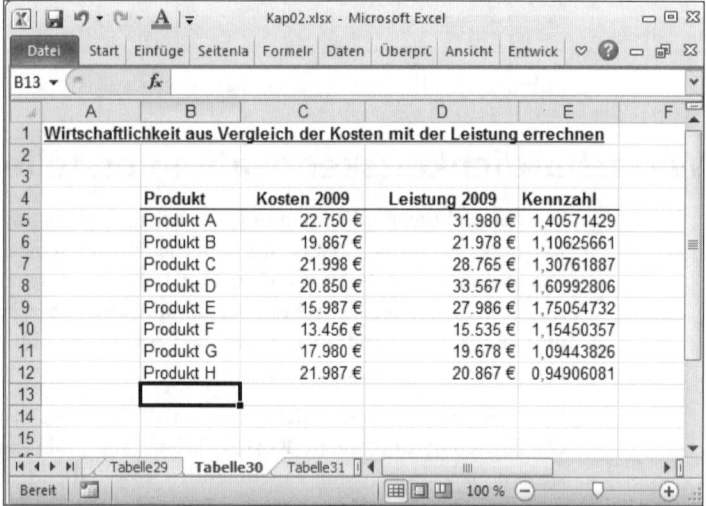

Abbildung 2.48: Kennzahlen für die Wirtschaftlichkeit bilden

Die Wirtschaftlichkeit errechnen Sie, indem Sie die nächsten Arbeitsschritte durchführen:

1. Schreiben Sie in die Zelle **E4** den Text **Kennzahl**.

2. Markieren Sie den Zellenbereich **E5:E12**.

3. Erfassen Sie die Formel **=D5/C5**.

4. Schließen Sie die Eingabe über die Tastenkombination Strg + ⏎ ab.

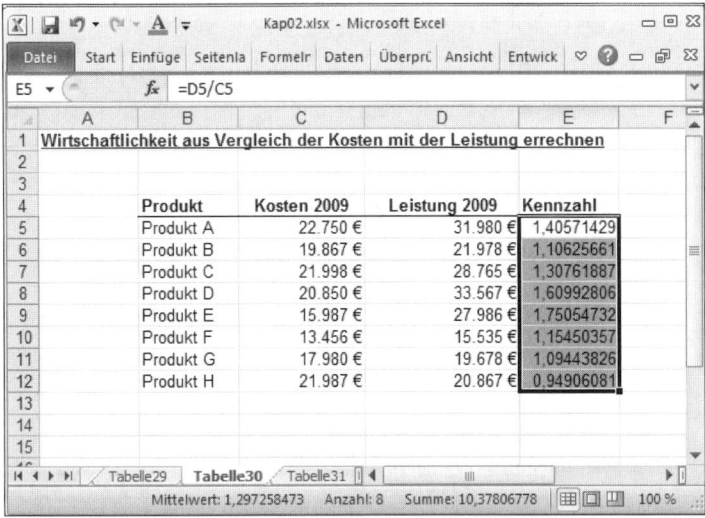

Abbildung 2.49: Das Produkt E ist das wirtschaftlichste

Die Kennzahlen werden wie folgt interpretiert: Die Kennzahl muss auf jeden Fall über 1 sein. Alle Kennzahlen darunter bedeuten, dass die Kosten überwiegen und die Produktion unrentabel ist. Je höher die Kennzahl, desto besser ist die Wirtschaftlichkeit des Produktes. Produkt E ist daher am wirtschaftlichsten.

Kostenwirtschaftlichkeit errechnen

Im nächsten Beispiel errechnen Sie die Kostenwirtschaftlichkeit von Produkten. Dabei stehen Ihnen als Voraussetzung für diese Aufgabe Plan- sowie tatsächliche Istkosten des Vorjahres zur Verfügung. Anhand dieser beiden Angaben errechnen Sie die Kostenwirtschaftlichkeit, indem Sie die Plankosten durch die Istkosten dividieren und somit eine Kennzahl erhalten. Sehen Sie sich dazu **Abbildung 2.50** an.

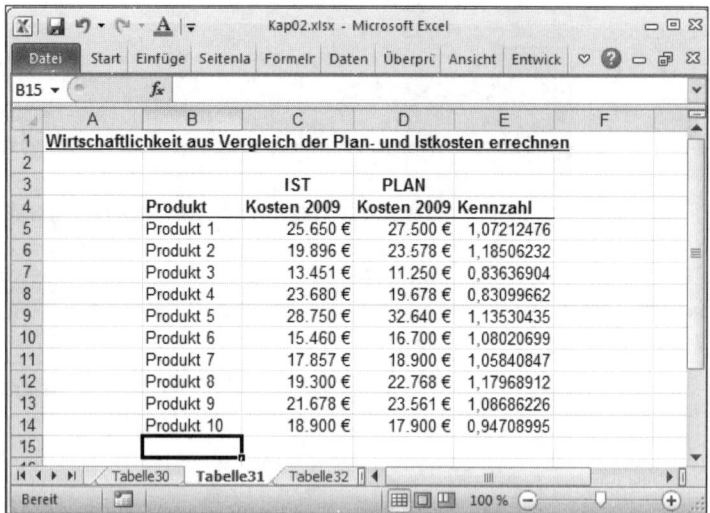

Abbildung 2.50: Die Kostenwirtschaftlichkeit ermitteln

Um die Kostenwirtschaftlichkeit auszurechnen, verfahren Sie wie folgt:

1. Erfassen Sie in Zelle **E4** den Text **Kennzahl**.

2. Markieren Sie den Zellenbereich **E5:E14**.

3. Erfassen Sie die Formel **=D5/C5**.

4. Schließen Sie die Eingabe über die Tastenkombination [Strg] + [↵] ab.

Auch hier können Sie die Kennzahlen wie folgt interpretieren: Die höchste Kostenwirtschaftlichkeit trägt das Produkt 2. Bei diesem Produkt wurden im Vergleich zum Plan am wenigsten Kosten erzeugt. Alle Kennzahlen, die niedriger als der Wert 1 sind, haben keine Kostenwirtschaftlichkeit.

Möchten Sie nicht mit Zellbezügen rechnen, sondern stattdessen mit sprechenden Namen, also beispielsweise Plankosten/Istkosten, dann können Sie in Excel Namen definieren und damit rechnen.

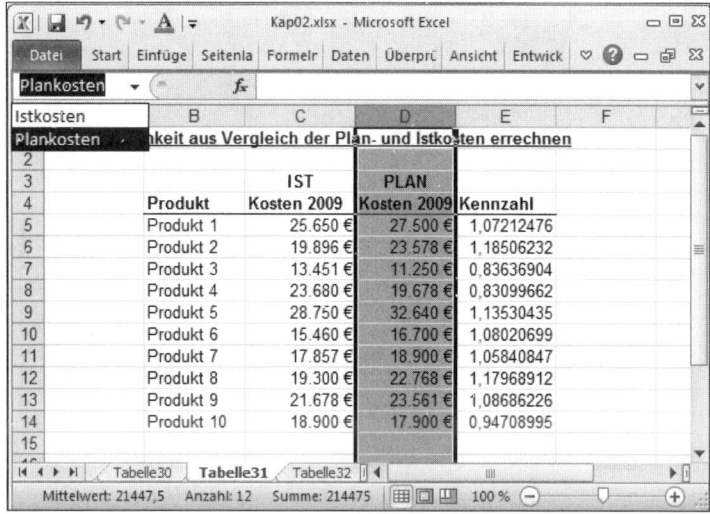

Abbildung 2.51: Produkt 2 ist am wirtschaftlichsten

Um diese Funktion in Excel auszuschöpfen, befolgen Sie die nächsten Arbeitsschritte:

1. Markieren Sie die Spalte **C**, indem Sie auf die Spaltenbeschriftung klicken.

2. Schreiben Sie in das Namensfeld (links oben) den Begriff **Istkosten**.

3. Bestätigen Sie mit ⏎.

4. Markieren Sie jetzt die Spalte **D**.

5. Schreiben Sie in das Namensfeld den Begriff **Plankosten**.

6. Bestätigen Sie mit ⏎.

7. Setzen Sie den Mauszeiger auf Zelle **E5** und erfassen Sie die Formel **=Plankosten/Istkosten**.

Alle eingesetzten Namen in einer Arbeitsmappe können Sie sich ganz schnell anzeigen lassen, indem Sie in der Bearbeitungsleiste das Namensfeld anklicken. Wenn Sie aus diesem Namensfeld einen Namen auswählen, dann markiert Excel automatisch den dazu gehörenden Zellenbereich in der Tabelle.

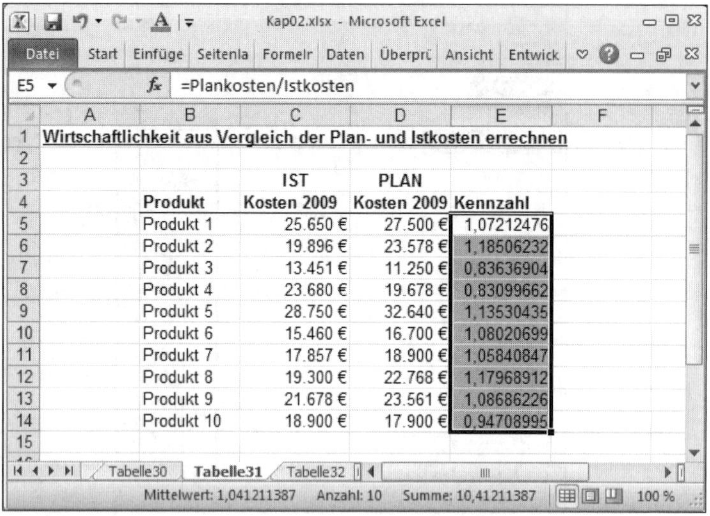

	IST	PLAN	
Produkt	Kosten 2009	Kosten 2009	Kennzahl
Produkt 1	25.650 €	27.500 €	1,07212476
Produkt 2	19.896 €	23.578 €	1,18506232
Produkt 3	13.451 €	11.250 €	0,83636904
Produkt 4	23.680 €	19.678 €	0,83099662
Produkt 5	28.750 €	32.640 €	1,13530435
Produkt 6	15.460 €	16.700 €	1,08020699
Produkt 7	17.857 €	18.900 €	1,05840847
Produkt 8	19.300 €	22.768 €	1,17968912
Produkt 9	21.678 €	23.561 €	1,08686226
Produkt 10	18.900 €	17.900 €	0,94708995

Abbildung 2.52: Etwas leichter verständliche Formeln erstellen

Die Arbeitszeit-Produktivität errechnen

Im nächsten Beispiel errechnen Sie die Produktivität von Produkten. Dabei stehen Ihnen jeweils die Stückzahlen sowie die dafür benötigten Arbeitsstunden als Daten zur Verfügung. Sehen Sie sich dazu folgende Tabelle aus **Abbildung 2.53** an:

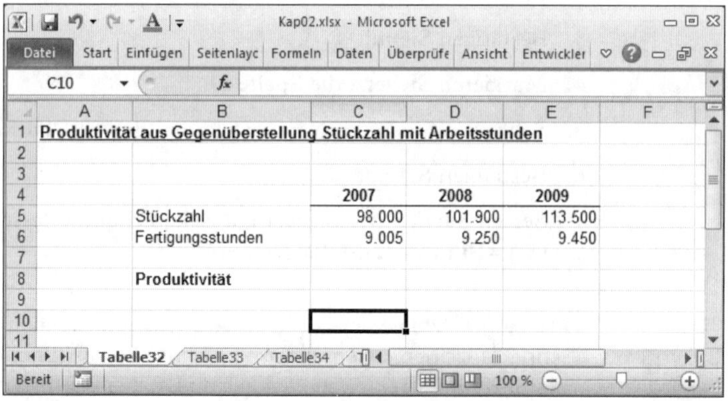

	2007	2008	2009
Stückzahl	98.000	101.900	113.500
Fertigungsstunden	9.005	9.250	9.450
Produktivität			

Abbildung 2.53: Die Arbeitszeit-Produktivität ermitteln

Um die Arbeitszeit-Produktivität zu ermitteln, befolgen Sie die nächsten Arbeitsschritte:

1. Markieren Sie den Zellenbereich **C8:E8**.

2. Erfassen Sie die Formel **=C5/C6**.

3. Schließen Sie die Formel über die Tastenkombination ⌨Strg⌨ + ⌨⏎⌨ ab.

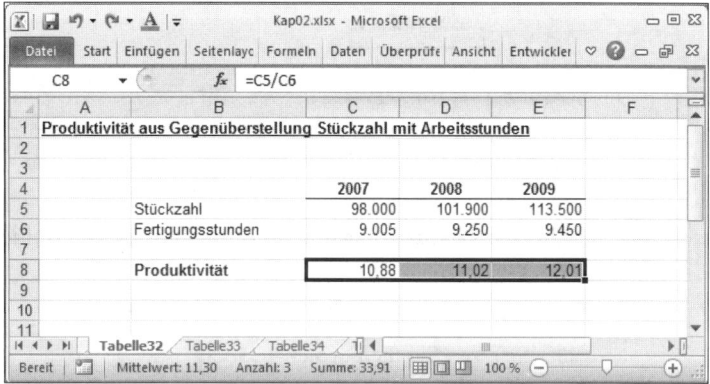

Abbildung 2.54: Im Jahr 2009 wurde wirtschaftlicher produziert

Wie Sie sehen, wurden im Jahr 2009 12,01 Stück/Stunde produziert. Dieser Wert ist produktiver als der Wert der Jahre zuvor.

Die Rohstoff-Produktivität errechnen

Eine andere Art der Produktivitätsrechnung ist es, die Produktivität des Materialeinsatzes auszuweisen. Für diese Aufgabe stehen Ihnen die Stückzahlen sowie das dafür eingesetzte Material als auswertbare Daten zur Verfügung. Sehen Sie sich dazu die Tabelle aus **Abbildung 2.55** an.

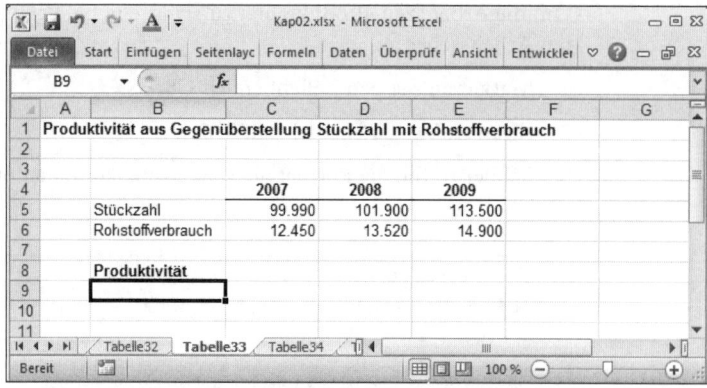

Abbildung 2.55: Die Rohstoff-Produktivität ausrechnen

Um die Produktivität des Rohstoffeinsatzes zu ermitteln, gehen Sie wie folgt vor:

1. Markieren Sie den Zellenbereich **C8:E8**.

2. Erfassen Sie die Formel **=C5/C6**.

3. Schließen Sie die Formel über die Tastenkombination [Strg] + [⏎] ab.

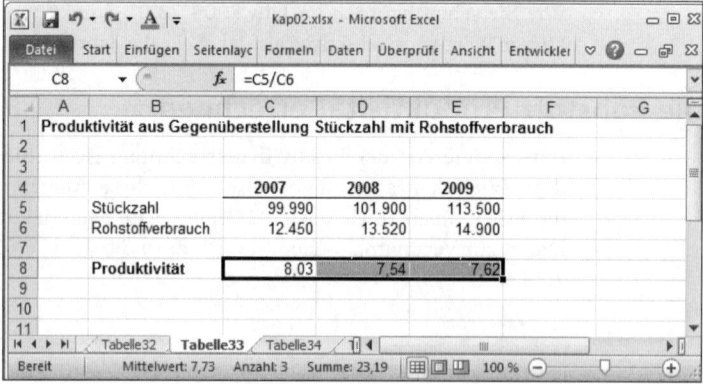

Abbildung 2.56: Im Jahr 2007 wurde am besten produziert

Im vorliegenden Beispiel wurde im Jahr 2007 eine bessere Produktion erreicht. Es wurden ca. 8 Produkte aus einer Rohstoffeinheit erzeugt.

Die Zielwertsuche

Stellen Sie sich vor, Sie müssten ein bestimmtes Produkt in einer vorgegebenen Menge produzieren. Für Sie direkt ist interessant, wie viele Einheiten Sie tatsächlich produzieren müssen, um die gewünschte Anzahl auch wirklich am Ende der Produktionskette zur rechten Zeit dem Kunden ausliefern zu können. Sie haben erfahrungsgemäß immer einen bestimmten Anteil von minderwertigen Artikeln bei der Produktion. Wenn Sie in mehreren Produktionsstufen arbeiten, haben Sie am Ende unter Umständen einen recht erheblichen Ausschuss Ihrer Artikel. Einige dieser minderwertigen Artikel können Sie nacharbeiten und eventuell wieder verwenden. Dies kostet aber Zeit und daher können Sie diese Artikel vorab aus Ihrer Kalkulation abziehen. Die Artikel, die von vornherein durch die Sichtprüfung fallen, können Sie gleich abschreiben. Um die tatsächlich gebrauchte Produktionsmenge kalkulieren zu können, basteln Sie sich ein kleines Excel-Modell, das Ihnen diese Arbeit abnimmt.

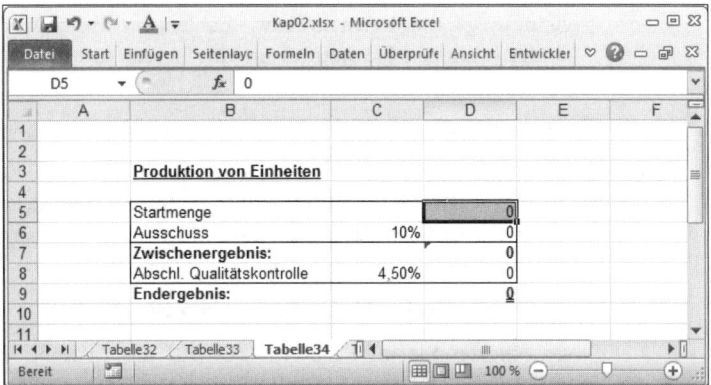

Abbildung 2.57: Der Rohbau des Modells

Erfassen Sie in diesem Modell nun folgende Werte/Formeln:

1. In Zelle **D5** wird die Startmenge eingegeben. Mit dieser geplanten Menge fangen Sie also an zu produzieren.

2. In Zelle **C6** haben Sie aus Erfahrung heraus eine eigene Kennzahl gebildet, die dem durchschnittlichen Ausschuss bei der Produktion entspricht. Dieser Wert muss bei diesem Modell als Prozentwert erfasst werden.

3. Subtrahieren Sie jetzt diesen Prozentsatz von der Startmenge, indem Sie in Zelle **D6** die Formel **=D5*C6** eingeben.

4. Als Zwischenergebnis in Zelle **D7** erfassen Sie die Formel **=D5-D6**.

5. In Zelle **C8** können Sie einen weiteren Prozentsatz für den Ausschuss eingeben. Damit ist der Ausschuss gemeint, der direkt nach der Produktion, also am Ende, durch die Qualitätskontrolle fällt. Tragen Sie auch hier einen Prozentsatz ein.

6. Erfassen Sie danach in Zelle **D8** die Formel **=D7*C8**.

7. Um das Endergebnis zu erhalten, schreiben Sie in Zelle **D9** die Formel **=D7-D8**.

Wenn Sie das bisherige Modell betrachten, werden Sie feststellen, dass demnach eine Rückwärtsrechnung durchgeführt werden muss, um zur geforderten Produktionsausgangsmenge zu kommen. Der richtige Wert muss dabei in Zelle **D5** eingetragen werden, damit in Zelle **D9** das gewünschte Resultat angezeigt wird. Dazu brauchen Sie keineswegs die Formeln bzw. Zahlen im Excel-Modell direkt zu ändern. Nutzen Sie stattdessen eine bereits integrierte Funktion von Excel.

Diese Funktion heißt *Zielwertsuche* und befindet sich im Ribbon *Daten*.

Um nun garantieren zu können, dass Sie die geforderten Artikel zur rechten Zeit liefern können, setzen Sie die Zielwertsuche ein. Dabei befolgen Sie die nächsten Arbeitsschritte:

1. Setzen Sie den Mauszeiger in die Zelle **D9**.

2. Klicken Sie im Ribbon *Daten* auf das Symbol *Was-wäre-wenn-Analyse*.

3. Wählen Sie danach den Befehl *Zielwertsuche*.

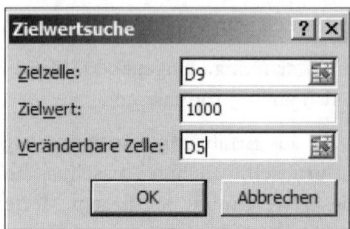

Abbildung 2.58: Die Zielwertsuche einsetzen

4. Im Feld *Zielzelle* geben Sie den Zellenbezug **D9** ein.

5. Im Feld *Zielwert* setzen Sie die geforderten **1000** Einheiten ein.

6. Im Feld *Veränderbare Zelle* geben Sie den Zellenbezug **D5** ein.

7. Klicken Sie auf *OK*, um die Zielwertsuche zu starten.

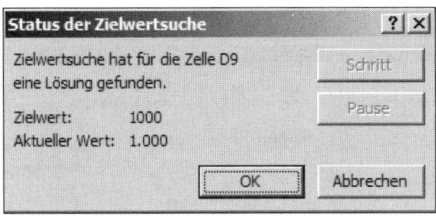

Abbildung 2.59: Das Ergebnis der Suche annehmen oder verwerfen

8. Klicken Sie auf *OK*.

Die Zielwertsuche setzt nun einen passenden Wert in Zelle **D5** ein.

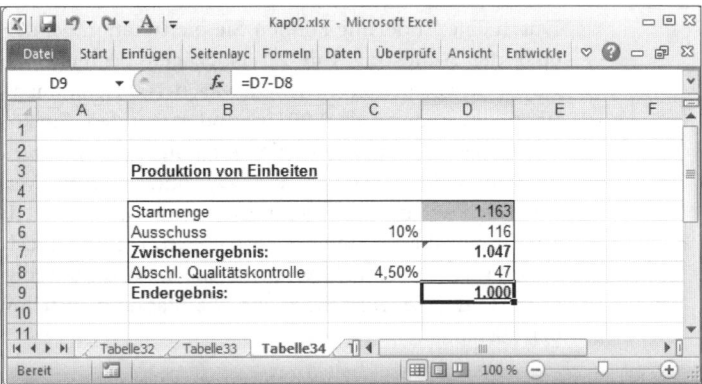

Abbildung 2.60: Um 1.000 Einheiten zu produzieren, müssen 1.163 als Startmenge eingetragen werden

Bei der Zielwertsuche wird das gewünschte Ergebnis vorgegeben (Zielwert), das durch die Formel in der angegebenen Zelle (Zielzelle) errechnet werden soll. Der Parameter, der dazu variiert wird, befindet sich in der Zelle, die als veränderbare Zelle anzugeben ist. Bei der Ermittlung des Wertes wird iterativ vorgegangen, das heißt, das Ergebnis ist unter Umständen nur ein Näherungsergebnis.

Die Genauigkeit der Zielwertsuche hängt übrigens von der Einstellung ab, die Sie wie folgt vornehmen können:

1. Klicken Sie auf die Schaltfläche *Datei* links oben.

2. Klicken Sie auf die Schaltfläche *Optionen*.

3. Wählen Sie die Kategorie *Formeln*.

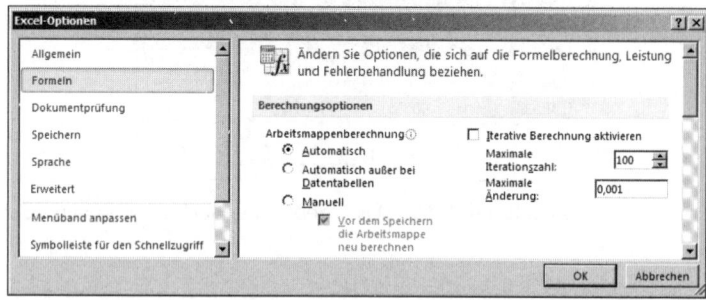

Abbildung 2.61: Die Iteration einstellen

Durch eine Änderung können Sie die Iteration bei der Zielwertsuche oder der Auflösung von Zirkelbezügen begrenzen. Standardmäßig stoppt Microsoft Excel entweder nach 100 Iterationen oder wenn alle Werte um weniger als 0,001 verändert wurden. Sie können die Iteration anpassen, indem Sie die Werte im Feld *Maximale Iterationszahl* oder im Feld *Maximale Änderung* ändern. Eine Veränderung hier wirkt sich auf die Berechnungsgeschwindigkeit aus, das heißt, wenn Sie die Anzahl der Iterationen erhöhen, rechnet Excel zwar noch genauer, was auf der anderen Seite jedoch auch ein wenig länger dauern kann. In der Regel reicht es aus, die Standardeinstellungen von Excel beizubehalten.

Mit negativen Stundenwerten arbeiten

Ein Sonderfall, der unbedingt erwähnt werden muss, ist, dass Excel standardmäßig Probleme hat, negative Zeitwerte anzuzeigen. Sehen Sie sich dazu **Abbildung 2.62** an.

Abbildung 2.62: Die Formel kann nicht dargestellt werden

Normalerweise müsste bei der Formel aus **Abbildung 2.62** das Ergebnis -00:30 herauskommen. Excel zeigt jedoch nur Lattenzäune an.

Um Excel zur Anzeige des richtigen Ergebnisses zu bewegen, befolgen Sie die nächsten Arbeitsschritte:

1. Klicken Sie auf die Schaltfläche *Datei* links oben.

2. Klicken Sie auf die Schaltfläche *Optionen*.

3. Wählen Sie die Kategorie *Erweitert*.

4. Aktivieren Sie das Kontrollkästchen *1904-Datumswerte verwenden*.

5. Bestätigen Sie mit *OK*.

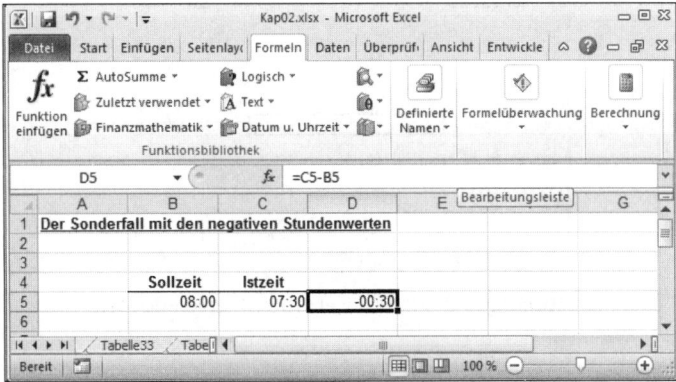

Abbildung 2.63: Das Ergebnis kann nun angezeigt werden

Microsoft Excel interpretiert Datumswerte intern als Zahlenwerte. Damit kann man leichter rechnen. Die Zeitzählung beginnt bei Excel standardmäßig am 01.01.1900. Dieses Datum entspricht der Zahl 1. Wenn Sie zum Beispiel das Datum 30.09.2009 eingeben und diese Zelle dann mit dem Format *Standard* belegen, so liefert Ihnen dieses Datum die Zahl 40086, sofern das normale Datumssystem eingestellt wurde.

Ist das Datumssystem *1904-Datumswerte* eingestellt, dann beginnt die Zeitrechnung in Excel am 1.1.1904. Dieses Datum entspricht dann dem Wert 1. So würde das Datum vom 30.09.2009 der Zahl 38624 entsprechen.

Vorsicht aber beim Umstellen des Datumssystems. Durch die Umstellung ändern sich automatisch auch alle erfassten Datumseingaben.

Den Fertigstellungsgrad errechnen

In der folgenden Aufgabe soll der Fertigstellungsgrad einer Produktion errechnet werden. Dazu sehen Sie sich **Abbildung 2.64** an.

	A	B	C	D	E	F
1	Fertigstellungsgrad					
2						
3	Datum	Produzierte Artikel				
4	29.09.2010	25		Bisher produziert	52	
5	30.09.2010	27		Ziel	150	
6						
7						
8						
9						
10				Noch fehlend abs.		
11				Noch fehlend proz.		
12						
13				Schon produziert		
14						
15						

Abbildung 2.64: Wie viel Prozent fehlen noch?

Um nun auszurechnen, wie viel Arbeit noch geleistet werden muss, um das Gesamtziel von 150 Artikeln zu produzieren, verfahren Sie wie folgt:

1. Schreiben Sie in Zelle **E10** die Formel **=E5-E4**.

2. In Zelle **E11** erfassen Sie die Formel **=1-E4/E5**.

3. In Zelle **E13** geben Sie die Formel **=100%-E11** ein.

4. Setzen Sie den Zellenzeiger auf die Zelle **E11**.

5. Drücken Sie die Tastenkombination ⌈Strg⌉ + ⌈1⌉, um das Dialog-fenster *Zellen formatieren* aufzurufen.

6. Wechseln Sie auf die Registerkarte *Zahlen*.

7. Im Listenfeld *Kategorie* stellen Sie den Eintrag *Prozent* ein.

8. Bestätigen Sie diese Formatierung mit *OK*.

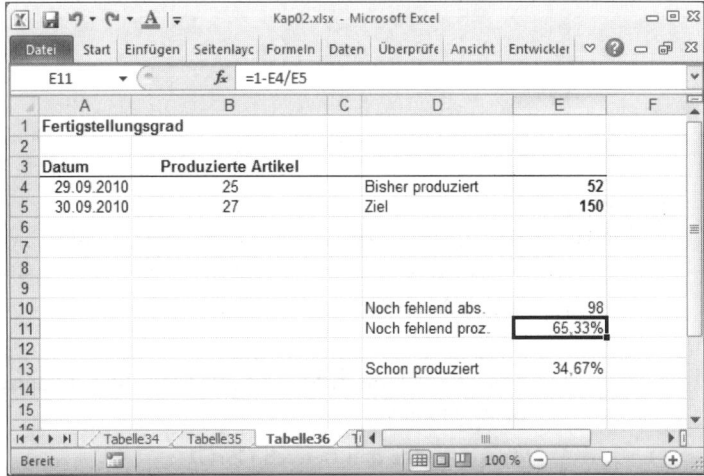

Abbildung 2.65: Es müssen noch 98 Artikel produziert werden

Amerikanische Maße umrechnen

Spätestens beim nächsten Urlaub in den USA werden Sie anstatt mit Litern mit Gallonen bzw. anstatt mit km/h mit mph (miles per hour) konfrontiert. Diese Einheiten können über Formeln beispielsweise in Excel-Tabellen umgerechnet werden.

Geschwindigkeiten umrechnen

Die in Deutschland gebräuchliche Einheit zur Messung von Geschwindigkeiten ist Kilometer pro Stunde. In den USA wird die Geschwindigkeit in Meilen pro Stunde angegeben. Dabei entspricht ein Kilometer genau 0,621371 Meilen. Diese Umrechnung können Sie in einer Excel-Tabelle umsetzen. Sehen Sie sich dazu **Abbildung 2.66** an.

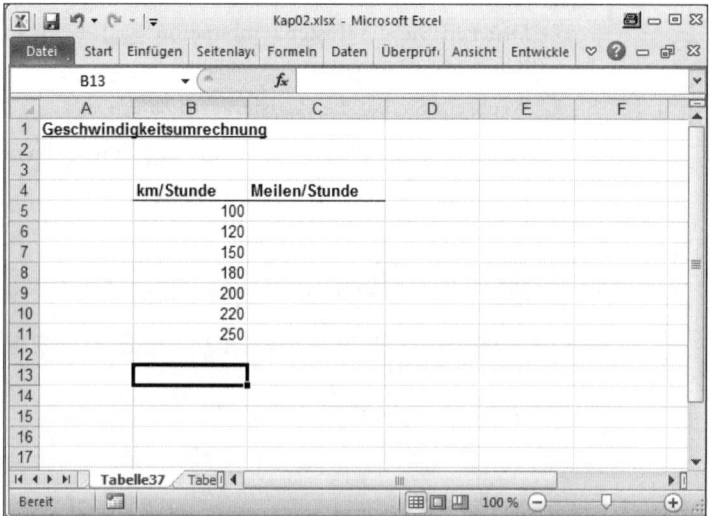

Abbildung 2.66: Kilometer in Meilen umrechnen

Um nun die Kilometer/Stunde in Meilen/Stunde umzurechnen, gehen Sie wie folgt vor:

1. Markieren Sie den Bereich **C5:C11**.

2. Erfassen Sie die Formel **=B5*0,621371**.

3. Schließen Sie die Formel über die Tastenkombination $\boxed{\text{Strg}}$ + $\boxed{\quad\longleftarrow\quad}$ ab.

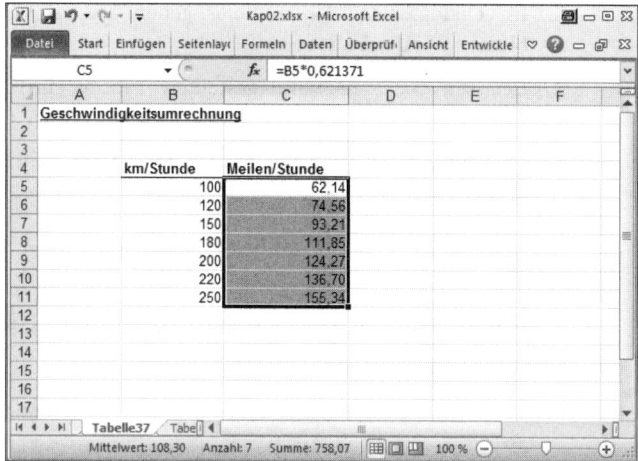

Abbildung 2.67: 100 km/Stunde entsprechen 62 Meilen/Stunde

Bei der Lösung aus **Abbildung 2.67** wird die Konstante **0,621371** in jeder Zelle verwendet. Eine andere Möglichkeit ist, dieser Konstante einen Namen zuzuweisen und diesen dann in der Formel zu verwenden. Um diese Lösung umzusetzen, befolgen Sie die nächsten Arbeitsschritte:

1. Klicken Sie im Ribbon *Formeln* auf die Schaltfläche *Definierte Namen*.

2. Klicken Sie auf die Schaltfläche *Namens-Manager*.

3. Klicken Sie auf die Schaltfläche *Neu*.

Abbildung 2.68: Den Faktor als Namen definieren

4. Im Dialogfenster *Neuer Name* geben Sie im Eingabefeld den Namen **MeilenFaktor** ein.

5. Belassen Sie den voreingestellten Eintrag im Dropdownfeld *Bereich*.

6. Im Feld *Bezieht sich auf* geben Sie den Faktor **=0,621371** ein.

7. Bestätigen Sie mit *OK*.

8. Schließen Sie den *Namens-Manager* mit einem Klick auf die Schaltfläche *Schließen*.

9. Markieren Sie im Anschluss den Zellenbereich **C5:C11**.

10. Erfassen Sie die Formel **=B5*MeilenFaktor**.

11. Schießen Sie die Formel über die Tastenkombination [Strg] + [↵] ab.

Um den umgekehrten Vorgang, also Meilen/Stunde in Kilometer/Stunde umzurechnen, multiplizieren Sie die Meilen mit dem Faktor **1,609344**.

Neben den Meilen pro Stunde gibt es eine weitere typisch amerikanische Einheit zur Messung von Geschwindigkeit. Die Einheit ist Feet/Minute. In Deutschland spricht man eher von Meter/Sekunde. Ein Meter/Sekunde wird dabei in 196,85 Feet/Minute umgerechnet. Ein Fuß (foot, pl. feet) entspricht übrigens genau 0,30479 Meter. In **Abbildung 2.69** wird eine typische Umrechnungstabelle dargestellt.

Sie können diese Aufgabe wie die letzte Aufgabe lösen, indem Sie den Umrechnungsfaktor in eine Zelle schreiben und diese Zelle dann in Ihre Formel einbinden. Dazu befolgen Sie die nächsten Arbeitsschritte:

1. Schreiben Sie in die Zelle **E4** den Umrechnungsfaktor **196,858144**.

2. Schreiben Sie in Zelle **C5** die Formel **=B5*$E$4**.

3. Führen Sie einen Doppelklick auf das Ausfüllkästchen der Zelle **C5** durch, um die Formel nach unten zu kopieren (siehe **Abbildung 2.70**).

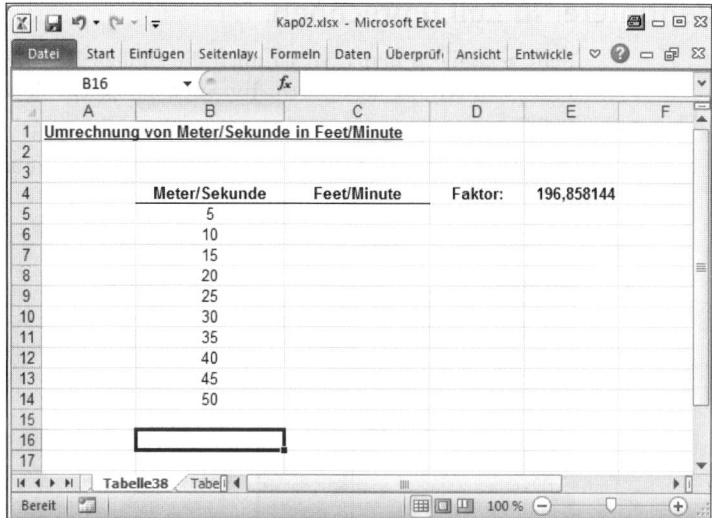

Abbildung 2.69: Meter/Sekunden sollen in Feet/Minute umgerechnet werden

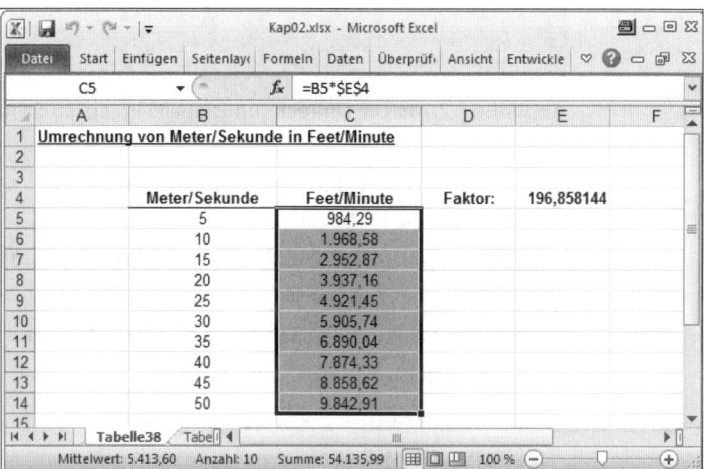

Abbildung 2.70: Eine Zelle mit Absolutbezug in die Formel einbinden

Zentimeter in Zoll umrechnen

Sehr geläufig in den USA ist auch die Einheit Inch (Zoll), um eine kurze Entfernung anzugeben. Ein Inch entspricht dabei 2,54 Zentimeter.

In der Tabelle aus **Abbildung 2.71** sollen Umrechnungen in beide Richtungen durchgeführt werden.

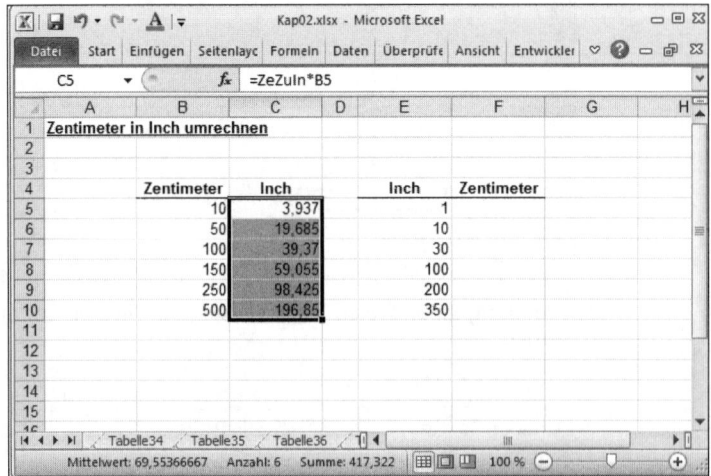

Abbildung 2.71: Die Umrechnungstabelle im ersten Schritt

Bauen Sie die Umrechnungstabelle aus **Abbildung 2.71** aus, indem Sie wie folgt vorgehen:

1. Klicken Sie im Ribbon *Formeln* auf die Schaltfläche *Definierte Namen*.

2. Klicken Sie auf die Schaltfläche *Namens-Manager*.

3. Klicken Sie auf die Schaltfläche *Neu*.

4. Im Dialogfenster *Neuer Name* geben Sie im Eingabefeld den Namen **ZeZuIn** an.

5. Belassen Sie den voreingestellten Eintrag im Dropdownfeld *Bereich*.

6. Im Feld *Bezieht sich auf* erfassen Sie den Umrechnungsfaktor **0,3937**.

7. Klicken Sie auf die Schaltfläche *OK*

8. Geben Sie nun einen weiteren Namen im Eingabefeld ein. Der Name könnte **InZuZe** lauten.

9. Im Feld *Bezieht sich auf* erfassen Sie den Umrechnungsfaktor **2,54**.

10. Klicken Sie auf *OK*.

11. Schließen Sie den *Namens-Manager* mit einem Klick auf die Schaltfläche *Schließen*.

Nachdem Sie beide Umrechnungsfaktoren als Namen angelegt haben, wenden Sie diese in Ihrer Tabelle an. Dabei gehen Sie wie folgt vor:

1. Markieren Sie den Zellenbereich **C5:C10**.

2. Erfassen Sie die Formel **=ZeZuIn*B5**.

3. Schließen Sie die Formel über die Tastenkombination Strg + ↵ ab.

4. Markieren Sie den Zellenbereich **F5:F10**.

5. Erfassen Sie die Formel **=InZuZe*E5**.

6. Schließen Sie die Formel über die Tastenkombination Strg + ↵ ab.

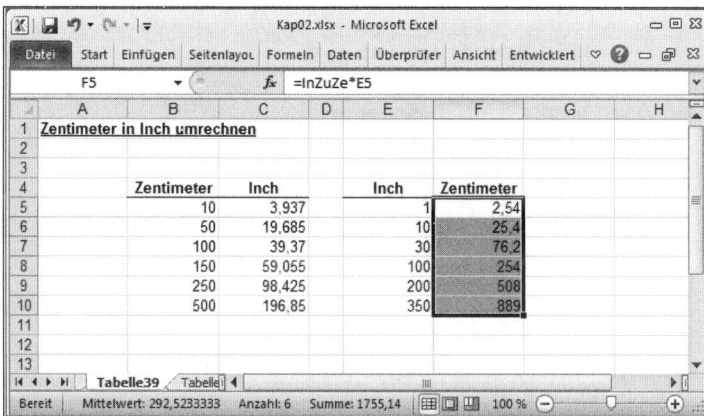

Abbildung 2.72: Die Umrechnungstabelle ist fertig

Vorsicht! Wenn Sie die Namen aus der Arbeitsmappe entfernen, machen Sie damit auch die Formeln unbrauchbar!

Hohlmaße umrechnen

Wissen Sie, wie viele Liter ein Barrel oder eine Gallone sind? Wenn nicht, dann hilft Ihnen folgende Tabelle sicher weiter:

Amerikanische Einheit	In Litern
1 barrel	158,98722
1 gallon	3,7854100
1 quart	0,9463525
1 pint	0,4731763
1 fl oz	0,0295735

Tabelle 2.3: Amerikanische Hohlmaße in Liter umrechnen

In der Excel-Tabelle aus **Abbildung 2.73** soll eine Litereingabe in die amerikanischen Einheiten umgerechnet werden.

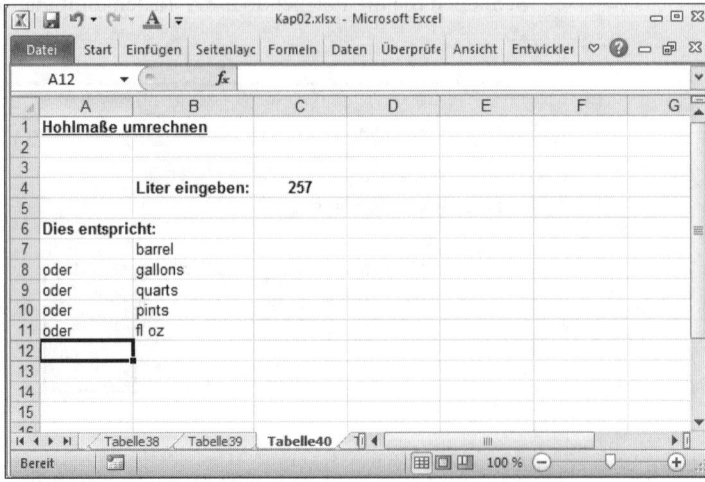

Abbildung 2.73: Wie viel entsprechen 257 Liter umgerechnet in die amerikanischen Hohlmaße?

Erfassen Sie nun folgende Formeln in der Tabelle.

Zelle	Formel
C7	=$C$4/158,98722
C8	=$C$4/3,78541
C9	=$C$4/0,9463525
C10	=$C$4/0,4731763
C11	=$C$4/0,0295735

Tabelle 2.4: Die benötigten Formeln zur Umrechnung

Das Ergebnis der Umrechnung sehen Sie in **Abbildung 2.74**.

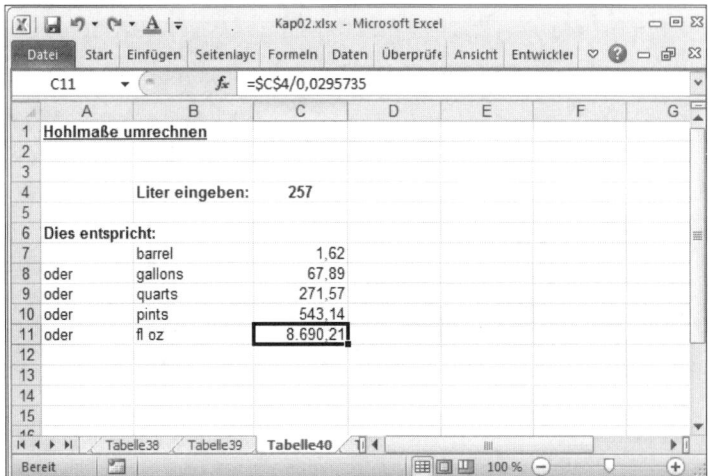

Abbildung 2.74: 257 Liter entsprechen beispielsweise ca. 68 Gallonen

Von Celsius zu Fahrenheit

In den meisten Ländern dieser Erde wird die Einheit Celsius zur Messung von Temperatur verwendet. Anders Celsius war übrigens ein schwedischer Wissenschaftler, der 1742 die Skala zwischen dem Gefrierpunkt von Wasser als Nullwert und dem kochenden Wasser bei 100 definierte.

In den meisten englischsprachigen Ländern hingegen wird die Einheit Fahrenheit verwendet. Diese Einheit erfand übrigens ein Deutscher.

Daniel Gabriel Fahrenheit legte seine Skala 1714 fest. Bei seiner Skala wurde der Nullpunkt über ein Salz-Eis-Gemisch festgelegt, über die er die kälteste Temperatur manuell erzeugen konnte. Der zweite Punkt wurde bei ihm durch die normale Körpertemperatur, die bei 98,6 °F liegt, festgelegt.

Beide Einheiten sollen in einer Excel-Tabelle dargestellt und umgerechnet werden können.

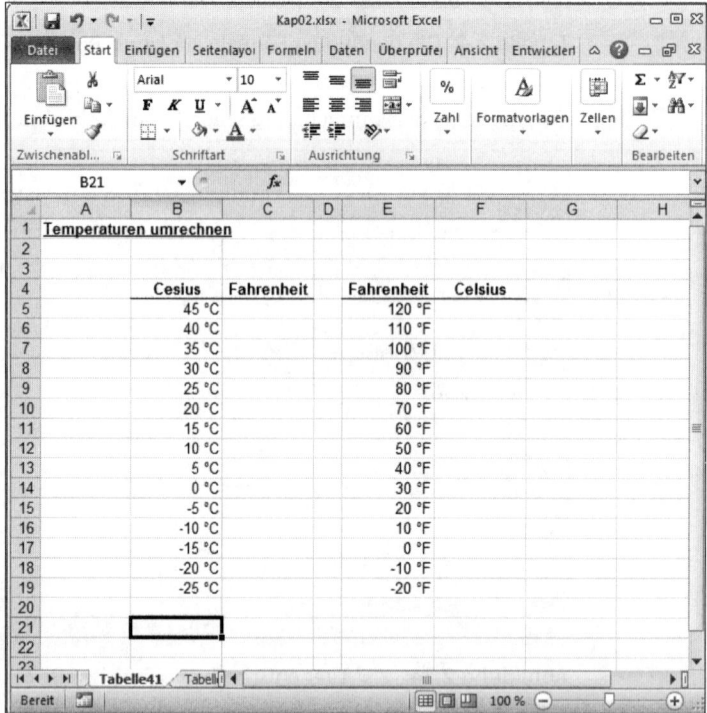

Abbildung 2.75: Celsius und Fahrenheit in einer Liste vereint

Um das Gradzeichen in der Tabelle einzufügen, muss ein benutzerdefiniertes Format erstellt werden. Dazu verfahren Sie wie folgt:

1. Markieren Sie den Zellenbereich **B5:B19**.

2. Drücken Sie die Tastenkombination ⌈Strg⌉ + ⌈1⌉, um das Dialogfenster *Zellen formatieren* aufzurufen.

3. Wechseln Sie auf die Registerkarte *Zahlen*.

4. Wählen Sie im Listenfeld *Kategorie* den Befehl *Benutzerdefiniert* aus.

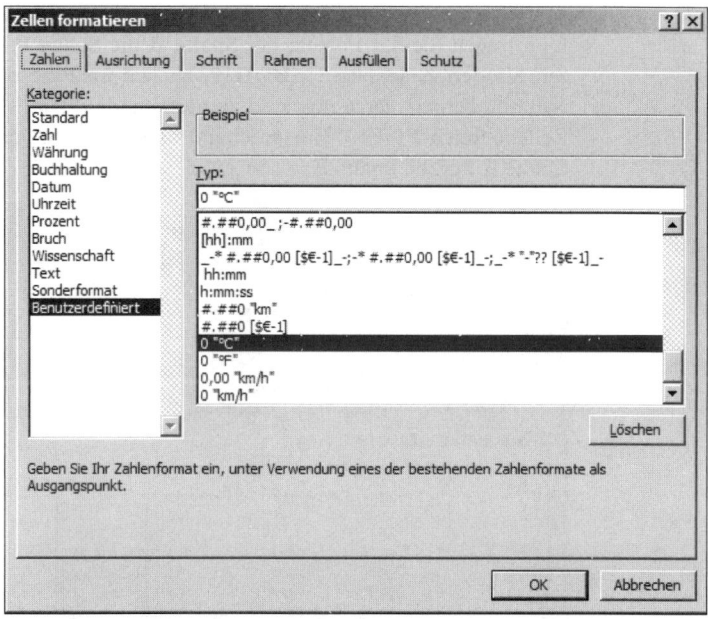

Abbildung 2.76: Ein benutzerdefiniertes Format einstellen

5. Geben Sie im Feld *Typ* das benutzerdefinierte Format **0 "°C"** ein und bestätigen Sie mit *OK*.

Achten Sie darauf, dass die eigentliche Formatangabe in doppelten Anführungsstrichen stehen muss. Führen Sie direkt im Anschluss auch die benutzerdefinierte Formatierung für die Einheit Fahrenheit durch.

Rechnen Sie nun die Temperaturen um, indem Sie die nächsten Arbeitsschritte durchführen.

1. Markieren Sie den Zellenbereich **C5:C19**.

2. Erfassen Sie die Formel **=(B5*9/5)+32**.

3. Schließen Sie die Formel über die Tastenkombination $\boxed{\text{Strg}}$ + $\boxed{\longleftarrow}$ ab.

4. Markieren Sie den Zellenbereich **F5:F19**.

5. Erfassen Sie die Formel **=(E5-32)*5/9**.

6. Schließen Sie die Formel über die Tastenkombination [Strg] + [⏎] ab.

Übertragen Sie das Format der Spalte **B** die Spalte **F**. Dazu markieren Sie den Zellenbereich **B5:B19**, klicken im Ribbon *Start* auf das Symbol *Format übertragen* und markieren direkt im Anschluss den Zellenbereich **F5:F19**. Entsprechend übertragen Sie das Format der Spalte C auf die Spalte E.

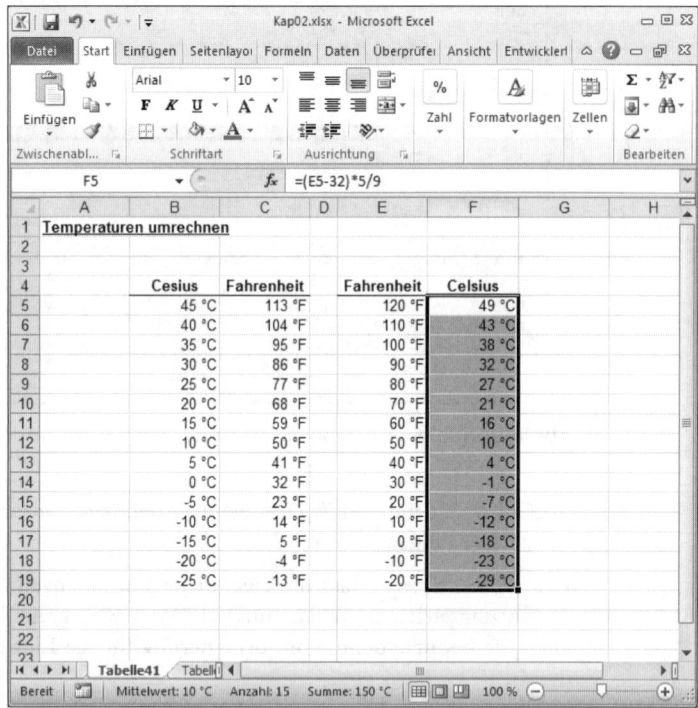

Abbildung 2.77: Die fertige Umrechnungstabelle für Celsius und Fahrenheit

Beim Autokauf

Stellen Sie sich vor, Sie möchten ein neues Auto kaufen. Das Auto kostet 15.000 Euro. Dazu kommt noch die Mehrwertsteuer von 19%. Der Händler gibt Ihnen einen Rabatt von 8%. Wie teuer ist das neue Auto letztendlich?

Die Antwort auf diese Fragestellung wird in **Abbildung 2.78** gegeben.

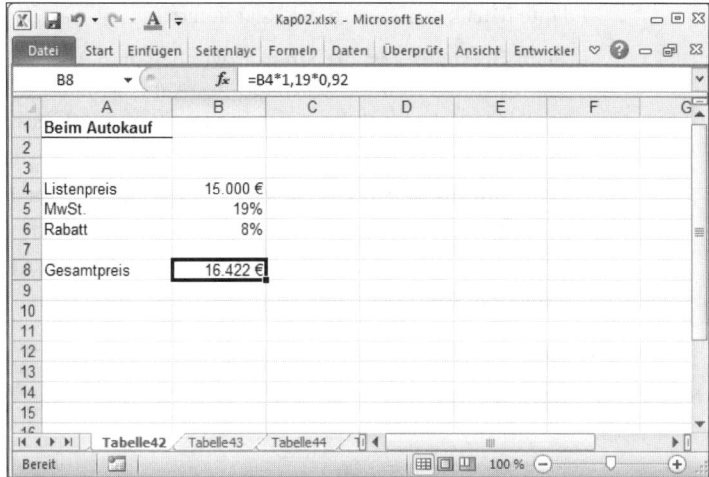

Abbildung 2.78: Das Auto kostet 16.422 €

Über die Formel **=B4*1,19*0,92** können Sie den Endwert des Autos errechnen. Ebenso wäre die Formel **=B4*0,92*1,19** korrekt. In beiden Fällen wird das gleiche Endergebnis geliefert.

Da die **19%** auf den Nettopreis addiert werden müssen, können Sie den Nettopreis mit dem Faktor **1,19** multiplizieren. Der Rabatt geht in die andere Richtung, was bedeutet, dass Sie die **8%** von **100%** gedanklich abziehen müssen, und **92%** entspricht dem Faktor **0,92**. Indem Sie den Preis mit **0,92** multiplizieren, wird die Rabattberechnung durchgeführt.

Die Berechnung des Bremswegs

Die Berechnung des Bremswegs bei einem Auto erfolgt aus drei Einzelformeln:

- ✓ Reaktionsweg = (Geschwindigkeit (in km/h) / 10)*3

- ✓ Bremsweg = (Geschwindigkeit (in km/h) / 10) ^2

- ✓ Anhalteweg = Reaktionsweg + Bremsweg

Beim **Reaktionsweg** wird die Reaktionsdauer von einer Sekunde unterstellt. Diese Prämisse gilt aber nur für Autofahrer in guter körperlicher Verfassung. Müdigkeit, Alkohol, Ablenkung, etwa durch laute Musik, verlängern die Reaktionszeit.

Beim **Bremsweg** ist die Strecke zwischen dem Ansprechen der Bremsen bis zum absoluten Stillstand des Autos gemeint. Ganz grob kann man sagen, dass sich bei einer Verdopplung der Geschwindigkeit der Bremsweg vervierfacht.

Der **Anhalteweg** ergibt sich aus der Addition von **Reaktionsweg** und **Bremsweg**.

Dieser Sachverhalt soll in einer Excel-Tabelle aus **Abbildung 2.79** dargestellt werden.

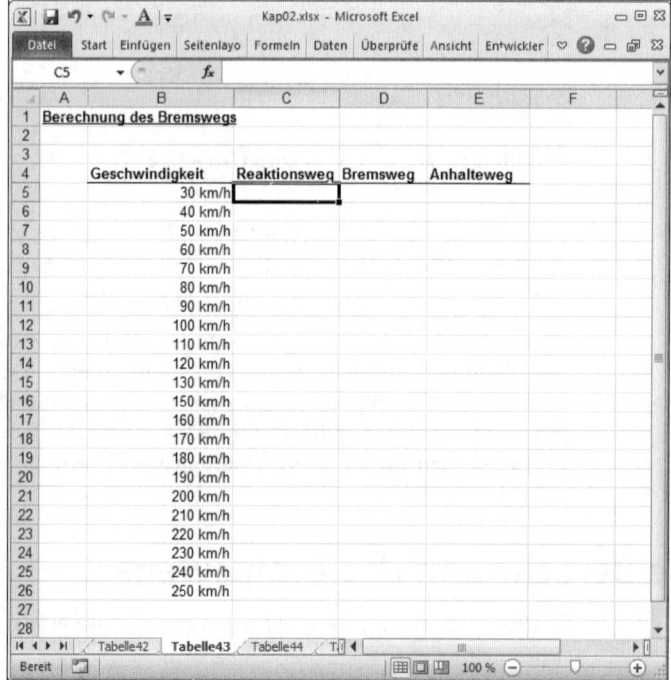

Abbildung 2.79: Die Berechnung der »Wege«

Um nun die einzelnen Wege zu berechnen, verfahren Sie wie folgt:

1.　Markieren Sie den Zellenbereich **C5:C26**.

2. Erfassen Sie die Formel **=(B5/10)*3**.

3. Schließen Sie die Formel über die Tastenkombination [Strg] + [↵] ab.

4. Markieren Sie den Zellenbereich **D5:D26**.

5. Erfassen Sie die Formel **=(B5/10)^2**.

6. Schließen Sie die Formel über die Tastenkombination [Strg] + [↵] ab.

7. Drücken Sie die Tastenkombination [Strg] + [1], um das Dialogfenster *Zellen formatieren* aufzurufen.

8. Weisen Sie dem markierten Zellenbereich auf der Registerkarte *Zahlen* die Kategorie *Standard* zu.

9. Markieren Sie den Zellenbereich **E5:E26**.

10. Fügen Sie die Formel **=C5+D5** ein und bestätigen Sie die Eingabe über die Tastenkombination [Strg] + [↵].

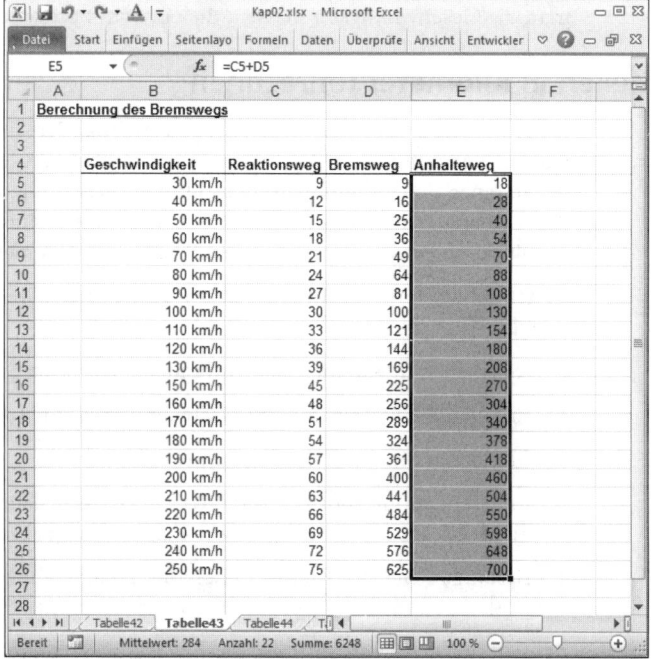

Abbildung 2.80: Bei 100 km/h braucht ein Auto bei einer Bremsung 130 m zum Anhalten

Der Bremsweg ist selbstverständlich auch von der Beschaffenheit der Reifen sowie dem Zustand der Bremsen abhängig. Alle in **Abbildung 2.80** dargestellten Werte beziehen sich auf optimale Bedingungen, also trockene Fahrbahn. Ist die Straße nass, dann verdoppelt sich der Bremsweg. Bei einer Straße mit Laub, Schnee, Rollsplitt oder Erde wird der Bremsweg vervierfacht. Bei vereisten Straßen verzehnfacht sich der Bremsweg!

Automobil- und Reifenhersteller bemühen sich intensiv, den Bremsweg von Autos zu verkürzen. Das gelingt mitunter ganz gut, weshalb es heute schon ganz spezielle Reifen gibt, die unter optimalen Bedingungen bei 100 km/h einen Bremsweg von 30 bis 35 m erreichen können.

Einheiten der Schifffahrt

Auch bei der Schifffahrt gibt es diverse Einheiten wie Seemeilen, um die Entfernung von einem Ort zum anderen wiederzugeben. Eine weitere typische Einheit bei der Schifffahrt ist der Knoten. Damit kann man die Geschwindigkeit messen, die ein Schiff erreichen kann.

Seemeilen in Kilometer umrechnen

Eine Seemeile, die aus dem Äquatorumfang der Erde abgeleitet wurde, entspricht 1.852 Metern. Dabei entspricht eine Seemeile genau einer Bogenminute auf dem Umfang des Äquators, das heißt, der Umfang der Erde von ca. 40.000 km, geteilt durch 360 Grad, geteilt durch 60 Minuten ergibt den Wert 1,852 Kilometer.

In der Tabelle aus **Abbildung 2.81** wird eine solche Wertetabelle dargestellt.

Um Seemeilen in Kilometer umzuwandeln, verfahren Sie wie folgt:

1. Erfassen Sie in Zelle **E1** den Umrechnungsfaktor **1,852**.

2. Markieren Sie den Zellenbereich **C5:C11**

3. Erfassen Sie die Formel **B5*E1** und drücken danach sofort die Taste F4. Dadurch wird der zweite Zellbezug absolut gesetzt.

4. Bestätigen Sie die Eingabe über die Tastenkombination Strg + ⏎.

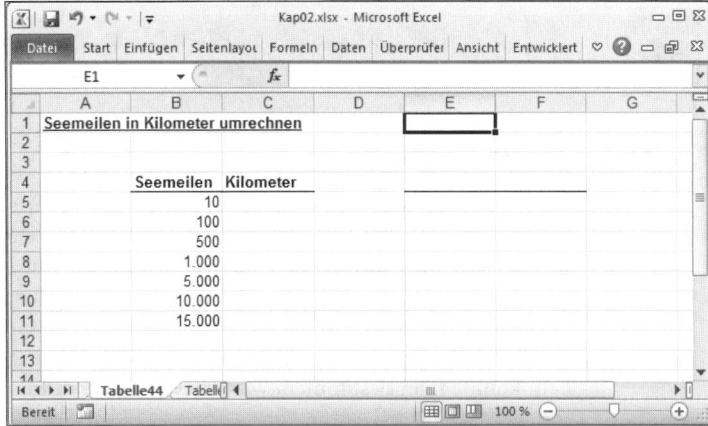

Abbildung 2.81: Seemeilen in Kilometer umwandeln

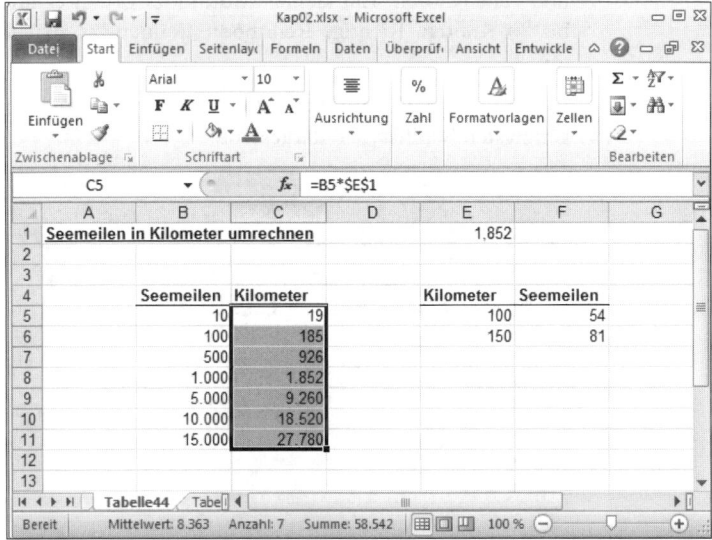

Abbildung 2.82: Die Seemeilen wurden über einen Umrechnungsfaktor in Kilometer umgerechnet

Möchten Sie Kilometer in Seemeilen umrechnen, dann dividieren Sie die Kilometer durch den Divisor 1,852.

Die englische »nautical mile« beträgt umgerechnet 1.853 Meter.

Knoten in km/h umrechnen

Diese ursprünglich sehr alte Messmethode zur Bestimmung von Geschwindigkeiten bei Schiffen wurde früher über eine mit Knoten markierte Leine gemessen, die ins Wasser gehängt wurde und die man während der Fahrt durch die Hand gleiten ließ. Durch den Widerstand blieb die Leine fast am gleichen Ort über dem Grund. Über die gezählten Knoten auf der Leine, die pro Zeiteinheit gemessen wurden, konnte man bestimmen, wie schnell ein Schiff fuhr.

Über Knoten wird also die Geschwindigkeit eines Schiffes bestimmt. Dabei bedeutet ein Knoten eine Seemeile pro Stunde und entspricht somit 1,852 km/h. Eine Segeljacht schafft so im Schnitt zwischen fünf und acht Knoten. Ein kleines Motorboot bringt es immerhin auf 15 bis 20 Knoten. Richtige Rennboote können bis zu 100 Knoten fahren.

In der folgenden **Abbildung 2.83** sind einige Geschwindigkeiten der gängigsten Schiffstypen dargestellt.

	A	B	C	D	E	F
1	Knoten in km/h umrechnen					
2						
3						
4	Schiffstyp	Max.-Knoten	km/h			
5	Segeljacht	8				
6	Frachtschiff	18				
7	Freizeit-Motorboot	20				
8	Kreuzfahrtschiff	24				
9	Tanker	25				
10	Profi-Motorboot	40				
11	Rennboot	100				
12						
13						

Abbildung 2.83: Wie schnell fährt welches Schiff?

Um nun die Knoten in km/h umzurechnen, vergeben Sie einen Namen und hinterlegen den Umrechnungsfaktor. Dabei verfahren Sie wie folgt:

1. Drücken Sie die Tastenkombination $\boxed{\text{Strg}}$ + $\boxed{\text{F3}}$, um das Dialogfenster *Namens-Manager* aufzurufen.

2. Klicken Sie auf die Schaltfläche *Neu*.

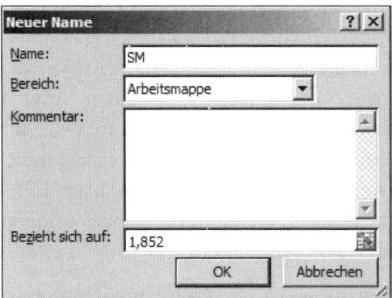

Abbildung 2.84: Den Umrechnungsfaktor als Namen hinterlegen

3. Geben Sie im Feld *Name* **SM** an.

4. Belassen Sie den Eintrag *Arbeitsmappe* im Dropdownfeld *Bereich*.

5. Im Feld *Bezieht sich auf* geben Sie den Umrechnungsfaktor **1,852** ein.

6. Bestätigen Sie diese Aktion mit *OK*.

7. Beenden Sie den *Namens-Manager* über die Schaltfläche *Schließen*.

8. Markieren Sie den Bereich **C5:C11**.

9. Fügen Sie die Formel **=B5*SM** ein und bestätigen Sie die Eingabe über die Tastenkombination $\boxed{\text{Strg}}$ + $\boxed{\longleftarrow}$.

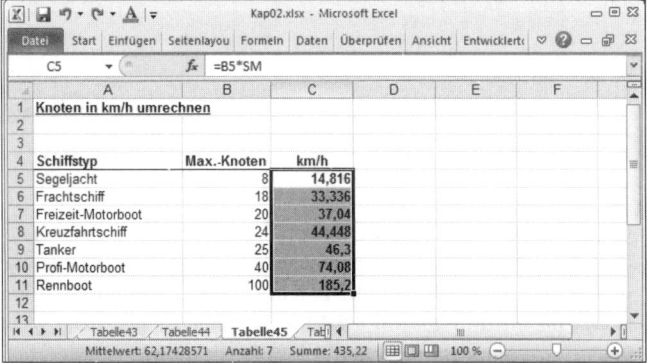

Abbildung 2.85: Die Umrechnung von Knoten in km/h

Schachbrett und Reiskorn

Nach einer Sage soll der Erfinder des Schachspiels für seine Erfindung folgenden Lohn verlangt haben: Auf das erste Feld des Schachbretts wird ein Reiskorn gelegt. Auf die darauffolgenden Felder wird jeweils das Doppelte des vorhergehenden Feldes an Reiskörnern gelegt. Wie viel Reis mag das wohl insgesamt sein? Vielleicht werden Sie einen etwas größeren Sack voller Reis schätzen. Aber weit gefehlt! Es sind bei 64 Feldern 9.223.372.036.854.775.808 Reiskörner. Das sind ausgesprochen neun Trillionen zweihundertdreiundzwanzig Billiarden dreihundertzweiundsiebzig Billionen sechsunddreißig Milliarden achthundertvierundfünfzig Millionen siebenhundertfünfundsiebzig Tausend achthundertacht Reiskörner.

Beweisen kann man diesen Sachverhalt mit einer Excel-Tabelle, bei der die 64 Felder eines Schachbretts in einer Spalte dargestellt werden.

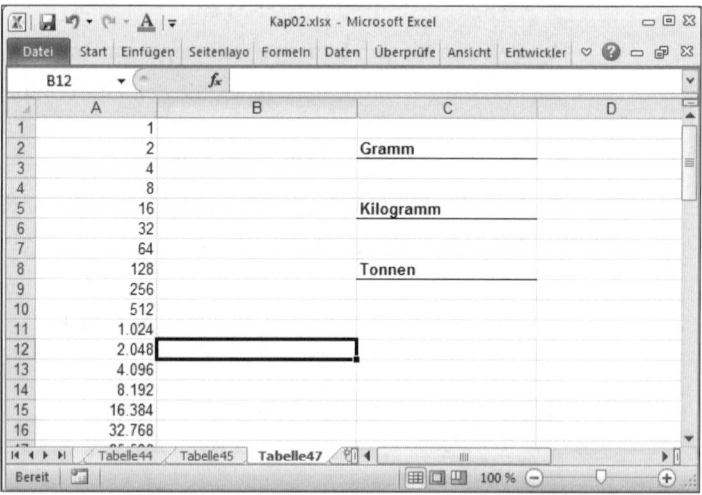

Abbildung 2.86: Das immens hohe Ergebnis an Reiskörnern

Formatieren Sie die Spalte **A** mit dem Zahlenformat unter Verwendung des Tausenderpunktes. Microsoft Excel rechnet ab dem 51. Feld nicht mehr ganz korrekt. Durch Rundungsfehler sind auf dem 64. Feld insgesamt 4.192 Reiskörner zu viel. Aber was sind bei dieser Größenordnung schon 4.192 Reiskörner?

Interessant wäre jetzt noch, wie schwer denn die Reiskörner sind, die auf dem 64. Feld liegen. Dazu gehen Sie von der Prämisse aus, dass ca. 40 Reiskörner 1 Gramm wiegen.

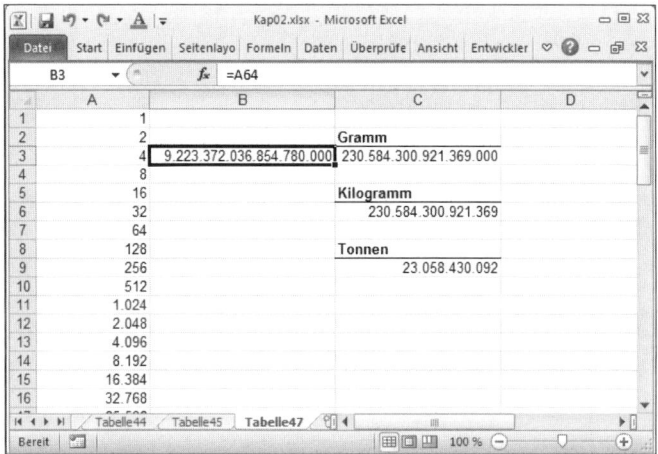

Abbildung 2.87: Die Reiskörner in Tonnen ausgedrückt

Die Formeln aus **Abbildung 2.87** lauten:

✔ Zelle **C3: =B3/40**

✔ Zelle **C6: =(B3/40)/1000**

✔ Zelle **C9: =C6/10000**

3 Mit Tabellenfunktionen arbeiten

Excel stellt standardmäßig einige Hundert Tabellenfunktionen zur Verfügung. Einige davon sind in so genannten Add-ins gespeichert, die erst noch in Excel eingebunden werden müssen. Die meisten Tabellenfunktionen allerdings können direkt und ohne weiteres Vorbereiten eingesetzt werden.

Funktionen auf die Schnelle abrufen

Nicht immer müssen Funktionen in Zellen erfasst werden. Wenn Sie beispielsweise auf die Schnelle die Summe einiger Zellen haben möchten, dann gehen Sie folgendermaßen vor:

1. Markieren Sie die Zellen auf der Tabelle, die Sie summieren möchten.

2. Werfen Sie einen Blick in die Statusleiste von Excel.

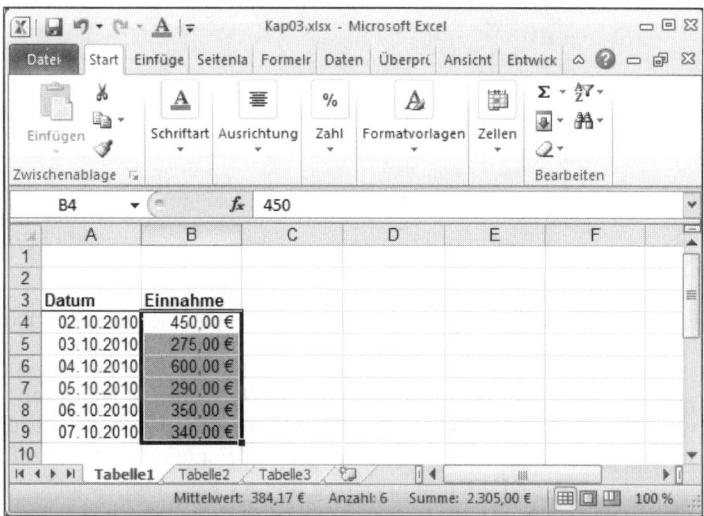

Abbildung 3.1: Die markierten Daten werden in der Statusleiste berechnet

In der Statusleiste werden standardmäßig der Mittelwert, die Anzahl sowie die Summe der markierten Zellen angezeigt, sofern es sich um Zahlenwerte handelt. Wenn Sie mit der rechten Maustaste auf diesen

Eintrag in der Statusleiste klicken, dann wird folgendes Kontextmenü angezeigt:

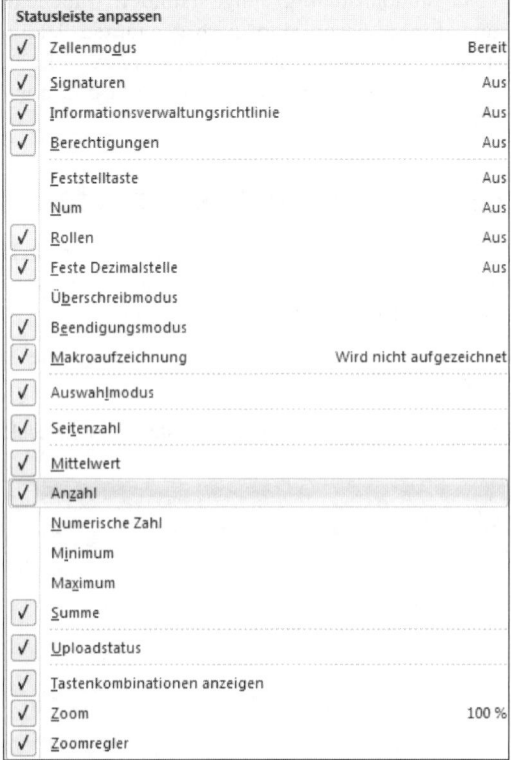

Abbildung 3.2: Die wichtigsten Funktionen auf einen Blick

Wenn Sie einen anderen Eintrag aus diesem Kontextmenü auswählen, wird das entsprechende Ergebnis danach in der Statusleiste angezeigt. Dabei erfolgt kein Einfügen der Funktion in der Tabelle. Somit dient diese Funktion in erster Linie zur Kurzinformation.

Bei der Markierung der Daten können Sie zusammenhängende Zellenbereiche bequem mit der Maus markieren. Um nicht zusammenhängende Zellen bzw. Bereiche zu markieren, gehen Sie folgendermaßen vor:

1. Markieren Sie die erste Zelle bzw. den ersten Bereich mit der Maus.

2. Drücken Sie die linke Maustaste, halten Sie die Taste Strg gedrückt und markieren Sie weitere Zellen.

Was versteht man unter einer Funktion?

Jede Tabellenfunktion in einer Zelle beginnt immer mit einem »=«. Sie müssen sich bei einer Funktion jedoch keine Gedanken machen, welche Berechnungen Sie mit den Werten durchführen wollen wie bei einer Formel.

Eine Funktion ist praktisch schon eine fertige Formel, die an den entsprechenden Stellen für Ihre individuellen Werte noch Platz gelassen hat. Diese Werte übergeben Sie an die Funktion und diese liefert Ihnen das Ergebnis der Berechnung automatisch zurück.

Tabellenfunktionen über den Funktions-Assistenten einfügen

Um eine Funktion in eine Zelle einzufügen, klicken Sie in der Bearbeitungsleiste auf das Symbol *Funktion einfügen*.

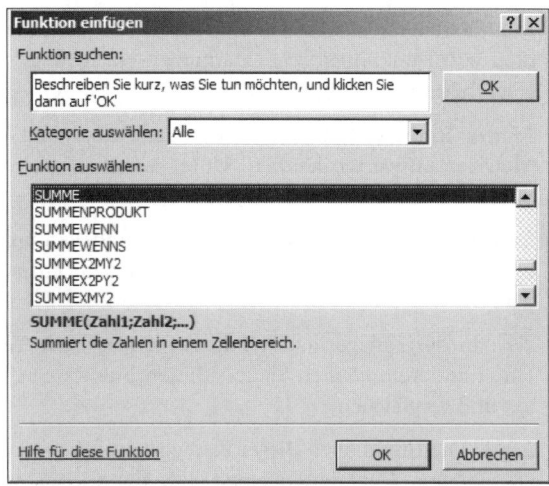

Abbildung 3.3: Eine Funktion über den Funktions-Assistenten einfügen

Alle Funktionen sind in bestimmten Kategorien gespeichert. Dabei ist im Dialogfenster *Funktion einfügen* die Kategorie *Zuletzt verwendet* eingestellt. In dieser Kategorie werden die Funktionen, die Sie zuletzt verwendet haben, festgehalten.

Neben dieser Kategorie existieren die folgenden Funktionskategorien, die im Verlauf des Buches noch näher ausgeführt werden:

Alle: In dieser Kategorie werden alle in Excel verfügbaren Funktionen angeboten.

✔ *Finanzmathematik:* In dieser Kategorie finden Sie typische Funktionen wie die Zinsberechnung oder diverse Abschreibungsmethoden.

✔ *Datum & Zeit:* In dieser Kategorie sind alle Funktionen verzeichnet, die mit Datums- und Zeitwerten rechnen können. Unter anderem sind dies Funktionen zur Anzeige des Wochentags oder zur Errechnung eines Fälligkeitstermins.

✔ *Math. & Trigonom.:* In dieser Kategorie ist die am häufigsten eingesetzte Funktion, die Tabellenfunktion **SUMME()** hinterlegt. Neben dieser Funktion finden Sie weitere Funktionen für das Runden von Werten und sonstige weitere mathematische Funktionen.

✔ *Statistik:* In dieser Kategorie finden Sie, wie der Name schon sagt, Funktionen für statistische Zwecke. Unter anderem können Sie hier auf Funktionen zur Häufigkeitsermittlung oder Rangfolgenabbildung zurückgreifen.

✔ *Matrix:* In dieser Kategorie finden Sie Funktionen, mit denen Sie Matrizen auswerten können. Unter anderem gibt es hier diverse Such- sowie Auswertungsfunktionen.

✔ *Datenbank:* In dieser Rubrik werden Tabellenfunktionen angeboten, über die Sie große Datenmengen sehr gut auswerten können.

✔ *Text:* In der Kategorie *Text* finden Sie klassische Textfunktionen. Unter anderem können Sie mit diesen Funktionen Texte bearbeiten und vergleichen.

✔ *Logik:* Die Funktionen dieser Kategorie werden oft in Verbindung mit anderen Funktionen eingesetzt. Funktionen wie **UND** und **ODER** sprechen hierbei für sich.

✔ *Information:* Diese Kategorie enthält Funktionen, über die Sie beispielsweise Zelleninhalte wie Texte oder Zahlen identifizieren können.

✔ *Benutzerdefiniert:* In dieser Kategorie werden alle eigenen Funktionen, die Sie über VBA-Programmierung erstellen können, gespeichert.

Im Dialogfenster *Funktion einfügen* wählen Sie am besten zu Beginn die Kategorie *Alle* aus, markieren danach die gewünschte Funktion im Listenfeld und klicken auf die Schaltfläche *OK*.

 Das Dialogfenster *Funktion einfügen* können Sie übrigens ganz schnell über die Tastenkombination ⌥ + F3 aufrufen.

Tabellenfunktionen suchen

Sie haben jedoch auch die Möglichkeit, eine Funktion über einen Suchbegriff zu ermitteln. So möchten Sie beispielsweise in einer Tabelle in Spalte **A** den größten Wert heraussuchen. Dazu gehen Sie wie folgt vor:

1. Rufen Sie den *Funktions-Assistenten* über die Tastenkombination ⌥ + F3 auf.

2. Im Dialogfenster *Funktion einfügen* geben Sie im Feld *Funktion suchen* den Suchtext *Größten Wert finden* ein.

3. Bestätigen Sie mit einem Klick auf die Schaltfläche *OK*.

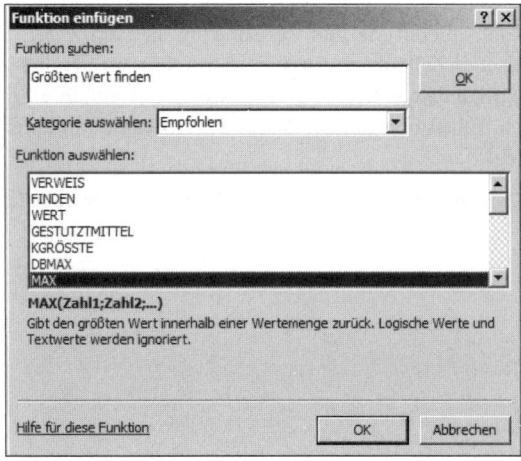

Abbildung 3.4: Die passende Funktion suchen

4. Im Listenfeld *Funktion auswählen* werden die gefundenen Funktionen angeboten.

5. Wählen Sie dort die Funktion **MAX**.

6. Klicken Sie auf *OK*, um die Funktion einzufügen.

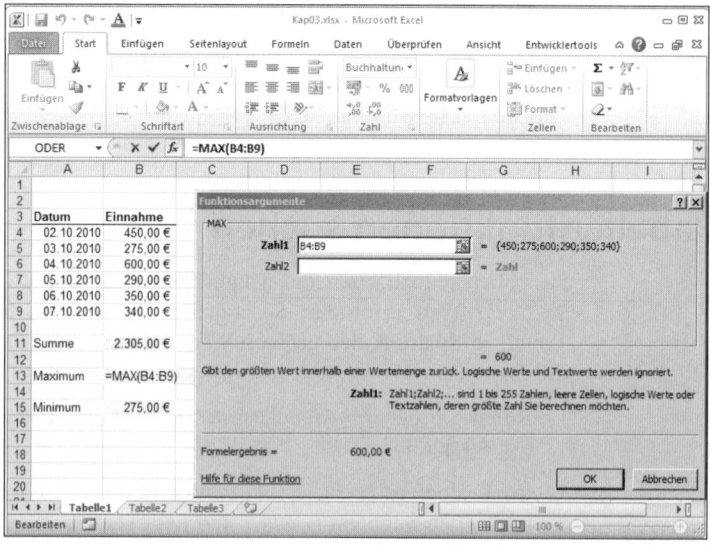

Abbildung 3.5: Excel versucht den Bereich automatisch zu ermitteln

7. Kontrollieren Sie den Zellenbezug im Feld *Zahl1*. Sollte dort ein falscher Zellenbezug stehen, dann können Sie diesen löschen und den korrekten Bereich im Hintergrund auf Ihrer Tabelle markieren. Excel übernimmt diese Markierung dann automatisch in das Feld *Zahl1*.

8. Klicken Sie auf *OK*, um die Funktion in der Tabelle einzufügen.

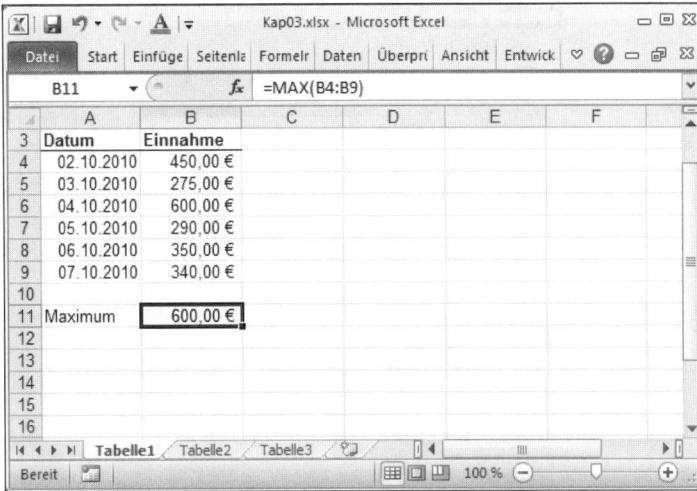

Abbildung 3.6: Die Funktion wurde in die Zelle eingefügt

Möchten Sie noch einmal die Funktion kontrollieren, beispielsweise welche Zellenbezüge in der Funktion verwendet werden, dann markieren Sie die entsprechende Zelle und drücken die Taste F2. Dadurch werden alle an der Funktion beteiligten Zellen mit unterschiedlichen Farben umrahmt.

Wenn Sie im Dialogfenster *Funktion einfügen* die Kategorie *Alle* eingestellt und den Mauszeiger in das Listenfeld *Funktion auswählen* gesetzt haben, dann können Sie Sich durch die Eingabe eines Buchstabens, beispielsweise **S**, die Arbeit vereinfachen: Im Listenfeld wird die erste Funktion eingestellt, die mit dem Buchstaben **S** beginnt. Sie können also in der Liste nach unten blättern, ohne die vertikalen Laufleisten bedienen zu müssen.

Bei der schnellen Eingabe der Buchstaben **SÄ** wird beispielsweise die Funktion **SÄUBERN** von Excel im Listenfeld angeboten. Dazu müssen Sie diese beiden Buchstaben aber sehr schnell hintereinander eingeben.

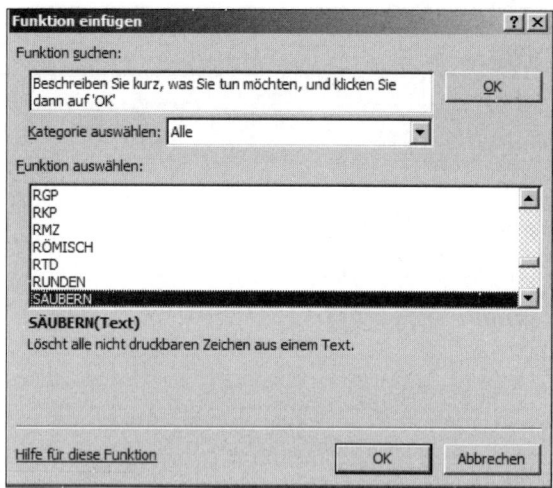

Abbildung 3.7: Schnelleres Aktivieren von Funktionen

Tabellenfunktionen selbst erfassen

Wenn Sie nach und nach mehr Routine im Umgang mit Funktionen haben, können Sie die Funktionen auch direkt in die Zellen schreiben.

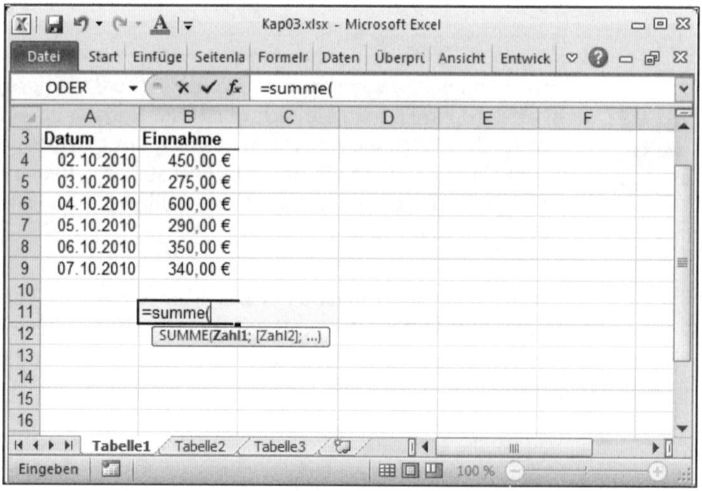

Abbildung 3.8: Funktionen manuell eingeben

Nachdem Sie in Zelle **B11** bereits einen Teil der Funktion eingegeben haben, erscheint automatisch ein kleines gelbes Info-Fensterchen, das die benötigten Argumente für die Funktion anzeigt. Jetzt kann die Markierung des Zellenbereichs **B4:B9** in der Tabelle vorgenommen werden. Die Bezüge werden automatisch in die bisherige Formel integriert. Am Ende geben Sie noch ein schließendes Klammernpaar ein und bestätigen die Eingabe mit ⬐.

Fragen zu Tabellenfunktionen beantworten

Wenn Sie zu einer bestimmten Tabellenfunktion Fragen haben, dann klicken Sie auf das Fragezeichen ganz rechts oben. Geben Sie danach den Namen der Tabellenfunktion im Eingabefeld ein und bestätigen Sie mit der Taste ⬐. Excel bietet Ihnen dann zu dieser Funktion eine Erklärung an.

Abbildung 3.9: Die ausgiebige Hilfe-Funktion von Excel

Oft wird in der Hilfe-Funktion von Excel auch der Gebrauch der jeweiligen Funktion über ein Beispiel nähergebracht.

In der Hilfe können Sie alle Funktionen im Überblick finden, wenn Sie die Taste [F1] drücken, um die Hilfe aufzurufen, dann ins Feld *Suchen* den Suchbegriff *Tabellenfunktionen* eingeben und mit [↵] bestätigen. Klicken Sie danach den Hyperlink *Liste mit Tabellenfunktionen (nach Kategorie)* an.

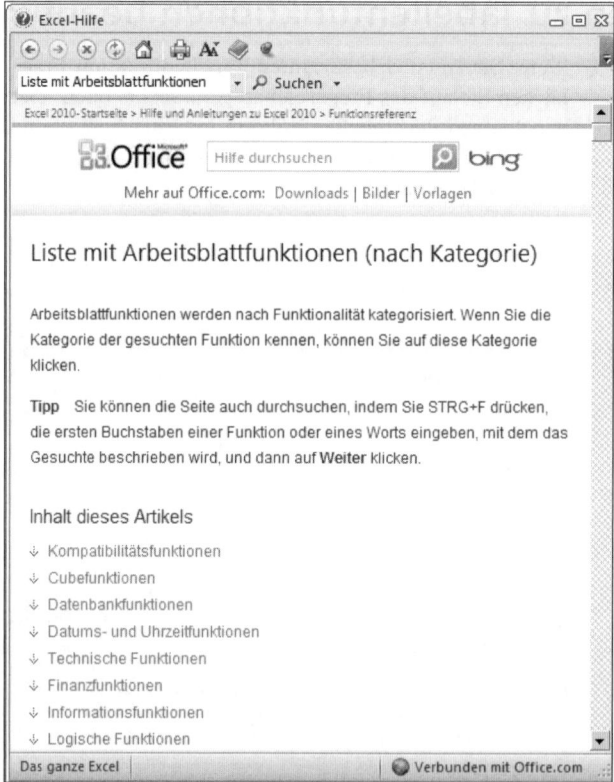

Abbildung 3.10: Alle Tabellenfunktionen im Überblick

Funktionen aufspüren

Wenn Sie eine Tabelle von einem Kunden oder Kollegen bekommen und sich darin zurechtfinden müssen, dann ist es ein Vorteil, zu wissen, in welchen Zellen die Formeln und Tabellenfunktionen stecken.

Um sich beispielsweise alle in der Tabelle verwendeten Zellen markieren zu lassen, die Funktionen enthalten, verfahren Sie folgendermaßen:

1. Drücken Sie die Taste F5, um das Dialogfenster *Gehe zu* aufzurufen.

2. Im Dialogfenster *Gehe zu* klicken Sie auf die Schaltfläche *Inhalte*:

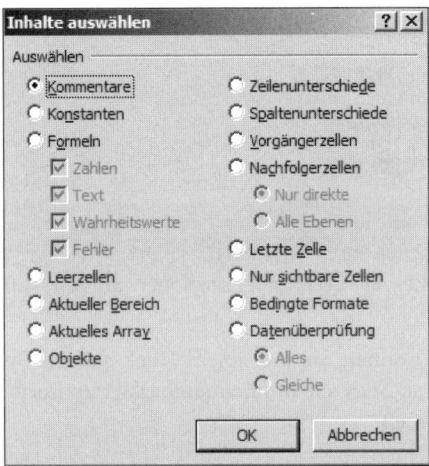

Abbildung 3.11: Zellen mit Funktionen markieren

3. Im Dialogfenster *Inhalte auswählen* markieren Sie die Option *Formeln*. Über die entsprechenden Kontrollkästchen können Sie die Markierung auch noch einschränken und beispielsweise nur Zellen markieren, die als Ergebnis eine Zahl enthalten.

4. Klicken Sie auf *OK*, um den Vorgang abzuschließen.

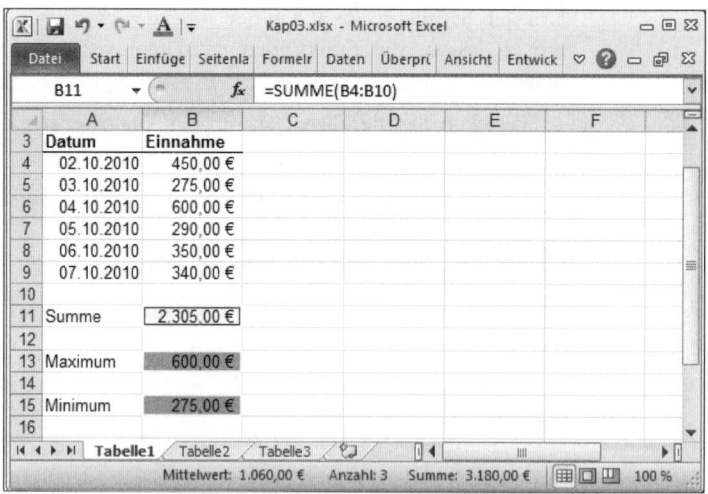

Abbildung 3.12: Alle Zellen mit Funktionen wurden markiert

Anschließend können Sie mit einem Klick auf das Symbol *Füllfarbe* aus dem Ribbon *Start* alle momentan markierten Formelzellen dauerhaft kennzeichnen.

Funktionsergebnisse in Festwerte umwandeln

Da sich die Ergebnisse von Tabellenfunktionen ändern, sobald Zellen, auf die sie sich beziehen, geändert werden, bieten Formeln und Funktionen somit die allergrößte Dynamik. Nicht immer soll dieser Automatismus jedoch greifen. Stellen Sie sich vor, Sie haben eine Kalkulation in Excel vorgenommen, die sich auf keinen Fall mehr ändern darf, oder Sie möchten eine Tabelle an einen Kunden versenden, sicherheitshalber aber alle verwendeten Formeln in Festwerte umwandeln, dann verfahren Sie wie folgt:

1. Markieren Sie den kompletten Bereich in Ihrer Tabelle. Dazu setzen Sie den Mauszeiger in Zelle **A1** und drücken die Tastenkombination ⌨Strg + ⇧ + ⌨Ende.

2. Kopieren Sie den markierten Bereich über die Tastenkombination ⌨Strg + ⌨C.

3. Klicken Sie im Ribbon *Start* den Pfeil des Dropdownmenüs *Einfügen* an und wählen Sie anschließend den Befehl *Werte einfügen*.

Danach sind alle Formeln in der Tabelle durch Festwerte ersetzt worden.

Eine etwas elegantere und noch schnellere Methode, um diese Aufgabe zu lösen, geht wie folgt:

1. Markieren Sie den Bereich, in dem Sie die Funktionen in Festwerte umsetzen möchten.

2. Klicken Sie mit der rechten Maustaste auf den rechten Rand der Markierung und ziehen Sie den markierten Bereich eine Spalte weiter nach rechts. Halten Sie dabei die rechte Maustaste gedrückt.

3. Schieben Sie den markierten Bereich wieder an den Ausgangsort zurück und lassen Sie die rechte Maustaste wieder los. Dadurch wird automatisch ein Kontextmenü angeboten.

4. Wählen Sie aus dem Kontextmenü den Befehl *Hierhin nur als Werte kopieren*.

Eine einzelne Funktion können Sie in einer Zelle schneller umwandeln, wenn Sie den Zellzeiger auf die Zelle setzen, dann die Taste F2 und direkt im Anschluss die Taste F9 drücken. Bestätigen Sie diese Aktion mit der Taste ↵.

4 Die Logik-Funktionen von Excel

Als erste Kategorie der Funktionen lernen Sie die Kategorie *Logik* kennen, weil die darin enthaltenen Funktionen oft im Zusammenspiel mit anderen Tabellenfunktionen eingesetzt werden.

Die Tabellenfunktion UND

Mit der Funktion **UND** können Sie bis zu 30 Bedingungen prüfen. Hierbei müssen alle Bedingungen erfüllt sein. Diese Funktion wird oft im Zusammenspiel mit der Tabellenfunktion **WENN** eingesetzt, die weiter unten im Kapitel noch beschrieben wird.

Die Syntax der Funktion **UND** lautet:

=UND(Wahrheitswert1;Wahrheitswert2;...)

Die Argumente **Wahrheitswert1, Wahrheitswert2,** ... werden einzeln überprüft. Bei dieser Funktion müssen alle Bedingungen erfüllt werden. Als Rückgabe erhalten Sie entweder den Wert **WAHR** oder **FALSCH**.

Auf Wertgrenzen prüfen

In der ersten Aufgabe liegt eine Tabelle mit Zahlendaten vor. Sehen Sie sich dazu **Abbildung 4.1** an.

Die Aufgabe besteht darin, zu untersuchen, in welchen Zeilen beide Zellen in beiden Spalten größer als 50 sind. Diese Aufgabe lösen Sie, indem Sie die folgenden Arbeitsschritte durchführen:

1. Markieren Sie den Datenbereich **C5:C16**.

2. Erfassen Sie die Formel **=UND(A5>50;B5>50)**.

3. Schließen Sie die Formel über die Tastenkombination $\boxed{\text{Strg}}$ + $\boxed{\leftarrow}$ ab.

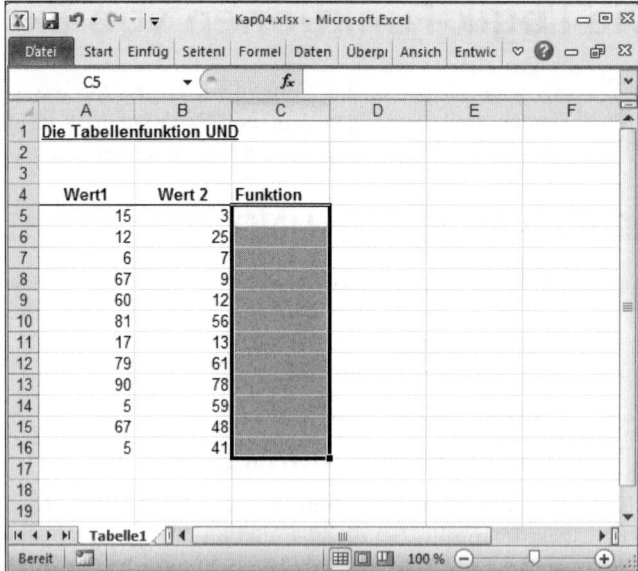

Abbildung 4.1: Die beiden Spalten sollen abgefragt werden

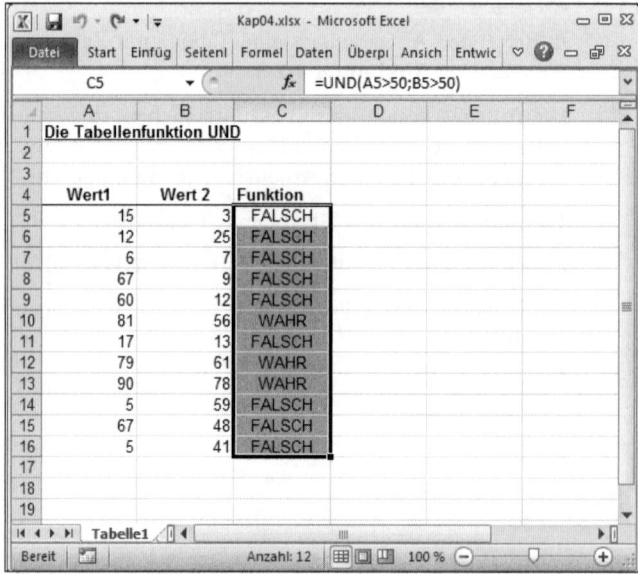

Abbildung 4.2: Welche Zeilen enthalten Werte über 50?

Nur drei Zeilen enthalten sowohl in Spalte **A** wie auch in Spalte **B** Werte, die größer als **50** sind. In diesen Fällen wird der Wert **WAHR** in die entsprechenden Zellen eingefügt. Entspricht nur eine oder gar keine Zelle der Zeile der Bedingung (>50), dann wird der Wert **FALSCH** zurückgegeben.

Umsätze im bestimmten Zeitraum erkennen

Beim nächsten Beispiel liegt eine Liste mit Umsätzen wie in **Abbildung 4.3** vor. Diese Liste enthält in Spalte **A** Datumsangaben und in Spalte **B** Umsätze. Nun sollen alle Umsätze, die in einem bestimmten Zeitraum gemacht wurden, gekennzeichnet werden.

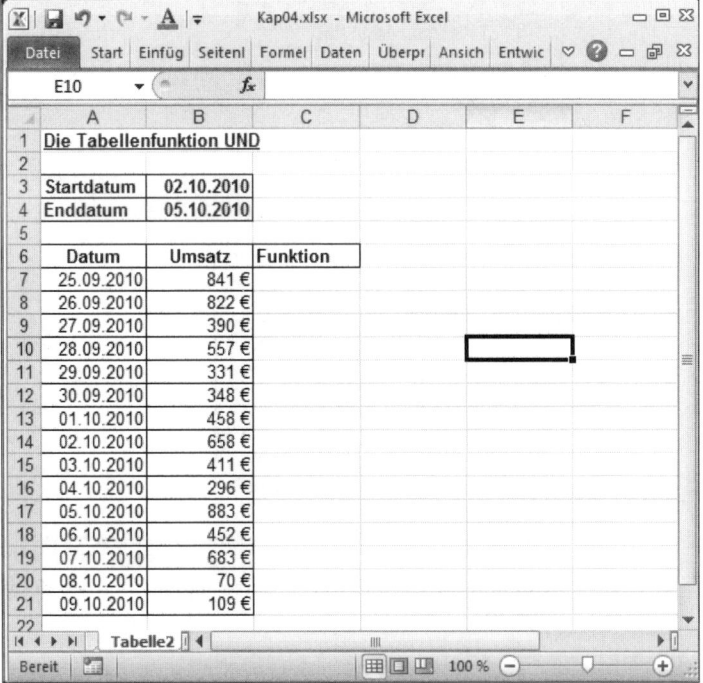

Abbildung 4.3: Welche Umsätze liegen im festgelegten Zeitraum?

In Zelle **B3** wird das Startdatum eingegeben, ab dem die darunterliegende Liste untersucht werden soll. Zelle **B4** enthält das Enddatum für die Überprüfung der Liste.

In Spalte **C** soll nun angezeigt werden, welche Umsätze im Zeitraum zwischen dem 02.10.10 und dem 05.10.10 liegen. Um diese Aufgabe zu lösen, verfahren Sie wie folgt:

1. Markieren Sie den Zellenbereich **C7:C21**.

2. Erfassen Sie die Formel **=UND(A7>$B$3;A7<$B$4)**.

3. Schließen Sie die Formel über die Tastenkombination ⌈Strg⌉ + ⌊↵⌋ ab.

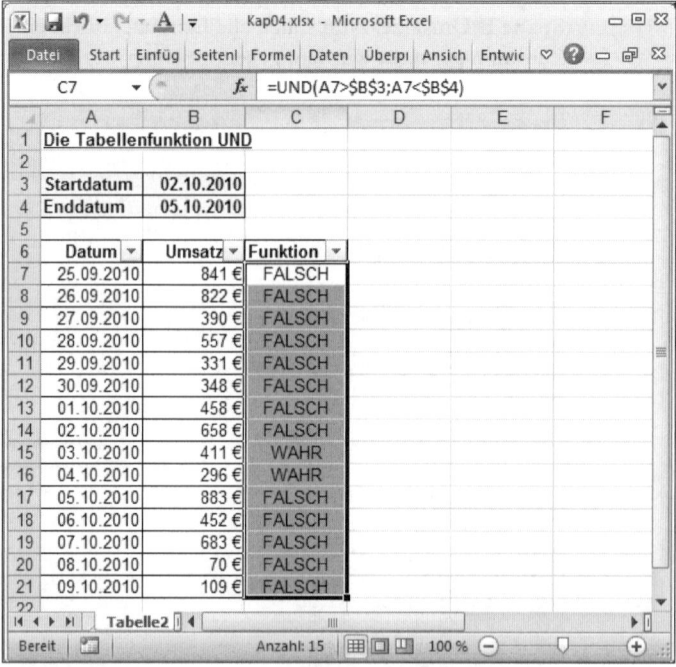

Abbildung 4.4: Nur zwei Umsätze liegen innerhalb des vorgegebenen Bereichs

Im vorherigen Beispiel wurde weder der Umsatz vom 02.10.2006 noch der Umsatz des 05.10.2006 mit **WAHR** gekennzeichnet, weil diese beiden Datumsangaben ausgeschlossen wurden. Sollen alle Umsätze inklusive dieser beiden Tage gekennzeichnet werden, dann ändern Sie die Formel wie folgt ab:

=UND(A7>=$B$3;A7<=$B$4)

Um jetzt alle außerhalb des gültigen Bereichs liegenden Datensätze auszublenden, können Sie den *AutoFilter* von Excel einsetzen. Dazu verfahren Sie wie folgt:

1. Setzen Sie den Mauszeiger in eine beliebige Zelle im Zellenbereich **A6:C6**.

2. Klicken Sie im Ribbon *Daten* die Schaltfläche *Filtern* an.

3. Klicken Sie auf das Dropdownsymbol in Zelle **C6** und deaktivieren Sie die nicht gewünschten Einträge.

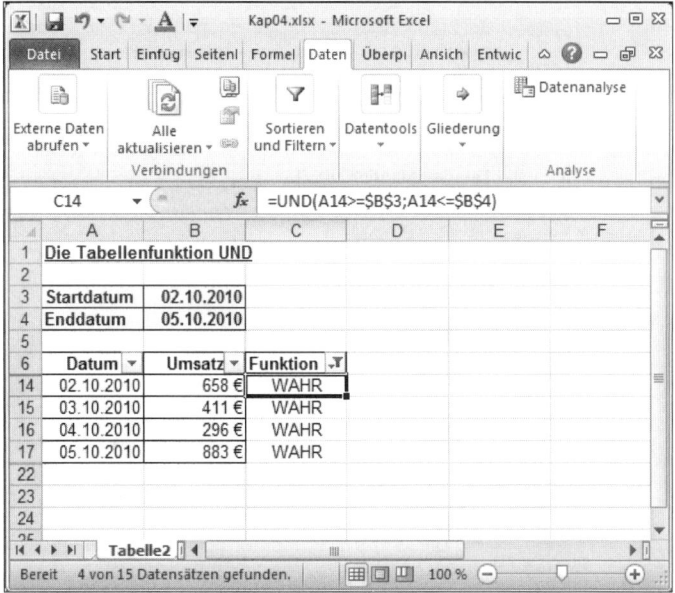

Abbildung 4.5: Alle nicht zutreffenden Datensätze werden ausgeblendet

In der Statusleiste von Excel (unten) wird die Anzahl der gefundenen Datensätze, auf die die eingestellte Bedingung zutrifft, angezeigt.

Die Tabellenfunktion ODER

Mit der Funktion **ODER** können Sie bis zu 30 Bedingungen prüfen. Hierbei muss jeweils nur eine Bedingung erfüllt sein. Die Funktion liefert **WAHR,** wenn ein Argument **WAHR** ist, und **FALSCH,** wenn alle Argumente **FALSCH** sind.

Die Syntax der Funktion ODER lautet:

=ODER(Wahrheitswert1;Wahrheitswert2;...)

Die Argumente **Wahrheitswert1**; **Wahrheitswert2**; ... werden einzeln überprüft. Sie können entweder **WAHR** oder **FALSCH** sein.

Zahlen überprüfen

Im ersten Beispiel zur Tabellenfunktion **ODER** sollen Eingaben auf Richtigkeit geprüft werden. Dabei liegen die Eingaben in Spalte **A** bereits vor. Orientieren Sie sich an **Abbildung 4.6**.

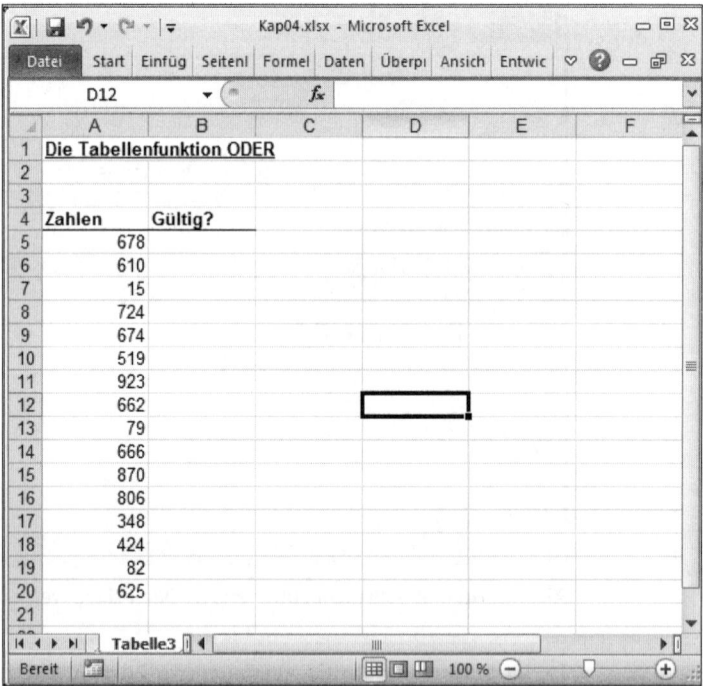

Abbildung 4.6: Eingaben überprüfen

Ermitteln Sie jetzt die Zahlen, die größer als 600 oder kleiner als 200 sind. Außerdem ist auch die einzelne Zahl 348 richtig. Gehen Sie dazu wie folgt vor:

1. Markieren Sie den Zellenbereich **B5:B20**.

2. Erfassen Sie die Formel **=ODER(A5>600;A5<200;A5=348)**

3. Schließen Sie die Formel über die Tastenkombination ⌈Strg⌉ + ⌈↵⌋ ab.

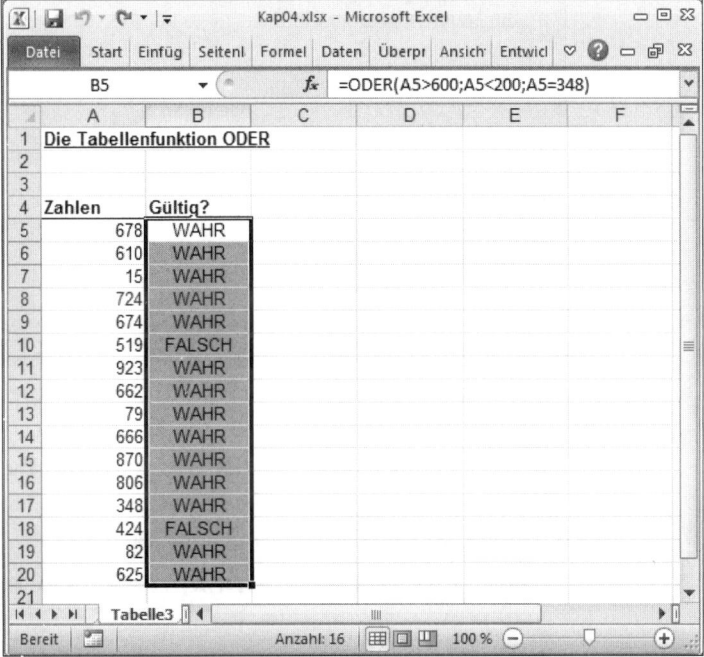

Abbildung 4.7: Mehrere alternative Bedingungen können zutreffen

Buchstabencheck durchführen

Im nächsten Beispiel soll eine Dateneingabe in Zelle **A4** überwacht werden. Die Eingabe **A**, **B** oder **C** ist eine gültige Eingabe. In diesem Fall soll in Zelle **A9** der Text **WAHR** ausgegeben werden. Werden andere Buchstaben eingegeben, soll Zelle **A9** den Text **FALSCH** aufweisen.

Sehen Sie sich dazu **Abbildung 4.8** an.

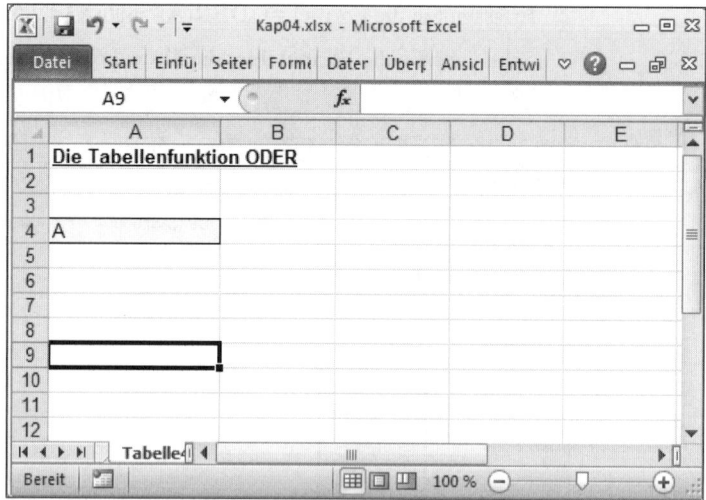

Abbildung 4.8: Die Eingabe von Buchstaben überwachen

Um nun zu prüfen, ob in Zelle **B4** ein zugelassener Buchstabe eingegeben wird, verfahren Sie wie folgt:

1. Setzen Sie den Zellenzeiger in Zelle **A9**.

2. Erfassen Sie die Formel **=ODER(A4="A";A4="B";A4="C")**.

Bei dieser Formel wird nicht zwischen Groß- und Kleinschreibung unterschieden. So ergibt die Eingabe des Buchstabens **a** dasselbe Ergebnis wie die Eingabe von **A**.

Möchten Sie von vornherein nur bestimmte Buchstaben in Zelle **B4**
zulassen, dann können Sie dies auch alternativ über die Funktion
Gültigkeit definieren. Um die automatische Gültigkeitsprüfung durchzuführen, befolgen Sie die nächsten Arbeitsschritte:

1. Setzen Sie den Zellenzeiger in Zelle **A4**.

2. Klicken Sie im Ribbon *Daten* auf das Symbol *Datenüberprüfung*.

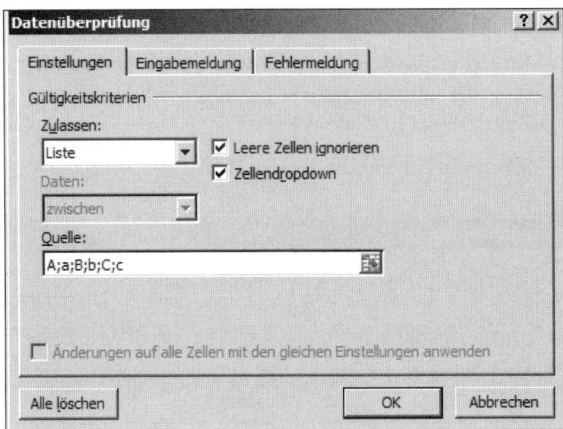

Abbildung 4.9: Die möglichen Eingaben für Zelle A4 festlegen

3. Wählen Sie im Dialogfenster *Datenüberprüfung* auf der Registerkarte *Einstellungen* den Eintrag *Liste* aus dem Dropdownmenü
   Zulassen.

4. Geben Sie im Feld *Quelle* die erlaubten Eingaben, getrennt durch
   Semikolon, ein.

5. Wechseln Sie auf die Registerkarte *Eingabemeldung*.

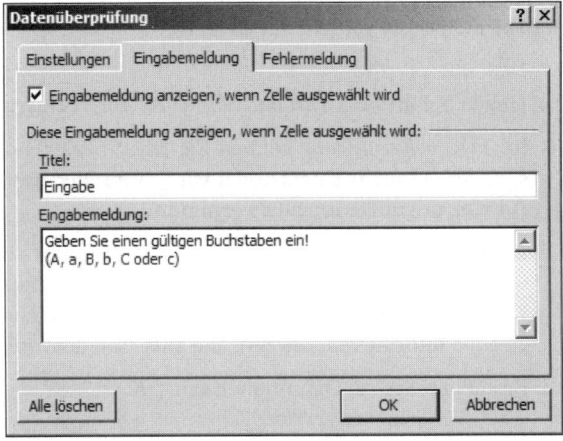

Abbildung 4.10: Die Eingabemeldung erscheint automatisch, wenn die
Zelle A4 ausgewählt wird

6. Geben Sie im Feld *Titel* einen Titel für Ihre Eingabemeldung ein.

7. Im Feld *Eingabemeldung* können Sie einen begleitenden Text erfassen, der automatisch angezeigt wird, wenn der Anwender den Zellenzeiger in Zelle **A4** setzt.

8. Wechseln Sie auf die Registerkarte *Fehlermeldung*.

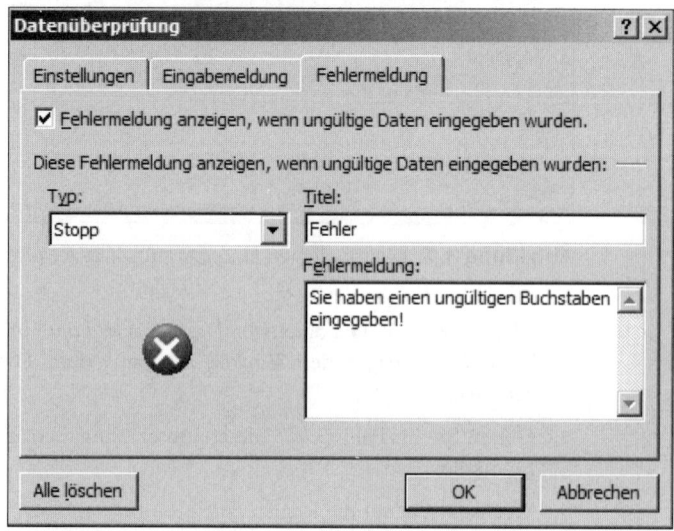

Abbildung 4.11: Die Fehlermeldung wird angezeigt, wenn eine falsche Eingabe in Zelle A4 vorgenommen wird

9. Geben Sie im Feld *Titel* einen Titel für Ihre Fehlermeldung ein.

10. Im Feld *Fehlermeldung* können Sie einen begleitenden Text erfassen, der automatisch angezeigt wird, wenn der Anwender in Zelle **A4** eine ungültige Eingabe vornimmt.

11. Im Kombinationsfeld *Typ* stellen Sie den Eintrag *Stopp* ein. Damit wird eine falsche Eingabe unter keinen Umständen zugelassen. Der Typ *Information* bzw. *Warnung* würde zwar über eine Falscheingabe informieren, die Eingabe aber trotzdem zulassen.

12. Bestätigen Sie die Definitionen mit *OK*.

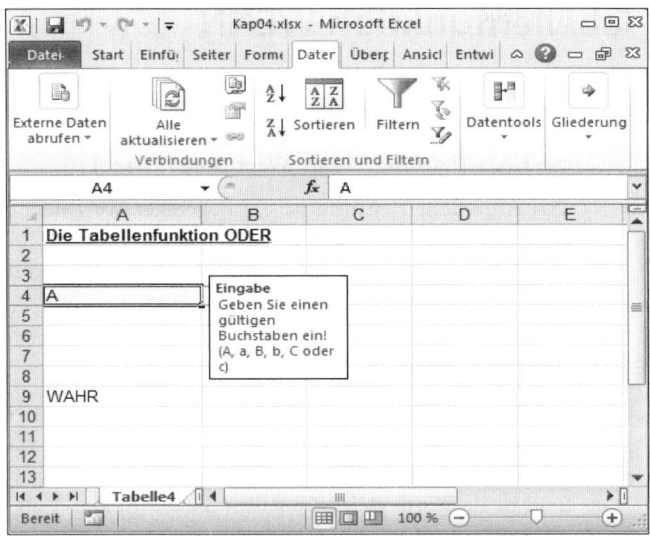

Abbildung 4.12: Der Anwender kann über die Gültigkeitsfunktion in der Tabelle geführt werden

Immer, wenn Sie den Mauszeiger in Zelle **A4** setzen, erscheint automatisch das *QuickInfo*-Fenster. Zusätzlich wird ein so genanntes Zellendropdown angeboten, aus dem Sie die vorher definierten Werte bequem auswählen können.

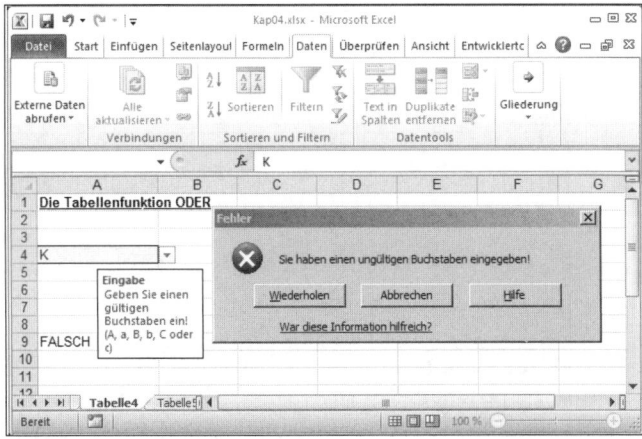

Abbildung 4.13: Fehlerhafte Eingaben werden nicht zugelassen

Die Tabellenfunktion WENN

Mit der Funktion **WENN** können Sie Werte und Formeln prüfen.

Die Syntax der Funktion **WENN** lautet:

=WENN(Prüfung;Dann_Wert;Sonst_Wert)

Das Argument **Prüfung** ist ein beliebiger Wert oder Ausdruck, der entweder zutrifft (**WAHR**) oder nicht (**FALSCH**). Im Fall einer zutreffenden Prüfung wird die Aktion **Dann_Wert** durchgeführt. Im anderen Fall wird die Aktion **Sonst_Wert** ausgeführt.

Zahlenreihen vergleichen

In der ersten Aufgabe für die Tabellenfunktion **WENN** sollen zwei Spalten (Spalte **A** und **B**) miteinander verglichen werden. In Spalte **C** soll ausgegeben werden, welche Spalte den größeren Wert enthält. Sind beide Werte gleich, so sollen die der Spalte **A** als die Spalte mit den größeren Werten ausgegeben werden.

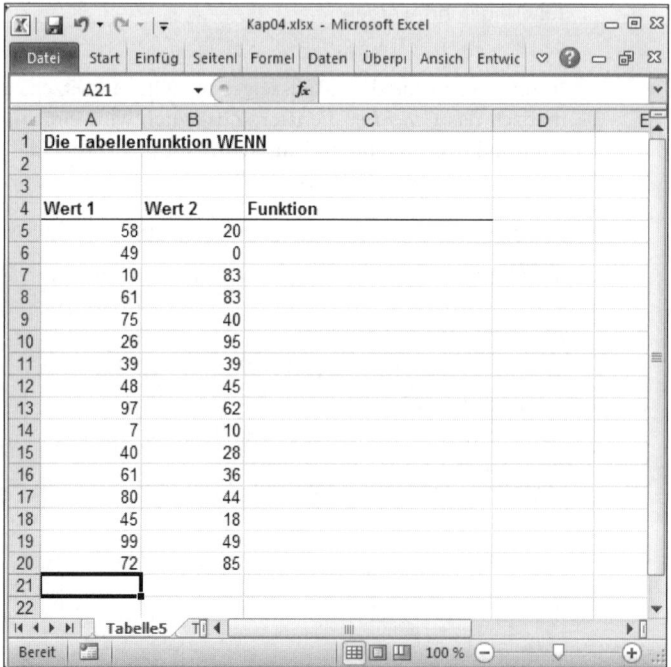

Abbildung 4.14: Welche Werte sind größer?

Um diese Aufgabe zu lösen, verfahren Sie folgendermaßen:

1. Markieren Sie den Zellenbereich **C5:C20**.

2. Erfassen Sie die Formel **=WENN(A5>=B5;"Wert in Spalte A ist größer oder gleich";"Wert in Spalte B ist größer")**.

3. Schließen Sie die Formel über die Tastenkombination ⎡Strg⎤ + ⎣⏎⎦ ab.

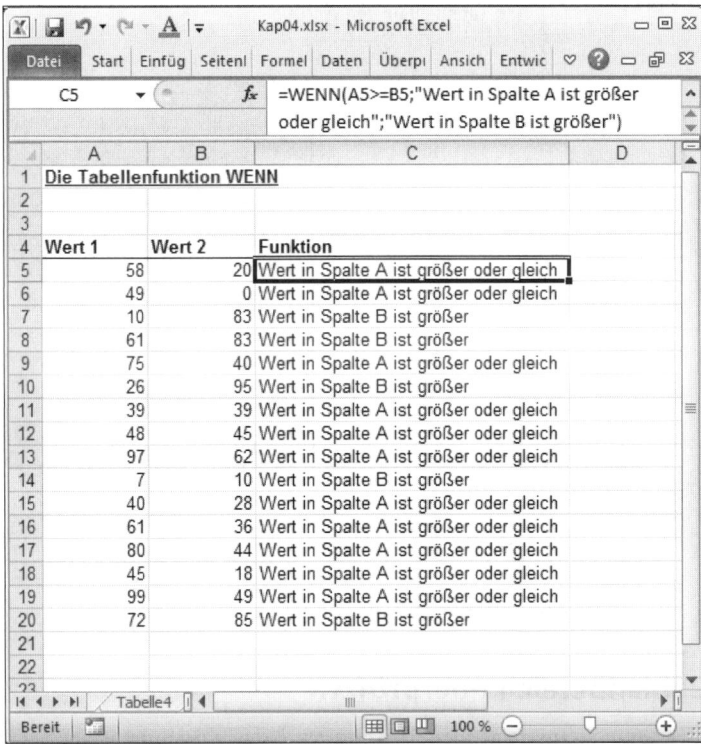

Abbildung 4.15: Der Wertevergleich in den Spalten A und B wurde vorgenommen

Im vorherigen Beispiel wurde bei Wertgleichheit in den Spalten **A** und **B** die Meldung zu Gunsten der Spalte **A** ausgegeben. Möchten Sie eine dritte Meldung »**Beide Werte sind gleich**« in die Formel integrieren, dann müssen Sie die Formel schachteln. Dazu setzen Sie folgende Formel ein:

=WENN(A5>B5;"Wert in Spalte A ist größer";WENN(A5=B5;
"Beide Werte sind gleich";"Wert in Spalte B ist größer"))

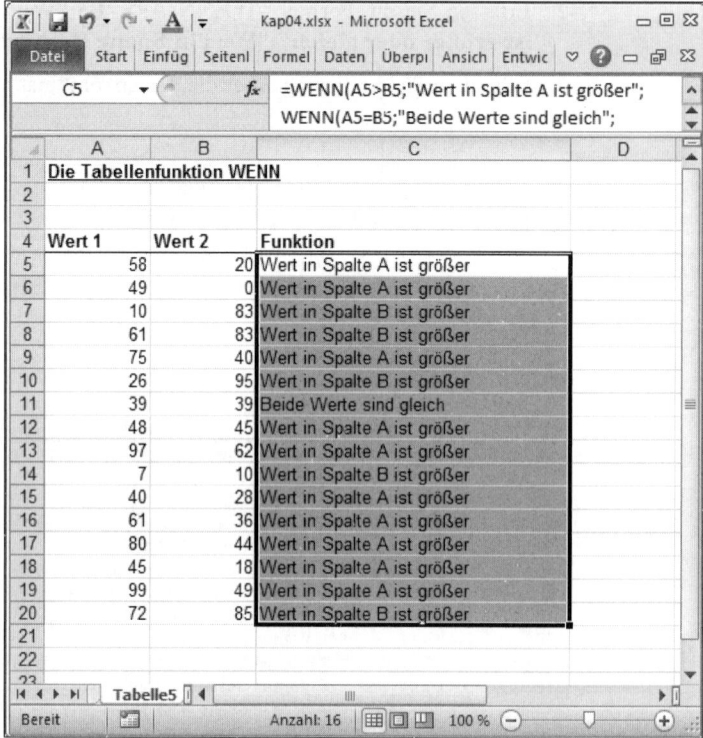

Abbildung 4.16: Die Formel wurde geschachtelt

Zahlenbereich überprüfen

Im folgenden Beispiel wird das Zusammenspiel der beiden Logik-Funktionen **WENN** und **UND** demonstriert. In einer Tabelle liegen in Spalte **A** Zahlen vor. Diese Zahlen sollen entweder kleiner oder gleich 20 oder größer oder gleich 10 sein.

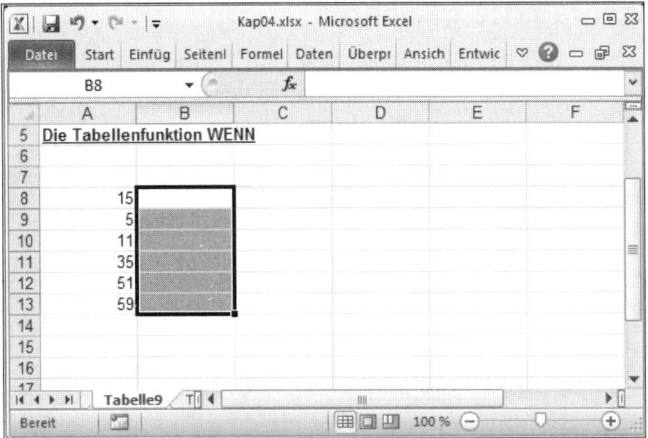

Abbildung 4.17: Die Ausgangssituation

Prüfen Sie nun, welche Zahlen im gültigen Bereich liegen. Dabei verfahren Sie wie folgt:

1. Markieren Sie den Zellenbereich **B8:B13**.

2. Erfassen Sie die Formel **=WENN(UND(A8<=20;A8>=10);"Zahl korrekt!";"Zahl falsch")**.

3. Schließen Sie die Formel über die Tastenkombination [Strg] + [↵] ab.

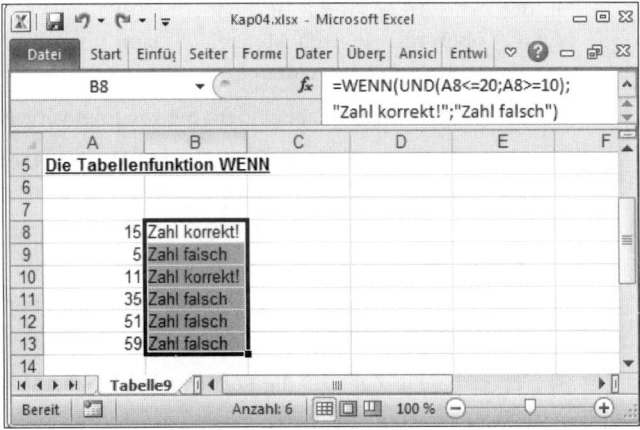

Abbildung 4.18: Zahlenprüfung über WENN und UND

Mengenrabatte gewähren

Im nächsten Beispiel liegt eine Tabelle vor, bei der entschieden werden soll, ob ein Mengenrabatt gewährt werden soll oder nicht. Sehen Sie sich dazu **Abbildung 4.19** an.

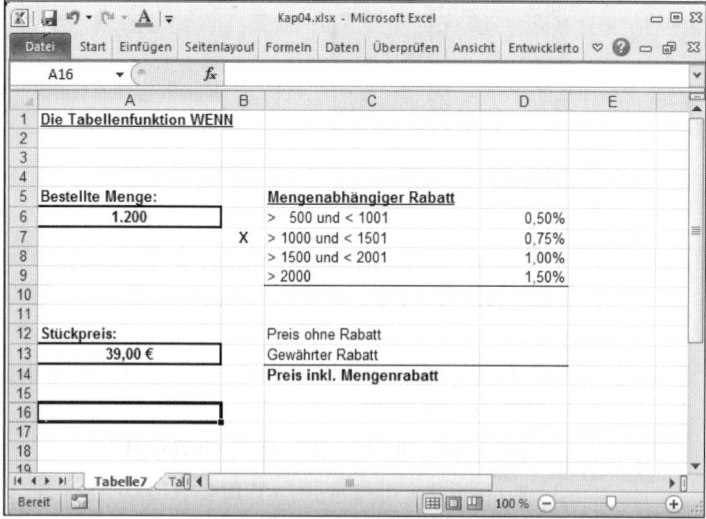

Abbildung 4.19: Die Mengenrabatt-Auswertung

In den Zellen **B6:B9** soll eine Formel erstellt werden, die die Eingabe in der Zelle **A6** auswertet und dabei die Bedingungen in den Zellen **C6:C9** überprüft. Je nach Menge soll dann im Zellenbereich **B6:B9** ein Kreuzchen gesetzt werden.

Lösen Sie diese Teilaufgabe, indem Sie wie folgt vorgehen:

1. Erfassen Sie in Zelle **B6** die Formel **WENN(UND($A$6>500; $A$6<1001);"X";"")**.

2. In Zelle **B7** schreiben Sie die Formel **=WENN(UND($A$6>1000; $A$6<1501);"X";"")**.

3. Die Zelle **B8** enthält die Formel **=WENN(UND($A$6>1500; $A$6<2001);"X";"")**.

4. Tragen Sie in Zelle **B9** die Formel **=WENN($A$6>2000;"X";"")** ein.

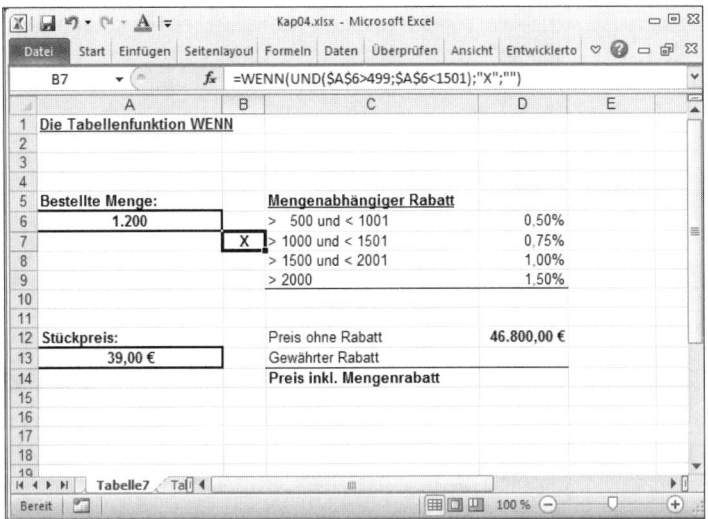

Abbildung 4.20: Das Kreuzchen wird automatisch je nach Eingabe in Zelle A6 gesetzt

Was nun noch fehlt, ist die Auswertung des zutreffenden Rabattsatzes. Dazu muss in Zelle **D13** der entsprechende Rabattsatz aus dem Zellenbereich **D6:D9** entnommen werden. In Zelle **D12** wurde der Preis ohne Rabattierung bereits durch die Formel **=A6*A13** (bestellte Menge * Stückpreis) errechnet. Komplettieren Sie jetzt die noch fehlenden Formeln, indem Sie wie folgt vorgehen:

1. Erfassen Sie in Zelle **D13** die Formel **=WENN(B6="X";D6; WENN(B7="X";D7;WENN(B8="X";D8;D9)))**.

2. In Zelle **D14** berücksichtigen Sie den gültigen Rabatt über die Formel **=D12-(D12*D13)**.

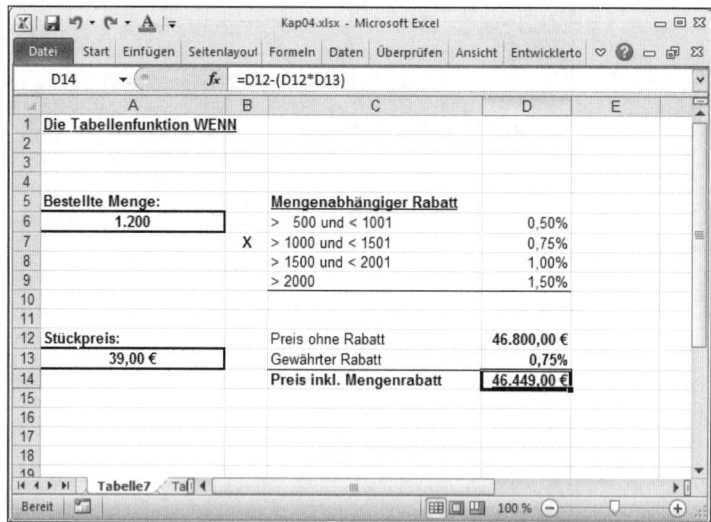

Abbildung 4.21: Die Rabattrechnung wurde durchgeführt

Die Quartalsauswertung

Die Tabellenfunktion **WENN** können Sie standardmäßig bis zu siebenmal schachteln. In der folgenden Aufgabe wird diese Tabellenfunktion mehrmals im Zusammenspiel mit der Funktion **ODER** geschachtelt. Anhand der Eingabe eines Monatsnamens soll das entsprechende Quartal ausgegeben werden. Die komplette Formel dazu lautet:

=WENN(ODER(A5="Januar";A5="Februar";A5="März");
"1.Quartal";WENN(ODER(A5="April";A5="Mai";
A5="Juni");"2. Quartal";WENN(ODER(A5="Juli";
A5="August";A5="September");"3. Quartal";"4.Quartal")))

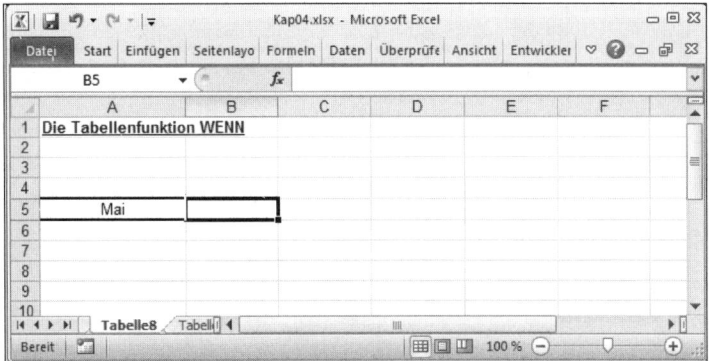

Abbildung 4.22: Die Quartalsauswertung

Einmal ganz ehrlich: Möchten Sie die in **Abbildung 4.22** angezeigte Formel manuell eintippen?

Wenn ja, dann muss darauf geachtet werden, dass die Anzahl der öffnenden Klammern der Anzahl der schließenden Klammern entspricht. Außerdem müssen Semikolons und doppelte Apostrophe richtig gesetzt werden. Eine nicht ganz leichte Aufgabe! Excel unterstützt Sie insoweit, dass es fehlerhafte Eingaben anzeigt und die Formel letztendlich nur zulässt, wenn alle Fehler beseitigt sind.

Besser ist es, wenn Sie von Anfang an den Funktions-Assistenten zu Hilfe nehmen und dabei die folgende Vorgehensweise einhalten:

1. Setzen Sie den Mauszeiger auf die Zelle **B5**.

2. Drücken Sie die Tastenkombination ⇧ + F3, um das Dialogfenster *Funktion einfügen* aufzurufen.

3. Im Dialogfenster *Funktion einfügen* suchen Sie die Tabellenfunktion **WENN** und bestätigen mit *OK*.

4. Im Dialogfenster *Funktionsargumente* setzen Sie den Mauszeiger in das Feld *Prüfung*.

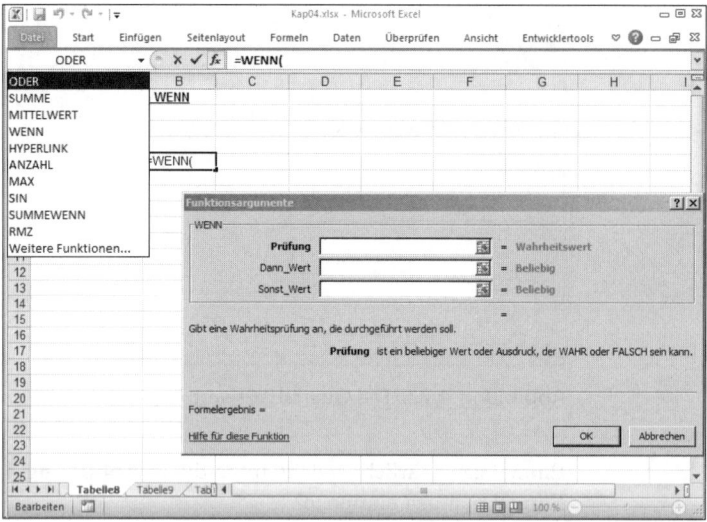

Abbildung 4.23: Funktionen über den Funktions-Assistenten schachteln

5. Klicken Sie im Hintergrund in der Bearbeitungsleiste auf das Dropdownfeld und wählen Sie die Funktion **ODER** aus.

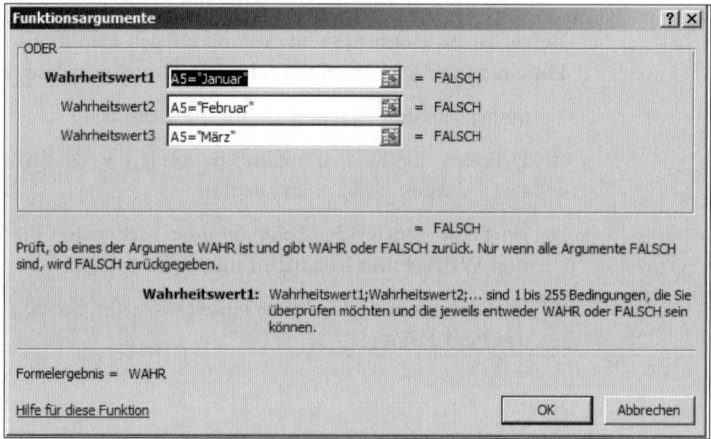

Abbildung 4.24: Die Bedingungen erfassen

6. Füllen Sie das Dialogfenster wie in **Abbildung 4.24** aus.

7. Setzen Sie danach den Mauszeiger in der Bearbeitungsleiste ganz an das Ende. Dadurch wird das Funktions-Dialogfenster wieder umgeschaltet.

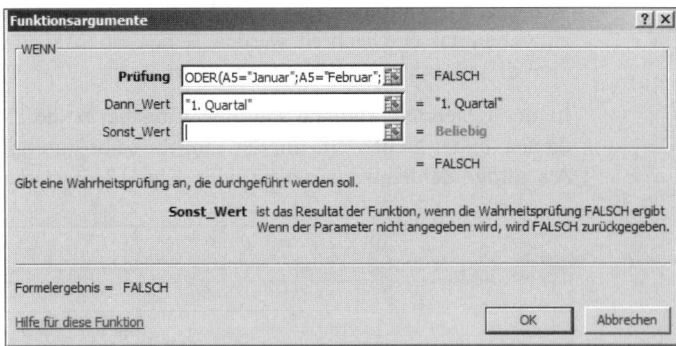

Abbildung 4.25: Den Dann_Wert eintragen

8. Erfassen Sie im Feld *Dann_Wert* den Text *1. Quartal.*

9. Setzen Sie den Mauszeiger in das Feld *Sonst_Wert*. Nun muss die zweite **WENN**-Funktion integriert werden.

10. Wählen Sie in der Bearbeitungsleiste die Funktion **WENN** aus dem Dropdownfeld aus.

11. Wiederholen Sie nun die Anweisungen ab Schritt 4 so lange, bis Sie alle Monatsnamen eingetragen haben. Achten Sie darauf, dass Sie beim Setzen des Mauszeigers in der Bearbeitungsleiste jeweils um eine Position nach vorne rücken.

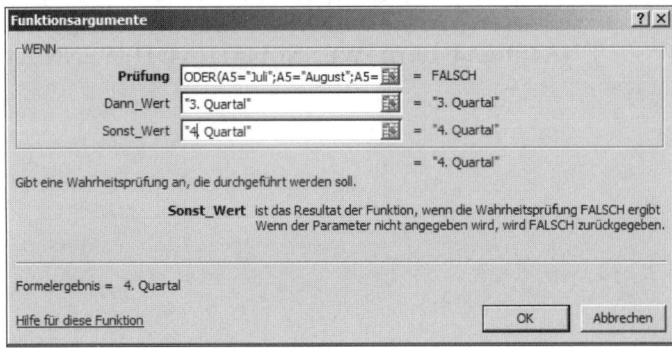

Abbildung 4.26: Der Abschluss

12. Bestätigen Sie diese lange Formel mit *OK*.

Mehr als siebenmal schachteln

Wie schon erwähnt, kann eine **WENN**-Funktion standardmäßig bis zu siebenmal geschachtelt werden. Über einen kleinen Trick kann man diese Beschränkung aber umgehen.

In der folgenden Aufgabe soll eine Eingabe in die Zelle **A4** sofort danach in der Nebenzelle mit der Eingabe selbst multipliziert werden. Als gültige Zahlen werden die Zahlen 1 bis 12 zugelassen.

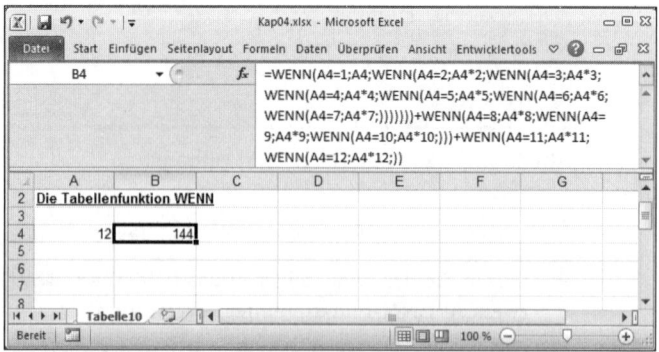

Abbildung 4.27: Durch Addition der WENN-Anweisungen erreichen Sie mehr als sieben Verschachtelungen

Die Formel in Zelle **B4** lautet:

=WENN(A4=1;A4;WENN(A4=2;A4*2;WENN(A4=3;A4*3;WEN N(A4=4;A4*4;WENN(A4=5;A4*5;WENN(A4=6;A4*6;WENN(A 4=7;A4*7;)))))))+WENN(A4=8;A4*8;WENN(A4=9;A4*9;WENN (A4=10;A4*10;)))+WENN(A4=11;A4*11;WENN(A4=12;A4*12;))

5 Textfunktionen einsetzen

Die Textfunktionen sind dann sehr wertvoll, wenn Sie Texte in Tabellen bearbeiten oder anpassen möchten. Oft müssen vor allem Daten, die aus Fremdsystemen kommen, in Excel umgewandelt und in eine besser auswertbare Form gebracht werden.

Die Tabellenfunktion LINKS

Mit der Funktion **LINKS** lassen sich Texte bearbeiten. Dabei wird vom linken Rand eines Textes eine bestimmte Anzahl von Zeichen übertragen. Die Syntax der Tabellenfunktion **LINKS** lautet wie folgt:

LINKS(Text;Anzahl_Zeichen)

Beim Argument **Text** ist die Zeichenfolge bzw. der Zelleninhalt gemeint, der übertragen werden soll. Über das Argument **Anzahl_Zeichen** wird angegeben, wie viele Zeichen vom linken Rand aus gesehen übertragen werden sollen.

Zellinhalte extrahieren

Im ersten Beispiel zur Tabellenfunktion **LINKS** soll eine Spalte, die sowohl die Kostenstelle als auch eine Kontierung enthält, auseinandergenommen werden. Dabei soll die Kostenstelle in Spalte **B** eingefügt werden.

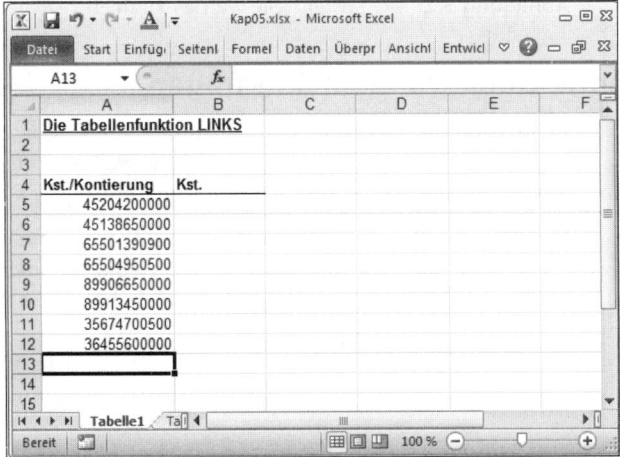

Abbildung 5.1: Kostenstelle und Kontierung sind in einer Zelle vereint

Um nun die Kostenstelle (4 Stellen) aus der Spalte **A** zu extrahieren, verfahren Sie wie folgt:

1. Markieren Sie den Zellenbereich **B5:B12**.

2. Erfassen Sie die Formel **=LINKS(A5;4)**.

3. Bestätigen Sie die Eingabe über die Tastenkombination Strg + ⏎.

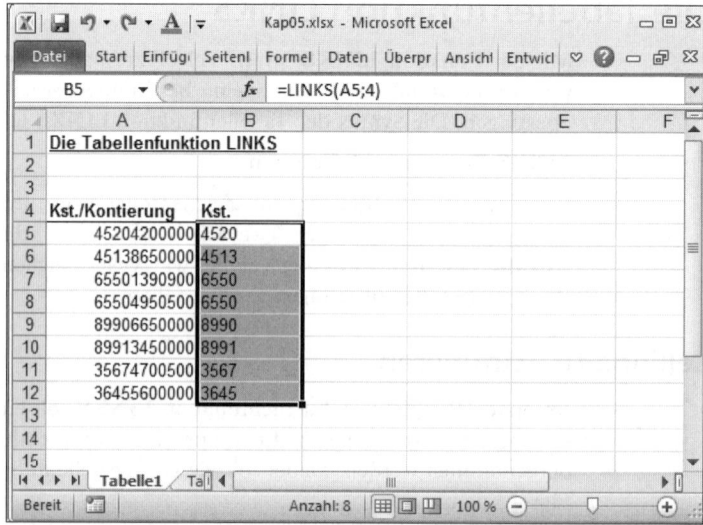

Abbildung 5.2: Die Kostenstelle wurde extrahiert

Bestimmte Länge variabel übertragen

Beim vorherigen Beispiel wurden immer genau vier Zeichen übertragen. Oft müssen aber auch in Abhängigkeit von der Länge eines Textes bzw. Zellwertes Daten übertragen werden.

Im folgenden Beispiel liegt eine Liste mit Artikelnummern vor. Dabei sollen nun die unterschiedlich langen Artikelnummern jeweils bis zum vorletzten Zeichen in die Nebenspalte übertragen werden.

Sehen Sie sich dazu **Abbildung 5.3** an.

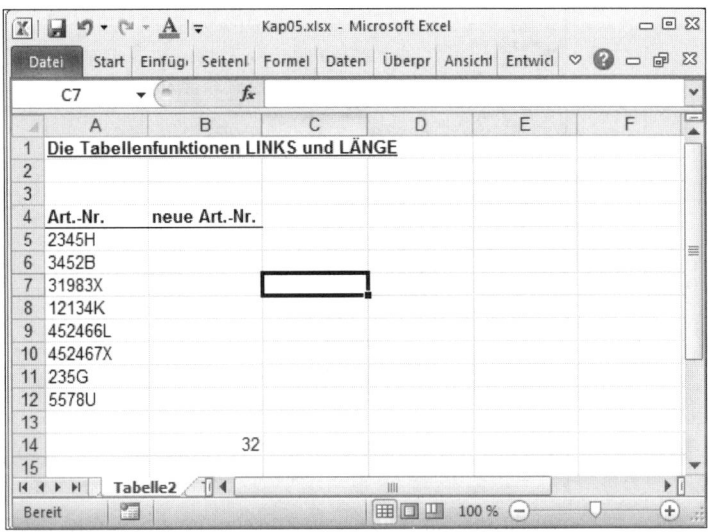

Abbildung 5.3: Aus dieser Liste sollen Artikelnummern extrahiert werden

Um nun die Artikelnummern aus Spalte **A** wie vorher beschrieben in die Spalte **B** zu übertragen, verfahren Sie wie folgt:

1. Markieren Sie den Zellenbereich **B5:B12**.

2. Erfassen Sie die Formel **=LINKS(A5;LÄNGE(A5)-1)**.

3. Bestätigen Sie die Eingabe über die Tastenkombination ⌨Strg + ⏎ (siehe **Abbildung 5.4**).

In diesem Beispiel wurde die Tabellenfunktion **LÄNGE** eingesetzt. Diese Funktion gibt Ihnen die Anzahl der Zeichen in einer Zelle oder auch in einem Text zurück. So meldet die Formel **=LÄNGE("Das ist ein etwas längerer Satz!")** zum Beispiel den Wert **32** zurück. Diese Tabellenfunktion wird oft in Verbindung mit anderen Tabellenfunktionen eingesetzt. Beispiele hierfür werden Sie im Buch noch sehr viele entdecken.

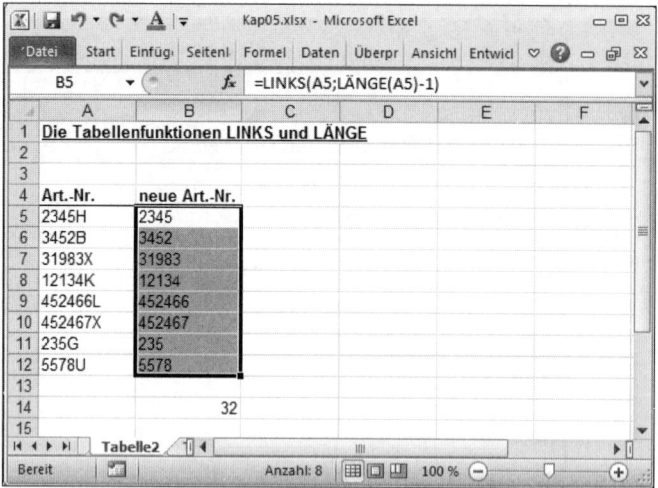

Abbildung 5.4: Die neuen Artikelnummern wurden gebildet

Vornamen extrahieren

Beim nächsten Beispiel liegt eine Tabelle mit Namen vor. Dabei wurde in Spalte **A** sowohl der Vorname als auch der Nachname eingegeben. Ihre Aufgabe besteht nun darin, die Vornamen aus Spalte **A** zu extrahieren und in Spalte **B** zu überführen. Sehen Sie sich aber zunächst die Ausgangstabelle in **Abbildung 5.5** an.

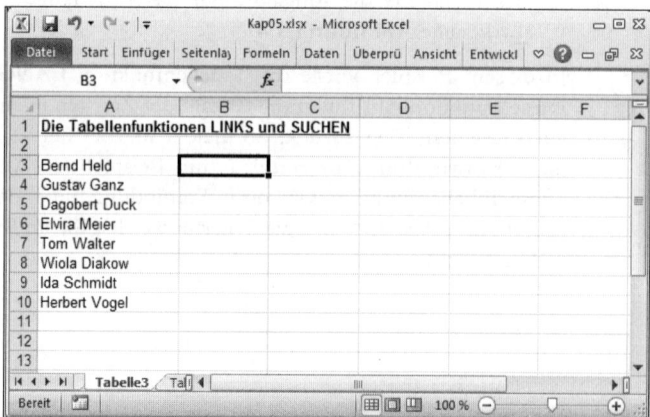

Abbildung 5.5: Die Namensliste soll bearbeitet werden

Um die Vornamen aus Spalte **A** in Spalte **B** zu übertragen, befolgen Sie die nächsten Arbeitsschritte:

1. Markieren Sie den Zellenbereich **B3:B10**.

2. Erfassen Sie die Formel **=LINKS(A3;SUCHEN(" ";A3)-1)**.

3. Bestätigen Sie die Eingabe über die Tastenkombination Strg + ⏎.

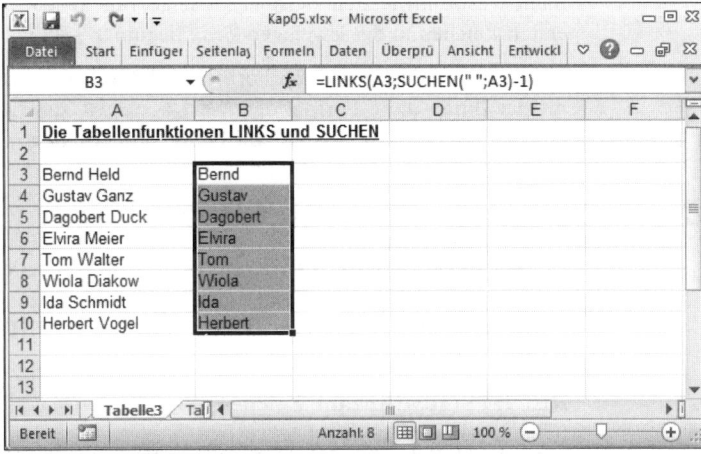

Abbildung 5.6: Die Vornamen wurden extrahiert

Um nun die in Spalte **B** verwendeten Formeln in Festwerte umzuwandeln, können Sie mit der rechten Maustaste auf den rechten Rand der Markierung klicken, die Maustaste gedrückt halten, die Markierung kurz nach rechts und wieder zurück nach links ziehen, die Maustaste wieder loslassen und aus dem Kontextmenü den Befehl *Hierhin nur als Werte kopieren* auswählen.

In diesem Beispiel wurde die Tabellenfunktion **SUCHEN** eingesetzt, um die Stelle des Leerzeichens in Spalte **A** zu ermitteln.

Die Syntax der Tabellenfunktion **SUCHEN** lautet:

(Suchtext;Text;Erstes_Zeichen)

Das Argument **Suchtext** ist der Text, nach dem Sie suchen möchten. Eine als Suchtext angegebene Zeichenfolge kann die Platzhalterzeichen Fragezeichen (?) und Sternchen (*) enthalten. Ein Fragezeichen ersetzt ein Zeichen, ein Sternchen ersetzt eine beliebige Zeichenfolge.

Suchen Sie nach einem Fragezeichen oder Sternchen, müssen Sie vor dem zu suchenden Zeichen eine Tilde (~) eingeben. Im letzten Beispiel haben wir das Leerzeichen gesucht.

Das Argument **Text** ist der Text bzw. die Zelle, in dem Sie nach **Suchtext** suchen möchten.

Im Argument **Erstes_Zeichen** ist die Nummer des Zeichens im Text gemeint, ab dem Sie mit der Suche beginnen möchten. Dieses Argument wurde im letzten Beispiel nicht gebraucht, da die Suche beim ersten Zeichen in der jeweiligen Zelle beginnen sollte.

Wenn Sie beispielsweise die Formel **=SUCHEN(" ";A3)** einsetzen, meldet Ihnen diese Formel den Wert **6** zurück, das heißt, die Stelle des Leerzeichens im Text **Bernd Held** ist die Stelle **6**.

Die Tabellenfunktion RECHTS

Mit der Funktion **RECHTS** lassen sich Texte bearbeiten. Dabei wird vom rechten Rand eines Textes eine bestimmte Anzahl von Zeichen übertragen. Die Syntax der Tabellenfunktion **RECHTS** lautet wie folgt:

RECHTS(Text;Anzahl_Zeichen)

Beim Argument **Text** ist die Zeichenfolge bzw. der Zelleninhalt gemeint, der übertragen werden soll. Über das Argument **Anzahl_Zeichen** wird angegeben, wie viele Zeichen vom rechten Rand aus gesehen übertragen werden sollen.

Auf Minuszeichen prüfen

Im ersten Beispiel zur Tabellenfunktion **RECHTS** wird eine Liste mit Daten überarbeitet. Dabei sind in Spalte **A** unter anderem Zahlenwerte enthalten, die ein Minuszeichen am rechten Rand der Zelle haben. Mit diesen Zahlenwerten kann Excel nichts anfangen, da sie als Texte interpretiert werden. Sehen Sie sich zur Verdeutlichung **Abbildung 5.7** an.

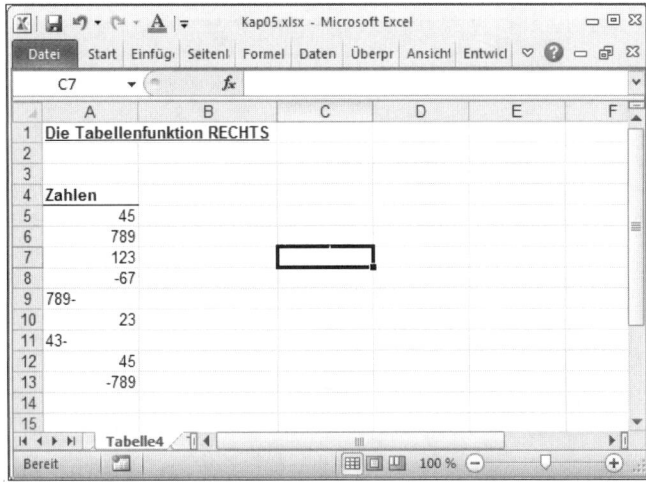

Abbildung 5.7: Die ungültigen Zahlen sollen gekennzeichnet werden

Um jetzt die ungültigen Daten zu kennzeichnen, verfahren Sie wie folgt:

1. Markieren Sie den Zellenbereich **B5:B13**.

2. Erfassen Sie die Formel
   =WENN(RECHTS(A5;1)="-";"Ungültiger Wert!";A5).

3. Bestätigen Sie die Eingabe über die Tastenkombination [Strg] + [↵] (siehe **Abbildung 5.8**).

Möchten Sie noch einen Schritt weitergehen und die ungültigen Werte so umwandeln, dass das Minuszeichen nach vorne gesetzt wird, dann befolgen Sie die nächsten Arbeitsschritte:

1. Markieren Sie den Zellenbereich **B5:B13**.

2. Erfassen Sie die Formel
   =WENN(RECHTS(A5;1)="-";("-"&LINKS(A5;LÄNGE (A5)-1))*1;A5).

3. Bestätigen Sie die Eingabe über die Tastenkombination [Strg] + [↵] (siehe **Abbildung 5.9**).

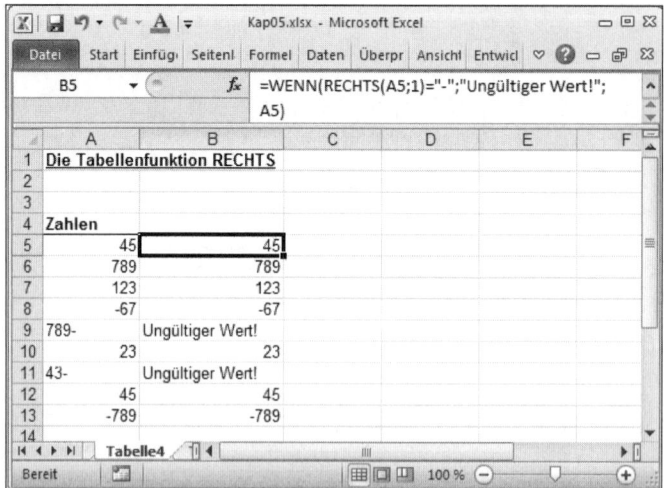

Abbildung 5.8: Die ungültigen Werte wurden gekennzeichnet

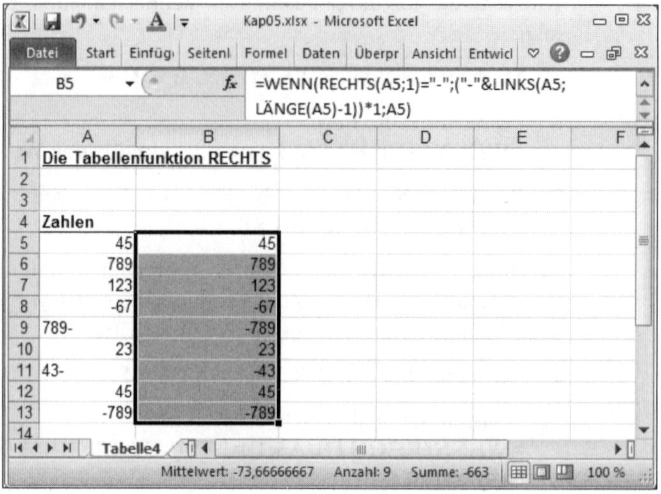

Abbildung 5.9: Das Minuszeichen an den linken Zellenrand befördern

An diesem Beispiel können Sie sehr gut erkennen, wie das Zusammenspiel der einzelnen Tabellenfunktionen das gewünschte Ergebnis bringt. In dem Fall, dass am rechten Rand der Zelle ein Minuszeichen erkannt wird, muss im ersten Schritt ein Minuszeichen an den linken

Zellenrand eingefügt werden. Dazu setzen Sie das Minuszeichen gleich in Anführungszeichen und setzen den Verkettungsoperator & ein, um den nächsten Teil der Formel zu erfassen. Jetzt holen Sie sich mit der Funktion **LINKS** vom linken Rand der Zelle die einzelnen Zeichen, bis auf das letzte Zeichen, da dieses ein Minuszeichen ist und daher nicht gebraucht wird. Multiplizieren Sie den kompletten Teil noch mit 1, damit Excel diesen Text in eine gültige Zahl umwandeln kann.

Nachnamen extrahieren – Variante I

Erinnern Sie sich an die Namensliste aus **Abbildung 5.6** in diesem Kapitel? In Spalte **A** waren Vor- sowie Nachnamen eingegeben worden. Die Vornamen wurden bereits mit der Funktion **LINKS** sowie der Funktion **SUCHEN** in Spalte **B** übertragen. Ergänzen Sie nun noch die Spalte **C** um den Nachnamen und gehen Sie dabei wie folgt vor:

1. Wechseln Sie auf die **Tabelle5**.

2. Markieren Sie den Zellenbereich **C3:C10**.

3. Erfassen Sie die Formel
   =RECHTS(A3;LÄNGE(A3)-(SUCHEN(" ";A3))).

4. Bestätigen Sie die Eingabe über die Tastenkombination ⟨Strg⟩ + ⟨↵⟩.

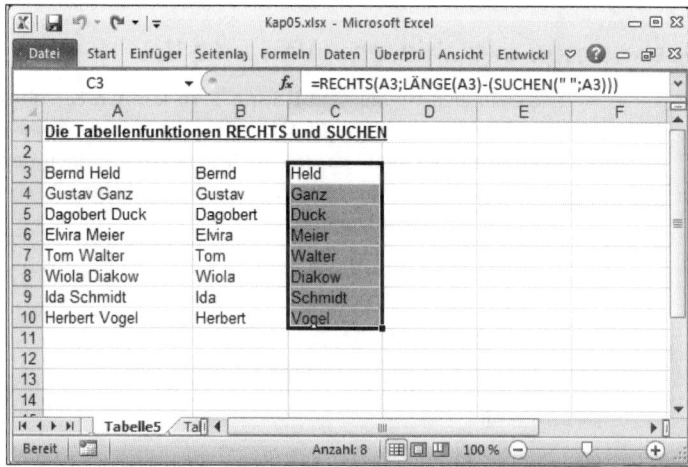

Abbildung 5.10: Die Nachnamen wurden nun auch extrahiert

Um die richtige Anzahl von Zeichen vom rechten Zellenrand zu übertragen, nehmen Sie die Gesamtlänge der jeweiligen Zelle in Spalte **A** und subtrahieren davon die über die Funktion **SUCHEN** ermittelte Position des Leerzeichens. Dadurch ermitteln Sie die Anzahl der zu übertragenden Zeichen.

Die Tabellenfunktion TEIL

Nach den beiden Funktionen **LINKS** und **RECHTS** fehlt nun noch eine Funktion, mit der Sie einen Teil einer Zelle extrahieren können. Mit der Funktion **TEIL** lassen sich Texte weiterverarbeiten. Dabei wird von einer bestimmten Stelle eines Textes an eine bestimmte Anzahl von Zeichen übertragen.

Die Syntax der Tabellenfunktion **TEIL** lautet wie folgt:

TEIL(Text;Erstes_Zeichen;Anzahl_Zeichen)

Beim Argument **Text** ist die Zeichenfolge bzw. der Zelleninhalt gemeint, der übertragen werden soll.

Mit dem Argument **Erstes_Zeichen** ist die Position des ersten Zeichens gemeint, das Sie aus dem **Text** kopieren möchten. Für das erste Zeichen von Text gilt, dass **Erstes_Zeichen** den Wert 1 hat, und so weiter.

Unter dem Argument **Anzahl_Zeichen** versteht man die Anzahl der Zeichen, die die Funktion aus Text übertragen soll.

Nachnamen extrahieren – Variante II

Die Namensliste aus **Abbildung 5.10** können Sie übrigens auch mit der Tabellenfunktion **TEIL** weiterbearbeiten. So können Sie zur Ermittlung der Nachnamen auch in Spalte **A** nach dem Leerzeichen suchen und von dieser Position an die restlichen Zeichen übertragen. Dabei gehen Sie folgendermaßen vor:

1. Markieren Sie auf der **Tabelle6** den Zellenbereich **C3:C10**.

2. Erfassen Sie die Formel
   =TEIL(A3;SUCHEN(" ";A3)+1;LÄNGE(A3)).

3. Bestätigen Sie die Eingabe über die Tastenkombination (Strg) + (↵).

Abbildung 5.11: Die Nachnamen über die Funktion TEIL extrahieren

Übrigens können Sie die Tabellenfunktion **SUCHEN** im letzten Beispiel auch durch die Funktion **FINDEN** ersetzen, da beide Funktionen dieselbe Aufgabe durchführen können.

Aus:

=TEIL(A3;SUCHEN(„ „;A3)+1;LÄNGE(A3))

Wird:

=TEIL(A3;FINDEN(„ „;A3)+1;LÄNGE(A3))

Beide Tabellenfunktionen liefern dasselbe Ergebnis.

Vorwahl und Durchwahl trennen

In der folgenden Aufgabe liegt eine Liste mit Telefonnummern vor. Dabei wurde die Vorwahl sowie die Durchwahl in einer Spalte erfasst. Als Trennzeichen zwischen der Vor- und Durchwahl wird das Zeichen »/« verwendet. Ihre Aufgabe besteht nun darin, die beiden Nummern in unterschiedlichen Spalten auszugeben. Sehen Sie sich aber vorher **Abbildung 5.12** an.

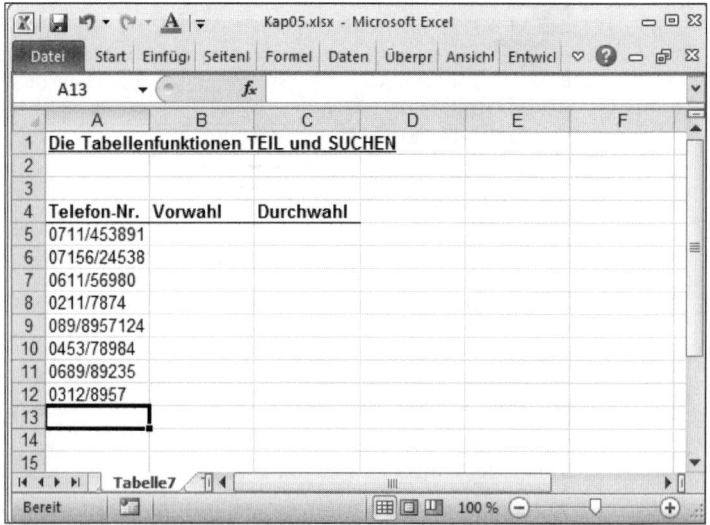

Abbildung 5.12: Die komplette Telefonnummer wurde in einer Spalte erfasst

Separieren Sie Vor- und Durchwahl, indem Sie die nächsten Arbeitsschritte befolgen:

1. Markieren Sie den Zellenbereich **B5:B12**.

2. Erfassen Sie die Formel **=LINKS(A5;SUCHEN("/";A5)-1)**.

3. Bestätigen Sie die Eingabe über die Tastenkombination [Strg] + [↵].

4. Markieren Sie den Zellenbereich **C5:C12**.

5. Erfassen Sie die Formel **=TEIL(A5;SUCHEN("/";A5)+1;LÄNGE (A5))**.

6. Bestätigen Sie die Eingabe über die Tastenkombination [Strg] + [↵].

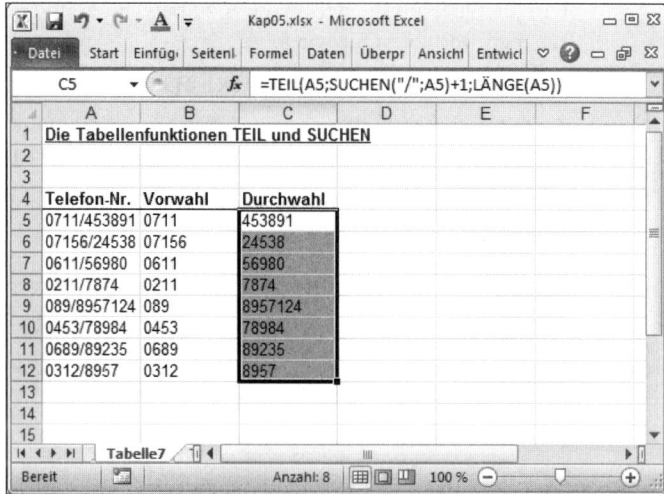

Abbildung 5.13: Die Vor- und Durchwahl wurde getrennt

Eine Quersumme berechnen

Im nächsten Beispiel soll die Quersumme einer Zahl errechnet werden. Bei einer Quersumme werden die einzelnen Zeichen einer Zahl addiert. Die Quersumme von **123** lautet **6**. Sehen Sie sich dazu **Abbildung 5.14** an.

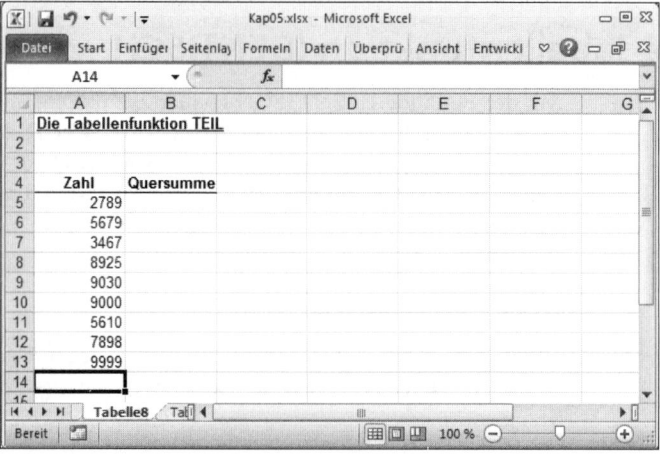

Abbildung 5.14: Die Quersummen berechnen

Um die Quersumme der Spalte **A** zu berechnen und in Spalte **B** auszugeben, verfahren Sie wie folgt:

1. Markieren Sie den Zellenbereich **B5:B13**.

2. Erfassen Sie die Formel
   =TEIL(A5;1;1)+TEIL(A5;2;1)+TEIL(A5;3;1)+TEIL(A5;4;1).

3. Bestätigen Sie die Eingabe über die Tastenkombination ⌊Strg⌋ + ⌊↵⌋.

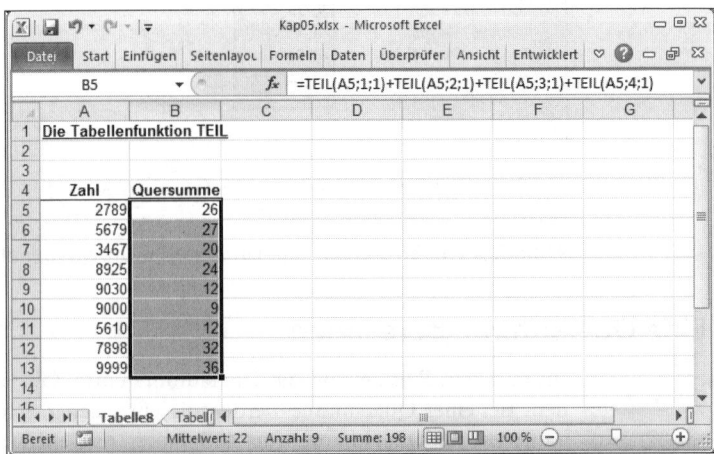

Abbildung 5.15: Die Quersummen wurden berechnet

Die Tabellenfunktion IDENTISCH

Mit der Funktion IDENTISCH können Sie prüfen, ob zwei Zeichenfolgen identisch sind. In diesem Fall wird **WAHR** zurückgegeben. Andernfalls gibt die Funktion den Wert **FALSCH** zurück. Die Funktion **IDENTISCH** unterscheidet zwischen Groß- und Kleinschreibung, ignoriert jedoch Formatierungsunterschiede.

Die Syntax dieser Funktion lautet:

IDENTISCH(Text1;Text2)

Unter dem Argument **Text1** ist die erste Zeichenfolge gemeint. Im Argument **Text2** geben Sie die zweite Zeichenfolge bzw. den Zellenbezug an.

Texte vergleichen

In der folgenden Aufgabe werden die Eingaben in den Spalten **A** und **B** verglichen. Sehen Sie sich dazu **Abbildung 5.16** an.

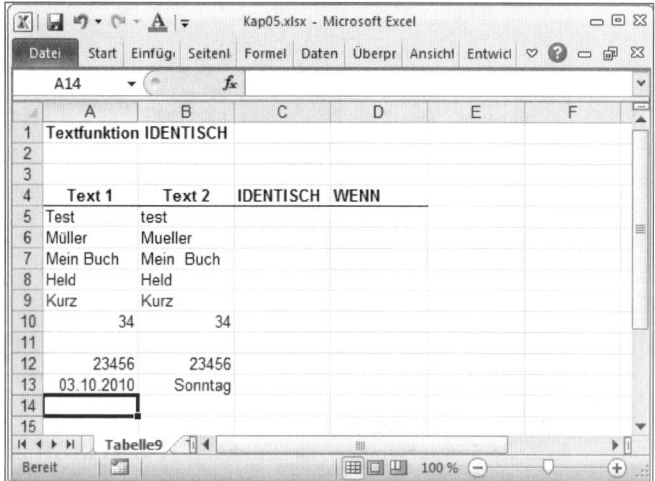

Abbildung 5.16: Eingaben sollen miteinander verglichen werden

In diesem Beispiel wird versucht, die Aufgabe über zwei verschiedene Tabellenfunktionen zu lösen. Zum einen wird die Funktion **IDENTISCH** angewendet und die Inhalte der Spalten **A** und **B** werden verglichen. Als zweite Funktion wird mit der Tabellenfunktion **WENN** versucht, die Unterschiede beider Spalten zu ermitteln.

Gehen Sie jetzt Schritt für Schritt vor:

1. Markieren Sie den Zellenbereich **C5:C13**.

2. Erfassen Sie die Formel **=IDENTISCH(A5;B5)**.

3. Bestätigen Sie die Eingabe über die Tastenkombination [Strg] + [↵].

4. Markieren Sie nun den Zellenbereich **D5:D13**.

5. Geben Sie die Formel **=WENN(A5=B5;WAHR;FALSCH)** ein.

6. Bestätigen Sie die Eingabe über die Tastenkombination [Strg] + [↵].

7. Vergleichen Sie die Ergebnisse der Spalten **C** und **D**.

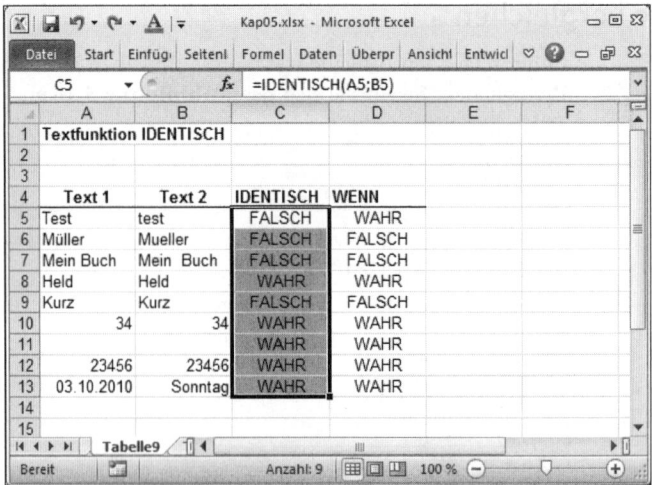

Abbildung 5.17: Die Ergebnisse beider Funktionen weichen voneinander ab

In Zeile **5** unterscheidet die Funktion **IDENTISCH** zwischen Groß-
und Kleinschreibung. Bei der Anwendung der Tabellenfunktion
WENN hingegen spielt die Groß- und Kleinschreibung keine Rolle.
In Zeile **6** melden beide Funktionen dasselbe Ergebnis, da die Texte
wirklich unterschiedlich geschrieben sind. In Zeile **7** stimmen ebenfalls beide Ergebnisse miteinander überein. In Zelle **B7** befindet sich
ein Leerzeichen mehr zwischen den beiden Wörtern. Die Zeilen **8**
und **9** weisen auf den ersten Blick keine Unterschiede auf. In Zelle **B9**
ist jedoch ein nachfolgendes Leerzeichen versteckt, das in beiden Fällen zu einem ungültigen Ergebnis führt. In Zeile **10** werden Zahlen
miteinander verglichen. Auch wenn beide Zellen leer sind, wird eine
Übereinstimmung geliefert.

Vorsicht bei Zellen, die zwar denselben Inhalt, jedoch eine unterschiedliche Formatierung aufweisen. Fügen Sie beispielsweise in zwei
Zellen ein Datum ein und formatieren Sie die eine Zelle dann mit dem
benutzerdefinierten Format **TTTT**. Im Falle des 03.10.2010 liefert die
unformatierte Zelle das Ergebnis **03.10.2010**, die mit dem benutzerdefinierten Format liefert das Ergebnis **Sonntag**. Wenn jetzt die Tabellenfunktion **IDENTISCH** angewendet wird, meldet diese Funktion eine
Übereinstimmung, da sich hier nur die Zellen in der Formatierung unterscheiden.

Wenn Sie die Tabellenfunktion für Zellen verwenden möchten, die auf unterschiedlichen Tabellen liegen, dann lautet die dafür notwendige Syntax:

=IDENTISCH(Tabelle1!A1;Tabelle2!A1)

Die Tabellenfunktion WECHSELN

Die Tabellenfunktion **WECHSELN** ersetzt einen alten Text durch neuen Text. Diese Funktion wird eingesetzt, wenn Sie innerhalb eines Textes eine bestimmte Zeichenfolge austauschen möchten.

Die Syntax dieser Funktion lautet:

WECHSELN(Text;Alter_Text;Neuer_Text;Ntes_Auftreten)

Mit dem Argument **Text** ist der in Anführungszeichen gesetzte Text oder Bezug auf eine Zelle gemeint, die den Text enthält, in dem Zeichen ausgetauscht werden sollen.

Das Argument **Alter_Text** repräsentiert den Text, den Sie ersetzen möchten.

Im Argument **Neuer_Text** wird der Text, mit dem Sie **Alter_Text** ersetzen möchten, angegeben.

Im Argument **Ntes_Auftreten** können Sie angeben, an welchen Stellen **Alter_Text** durch **Neuer_Text** ersetzt werden soll. Wenn Sie **Ntes_Auftreten** angeben, wird nur dieses Vorkommen von **Alter_Text** ersetzt; andernfalls wird **Alter_Text** an jeder Stelle, an der er im Text vorkommt, durch **Neuer_Text** ersetzt.

Punkte durch Kommas ersetzen

Nach einem Datenimport aus einem anderen Programm liegen die Daten in der Form vor, dass Zahlenwerte anstatt des Dezimalkommas einen Punkt aufweisen. Sehen Sie sich dazu folgende Abbildung an.

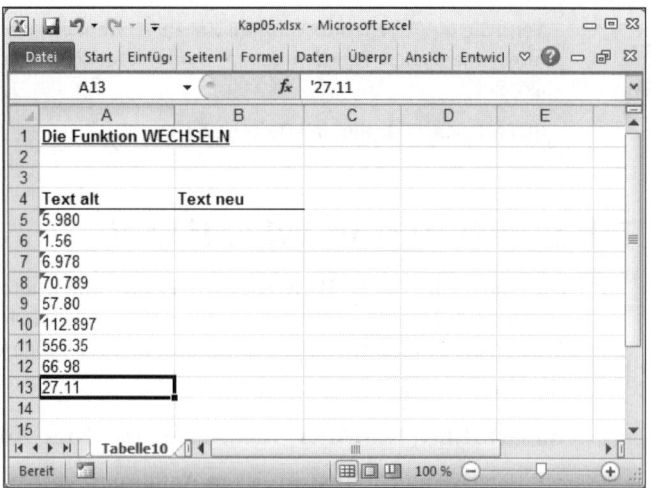

Abbildung 5.18: Die Zahlenwerte sind so in Excel nicht verwendbar

Um nun die Punkte durch Dezimalkommas auszutauschen, verfahren Sie wie folgt:

1. Markieren Sie den Datenbereich **B5:B13**.

2. Erfassen Sie die Formel **=WERT(WECHSELN(A5;".";","))**.

3. Bestätigen Sie die Eingabe über die Tastenkombination ⌷Strg⌷ + ⌷⏎⌷ (siehe **Abbildung 5.19**).

Auch wenn die Punkte in Excel durch Kommas ersetzt worden sind, kann Excel noch nicht automatisch erkennen, dass es sich nun um Zahlenwerte handeln soll. Setzen Sie zu diesem Zweck die Tabellenfunktion **WERT** ein. Diese Funktion versucht, einen Text automatisch in eine Zahl umzuwandeln.

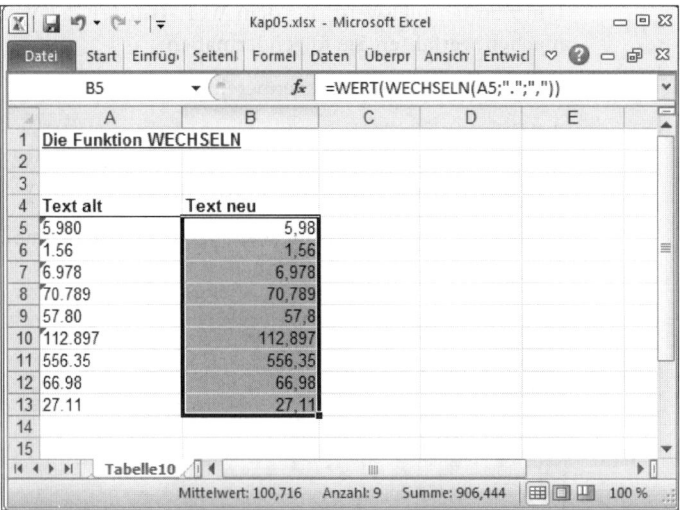

Abbildung 5.19: Die Punkte wurden durch Kommas ersetzt

Umlaute tauschen

Im nächsten Beispiel liegt eine Tabelle mit Wörtern vor, die Umlaute bzw. ß enthalten. Sehen Sie sich dazu **Abbildung 5.20** an.

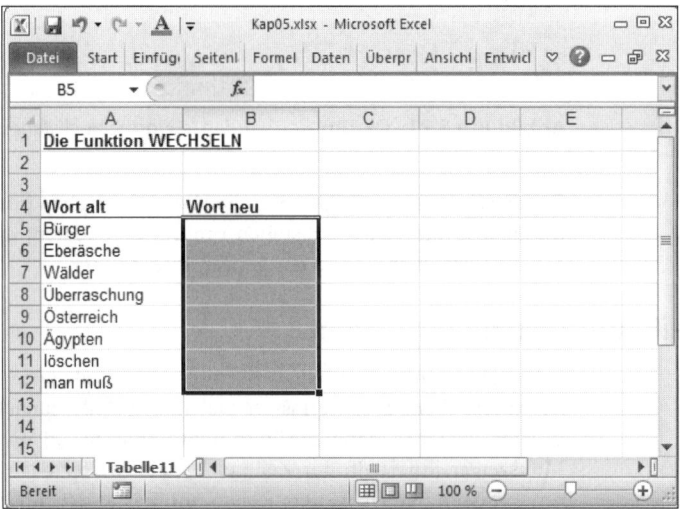

Abbildung 5.20: Die Umlaute sollen umgesetzt werden

Um nun beispielsweise aus dem Wort **Bürger** das Wort **Buerger** zu machen, verfahren Sie folgendermaßen:

1. Markieren Sie den Zellenbereich **B5:B12**.

2. Erfassen Sie die Formel
   =WECHSELN(WECHSELN(WECHSELN(WECHSELN(A5;"ä";"ae");"ö";"oe");"ü";"ue");"ß"; "ss").

3. Bestätigen Sie die Eingabe über die Tastenkombination Strg + ⏎.

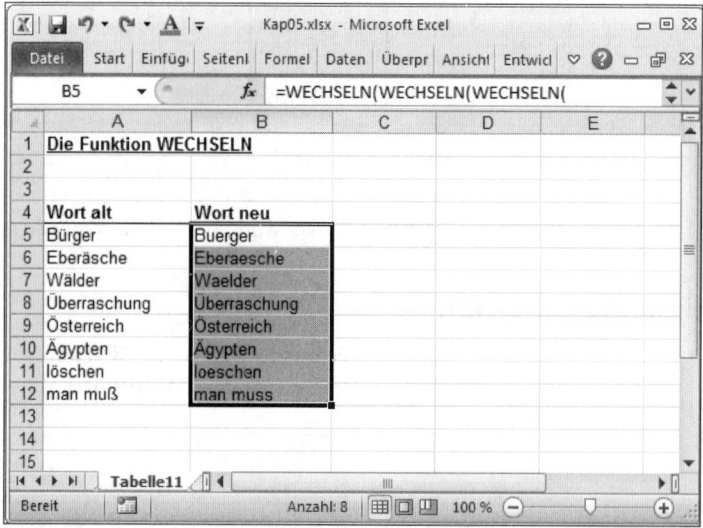

Abbildung 5.21: Die Umlaute wurden in Normalbuchstaben umgewandelt

Bei dieser Aufgabe wurden nur die Kleinbuchstaben umgesetzt. Wenn Sie ebenso die Großbuchstaben umsetzen möchten, dann erweitern Sie die Formel analog zu der gerade vorgestellten.

Zeilenumbrüche entfernen

In Excel haben Sie die Möglichkeit, in einer Zelle gleich mehrere Zeilen einzugeben. Dazu erfassen Sie in der Zelle zunächst die ersten Wörter, drücken dann die Tastenkombination Alt + ⏎, um den Mauszeiger innerhalb der Zelle eine Zeile weiter nach unten zu setzen, erfassen danach weitere Zeilen und bestätigen am Ende mit ⏎.

In **Abbildung 5.22** ist eine Zelle mit Zeilenumbruch exemplarisch dargestellt.

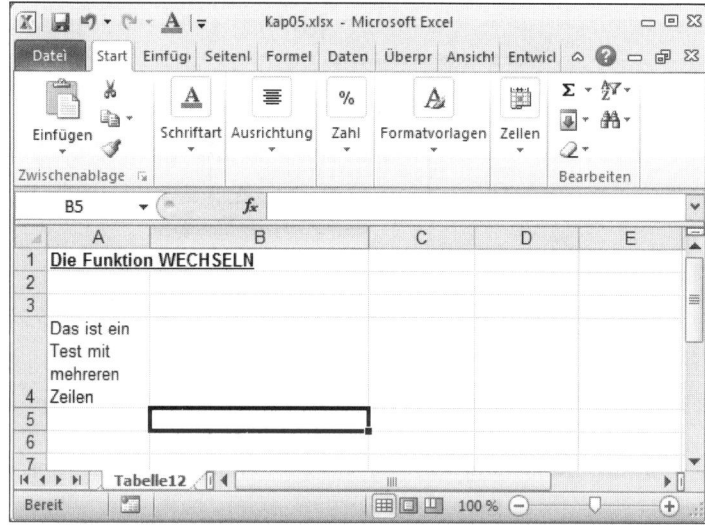

Abbildung 5.22: Die Zelle A4 enthält Text in mehreren Zeilen

Ihre Aufgabe besteht nun darin, in Zelle **B4** den Text aus Zelle **A4** ohne Zeilenumbruch darzustellen. Auch für diese Aufgabe können Sie die Tabellenfunktion **WECHSELN** einsetzen. Dabei gehen Sie wie folgt vor:

1. Erfassen Sie in Zelle **B4** die Formel
   =WECHSELN(A4;ZEICHEN(10);" ").

2. Drücken Sie die Tastenkombination [Strg] + [1], um das Dialogfenster *Zellen formatieren* aufzurufen.

3. Wechseln Sie auf die Registerkarte *Ausrichtung*.

4. Aktivieren Sie im Kombinationsfeld *Vertikal* den Eintrag *Zentrieren*.

5. Bestätigen Sie mit *OK*.

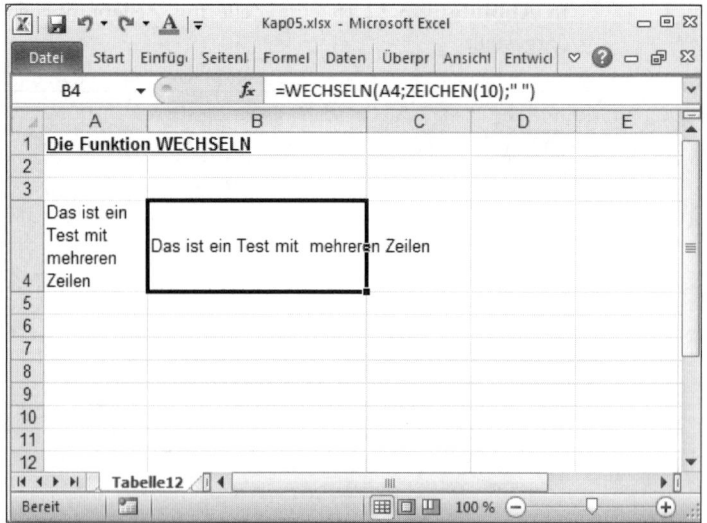

Abbildung 5.23: Aus vier Zeilen wurde eine Zeile gemacht

Über die Tabellenfunktion **ZEICHEN** können Sie das Zeichen, das
für den Zeilenumbruch steht (**10**), durch ein Leerzeichen ersetzen.
Dadurch wird der Zeilenumbruch aufgehoben. Standardmäßig wird
der so bearbeitete Text am unteren Rand der Zelle angezeigt. Aus
diesem Grund kann über die Registerkarte *Ausrichtung* die vertikale
Ausrichtung angepasst werden.

Vornamen, zweiten Vornamen und Nachnamen separieren

In einem der vorherigen Beispiele haben Sie eine Zelle, die einen Vor-
und Nachnamen enthielt, mit der Tabellenfunktionen **LINKS**,
LÄNGE, **SUCHEN** und **TEIL** auseinandergenommen.

In der folgenden Aufgabe wird diese Teilaufgabe insoweit erweitert,
dass nun auch zwei Vornamen und Nachnamen verarbeitet werden
können. Sehen Sie sich dazu **Abbildung 5.24** an.

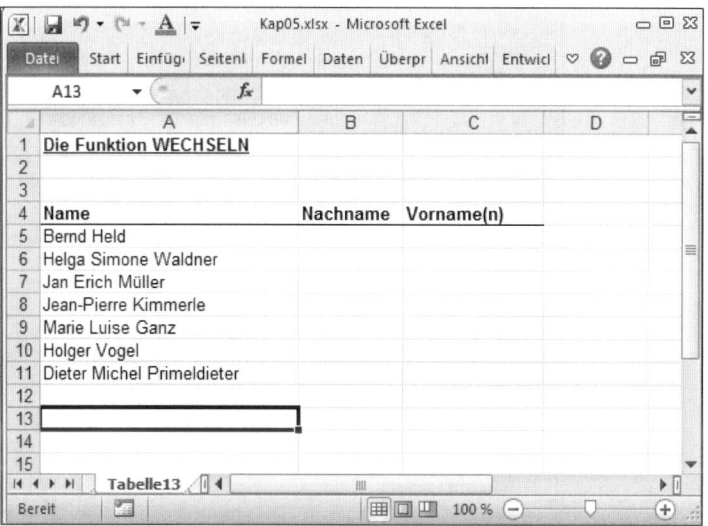

Abbildung 5.24: Diese Namen sollen separiert werden

Um die Aufgabe der Separierung durchzuführen, befolgen Sie die nächsten Arbeitsschritte:

1. Markieren Sie den Datenbereich **B5:B11**.

2. Erfassen Sie die Formel **=RECHTS(A5;LÄNGE(A5)-FINDEN ("@";WECHSELN(A5;" ";"@";LÄNGE(A5)-LÄNGE (WECHSELN(A5;" ";)))))**.

3. Bestätigen Sie die Eingabe über die Tastenkombination [Strg] + [↵].

4. Markieren Sie den Zellenbereich **C5:C11**.

5. Erfassen Sie die Formel **=LINKS(A5;(LÄNGE(A5)-LÄNGE (B5)-1))**.

6. Bestätigen Sie die Eingabe über die Tastenkombination [Strg] + [↵].

Abbildung 5.25: Die Vornamen und Nachnamen wurden sauber getrennt

Das Zeichen @ ist nur ein Hilfszeichen, das nicht im Text vorkommen darf, der ersetzt werden soll. Die Funktion **WECHSELN** ersetzt das letzte Auftreten des Leerzeichens durch dieses Hilfszeichen. Die Tabellenfunktion **FINDEN** ermittelt dann genau diese Position.

Adressdaten zusammenführen

Im Gegensatz zur vorherigen Aufgabe wird nun eine Adressenliste, bestehend aus Name, Vorname, Straße und Ort in eine einzige Spalte zusammengeführt. Sehen Sie sich zunächst **Abbildung 5.26** an.

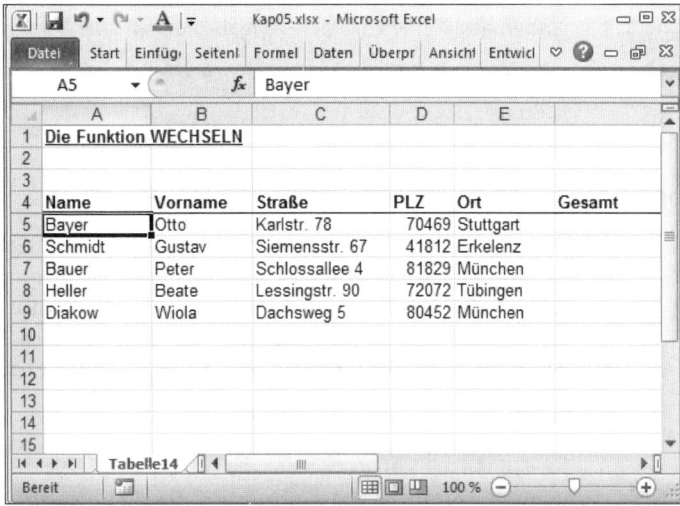

Abbildung 5.26: Die Adressen sollen in Spalte F zusammengeführt werden

Um die Adressdaten, jeweils durch einen Bindestrich voneinander getrennt, zusammenzuführen, befolgen Sie die nächsten Arbeitsschritte:

1. Markieren Sie den Zellenbereich **F5:F9**.

2. Erfassen Sie die Formel **=WECHSELN(A5&" "&B5&" "&C5&" "&D5 & " " &E5;" ";" - ")**.

3. Bestätigen Sie die Eingabe über die Tastenkombination ⎣Strg⎦ + ⎣↵⎦.

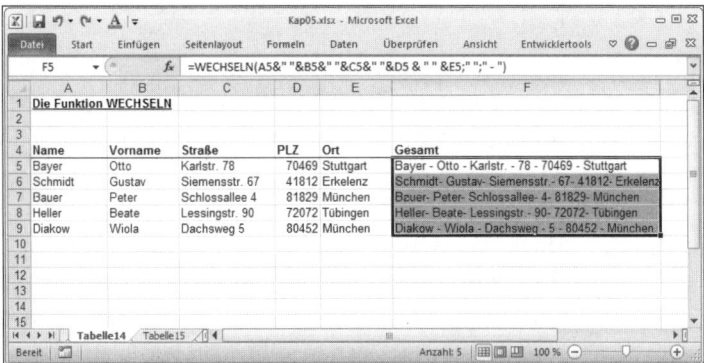

Abbildung 5.27: Die Adressdaten wurden zusammengeführt

Alternativ können Sie diese Aufgabe auch mit der Formel

=A5& " - " & B5 & " - " & C5 & " - " & D5 & " - " & E5

lösen.

Sonderzeichen in kompletter Spalte ersetzen

In der folgenden Liste liegen Telefonnummern vor, die nicht einheitlich formatiert sind. Als Trennzeichen zwischen Vor- und Durchwahl gibt es Bindestriche sowie Schrägstriche. Außerdem stören auch einige Leerzeichen, die bei einem Teil der Nummern eingefügt sind. Sehen Sie sich **Abbildung 5.28** mit den noch nicht bereinigten Telefonnummern an.

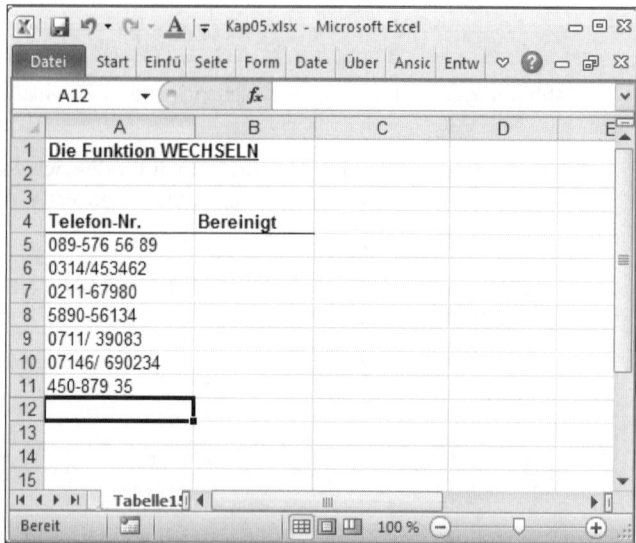

Abbildung 5.28: Telefonnummern – etwas durcheinander

Da Excel führende Nullen leider standardmäßig verschluckt, wurde jeweils ein Apostroph als erstes Zeichen eingegeben. Dadurch wird die automatische Nullenunterdrückung in Excel blockiert.

Um nun die Sonderzeichen sowie Leerzeichen aus den Telefonnummern herauszunehmen, verfahren Sie wie folgt:

1. Markieren Sie den Zellenbereich **B5:B11**.

2. Erfassen Sie die Formel
=WECHSELN(WECHSELN(WECHSELN(A5;"-";"");"
";"");"/";"").

3. Bestätigen Sie die Eingabe über die Tastenkombination ⌜Strg⌟ + ⌜↵⌟.

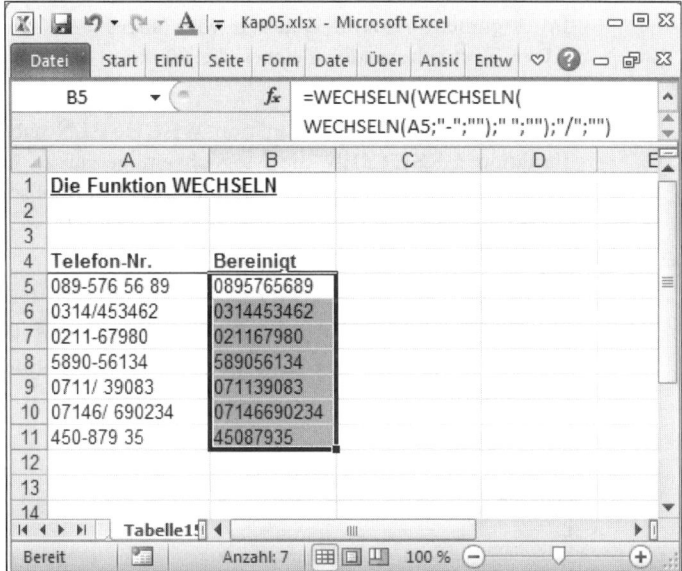

Abbildung 5.29: Die Sonderzeichen wurden entfernt

Sollen die beiden Trennzeichen »/« und »-« nur durch Leerzeichen ersetzt werden, dann lautet die Formel:

=WECHSELN(WECHSELN(A5;"-";" ");"/";" ")

Die Tabellenfunktion ERSETZEN

Die Tabellenfunktion **ERSETZEN** ersetzt auf der Grundlage der Anzahl von Zeichen, die Sie angeben, einen Teil einer Textzeichenfolge
durch eine andere Textzeichenfolge.

Die Syntax dieser Funktion lautet:

**ERSETZEN(Alter_Text;Erstes_Zeichen;Anzahl_Zeichen;
Neuer_Text)**

Mit dem Argument **Alter_Text** ist der Text (die Zeichenfolge) gemeint, in dem (der) Sie einige Zeichen ersetzen möchten.

Im Argument **Erstes_Zeichen** geben Sie die Position des zu **Alter_Text** gehörenden Zeichens an, bei der mit dem Ersetzen durch **Neuer_Text** begonnen werden soll.

Im Argument **Anzahl_Zeichen** wird angegeben, wie viele der zu **Alter_Text** gehörenden Zeichen die Funktion durch **Neuer_Text** ersetzen soll.

Im Vergleich zur Tabellenfunktion **WECHSELN** haben Sie bei der Funktion **ERSETZEN** die Möglichkeit, genau zu bestimmen, ab welcher Position im Text gesucht und ersetzt werden soll.

Die Arbeitszeit berechnen

In der folgenden Aufgabe liegt eine Stundenerfassung vor, die ursprünglich in einer anderen Anwendung erstellt und danach in Excel importiert wurde. Dabei sieht die Liste wie in **Abbildung 5.30** gezeigt aus.

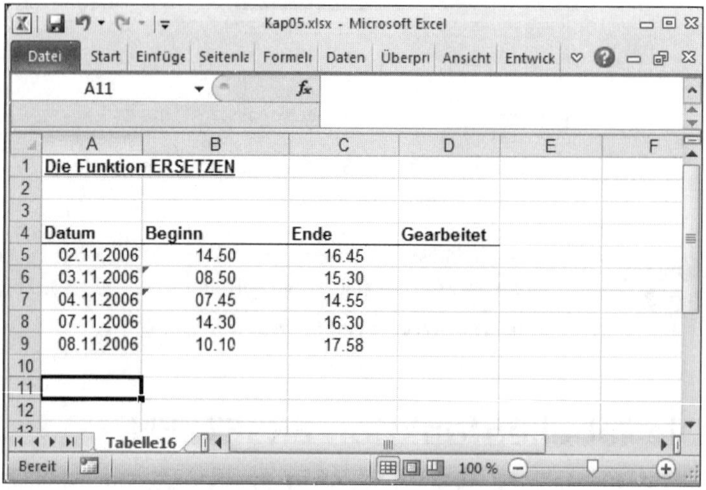

Abbildung 5.30: Die Arbeitszeitliste

Bei der Arbeitszeitliste sind die Zeitangaben nicht wie in Excel gewohnt mit Doppelpunkt, sondern mit einem einfachen Punkt durchgeführt worden. Mit diesem Format können Sie in Excel leider nichts anfangen, da es bei einer Subtraktion des End-Wertes vom Beginn-Wert die Fehlermeldung **#WERT** liefert, anstatt die Arbeitszeit zu berechnen. Da Sie aber die Zeiten-Formatierung für die Spalten **B** und **C** so beibehalten möchten, müssen Sie einen Trick anwenden. Dabei verfahren Sie wie folgt:

1. Markieren Sie den Zellenbereich **D5:D9**.

2. Erfassen Sie die Formel **=(ERSETZEN(C5;SUCHEN(".";C5); 1;":")-ERSETZEN(B5;SUCHEN(".";B5);1;":"))**.

3. Bestätigen Sie die Eingabe über die Tastenkombination ⌨ Strg + ⏎.

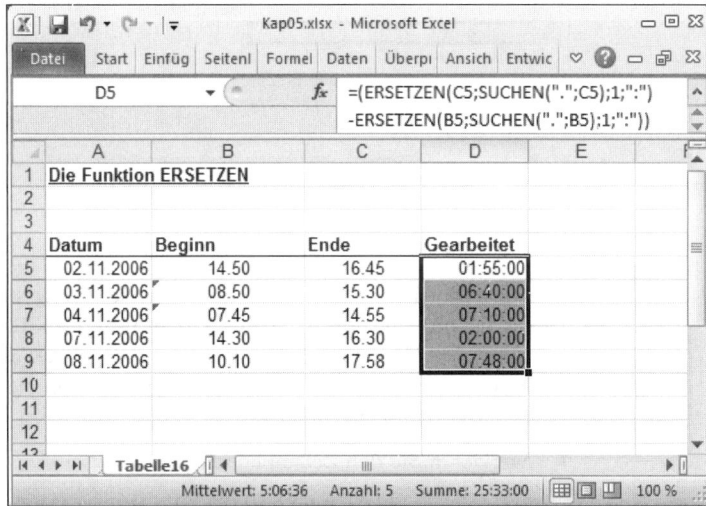

Abbildung 5.31: Die Zeiten werden gerechnet

Die Subtraktion der beiden Zeitwerte kann in Excel erfolgen, weil Sie mit der Tabellenfunktion **ERSETZEN** die Punkte zwischen der Stunden- und Minutenangabe davor tauschen. Mit der Funktion **SUCHEN** finden Sie den Punkt zwischen der Stunden- und der Minutenangabe.

Variable Rechnungsnamen

Stellen Sie sich folgenden Sachverhalt vor. Es liegt eine Tabelle mit Rechnungen vor, die einen dynamischen Namen haben. Der Name setzt sich aus einem Datum und dem eigentlichen Sachverhalt zusammen. Sehen Sie sich dazu **Abbildung 5.32** an.

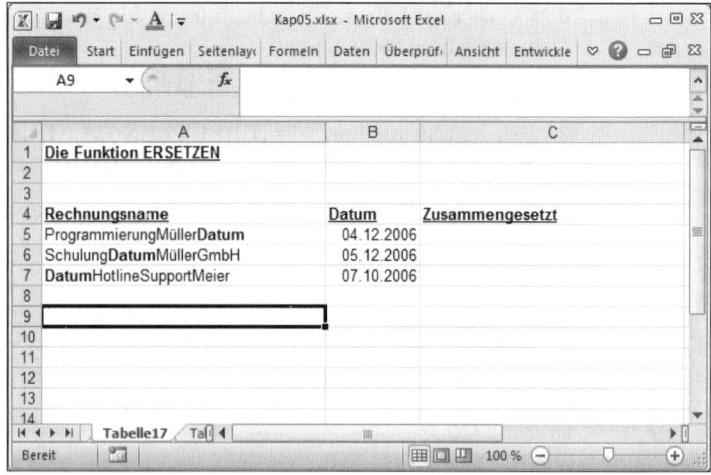

Abbildung 5.32: Variable Rechnungsnamen erzeugen

In Spalte **B** wird jeweils das Datum der Rechnungsstellung erfasst. Dieses Datum soll nun in Spalte **A** den bisherigen Text entnehmen und aus dem Platzhalter **Datum** das dazugehörige Datum aus Spalte **B** entnehmen und in Spalte **C** einfügen. Um diese Aufgabe zu lösen, verfahren Sie wie folgt:

1. Markieren Sie den Zellenbereich **C5:C7**.

2. Erfassen Sie die Formel **=ERSETZEN(A5;FINDEN("Datum"; A5;1);5;TEXT(B5;"TTMMJJJJ"))**.

3. Bestätigen Sie die Eingabe über die Tastenkombination ⌷Strg⌷ + ⌷↵⌷.

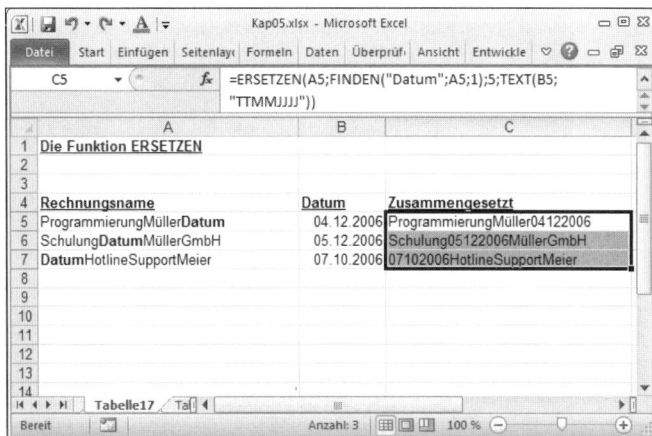

Abbildung 5.33: Die Rechnungen wurden in Abhängigkeit von Spalte B benannt

Egal, an welcher Stelle der Platzhalter **Datum** steht, wird er über die Funktion **SUCHEN** ermittelt und anschließend die Fundstelle (5 Zeichen) mit dem Datum aus Spalte **B** über die Funktion **ERSETZEN** ausgetauscht. Über die Tabellenfunktion **TEXT** muss die Datumsausgabe noch in das richtige Format gebracht werden. Dazu aber später mehr.

Die Tabellenfunktionen GROSS und GROSS2

Mit der Tabellenfunktion **GROSS** können Sie einen Text in Großbuchstaben umwandeln.

Mit der Tabellenfunktion **GROSS2** werden jeweils die Anfangsbuchstaben eines Satzes in Großbuchstaben umgewandelt. Der Rest der Buchstaben bleibt klein.

Übergeben Sie diesen Funktionen entweder direkt den Text, den Sie umwandeln möchten, beispielsweise **=GROSS("excel für jeden")** mit dem Ergebnis **EXCEL FÜR JEDEN**, oder über einen Zellenbezug, wie **=GROSS(A1)**.

Klein zu groß

Im nächsten Beispiel liegt eine kurze Artikelliste in Kleinschreibweise wie in **Abbildung 5.34** vor.

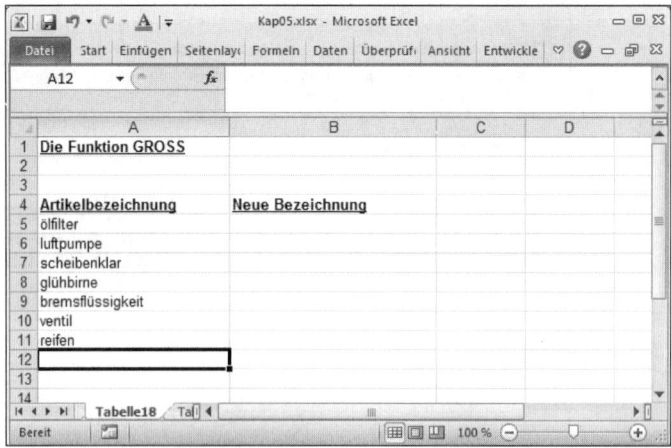

Abbildung 5.34: Die Artikel sollen in Großbuchstaben konvertiert werden

Um die Liste mit den Artikeln in Großbuchstaben zu konvertieren, gehen Sie folgendermaßen vor:

1. Markieren Sie den Zellenbereich **B5:B11**.

2. Erfassen Sie die Formel **=GROSS(A5)**.

3. Bestätigen Sie die Eingabe über die Tastenkombination Strg + ↵ .

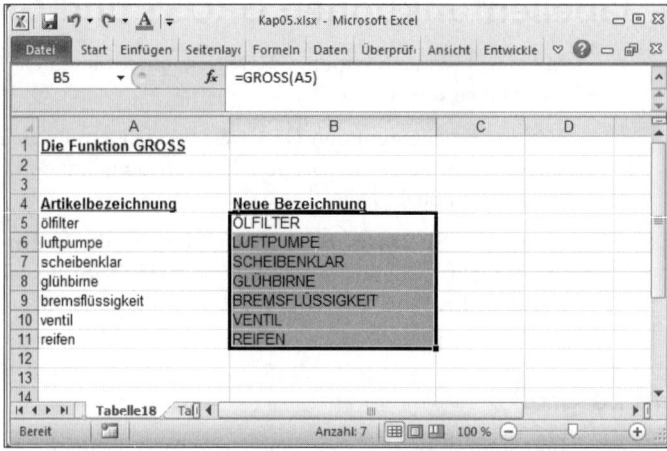

Abbildung 5.35: Alle Buchstaben liegen jetzt in Großschreibweise vor

Texte umsetzen nach GROSS2

Im folgenden Beispiel werden in einer Tabelle mögliche Zahlungsweisen wie bar, per Überweisung, per Nachnahme usw. erfasst. Diese Eingaben werden über die Tabellenfunktion **GROSS2** in eine einheitliche Form gebracht. Sehen Sie sich dazu das fertige Ergebnis in **Abbildung 5.36** an.

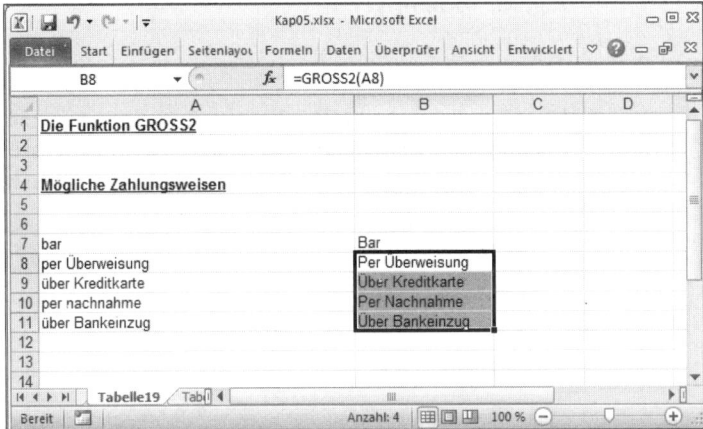

Abbildung 5.36: Die Texte wurden konvertiert

Bei der Funktion **GROSS2** wird jeweils nur der erste Buchstabe eines Wortes großgeschrieben. Für dieses Beispiel ist das noch in Ordnung.

Was aber ist, wenn Sie Texte wie »**bitte zahlen Sie innerhalb der nächsten 14 Tage**« umwandeln müssen? Als Ergebnis der Funktion **GROSS2** erhalten Sie den Text »**Bitte Bezahlen Sie Innerhalb Der Nächsten 14 Tage**«.

Für diesen Fall setzen Sie die Formel

=LINKS(GROSS(A12);1) & TEIL(A12;2;LÄNGE(A12)-1)

ein. Für den ersten Buchstaben wenden Sie die Tabellenfunktion **GROSS** oder auch **GROSS2** an. Danach übertragen Sie den Rest der Buchstaben, ohne eine weitere Anpassung vorzunehmen. Als Ergebnis erhalten Sie den Text »**Bitte zahlen Sie innerhalb der nächsten 14 Tage**«.

Die Tabellenfunktion KLEIN

Mit der Tabellenfunktion **KLEIN** können Sie einen Text in Kleinbuchstaben umwandeln.

Übergeben Sie dieser Funktion entweder direkt den Text, den Sie umwandeln möchten, beispielsweise **=Klein("EXCEL FÜR JEDEN")** mit dem Ergebnis **excel für jeden**, oder über einen Zellenbezug, wie **=Klein(A1)**.

Groß zu klein

Liegt beispielsweise ein Artikelstamm, den Sie aus einer anderen Anwendung in Excel importiert haben, in Großbuchstaben vor, dann können Sie ihn ohne große Mühe in Kleinbuchstaben konvertieren.

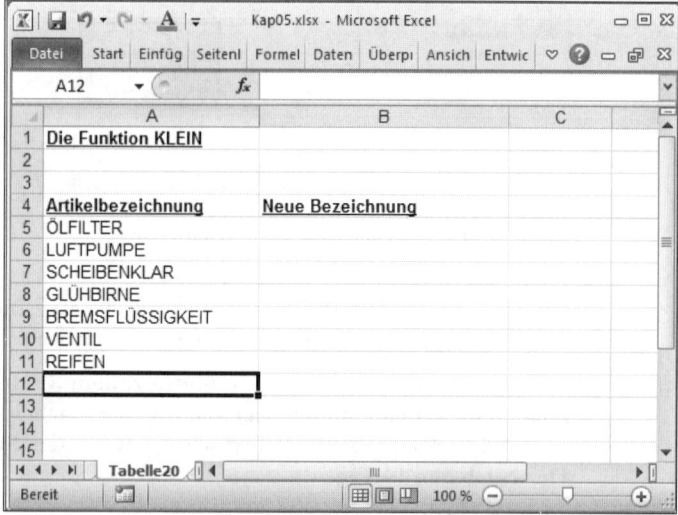

Abbildung 5.37: Der in Excel importierte Artikelstamm

Konvertieren Sie nun die Daten aus Spalte **A** in Kleinbuchstaben und fügen Sie die neuen Artikelbezeichnungen in Spalte **B** ein.

1. Markieren Sie den Zellenbereich **B5:B11**.

2. Erfassen Sie die Formel **=KLEIN(A5)**.

3. Bestätigen Sie die Eingabe über die Tastenkombination [Strg] + [↵].

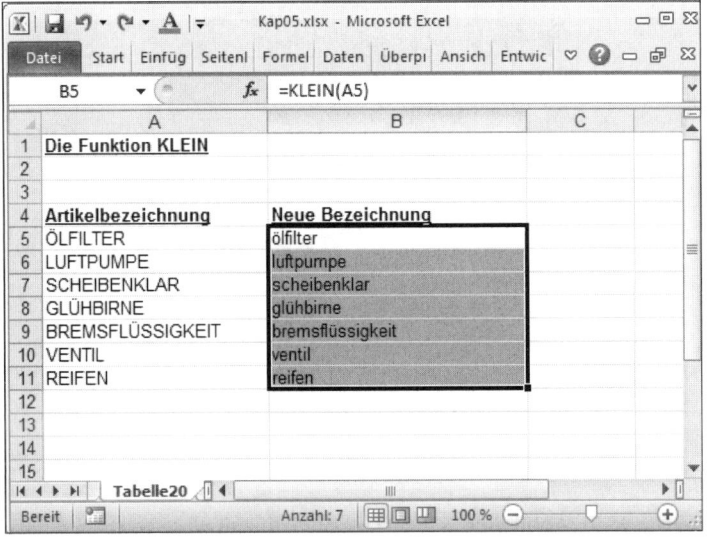

Abbildung 5.38: Alle Bezeichnungen wurden in Kleinbuchstaben umgesetzt

Möchten Sie nun die neuen Bezeichnungen aus Spalte **B** mit den Daten aus Spalte **A** überschreiben, dann müssen Sie zuerst die Formeln aus Spalte **B** in Festwerte umsetzen und anschließend in die Spalte **A** einfügen. Am schnellsten geht das, wenn Sie die folgenden Arbeitsschritte durchführen:

1. Markieren Sie den Zellenbereich **B5:B11**.

2. Ziehen Sie mit der rechten Maustaste am Rand der Markierung die komplette Auswahl eine Spalte weiter nach rechts.

3. Halten Sie dabei die rechte Maustaste weiter gedrückt.

4. Bewegen Sie die Markierung jetzt zwei Spalten nach links und lassen Sie die gedrückte rechte Maustaste los.

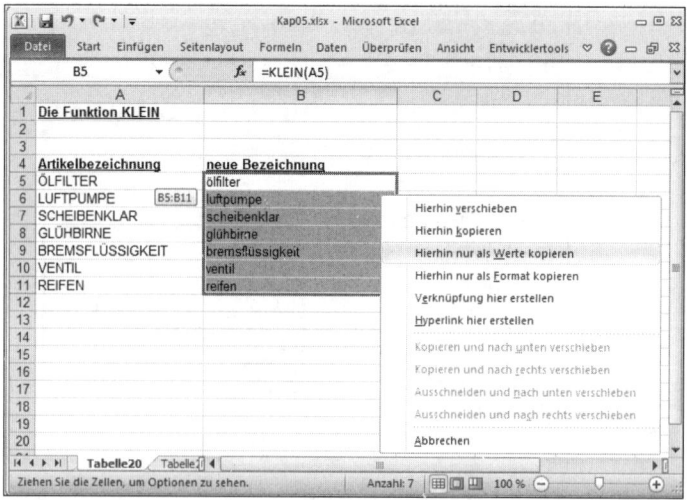

Abbildung 5.39: Das Kontextmenü einsetzen

Wählen Sie aus dem Kontextmenü den Befehl *Hierhin nur als Werte kopieren*.

Die Tabellenfunktion FEST

Mit der Tabellenfunktion **FEST** können Sie eine Zahl als Text mit einer festen Anzahl von Nachkommastellen umwandeln.

Die Syntax dieser Funktion lautet:

FEST(Zahl;Dezimalstellen;Keine_Punkte)

Im Argument **Zahl** geben Sie die Zahl an, die Sie runden und in Text umwandeln möchten.

Beim Argument **Dezimalstellen** können Sie die Anzahl der Ziffern rechts vom Dezimalkomma festlegen. Wenn dieses Argument mit einem negativen Vorzeichen eingegeben wird, dann werden die Stellen von **Zahl** links vom Dezimalkomma gerundet.

Beim letzten Argument **Keine_Punkte** können Sie bestimmen, ob bei der Umwandlung Tausenderpunkte eingefügt werden sollen. Wird dieses Argument nicht angegeben, dann werden die Tausenderpunkte automatisch eingefügt. Wird das Argument **Keine_Punkte** auf den Wert **WAHR** gesetzt, dann fügt die Funktion im Ergebnis keine Tausenderpunkte ein.

Zahlen in formatierte Texte umwandeln

Bei der folgenden Aufgabe sollen Zahlen in Text umgewandelt und dabei noch gerundet und mit dem Tausendertrennzeichen ausgestattet werden. Sehen Sie sich vorher **Abbildung 5.40** an.

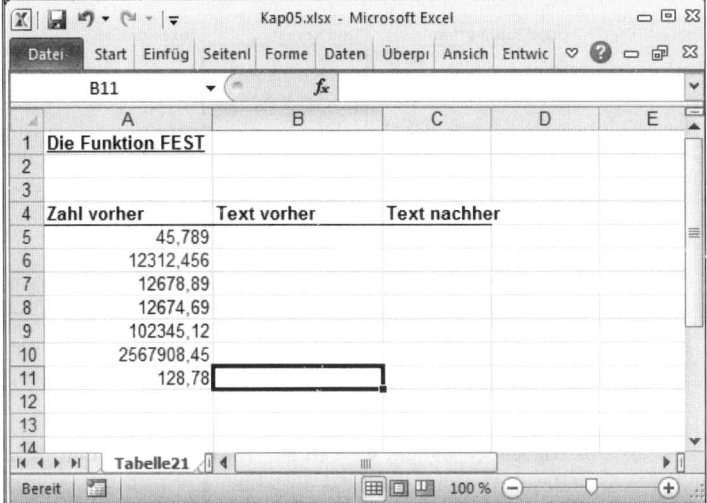

Abbildung 5.40: Diese Zahlen sollen in formatierten Text umgewandelt werden

Um die Zahlen aus **Abbildung 5.40** in Texte mit Formatierung zu konvertieren und dabei noch eine Rundung durchzuführen, verfahren Sie folgendermaßen.

1. Markieren Sie den Zellenbereich **B5:B11**.

2. Erfassen Sie die Formel **=FEST(A5;-1;FALSCH)**.

3. Bestätigen Sie die Eingabe über die Tastenkombination Strg + ↵.

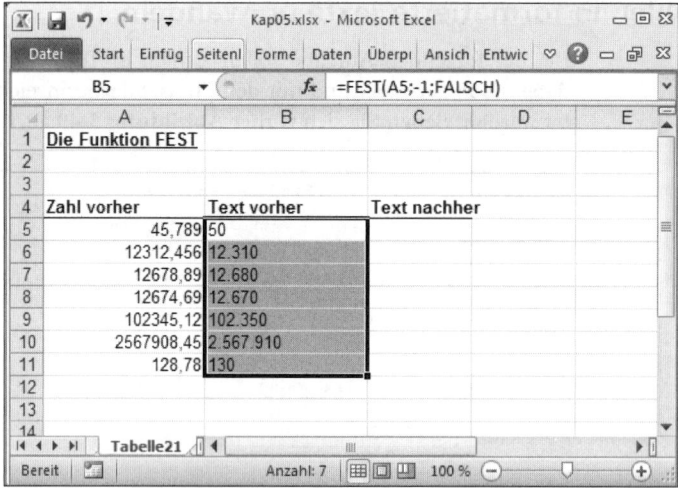

Abbildung 5.41: Die Zahlen wurden in lesbaren Text umgewandelt

Indem Sie im zweiten Argument der Funktion **FEST** den Wert **-1** angegeben haben, werden alle Ergebnisse vor dem Komma auf 10er-Basis gerundet. Soll das Ergebnis auf 100er-Basis gerundet werden, dann geben Sie im zweiten Argument den Wert **-2** an.

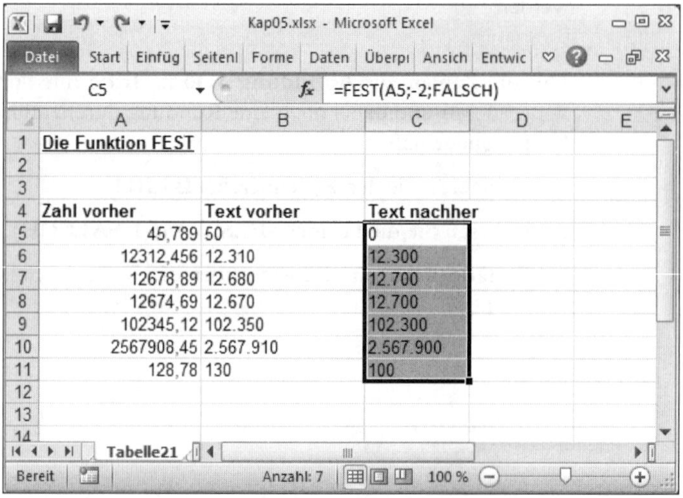

Abbildung 5.42: Umwandeln in Text und Runden auf 100er-Basis

Die Tabellenfunktion GLÄTTEN

Mit der Tabellenfunktion **GLÄTTEN** können Sie Leerzeichen entfernen, die nicht als einzelne zwischen Wörtern stehende Trennzeichen dienen. Diese Funktion wird bei Texten eingesetzt, die aus anderen Anwendungsprogrammen in Excel importiert wurden, die oft unerwünschte Leerzeichen enthalten können.

Die Syntax dieser Funktion lautet:

GLÄTTEN(Text)

Im Argument **Text** geben Sie den Text oder den Zellenbezug ein, der den Text enthält, aus dem die Leerzeichen entfernt werden sollen.

Störende Leerzeichen entfernen

In der folgenden **Abbildung 5.43** enthält eine Tabelle einige Zellen, die sowohl führende als auch nachfolgende Leerzeichen enthalten. Die führenden Leerzeichen können dabei leicht vom Auge wahrgenommen werden, die nachfolgenden Leerzeichen können nicht direkt erkannt werden.

Um zu prüfen, ob eine Zelle nachfolgende Leerzeichen hat, befolgen Sie die nächsten Arbeitsschritte:

1. Setzen Sie den Zellenzeiger auf die Zelle, die Sie kontrollieren möchten.

2. Drücken Sie die Taste F2, um in die direkte Zellenbearbeitung zu gelangen.

3. Jetzt drücken Sie die Taste Ende. Damit wird der Mauszeiger direkt an das Ende der Zelle gesetzt und Leerzeichen können somit leicht erkannt werden.

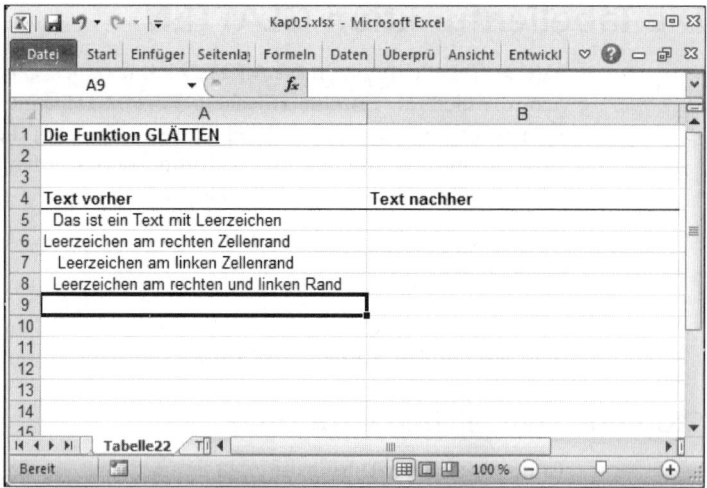

Abbildung 5.43: Leerzeichen in Excel eliminieren

Wenn ein Text in einer Zelle nicht ganz linksbündig angeordnet ist, dann müssen nicht immer Leerzeichen dafür verantwortlich sein. Wenn Sie aus dem Menü *Format* den Befehl *Zellen* auswählen und danach auf die Registerkarte *Ausrichtung* wechseln, dann sehen Sie im Kombinationsfeld *Einzug* eine Möglichkeit, Texte auch ohne Leerzeichen einzurücken.

Um jetzt alle führenden und nachfolgenden Leerzeichen zu entfernen, verfahren Sie wie folgt:

1. Markieren Sie den Zellenbereich **B5:B8**.

2. Erfassen Sie die Formel **=GLÄTTEN(A5)**.

3. Bestätigen Sie die Eingabe über die Tastenkombination [Strg] + [↵].

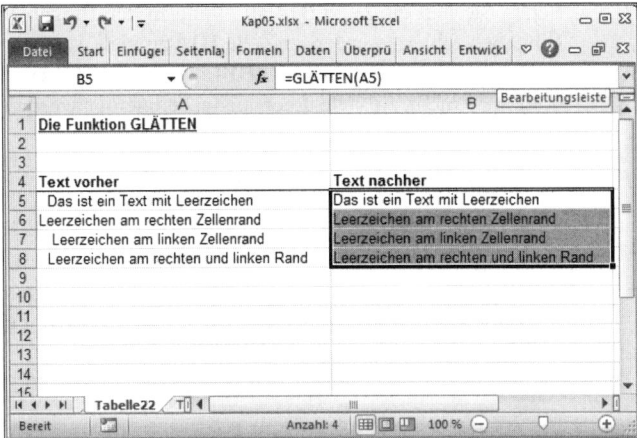

Abbildung 5.44: Alle Leerzeichen am linken sowie rechten Zellenrand wurden entfernt

Unnötige Lücken schließen

Bei der folgenden Aufgabe liegt eine Tabelle vor, die wie ein Formular aufgebaut ist. In dieser Tabelle sollen Adressdaten eingegeben werden. Sehen Sie sich dazu **Abbildung 5.45** an.

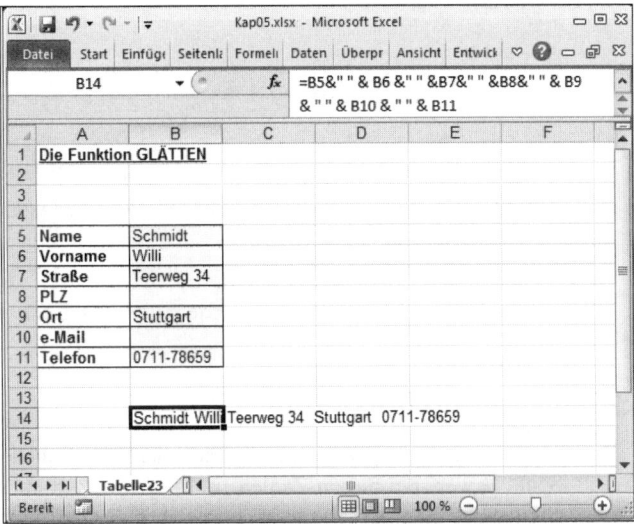

Abbildung 5.45: Problematisch bei leeren Feldern

Sehen Sie sich die Zelle **B14** an. Wenn in den Eingabefeldern **B5:B11** Eingaben fehlen, werden in Zelle **B14** zu viele Leerzeichen eingefügt. Erweitern Sie die Formel aus **B14** insoweit, dass bei fehlenden Informationen nicht zu viele Leerzeichen eingefügt werden. Dabei gehen Sie wie folgt vor:

1. Setzen Sie den Zellenzeiger in Zelle **B15**.

2. Drücken Sie die Tastenkombination ⌐Strg⌐ + ☐, um die Formel aus Zelle **B14** in Zelle **B15** einzufügen.

3. Passen Sie die Formel wie folgt an: **=GLÄTTEN(B5&" " & B6 &" " &B7&" " &B8&" " & B9 & " " & B10 & " " & B11)**.

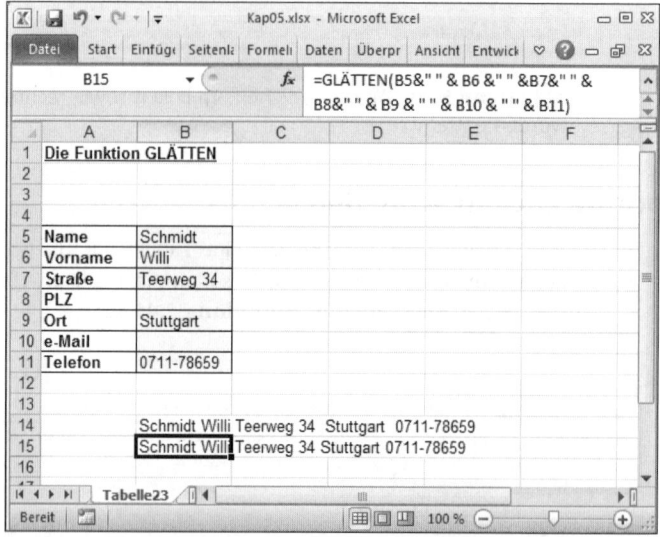

Abbildung 5.46: In Zelle B15 wird nach jeder Information nur ein Leerzeichen eingefügt

Bei fehlenden Informationen werden überflüssige Leerzeichen entfernt.

Brauchbare Zahlen herstellen

Nach einem Daten-Import nach Excel liegt eine Tabelle mit Zahlen in Spalte A vor. Bei diesen Zahlen sind jeweils einige führende Leerzeichen vorhanden. Excel interpretiert daher die Zahlen als Text. Sehen Sie sich vorher **Abbildung 5.47** an.

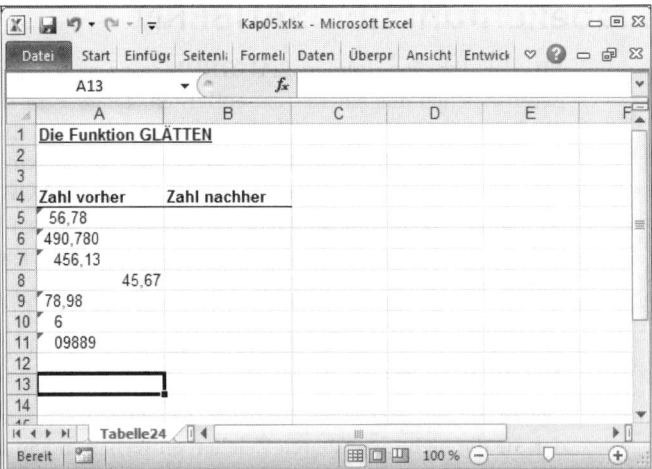

Abbildung 5.47: Die meisten Zahlen liegen als Text vor

Um nun die führenden Leerzeichen aus den als Text erkannten Werten zu entfernen, verfahren Sie wie folgt:

1. Markieren Sie den Zellenbereich **B5:B11**.

2. Erfassen Sie die Formel **=WERT(GLÄTTEN(A5))**.

3. Bestätigen Sie die Eingabe über die Tastenkombination ⌜Strg⌝ + ⌜↵⌝.

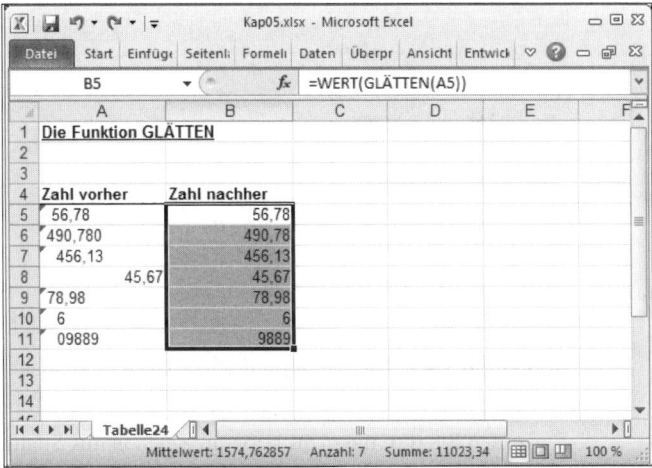

Abbildung 5.48: Die Zahlen liegen richtig aufbereitet vor

Die Tabellenfunktion SÄUBERN

Mit der Tabellenfunktion **SÄUBERN** können Sie alle nicht druckbaren Zeichen aus einem Text entfernen. Diese Funktion kommt für Texte aus anderen Anwendungen in Frage, die in Excel importiert wurden und Zeichen enthalten können, die Ihr System nicht drucken kann. Unter anderem kann man die Funktion **SÄUBERN** verwenden, um maschinennahen Code zu entfernen, der sich häufig am Anfang und Ende einer Datendatei befindet und nicht gedruckt werden kann.

Die Syntax dieser Funktion lautet:

SÄUBERN(Text)

Geben Sie im Argument **Text** den Zellenbezug zu der Zelle an, aus der Sie die nicht druckbaren Zeichen entfernen möchten.

Unnötige Zeichen entfernen

Tauchen nach einem Import von Daten aus einer Fremdanwendung unleserliche oder seltsam anmutende Zeichen auf, dann können Sie diese über die Tabellenfunktion **SÄUBERN** entfernen. Sehen Sie sich zunächst **Abbildung 5.49** an.

Abbildung 5.49: Nicht interpretierbare Zeichen in Spalte A

Entfernen Sie nun die nicht lesbaren Zeichen aus Spalte **A**, indem Sie die nächsten Arbeitsschritte befolgen:

1. Markieren Sie den Zellenbereich **B5:B6**.

2. Erfassen Sie die Formel **=SÄUBERN(A5)**.

3. Bestätigen Sie die Eingabe über die Tastenkombination Strg +
   ↵.

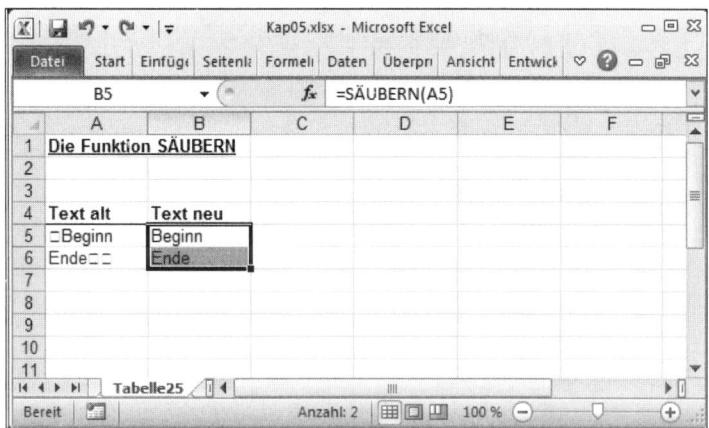

Abbildung 5.50: Die Texte wurden bereinigt

Die Tabellenfunktion WIEDERHOLEN

Mit der Tabellenfunktion **WIEDERHOLEN** können Sie einen Text
so oft wie angegeben wiederholen.

Die Syntax dieser Funktion lautet:

WIEDERHOLEN(Text;Multiplikator)

Im Argument **Text** geben Sie den Text an, den Sie wiederholen
möchten.

Das Argument **Multiplikator** legt fest, wie oft Text wiederholt werden soll.

Würfelergebnisse grafisch darstellen

In der folgenden Aufgabe liegt eine Liste mit Würfelergebnissen vor.
In Spalte **A** sind dabei jeweils zwischen **1** und **6** Punkten je Wurf dargestellt.

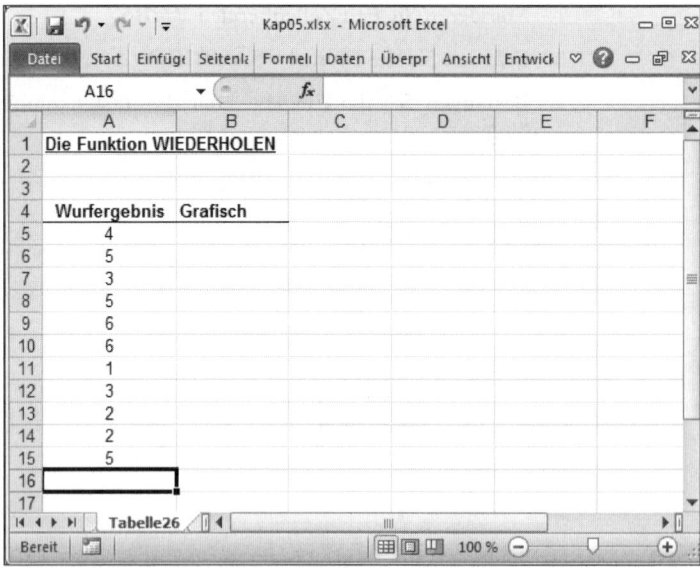

Abbildung 5.51: Die Würfelergebnisse liegen vor

Um nun eine grafische Darstellung der Würfelergebnisse zu erhalten, befolgen Sie die nächsten Arbeitsschritte:

1. Markieren Sie den Zellenbereich **B5:B15**.

2. Erfassen Sie die Formel **=WIEDERHOLEN("n";A5)**.

3. Bestätigen Sie die Eingabe über die Tastenkombination [Strg] + [⏎].

4. Drücken Sie die Tastenkombination [Strg] + [1], um das Dialogfenster *Zellen formatieren* aufzurufen.

5. Wechseln Sie auf die Registerkarte *Schrift*.

6. Wählen Sie im Listenfeld *Schriftart* den Eintrag *Wingdings*.

7. Bestätigen Sie die Formatierung mit *OK*.

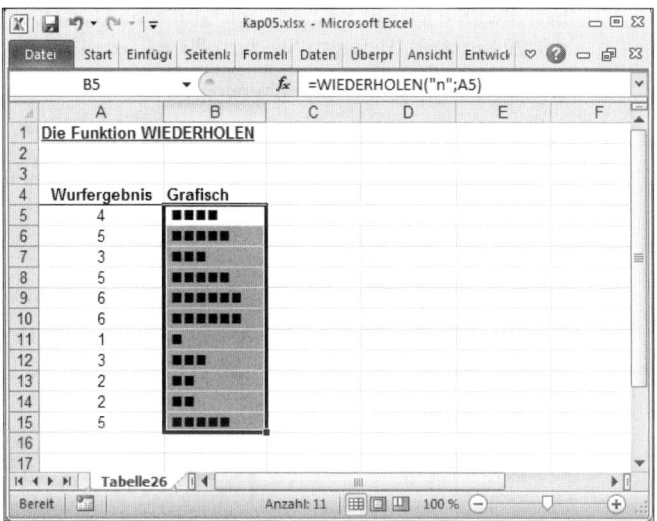

Abbildung 5.52: Die Würfelergebnisse werden grafisch dargestellt

Der Kleinbuchstabe **b** entspricht in der Schriftart *Wingdings* einem schwarzen Quadrat.

Projektfortschritt aufzeigen

In der folgenden Aufgabe liegt eine Liste für ein Projekt vor. Auf dieser Liste werden die einzelnen Projektschritte aufgelistet und ein Fertigstellungsstatus erfasst. Diese Liste sieht momentan wie folgt aus:

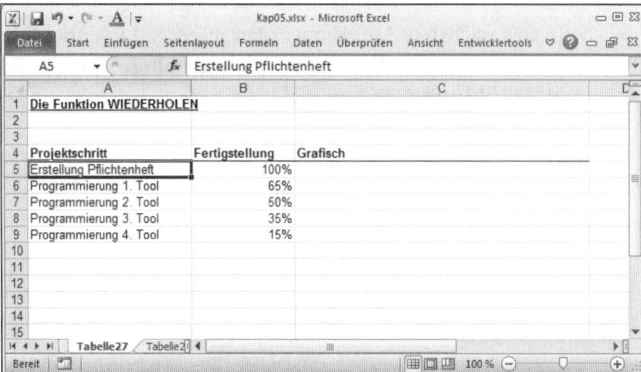

Abbildung 5.53: Die Projektliste noch ohne grafische Darstellung

Erstellen Sie jetzt in Spalte **C** eine grafische Darstellung für den Fertigstellungsgrad. Befolgen Sie dazu die nächsten Arbeitsschritte:

1. Markieren Sie den Zellenbereich **C5:C9**.

2. Erfassen Sie die Formel **=WIEDERHOLEN("|";B5*100)**.

3. Bestätigen Sie die Eingabe über die Tastenkombination [Strg] + [⏎].

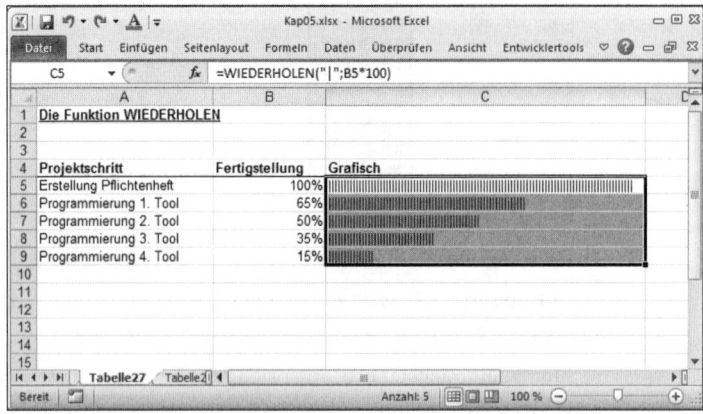

Abbildung 5.54: Die grafische Darstellung des Fertigstellungsgrades

Immer wenn Sie die Fertigstellungsangaben in Spalte **B** anpassen, wird automatisch in Spalte **C** die Anzahl der Balken geändert.

Telefonanrufe aufzeichnen

In der nächsten Aufgabe werden in einer Liste die Telefonanrufe von Kunden innerhalb eines Jahres festgehalten. Dabei sieht die Liste wie in **Abbildung 5.55** aus.

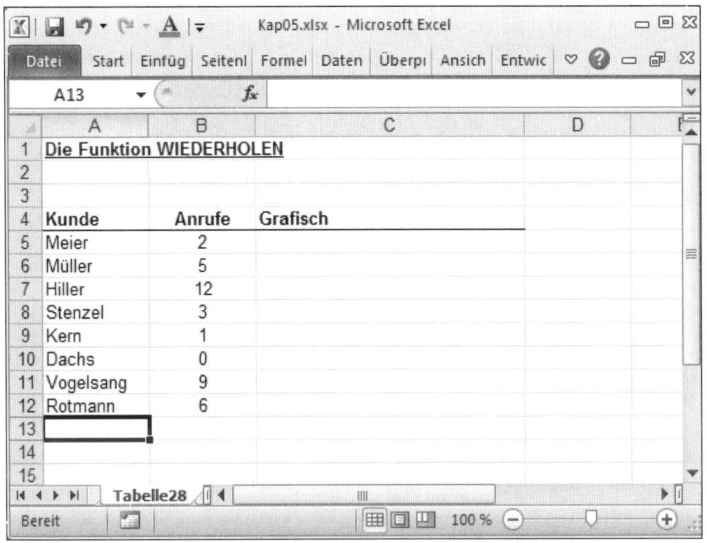

Abbildung 5.55: Die Telefonliste, noch ohne Grafikdarstellung

Um die Anzahl der Telefonanrufe pro Kunde grafisch darzustellen, verfahren Sie wie folgt:

1. Markieren Sie den Zellenbereich **C5:C12**.

2. Erfassen Sie die Formel **=WIEDERHOLEN("'";B5)**. Innerhalb der zwei Anführungszeichen wird ein einfacher Apostroph gesetzt.

3. Bestätigen Sie die Eingabe über die Tastenkombination ⌷Strg⌷ + ⌷↵⌷.

4. Drücken Sie die Tastenkombination ⌷Strg⌷ + ⌷1⌷, um das Dialogfenster *Zellen formatieren* aufzurufen.

5. Wechseln Sie auf die Registerkarte *Schrift*.

6. Wählen Sie im Listenfeld *Schriftart* den Eintrag *Wingdings 2*.

7. Bestätigen Sie die Formatierung mit *OK*.

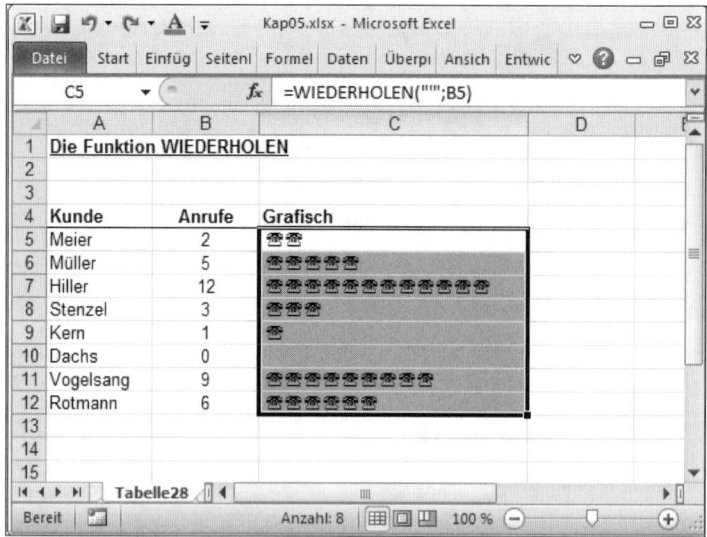

Abbildung 5.56: Die Telefonanrufhäufigkeit wird grafisch dargestellt

Symbolschriftarten auslesen

In den letzten Aufgaben haben Sie verstärkt mit Symbolschriftarten gearbeitet. Um herauszufinden, welches Zeichen in der jeweiligen Symbolschriftart wie dargestellt wird, können Sie sich eine eigene Tabelle entwerfen, in der Sie die Umsetzung der Zeichen optisch darstellen können.

Um eine solche Symboltabelle anzulegen, verfahren Sie wie folgt:

1. Geben Sie in Zelle **A2** die Zahl **1** ein.

2. Ziehen Sie das Ausfüllkästchen bis in die Zelle **A256** nach unten und halten Sie dabei die Taste ⇧ gedrückt.

3. Erstellen Sie jetzt die Überschriftenzeile beginnend bei Zelle **A1**. **A1=Nr.**, **A2=Arial**, **A3=Symbol**, **A4=Wingdings**, **A5=Wingdings2**, **A6=Webdings** und **A7=Terminal**.

4. Markieren Sie danach den Zellenbereich **B2:G256**.

5. Erfassen Sie die Formel **=ZEICHEN($A2)**.

6. Bestätigen Sie die Eingabe über die Tastenkombination Strg + ↵.

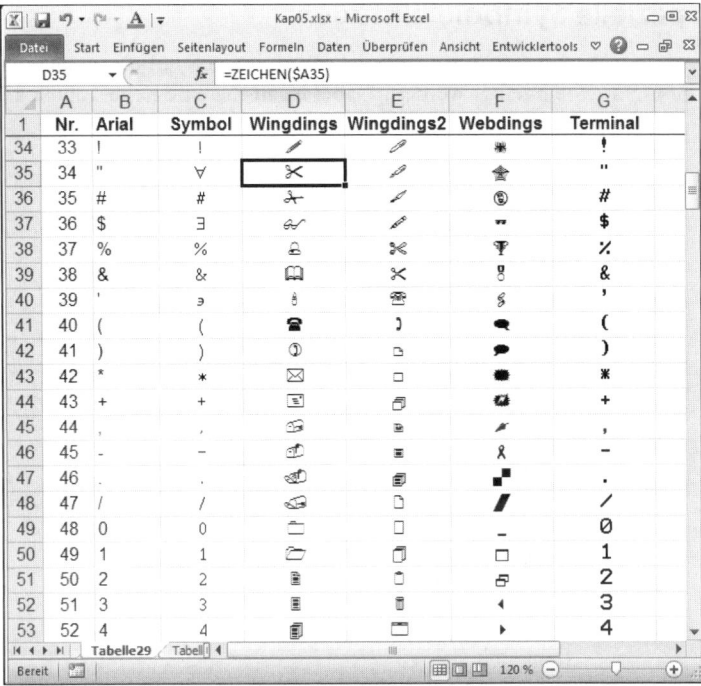

Abbildung 5.57: Die Darstellung der Symbolschriftarten

Damit die Überschriftenzeile immer im Überblick bleibt, egal wie weit Sie in der Liste nach unten blättern, setzen Sie den Zellenzeiger in Zelle **A2** und klicken im Ribbon *Ansicht* auf das Symbol *Fenster*. Klicken Sie anschließend auf die Schaltfläche *Fenster fixieren*.

Die Tabellenfunktion ZEICHEN

In der letzten Aufgabe wurde die Tabellenfunktion **ZEICHEN** eingesetzt, die übrigens ebenso in der Funktionskategorie **Text** eingeordnet ist. Diese Funktion gibt das der Codezahl entsprechende Zeichen zurück. Als Argument müssen Sie der Funktion **ZEICHEN** eine Zahl zwischen 1 und 255 angeben, die das von Ihnen gewünschte Zeichen angibt. Das jeweilige Zeichen ist Bestandteil des Zeichensatzes, der auf Ihrem Computer verwendet wird. Das so erzeugte Zeichen wird in den Symbolschriftarten unterschiedlich dargestellt.

Spezielle Symbole einfügen

Im folgenden Beispiel sollen einige Symbole zunächst in eine Tabelle eingefügt werden. Dabei legen Sie eine neue Tabelle nach folgendem Vorbild an:

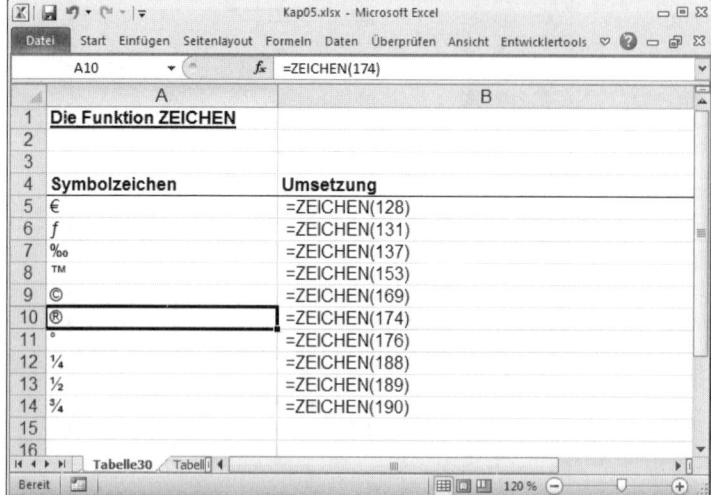

Abbildung 5.58: Spezielle Symbole in Excel

Die Funktion **ZEICHEN** können Sie übrigens auch manuell über den Tastenblock Ihrer Tastatur simulieren. Halten Sie die Taste [Alt] gedrückt und geben Sie dann beispielsweise die Zahl **0169** ein, um das Copyright-Zeichen einzufügen.

Diese Symbole, die über die Funktion **ZEICHEN** in eine Zelle eingefügt werden können, stehen auch für die Erstellung von benutzerdefinierten Formaten zur Verfügung.

Bei der folgenden Aufgabe soll beispielsweise das benutzerdefinierte Format °C (Grad Celsius) erstellt werden. Dazu befolgen Sie die nächsten Arbeitsschritte:

1. Markieren Sie den Bereich, der mit dem benutzerdefinierten Format belegt werden soll.

2. Drücken Sie die Tastenkombination [Strg] + [1], um das Dialogfenster *Zellen formatieren* aufzurufen.

3. Wechseln Sie auf die Registerkarte *Zahlen*.

4. Wählen Sie im Listenfeld *Kategorie* den Befehl *Benutzerdefiniert*.

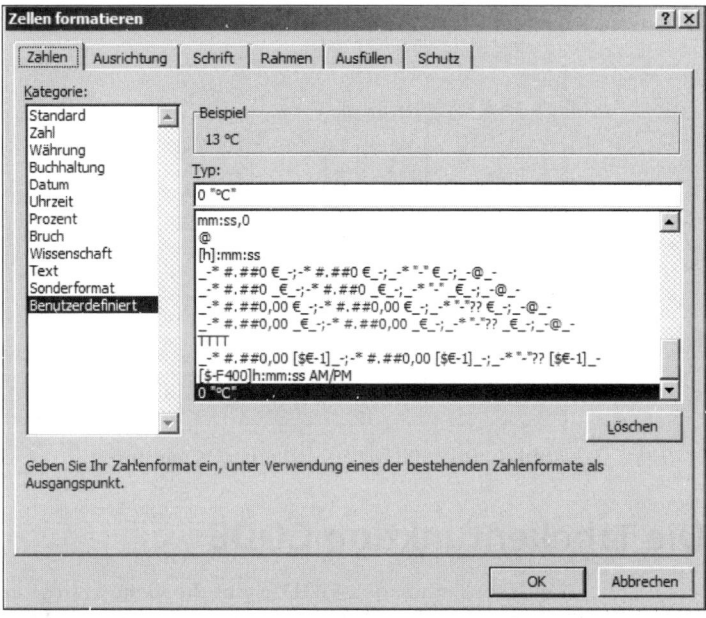

Abbildung 5.59: Ein benutzerdefiniertes Format einstellen

5. Geben Sie im Feld *Typ* das Format **0** ein, erfassen Sie ein doppeltes Anführungszeichen, drücken Sie anschließend die Taste [Alt] und geben Sie auf dem Tastenblock die Zahl **0176** ein. Schließen Sie das Format mit dem Buchstaben **C** sowie einem doppelten Anführungszeichen ab.

6. Bestätigen Sie den Vorgang mit *OK*.

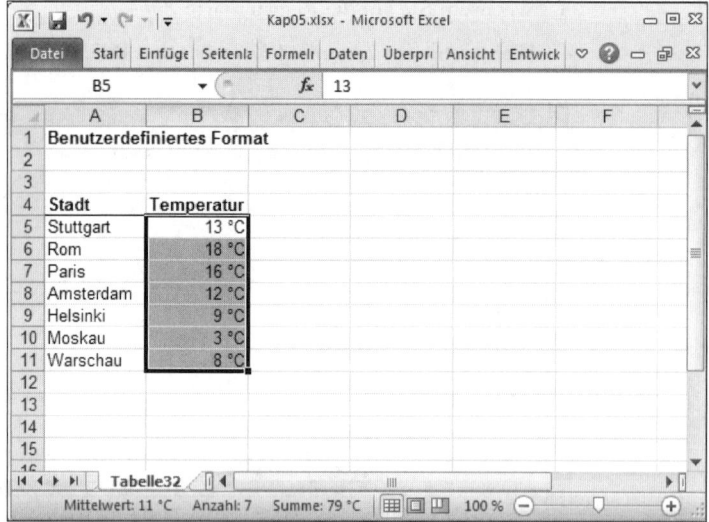

Abbildung 5.60: Die Formatierung °C einstellen

Die Tabellenfunktion CODE

Die Tabellenfunktion **CODE** gibt die Codezahl des ersten Zeichens in einem Text zurück. Die ausgegebene Codezahl entspricht dem Zeichensatz, mit dem Ihr Computer arbeitet.

Die Syntax dieser Funktion lautet:

CODE(Text)

Geben Sie im Argument **Text** den Text an, für den Sie die Codezahl des ersten Zeichens bestimmen möchten.

Die Codezahl von Eingaben bestimmen

In **Abbildung 5.61** werden in Spalte A einige Buchstaben eingegeben.

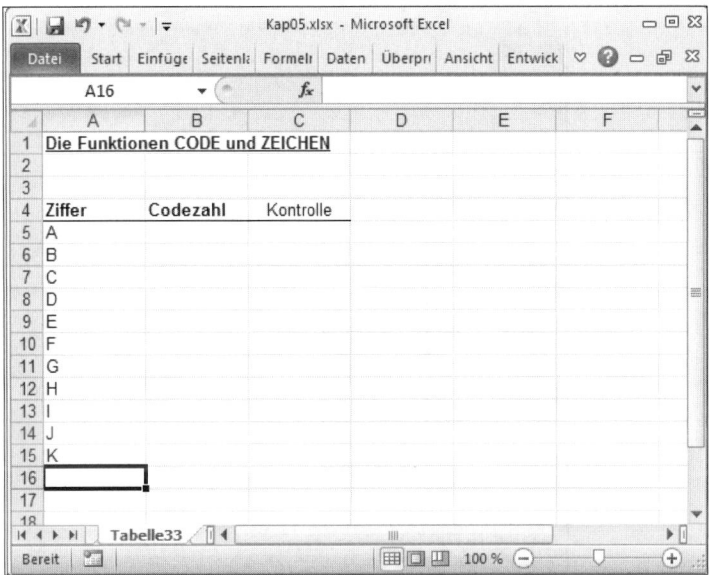

Abbildung 5.61: Die Codezahl von Buchstaben bestimmen

Um die Codezahl der eingegebenen Buchstaben zu bestimmen sowie eine anschließende Kontrolle durchzuführen, befolgen Sie die nächsten Arbeitsanweisungen:

1. Markieren Sie den Zellenbereich **B5:B15**.

2. Erfassen Sie die Formel **=CODE(A5)**.

3. Bestätigen Sie die Eingabe über die Tastenkombination Strg + ↵.

4. Markieren Sie nun den Zellenbereich **C5:C15**.

5. Geben Sie die Formel **=ZEICHEN(B5)** ein.

6. Bestätigen Sie die Eingabe über die Tastenkombination Strg + ↵.

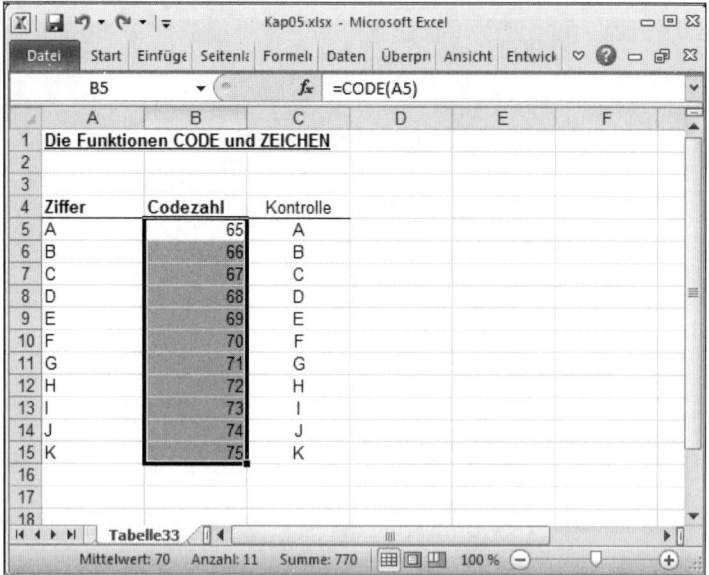

Abbildung 5.62: Die Codezahlen wurden ermittelt

In Spalte **C** erfolgte eine Kontrolle, bei der die Codezahl der Tabellenfunktion **ZEICHEN** übergeben wurde.

6 Datums- und Zeitfunktionen

Das Tabellenkalkulationsprogramm Microsoft Excel interpretiert Datumswerte intern als Zahlenwerte. Damit kann man leichter rechnen. Die Zeitzählung beginnt bei Excel standardmäßig am 01.01.1900. Dieses Datum entspricht der Zahl 1. Wenn Sie zum Beispiel das Datum 08.09.2010 eingeben und diese Zelle dann mit dem Format *Standard* belegen, so liefert Ihnen dieses Datum die Zahl 40429.

Das Datumssystem in Excel

Vielleicht haben Sie auch schon einmal folgende Erfahrung gemacht: Sie subtrahieren zwei Datumswerte voneinander und als Ergebnis werden in der Zelle statt des Ergebnisses nur Lattenzäune (####) ausgegeben. Egal wie breit Sie die Spalte dann vergrößern, die gesamte Zelle wird dann jeweils mit Lattenzäunen aufgefüllt. Stoßen Sie auf dieses Problem, dann können Sie wie folgt vorgehen:

1. Klicken Sie auf den Ribbon *Datei*.

2. Klicken Sie auf die Schaltfläche *Optionen*.

3. Wählen Sie die Kategorie *Erweitert*.

4. Aktivieren Sie das Kontrollkästchen *1904-Datumswerte verwenden*.

5. Bestätigen Sie mit *OK*.

Excel bietet hier also ein weiteres Datumssystem an. Diese Variante erlaubt es, auch mit negativen Zeiten zu rechnen. Bei der 1904-Variante beginnt die Zeitzählung am 01.01.1904.

Die Tabellenfunktion HEUTE

Mit der Tabellenfunktion **HEUTE** können Sie das aktuelle Tagesdatum in eine Zelle einfügen. Dabei wird diese Funktion bei jedem Öffnen der Arbeitsmappe aktualisiert. Excel orientiert sich bei dieser Funktion am aktuellen Tag, der in der Systemsteuerung von Windows eingestellt ist.

Einen Wochenplan erstellen

In der ersten Aufgabe soll in einer Excel-Tabelle ein kleiner Wochenplan erstellt werden. Dieser Wochenplan soll in Zelle **A5** mit dem aktuellen Tagesdatum beginnen und jeweils eine Woche, also sieben Tage nach unten anbieten.

Um diese Aufgabe durchzuführen, verfahren Sie wie folgt:

1. Fügen Sie eine neue Tabelle ein.

2. Erfassen Sie in Zelle **A5** die Formel **=HEUTE()**.

3. In Zelle **A6** schreiben Sie die Formel **=A5+1**.

4. Ziehen Sie das Ausfüllkästchen mit der linken Maustaste bis in Zelle **A11** herunter.

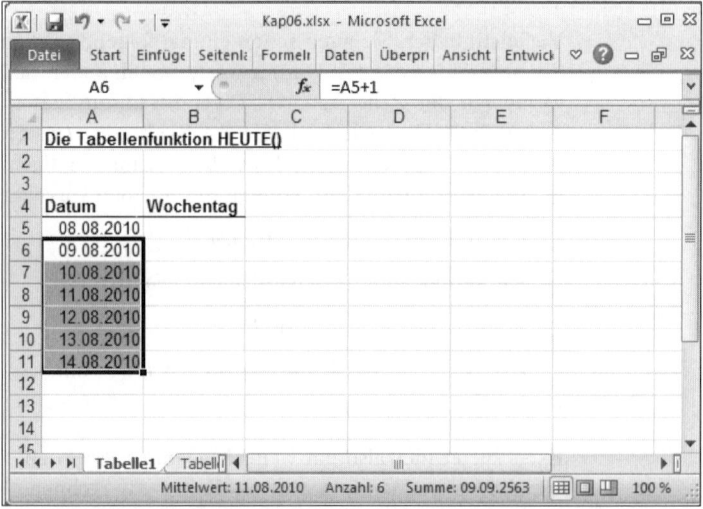

Abbildung 6.1: Eine fortlaufende Datumsleiste

In der Spalte **B** soll jetzt automatisch der dazugehörige Wochentag geschrieben werden. Dazu verfahren Sie folgendermaßen:

1. Markieren Sie den Zellenbereich **B5:B11**.

2. Erfassen Sie die Formel **=A5**.

3. Schließen Sie die Formel über die Tastenkombination ⎣Strg⎦ + ⎣ ⎤ ⎦ ab.

4. Drücken Sie die Tastenkombination ⎣Strg⎦ + ⎣1⎦, um das Dialogfenster *Zellen formatieren* aufzurufen.

5. Wechseln Sie auf die Registerkarte *Zahlen*.

6. Wählen Sie aus dem Listenfeld *Kategorie* den Befehl *Benutzerdefiniert* aus.

7. Schreiben Sie in das Feld *Typ* das Format **TTTT**.

8. Bestätigen Sie die Formatierung mit *OK*.

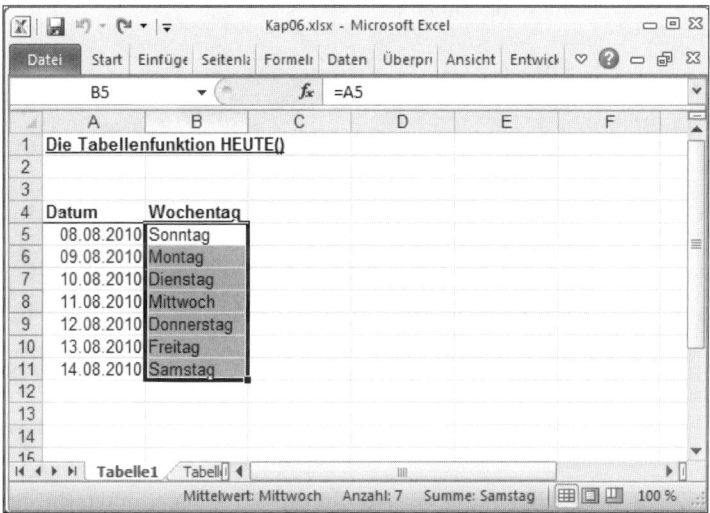

Abbildung 6.2: Die dazugehörigen Wochentage werden ermittelt

Durch das benutzerdefinierte Format **TTTT** wird der Tagesname eines Datums in voller Form ausgegeben (13.08.2010 → Freitag). Beim Format **TTT** wird der Tagesname abgekürzt (13.08.2010 → Fr). Wird das benutzerdefinierte Format **TT** angegeben, dann wird nur der Tag in numerischer Form angegeben (13.08.2010 → 13).

Eine ähnliche Wirkungsweise können Sie beim benutzerdefinierten Format **MMMM** beobachten. Bei diesem Format wird aus 13.08.2010 → August. Über das benutzerdefinierte Format **MMM** wird das Datum wie folgt umgesetzt: 13.08.2010 → Aug. Das Format **MM** hat zur Folge, dass beim Datum nur der Monat in numerischer Form angegeben wird (13.08.2010 → 8).

Soll das Datum in eine Zelle eingefügt werden, ohne dass es aktualisiert wird, dann drücken Sie die Tastenkombination [Strg] + [.].

Rechnungsfälligkeiten überprüfen

Im folgenden Beispiel liegt eine Liste mit Rechnungen vor. Dabei ist der Rechnungstext sowie das Rechnungsdatum angegeben. In einer weiteren Spalte ist die Zahlungsfrist angegeben. Die Aufgabe besteht nun darin, zu prüfen, ob eine Rechnungsfrist unter Umständen bereits abgelaufen ist.

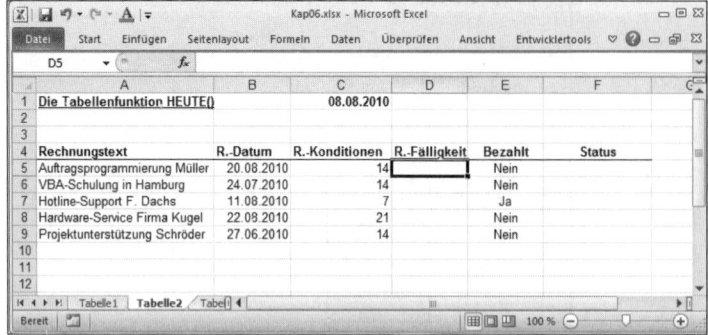

Abbildung 6.3: Die Rechnungsliste muss noch ergänzt werden

In Spalte **C** der **Abbildung 6.3** können unterschiedliche Zahlungsfristen eingegeben werden.

Um nun den Status einer Rechnung zu ermitteln, befolgen Sie die nächsten Arbeitsschritte:

1. Erfassen Sie in Zelle **C1** die Formel **=HEUTE()**.

2. Markieren Sie den Zellenbereich **C5:C9**.

3. Erfassen Sie die Formel **=B5+C5**.

4. Schließen Sie die Formel über die Tastenkombination (Strg) + (↵) ab.

5. Markieren Sie nun den Zellenbereich **F5:F9**.

6. Geben Sie die Formel **=(WENN(UND(D5<$C$1;E5="Nein");
   "Überschritten";"OK"))** ein.

7. Schließen Sie die Formel über die Tastenkombination (Strg) + (↵) ab.

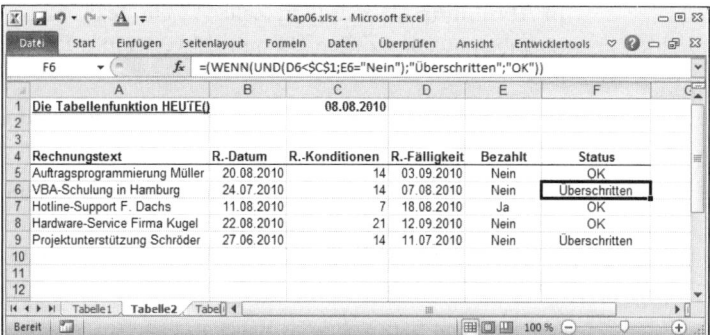

Abbildung 6.4: Fällige Rechnungen schneller erkennen

Nur wenn in Spalte **E** der Text **Nein** (noch nicht bezahlt) steht und die Fälligkeit in Spalte **D** über dem aktuellen Datum aus Zelle **C1** liegt, ist das Zahlungsziel überschritten.

Datum und Texte mischen

In der folgenden Aufgabe werden in einer Zelle ein Start- sowie ein Enddatum angegeben. Diese beiden Datumsangaben sollen dann in einer Zelle mit einem Text verknüpft werden.

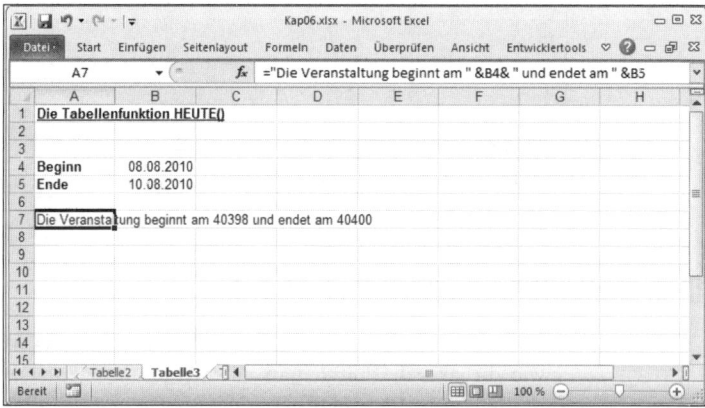

Abbildung 6.5: Oh Schreck – was ist passiert?

In **Abbildung 6.5** wurde in Zelle **A7** ein Text mit den zwei Datumsangaben aus den Zellen **B4** und **B5** verknüpft. Dazu wurde die Formel

="Die Veranstaltung beginnt am " & B4 & " und endet am " & B5

eingesetzt. Excel hat dabei die Datumsangaben in numerische Werte umgewandelt, was in diesem Fall nicht wünschenswert ist. Zur Erklärung sei gesagt, dass die Zahl **40398** genau der Anzahl an Tagen entspricht, die seit dem **01.01.1900** vergangen sind.

Um jetzt den Satz richtig in Excel auszugeben, erweitern Sie die Formel aus Zelle **A7** wie folgt:

="Die Veranstaltung beginnt am " & TEXT(B4;"TT.MM.JJJJ") & " und endet am " & TEXT(B5;"TT.MM.JJJJ")

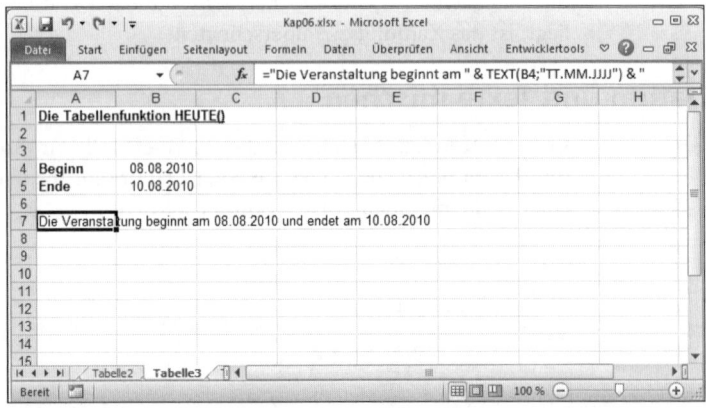

Abbildung 6.6: Die Funktion TEXT bringt die Daten in die gewünschte Form

Die Tabellenfunktion JETZT

Mit der Tabellenfunktion **JETZT** können Sie das aktuelle Datum sowie die aktuelle Uhrzeit in eine Zelle einfügen. Dabei wird diese Funktion bei jedem Öffnen der Arbeitsmappe aktualisiert. Excel orientiert sich bei dieser Funktion an der aktuellen Uhrzeit, die in der Systemsteuerung von Windows eingestellt ist.

Nur die Uhrzeit einfügen

Standardmäßig wird bei der Funktion **JETZT** sowohl das Datum als auch die Uhrzeit eingefügt.

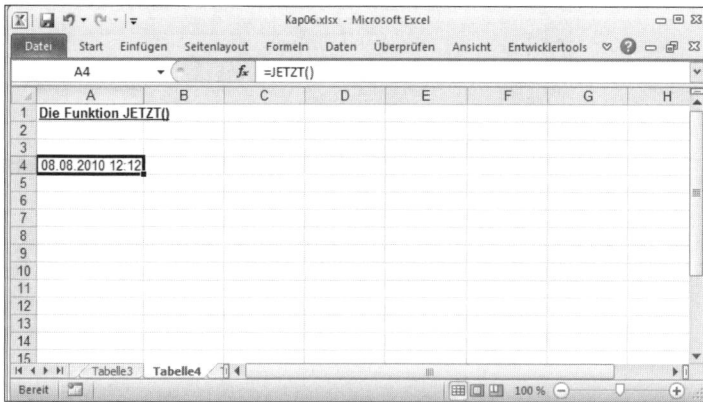

Abbildung 6.7: Datum und Uhrzeit werden gemeinsam ausgegeben

Möchten Sie nur die Uhrzeit in einer Zelle über die Tabellenfunktion **JETZT** ausgeben, dann befolgen Sie die nächsten Arbeitsschritte:

1. Fügen Sie die Tabellenfunktion **=JETZT()** in eine beliebige Zelle ein.

2. Drücken Sie die Tastenkombination ⎡Strg⎦ + ⎡1⎦, um das Dialogfenster *Zellen formatieren* aufzurufen.

3. Wechseln Sie auf die Registerkarte *Zahlen*.

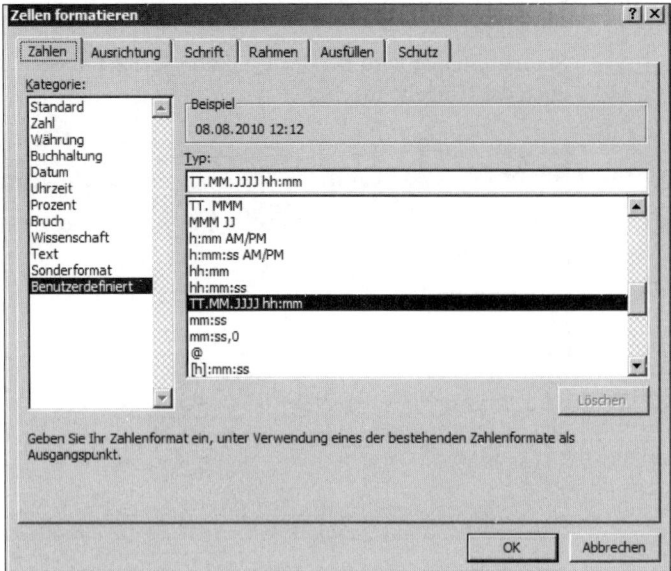

Abbildung 6.8: Das benutzerdefinierte Format anpassen

4. Entfernen Sie im Feld *Typ* einen Teil der benutzerdefinierten Formatierung (**TT:MM.JJJJ**). Es soll nur das Format **hh:mm** stehen bleiben.

5. Bestätigen Sie mit *OK*.

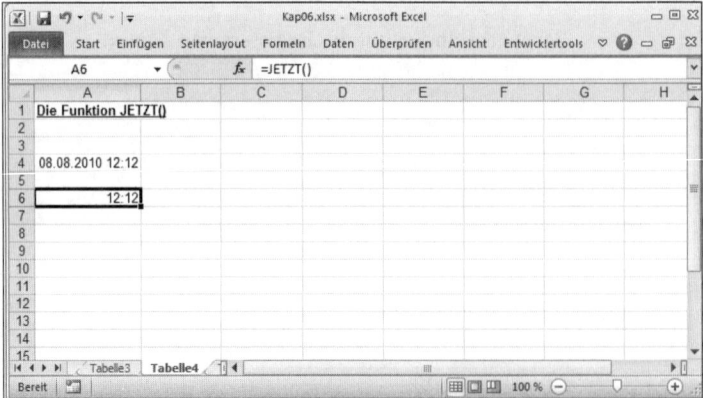

Abbildung 6.9: Die Uhrzeit ausgeben

Möchten Sie die aktuelle Uhrzeit in eine Tabelle einfügen, ohne dass sich diese zukünftig ändert, dann drücken Sie die Tastenkombination `Strg` + `⇧` + `.`.

Uhrzeit und Text mischen

In der folgenden Aufgabe werden in einer Zelle eine Start- sowie eine Endzeit angegeben. Diese beiden Angaben sollen dann in einer Zelle mit einem Text verknüpft werden.

In Zelle **B4** wurde die Tabellenfunktion **JETZT** eingegeben. In Zelle **D4** schreiben Sie die Dauer in Stunden, also **2:00**. In Zelle **B5** erfassen Sie die Formel **=B4+D4**.

Die Zelle **A8** enthält die Formel:

="Die Veranstaltung beginnt um " & B4 & " und endet um " & B5

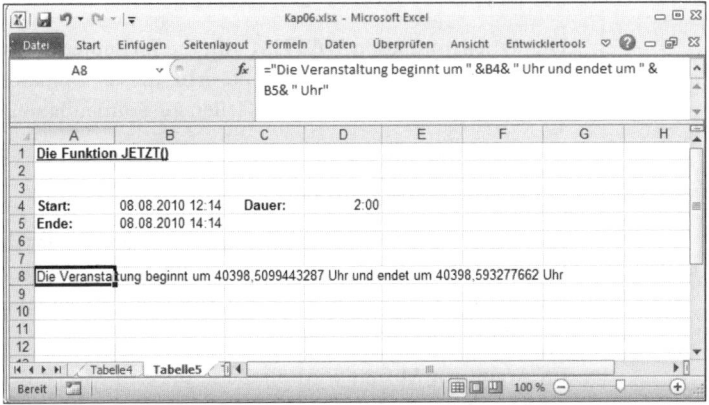

Abbildung 6.10: Einige Uhrzeiten wurden erfasst

In **Abbildung 6.10** werden die Datums- und Zeitangaben in numerische Werte mit Dezimalzahlen umgesetzt. Die Nachkommastellen entsprechen den Stundenwerten. So bedeutet beispielsweise 0,5 genau 12 Uhr mittags, also einen halben Tag.

Korrigieren Sie die Formel aus Zelle **A8** wie folgt:

="Die Veranstaltung beginnt um " & TEXT(B4;"hh:mm") & " Uhr und endet um " & TEXT(B5;"hh:mm") & " Uhr"

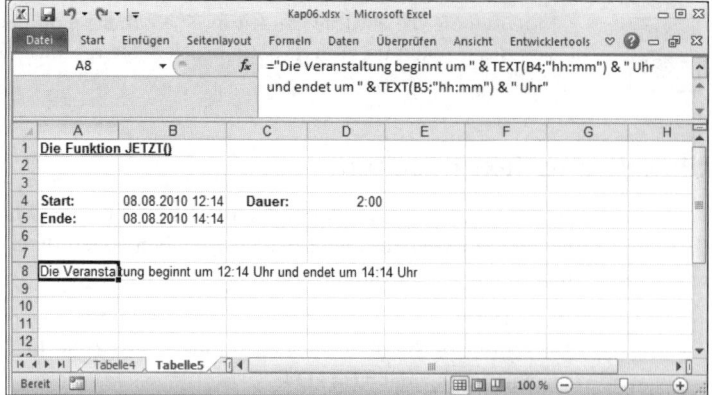

Abbildung 6.11: Uhrzeit und Text werden miteinander kombiniert

Die Tabellenfunktion DATUM

Die Tabellenfunktion **DATUM** gibt die fortlaufende Zahl zurück, die ein bestimmtes Datum darstellt. Mit dieser Funktion können Sie Datumsangaben aus mehreren Zellen zusammenbauen.

Die Syntax der Funktion lautet:

DATUM(Jahr;Monat;Tag)

Im Argument **Jahr** können Sie ein bis vier Stellen angeben. Microsoft Excel interpretiert das Argument **Jahr** entsprechend dem Datumssystem, das Sie verwenden. Standardmäßig verwendet Excel für Windows das 1900-Datumssystem.

Im Argument **Monat** wird die Zahl, die den Monat des Jahres repräsentiert, dargestellt.

Das Argument **Tag** ist eine Zahl, die den Tag des Monats darstellt.

Ein Datum zusammensetzen

Im folgenden Beispiel wird ein Datum aus mehreren Zelleninhalten zusammengesetzt. Sehen Sie sich vorher **Abbildung 6.12** an.

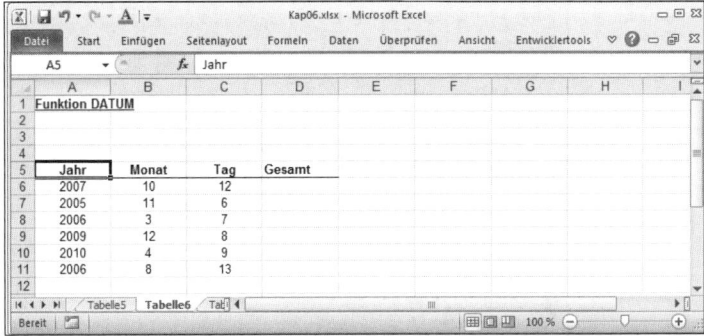

Abbildung 6.12: Die Datumsangaben liegen in drei Zellen vor

Kombinieren Sie jetzt die Zelleninhalte der Spalten **A**, **B** und **C** und geben Sie in Spalte **D** ein gültiges, erkennbares Datum aus. Dabei befolgen Sie die nächsten Arbeitsschritte:

1. Markieren Sie den Zellenbereich **D6:D11**.

2. Erfassen Sie die Formel **=DATUM(A6;B6;C6)**.

3. Schließen Sie die Formel über die Tastenkombination [Strg] + [↵] ab.

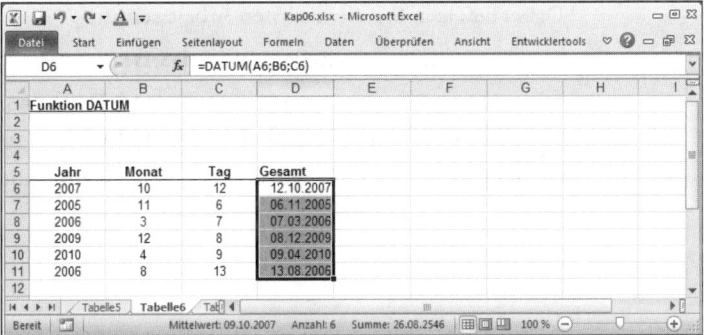

Abbildung 6.13: Das Datum wurde zusammengesetzt

Datum aus Text bilden

Bei der folgenden Aufgabe wurde eine Datei aus einer Nicht-Office-Anwendung in Excel importiert. Das Resultat daraus können Sie in **Abbildung 6.14** sehen.

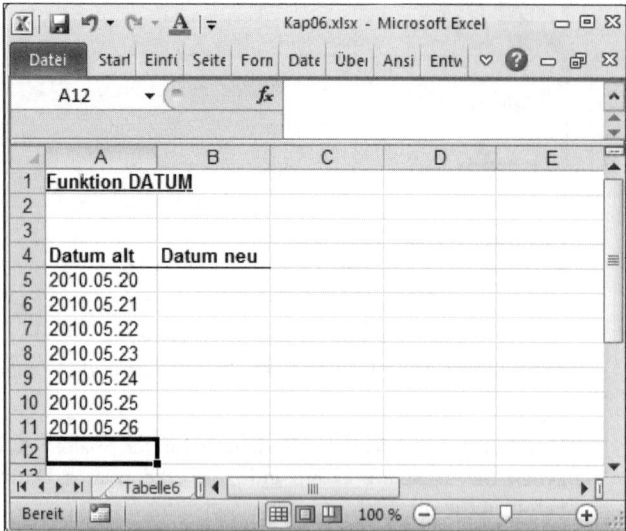

Abbildung 6.14: Die Datumsangaben werden nicht als Datum erkannt

Das Problem in **Abbildung 6.14** ist, dass die Datumsangaben in Spalte **A** von Excel nur als Text erkannt werden. Ihre Aufgabe besteht nun darin, aus diesen Texten erkennbare Datumsangaben zu machen. Dabei befolgen Sie die nächsten Arbeitsschritte:

4. Markieren Sie den Zellenbereich **B5:B11**.

5. Erfassen Sie die Formel **=DATUM(LINKS(A5;4);TEIL(A5; FINDEN(".";A5;1)+1;2);RECHTS(A5;2))**.

6. Schließen Sie die Formel über die Tastenkombination ⌊Strg⌋ + ⌊↵⌋ ab.

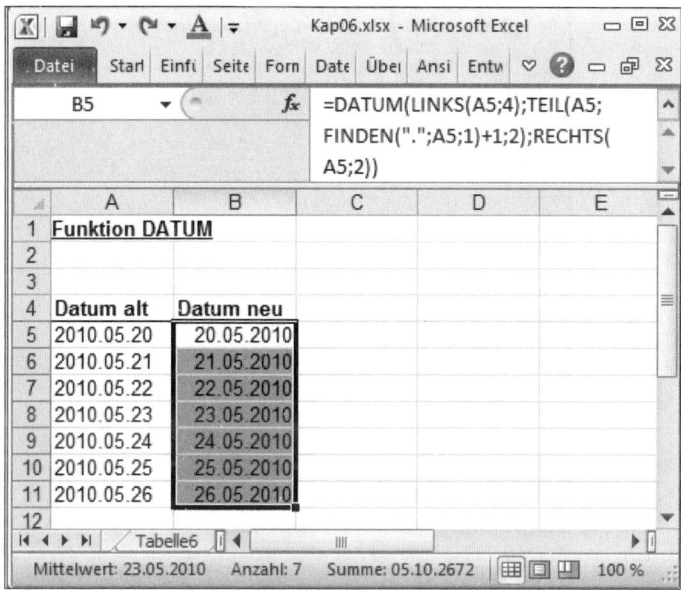

Abbildung 6.15: Das Datum wird nun von Excel erkannt

Datum aus Text bilden und formatieren

Im nächsten Beispiel gehen Sie noch einen Schritt weiter und stellen neben der Datumsumwandlung auch gleich ein gewünschtes Format mit ein. Sehen Sie sich dazu aber erst **Abbildung 6.16** an.

Die Datumsangaben aus Spalte **A** entsprechen in den ersten beiden Stellen der Tagesangabe, die folgenden zwei Stellen sind für die Monatsangabe bestimmt, die letzten beiden Zahlen stehen für das jeweilige Jahr.

Stellen Sie jetzt die Datumsangabe in Spalte **B** neu zusammen, sodass das Datum nach dem Format **Jahr-Monat-Tag** ausgegeben wird. Befolgen Sie dazu die nächsten Arbeitsschritte:

1. Markieren Sie den Zellenbereich **B5:B11**.

2. Erfassen Sie die Formel **=TEXT(DATUM(TEIL(A5;5;2);TEIL (A5;3;2);TEIL(A5;1;2));"JJ-MM-TT")**.

3. Schließen Sie die Formel über die Tastenkombination ⌈Strg⌋ + ⌊↵⌋ ab.

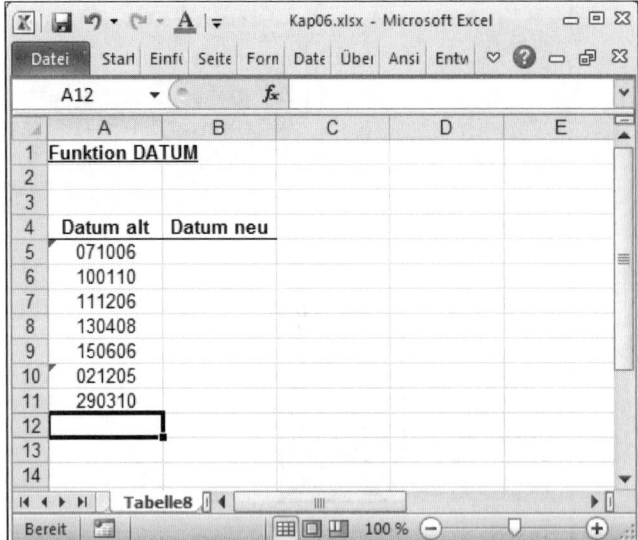

Abbildung 6.16: Die Ausgangssituation

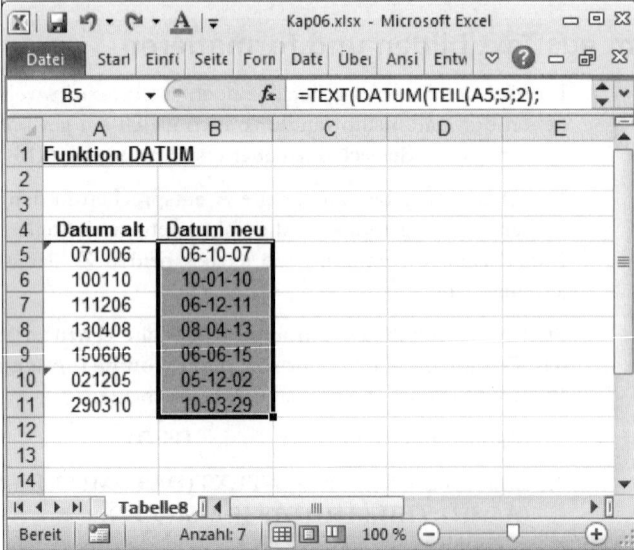

Abbildung 6.17: Die Datumsangaben wurden in ein anderes Format umgesetzt

Mit der Tabellenfunktion **TEIL** greifen Sie die einzelnen Teile in Spalte **A** ab und formatieren diese nach Wunsch über die Tabellenfunktion **TEXT**.

Die Tabellenfunktion DATWERT

Mit der Tabellenfunktion **DATWERT** können Sie nicht erkannte Datumsangaben, die beispielsweise nach einem Import von Fremddaten in Excel eingefügt wurden, in ein lesbares Excel-Datum umwandeln. Die Funktion **DATWERT** wandelt ein als Text vorliegendes Datum in eine fortlaufende Zahl um.

Die Syntax dieser Funktion lautet:

DATWERT(Datumstext)

Im Argument **Datumstext** wird der Text bzw. der Zellenbezug, der ein Datum enthalten soll, angegeben. Entspricht **Datumstext** einem Datum, das außerhalb dieses Bereichs liegt, gibt **DATWERT** den Fehlerwert **#WERT!** zurück. Ist in **Datumstext** kein Jahr angegeben, verwendet **DATWERT** die Jahresangabe, die von der in Ihrem Computer eingebauten Uhr zur Verfügung gestellt wird.

Import-Datum in lesbares Datum umwandeln

In der folgenden Aufgabe liegt eine Tabelle mit einigen Datumsangaben vor, die aber in Excel so leider nicht erkannt wurden.

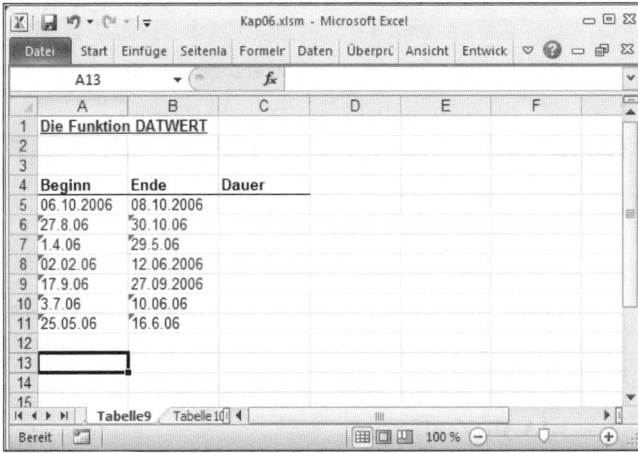

Abbildung 6.18: Die Datumsangaben werden von Excel nicht erkannt

In **Abbildung 6.**18 sind einige sehr unterschiedliche Datumsangaben gemacht worden. Ihre Aufgabe besteht nun darin, mit diesen Datumsangaben zu rechnen, und zwar sollen die Tage, die zwischen dem Beginn- und dem Enddatum liegen, in Spalte **C** ausgegeben werden. Um diese Aufgabe zu lösen, verfahren Sie wie folgt:

1. Markieren Sie den Zellenbereich **C5:C11**.

2. Erfassen Sie die Formel **=DATWERT(B5)-DATWERT(A5)**.

3. Schließen Sie die Formel über die Tastenkombination `Strg` + `←` ab.

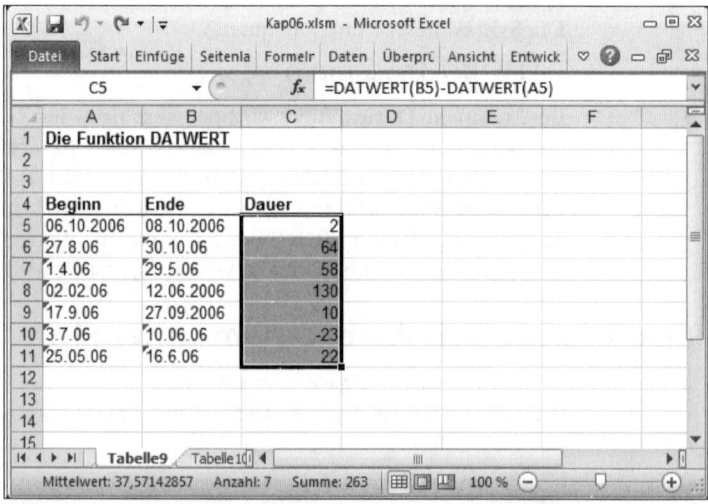

Abbildung 6.19: Die Tagesdifferenzen werden ausgegeben

Die Tabellenfunktionen JAHR, MONAT und TAG

Mit der Tabellenfunktion **JAHR** können Sie eine fortlaufende Zahl in eine Jahreszahl umwandeln oder auch aus einem bereits erfassten Datum das Jahr extrahieren. Das Jahr wird als ganze Zahl zurückgegeben, die einen Wert von 1900 bis 9999 annehmen kann.

Die Syntax der Funktion **JAHR** lautet:

=JAHR(Zahl)

Im Argument **Zahl** geben Sie das Datum bzw. die Zahl an, dessen Jahr Sie ermitteln möchten.

Mit der Tabellenfunktion **MONAT** können Sie eine fortlaufende Zahl in eine Monatszahl umwandeln oder auch aus einem bereits erfassten Datum den Monat extrahieren. Der Monat wird als ganze Zahl ausgegeben, die einen Wert von 1 (Januar) bis 12 (Dezember) annehmen kann.

Die Syntax der Funktion **MONAT** lautet:

=MONAT(Zahl)

Im Argument **Zahl** geben Sie das Datum bzw. die Zahl an, dessen Monat Sie ermitteln möchten.

Mit der Tabellenfunktion **TAG** können Sie eine fortlaufende Zahl in eine Tageszahl umwandeln oder auch aus einem bereits erfassten Datum den Tag extrahieren. Der Tag wird als ganze Zahl im Bereich von 1 bis 31 ausgegeben.

Die Syntax der Funktion **TAG** lautet:

=TAG(Zahl)

Im Argument **Zahl** geben Sie das Datum bzw. die Zahl an, dessen Tag Sie ermitteln möchten.

Das Jahr aus dem Datum extrahieren

In der nächsten Aufgabe liegt eine Liste mit Datumsangaben vor. Aus der Spalte **A**, die jeweils das komplette Datum enthält, sollen in Spalte **B** nur die Jahreszahlen geschrieben werden (siehe **Abbildung 6.20**).

Um das Jahr aus der Spalte **A** zu extrahieren, verfahren Sie wie folgt:

1. Geben Sie in Zelle **B6** die Formel **=JAHR(A6)** ein.

2. Führen Sie einen Doppelklick auf das Ausfüllkästchen der Zelle **B6** durch, um die Formel nach unten zu kopieren (siehe **Abbildung 6.21**).

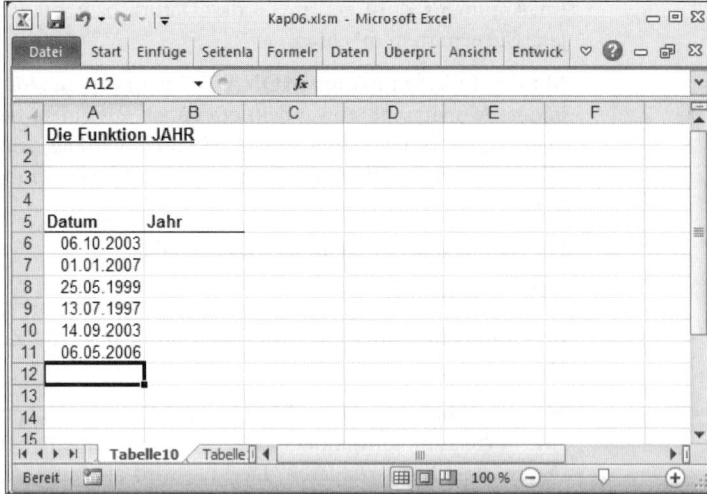

Abbildung 6.20: Der Jahresteil soll aus den Datumsangaben herausgezogen werden

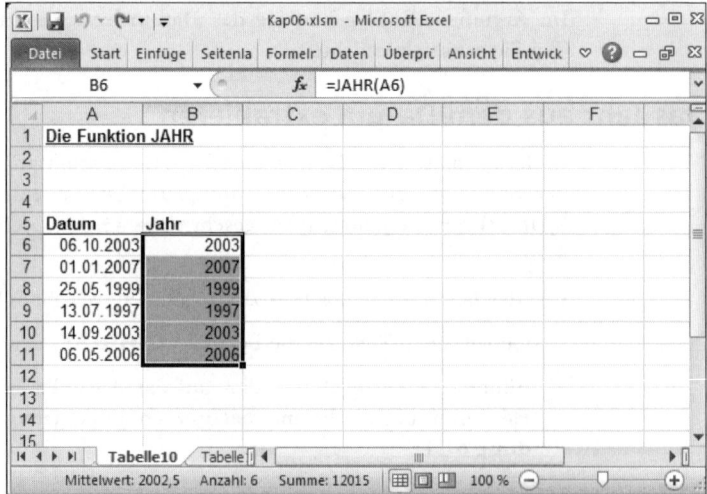

Abbildung 6.21: Die Jahresanteile wurden erfolgreich separiert

Geburtstagsliste nach Monat sortieren

Im nächsten Beispiel liegt eine Geburtstagsliste in Excel vor. Diese Liste kann standardmäßig immer nur nach dem Jahr sortiert werden. Ideal wäre es aber, wenn die Jahreszahl unberücksichtigt bleiben würde und die Geburtstagsliste nur nach Monat und Tag sortiert würde.

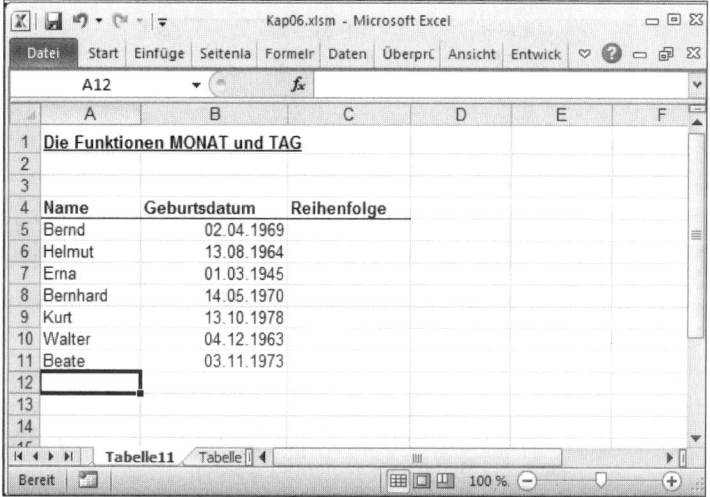

Abbildung 6.22: Die noch nicht sortierte Geburtstagsliste

Um jetzt die Geburtstagsliste nach Monat/Tag zu sortieren, können Sie eine Hilfsspalte einfügen und darin eine Formel erfassen, die die Sortierung möglich werden lässt. Dabei verfahren Sie wie folgt:

1. Markieren Sie den Zellenbereich **C5:C11**.

2. Erfassen Sie die Formel **=MONAT(B5)*100+TAG(B5)**.

3. Schließen Sie die Formel über die Tastenkombination [Strg] + [↵] ab.

4. Setzen Sie den Mauszeiger in eine beliebige Zelle der Spalte **C**.

5. Klicken Sie im Ribbon *Daten* auf das Symbol *Nach Größe sortieren (aufsteigend)*.

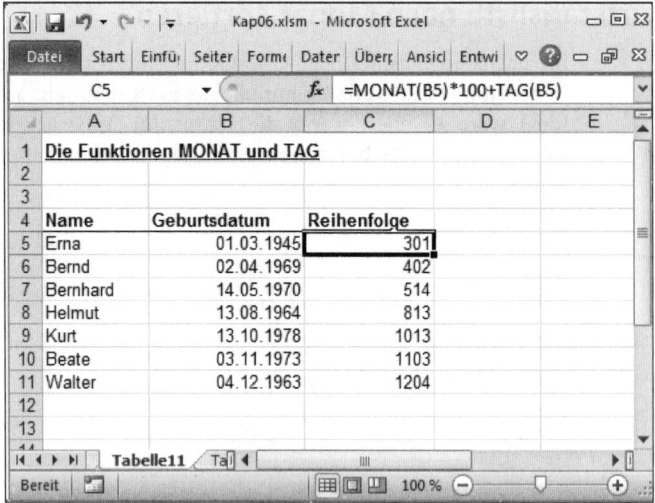

Abbildung 6.23: Die Sortierung nach Monat wurde hergestellt

Damit die Sortierung richtig funktioniert, muss der von der Funktion **MONAT** gemeldete Monat mit 100 multipliziert werden, um dem Monat gegenüber dem Tag einen Vorrang zu geben. Die Hilfsspalte **C** kann bei Bedarf ausgeblendet werden.

Rechnen mit Datumswerten

In der folgenden Aufgabe liegt eine Tabelle mit Datumsangaben vor. Aus diesen Datumsangaben soll unter Addition von vorgegebenen Monaten ein End- bzw. ein Startdatum errechnet werden (siehe **Abbildung 6.25**).

Leider funktioniert die einfache Formel **Startdatum + 2 = Enddatum** hier nicht, da Excel dabei von der Einheit Tag ausgeht. Es werden in Spalte **B** jedoch Monate mit unterschiedlichen Vorzeichen eingegeben.

Um diese Aufgabe zu lösen, können Sie wie folgt vorgehen:

1. Markieren Sie den Zellenbereich **C5:C11**.

2. Erfassen Sie die Formel **=DATUM(JAHR(A5);MONAT(A5) +B5;TAG(A5))**.

3. Schließen Sie die Formel über die Tastenkombination ⌷Strg⌷ + ⌷↵⌷ ab.

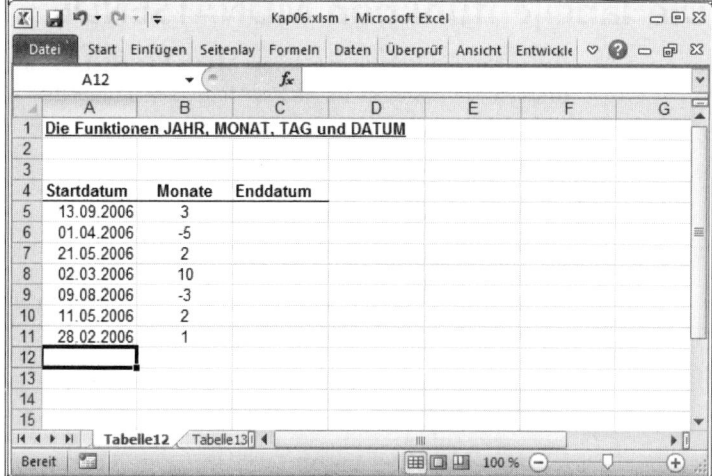

Abbildung 6.24: Die Termine sollen errechnet werden

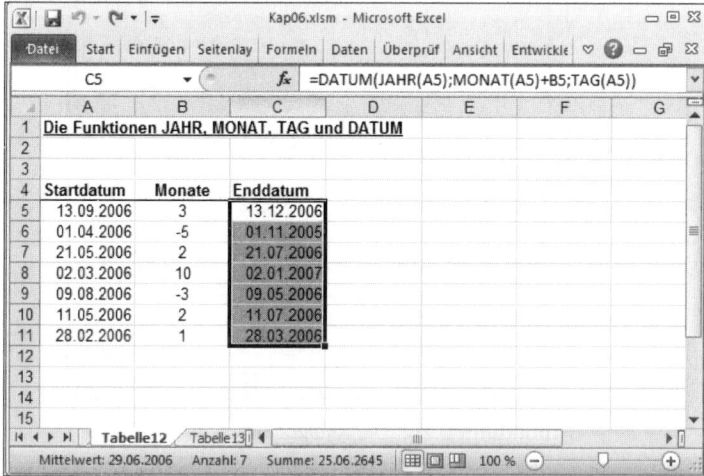

Abbildung 6.25: Die Termine wurden richtig errechnet

Die Tabellenfunktion MONATSENDE

Bevor Sie die Tabellenfunktion **MONATSENDE** einsetzen können, müssen Sie das Add-In *Analyse-Funktionen* über den Add-Ins-Manager einbinden. Dazu gehen Sie wie folgt vor:

1. Klicken Sie auf den Ribbon *Datei*.

2. Klicken Sie auf die Schaltfläche *Optionen*.

3. Wählen Sie die Kategorie *Add-Ins*.

4. Markieren Sie im Listenfeld *Add-Ins* das Add-In *Analyse-Funktionen*.

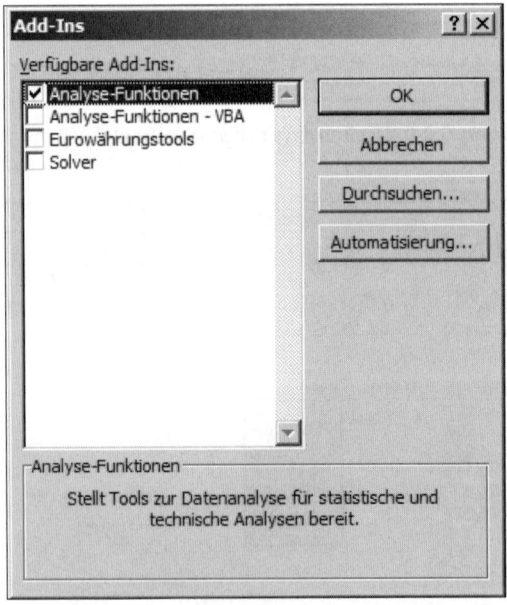

Abbildung 6.26: Die *Analyse-Funktionen* einbinden

5. Bestätigen Sie mit *OK*.

Nach dem Einbinden dieses Add-Ins steht Ihnen die Tabellenfunktion **MONATSENDE** in der Liste der verfügbaren Funktionen zur Verfügung.

Mit dieser Funktion können Sie das Monatsende eines Datums berechnen. Dabei haben Sie die Möglichkeit, auch mit einem mehrmonatigen Versatz in die Zukunft bzw. die Vergangenheit die Monatsenden abzufragen.

Die Syntax dieser Funktion lautet:

=MONATSENDE(Ausgangsdatum;Monate)

Im Argument **Ausgangsdatum** wird ein Datum angegeben, das dem Anfangsdatum entspricht.

Im Argument **Monate** haben Sie die Möglichkeit, anzugeben, wie viele Monate vor oder nach dem Ausgangsdatum liegen sollen. Ein positiver Wert für Monate ergibt ein in der Zukunft, ein negativer Wert ein in der Vergangenheit liegendes Datum.

Monatsende-Termine errechnen

In der folgenden Aufgabe liegt eine Tabelle mit Startterminen in Spalte **A** vor. In Spalte **B** sind Monate angegeben, die auf das Startdatum aufaddiert bzw. von ihm subtrahiert werden sollen.

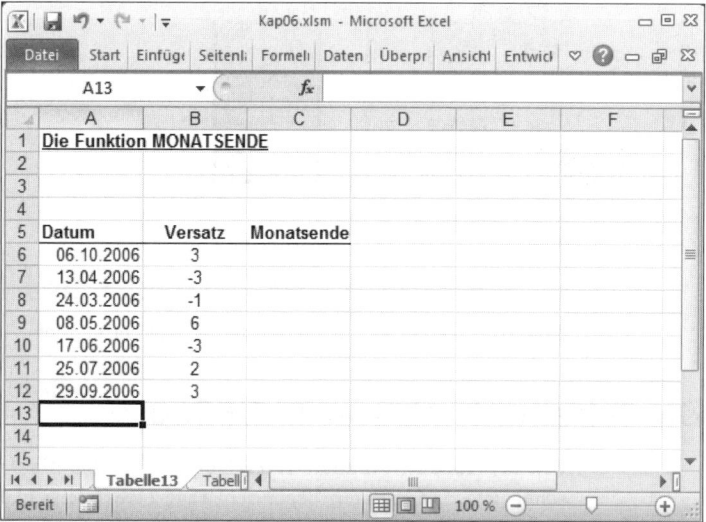

Abbildung 6.27: Die Monatsenden sollen errechnet werden

Um die Monatsenden unter Berücksichtigung der in Spalte **B** erfassten Monate zu ermitteln, gehen Sie folgendermaßen vor:

1. Markieren Sie den Zellenbereich **C6:C12**.

2. Erfassen Sie die Formel **=MONATSENDE(A6;B6)**.

3. Schließen Sie die Formel über die Tastenkombination $\boxed{\text{Strg}}$ + $\boxed{\longleftarrow}$ ab.

4. Drücken Sie die Tastenkombination $\boxed{\text{Strg}}$ + $\boxed{1}$, um das Dialogfenster *Zellen formatieren* aufzurufen.

5. Wechseln Sie auf die Registerkarte *Zahlen*.

6. Wählen Sie im Listenfeld *Kategorie* den Eintrag *Datum*.

7. Weisen Sie ein Datumsformat zu und bestätigen Sie mit *OK*.

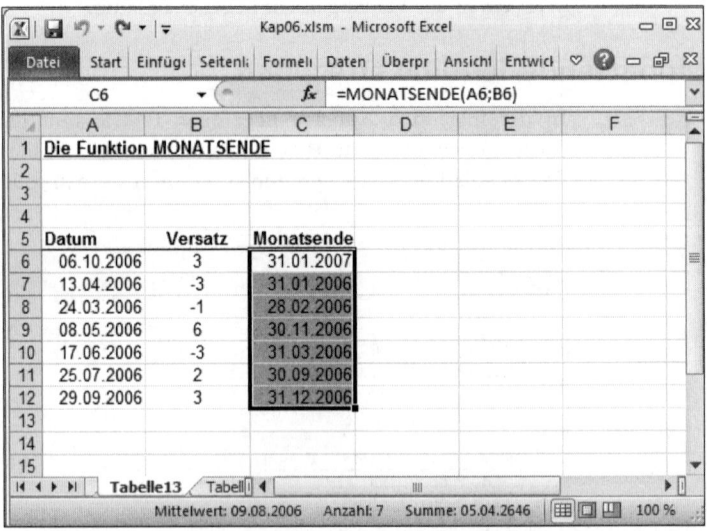

Abbildung 6.28: Die Monatsenden wurden errechnet

Die Tabellenfunktion TAGE360

Mit der Tabellenfunktion **TAGE360** können Sie die Anzahl der zwischen zwei Tagesdaten liegenden Tage errechnen. Dabei geht diese Funktion von der Prämisse aus, dass jeder Monat genau 30 Tage hat. Diese Funktion wurde aus Kompatibilitätsgründen in Excel integriert, da es Systeme gibt, die genau mit dieser Methode arbeiten.

Die Syntax dieser Funktion lautet:

=TAGE360(Ausgangsdatum;Enddatum;Methode)

In den Argumenten **Ausgangsdatum** und **Enddatum** geben Sie die Datumsangaben an, für die Sie die dazwischenliegenden Tage berechnen möchten. Wenn Ausgangsdatum nach Enddatum auftritt, gibt **TAGE360** eine negative Zahl zurück.

Über das Argument **Methode** können Sie angeben, ob in der Berechnung die amerikanische oder die europäische Methode verwendet werden soll.

✔ Bei der amerikanischen Methode, die standardmäßig verwendet wird und über den Wahrheitswert **FALSCH** eingestellt wird, wird wie folgt vorgegangen: Ist das Ausgangsdatum der 31. eines Monats, wird dieses Datum zum 30. desselben Monats. Ist das Enddatum der 31. eines Monats und das Ausgangsdatum ein Datum vor dem 30. eines Monats, wird das Enddatum zum 1. des darauffolgenden Monats. In allen anderen Fällen wird das Enddatum zum 30. desselben Monats.

✔ Bei der europäischen Methode, die über den Wert **WAHR** eingestellt wird, findet folgende Vorgehensweise Anwendung: Jedes Ausgangs- und Enddatum, das auf den 31. eines Monats fällt, wird zum 30. desselben Monats.

Datumsdifferenzen auf Basis TAGE360 errechnen

In der nächsten Aufgabe liegt eine Tabelle wie in **Abbildung 6.29** vor.

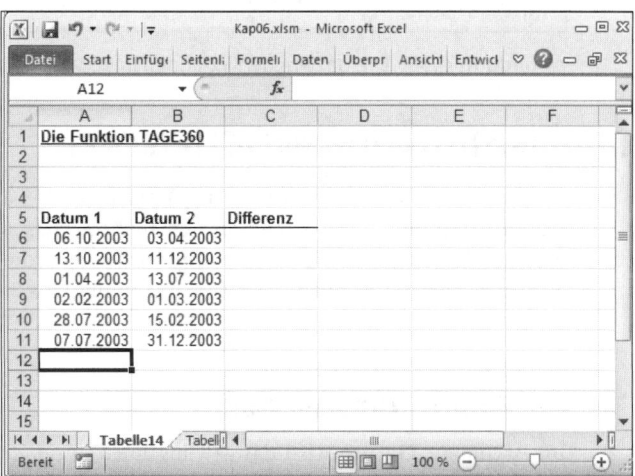

Abbildung 6.29: Die Differenz in Tagen soll ermittelt werden

Um die Differenz in Tagen zwischen dem **Datum 1** und dem **Datum 2** zu errechnen, wenden Sie die Tabellenfunktion **TAGE360** wie folgt an:

1. Markieren Sie den Zellenbereich **C6:C11**.

2. Erfassen Sie die Formel **=TAGE360(A6;B6;WAHR)**.

3. Schließen Sie die Formel über die Tastenkombination ⌨Strg⌨ + ⌨↵⌨ ab.

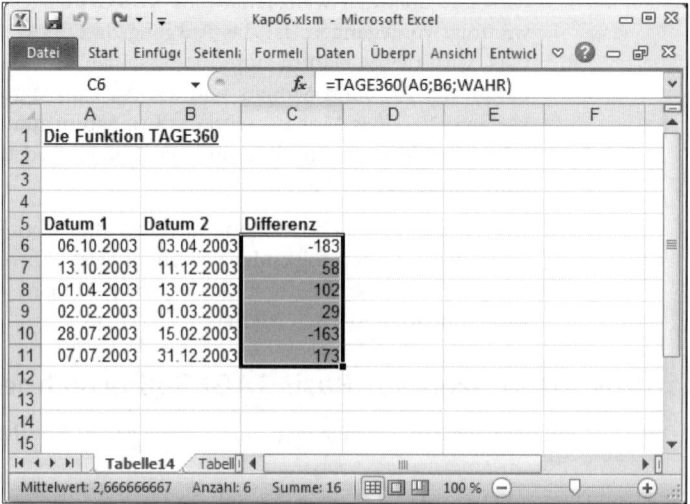

Abbildung 6.30: Die dazwischenliegenden Tage wurden gezählt

Die Tabellenfunktion WOCHENTAG

Mit der Tabellenfunktion **WOCHENTAG** können Sie anhand eines Datums bestimmen, ob es sich um einen Arbeitstag oder um einen Tag am Wochenende handelt. Der Tag wird standardmäßig als ganze Zahl ausgegeben, die einen Wert von 1 (Sonntag) bis 7 (Samstag) annehmen kann.

Die Syntax dieser Funktion lautet:

=WOCHENTAG(Datum;Typ)

Im Argument **Datum** wird das gewünschte Datum, zu dem Sie den Wochentag ermitteln möchten, eingegeben oder über einen Zellenbezug hergestellt.

Beim Argument **Typ** geben Sie eine Zahl (1, 2 oder 3) an, die den Typ des Rückgabewerts bestimmt. Mögliche Zahlenwerte dabei sind:

✓ Zahl 1 oder nicht angegeben: 1 (Sonntag) bis 7 (Samstag).

✓ Zahl 2: 1 (Montag) bis 7 (Sonntag).

✓ Zahl 3: 0 (Montag) bis 6 (Sonntag).

Unterschiedliche Stundensätze werktags und am Wochenende

Bei der folgenden Aufgabe gelten in einem Unternehmen für Arbeit am Wochenende höhere Stundensätze als unter der Woche. Sehen Sie sich zur Einstimmung **Abbildung 6.31** an.

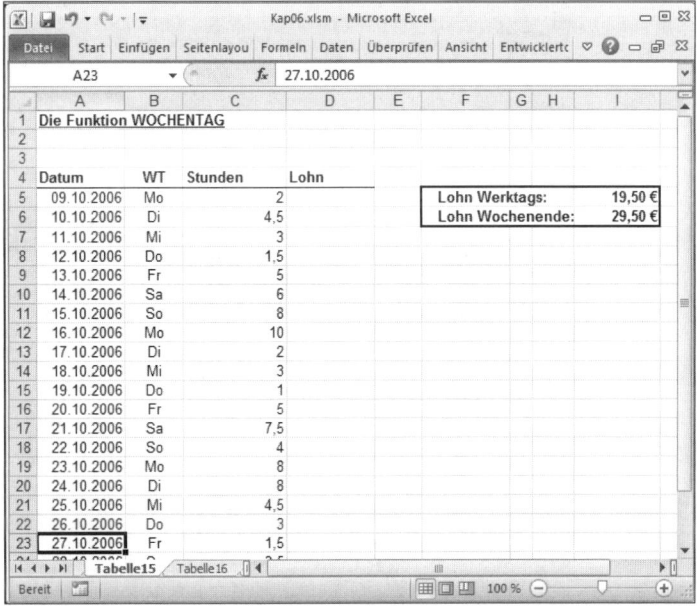

Abbildung 6.31: Die Ausgangstabelle mit den geleisteten Stunden

In Spalte **B** ist zur Kontrolle der jeweilige Wochentag in Kurzform angegeben. Dies erreichen Sie, indem Sie die Formel **=A5** in Zelle **B5** eingeben und nach unten ausfüllen. Danach markieren Sie den Bereich **B5:B26** und drücken die Tastenkombination [Strg] + [1], um das Dialogfenster *Zellen formatieren* aufzurufen. Auf der Registerkarte

Zahlen wählen Sie die Kategorie *Benutzerdefiniert* aus und schreiben ins Feld *Typ* das benutzerdefinierte Format **TTT**.

In den Zellen **I5** und **I6** sind die beiden unterschiedlichen Stundenlöhne erfasst worden.

Um nun den Lohn für den jeweiligen Tag zu errechnen, gehen Sie wie folgt vor:

1. Markieren Sie den Zellenbereich **D5:D26**.

2. Erfassen Sie die Formel **=WENN(ODER(WOCHENTAG(A5) =1;WOCHENTAG(A5)=7);C5*$I$6;C5*$I$5)**.

3. Schließen Sie die Formel über die Tastenkombination [Strg] + [↵] ab.

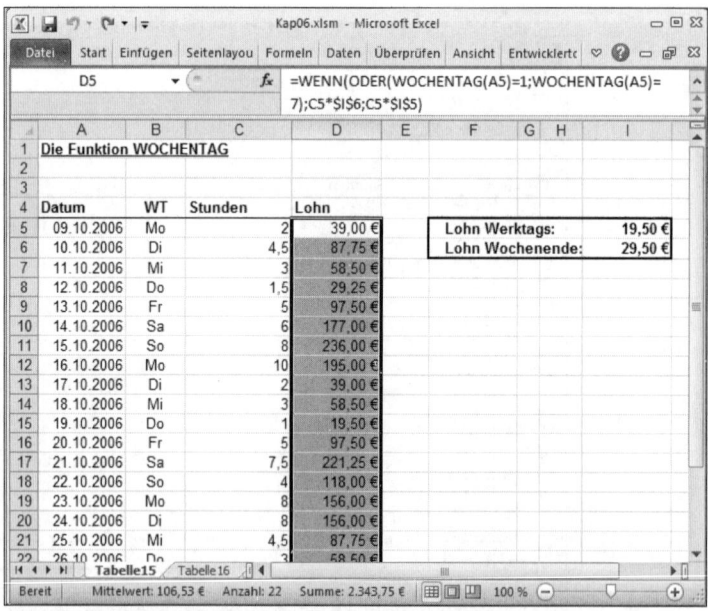

Abbildung 6.32: Der Lohn wird in Abhängigkeit vom Wochentag ermittelt

Die Tabellenfunktion KALENDERWOCHE

Eine weitere interessante Funktion finden Sie im Add-In *Analyse-Funktionen* mit dem Namen **KALENDERWOCHE**.

Mit der Tabellenfunktion **KALENDERWOCHE** können Sie ausgehend von einem bestimmten Datum die Kalenderwoche ermitteln.

Die Syntax dieser Funktion lautet:

=KALENDERWOCHE(Datum;Rückgabe)

Im Argument **Datum** geben Sie das Datum an, zu dem Sie die dazugehörige Kalenderwoche ermitteln möchten.

Im Argument **Rückgabe** geben Sie eine Zahl an, durch die festgelegt wird, mit welchem Tag eine Woche beginnt. Die Standardeinstellung ist **1**. Bei dieser Einstellung beginnt die Woche am Sonntag. Die Wochentage sind dabei von 1 bis 7 nummeriert (1=Sonntag). Beim Wert **2** beginnt eine Woche am Montag. Die Wochentage sind ebenfalls von 1 bis 7 nummeriert (1=Montag).

Die Kalenderwoche bestimmen

In der nächsten Aufgabe sehen Sie eine Tabelle mit Bestellungen. In Spalte **B** ist das voraussichtliche Lieferdatum angegeben. In Spalte **C** soll die dazu gehörige Kalenderwoche eingetragen werden.

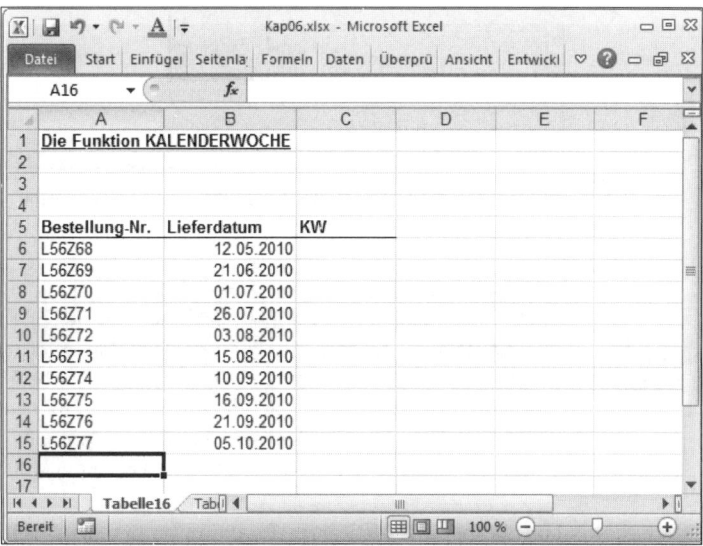

Abbildung 6.33: Die Kalenderwoche soll ermittelt werden

Um die Kalenderwoche zu den Datumsangaben in Spalte **B** zu ermitteln, befolgen Sie die nächsten Arbeitsschritte:

1. Markieren Sie den Zellenbereich **C6:C15**.

2. Erfassen Sie die Formel **=KALENDERWOCHE(B6;2)**.

3. Schließen Sie die Formel über die Tastenkombination [Strg] + [↵] ab.

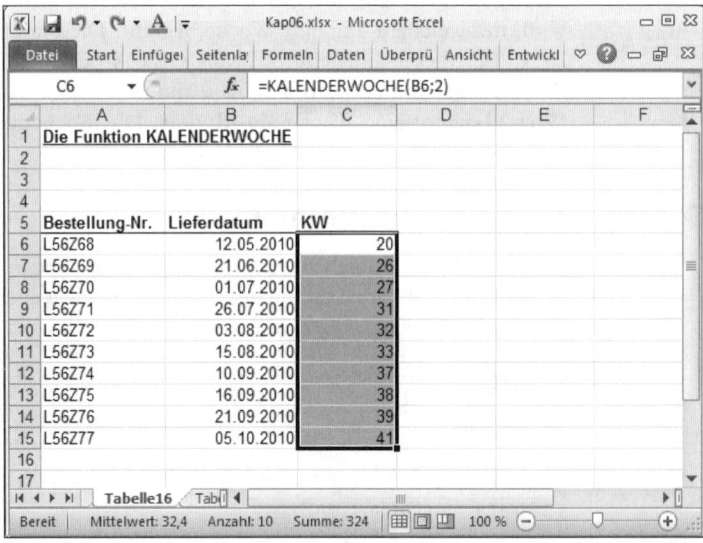

Abbildung 6.34: Die Kalenderwochen wurden ermittelt

Leider hat diese Funktion eine kleine Macke, gerade wenn es darum geht, die Kalenderwoche beispielsweise für den 1.1.10 und den 31.12.10 zu bestimmen. So liefert die Funktion im ersten Fall die Kalenderwoche 1 und im zweiten Fall die Kalenderwoche 53. Stattdessen müsste für den 1.1.10 die Kalenderwoche 53 und für den 31.12.10 die Kalenderwoche 52 gemeldet werden. Daher muss eine benutzerdefinierte Funktion erstellt werden, um diesen Fehler auszugleichen.

Um die benutzerdefinierte Funktion zu erstellen, verfahren Sie wie folgt:

1. Wechseln Sie über die Tastenkombination [Alt] + [F11] in die Entwicklungsumgebung von Excel.

2. Wählen Sie aus dem Menü *Einfügen* den Befehl *Modul*.

3. Erfassen Sie folgende Funktion im Codefenster rechts daneben:

```
Function KWoche(d As Date)
Dim t As Long
t = DateSerial(Year(d + (8 - Weekday(d))Mod 7 - 3),1,1)
  KWoche = ((d - t - 3 + (Weekday(t) + 1) Mod 7))\7+1
End Function
```

4. Wechseln Sie auf die **Tabelle16**.

5. Markieren Sie den Bereich **D6:D15**.

6. Erfassen Sie die Formel **=kwoche(B6)**.

7. Schließen Sie die Formel über die Tastenkombination [Strg] + [↵] ab.

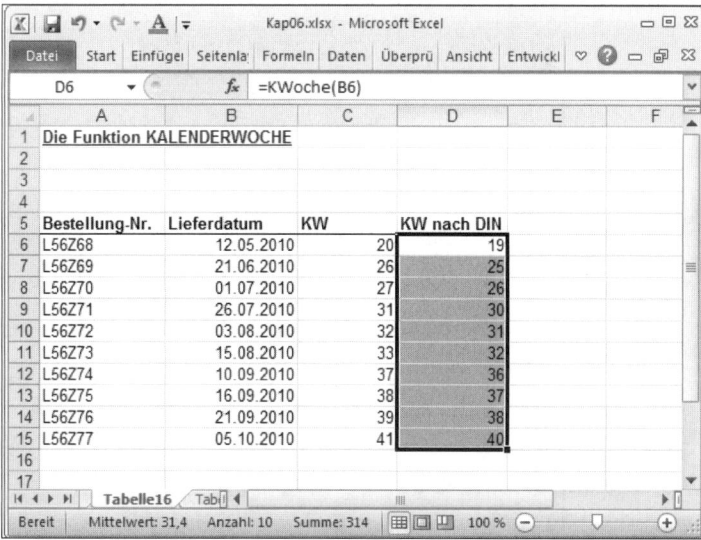

Abbildung 6.35: Die Kalenderwochen wurden richtig ermittelt!

Die Tabellenfunktion EDATUM

Mit der Tabellenfunktion **EDATUM** aus dem Add-In *Analyse-Funktionen* können Sie ausgehend von einem Datum einen Termin errechnen, der eine bestimmte Anzahl von Monaten vor bzw. nach dem angegebenen Datum (Ausgangsdatum) liegt.

Die Syntax dieser Funktion lautet:

=EDATUM(Ausgangsdatum;Monate)

Im Argument **Ausgangsdatum** geben Sie das Anfangsdatum an.

Im Argument **Monate** können Sie festlegen, wie viele Monate vor oder nach dem Ausgangsdatum liegen sollen. Ein positiver Wert für Monate ergibt ein in der Zukunft, ein negativer Wert ein in der Vergangenheit liegendes Datum.

Fälligkeitstermine errechnen

In der nächsten Aufgabe soll ausgehend von einem Startdatum ein Datum in der Zukunft oder auch in der Vergangenheit berechnet werden. Dabei soll angegeben werden können, wie viele Monate in die Zukunft bzw. in die Vergangenheit gegangen werden soll.

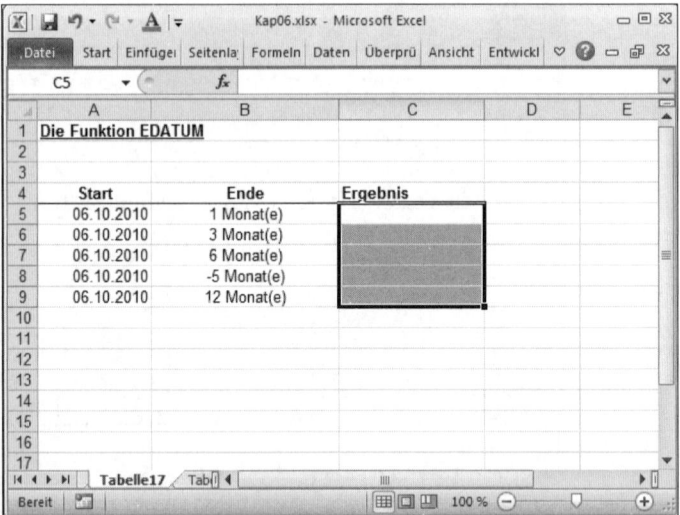

Abbildung 6.36: Es wird immer vom selben Datum ausgegangen

Die Spalte **B** wurde mit einem benutzerdefinierten Format belegt. Dazu wurde der Bereich **B5:B9** markiert und die Tastenkombination Strg + 1 gedrückt, um das Dialogfenster *Zellen formatieren* aufzurufen. Auf der Registerkarte *Zahlen* wurde in der Kategorie *Benutzerdefiniert* im Feld *Typ* das benutzerdefinierte Format **0 "Monat(e)"** erfasst.

Um die Termine in der Zukunft bzw. der Vergangenheit zu errechnen, verfahren Sie wie folgt:

1. Markieren Sie den Zellenbereich **C5:C9**.

2. Erfassen Sie die Formel **=EDATUM(A5;B5)**.

3. Schließen Sie die Formel über die Tastenkombination ⌈Strg⌋ + ⌈⏎⌋ ab.

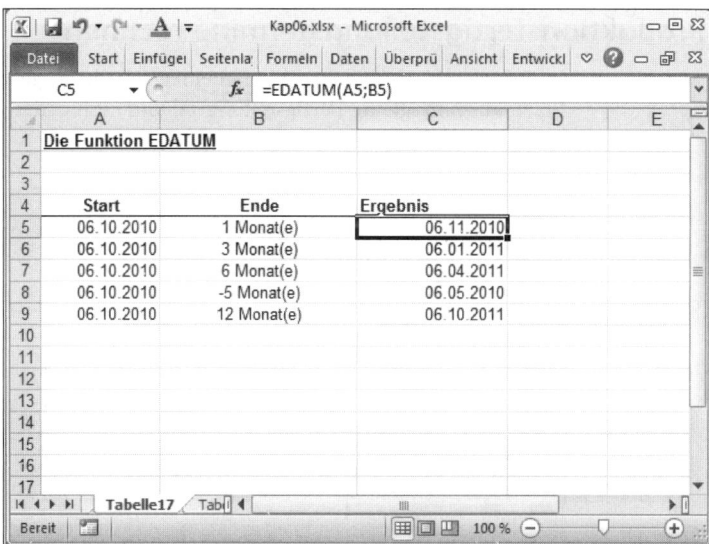

Abbildung 6.37: Es können sowohl negative als auch positive ganzzahlige Werte angegeben werden

Die Tabellenfunktion ARBEITSTAG

Mit der Tabellenfunktion **ARBEITSTAG** aus dem *Analyse*-Add-In können Sie ausgehend von einem Startdatum eine bestimmte Anzahl von Tagen in die Zukunft bzw. in die Vergangenheit errechnen. Nicht zu den Arbeitstagen gezählt werden Wochenenden sowie die Tage, die als Ferien angegeben werden.

Die Syntax dieser Version lautet:

=ARBEITSTAG(Ausgangsdatum;Tage;Freie_Tage)

Das Argument **Ausgangsdatum** ist ein Datum, das dem Anfangsdatum entspricht.

Im Argument **Tage** geben Sie die vor oder hinter dem Ausgangsdatum liegende Anzahl der Tage an, die nicht auf ein Wochenende oder in die Ferien fallen. Ein positiver Wert für Tage bedeutet ein zukünftiges Datum, ein negativer Wert ein zurückliegendes Datum.

Im Argument **Freie_Tage** kann eine Liste einer oder mehrerer Datumsangaben angegeben werden, die arbeitsfreie Tage oder Ferientage repräsentieren kann, die ausgeschlossen werden sollen.

Produktionsfertigstellungstermine rechnen

In der folgenden Aufgabe sollen in einer Tabelle ausgehend von einem Startdatum mögliche Fertigstellungstermine errechnet werden. Sehen Sie sich dazu **Abbildung 6.38** an.

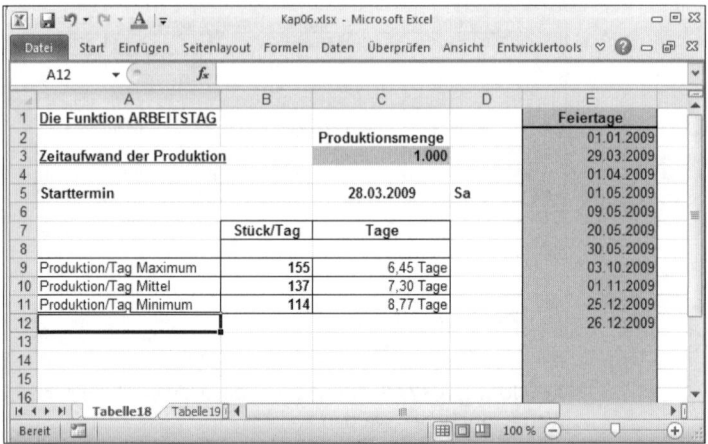

Abbildung 6.38: Den Fertigstellungstermin ermitteln

In den Zellen **B9:B11** sind die möglichen Stückzahlen/Tag unter unterschiedlichen Bedingungen angegeben. Über die Formel **=$C$3/B9** in Zelle **C9** können Sie zwar den Fertigstellungstermin errechnen, dabei sind aber Sonn- und Feiertage inbegriffen. Da jedoch an Sonn- und Feiertagen nicht gearbeitet werden kann, muss eine Formel gefunden werden, die Sonn- und Feiertage berücksichtigt. Als Vorarbeit dazu sind im Bereich **E2:E12** arbeitsfreie Tage erfasst worden.

Um jetzt die tatsächlichen Fertigstellungstermine zu errechnen, gehen Sie wie folgt vor:

1. Markieren Sie den Zellenbereich **C18:C20**.

2. Erfassen Sie die Formel **=ARBEITSTAG($C$5;C9;$E$2:$E$20)**.

3. Schließen Sie die Formel über die Tastenkombination [Strg] + [↵] ab.

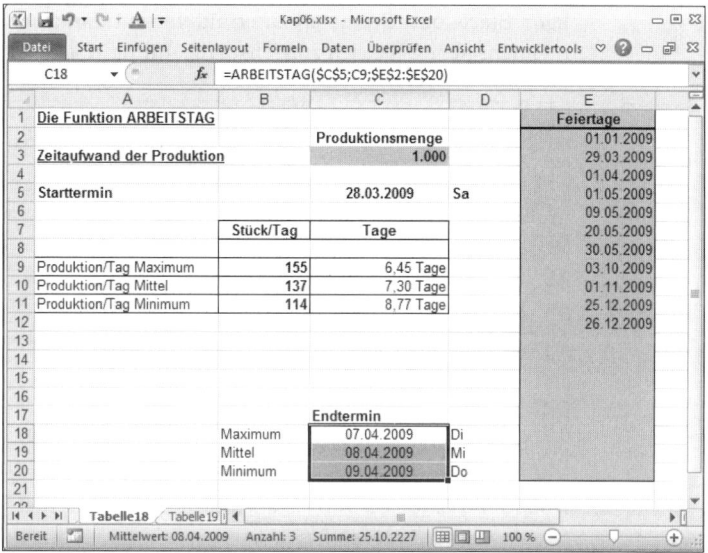

Abbildung 6.39: Die tatsächlichen Endtermine wurden errechnet

Die Tabellenfunktion NETTOARBEITSTAGE

Mit der Tabellenfunktion **NETTOARBEITSTAGE** aus dem *Analyse*-Add-In können Sie die Anzahl der Arbeitstage in einem Zeitintervall (Start- und Enddatum) ermitteln. Nicht zu den Arbeitstagen gezählt werden Wochenenden sowie die Tage, die als Ferien (Feiertage) angegeben sind.

Die Syntax dieser Funktion lautet:

=NETTOARBEITSTAGE(Ausgangsdatum;Enddatum;Freie_Tage)

Im Argument **Ausgangsdatum** geben Sie ein Startdatum an.

Im Argument **Enddatum** geben Sie das Enddatum an.

Im Argument **Freie_Tage** kann eine Liste einer oder mehrerer Datumsangaben angegeben werden, die arbeitsfreie Tage oder Ferientage repräsentieren kann.

Lohnabrechnung über einen bestimmten Zeitraum

Im nächsten Beispiel liegt eine Tabelle mit einem etwas längeren Projektverlauf vor. Das Projekt ist in drei Phasen aufgeteilt. Die Aufgabe besteht nun darin, die tatsächlichen Arbeitstage zwischen den jeweiligen Start- und Enddaten zu ermitteln und daraus den Lohn zu errechnen. Sehen Sie sich zunächst **Abbildung 6.40** an.

Abbildung 6.40: Die Arbeitstage sollen ermittelt werden

Um die Arbeitstage zwischen den Beginn- und Endterminen auszurechnen und anschließend den Lohn zu ermitteln, verfahren Sie wie folgt:

1. Markieren Sie den Zellenbereich **D5:D7**.

2. Erfassen Sie die Formel **=NETTOARBEITSTAGE(B5;C5;$G$2: $G$6)**.

3. Schließen Sie die Formel über die Tastenkombination [Strg] + [↵] ab.

4. Markieren Sie den Zellenbereich **E5:E7**.

5. Erfassen Sie die Formel **=D5*$E$2**.

6. Schließen Sie die Formel über die Tastenkombination [Strg] + [↵] ab.

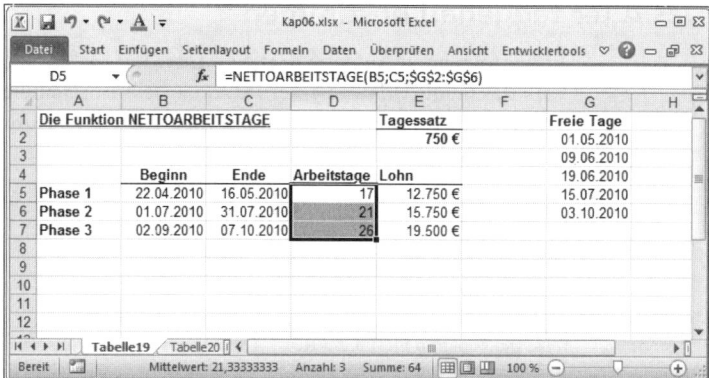

Abbildung 6.41: Die Arbeitstage unter Berücksichtigung der freien Tage wurden errechnet

Die Tabellenfunktion BRTEILJAHRE

Mit der Tabellenfunktion **BRTEILJAHRE** können Sie Datumsdifferenzen in Jahres-Bruchteilen ausgeben. Benötigt werden dazu ein Start- sowie ein Endtermin. Das Ergebnis wird mit Dezimalstellen ausgegeben.

Die Syntax dieser Funktion lautet:

=BRTEILJAHRE(Ausgangsdatum;Enddatum;Basis)

Im Argument **Ausgangsdatum** geben Sie ein Anfangsdatum an.

Im Argument **Enddatum** geben Sie das Enddatum an.

Über das Argument **Basis** legen Sie die Genauigkeit bzw. Zählweise fest. Dazu stehen folgende Basiswerte zur Verfügung:

- 0 → USA (NASD) 30/360
- 1 → Taggenau/taggenau
- 2 → Taggenau/360
- 3 → Taggenau/365
- 4 → Europa 30/360

Das Alter taggenau bestimmen

In der folgenden Aufgabe liegt eine Liste mit Geburtstagen vor. Dabei wird das Geburtsdatum einer Person jeweils mit dem heutigen Datum verglichen. Als Ergebnis soll dabei eine taggenaue Ausgabe des Alters ermittelt werden.

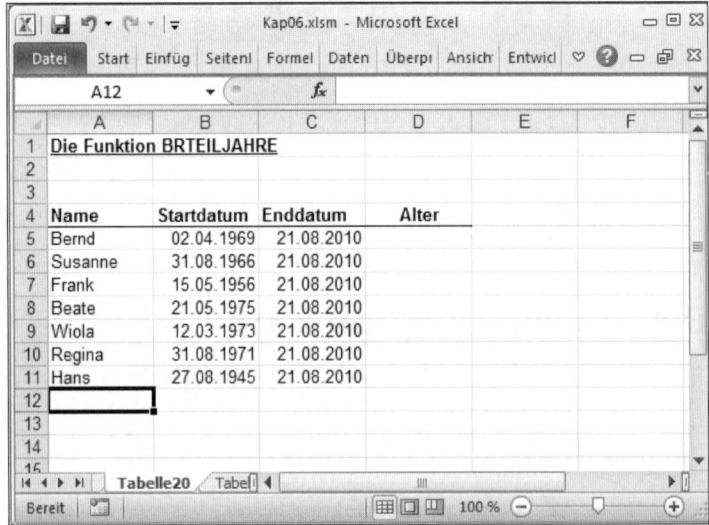

Abbildung 6.42: Das Alter soll taggenau errechnet werden

Um diese Aufgabe zu lösen, befolgen Sie die nächsten Arbeitsschritte:

1. Markieren Sie den Zellenbereich **D5:D11**.

2. Erfassen Sie die Formel **=BRTEILJAHRE(B5;C5;3)**.

3. Schließen Sie die Formel über die Tastenkombination (Strg) + (↵) ab.

4. Drücken Sie die Tastenkombination (Strg) + (1), um das Dialogfenster *Zellen formatieren* aufzurufen.

5. Wechseln Sie auf die Registerkarte *Zahlen*.

6. Weisen Sie den Zellen die Kategorie *Zahlen* mit zwei Nachkommastellen zu und bestätigen Sie mit *OK*.

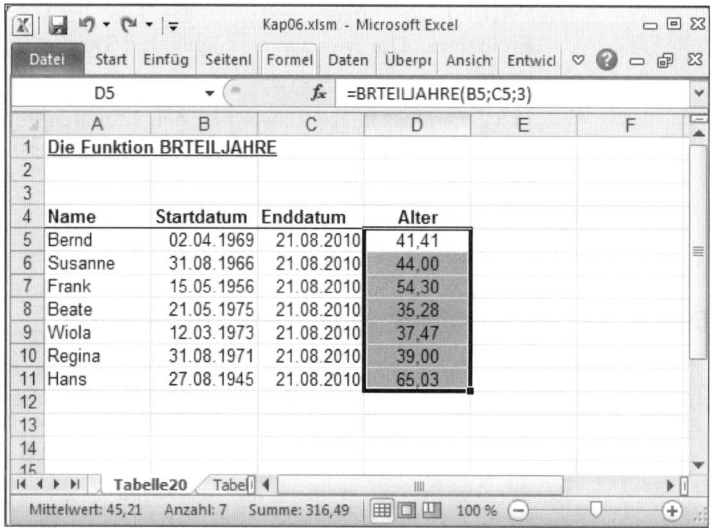

Abbildung 6.43: Das genaue Alter wurde ermittelt

Die Tabellenfunktion DATEDIF

Mit der Funktion **DATEDIF**, die in Excel mehr oder weniger undokumentiert ist, können Sie die Differenz zwischen zwei Datumswerten in Jahren, Monaten oder Tagen ausgeben. Es können sogar Mischformen wie 2 Jahre und 6 Monate und 3 Tage verwendet werden.

Die Syntax dieser Funktion lautet:

=DATEDIF(Ausgangsdatum;Enddatum;Einheit)

Im Argument **Ausgangsdatum** geben Sie das Startdatum des Zeitraums an.

Im Argument **Enddatum** geben Sie das Enddatum des Zeitraums an.

Über das Argument **Einheit** können Sie steuern, welche Informationen Sie erhalten möchten. Möglich sind dabei folgende Informationen:

✔ "Y" → Die Anzahl der vollständigen Jahre im Zeitraum.

✔ "M" → Die Anzahl der vollständigen Monate im Zeitraum.

✔ "D" → Die Anzahl der Tage im Zeitraum.

✓ "MD" → Die Differenz zwischen den Tagen in Anfangsdatum und Enddatum. Die Monate und Jahre der Datumsangaben werden ignoriert.

✓ "YM" → Die Differenz zwischen den Monaten in Anfangsdatum und Enddatum. Die Tage und Jahre der Datumsangaben werden ignoriert.

✓ "YD" → Die Differenz zwischen den Tagen in Anfangsdatum und Enddatum. Die Jahre der Datumsangaben werden ignoriert.

Das Alter auf verschiedene Arten errechnen

Bei der folgenden Aufgabe wird die letzte Aufgabe aus **Abbildung 6.44** noch einmal aufgegriffen. Das Alter der Personen soll jetzt auf Jahresbasis sowie auf Jahres- und Monatsbasis errechnet werden.

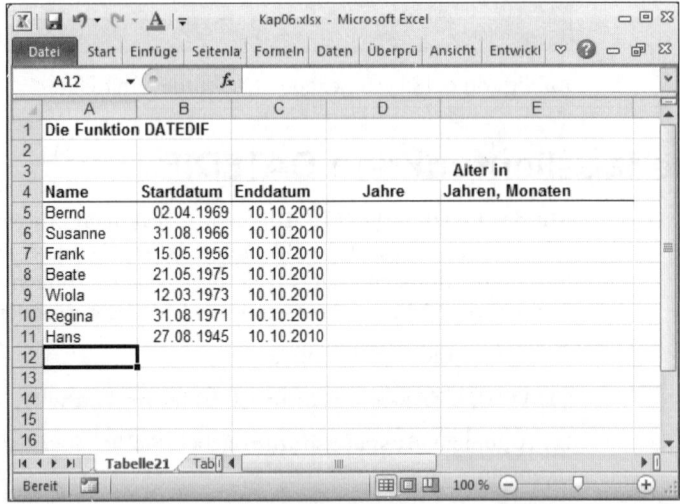

Abbildung 6.44: Das Alter auf verschiedene Weisen bestimmen

Gehen Sie nun wie folgt vor:

1. Markieren Sie den Zellenbereich **D5:D11**.

2. Erfassen Sie die Formel **=DATEDIF(B5;C5;"Y")**, um das Alter in ganzen Jahren auszugeben.

3. Schließen Sie die Formel über die Tastenkombination [Strg] + [⎵] ab.

4. Markieren Sie jetzt den Zellenbereich **E5:E11**.

5. Erfassen Sie die Formel **=DATEDIF(B5;C5;"Y")** & **" Jahre und " & DATEDIF(B5;C5;"YM")** & **" Monat(e)"**.

6. Schließen Sie die Formel über die Tastenkombination ⌈Strg⌉ + ⌈⏎⌋ ab.

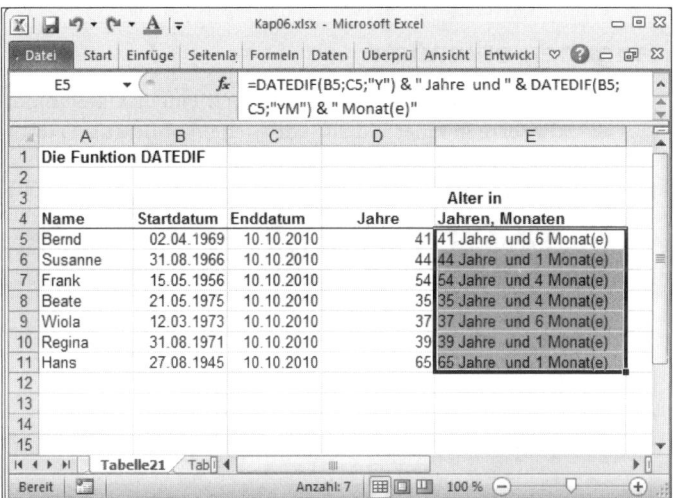

Abbildung 6.45: Die Differenz wurde in Jahren und Monaten ausgegeben

Möchten Sie zusätzlich die noch verbleibenden Tage zwischen den beiden Datumsangaben ausgeben, dann erfassen Sie die etwas längere Formel:

=DATEDIF(B5;C5;"Y") & **" Jahre und " & DATEDIF(B5;C5;"YM")** & **" Monate und " & DATEDIF(B5;C5;"MD")** & **" Tage"**

Die Tabellenfunktion ZEITWERT

Mit der Tabellenfunktion **ZEITWERT** können Sie eine als Text vorliegende Zeitangabe in eine fortlaufende Zahl umwandeln. Diese fortlaufende Zahl ist ein Wert im Bereich von 0 (null) bis 0,99999999 und entspricht einer Uhrzeit von 0:00:00 (24:00:00) bis 23:59:59. Diese so umgewandelte Zahl muss anschließend noch mit dem Zeit-Format formatiert werden.

Die Syntax dieser Funktion lautet:

=ZEITWERT(Zeit)

Im Argument **Zeit** liegt eine Zeitangabe vor, die in Excel aber nicht direkt als Zeitformat erkannt wird. Manchmal werden durch den Import von Daten gerade solche nicht erkannten Zeitdaten generiert, die umgewandelt werden müssen.

Zeitangaben erkennen

In der folgenden Liste liegen nach einem Datenimport Zeitangaben als Texte in einer Tabelle vor (siehe **Abbildung 6.46**).

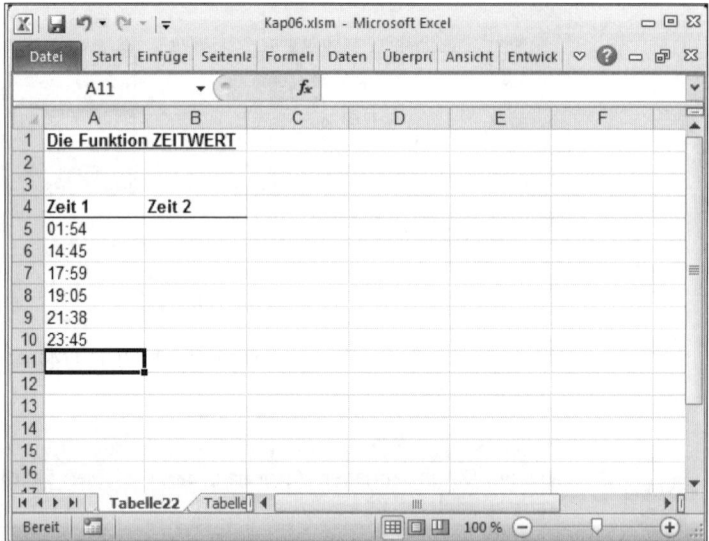

Abbildung 6.46: Die Zeiten werden in Excel nicht erkannt

Es ist schon verdächtig, wenn Zeitangaben in Excel am linken Zellenrand hängen. Damit werden die Zeitangaben nicht als Zahlenwerte, sondern nur als Texte interpretiert. Wandeln Sie nun diese nicht erkannten Zeitwerte in Excel-gerechte Zeitformate um. Gehen Sie dazu wie folgt vor:

1. Markieren Sie den Zellenbereich **B5:B10**.

2. Erfassen Sie die Formel **=ZEITWERT(A5)**.

3. Schließen Sie die Formel über die Tastenkombination ⌈Strg⌉ + ⌊↲⌋ ab.

4. Drücken Sie die Tastenkombination ⌈Strg⌉ + ⌊1⌋, um das Dialog-fenster *Zellen formatieren* aufzurufen.

5. Wechseln Sie auf die Registerkarte *Zahlen*.

6. Wählen Sie im Listenfeld *Kategorie* den Befehl *Uhrzeit*, weisen Sie das gewünschte Zeitformat zu und bestätigen Sie mit *OK*.

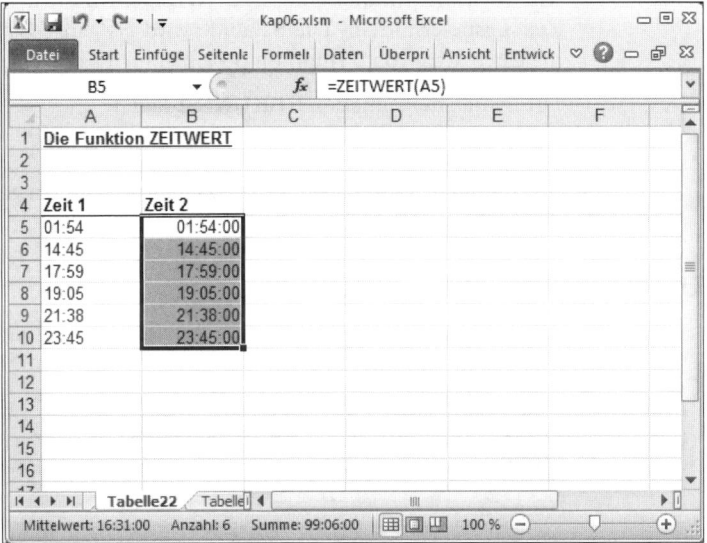

Abbildung 6.47: Die Zeitangaben stehen rechtsbündig und werden von Excel jetzt erkannt

Die Tabellenfunktionen STUNDE, MINUTE und SEKUNDE

Mit der Tabellenfunktion **STUNDE** können Sie die Stunde einer Zeitangabe ermitteln. Die Stunde wird als ganze Zahl ausgegeben und kann einen Wert von 0 (0 Uhr) bis 23 (23 Uhr) annehmen.

Die Syntax der Funktion **STUNDE** lautet:

=STUNDE(Zahl)

Im Argument **Zahl** geben Sie die Zeitangabe mit der Stunde an, die Sie ermitteln möchten.

Mit der Tabellenfunktion **MINUTE** können Sie die Minute einer Zeitangabe ermitteln. Die Minute wird als ganze Zahl ausgegeben, die einen Wert von 0 bis 59 annehmen kann.

Die Syntax der Funktion **MINUTE** lautet:

=MINUTE(Zahl)

Im Argument **Zahl** geben Sie die Zeitangabe mit der Minute an, die Sie ermitteln möchten.

Mit der Tabellenfunktion **SEKUNDE** können Sie die Sekunde einer Zeitangabe ermitteln. Die Sekunde wird als ganze Zahl ausgegeben, die einen Wert von 0 (null) bis 59 annehmen kann.

Die Syntax der Funktion **SEKUNDE** lautet:

=SEKUNDE(Zahl)

Im Argument **Zahl** geben Sie die Zeitangabe mit der Sekunde an, die Sie ermitteln möchten.

Umrechnen in Industriezeit

Bei der nächsten Aufgabe liegt eine Tabelle vor, die wie eine alte Stempeluhr angeordnet ist.

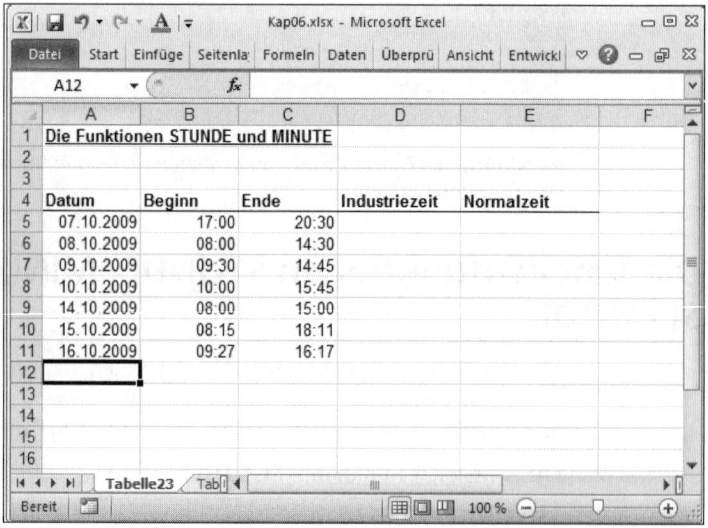

	A	B	C	D	E	F
1	Die Funktionen STUNDE und MINUTE					
2						
3						
4	Datum	Beginn	Ende	Industriezeit	Normalzeit	
5	07.10.2009	17:00	20:30			
6	08.10.2009	08:00	14:30			
7	09.10.2009	09:30	14:45			
8	10.10.2009	10:00	15:45			
9	14.10.2009	08:00	15:00			
10	15.10.2009	08:15	18:11			
11	16.10.2009	09:27	16:17			
12						
13						
14						
15						
16						

Abbildung 6.48: Errechnen der Zeitdifferenz mit zwei Methoden

Bei der Industriezeit wird rechnerisch eine Stunde in der Einheit 100 berechnet. So ist beispielsweise eine Viertelstunde (ein Viertel von 60 = 15) mit der Industriezeit 25 (ein Viertel von 100 = 25) zu veranschlagen.

Um die geleisteten Stunden in Industrie- und Normalzeit auszugeben, gehen Sie wie folgt vor:

1. Markieren Sie den Zellenbereich **D5:D11**.

2. Erfassen Sie die Formel **=STUNDE(C5-B5)+MINUTE(C5-B5)/60**.

3. Schließen Sie die Formel über die Tastenkombination ⌊Strg⌋ + ⌊↵⌋ ab.

4. Formatieren Sie diesen Bereich über das Format *Zahlen* und zwei Nachkommastellen.

5. Markieren Sie jetzt den Zellenbereich **E5:E11**.

6. Erfassen Sie die Formel **=C5-B5**.

7. Schließen Sie die Formel über die Tastenkombination ⌊Strg⌋ + ⌊↵⌋ ab.

8. Formatieren Sie diesen Bereich mit einem gewünschten Zeitformat.

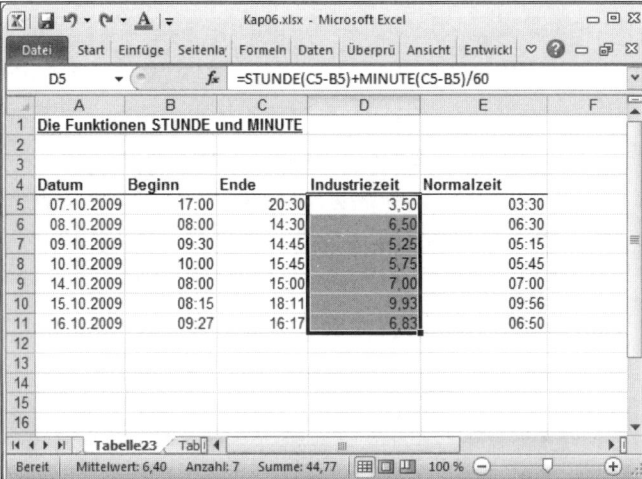

Abbildung 6.49: Die Industriezeit wurde ermittelt und der Normalzeit gegenübergestellt

Die Tabellenfunktion ZEIT

Mit der Tabellenfunktion **ZEIT** können Sie die Dezimalzahl einer bestimmten Uhrzeit ermitteln.

Die Syntax dieser Funktion lautet:

=ZEIT(Stunde;Minute;Sekunde)

Im Argument **Stunde** kann eine Zahl von 0 (null) bis 32767, die die Stunde repräsentiert, angegeben werden.

Im Argument **Minute** kann eine Zahl von 0 bis 32767, die die Minute repräsentiert, angegeben werden.

Im Argument **Sekunde** kann eine Zahl von 0 bis 32767, die die Sekunde repräsentiert, angegeben werden.

Eine Zeitangabe zusammensetzen

In der folgenden Aufgabe liegt eine Tabelle mit Ergebnissen eines Laufwettbewerbs vor. Dabei wird die benötigte Zeit für die Laufstrecke in drei Spalten (Stunden, Minuten und Sekunden) eingetragen.

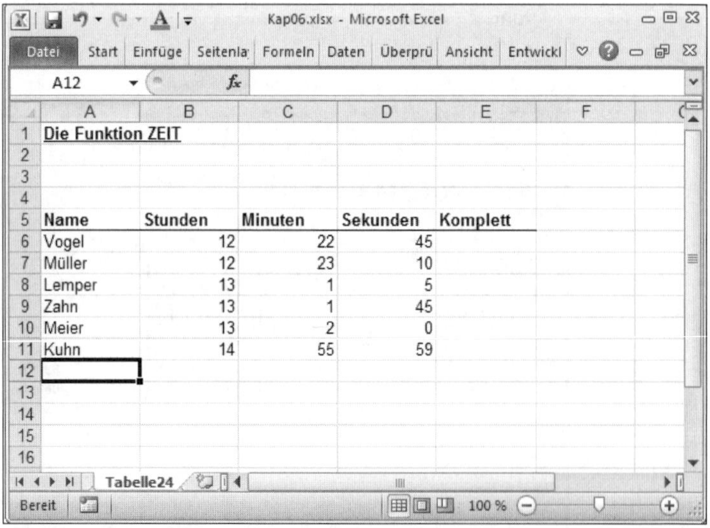

Name	Stunden	Minuten	Sekunden	Komplett
Vogel	12	22	45	
Müller	12	23	10	
Lemper	13	1	5	
Zahn	13	1	45	
Meier	13	2	0	
Kuhn	14	55	59	

Abbildung 6.50: Zeiten zusammensetzen

Setzen Sie nun die Zeitangaben aus den Spalten **B-D** in der Spalte **E** zu einer kompletten Zeitangabe zusammen. Gehen Sie dazu wie folgt vor:

1. Markieren Sie den Zellenbezug **E6:E11**.

2. Erfassen Sie die Formel **=ZEIT(B6;C6;D6)**.

3. Schließen Sie die Formel über die Tastenkombination ⌈Strg⌋ + ⌈ ⌐⌐⌐ ⌋ ab.

4. Formatieren Sie diesen Bereich mit einem gewünschten Zeitformat z.B. mit **hh:mm**.

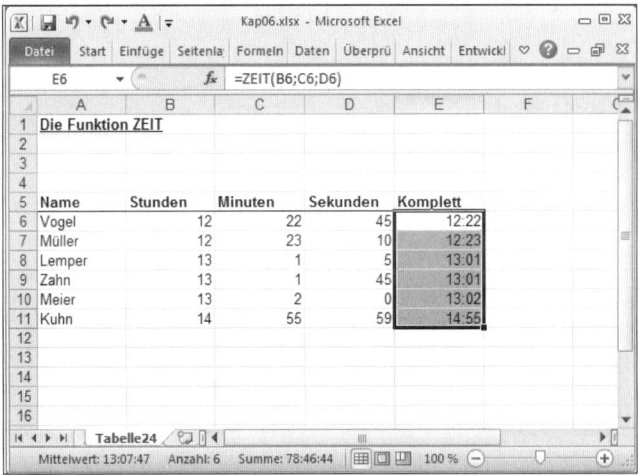

Abbildung 6.51: Die Zeitangaben wurden in Spalte E zusammengefasst

7 Mathematische Funktionen

In diesem Kapitel werden die Funktionen aus den Kategorien **Math. & Trigonom.** anhand von Beispielen aus der Praxis beschrieben.

Die Tabellenfunktion SUMME

Die wohl am häufigsten gebrauchte Funktion in Excel ist die Funktion **SUMME**. Aus diesem Grund ist dieser Funktion auch ein eigenes Symbol in der Symbolleiste *Standard* gewidmet.

Die Syntax dieser Funktion lautet:

=SUMME(Zahl1;Zahl2;...)

oder z.B.

=SUMME(A1:A100)

Die Argumente **Zahl1, Zahl2,** ... sind 1 bis 30 Argumente, deren Summe Sie berechnen möchten. Die Argumente können entweder Werte oder Bezüge sein.

Einfache Summen bilden

Um den Gebrauch dieser Funktion zu demonstrieren, befolgen Sie die nächsten Arbeitsschritte:

1. Geben Sie beginnend von Zelle **A1** bis zu Zelle **A8** ein paar Beträge ein.

2. Setzen Sie Ihren Mauszeiger auf Zelle **A9**.

3. Klicken Sie auf das Symbol *AutoSumme* in der Symbolleiste *Standard*.

Excel versucht nun automatisch, den richtigen Bereich für die Summierung zu finden.

Bestätigen Sie den gefundenen Summenbereich mit ⮐.

Wenn sich Excel einmal irrt und Ihnen einen falschen Bereich vorschlägt, können Sie Excel eines Besseren belehren. Um die vorgeschlagene Formel zu ändern, markieren Sie mit der Maus stattdessen den Bereich, den Sie addieren möchten, und drücken dann ⮐.

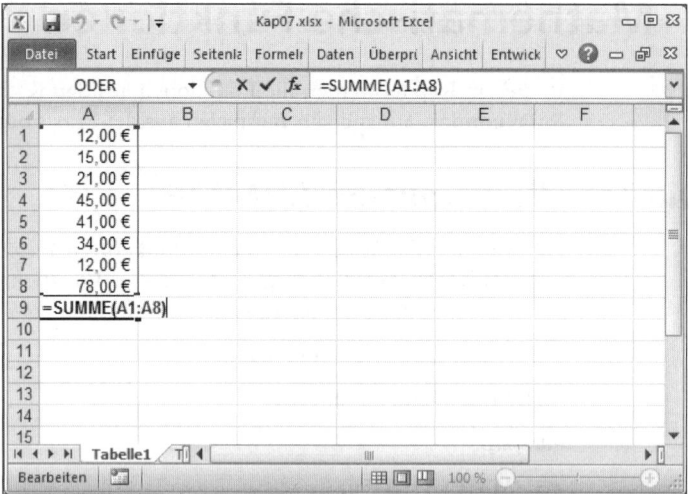

Abbildung 7.1: Eine Summe bilden

Mehrere Bereiche summieren

Wenn Sie möchten, können Sie mit der Funktion **SUMME** auch mehrere Bereiche summieren. Sehen Sie sich dazu **Abbildung 7.2** an.

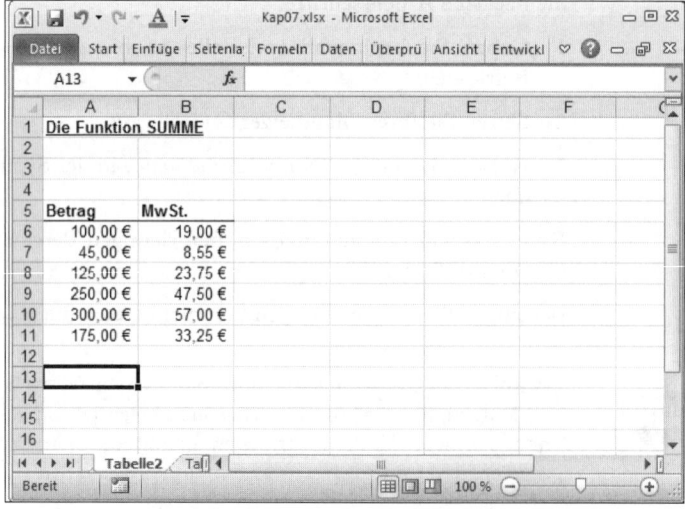

Abbildung 7.2: Eine Liste mit Nettobeträgen und der MwSt.

Es soll jetzt eine Gesamtsumme aller Netto- und Mehrwertsteuerbeträge gebildet werden. Dazu gehen Sie wie folgt vor:

1. Setzen Sie den Mauszeiger auf Zelle **A13**.

2. Klicken Sie auf das Symbol *AutoSumme* in der Symbolleiste *Standard*. Der Bereich **A6:A11** wird automatisch markiert.

3. Drücken Sie jetzt die Taste ⌈Strg⌋ und halten Sie diese gedrückt.

4. Markieren Sie zusätzlich Ihre neuen Werte in Spalte **B** und lassen Sie die ⌈Strg⌋-Taste wieder los.

5. Drücken Sie die ⌈↵⌋-Taste, um die Aktion abzuschließen.

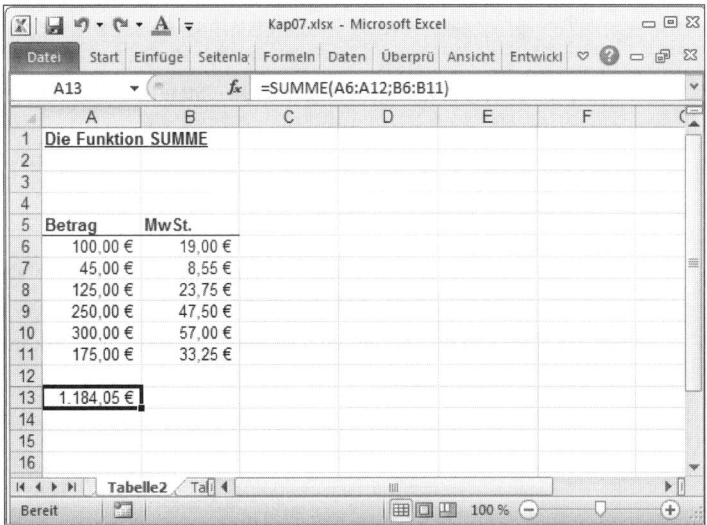

Abbildung 7.3: Mehrere Bereiche summieren

Bedingte Summierung über eine Matrixformel

Bei der folgenden Aufgabe setzen Sie die Tabellenfunktion **SUMME** als Matrixformel ein, das heißt, Sie müssen die Eingabe der Formel über die Tastenkombination ⌈Strg⌋ + ⌈↑⌋ + ⌈↵⌋ abschließen.

In einer Tabelle sollen nur die Beträge summiert werden, die zwischen 50 und 100 Euro liegen. Sehen Sie sich dazu vorab **Abbildung 7.4** an.

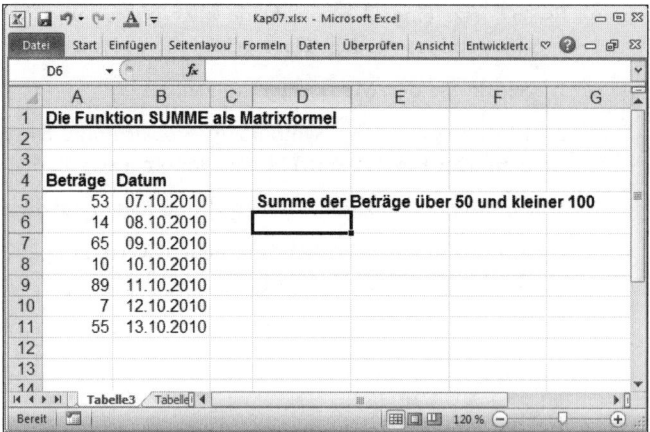

Abbildung 7.4: Die Beträge zwischen 50 und 100 sollen summiert werden

Um diese Aufgabe durchzuführen, befolgen Sie die nächsten Arbeitsschritte:

1. Setzen Sie den Zellenzeiger in Zelle **D6**.

2. Erfassen Sie die Matrixformel **=SUMME(WENN(A5:A11 >= 50;WENN(A5:A11 < 100;A5:A11)))**.

3. Schließen Sie die Matrixformel über die Tastenkombination [Strg] + [⇧] + [↵] ab.

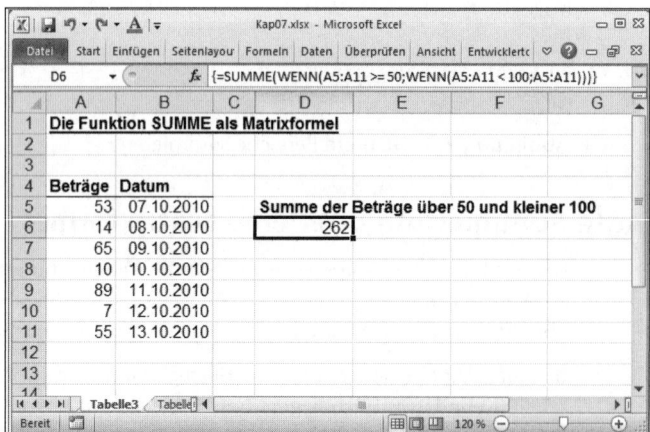

Abbildung 7.5: Die geschweiften Klammern müssen in der Formel nicht angegeben werden

Bedingte Zählung über eine Matrixformel

Auch bei der nächsten Aufgabe wird die Tabellenfunktion **SUMME** in einer Matrixformel eingesetzt. Dabei gehen Sie von der Liste der letzten Aufgabe aus und zählen die Anzahl der Einträge in der Liste, deren Beträge zwischen 50 und 100 liegen.

Um diese Aufgabe zu lösen, verfahren Sie wie folgt:

1. Kopieren Sie die **Tabelle3** und geben Sie der neuen Tabelle den Namen **Tabelle4**.

2. Erfassen Sie in Zelle **D6** die Matrixformel
   =SUMME((A5:A11>=50)*(A5:A11<100)).

3. Schließen Sie die Matrixformel über die Tastenkombination ⌷Strg⌷ + ⌷↑⌷ + ⌷⏎⌷ ab.

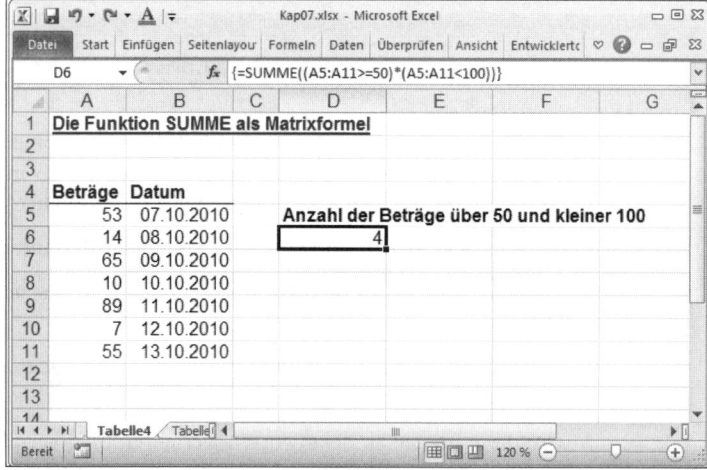

Abbildung 7.6: Die Anzahl der Beträge zwischen 50 und 100 wurde ermittelt

Bestandsprüfung im Lager

Bei der folgenden Aufgabe soll eine Lagerliste mit der Funktion **SUMME**, die auch hier als Matrixformel verwendet wird, überprüft werden.

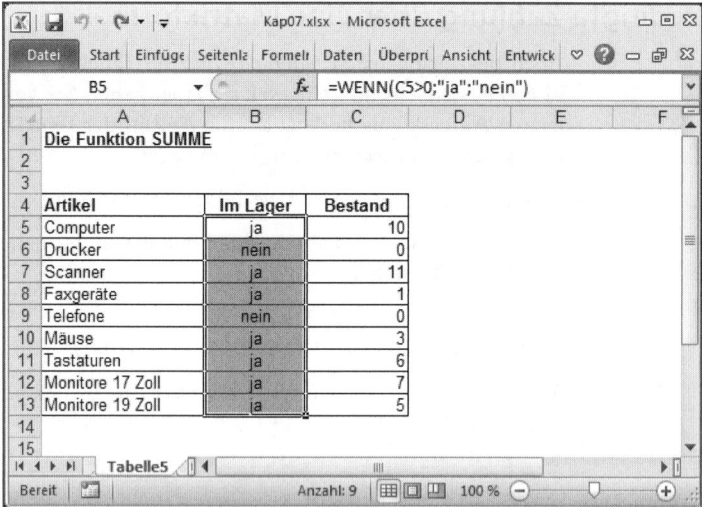

Abbildung 7.7: Die Lagerliste soll ausgewertet werden

Die Einträge **ja** bzw. **nein** werden in Spalte **B** automatisch durch die Formel **=WENN(C5>0;"ja";"nein")** gesetzt, also in Abhängigkeit vom Bestand. Folgende Prüfungen sollen nun durchgeführt werden:

✔ Wie viele Artikel sind im Lager mit einem Bestand größer 5?

✔ Wie viele Artikel sind im Lager mit einem Bestand kleiner oder gleich 5?

✔ Wie viele Artikel sind nicht mehr im Lager, haben also einen Bestand kleiner oder gleich 0?

Um diese Fragen zu beantworten, verfahren Sie folgendermaßen:

1. Erfassen Sie in Zelle **A16** die Matrixformel **=SUMME((B5:B13="ja")*(C5:C13>5))**.

2. Geben Sie in Zelle **A17** die Matrixformel **=SUMME((B5:B13="ja")*(C5:C13<=5))** ein.

3. In Zelle **A18** erfassen Sie die Matrixformel **=SUMME((B5:B13="nein")*(C5:C13<=0))**.

4. Schließen Sie alle drei Matrixformeln jeweils über die Tastenkombination ⌈Strg⌉ + ⌈⇧⌉ + ⌈↵⌉ ab.

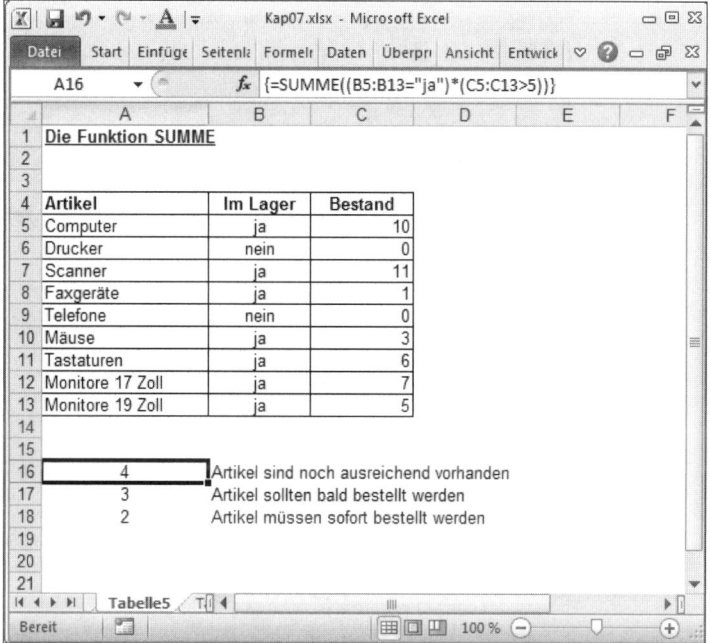

Abbildung 7.8: Die Lagerauswertung wurde durchgeführt

Wie oft wurde ein bestimmter Artikel an einem Tag verkauft?

Bei der nächsten Aufgabe liegt die Verkaufsliste aus **Abbildung 7.9** vor. Diese Verkaufsliste enthält neben den Artikelnummern auch das jeweilige Verkaufsdatum.

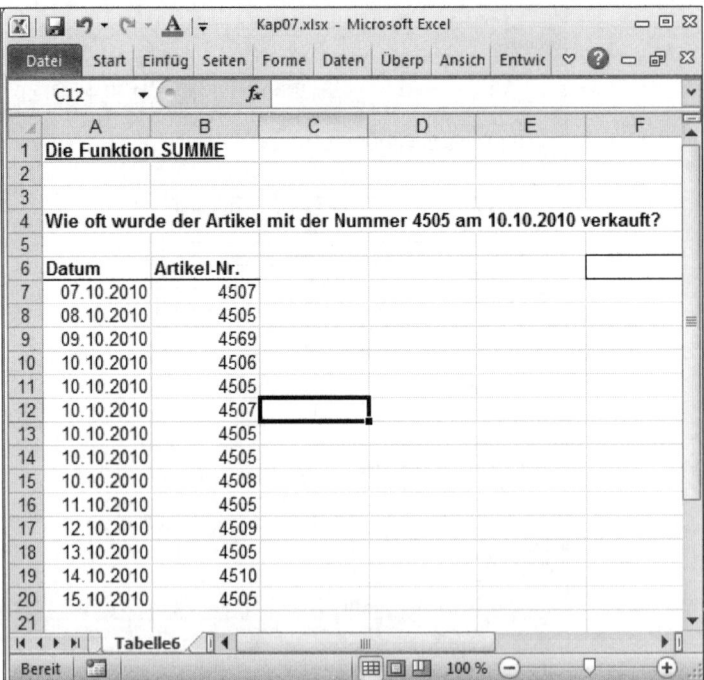

Abbildung 7.9: Verkaufshäufigkeit eines Artikels messen

Um die Frage, wie viele Artikel mit der Artikelnummer 4505 am 10.10.2010 verkauft wurden, zu beantworten, verfahren Sie wie folgt:

1. Setzen Sie den Zellenzeiger in Zelle **D7**.

2. Erfassen Sie die Matrixformel
   =SUMME((DATWERT("10.10.2010")=$A$7:$A$20)
   *(4505=$B$7:$B$20)).

3. Schließen Sie die Matrixformel über die Tastenkombination Strg
   + ⬆ + ⏎ ab.

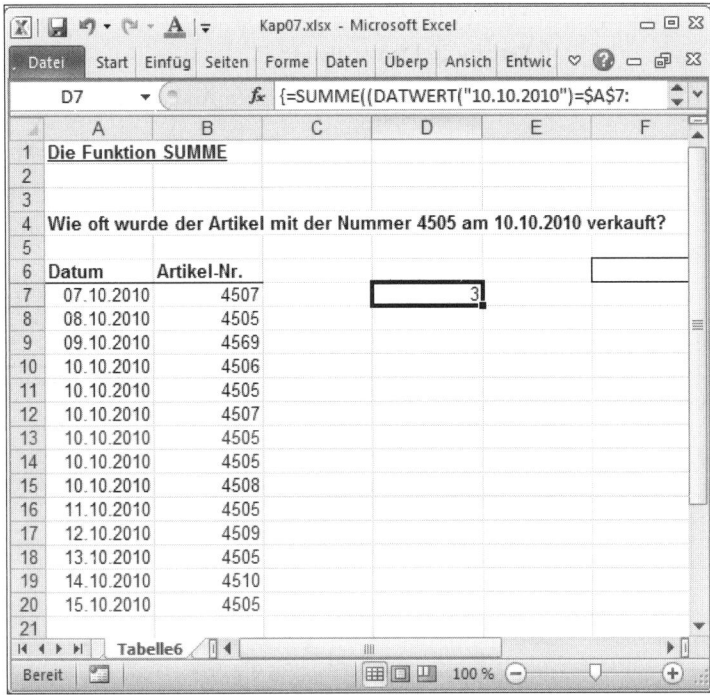

Abbildung 7.10: Am 10.10.2010 wurde der Artikel 4505 genau dreimal verkauft

Werden die Informationen für die Artikelverkaufsauswertung aus den Zellen **F6** (10.10.2010) und **G6** (4505) in **Abbildung 7.11** in der Matrixformel verwendet, dann lautet die Formel:

=SUMME((F6=$A$7:$A$20)*(G6=$B$7:$B$20))

Diese Matrixformel muss über die Tastenkombination [Strg] + [⇧] + [⏎] abgeschlossen werden.

Bedingte Summierung mit drei Bedingungen

Als letztes Beispiel zur Verwendung der Funktion **SUMME** als Matrixformel werden Sie in einer Liste Daten summieren, die drei Bedingungen entsprechen müssen.

☑ Verkauf des Artikels mit der Artikelnummer 4505

✔ Verkauf am 10.10.2010

✔ Verkauf in Deutschland

Erweitern Sie die Liste der letzten Aufgabe um eine weitere Spalte:

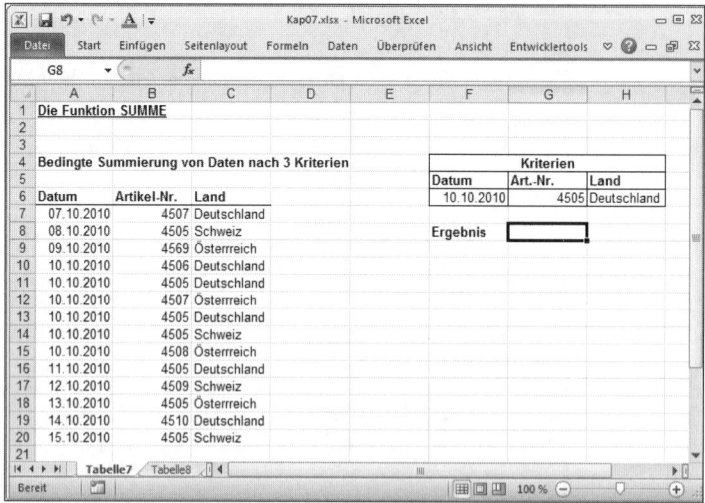

Abbildung 7.11: Die bedingte Summierung nach drei Kriterien soll durchgeführt werden

Um alle drei Bedingungen in eine Matrixformel zu packen, verfahren Sie wie folgt:

1. Setzen Sie den Zellenzeiger in Zelle **G8**.

2. Erfassen Sie die Matrixformel
   =SUMME((F6=$A$7:$A$20)*(G6=$B$7:$B$20)*(H6=$C$7: $C$20)).

3. Schließen Sie die Matrixformel über die Tastenkombination Strg + ⇧ + ⏎ ab.

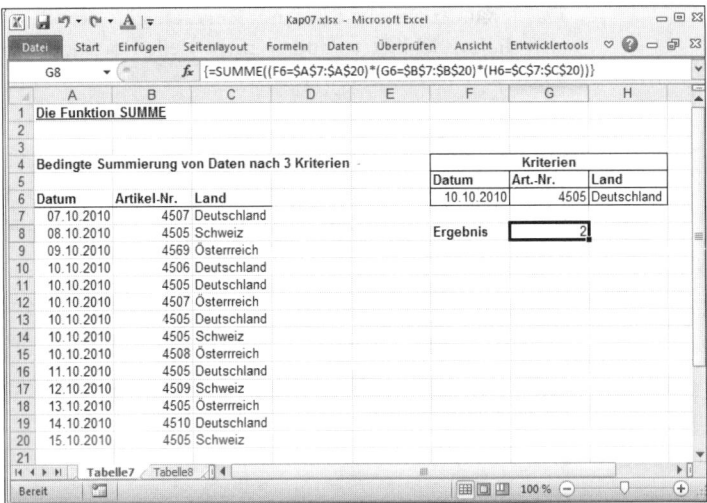

Abbildung 7.12: Es wurden zwei Sätze gefunden, die den Kriterien entsprachen

Wenn Sie den Zellenzeiger in die Zelle **G8** setzen und die Taste `F2` drücken, können Sie noch einmal die beteiligten Bereiche sehen. Vergessen Sie aber nach dieser Kontrolle nicht, die Matrixformel über die Tastenkombination `Strg` + `⇧` + `⏎` abzuschließen oder über die Taste `Esc` die Zelle ohne Änderung zu verlassen.

Die Tabellenfunktion SUMMEWENN

Mit der Tabellenfunktion **SUMMEWENN** können Sie Zahlen addieren, die mit bestimmten Suchkriterien übereinstimmen.

Die Syntax dieser Funktion lautet:

=SUMMEWENN(Bereich;Kriterien;Summe_Bereich)

Mit dem Argument **Bereich** ist der Zellbereich gemeint, den Sie berechnen wollen.

Unter dem Argument **Kriterien** geben Sie die Bedingung an, unter der addiert werden soll.

Das letzte Argument **Summe_Bereich** gibt den Bereich an, in dem sich die tatsächlich zu addierenden Zellen befinden, falls dieser vom Argument **Bereich** abweicht.

Umsatz pro Arbeitsgruppe ermitteln

In der folgenden Aufgabe soll die Produktivität von Arbeitsgruppen gemessen werden. Dazu liegt Ihnen folgende Tabelle aus **Abbildung 7.13** vor.

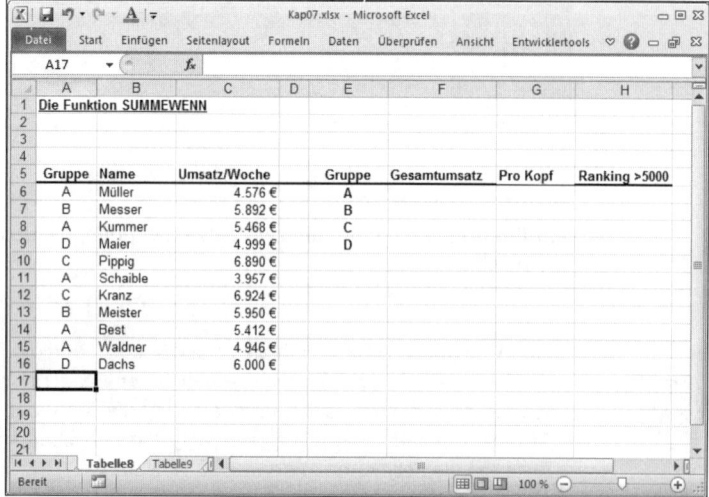

Abbildung 7.13: Die Produktivität der Arbeitsgruppen soll ausgewertet werden

Um diese Aufgabe zu lösen, verfahren sie wie folgt:

1. Markieren Sie den Zellenbereich **F6:F9**.

2. Erfassen Sie die Formel
   =SUMMEWENN($A$6:$A$16;E6;$C$6:$C$16).

3. Schließen Sie die Formel über die Tastenkombination ⌨Strg + ⏎ ab.

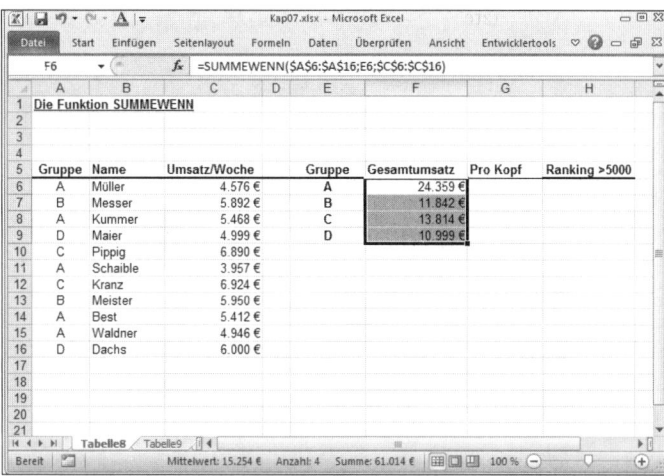

Abbildung 7.14: Der erste Schritt der Auswertung

Streng genommen hinkt der Vergleich der einzelnen Arbeitsgruppen untereinander, weil den Arbeitsgruppen unterschiedlich viele Mitarbeiter zugeordnet sind. Diese Aufgabe wird daher später im Abschnitt »Umsatz pro Arbeitsgruppe ermitteln – Korrektur« noch einmal aufgegriffen und fertig gestellt.

Umsätze ab einer bestimmten Größe summieren

Bei der nächsten Aufgabe liegt eine Liste mit Umsätzen vor. Ihre Aufgabe besteht darin, nur die Umsätze zu summieren, die über einer bestimmten Wertgrenze liegen (siehe **Abbildung 7.15**).

In Zelle **B3** steht der Betrag, ab dem eine Summierung der Löhne stattfinden soll. In Zelle **A13** haben Sie einen Text mit der Zelle **B3** kombiniert und dabei mit der Tabellenfunktion **TEXT** die Ausgabe des Euro-Zeichens in die gewünschte Form gebracht.

Summieren Sie nun alle Umsätze, die größer als 1.000 Euro sind. Gehen Sie dazu wie folgt vor:

1. Setzen Sie den Mauszeiger in Zelle **B13**.

2. Erfassen Sie die Formel
   =SUMMEWENN($B$6:$B$11;">" & B3).

3. Schließen Sie die Formel über die Tastenkombination (Strg) + (↵) ab.

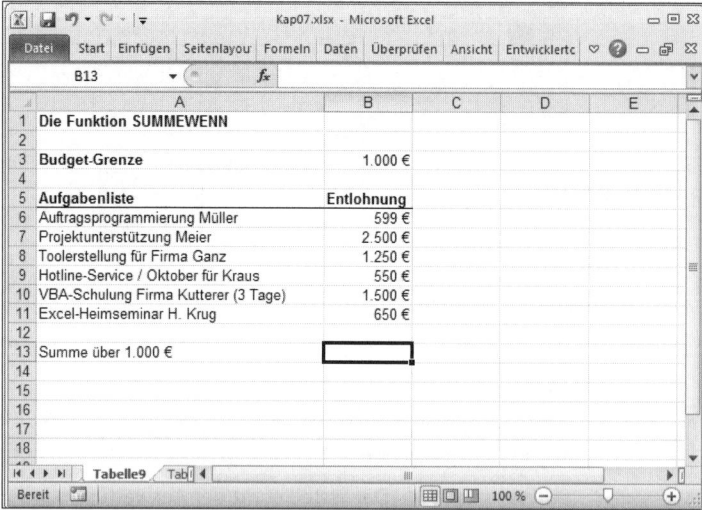

Abbildung 7.15: Alle Umsätze sind in einer Liste aufgeführt

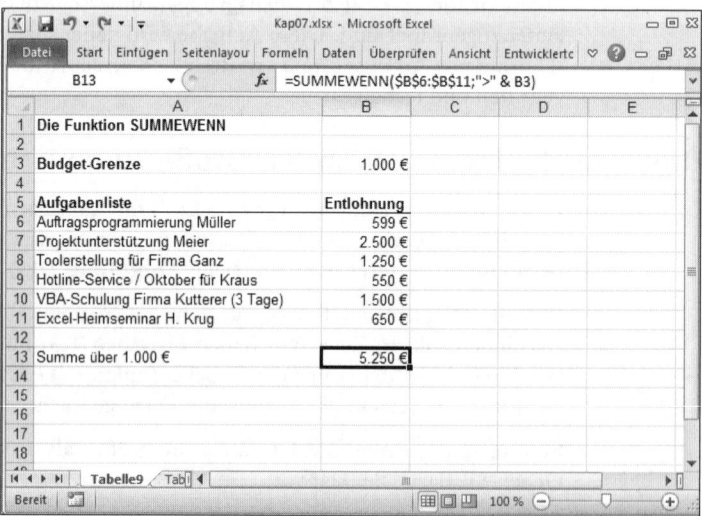

Abbildung 7.16: Alle Umsätze größer 1.000 Euro wurden summiert

Möchten Sie die Wertgrenze von 1000 Euro direkt in die Formel einbauen, dann lautet diese Formel wie folgt:

=SUMMEWENN($B$6:$B$11;">1000")

Die Beschränkung der Funktion SUMMEWENN

Wenn Sie mehrere Bedingungen mit der Funktion **SUMMEWENN** abbilden möchten, dann machte dies bisher erhebliche Schwierigkeiten, um nicht zu sagen, dass es fast unmöglich war. In diesem Fall musste man auf eine Matrixformel zurückgreifen, welche hier ebenfalls erklärt wird. Sehen Sie sich die Tabelle aus **Abbildung 7.17** an.

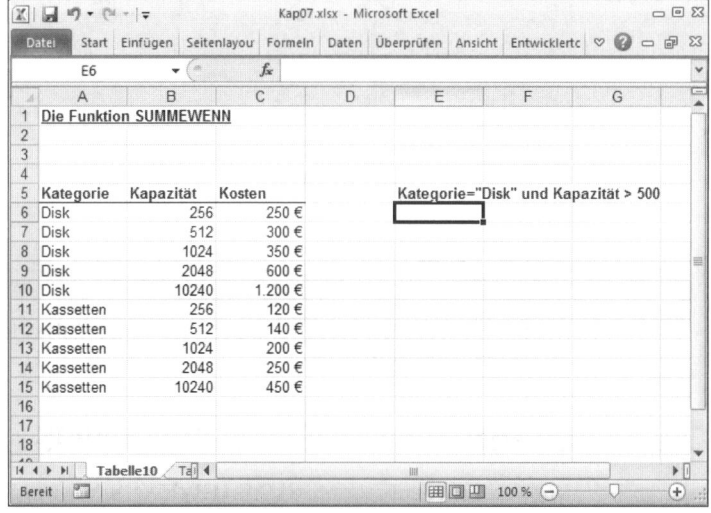

Abbildung 7.17: Die Funktion SUMMEWENN am Ende?

Es sollen nun folgende Kriterien für die Summierung gelten:

✔ Kategorie = »Disk«

✔ Kapazität > 512

Um diese Bedingungen umzusetzen, verfahren Sie wie folgt:

1. Setzen Sie den Zellenzeiger in Zelle **E6**.

2. Erfassen Sie die Matrixformel
   =(SUMME(WENN(A6:A15="Disk";WENN(B6:B15>512;C6 :C15)))).

3. Schließen Sie die Matrixformel über die Tastenkombination Strg + ⬆ + ⮐ ab.

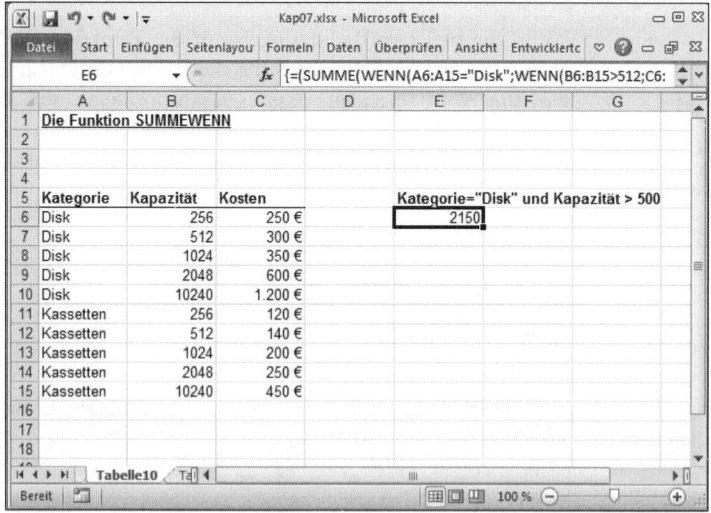

Abbildung 7.18: Bedingte Summierung mit mehr als einem Kriterium besser mit Matrixformel lösen

Die Tabellenfunktion SUMMEWENNS

Mit der Tabellenfunktion **SUMMEWENNS** können Sie Zahlen addieren, die mit mehreren bestimmten Suchkriterien übereinstimmen.

Die Syntax dieser Funktion lautet:

=SUMMEWENNS(Summe_Bereich;Kriterien_Bereich1; Kriterien1; [Kriterien_Bereich2, Kriterien2]; ...)

Mit dem Argument **Summe_Bereich** ist der Zellbereich gemeint, den Sie berechnen.

Das erforderliche Argument **Kriterien_Bereich1** beschreibt den ersten Bereich, in dem die zugehörigen Kriterien ausgewertet werden sollen. Das (ebenfalls erforderliche) Argument **Kriterien1** gibt das erste Kriterium in Form einer Zahl, eines Ausdrucks, Zellbezugs oder

Textes an, mit welchem definiert wird, welche Zellen im Argument **Kriterien_Bereich1** addiert werden sollen.

Das besondere an dieser Funktion ist nun, dass insgesamt bis zu 127 Argumente-Paare **Kriterien_Bereich2;Kriterien2; ...** zulässig sind.

Dies stellt eine einfachere Möglichkeit dar, neben der vorgenannten, schon relativ komplexen Matrixformel die Aufgabe mit einer übersichtlicheren Formel **zu lösen.**

Gehen Sie dazu wie folgt vor:

1. Markieren Sie die Zelle **E6.**

2. Geben Sie folgende Formel ein:
   =SUMMEWENNS(C6:C15;A6:A15;"Disk";B6:B15;">512")

3. Schließen Sie die Formel über die Tastenkombination ⌷Strg⌷ + ⌷↵⌷ ab.

Die Tabellenfunktion ZÄHLENWENN

Mit der Tabellenfunktion **ZÄHLENWENN** können Sie nichtleere Zellen eines Bereichs zählen, deren Inhalte mit den Suchkriterien übereinstimmen. Diese Funktion finden Sie normalerweise in der Funktionskategorie **Statistik.** Da die Funktion aber in einem Atemzug mit der Funktion **SUMMEWENN** genannt werden sollte, wird sie bereits in diesem Kapitel beschrieben.

Die Syntax dieser Funktion lautet:

=ZÄHLENWENN(Bereich;Kriterien)

Das Argument **Bereich** ist der Zellbereich, von dem Sie wissen möchten, wie viele seiner Zellen einen Inhalt haben, der mit den Suchkriterien übereinstimmt.

Beim Argument **Kriterien** werden die Kriterien in Form einer Zahl, eines Ausdrucks oder einer Zeichenfolge angegeben. Diese Kriterien bestimmen, welche Zellen gezählt werden.

Umsätze ab einer bestimmten Größe zählen

Bei der nächsten Aufgabe liegt eine Liste mit Umsätzen vor. Ihre Aufgabe besteht darin, nur die Umsätze zu zählen, die über einer bestimmten Wertgrenze liegen.

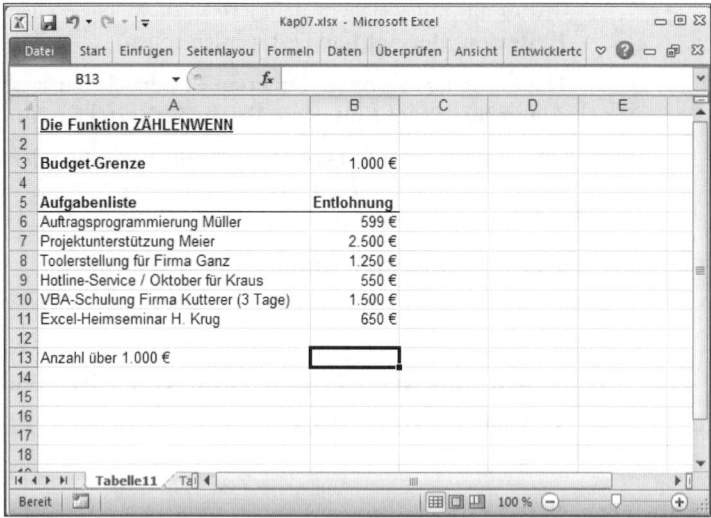

Abbildung 7.19: Die Umsätze größer als 1.000 Euro sollen gezählt werden

In Zelle **B3** steht der Betrag, ab dem eine Zählung der Löhne stattfinden soll. In Zelle **A13** haben Sie einen Text mit der Zelle **B3** kombiniert und dabei mit der Tabellenfunktion **TEXT** die Ausgabe des Euro-Zeichens in die gewünschte Form gebracht.

Zählen Sie nun alle Umsätze, die größer als 1.000 Euro sind. Gehen Sie dazu wie folgt vor:

1. Setzen Sie den Mauszeiger in Zelle **B13**.

2. Erfassen Sie die Formel
   =ZÄHLENWENN($B$6:$B$11;">" & B3).

3. Schließen Sie die Formel über die Tastenkombination [Strg] + [↵] ab.

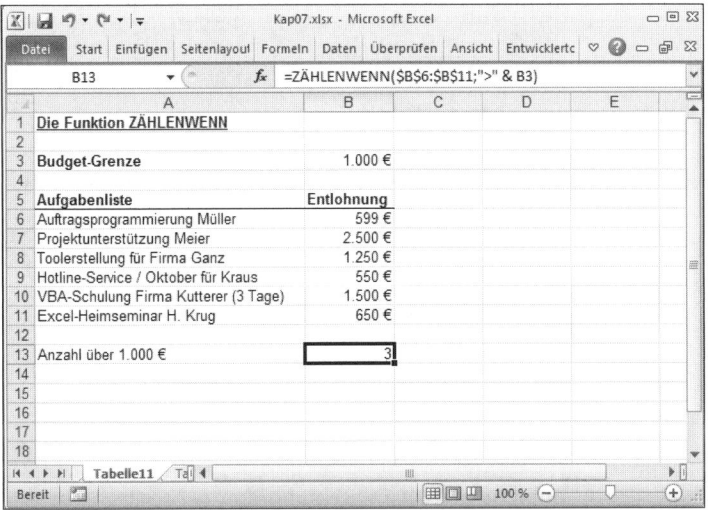

Abbildung 7.20: Alle Umsätze größer als 1.000 Euro wurden gezählt

Umsatz pro Arbeitsgruppe ermitteln – Korrektur

Erinnern Sie sich an die Aufgabe mit den Umsätzen im Abschnitt »Umsatz pro Arbeitsgruppe ermitteln« ein paar Seiten zuvor? Dort wurde mit der Tabellenfunktion **SUMMEWENN** die Leistung von Arbeitsgruppen summiert. Dabei wurde aber noch nicht die Arbeitsgruppenstärke berücksichtigt.

1. Ergänzen Sie daher die **Tabelle8** wie folgt:

2. Markieren Sie den Zellenbereich **G6:G9**.

3. Erfassen Sie die Formel **=F6/ZÄHLENWENN($A$6:$A$16;E6)**, um die Leistung/Kopf je Arbeitsgruppe zu ermitteln.

4. Schließen Sie die Formel über die Tastenkombination [Strg] + [↵] ab.

Um die Leistung/Kopf je Arbeitsgruppe zu ermitteln, wird mit der Tabellenfunktion **ZÄHLENWENN** in Spalte **A** nach dem Vorkommen der jeweiligen Arbeitsgruppe gesucht. Der Gesamtumsatz der Arbeitsgruppe wird danach durch die gerade ermittelte Kopfstärke der Arbeitsgruppe dividiert.

Kap07.xlsx - Microsoft Excel

G6 =F6/ZÄHLENWENN($A$6:$A$16;E6)

Die Funktion SUMMEWENN

Gruppe	Name	Umsatz/Woche		Gruppe	Gesamtumsatz	pro Kopf
A	Müller	4.576 €		A	24.359 €	4.872 €
B	Messer	5.892 €		B	11.842 €	5.921 €
A	Kummer	5.468 €		C	13.814 €	6.907 €
D	Maier	4.999 €		D	10.999 €	5.500 €
C	Pippig	6.890 €				
A	Schaible	3.957 €				
C	Kranz	6.924 €				
B	Meister	5.950 €				
A	Best	5.412 €				
A	Waldner	4.946 €				
D	Dachs	6.000 €				

Mittelwert: 5.800 € Anzahl: 4 Summe: 23.199 €

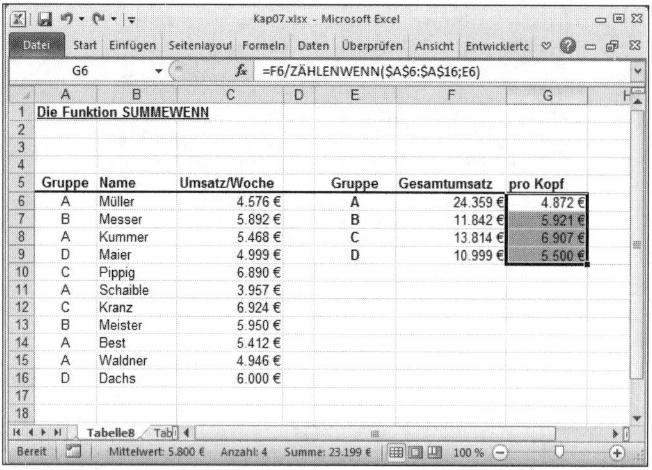

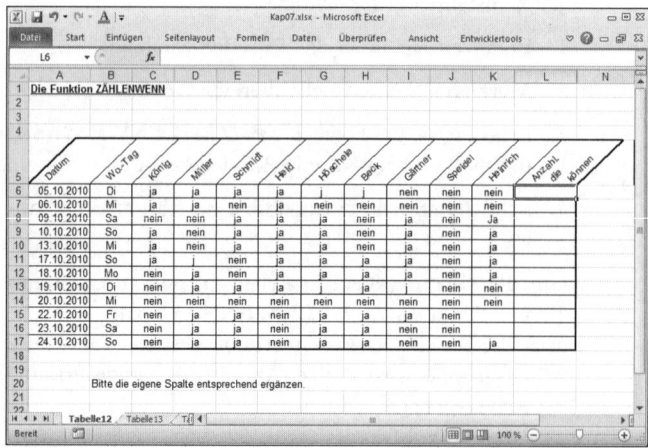

Abbildung 7.21: Die Leistung/Kopf je Arbeitsgruppe

Projektbesprechung terminieren

Bei der nächsten Aufgabe soll eine Projektbesprechung organisiert werden. Damit möglichst viele Projektmitarbeiter auch Zeit haben, wird folgende Liste aus **Abbildung 7.22** auf ein Netzlaufwerk gestellt. In dieser Arbeitsmappe kann dann jeder Mitarbeiter eintragen, ob er an den vorgeschlagenen Terminen Zeit hat oder nicht.

Kap07.xlsx - Microsoft Excel

Die Funktion ZÄHLENWENN

Datum	Wo.-Tag	König	Müller	Schmidt	Held	Höschele	Beck	Gärtner	Speidel	Heinrich	Anzahl die können
05.10.2010	Di	ja	ja	ja	ja	j	j	nein	nein	nein	
06.10.2010	Mi	ja	ja	nein	ja	nein	nein	nein	nein	nein	
09.10.2010	Sa	nein	nein	ja	ja	ja	nein	ja	nein	Ja	
10.10.2010	So	ja	nein	ja	ja	ja	nein	ja	nein	ja	
13.10.2010	Mi	ja	nein	ja	ja	ja	nein	ja	nein	ja	
17.10.2010	So	ja	j	nein	ja	ja	ja	ja	nein	ja	
18.10.2010	Mo	nein	ja	nein	ja	ja	ja	ja	nein	ja	
19.10.2010	Di	nein	ja	ja	ja	j	ja	j	nein	nein	
20.10.2010	Mi	nein	nein	nein	nein	nein	nein	nein	nein	nein	
22.10.2010	Fr	nein	ja	ja	nein	ja	ja	ja	nein		
23.10.2010	Sa	nein	ja	ja	nein	ja	ja	nein	nein		
24.10.2010	So	nein	ja	ja	nein	ja	ja	nein	nein	ja	

Bitte die eigene Spalte entsprechend ergänzen.

Abbildung 7.22: Den Terminkalender in Excel ausfüllen und auswerten

An dem Termin, an dem die meisten Projektmitarbeiter Zeit haben, wird die Projektbesprechung durchgeführt.

Um die Liste jetzt auszuwerten, verfahren Sie wie folgt:

1. Markieren Sie den Zellenbereich **L6:L17**.

2. Erfassen Sie die Formel **=ZÄHLENWENN(C6:K6;"ja")**.

3. Schließen Sie die Formel über die Tastenkombination [Strg] + [↵] ab.

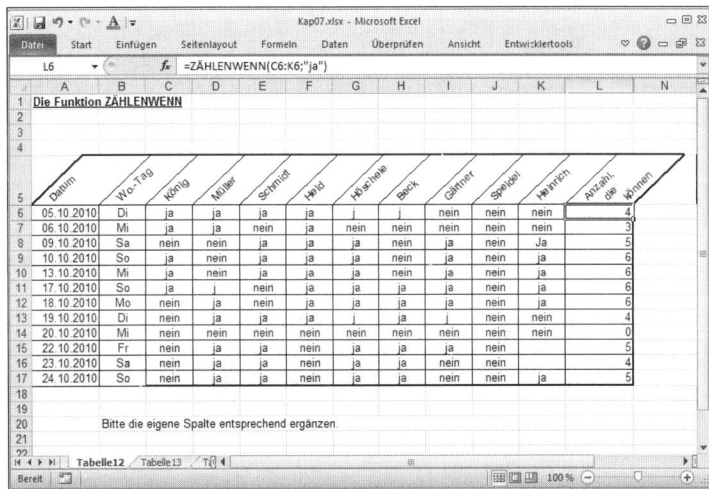

Abbildung 7.23: Was stimmt noch nicht?

Wenn Sie die Auswertung genau ansehen, werden Sie erkennen, dass einige Projektmitarbeiter anstatt des Wortes **ja** nur den Buchstaben **j** eingegeben haben. Die so ausgefüllten Zellen wurden offensichtlich nicht mitgezählt. Ergänzen Sie daher Ihre Formel wie folgt:

=ZÄHLENWENN(C6:K6;"j?")

Über das Stellvertreterzeichen ? können Sie die nicht vollständigen Eingaben abfangen.

Als andere Variante könnten Sie für den Zellenbereich **C6:K17** eine Gültigkeit einstellen, bei der nur die Texte **ja** oder **nein** zugelassen werden. Um eine solche Gültigkeit einzustellen, gehen Sie wie folgt vor:

1. Markieren Sie den Zellenbereich **C6:K17**.

2. Klicken Sie im Ribbon *Daten* auf das Symbol *Datenüberprüfung*.

3. Wechseln Sie auf die Registerkarte *Einstellungen*.

4. Wählen Sie im Kombinationsfeld *Zulassen* den Eintrag *Liste*.

5. Geben Sie im Feld *Quelle* die zugelassenen Einträge **ja;nein** getrennt durch ein Semikolon ein.

6. Bestätigen Sie die Einstellung mit *OK*.

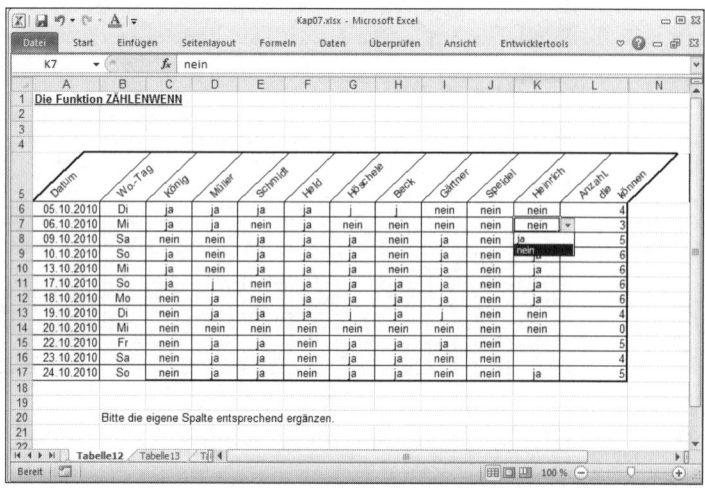

Abbildung 7.24: Anwenderfreundliches Layout der Liste

Wenn Sie nun den Mauszeiger auf eine Zelle im Bereich **C6:K17** setzen, dann klappt automatisch ein Zellendropdown herunter, aus dem Sie die Werte **ja** oder **nein** auswählen können.

Die Tabellenfunktion ZÄHLENWENNS

Greifen wir erneut die Aufgabe mit den Umsätzen aus dem Abschnitt »Umsatz pro Arbeitsgruppe ermitteln – Korrektur« weiter oben auf. Dort wurde zunächst mit der Tabellenfunktion **SUMMEWENN** die Leistung von Arbeitsgruppen summiert und anschließend die Arbeitsgruppenstärke mittels der Funktion **ZÄHLENWENN** ermittelt. Für ein internes Rankingsystem soll nun die Anzahl der Mitarbeiter je Arbeitsgruppe ermittelt werden, deren Umsatz über 5.000 Euro lag.

Dies kann man über die Tabellenfunktion **ZÄHLENWENNS** lösen. Mit der Tabellenfunktion **ZÄHLENWENNS** können Sie nichtleere Zellen eines Bereichs zählen, deren Inhalte mit mehreren Suchkriterien übereinstimmen. Wie auch die Funktion **ZÄHLENWENN**, finden Sie **ZÄHLENWENNS** normalerweise in der Funktionskategorie **Statistik**. Aus den bereits weiter oben genannten Gründen wird sie jedoch ebenfalls bereits in diesem Kapitel beschrieben.

Die Syntax dieser Funktion lautet:

=ZÄHLENWENNS(Kriterienbereich1;Kriterien1; [Kriterienbereich2, Kriterien2]...)

Das Argument **Kriterienbereich1 ist der erste Bereich,** von dem Sie wissen möchten, wie viele seiner Zellen einen Inhalt haben, der mit den Suchkriterien übereinstimmt.

Beim Argument **Kriterien1** werden die Kriterien in Form einer Zahl, eines Ausdrucks oder einer Zeichenfolge angegeben. Diese Kriterien bestimmen, welche Zellen später gezählt werden.

Bei den Argumenten **Kriterienbereich2;Kriterien2;...** handelt es sich um optionale, zusätzliche Bereiche und deren zugehörige Kriterien. Es sind bis zu 127 Bereich/Kriterien-Paare zulässig

Sehr wichtig bei der Funktion **ZÄHLENWENNS** ist, dass jeder zusätzliche Bereich die gleiche Anzahl von Zeilen und Spalten haben muss wie das Argument **Kriterienbereich1**. Die Bereiche müssen jedoch nicht direkt nebeneinanderliegen.

Kommen wir aber zurück zu unserem Beispiel.

Ergänzen Sie wiederum die **Tabelle8** wie folgt:

1. Markieren Sie den Zellenbereich **H6:H9**.

2. Erfassen Sie die Formel
   =ZÄHLENWENNS(A$6:A$16;E6;C$6:C$16;">5000"),
   um die Anzahl der Mitarbeiter je Arbeitsgruppe zu ermitteln, deren Umsatz über 5.000 Euros lag.

3. Schließen Sie die Formel über die Tastenkombination ⌨Strg + ⏎ ab.

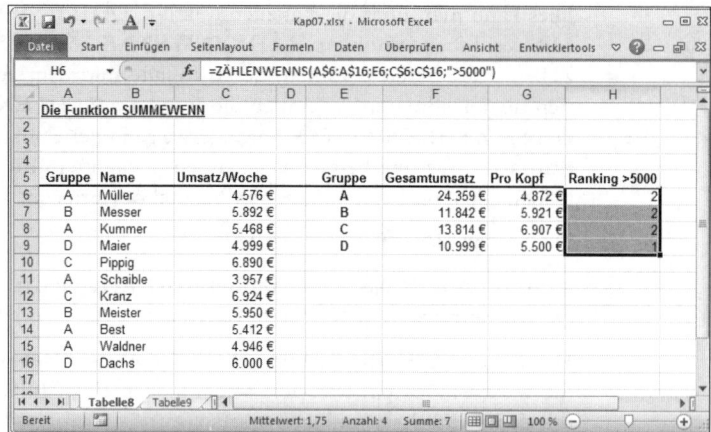

Abbildung 7.25: Mitarbeiter je Arbeitsgruppe mit einem Umsatz über 5.000 Euro

Die Tabellenfunktionen ABRUNDEN und AUFRUNDEN

Mit der Tabellenfunktion **ABRUNDEN** können Sie eine Zahl auf eine bestimmte Anzahl Stellen abrunden.

Die Syntax dieser Funktion lautet:

=ABRUNDEN(Zahl;Anzahl_Stellen)

Im Argument **Zahl** geben Sie die Zahl bzw. den Zellenbezug zu einer Zahl an, die Sie abrunden möchten.

Im Argument **Anzahl_Stellen** geben Sie an, auf wie viele Dezimalstellen die Zahl abgerundet werden soll.

Mit der Tabellenfunktion **AUFRUNDEN** können Sie eine Zahl auf eine bestimmte Anzahl Stellen aufrunden.

Die Syntax dieser Funktion lautet:

=AUFRUNDEN(Zahl;Anzahl_Stellen)

Im Argument **Zahl** geben Sie die Zahl bzw. den Zellenbezug zu einer Zahl an, die Sie aufrunden möchten.

Im Argument **Anzahl_Stellen** geben Sie an, auf wie viele Dezimalstellen die Zahl aufgerundet werden soll.

Auf- und Abrunden

In der folgenden Tabelle aus **Abbildung 7.26** sehen Sie einige Werte, die gerundet werden sollen.

Abbildung 7.26: Diese Zahlen sollen ab- bzw. aufgerundet werden

Um die Zahlen aus **Abbildung 7.26** zu runden, gehen Sie wie folgt vor:

1. Markieren Sie den Zellenbereich **C6:C11**.

2. Erfassen Sie die Formel **=ABRUNDEN($A6;$B6)**.

3. Schließen Sie die Formel über die Tastenkombination (Strg) + (⏎) ab.

4. Markieren Sie jetzt den Zellenbereich **D6:D11**.

5. Erfassen Sie die Formel **=AUFRUNDEN($A6;$B6)**.

6. Schließen Sie die Formel über die Tastenkombination (Strg) + (⏎) ab.

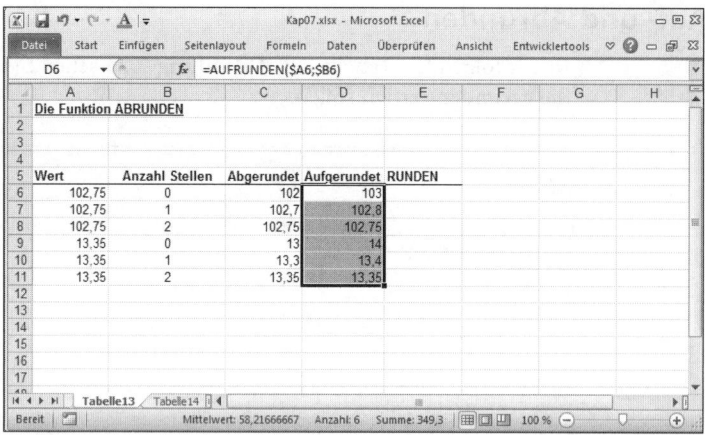

Abbildung 7.27: Die Ergebnisse des Rundens

Ist **Anzahl_Stellen** bei der Funktion **ABRUNDEN** gleich 0, wird **Zahl** auf die nächste ganze Zahl abgerundet.

Ist **Anzahl_Stellen** bei der Funktion **AUFRUNDEN** gleich 0, wird **Zahl** auf die nächste ganze Zahl aufgerundet.

Möchten Sie statt zu runden die Dezimalstellen einfach wegschneiden, verwenden Sie die Tabellenfunktion **KÜRZEN**.

=KÜRZEN(A6)

Die Tabellenfunktion RUNDEN

Mit der Tabellenfunktion **RUNDEN** können Sie eine Zahl auf eine bestimmte Anzahl von Dezimalstellen kaufmännisch runden.

Die Syntax dieser Funktion lautet:

=RUNDEN(Zahl;Anzahl_Stellen)

Im Argument **Zahl** geben Sie die Zahl oder den Zellenbezug zu der Zahl an, die Sie auf- oder abrunden möchten.

Im Argument **Anzahl_Stellen** geben Sie an, auf wie viele Dezimalstellen Sie die Zahl auf- oder abrunden möchten.

Erweitern Sie das Beispiel aus der vorherigen Aufgabe um eine weitere Spalte und runden Sie mit der Funktion **RUNDEN**.

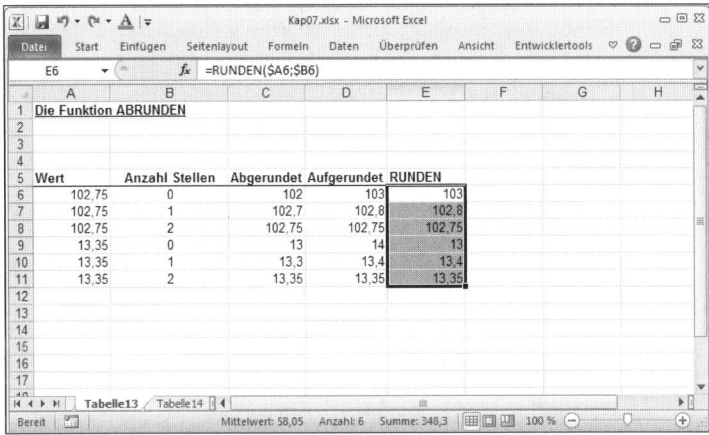

Abbildung 7.28: Verschiedene Runden-Funktionen im Vergleich

Der Unterschied zwischen den Funktionen **RUNDEN**, **ABRUNDEN** und **AUFRUNDEN** besteht darin, dass die beiden letzten Funktionen immer ab- bzw. aufrunden. Bei der Funktion **RUNDEN** wird anhand der Dezimale entschieden, ob auf- oder abgerundet werden soll (>= 0,5 → aufrunden, < 0,5 → abrunden).

Übrigens können Sie auch vor dem Dezimalkomma runden. Über die Formel **=RUNDEN(A6;-1)** wird beispielsweise der Wert **102,75** auf den Wert **100** abgerundet. Die -1 steht dabei für 10er, -2 für 100er, 0 für Ganzzahl usw.

Das Runden mit der Zeit

In der folgenden Aufgabe liegt eine Liste mit Zeitangaben vor, die gerundet werden soll. Sehen Sie sich dazu **Abbildung 7.28** an.

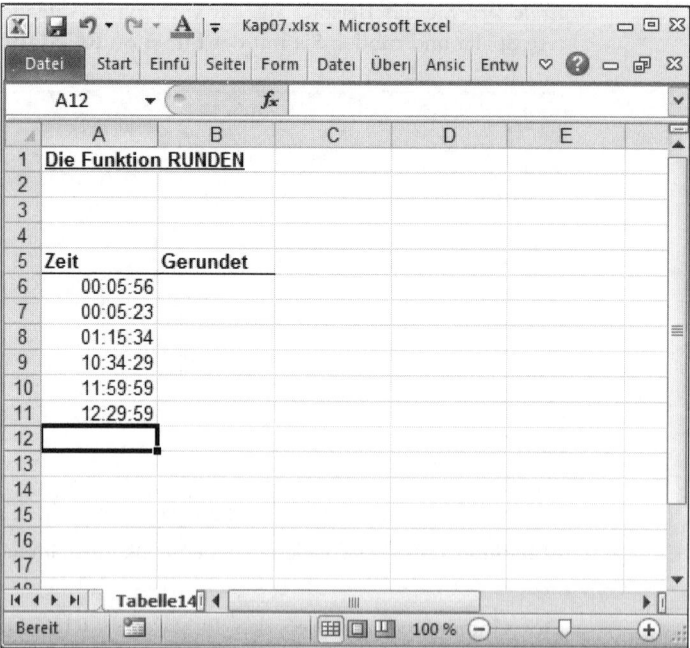

Abbildung 7.29: Die Ausgangsliste mit den ungerundeten Zeitwerten

Runden Sie die vorliegende Liste jetzt auf volle Minuten, indem Sie wie folgt vorgehen:

1. Markieren Sie den Zellenbereich **B6:B11**.

2. Erfassen Sie die Formel **=RUNDEN(A6*1440;0)/1440**.

3. Schließen Sie die Formel über die Tastenkombination $\boxed{\text{Strg}}$ + $\boxed{\leftarrow}$ ab.

Da ein Tag aus 24 Stunden mal 60 Minuten besteht, wird die ungerundete Zeit zuerst in Minuten umgerechnet, indem mit dem Faktor 1440 multipliziert wird. Danach erfolgt die Rundung auf die ganze Zahl. Anschließend erfolgt eine Division, um die nun gerundeten Zeitwerte wieder umzuwandeln.

Soll die Liste aus **Abbildung 7.29** auf ganze Stunden gerundet werden, dann lautet die Formel =RUNDEN(A6*24;0)/24.

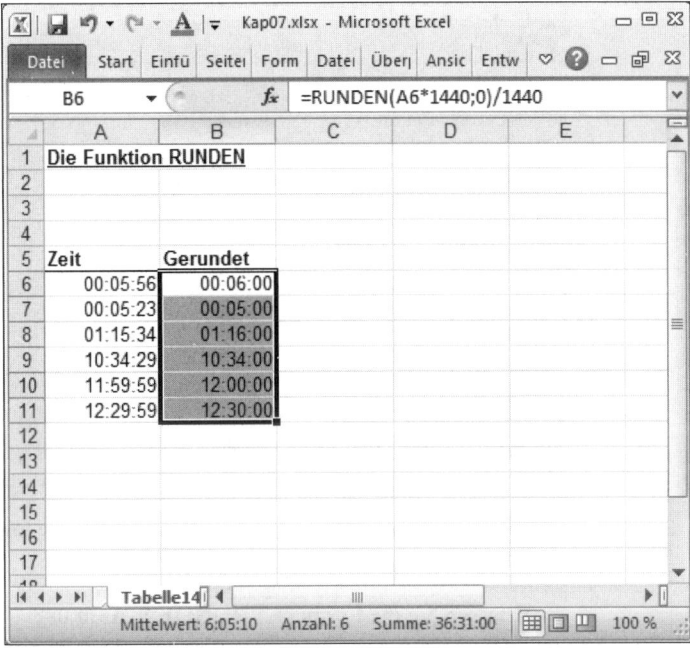

Abbildung 7.30: Die Zeiten wurden auf volle Minuten gerundet

Die Tabellenfunktion VRUNDEN

Mit der Tabellenfunktion **VRUNDEN** aus dem Add-In *Analyse-Funktionen* können Sie eine auf das gewünschte Vielfache gerundete Zahl ermitteln.

Die Syntax dieser Funktion lautet:

=VRUNDEN(Zahl;Vielfaches)

Im Argument **Zahl** wird der Wert angegeben, der aufgerundet werden soll.

Das Argument **Vielfaches** ist das Vielfache, auf das Sie **Zahl** runden möchten.

Runden auf 5 Cent

Bei der folgenden Aufgabe sollen Beträge auf 5-Cent-Basis gerundet werden. Sehen Sie sich dazu **Abbildung 7.31** an.

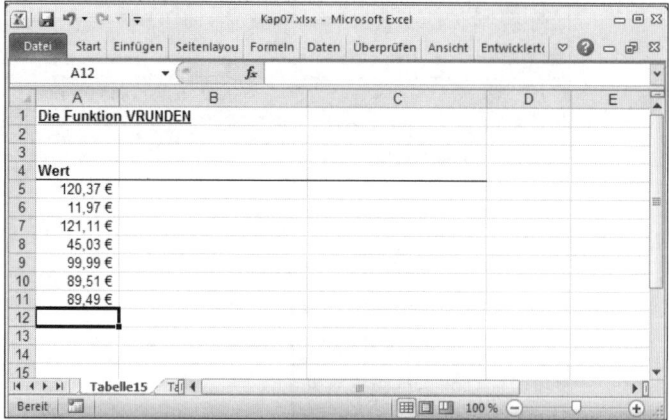

Abbildung 7.31: Diese Beträge sollen auf 5-Cent-Basis gerundet werden

Um diese Aufgabe durchzuführen, verfahren Sie wie folgt:

1. Markieren Sie den Zellenbereich **B5:B11**.

2. Erfassen Sie die Formel **=VRUNDEN(A5;0,05)**.

3. Schließen Sie die Formel über die Tastenkombination $\boxed{\text{Strg}}$ + $\boxed{\longleftarrow}$ ab.

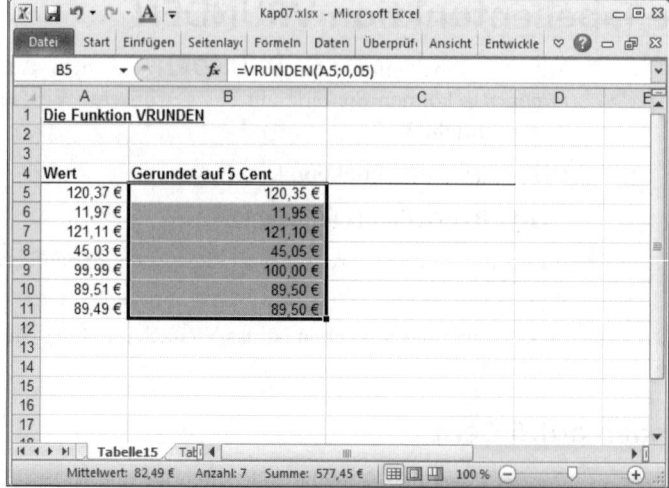

Abbildung 7.32: Die Beträge wurden exakt gerundet

Möchten Sie die Beträge auf 25-Cent-Basis runden, verwenden Sie dazu die Formel:

=VRUNDEN(A5;0,25)

Selbstverständlich lassen sich Beträge auch vor dem Dezimalkomma mit der Tabellenfunktion **VRUNDEN** runden. In **Abbildung 7.33** wird beispielsweise auf volle 10er-Basis (auf 10 Euro) gerundet.

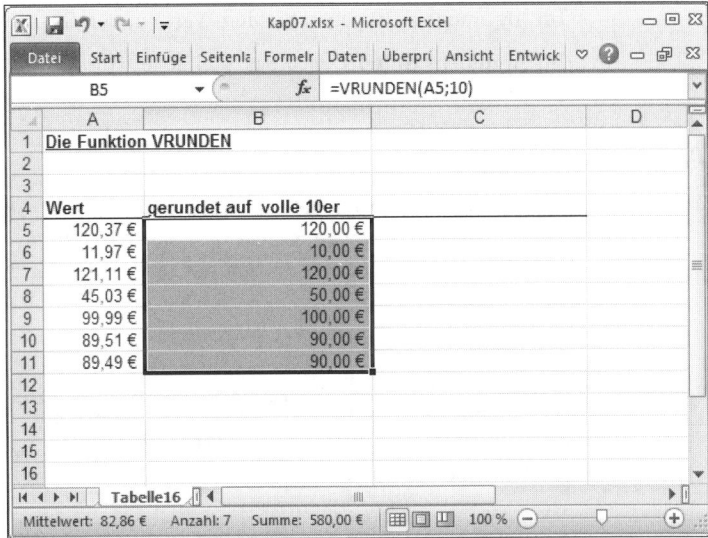

Abbildung 7.33: Die Cent und einzelne Euros werden vernachlässigt

Die Tabellenfunktionen OBERGRENZE und UNTERGRENZE

Als letzte Funktionen, die zum Runden von Zahlen in Excel verwendet werden können, gibt es noch die Tabellenfunktionen **OBER-GRENZE** und **UNTERGRENZE**.

Mit der Tabellenfunktion **OBERGRENZE** können Sie eine Zahl betragsmäßig auf das kleinste Vielfache aufrunden.

Die Syntax dieser Funktion lautet:

=OBERGRENZE(Zahl;Schritt)

Im Argument **Zahl** geben Sie den Wert an, den Sie runden möchten.

Im Argument **Schritt** wird das Vielfache, auf das Sie runden möchten, bestimmt.

Mit der Tabellenfunktion **UNTERGRENZE** können Sie eine Zahl betragsmäßig auf das kleinste Vielfache abrunden.

Die Syntax dieser Funktion lautet:

=UNTERGRENZE(Zahl;Schritt)

Im Argument **Zahl** geben Sie den Wert an, den Sie runden möchten.

Im Argument **Schritt** wird das Vielfache, auf das Sie runden möchten, bestimmt.

Auf volle 100 runden

In der nächsten Aufgabe liegt eine Liste wie in **Abbildung 7.34** gezeigt vor. Ihre Aufgabe besteht nun darin, die Werte in Spalte **B** auf volle 100 Euro zu runden. In Spalte **C** sollen die Beträge auf 5-Cent-Basis gerundet werden.

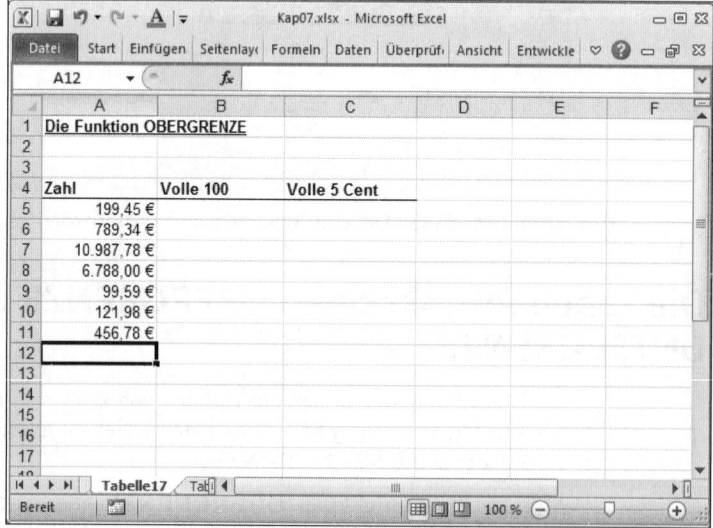

Abbildung 7.34: Diese Werte sollen gerundet werden

Um beide Aufgaben zu bewältigen, verfahren Sie wie folgt:

1. Markieren Sie den Zellenbereich **B5:B11**.

2. Erfassen Sie die Formel **=OBERGRENZE(A5;100)**.

3. Schließen Sie die Formel über die Tastenkombination [Strg] + [↵] ab.

4. Markieren Sie den Zellenbereich **C5:C11**.

5. Erfassen Sie die Formel **=OBERGRENZE(A5;0,05)**.

6. Schließen Sie die Formel über die Tastenkombination [Strg] + [↵] ab.

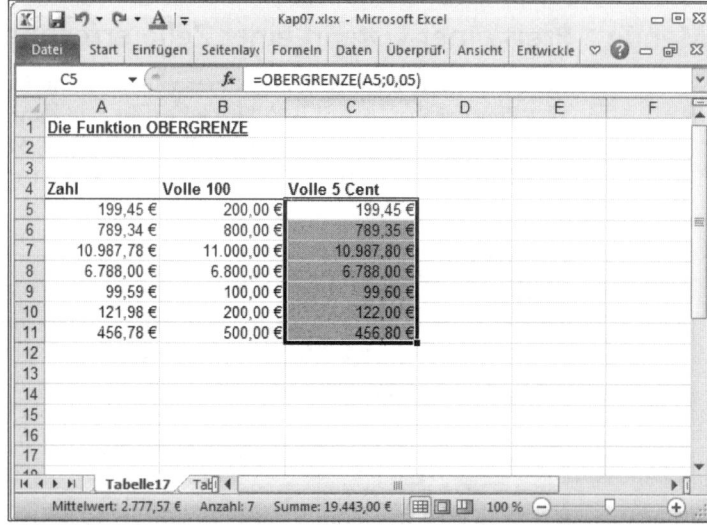

Abbildung 7.35: Es wurde auf volle 100 Euro aufgerundet

Möchten Sie die Werte in **Abbildung 7.34** lieber abrunden, dann lauten die beiden Formeln hierfür:

=UNTERGRENZE(A5;100)

=UNTERGRENZE(A5;0,05)

Die Tabellenfunktion SUMMENPRODUKT

Mit der Tabellenfunktion **SUMMENPRODUKT** können Sie die einander entsprechenden Komponenten von angegebenen Matrizen miteinander multiplizieren und die Summe dieser Produkte ermitteln.

Die Syntax dieser Funktion lautet:

=SUMMENPRODUKT(Matrix1;Matrix2;Matrix3;...)

In den Argumenten **Matrix1**, **Matrix2**, ... können Sie 2 bis 30 Matrizen angeben, deren Komponenten Sie zunächst multiplizieren und anschließend addieren möchten. Die Funktion **SUMMENPRODUKT** erledigt das in einem Schritt.

Menge * Preis einer Liste in einer Zelle errechnen

Bei der folgenden Aufgabe liegt Ihnen eine Liste mit Mengenangaben und Preisangaben vor. Ihre Aufgabe besteht nun darin, die Gesamtsumme, die sich aus der Summe aller Einzelsätze **Menge * Preis** ergibt, in einer Zelle zu errechnen. Sehen Sie sich dazu zuerst **Abbildung 7.36** an.

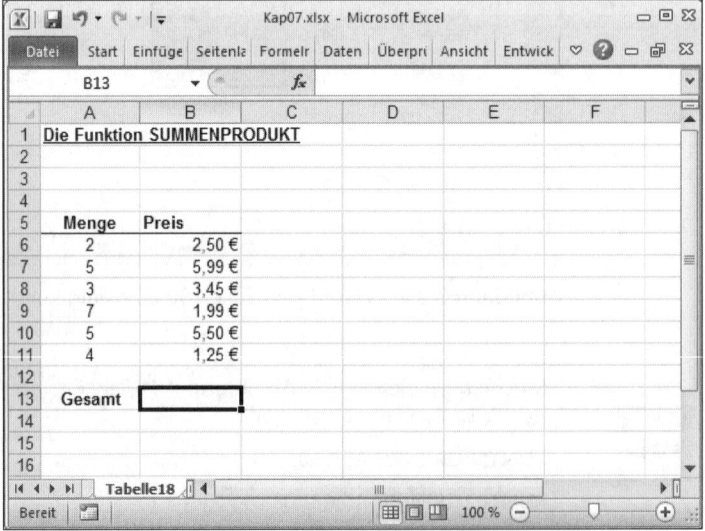

Abbildung 7.36: Diese Liste soll ausmultipliziert und summiert werden

Um das Ergebnis der beiden Rechenoperationen (Menge * Preis) und die Gesamtsumme zu erhalten, gehen Sie wie folgt vor:

1. Setzen Sie den Zellenzeiger in Zelle **B13**.

2. Erfassen Sie die Formel
   =SUMMENPRODUKT(A6:A11;B6:B11).

3. Kontrollieren Sie das Ergebnis, indem Sie den Zellenbereich **C6:C11** markieren und die Formel **=B6*A6** eingeben.

4. Schließen Sie die Formel über die Tastenkombination ⌷Strg⌷ + ⌷⏎⌷ ab.

5. Schreiben Sie in Zelle **C13** die Formel **=SUMME(C6:C11)**.

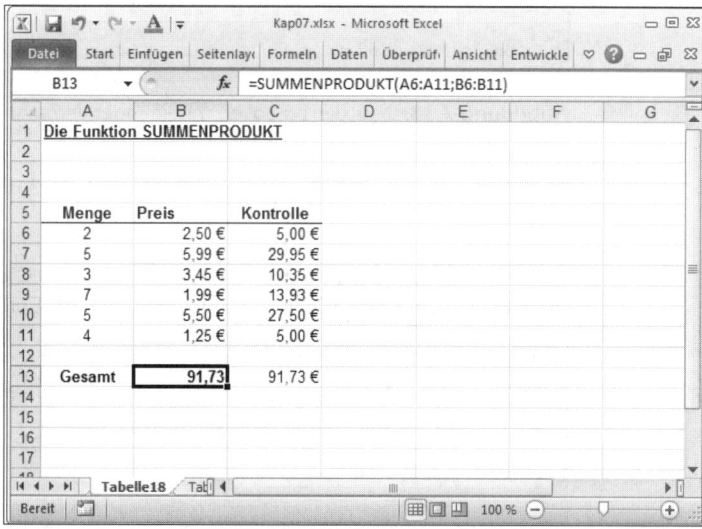

Abbildung 7.37: Das Ergebnis wird mit einer einzigen Formel ermittelt

Bedingtes SUMMENPRODUKT

In der nächsten Aufgabe sollen zwei Matrizen miteinander multipliziert werden. Jedoch nur dann, wenn in der entsprechenden Zelle in Spalte **A** der Wert **1** vorkommt.

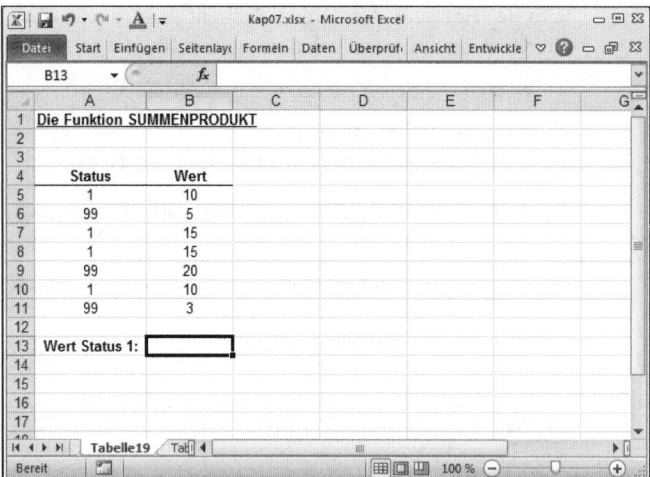

Abbildung 7.38: Nur die 1er sollen miteinander verrechnet werden

Um diese Aufgabe zu lösen, erfassen Sie in Zelle **B13** die Formel

=SUMMENPRODUKT((A5:A11=1)*(B5:B11))

Kontrollieren Sie das Ergebnis, indem Sie in Spalte **C** die der Bedingung entsprechenden Zeilen multiplizieren und am Ende summieren.

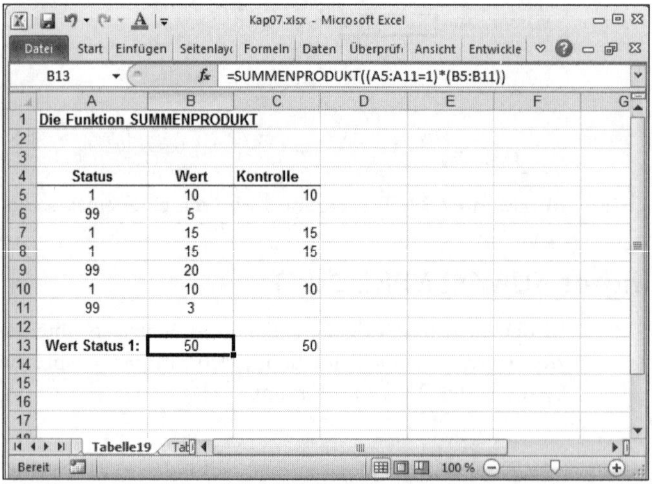

Abbildung 7.39: Das bedingte SUMMENPRODUKT

Lohn je Arbeitsgruppe errechnen

In der nächsten Aufgabe werden in einer Excel-Liste die Stunden von Arbeitsgruppen erfasst. Dazu wird jeweils ein arbeitsgruppentypischer Stundensatz eingetragen (siehe **Abbildung 7.40**).

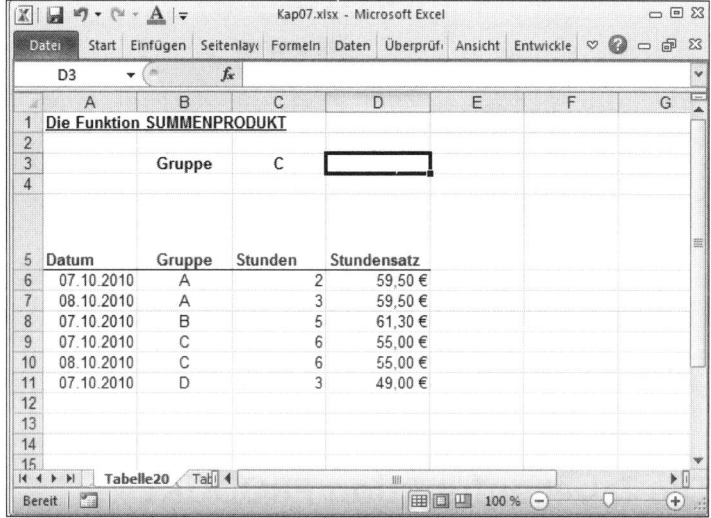

Abbildung 7.40: Die geleisteten Stunden der Arbeitsgruppen A–D

In Zelle **C3** soll jeweils der gewünschte Buchstabe der Arbeitsgruppe eingegeben werden, von der die **Gesamtsumme** aus **Stunden * Stundensatz** ausgegeben werden soll.

Um diese Aufgabe zu lösen, verfahren Sie wie folgt:

1. Setzen Sie den Zellenzeiger in Zelle **C3**.

2. Klicken Sie im Ribbon *Daten* auf das Symbol *Datenüberprüfung*.

3. Wechseln Sie auf die Registerkarte *Einstellungen*.

4. Im Kombinationsfeld *Zulassen* wählen Sie den Befehl *Liste* aus.

5. Im Feld *Quelle* tragen Sie die einzelnen Buchstaben, getrennt durch Semikolons, ein: **A;B;C;D**.

6. Bestätigen Sie diese Einstellung mit *OK*.

7. Erfassen Sie in Zelle **D3** die Formel
   =SUMMENPRODUKT((((B6:B11=C3)*(C6:C11*D6:D11))).

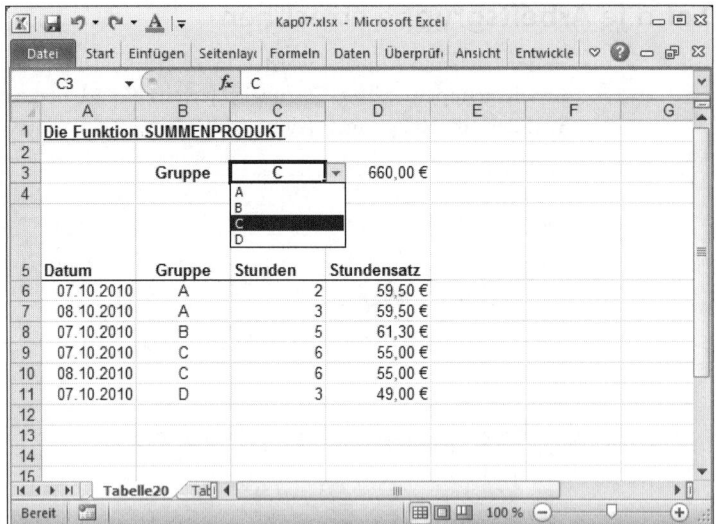

Abbildung 7.41: Eine dynamische Lösung zur Ermittlung des Gesamtlohnes von Arbeitsgruppen

Die Tabellenfunktion PRODUKT

Mit der Tabellenfunktion **PRODUKT** aus dem Add-In *Analyse-Funktionen* können Sie mehrere Argumente miteinander multiplizieren.

Die Syntax dieser Funktion lautet:

=PRODUKT(Zahl1;Zahl2;...)

Geben Sie bei den Argumenten **Zahl1, Zahl2,** ... die Zahlen oder Zellbezüge an, die Sie multiplizieren möchten.

Preiserhöhungen flexibel durchführen

In der folgenden Aufgabe sollen Preise aus einer Liste neu kalkuliert werden. Dabei soll in Zelle **B3** der Multiplikator eingetragen werden, mit dem dann alle Preise in der Liste multipliziert werden sollen.

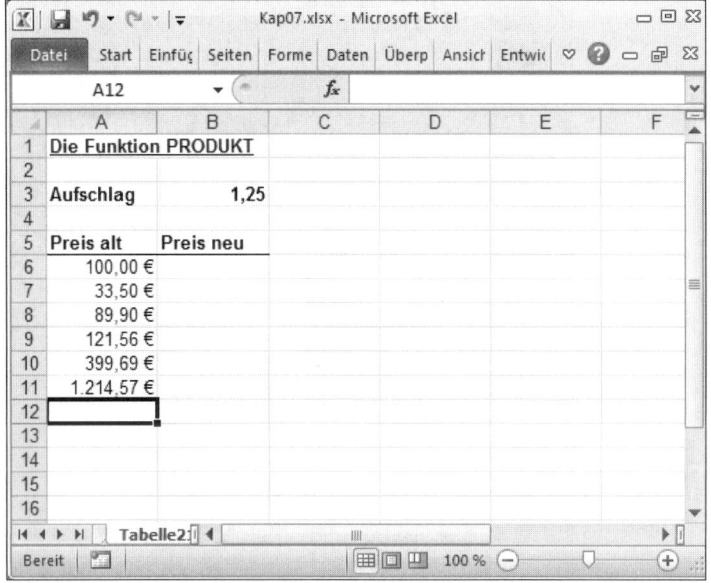

Abbildung 7.42: Neue Preise errechnen

Standardmäßig könnten Sie diese Aufgabe mit der Formel **=A6*$B$3** in Zelle **B6** lösen.

Eine alternative Vorgehensweise bietet die Tabellenfunktion **PRODUKT** an. Gehen Sie dabei wie folgt vor:

1. Markieren Sie den Zellenbereich **B6:B11**.

2. Erfassen Sie die Formel **=PRODUKT(A6;$B$3)**.

3. Schließen Sie die Formel über die Tastenkombination Strg + ⏎ ab.

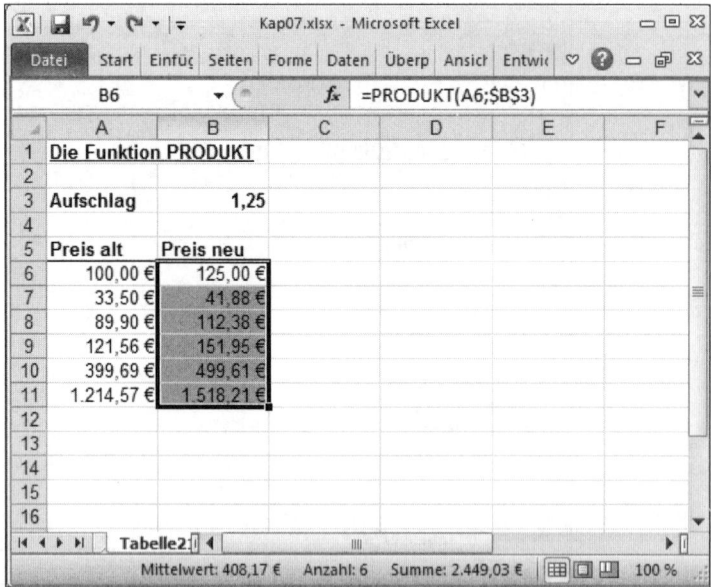

Abbildung 7.43: Eine mögliche Alternative zur Preiserhöhung

Möchten Sie lieber Ihre Preise senken, dann geben Sie beispielsweise den Wert **0,75** in Zelle **B3** ein. Damit senken Sie Ihre Preise um 25%.

Die Tabellenfunktion QUOTIENT

Mit der Tabellenfunktion **QUOTIENT** aus dem Add-In *Analyse-Funktionen* können Sie den ganzzahligen Anteil einer Division ermitteln. Diese Funktion können Sie immer dann verwenden, wenn Sie auf die Nachkommastellen (den Rest) einer Division keinen Wert legen.

Die Syntax dieser Funktion lautet:

=QUOTIENT(Zähler;Nenner)

Im Argument **Zähler** geben Sie den Dividenden an.

Im Argument **Nenner** geben Sie den Divisor an.

Sehen Sie sich die folgende Tabelle aus **Abbildung 7.44** an.

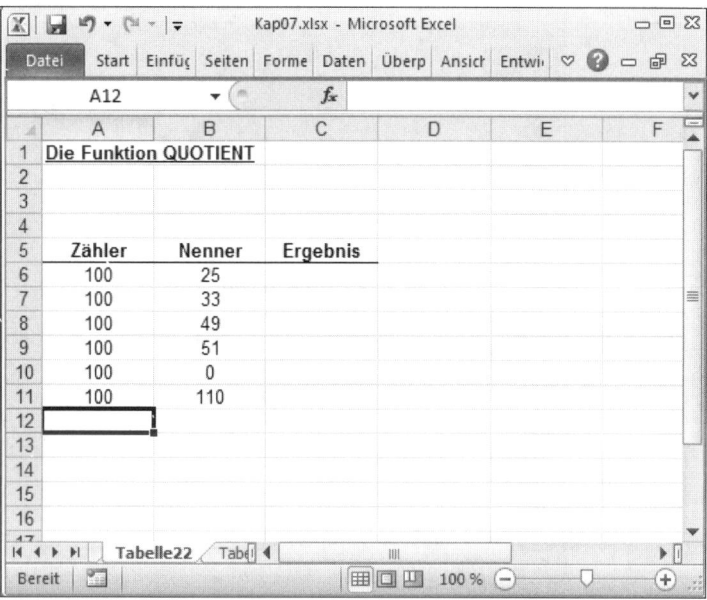

Abbildung 7.44: Einige Beispiele zur Funktion QUOTIENT

Standardmäßig würden Sie die Aufgabe lösen, indem Sie in Zelle **C6** die Formel **=A6/B6** schreiben und diese Formel nach unten kopieren. Dabei erhalten Sie aber zum Teil Ergebnisse mit einem Rest.

Bei der Verwendung der Tabellenfunktion **QUOTIENT** hingegen wird ein eventuell anfallender Rest nicht mit ausgegeben. Wenden Sie diese Funktion nun an, indem Sie die nächsten Arbeitsschritte durchführen.

1. Markieren Sie den Zellenbereich **C6:C11**.

2. Erfassen Sie die Formel **=QUOTIENT(A6;B6)**.

3. Schließen Sie die Formel über die Tastenkombination Strg + ⏎ ab.

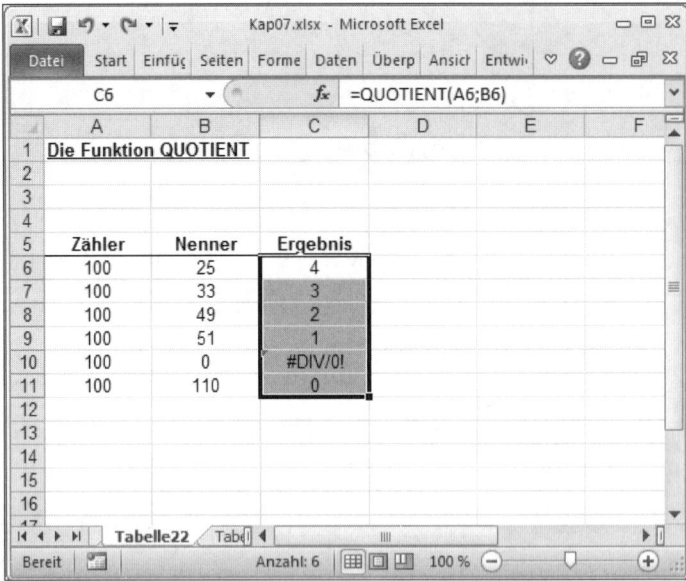

Abbildung 7.45: Die Funktion verträgt keine Division durch null

Ist der Nenner größer als der Zähler, dann meldet diese Funktion übrigens das Ergebnis **0**.

Die Tabellenfunktion POTENZ

Mit der Tabellenfunktion **POTENZ** können Sie eine Zahl potenzieren.

Die Syntax dieser Funktion lautet:

=POTENZ(Zahl;Potenz)

Im Argument **Zahl** geben Sie die Zahl an, die Sie mit dem Exponenten potenzieren möchten.

Im Argument **Potenz** geben Sie den Exponenten an, mit dem Sie die Zahl potenzieren möchten.

Alternativ zur Funktion **POTENZ** kann der Operator "^" zum Potenzieren einer Zahl verwendet werden, zum Beispiel **3^2** anstelle von **POTENZ(3;2)**.

Die Kubikwurzel einer Zahl errechnen

In der folgenden Tabelle sollen die Kubikwurzeln einiger Zahlen errechnet werden.

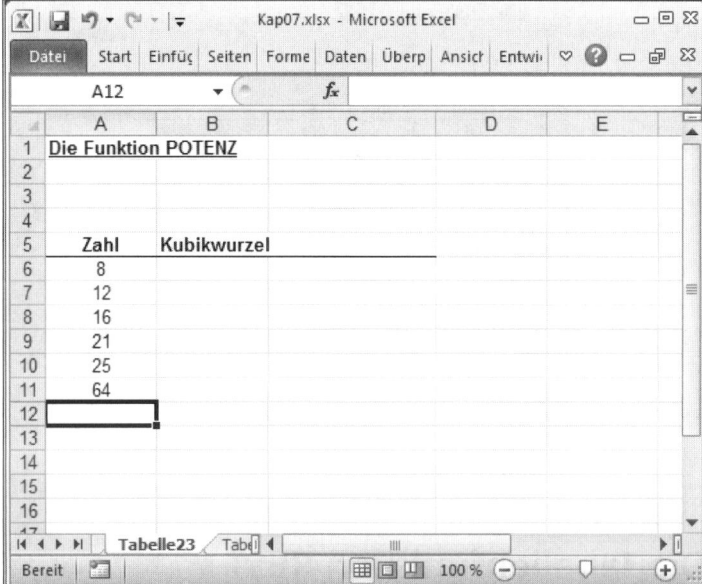

Abbildung 7.46: Von diesen Zahlen soll die Kubikwurzel gezogen werden

Um die Kubikwurzel zu ziehen, verfahren Sie wie folgt:

1. Markieren Sie den Zellenbereich **B6:B11**.

2. Erfassen Sie die Formel **=POTENZ((A6);1/3)**.

3. Schließen Sie die Formel über die Tastenkombination [Strg] + [↵] ab.

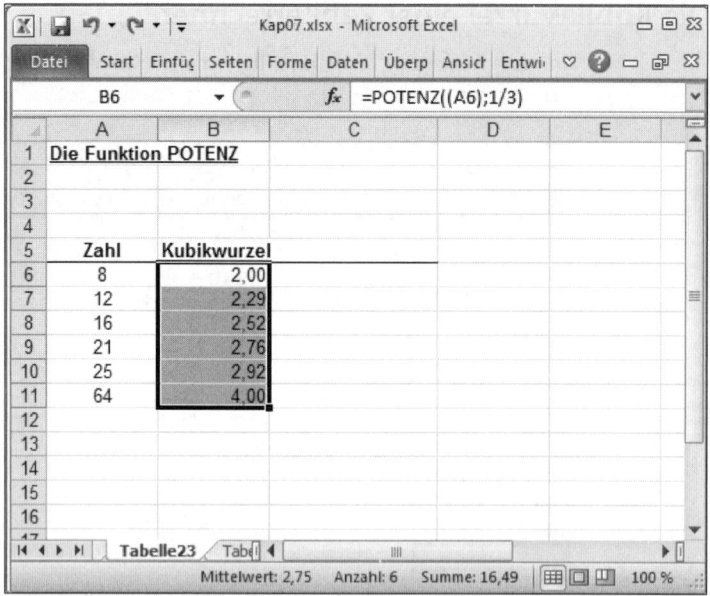

Abbildung 7.47: Die Formel =A6^(1/3) hat dieselbe Bedeutung

Die Tabellenfunktion REST

Mit der Tabellenfunktion **REST** können Sie den Rest aus einer Division ermitteln. Dabei hat das Ergebnis dasselbe Vorzeichen wie der Divisor.

Die Syntax dieser Funktion lautet:

=REST(Zahl;Divisor)

Im Argument **Zahl** geben Sie die Zahl an, für die der Rest einer Division gesucht wird.

Im Argument **Divisor** geben Sie den Divisor an.

Zum besseren Verständnis greifen Sie auf eine Tabelle zurück, die Sie bereits vorher bei der Tabellenfunktion **QUOTIENT** verwendet haben, markieren den Zellenbereich **C5:C10**, erfassen die Formel **=REST(A5;B5)** und schließen die Eingabe ab, indem Sie die Tastenkombination [Strg] + [↵] drücken.

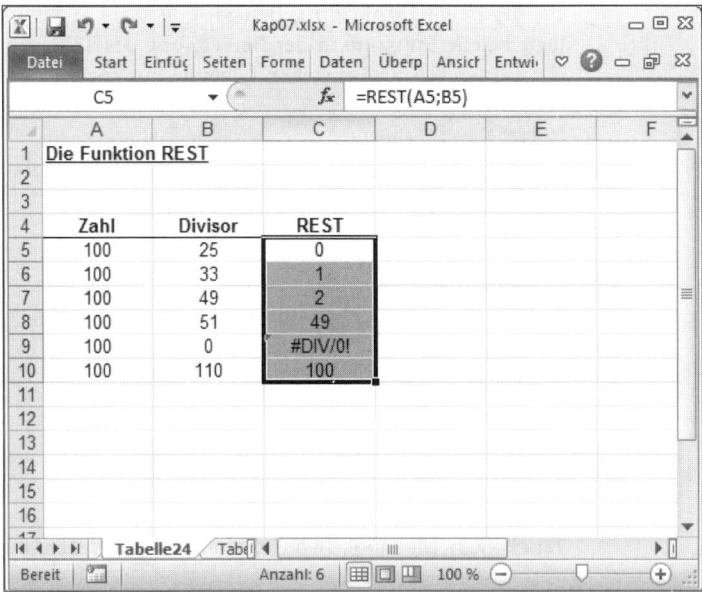

Abbildung 7.48: Die Reste aus diversen Divisionen wurden errechnet

Möchten Sie prüfen, ob die aktive Zeile eine gerade Zeile ist, dann wenden Sie die Formel:

=REST(ZEILE();2)=0

Bei geraden Zeilen wird der Wert **WAHR**, bei ungeraden Zeilen der Wert **FALSCH** zurückgegeben.

Die Tabellenfunktion TEILERGEBNIS

Mit der Tabellenfunktion **TEILERGEBNIS** können Sie gleich mehrere unterschiedliche Aufgaben in Excel-Listen erledigen; je nachdem, welches Argument Sie dabei setzen.

Die Syntax dieser Funktion lautet:

=TEILERGEBNIS(Funktion;Bezug1;...)

Im Argument **Funktion** geben Sie eine Zahl (1 bis 11) an, die festlegt, welche Funktion in der Berechnung des Teilergebnisses verwendet werden soll. Dabei stehen folgende Funktionen zur Verfügung:

Wert	Funktion
1	MITTELWERT
2	ANZAHL
3	ANZAHL2
4	MAX
5	MIN
6	PRODUKT
7	STABW
8	STABWN
9	SUMME
10	VARIANZ
11	VARIANZEN

Tabelle 7.1: Die möglichen Einzelfunktionen von TEILERGEBNIS

Im Argument **Bezug1, Bezug2,** ... geben Sie den Bereich oder Bezug an, für die Teilergebnisse berechnet werden sollen.

> Die einzelnen Tabellenfunktionen werden Sie im Verlauf des Buches noch näher kennenlernen.

Gefilterte Listen summieren

Haben Sie schon einmal versucht, eine gefilterte Liste zu summieren? Wenn Sie dazu die Tabellenfunktion **SUMME** verwenden, werden auch die ausgeblendeten Zeilen summiert.

Gehen Sie jetzt wie folgt vor:

1. Klicken Sie auf das Dropdownsymbol der Zelle **B4** und wählen Sie den Eintrag **Nord** aus dem Dropdownmenü. Die Liste wird daraufhin gefiltert.

2. Setzen Sie den Zellenzeiger in Zelle **C15**.

3. Klicken Sie im Ribbon *Start* auf das Summensymbol. Daraufhin wird der Bereich automatisch markiert und die Tabellenfunktion **TEILERGEBNIS** angeboten.

4. Bestätigen Sie mit ⏎.

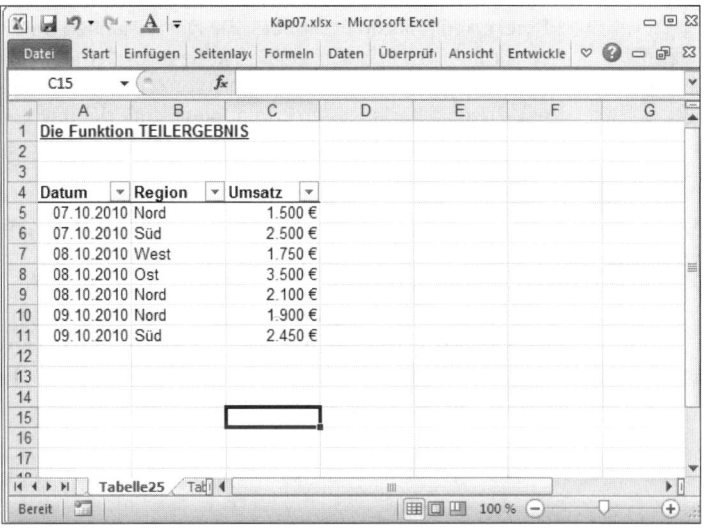

Abbildung 7.49: Die Ausgangsliste

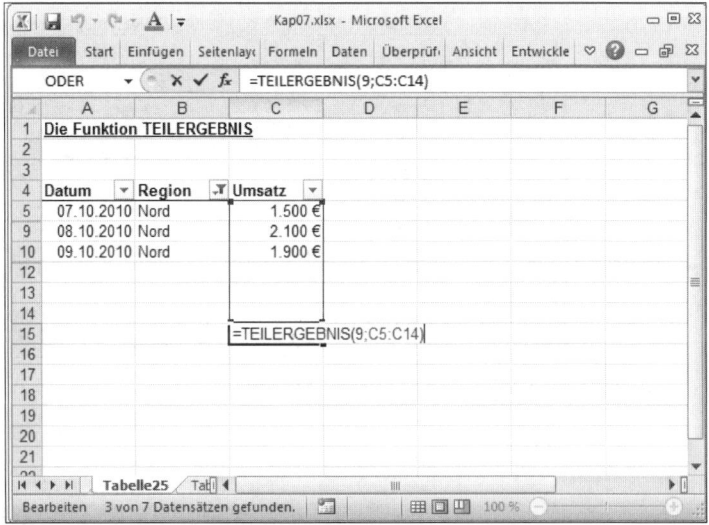

Abbildung 7.50: Excel entscheidet selbst

Excel erkennt automatisch, dass Sie hier versuchen, eine gefilterte Liste zu summieren. Standardmäßig würde nach dem Klick auf das Symbol *AutoSumme* tatsächlich die Tabellenfunktion **SUMME** verwendet, nur eben bei gefilterten Listen erfolgt diese Umschaltung von **SUMME** auf **TEILERGEBNIS** ganz von allein.

Mehrere Auswertungen mit nur einer Funktion durchführen

In der folgenden Aufgabe liegt eine Umsatzliste nach Regionen vor. Die Aufgabe besteht jetzt darin, diese Liste auszuwerten. Setzen Sie dazu die Tabellenfunktion **TEILERGEBNIS** ein. Entnehmen Sie den Aufbau der Liste der **Abbildung 7.50**.

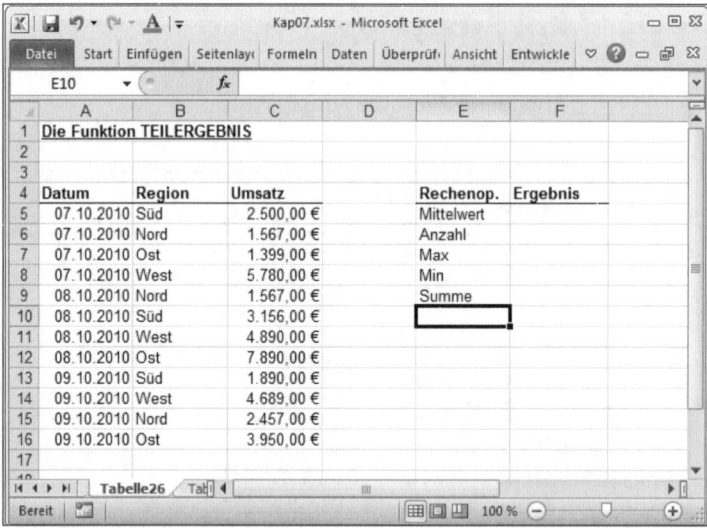

Abbildung 7.51: Die Ausgangsliste

Werten Sie jetzt diese Liste aus, indem Sie die folgenden Formeln einsetzen.

Zelle	Funktion	Formel
F5	Mittelwert	=TEILERGEBNIS(1;$C$5:$C$16)
F6	Anzahl	=TEILERGEBNIS(2;$C$5:$C$16)
F7	Max	=TEILERGEBNIS(4;$C$5:$C$16)
F8	Min	=TEILERGEBNIS(5;$C$5:$C$16)
F9	Summe	=TEILERGEBNIS(9;$C$5:$C$16)

Tabelle 7.2: Die einzelnen Formeln für die Auswertung

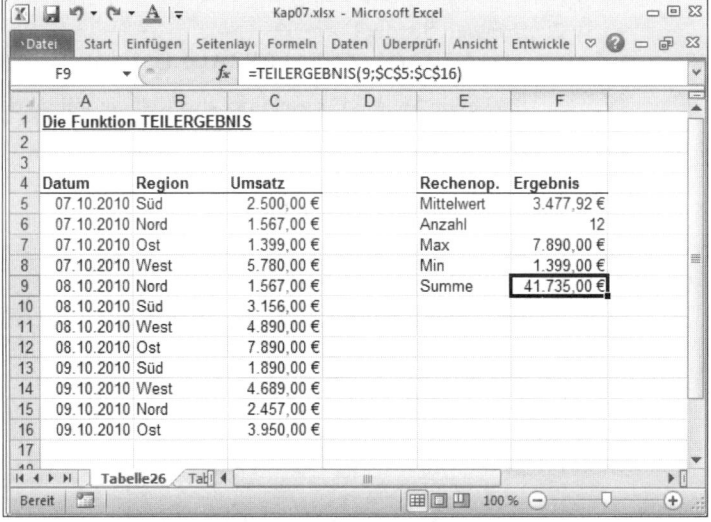

Abbildung 7.52: Mehrere Ergebnisse mit nur einer Funktion erzielen

Die Tabellenfunktion ZUFALLSZAHL

Mit der Tabellenfunktion **ZUFALLSZAHL** können Sie sich einen Wert zwischen **0** und **1** erzeugen. Bei jeder Neuberechnung in der jeweiligen Tabelle wird eine neue Zufallszahl gezogen. Diese Funktion hat keine weiteren Argumente und wird wie folgt aufgerufen:

=ZUFALLSZAHL()

Um größere zufällige Zahlen zu erhalten, können Sie ebenso die Formel

=ZUFALLSZAHL()*100

verwenden. Dabei werden Zufallszahlen zwischen **1** und **100** mit Dezimalstellen gebildet.

Ganze Zufallszahlen bilden

Bei der folgenden Aufgabe erzeugen Sie auf einer neuen Tabelle einige ganze Zufallszahlen zwischen **100** und **1000**. Dabei verfahren Sie wie folgt:

1. Markieren Sie den Zellenbereich **A5:D14**.

2. Erfassen Sie die Formel
   =GANZZAHL(ZUFALLSZAHL()*1000).

3. Schließen Sie die Formel über die Tastenkombination [Strg] + [⏎] ab.

4. Drücken Sie ein paar Mal die Taste [F9]. Damit werden jeweils neue Zufallszahlen gebildet.

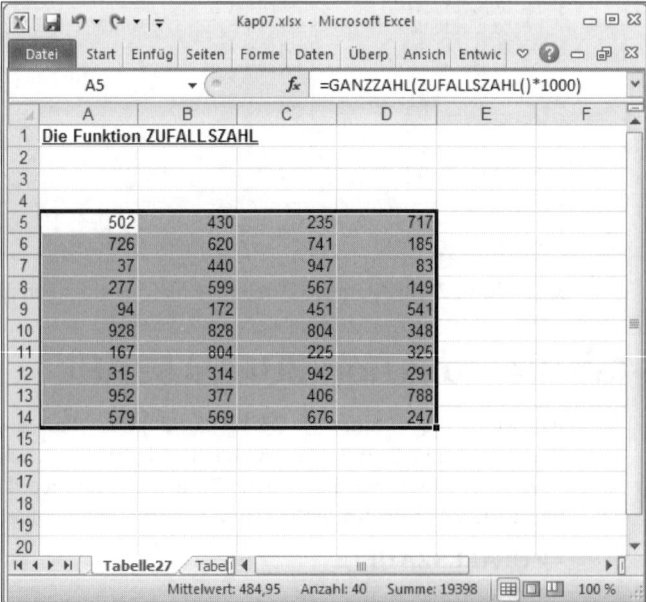

Abbildung 7.53: Die Zufallszahlen wurden erzeugt

Wenn Sie die Zufallszahlen einfrieren möchten, können Sie mit der rechten Maustaste auf den rechten Rand der Markierung klicken, die Maustaste gedrückt halten, die Markierung kurz nach rechts und wieder zurück nach links ziehen, die Maustaste wieder loslassen und aus dem Kontextmenü den Befehl *Hierhin nur als Werte kopieren* auswählen.

Die Tabellenfunktion ZUFALLSBEREICH

Einen Schritt weiter geht die Tabellenfunktion **ZUFALLSBE-REICH** aus dem Add-In *Analyse-Funktionen*. Damit haben Sie die Möglichkeit, ganz gezielt Zufallszahlen in einem vorgegebenen Wertebereich zu bilden.

Die Syntax dieser Funktion lautet:

=ZUFALLSBEREICH(Untere_Zahl;Obere_Zahl)

Im Argument **Untere_Zahl** geben Sie die kleinste ganze Zahl an, die als Zufallszahl gebildet werden soll.

Im Argument **Obere_Zahl** geben Sie die größte ganze Zahl an, die als Zufallszahl gebildet werden soll.

Der Lotto-Generator

Bei der nächsten Aufgabe erstellen Sie einen kleinen Lotto-Zahlengenerator. Dazu gehen Sie Schritt für Schritt vor:

1. Markieren Sie auf einer neuen Tabelle den Zellenbereich **A4:G4**.

2. Erfassen Sie die Formel **=ZUFALLSBEREICH(1;49)**

3. Schließen Sie die Formel über die Tastenkombination ⌈Strg⌋ + ⌈↵⌋ ab.

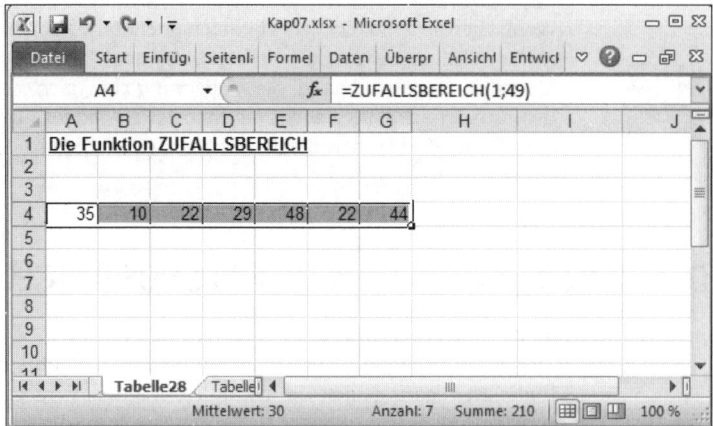

Abbildung 7.54: Zufallszahlen im Bereich von 1 bis 49 werden gebildet

Die Tabellenfunktionen GERADE und UNGERADE

Mit der Tabellenfunktion **GERADE** können Sie eine Zahl auf die nächste gerade ganze Zahl aufrunden.

Die Syntax dieser Funktion lautet:

=GERADE(Zahl)

Geben Sie im Argument **Zahl** den Wert an, der auf die nächste gerade Zahl aufgerundet werden soll.

Mit der Tabellenfunktion **UNGERADE** können Sie eine Zahl auf die nächste ungerade ganze Zahl aufrunden.

Die Syntax dieser Funktion lautet:

=UNGERADE(Zahl)

Geben Sie im Argument **Zahl** den Wert an, der auf die nächste ungerade Zahl aufgerundet werden soll.

Sehen Sie sich zur Verdeutlichung **Abbildung 7.55** an.

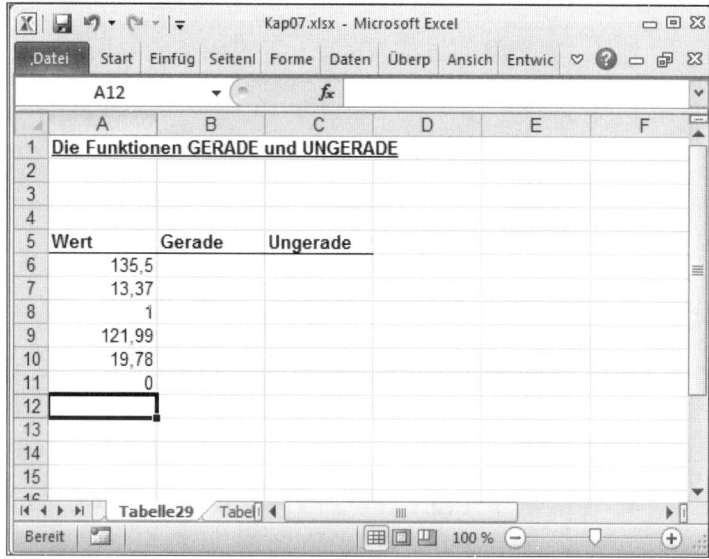

Abbildung 7.55: Die Ausgangssituation

Die in Spalte **A** erfassten Werte sollen in Spalte **B** auf die nächsthöhere gerade Zahl aufgerundet werden. In Spalte **C** sollen die Werte aus Spalte **A** hingegen auf die nächsthöhere ungerade Zahl aufgerundet werden. In beiden Fällen wird also aufgerundet.

Gehen Sie dazu wie folgt vor:

1. Markieren Sie den Zellenbereich **B6:B11**.

2. Erfassen Sie die Formel **=GERADE(A6)**.

3. Schließen Sie die Formel über die Tastenkombination ⌗Strg⌗ + ⌗⏎⌗ ab.

4. Markieren Sie den Zellenbereich **C6:C11**.

5. Erfassen Sie die Formel **=UNGERADE(A6)**.

6. Schließen Sie die Formel über die Tastenkombination ⌗Strg⌗ + ⌗⏎⌗ ab.

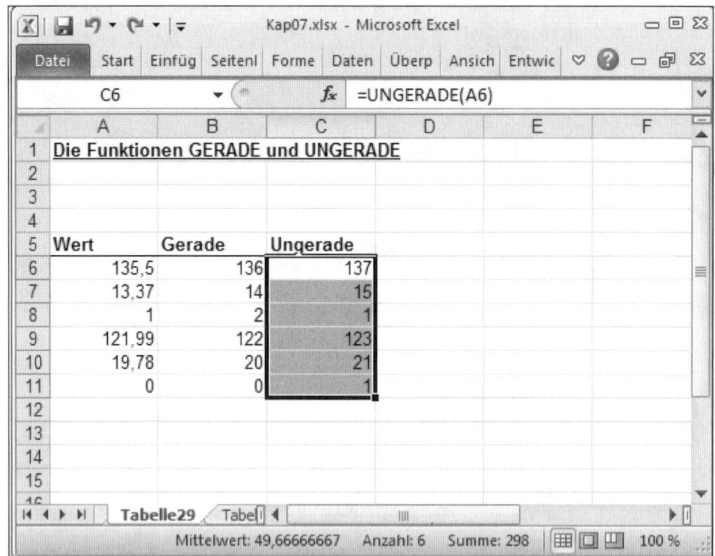

Abbildung 7.56: Die Ergebnisse des Rundens

Die Tabellenfunktionen ISTGERADE und ISTUNGERADE

Mit der Tabellenfunktion **ISTGERADE** aus dem Add-In *Analyse-Funktionen* können Sie prüfen, ob eine Zahl gerade ist oder nicht. Ist die Zahl gerade, dann wird der Wert **WAHR** zurückgegeben.

Die Syntax dieser Funktion lautet:

=ISTGERADE(Zahl)

Im Argument **Zahl** geben Sie die Zahl ein, die Sie prüfen möchten. Ist **Zahl** keine ganze Zahl, werden deren Nachkommastellen abgeschnitten.

Mit der Tabellenfunktion **ISTUNGERADE** aus dem Add-In *Analyse-Funktionen* können Sie prüfen, ob eine Zahl ungerade ist oder nicht. Ist die Zahl ungerade, dann wird der Wert **WAHR** zurückgegeben.

Die Syntax dieser Funktion lautet:

=ISTUNGERADE(Zahl)

Im Argument **Zahl** geben Sie die Zahl ein, die Sie prüfen möchten. Ist **Zahl** keine ganze Zahl, werden deren Nachkommastellen abgeschnitten.

Zahlen auf gerade/ungerade untersuchen

Um den Gebrauch der Funktionen **GERADE** und **UNGERADE** zu verstehen, sehen Sie sich **Abbildung 7.57** an.

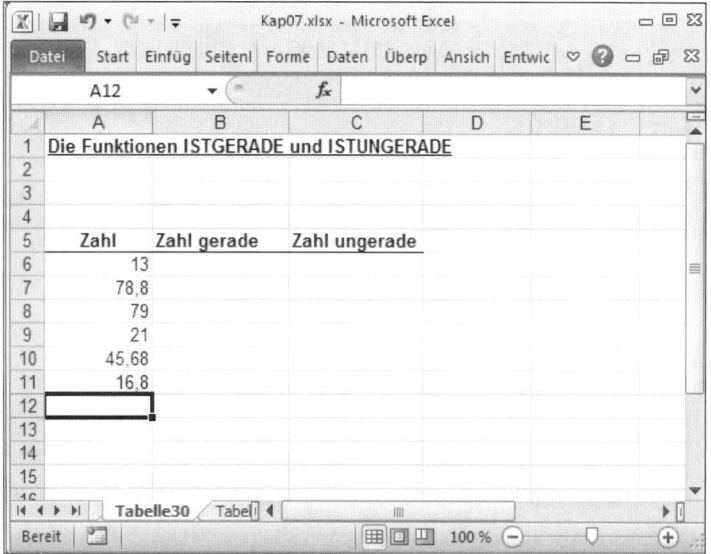

Abbildung 7.57: Die Ausgangssituation

Die Zahlen aus Spalte **A** sollen geprüft werden, ob sie gerade oder ungerade sind. Ist die jeweilige Zahl gerade, dann soll sie in Spalte **B** übertragen werden. Im anderen Fall wird sie in Spalte **C** geschrieben. Gehen Sie dazu wie folgt vor:

1. Markieren Sie den Zellenbereich **B6:B11**.

2. Erfassen Sie die Formel **=WENN(ISTGERADE(A6);A6;"")**.

3. Schließen Sie die Formel über die Tastenkombination Strg + ↵ ab.

4. Markieren Sie den Zellenbereich **C6:C11**.

5. Erfassen Sie die Formel
    =WENN(ISTUNGERADE(A6);A6;"").

6. Schließen Sie die Formel über die Tastenkombination [Strg] + [↵]
    ab.

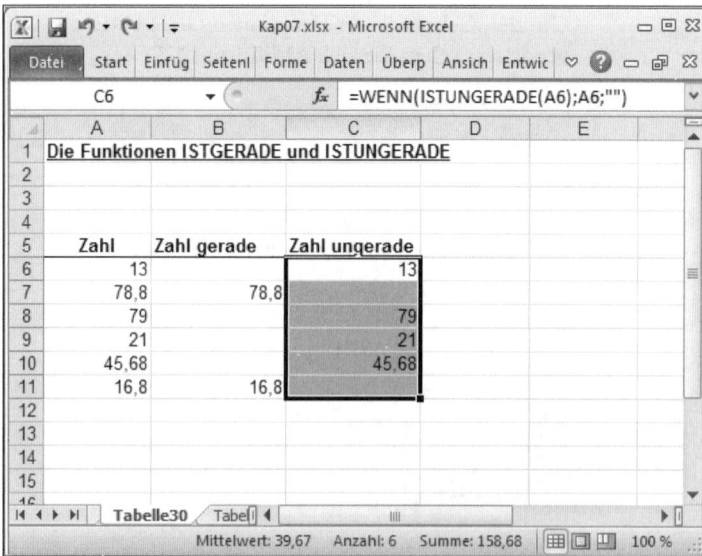

Abbildung 7.58: Die Werte wurden nach Wunsch übertragen

Sollen die Daten aus Spalte **A** in die Spalten **B** und **C** als ganze Zahlen
übertragen werden, dann verwenden Sie die Formeln:

=WENN(ISTGERADE(A6);GANZZAHL(A6);"")

=WENN(ISTUNGERADE(A6);GANZZAHL(A6);"")

Alle ungeraden Zeilen kennzeichnen

Bei der nächsten Aufgabe sollen alle ungeraden Zeilen im Zellenbereich **A2:A15** durch den Großbuchstaben **X** gekennzeichnet werden.
Dazu gehen Sie wie folgt vor:

1. Markieren Sie den Zellenbereich **A2:A15**.

2. Erfassen Sie die Formel
    =WENN(ISTUNGERADE(ZEILE());"X";"").

3. Schließen Sie die Formel über die Tastenkombination [Strg] + [↵] ab.

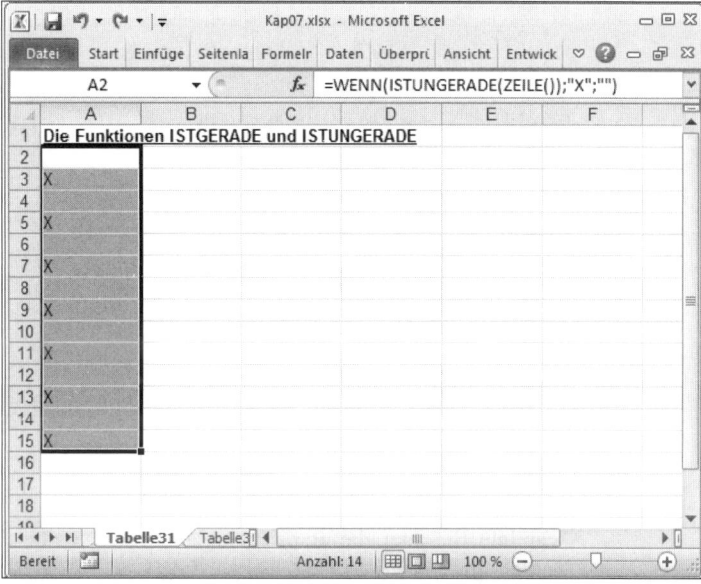

Abbildung 7.59: Die ungeraden Zeilen wurden gekennzeichnet

Die Tabellenfunktion RÖMISCH

Mit der Tabellenfunktion **RÖMISCH** können Sie eine arabische Zahl in eine römische Zahl als Text umwandeln.

Die Syntax dieser Funktion lautet:

=RÖMISCH(Zahl;Typ)

Geben Sie im Argument **Zahl** die arabische Zahl an, die Sie umwandeln möchten.

Über das Argument **Typ** können Sie die Schreibweise der römischen Zahlen bestimmen. Je höher der Typ (0 bis 4), desto kürzer die Schreibweise.

Sehen Sie sich dazu die folgende Tabelle aus **Abbildung 7.60** an.

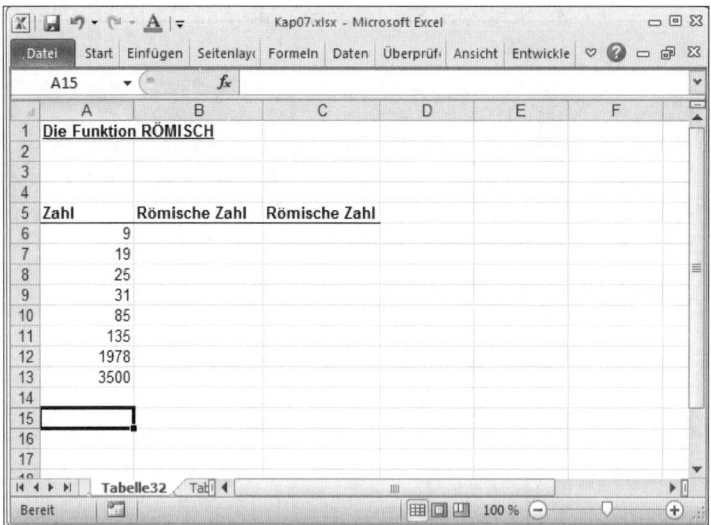

Abbildung 7.60: Die Ausgangssituation

Wandeln Sie jetzt die arabischen Zahlen aus Spalte **A** in römische Zahlen um. Verfahren Sie dabei wie folgt:

1. Markieren Sie den Zellenbereich **B6:B13**.

2. Erfassen Sie die Formel **=RÖMISCH(A6)**.

3. Schließen Sie die Formel über die Tastenkombination ⌨Strg + ↵ ab.

4. Markieren Sie den Zellenbereich **C6:C13**.

5. Erfassen Sie die Formel **=RÖMISCH(A6;4)**.

6. Schließen Sie die Formel über die Tastenkombination ⌨Strg + ↵ ab.

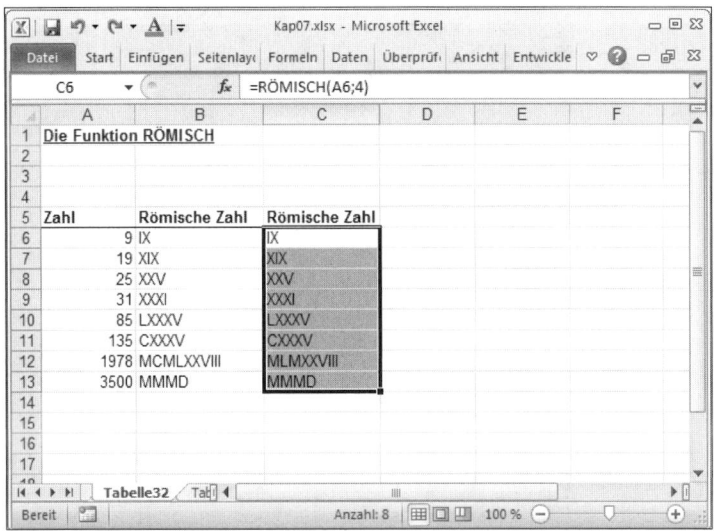

Abbildung 7.61: Die Zahlen wurden in die römische Schreibweise umgewandelt

Die Tabellenfunktion KOMBINATIONEN

Mit der Tabellenfunktion **KOMBINATIONEN** können Sie errechnen, wie oft Sie ohne Wiederholung eine bestimmte Anzahl von Elementen aus einer Gesamtmenge kombinieren können. Sie können die Funktion einsetzen, um zu berechnen, wie viele Gruppen aus einer bestimmten Anzahl von Elementen gebildet werden können.

Die Syntax dieser Funktion lautet:

=KOMBINATIONEN(n;k)

Geben Sie im Argument **n** die Anzahl der Elemente an.

Im Argument **k** geben Sie an, aus wie vielen Elementen jede Kombination bestehen soll.

Zur Verdeutlichung sehen Sie sich **Abbildung 7.62** an.

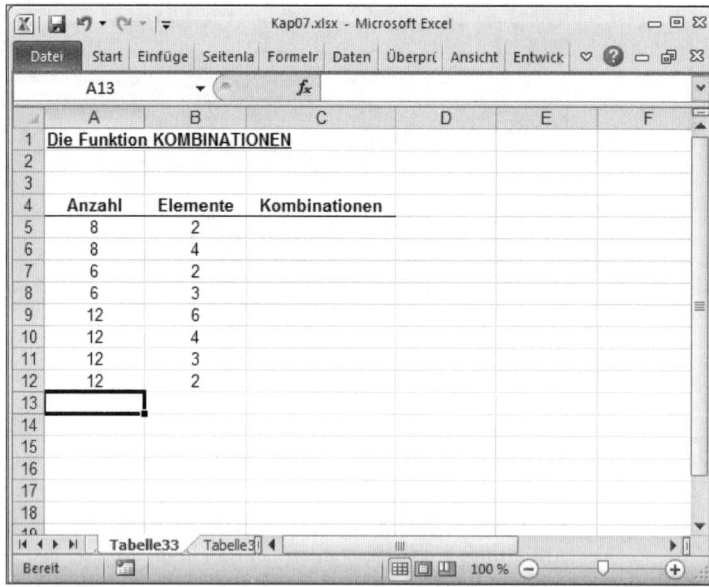

Abbildung 7.62: Die Kombinationsmöglichkeiten sollen berechnet werden

In Spalte **A** finden Sie jeweils die Gesamtzahl einer Gruppe. In Spalte **B** wird die Anzahl der Elemente einer Gruppe erfasst.

Ermitteln Sie jetzt die Kombinationsmöglichkeiten, die sich aus den Daten ergeben. Gehen Sie dazu wie folgt vor:

1. Markieren Sie den Zellenbereich **C5:C12**.

2. Erfassen Sie die Formel **=KOMBINATIONEN(A5;B5)**.

3. Schließen Sie die Formel über die Tastenkombination (Strg) + (↵) ab.

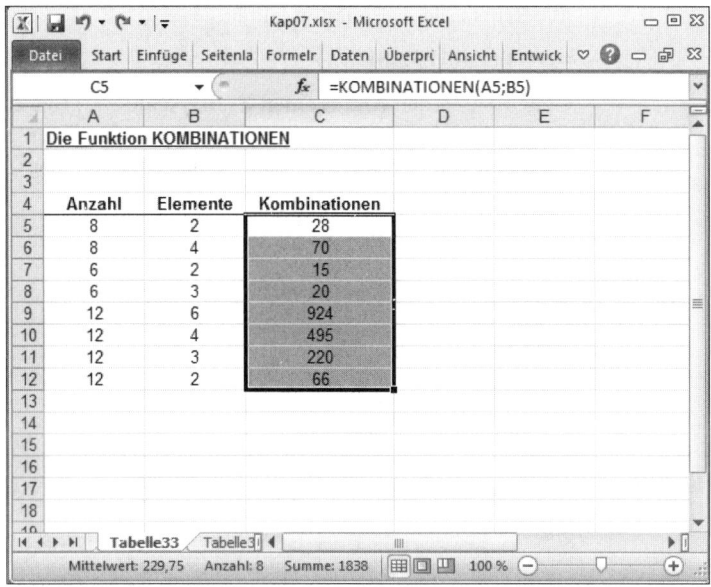

Abbildung 7.63: Alle möglichen Kombinationen

Die Tabellenfunktionen KGV und GGT

Mit der Tabellenfunktion **KGV** aus dem Add-In *Analyse-Funktionen* können Sie das kleinste gemeinsame Vielfache der als Argumente angegebenen ganzen Zahlen ermitteln.

Die Syntax dieser Funktion lautet:

=KGV(Zahl1;Zahl2;...)

Geben Sie in den Argumenten **Zahl1**, **Zahl2**, ... (bis zu 255 Werten) die Zahlen an, deren kleinstes gemeinsames Vielfaches Sie berechnen möchten. Bei Werten, die keine ganzen Zahlen sind, werden deren Nachkommastellen abgeschnitten.

Mit der Tabellenfunktion **GGT** aus dem Add-In *Analyse-Funktionen* können Sie den größten gemeinsamen Teiler der als Argumente angegebenen ganzen Zahlen ermitteln. Der größte gemeinsame Teiler ist die ganze Zahl, durch die sowohl **Zahl1** als auch **Zahl2** dividiert werden können, ohne dass ein Rest bleibt.

Die Syntax dieser Funktion lautet:

=GGT(Zahl1;Zahl2;…)

Geben Sie in den Argumenten **Zahl1**, **Zahl2**, … (bis zu 255 Werten)
die Zahlen an, deren größten gemeinsamen Teiler Sie berechnen
möchten. Bei Werten, die keine ganzen Zahlen sind, werden deren
Nachkommastellen abgeschnitten.

Zur Verdeutlichung sehen Sie sich **Abbildung 7.63** an.

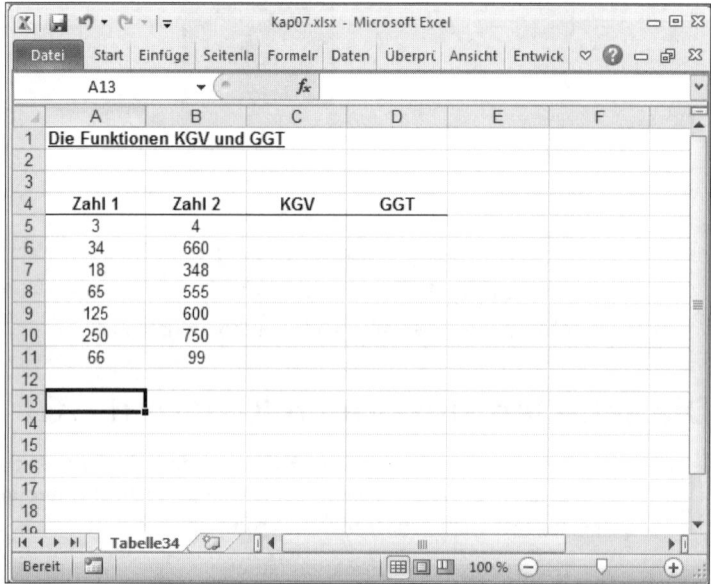

Abbildung 7.64: Die Ausgangssituation

Ermitteln Sie nun aus den beiden Werten von Spalte **A** und **B** jeweils
das kleinste gemeinsame Vielfache sowie den größten gemeinsamen
Teiler. Gehen Sie dazu wie folgt vor:

1. Markieren Sie den Zellenbereich **C5:C11**.

2. Erfassen Sie die Formel **=KGV(A5;B5)**.

3. Schließen Sie die Formel über die Tastenkombination Strg + ⏎
    ab.

4. Markieren Sie den Zellenbereich **D5:D11**.

5. Erfassen Sie die Formel **=GGT(A5;B5)**.

6. Schließen Sie die Formel über die Tastenkombination `Strg` + `↵` ab.

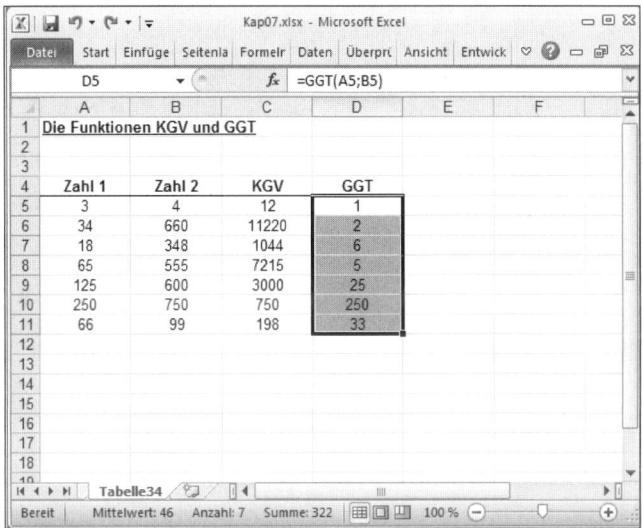

Abbildung 7.65: Das Ergebnis der Funktionen KGV und GGT

8 Statistische Funktionen in Excel

In diesem Kapitel lernen Sie einige der wichtigsten statistischen Tabellenfunktionen von Excel kennen.

Die Tabellenfunktionen MIN und MAX

Mit der Tabellenfunktion **MIN** können Sie den kleinsten Wert innerhalb einer Argumentliste oder eines Zellenbereichs ermitteln.

Die Syntax dieser Funktion lautet:

=MIN(Zahl1;Zahl2;...)

Geben Sie in den Argumenten **Zahl1, Zahl2,** ... (bis zu 30) die Zahl bzw. den Zellenbezug an, aus denen Sie die kleinste Zahl heraussuchen möchten.

Mit der Tabellenfunktion **MAX** können Sie den größten Wert innerhalb einer Argumentliste oder eines Zellenbereichs ermitteln.

Die Syntax dieser Funktion lautet:

=MAX(Zahl1;Zahl2;...)

Geben Sie in den Argumenten **Zahl1, Zahl2,** ... (bis zu 30) die Zahl bzw. den Zellenbezug an, aus denen Sie die größte Zahl heraussuchen möchten.

Maximal- und Minimalwerte ermitteln

Um den Gebrauch dieser beiden Tabellenfunktionen auf dynamische Weise zu demonstrieren, verfahren Sie wie folgt:

1. Markieren Sie in einer neuen Tabelle den Zellenbereich **A7:F15**.

2. Erfassen Sie zufällige Zahlen im Bereich zwischen 1 und 100, indem Sie die Formel **=GANZZAHL(ZUFALLSZAHL()*100)** eingeben.

3. Schließen Sie die Formel über die Tastenkombination Strg + ↵ ab.

4. Erfassen Sie in Zelle **B4** die Formel **=MAX(A7:F15)**.

5. Erfassen Sie in Zelle **B5** die Formel **=MIN(A7:F15)**.

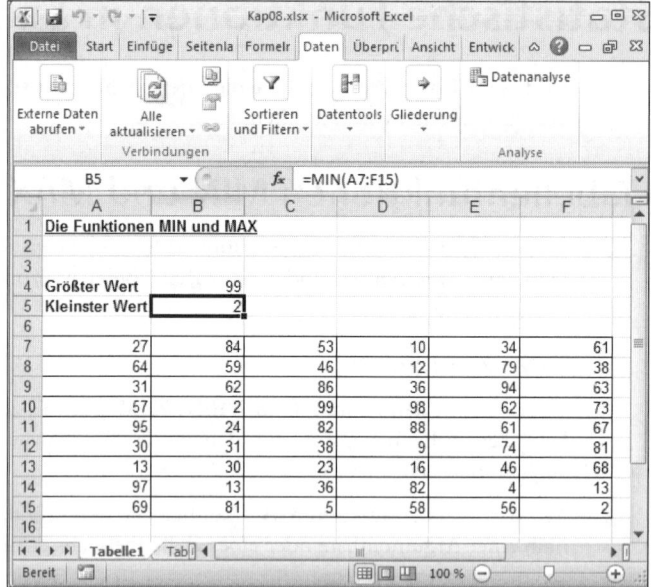

Abbildung 8.1: Mehrmaliges Drücken der Taste F9 generiert neue Zahlen

Spitzenreiter in Kolumnen ermitteln

Bei der vorherigen Aufgabe wurde in einem vorher bestimmten Zellenbereich der MAX-Wert sowie der MIN-Wert bestimmt. In der folgenden Aufgabe liegen Monatsumsätze verschiedener Vertriebsmitarbeiter vor (siehe **Abbildung 8.2**).

Ermitteln Sie jeweils den besten Monatswert und verfahren Sie dabei wie folgt:

1. Markieren Sie den Zellenbereich **B4:E4**.

2. Erfassen Sie die Formel **=MAX(B6:B14)**.

3. Schließen Sie die Formel über die Tastenkombination Strg + ⏎ ab (siehe **Abbildung 8.3**).

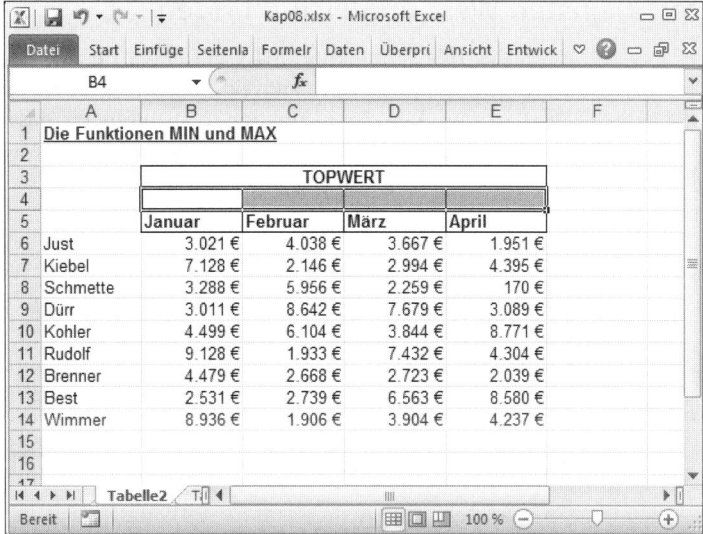

Abbildung 8.2: Die Monatsumsätze im Vertrieb

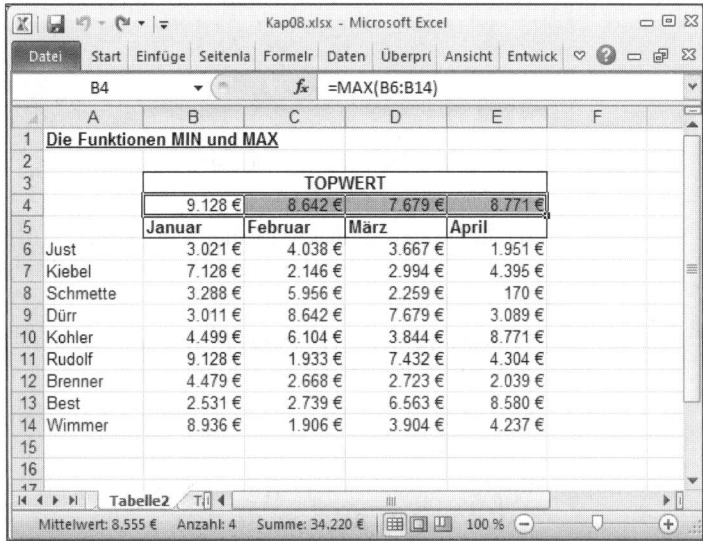

Abbildung 8.3: Die besten Monatsumsätze wurden ermittelt

Den kleinsten Wert ungleich 0 finden

Wird die Tabellenfunktion **MIN** auf einen Bereich angewendet, der unter anderem Nullwerte aufweist, werden gerade diese als kleinster Wert erkannt. Um diese Funktion so anzuwenden, dass Nullwerte bei der Berechnung ausgeschlossen werden, muss eine Matrixformel angewendet werden.

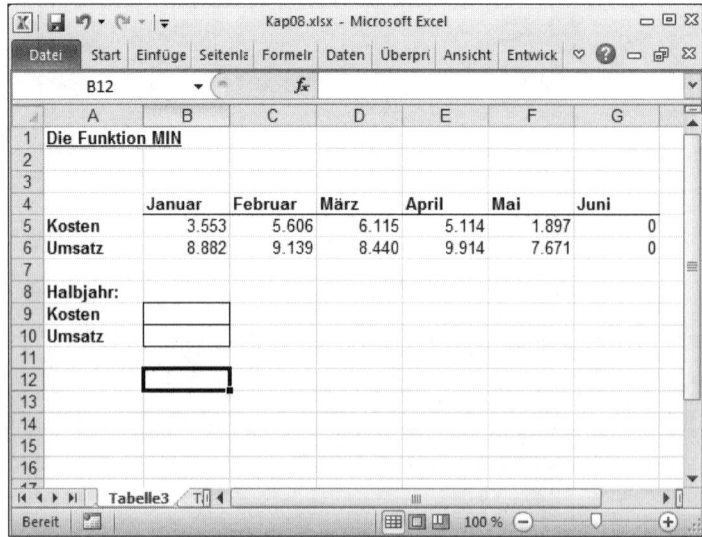

Abbildung 8.4: Die Ausgangstabelle

Ermitteln Sie jetzt in dieser Tabelle den niedrigsten Umsatz bzw. die niedrigsten Kosten, ohne die Nullwerte zu berücksichtigen. Verfahren Sie dabei wie folgt:

1. Erfassen Sie in der Zelle **B9** die Matrixformel
   =MIN(WENN(B5:G5>0;B5:G5)).

2. Schließen Sie die Matrixformel über die Tastenkombination Strg
   + ⇧ + ⏎ ab.

3. Erfassen Sie in der Zelle **B10** die Matrixformel
   =MIN(WENN(B6:G6>0;B6:G6)).

4. Schließen Sie die Matrixformel über die Tastenkombination Strg
   + ⇧ + ⏎ ab.

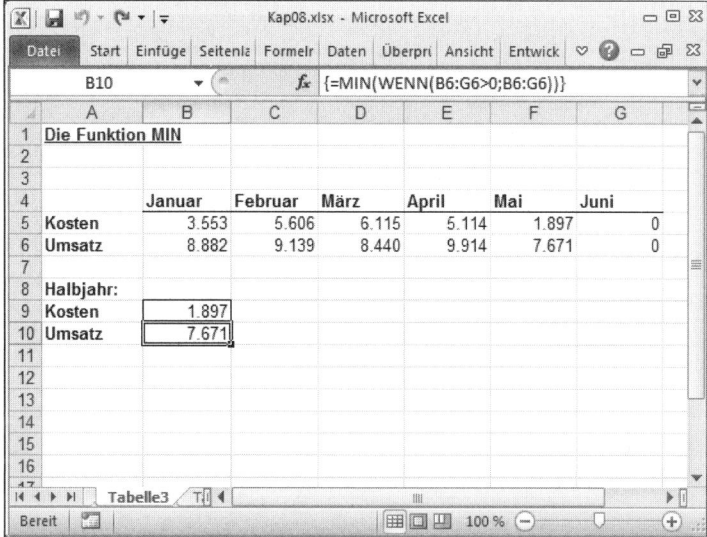

Abbildung 8.5: Die niedrigsten Werte (nicht null) wurden ermittelt

Sollen auch eventuelle Minuswerte, aber nicht die Null berücksichtigt werden, dann heißen die Formeln:

=MIN(WENN(B5:G5<>0;B5:G5))

=MIN(WENN(B6:G6<>0;B6:G6))

Schließen Sie die beide Matrixformeln über die Tastenkombination `Strg` + `⇧` + `↵` ab.

Den größten Wert einer Spalte ermitteln

In der folgenden Aufgabe soll der größte Wert aus der Spalte **D** ermittelt werden. Dabei soll Excel alle Zellen dieser Spalte überprüfen und den größten Wert finden (siehe **Abbildung 8.6**).

Fügen Sie das Ergebnis sowie einen begleitenden Text in die Zelle **A4** ein, indem Sie die Formel

="Der größte Wert in Spalte D ist " & MAX(D:D)

eingeben und mit `↵` bestätigen (siehe **Abbildung 8.7**).

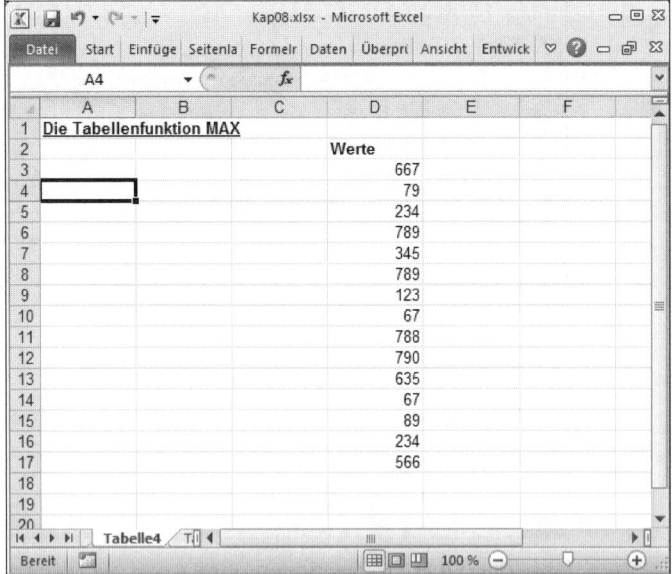

Abbildung 8.6: Der größte Wert aus Spalte D soll ermittelt werden

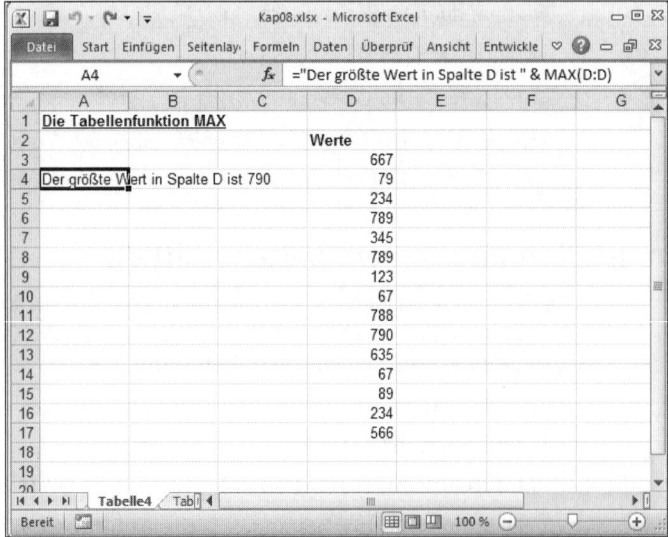

Abbildung 8.7: Formeln und Texte über das Zeichen & miteinander verbinden

Die Tabellenfunktionen KGRÖSSTE und KKLEINSTE

Mit der Tabellenfunktion **KGRÖSSTE** können Sie die größten Werte einer Datengruppe ermitteln.

Die Syntax dieser Funktion lautet:

=KGRÖSSTE(Matrix;k)

Geben Sie im Argument **Matrix** den Datenbereich an, aus dem Sie den größten bzw. mehrere größte Werte bestimmen möchten.

Im Argument **k** geben Sie den Rang an. Beispielsweise repräsentiert die Zahl 1 den höchsten Wert, die Zahl 2 den zweithöchsten Wert usw.

Mit der Tabellenfunktion **KKLEINSTE** können Sie die kleinsten Werte einer Datengruppe ermitteln.

Die Syntax dieser Funktion lautet:

=KKLEINSTE(Matrix;k)

Geben Sie im Argument **Matrix** den Datenbereich an, aus dem Sie den kleinsten bzw. mehrere kleinste Werte bestimmen möchten.

Im Argument **k** geben Sie den Rang an. Beispielsweise repräsentiert die Zahl 1 den kleinsten Wert, die Zahl 2 den zweitkleinsten Wert usw.

Maschinenauslastungen auswerten

In der nächsten Aufgabe sollen die täglichen Maschinenauslastungen eines Monats ausgewertet werden. Dabei sollen die fünf höchsten Tageswerte dieses Monats ermittelt werden. Sehen Sie sich dazu **Abbildung 8.8** an.

Ermitteln Sie jetzt die fünf höchsten Werte des Monats für jede Maschine, indem Sie wie folgt vorgehen:

1. Geben Sie in Zelle **B36** den Wert **1** ein.

2. Ziehen Sie das Ausfüllkästchen bei gedrückter linker Maustaste nach unten bis in Zelle **B40**.

3. Markieren Sie den Zellbereich **C36:F40**.

4. Erfassen Sie die Formel **=KGRÖSSTE(C$4:C$34;$B36)**.

5. Schließen Sie die Formel über die Tastenkombination ⌷Strg⌷ + ⌷↵⌷ ab (siehe **Abbildung 8.9**).

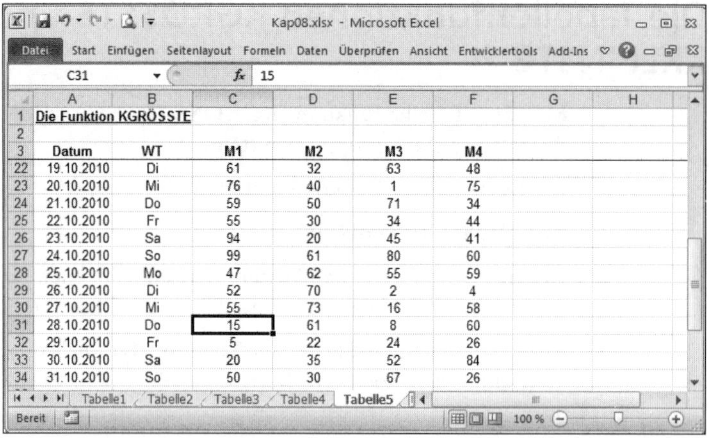

	A	B	C	D	E	F
3	Datum	WT	M1	M2	M3	M4
22	19.10.2010	Di	61	32	63	48
23	20.10.2010	Mi	76	40	1	75
24	21.10.2010	Do	59	50	71	34
25	22.10.2010	Fr	55	30	34	44
26	23.10.2010	Sa	94	20	45	41
27	24.10.2010	So	99	61	80	60
28	25.10.2010	Mo	47	62	55	59
29	26.10.2010	Di	52	70	2	4
30	27.10.2010	Mi	55	73	16	58
31	28.10.2010	Do	15	61	8	60
32	29.10.2010	Fr	5	22	24	26
33	30.10.2010	Sa	20	35	52	84
34	31.10.2010	So	50	30	67	26

Abbildung 8.8: Die täglichen Maschinenauslastungen eines Monats

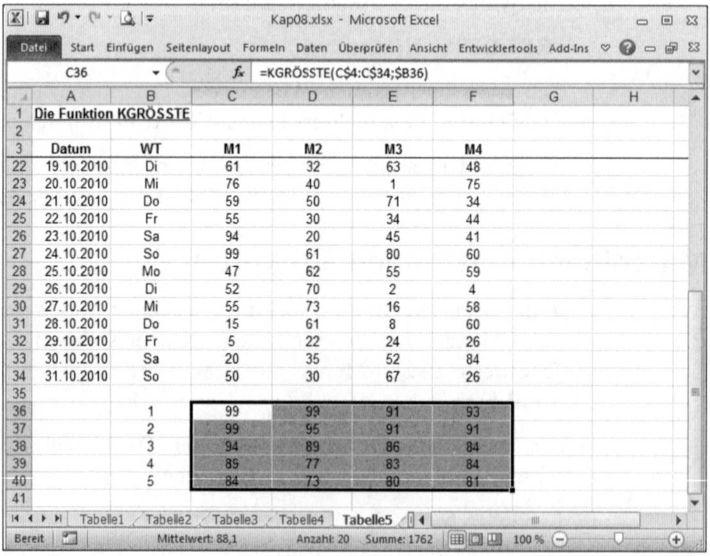

	A	B	C	D	E	F
3	Datum	WT	M1	M2	M3	M4
22	19.10.2010	Di	61	32	63	48
23	20.10.2010	Mi	76	40	1	75
24	21.10.2010	Do	59	50	71	34
25	22.10.2010	Fr	55	30	34	44
26	23.10.2010	Sa	94	20	45	41
27	24.10.2010	So	99	61	80	60
28	25.10.2010	Mo	47	62	55	59
29	26.10.2010	Di	52	70	2	4
30	27.10.2010	Mi	55	73	16	58
31	28.10.2010	Do	15	61	8	60
32	29.10.2010	Fr	5	22	24	26
33	30.10.2010	Sa	20	35	52	84
34	31.10.2010	So	50	30	67	26
35						
36		1	99	99	91	93
37		2	99	95	91	91
38		3	94	89	86	84
39		4	89	77	83	84
40		5	84	73	80	81

Abbildung 8.9: Die fünf höchsten Werte/Monat wurden ermittelt

Die kleinsten Werte aus nicht zusammenhängenden Bereichen ermitteln

In der folgenden Aufgabe liegen zwei nicht zusammenhängende Bereiche vor, aus denen Sie die zwei kleinsten Werte ermitteln sollen. Sehen Sie sich dazu **Abbildung 8.10** an.

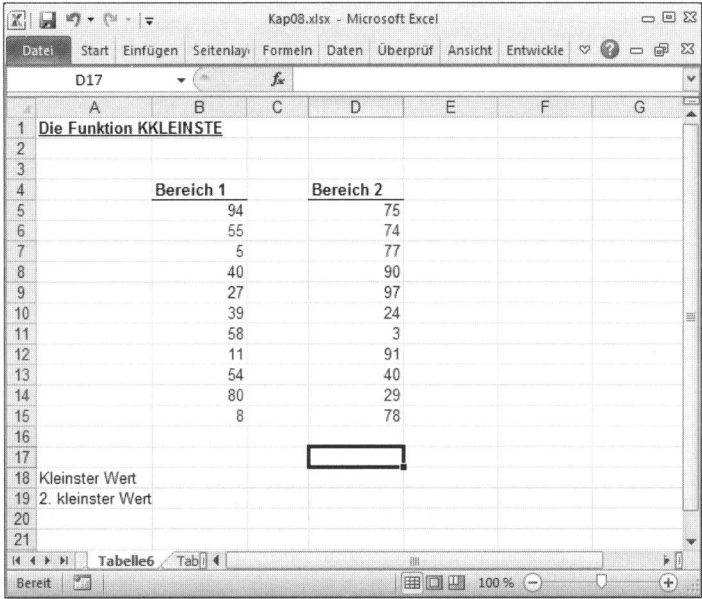

Abbildung 8.10: Die zwei kleinsten Werte aus zwei verschiedenen Bereichen sollen ermittelt werden

Um diese Aufgabe zu lösen, müssen Sie der Funktion **KKLEINSTE** zwei Bereiche übergeben. Das klappt nur dann, wenn Sie die Klammersetzung beachten. Lösen Sie diese Aufgabe, indem Sie wie folgt vorgehen:

1. Erfassen Sie in Zelle **B18** die Formel
   =KKLEINSTE(($B$5:$B$15;$D$5:$D$15);1).

2. Geben Sie in Zelle **B19** die Formel
   =KKLEINSTE(($B$5:$B$15;$D$5:$D$15);2) ein.

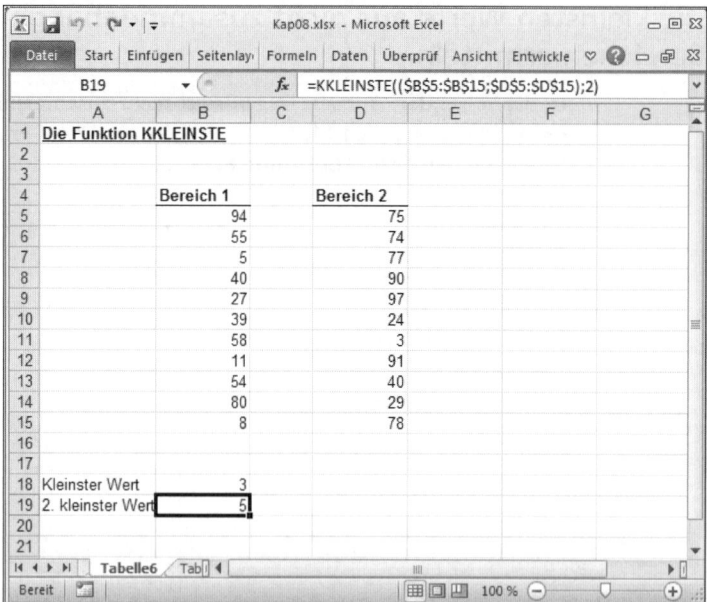

Abbildung 8.11: Die Ergebnisse stammen aus unterschiedlichen Bereichen

Die drei kleinsten Werte einer Spalte <> null ermitteln

Enthält ein Bereich eine Null, dann wird diese Null über die Tabellenfunktion **KKLEINSTE** als kleinster Wert erkannt und ausgewiesen. Möchten Sie ganz gezielt nur positive Werte ohne die Null berücksichtigen, dann müssen Sie zusätzlich zu dieser Funktion noch die Tabellenfunktion **ZÄHLENWENN** in die Formel integrieren. Sehen Sie sich zunächst **Abbildung 8.12** an.

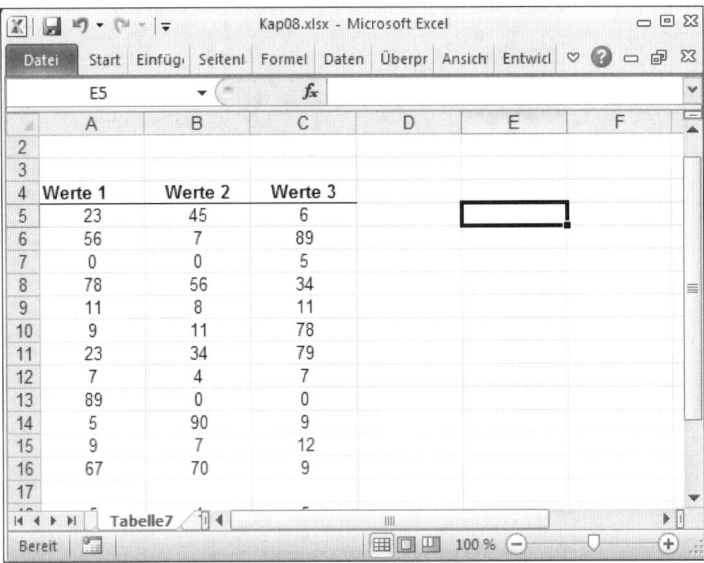

Abbildung 8.12: Die zwei niedrigsten Werte (ohne Nullen) sollen ermittelt werden

Um diese Aufgabe zu lösen, verfahren Sie wie folgt:

1. Markieren Sie den Datenbereich **A18:C18**.

2. Erfassen Sie die Formel
   =KKLEINSTE(A$5:A$16;ZÄHLENWENN(A$1:A$16;0)+1).

3. Schließen Sie die Formel über die Tastenkombination ⎡Strg⎦ + ⎣⎯⎿ ab.

4. Markieren Sie den Datenbereich **A19:C19**.

5. Erfassen Sie die Formel
   =KKLEINSTE(A$5:A$16;ZÄHLENWENN(A$1:A$16;0)+2).

6. Schließen Sie die Formel über die Tastenkombination ⎡Strg⎦ + ⎣⎯⎿ ab.

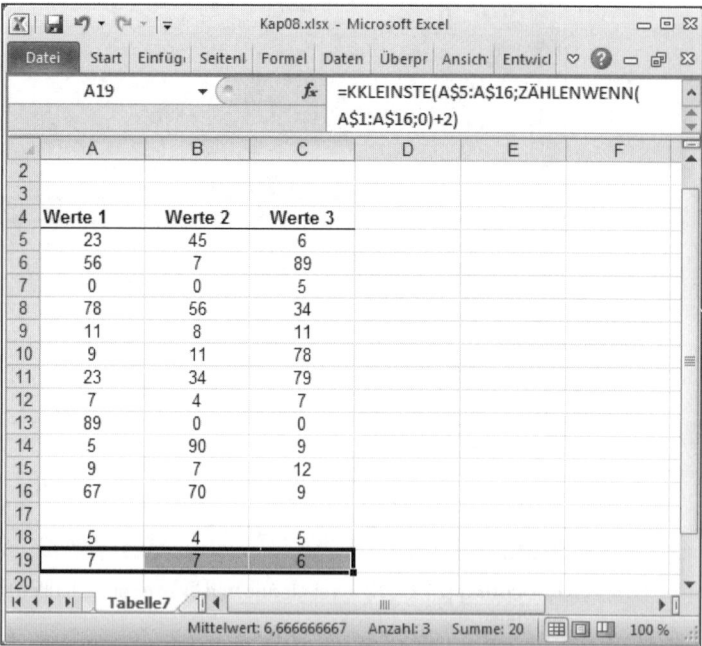

Abbildung 8.13: Die Nullen wurden bei der Niedrigwertberechnung ausgeschlossen

Eine alternative Möglichkeit, die beiden niedrigsten Werte eines Bereiches zu ermitteln, klappt mit der Tabellenfunktion **WENN**. Dabei prüfen Sie, ob die Funktion **KKLEINSTE** den Wert **0** als niedrigsten Wert findet. Wenn ja, dann suchen Sie automatisch nach dem zweitniedrigsten:

=WENN(KKLEINSTE(A5:A16;1)=0;KKLEINSTE(A5:A16;2);KKLEINSTE(A5:A16;1))

Soll in einer kompletten Spalte nach den beiden niedrigsten Werten gesucht werden, dann lauten die Formeln:

=KKLEINSTE(A:A;ZÄHLENWENN(A:A;0)+1)

=KKLEINSTE(A:A;ZÄHLENWENN(A:A;0)+2)

Diese beiden Formeln dürfen Sie aber nicht in Spalte **A** eingeben, da sonst ein Zirkelbezug entsteht.

Den besten Verkäufer ermitteln

In der folgenden Aufgabe soll aus einer Liste mit Vertriebsangestellten die Person ermittelt werden, die am meisten Umsatz gemacht hat. Des Weiteren soll festgestellt werden, wie groß der Vorsprung des Besten vor dem Zweitbesten ist. Sehen Sie sich dazu zuerst noch die Ausgangstabelle an:

Abbildung 8.14: Wer verkauft am besten?

Ermitteln Sie nun den besten Verkäufer und gehen Sie dabei wie folgt vor:

1. Erfassen Sie in Zelle **D5** die Formel
   =INDEX($A$4:$A$13;VERGLEICH(KGRÖSSTE ($B$4:$B$13;1);$B$4:$B$13;0)).

2. In Zelle **D8** erfassen Sie die Formel
   =KGRÖSSTE($B$4:$B$13;2) - KGRÖSSTE($B$4:$B$13;1).

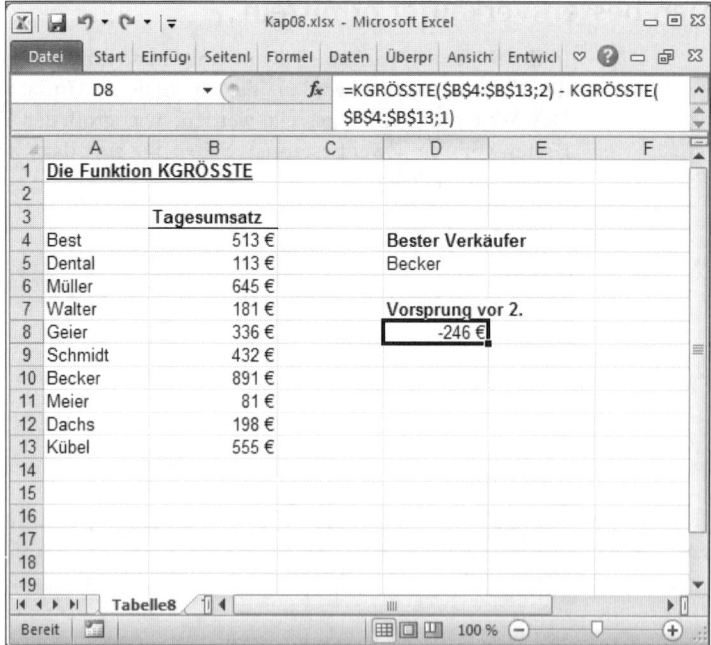

Abbildung 8.15: Verkäufer Becker führt mit 246 Euro Vorsprung

Angebotsvergleich durchführen

In der nächsten Aufgabe geht es darum, verschiedene Angebote zu prüfen. Ermitteln Sie dabei die beiden billigsten Angebote (Angebot und Anbieter). Sehen Sie sich dazu die folgende Abbildung an:

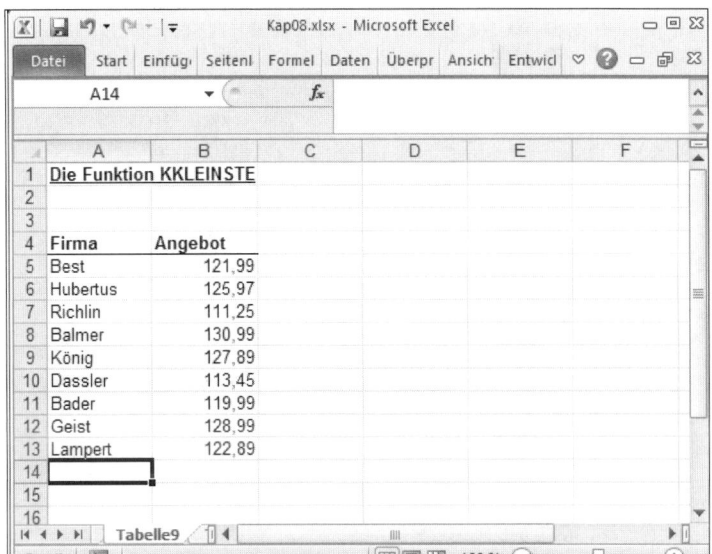

Abbildung 8.16: Welche zwei Angebote sind am billigsten?

Um die Namen sowie die konkreten Angebote aus der Liste herauszuziehen, verfahren Sie wie folgt:

1. Erfassen Sie in Zelle **D5** die Formel
   =INDEX($A$5:$A$13;VERGLEICH(KKLEINSTE ($B$5:$B$13;1);$B$5:$B$13;0)), um den Namen des Anbieters mit dem besten Angebot zu ermitteln.

2. In Zelle **E5** schreiben Sie die Formel
   =KKLEINSTE($B$5:$B$13;1), um das beste Angebot aus der Liste abzufragen.

3. Erfassen Sie in Zelle **D6** die Formel
   =INDEX($A$5:$A$13;VERGLEICH(KKLEINSTE ($B$5:$B$13;2);$B$5:$B$13;0)), um den Namen des Anbieters mit dem zweitbesten Angebot zu ermitteln.

4. In Zelle **E6** geben Sie die Formel
   =KKLEINSTE($B$5:$B$13;2) ein, um das zweitbeste Angebot zu erhalten.

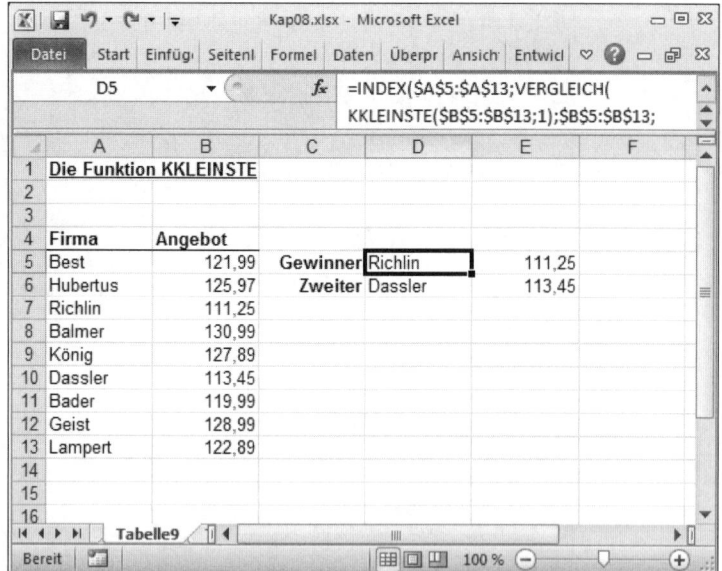

Abbildung 8.17: Die Firma Richlin macht das beste Angebot

Die Tabellenfunktion MITTELWERT

Mit der Tabellenfunktion **MITTELWERT** können Sie den Mittelwert der angegebenen Argumente bzw. Zellen ermitteln.

Die Syntax dieser Funktion lautet:

=MITTELWERT(Zahl1;Zahl2;...)

Geben Sie in den Argumenten **Zahl1**, **Zahl2**, ... (bis zu 30 Argumenten) die Zahlen oder Zellen an, deren Mittelwert Sie berechnen möchten.

Mittelwert der höchsten Werte bilden

In der folgenden Aufgabe werden aus einer Liste mit Maschinenauslastungsdaten die drei größten Auslastungen ermittelt und davon der Mittelwert gebildet. Sehen Sie sich davor die Ausgangssituation in **Abbildung 8.18** an.

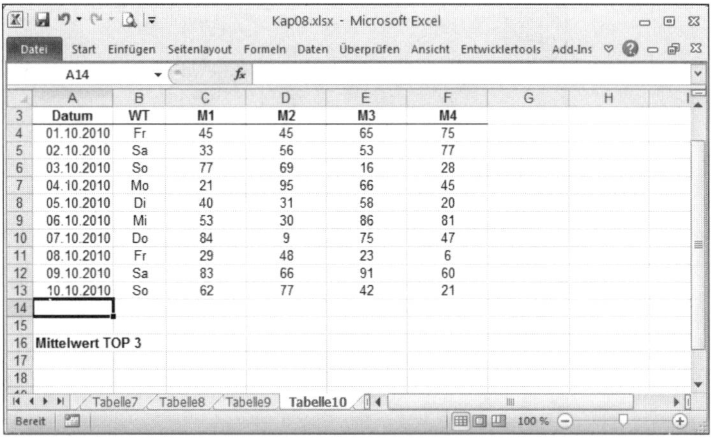

	A	B	C	D	E	F
3	Datum	WT	M1	M2	M3	M4
4	01.10.2010	Fr	45	45	65	75
5	02.10.2010	Sa	33	56	53	77
6	03.10.2010	So	77	69	16	28
7	04.10.2010	Mo	21	95	66	45
8	05.10.2010	Di	40	31	58	20
9	06.10.2010	Mi	53	30	86	81
10	07.10.2010	Do	84	9	75	47
11	08.10.2010	Fr	29	48	23	6
12	09.10.2010	Sa	83	66	91	60
13	10.10.2010	So	62	77	42	21
14						
15						
16	Mittelwert TOP 3					
17						
18						

Abbildung 8.18: Der Mittelwert der größten drei Auslastungen/Maschine soll ermittelt werden

Diese Aufgabe lösen Sie, indem Sie die Tabellenfunktion **KGRÖSSTE** sowie die Funktion **MITTELWERT** kombiniert einsetzen. Um die dafür notwendigen Rechenschritte auf einmal durchzuführen, verfahren Sie wie folgt:

1. Markieren Sie den Datenbereich **C16:F16**.
2. Erfassen Sie die Formel **=MITTELWERT(KGRÖSSTE(C$4:C$13;1);KGRÖSSTE (C$4:C$13;2);KGRÖSSTE(C$4:C$13;3))**.
3. Schließen Sie die Formel über die Tastenkombination [Strg] + [↵] ab.

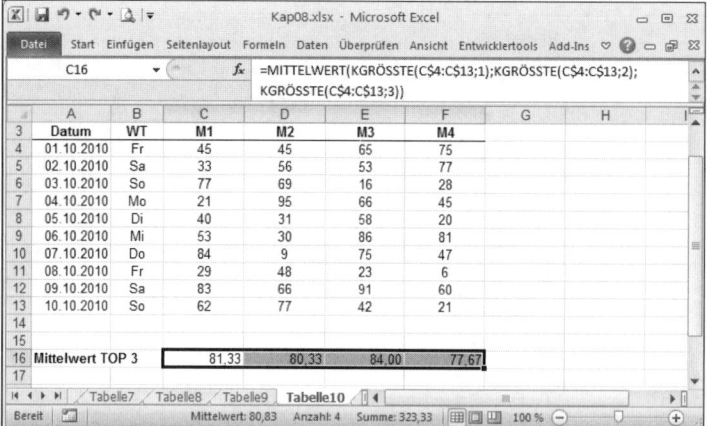

Abbildung 8.19: Die Mittelwerte der drei höchsten Auslastungen/Maschine wurden gebildet

Hin und wieder sollten Sie die Ergebnisse der Formeln auch einmal testen. In diesem Fall gehen Sie dabei wie folgt vor:

1. Markieren Sie in Spalte **C** die Zellen mit den drei höchsten Werten. Um diese Zellen einzeln zu markieren, halten Sie die Taste Strg gedrückt. Im Beispiel sind das die Zellen **C6**, **C10** und **C12**.

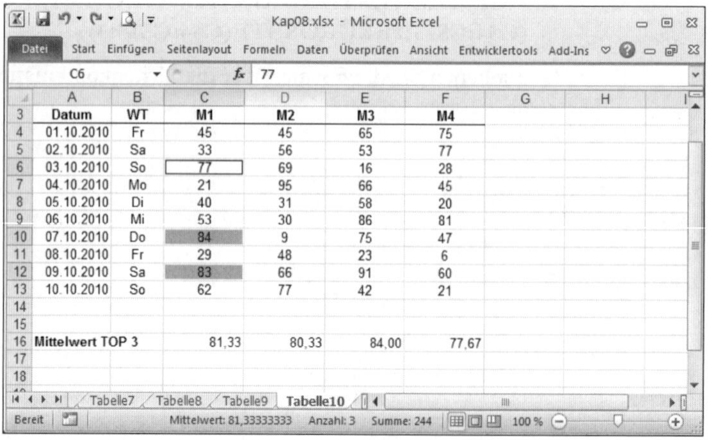

Abbildung 8.20: Das Kontextmenü der Statusleiste nutzen

2. Werfen Sie einen Blick in die Statusleiste und vergleichen Sie den Mittelwert dort mit dem Mittelwert aus Zelle **C16**.

Mittelwertbildung ohne Berücksichtigung von Nullwerten

Bei der nächsten Praxisaufgabe liegt eine Jahrestabelle vor. In dieser Tabelle sind vorab schon einmal die Monate **Januar** bis **Dezember** eingetragen. Daten liegen aber nur für die Monate **Januar** bis **August** vor. Die restlichen Monate haben noch Nullwerte. Zur besseren Veranschaulichung sehen Sie sich **Abbildung 8.21** an.

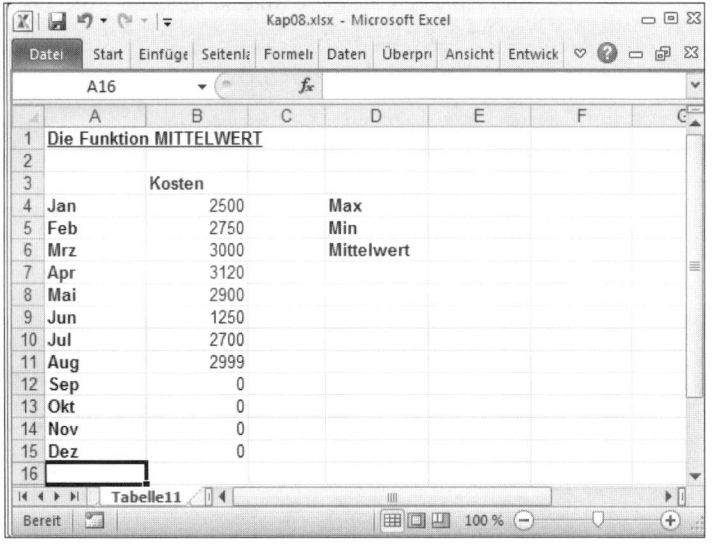

Abbildung 8.21: Jahreskosten auswerten

Für Sie von Interesse sind die Durchschnittskosten des Jahres. Da aber in den Monaten September bis Dezember noch keine Daten vorliegen, verfälschen die vier Nullwerte das Ergebnis. Ebenso tritt dieses Problem auch bei der Tabellenfunktion **MIN** auf, wenn Sie versuchen, die niedrigsten Kosten im Jahr zu ermitteln. In beiden Fällen wird die Null berücksichtigt. Selbstverständlich könnten Sie die Zellenbezüge jeweils bis zu dem Monat angeben, bei dem noch Daten vorhanden sind. Dies hat aber den Nachteil, dass Sie jeden Monat Ihre Zellenbezüge anpassen müssen. Gehen Sie stattdessen wie folgt vor:

1. Ermitteln Sie zunächst die größten Kosten im Jahr über die normale Formel **=MAX($B$4:$B$15)**, die Sie in Zelle **E4** eingeben.

2. Bei den nächsten beiden Zellen setzen Sie Matrixfunktionen ein. Erfassen Sie zunächst in Zelle **E5** die Matrixformel **=MIN(WENN($B$4:$B$15<>0;$B$4:$B$15))**.

3. Schließen Sie die Matrixformel über die Tastenkombination ⌈Strg⌉ + ⌈⇧⌉ + ⌈↵⌉ ab.

4. Geben Sie in Zelle **E6** die Matrixformel **=MITTELWERT(WENN($B$4:$B$15<>0;$B$4:$B$15))** ein und schließen Sie diese Matrixformel über die Tastenkombination ⌈Strg⌉ + ⌈⇧⌉ + ⌈↵⌉ ab.

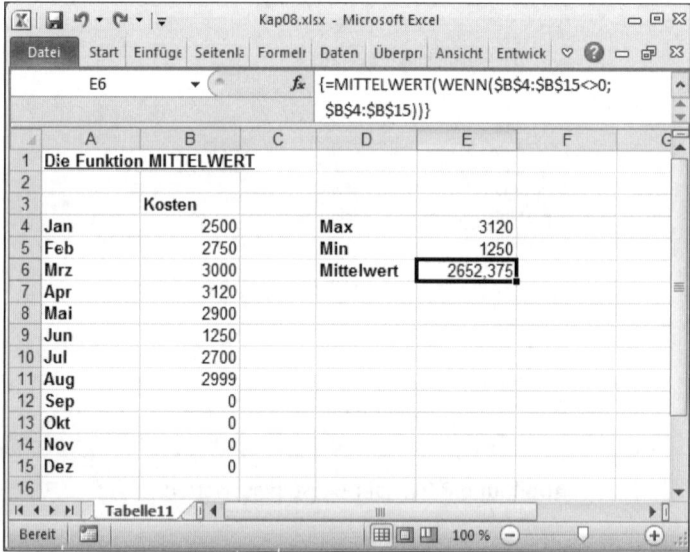

Abbildung 8.22: Die Nullwerte wurden nicht berücksichtigt

Mittelwert bei einer gefilterten Liste bilden

Problematisch ist die Mittelwertbildung dann, wenn Sie versuchen, die Tabellenfunktion **MITTELWERT** auf eine gefilterte Liste anzuwenden. Schnell werden Sie erkennen, dass auch die ausgeblendeten Zeilen in die Mittelwertsberechnung mit eingehen, was natürlich nicht erwünscht ist. Sehen Sie sich zunächst die Liste aus **Abbildung 8.23** an.

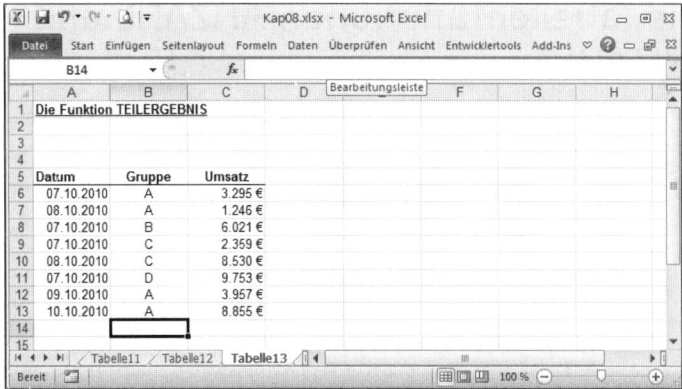

Abbildung 8.23: Die noch ungefilterte Ausgangsliste

Bedienen Sie den Filter in Zelle **B5** und stellen Sie die Gruppe **A** ein. Ermitteln Sie danach den Mittelwert der gefilterten Liste, indem Sie folgendermaßen vorgehen:

1. Setzen Sie den Mauszeiger in Zelle **C16**.

2. Erfassen Sie die Formel **=TEILERGEBNIS(1;C6:C13)**.

3. Kontrollieren Sie das Ergebnis, indem Sie die einzelnen Zellen mit der linken Maustaste sowie der Taste Strg markieren.

4. Werfen Sie einen Blick in die Statusleiste und vergleichen Sie den dort angezeigten Mittelwert mit dem Mittelwert in Zelle **C16**.

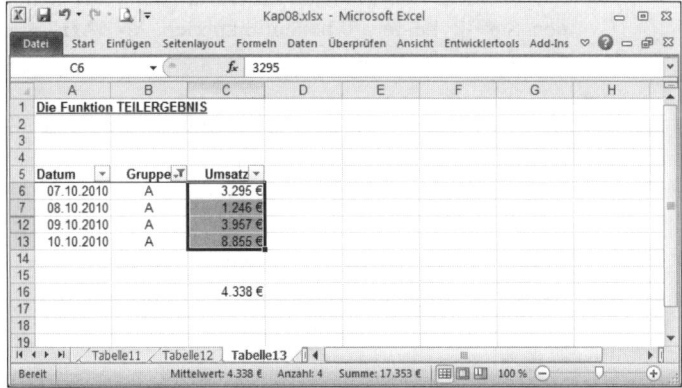

Abbildung 8.24: Der Mittelwert wurde richtig ermittelt

Die Tabellenfunktionen ANZAHL und ANZAHL2

Mit der Tabellenfunktion **ANZAHL** können Sie ermitteln, wie viele Zahlen eine Liste von Argumenten enthält.

Die Syntax dieser Funktion lautet:

=ANZAHL(Wert1;Wert2;...)

Geben Sie in den Argumenten **Wert1**, **Wert2**, ... (bis zu 30 Argumente) die einzelnen Zahlen bzw. die Zellenbereiche an, die die Zahlenwerte enthalten. Wenn Sie einen Zellenbereich als Argument angeben, darf dieser Bereich beispielsweise auch Texte enthalten, gezählt werden aber nur die Zahlenwerte.

Mit der Tabellenfunktion **ANZAHL2** können Sie ermitteln, wie viele Werte eine Liste von Argumenten enthält. Dabei werden allerlei Eingaben gezählt.

Die Syntax dieser Funktion lautet:

=ANZAHL2(Wert1;Wert2;...)

Geben Sie in den Argumenten **Wert1**, **Wert2**, ... (bis zu 30 Argumente) die Werte bzw. den Zellenbereich an, die Sie in die Zählung einbeziehen möchten. Gezählt werden alle eingegebenen Werte, nicht aber Leerzellen.

Anzahl der Textzellen zählen

Um in einem Zellenbereich die Anzahl der Textzellen zu zählen, können Sie die beiden Tabellenfunktionen **ANZAHL** und **ANZAHL2** gemeinsam einsetzen.

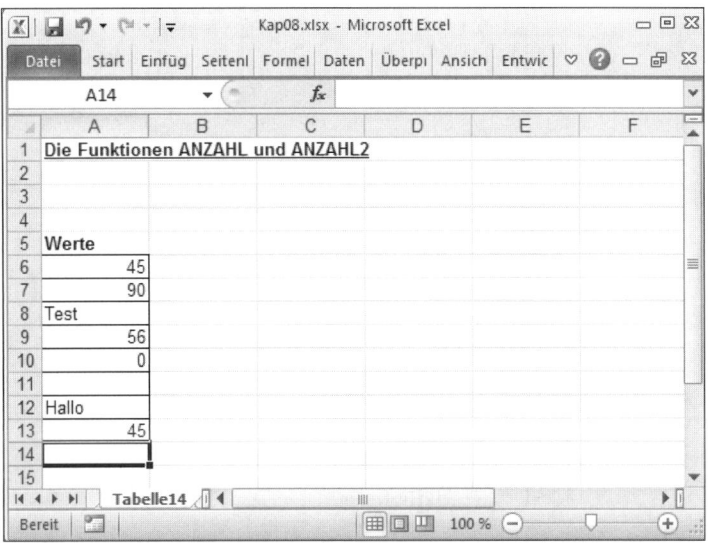

Abbildung 8.25: Die Textzellen sollen gezählt werden

Um die Textzellen im Zellenbereich **A6:A13** zu zählen, erfassen Sie in Zelle **A16** die Formel:

=ANZAHL2(A6:A13)-ANZAHL(A6:A13)

Um alle Zellen außer den Leerzellen im Bereich **A6:A13** zu zählen, verwenden Sie die Formel:

=ANZAHL2(A6:A13)

Um die Zellen im Bereich **A6:A13** zu zählen, die Zahlenwerte beinhalten, setzen Sie die Formel

=ANZAHL(A6:A13)

ein.

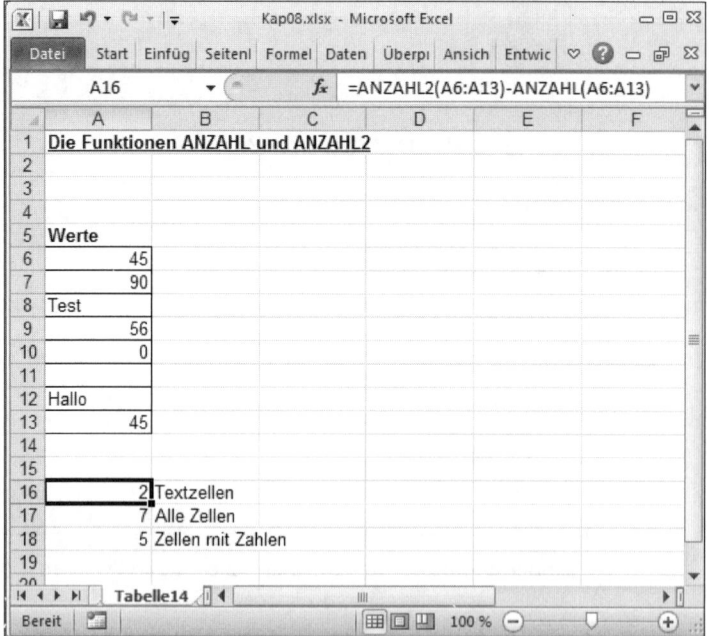

Abbildung 8.26: Verschiedene Zählweisen im Überblick

Einträge in gefilterten Listen zählen

Problematisch ist die Zählung von Sätzen dann, wenn Sie versuchen, die Tabellenfunktionen **ANZAHL** oder **ANZAHL2** auf eine gefilterte Liste anzuwenden. Schnell werden Sie erkennen, dass auch die ausgeblendeten Zeilen ebenso in die Zählung mit eingehen, was natürlich nicht erwünscht ist. Sehen Sie sich zunächst die Liste aus **Abbildung 8.27** an.

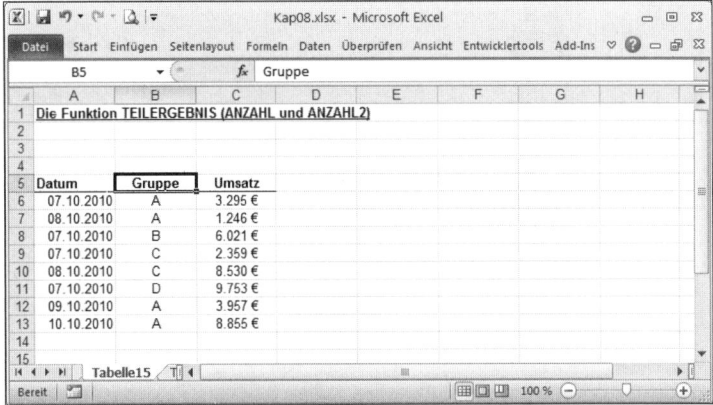

Abbildung 8.27: Die Ausgangssituation

Bedienen Sie den Filter in Zelle **B5** und stellen Sie die Gruppe **A** ein. Ermitteln Sie danach die Anzahl der gefilterten Sätze, indem Sie folgendermaßen vorgehen:

1. Setzen Sie den Mauszeiger in Zelle **B16**.

2. Erfassen Sie die Formel **=TEILERGEBNIS(3;B6:B13)**.

3. Setzen Sie den Mauszeiger in Zelle **C16**.

4. Erfassen Sie die Formel **=TEILERGEBNIS(2;C6:C13)**.

Wenn Sie bei der Tabellenfunktion **TEILERGEBNIS** im ersten Argument den Wert **3** angeben, dann verwendet diese Funktion intern die Tabellenfunktion **ANZAHL2**. Geben Sie stattdessen den Wert **2** an, wird die Tabellenfunktion **ANZAHL** bei der Berechnung zugrunde gelegt.

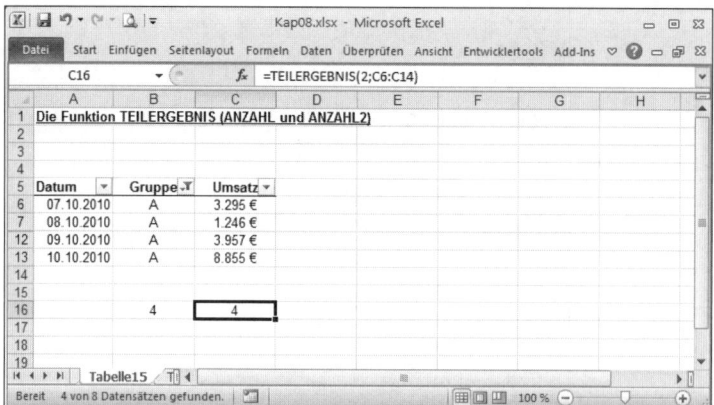

Abbildung 8.28: In Gruppe A werden vier Sätze gezählt

Ob Sie jetzt die Spalte **B** (Text) über **TEILERGEBNIS** (mit **ANZAHL2**) oder die Spalte **C** über das **TEILERGEBNIS** (mit **ANZAHL**) zählen, bleibt Ihnen überlassen. Beide liefern dasselbe Ergebnis.

Die Tabellenfunktion RANG

Mit der Tabellenfunktion **RANG** können Sie den Rang, den eine Zahl innerhalb einer Liste von Zahlen einnimmt, bestimmen.

Die Syntax dieser Funktion lautet:

=RANG(Zahl;Bezug;Reihenfolge)

Geben Sie im Argument die Zahl an, deren Rangzahl Sie bestimmen möchten.

Im Argument **Bezug** wird ein Bezug auf eine Liste von Zahlen angegeben.

Im Argument **Reihenfolge** geben Sie eine Zahl ein, die festlegt, wie der Rang von **Zahl** bestimmt werden soll. Ist **Reihenfolge** mit 0 belegt oder nicht angegeben, bestimmt Microsoft Excel den Rang von **Zahl** so, als wäre **Bezug** eine in absteigender Reihenfolge sortierte Liste. Ist **Reihenfolge** mit einem Wert ungleich 0 belegt, bestimmt Microsoft Excel den **Rang** von **Zahl** so, als wäre **Bezug** eine aufsteigend sortierte Liste.

Die Rangfolge bestimmen

In der folgenden Aufgabe liegt eine Liste mit Tagesumsätzen vor. Ihre Aufgabe besteht nun darin, zu bestimmen, welche Tage sehr gut, welche gut und welche weniger gut waren. Sehen Sie sich dazu zunächst **Abbildung 8.29** an.

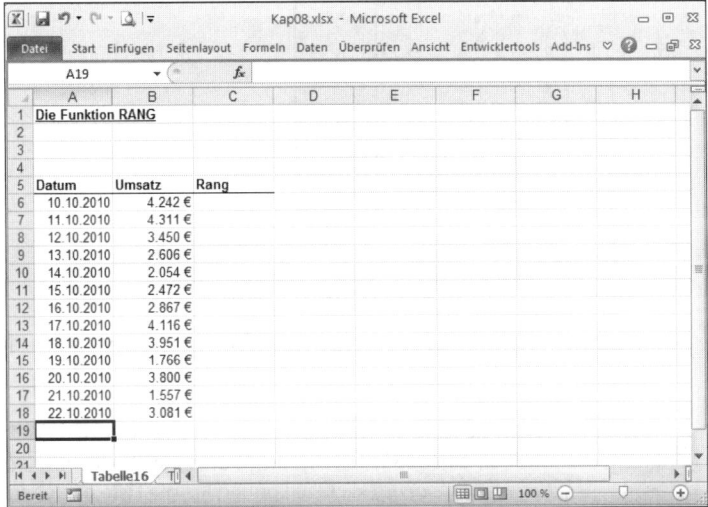

Abbildung 8.29: Die Rangfolge der Umsätze bestimmen

Um die Reihenfolge der Tagesumsätze zu bestimmen, verfahren Sie wie folgt:

1. Markieren Sie den Zellenbereich **C6:C18**.

2. Erfassen Sie die Formel **=RANG(B6;$B$6:$B$18)**.

3. Schließen Sie die Formel über die Tastenkombination [Strg] + [↵] ab.

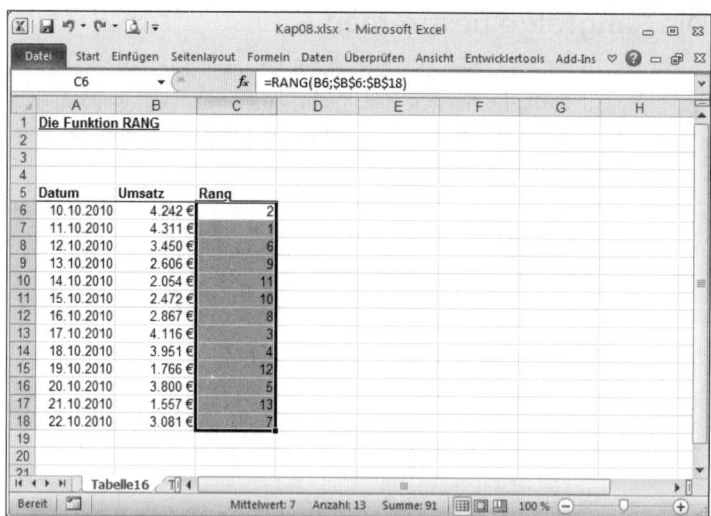

Abbildung 8.30: Die Rangfolge der Umsätze wurde bestimmt

Wenn Sie jetzt eine beliebige Zelle im Zellenbereich **C6:C18** markieren und mit einem Klick im Ribbon *Daten* auf das Symbol *nach Größe sortieren (Aufsteigend)* klicken, können Sie die Liste nach dem Rang sortieren.

Die Tabellenfunktion HÄUFIGKEIT

Mit der Tabellenfunktion **HÄUFIGKEIT** können Sie eine Häufigkeitsverteilung von Excel ausrechnen lassen.

Die Syntax dieser Funktion lautet:

=HÄUFIGKEIT(Daten;Klassen)

Geben Sie im Argument **Daten** den Bezug auf eine Wertemenge an, deren Häufigkeiten Sie zählen möchten.

Im Argument **Klassen** geben Sie die Intervallgrenzen an, nach denen Sie die in den Daten enthaltenen Werte einordnen möchten.

Stückzahlproduktion auswerten

In der folgenden Aufgabe werden über einen längeren Zeitraum hinweg die täglich von Maschinen produzierten Stückzahlen in einer Excel-Tabelle eingegeben.

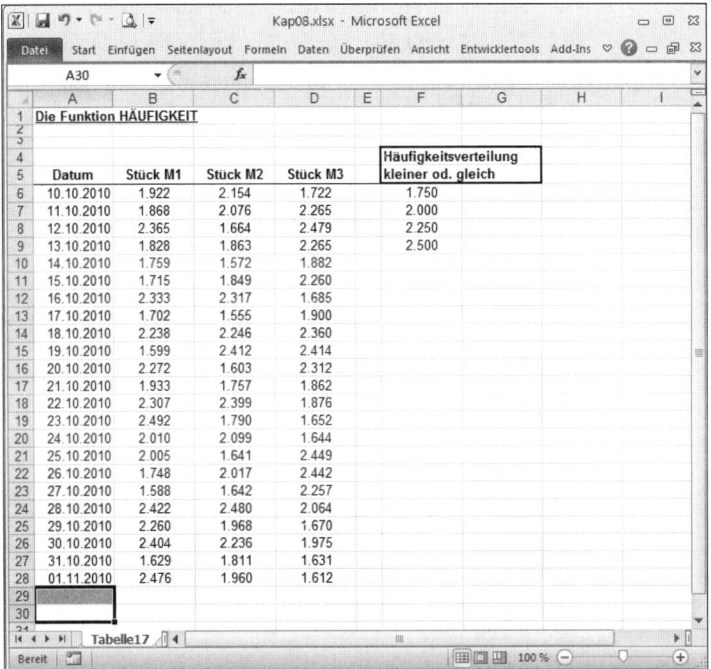

Abbildung 8.31: Die täglich von Maschinen produzierten Stückzahlen

In der Liste aus **Abbildung 8.31** sind die täglich von drei Maschinen produzierten Stückzahlen eingetragen. Ihre Aufgabe besteht nun darin, die Verteilung der Stückzahlen innerhalb bestimmter Wertgruppen zu bestimmen. Dabei möchten Sie die Daten nach folgenden Gruppen auswerten:

✔ Stückzahlen bis 1.750

✔ Stückzahlen bis 2.000

✔ Stückzahlen bis 2.250

✔ Stückzahlen bis 2.500

Um diese Aufgabe zu lösen, verfahren Sie wie folgt:

1. Markieren Sie den Zellenbereich **G6:G9**.

2. Erfassen Sie die Matrixformel
   =HÄUFIGKEIT($B$6:$B$28;$F$6:$F$9).

3. Schließen Sie die Matrixformel über die Tastenkombination Strg
   + ⇧ + ⏎ ab.

4. Ziehen Sie das Ausfüllkästchen aus Zelle **G9** nach rechts bis in
   Zelle **I9**.

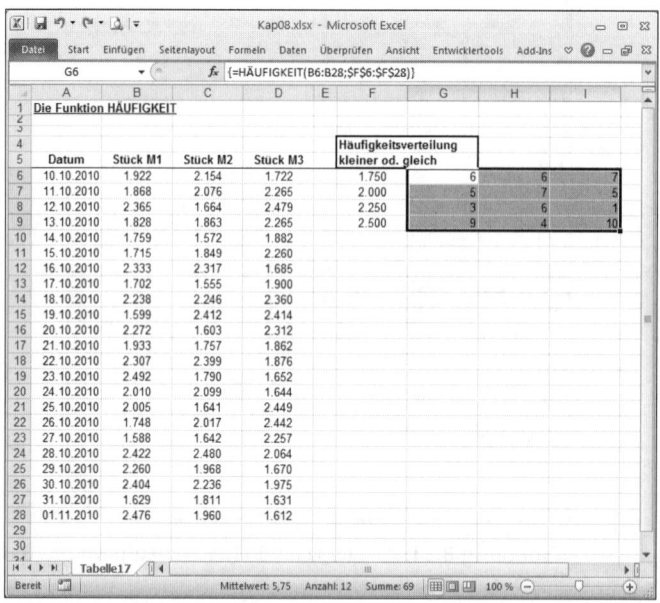

Abbildung 8.32: Die Verteilung liegt vor

An 6 Tagen wurden bis zu 1.750 Stück auf der Maschine 1 produziert. 5 Stück wurden im Wertebereich zwischen 1.751 und 2.000 produziert.

Telefongespräche auswerten

In einer Firma werden alle Telefonanrufe in der Hotline festgehalten. Dabei wird das Datum sowie die Uhrzeit und der Name des Kunden in einer Excel-Liste dokumentiert.

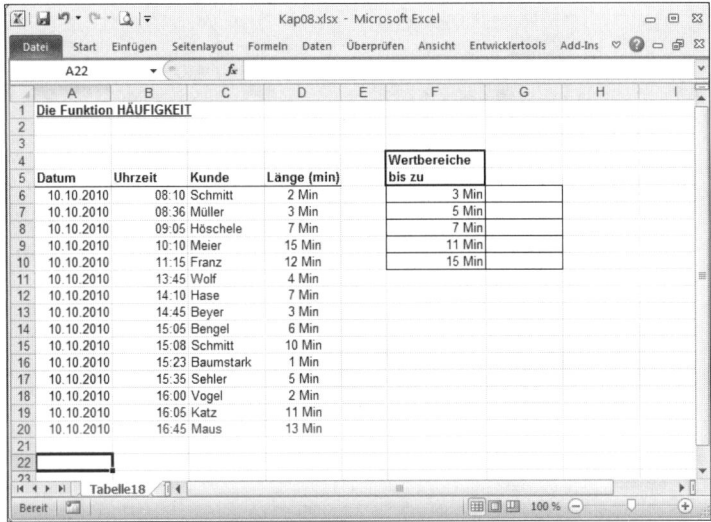

Abbildung 8.33: Die dokumentierten Telefongespräche

Die Telefondaten sollen nun ausgewertet werden. Dabei möchte man wissen, in welchem Minutenumfang die meisten Gespräche geführt werden. Dazu haben Sie sich folgende Gruppen gebildet:

✔ Gespräche bis zu 3 Minuten

✔ Gespräche über 3 Minuten bis zu 5 Minuten

✔ Gespräche über 5 Minuten bis zu 7 Minuten

✔ Gespräche über 7 Minuten bis zu 11 Minuten

✔ Gespräche über 11 Minuten bis zu 15 Minuten

Um die Häufigkeitsverteilung der Telefongespräche in diesen Gruppen auszuwerten, verfahren Sie wie folgt:

1. Markieren Sie den Zellbereich **G6:G10**.

2. Erfassen Sie die Matrixformel
   =HÄUFIGKEIT(D6:D20;$F$6:$F$10).

3. Schließen Sie die Matrixformel über die Tastenkombination ⌷Strg⌷ + ⌷⇧⌷ + ⌷⏎⌷ ab.

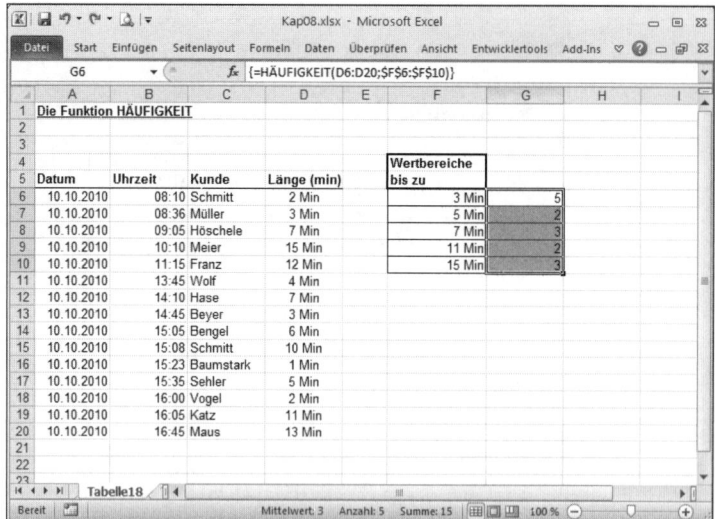

Abbildung 8.34: Die Kurzgespräche sind am häufigsten

Die Tabellenfunktion MEDIAN

Mit der Tabellenfunktion **MEDIAN** können Sie den Median der angegebenen Zahlen ermitteln. Unter dem Median versteht man die Zahl, die in der Mitte einer Zahlenreihe liegt. Das heißt, die eine Hälfte der Zahlen hat Werte, die kleiner sind als der Median, und die andere Hälfte hat Werte, die größer sind als der Median.

Die Syntax dieser Funktion lautet:

=MEDIAN(Zahl1;Zahl2;...)

Geben Sie in den Argumenten **Zahl1**, **Zahl2**, ... (bis zu 30 Zahlen) die Werte oder Zellenbezüge an, deren Median Sie berechnen möchten.

Durchschnittsumsatz mit dem Median errechnen

In der folgenden Aufgabe sind Umsätze über ein Jahr hinweg in einer Tabelle erfasst worden. Um den Median zu bilden, geben Sie in Zelle **A8** die Formel **=MEDIAN(B5:M5)** ein.

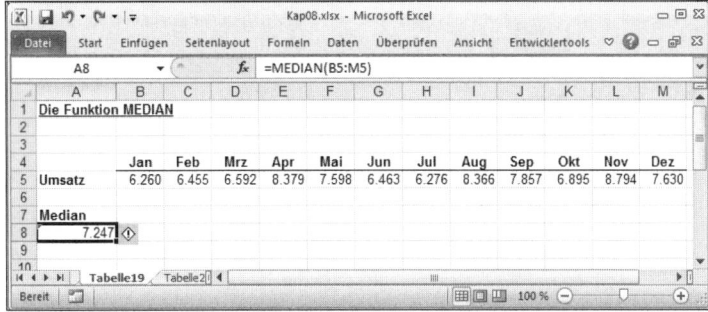

Abbildung 8.35: Den Median über ein Jahr bilden

Die Tabellenfunktion QUARTILE

Mit der Tabellenfunktion **QUARTILE** können Sie die Quartile einer Datengruppe zurückgeben. Quartile werden häufig bei Verkaufs- oder Umfragedaten verwendet, um die Grundgesamtheiten in Gruppen einzuteilen.

Die Syntax dieser Funktion lautet:

=QUARTILE(Matrix;Quartil)

Geben Sie im Argument **Matrix** den Zellbereich numerischer Werte an, deren Quartile Sie bestimmen möchten.

Im Argument **Quartil** können Sie bestimmen, welches Quartil ausgegeben werden soll. Orientieren Sie sich dabei an der **Tabelle 8.1**.

Quartil	Bedeutung
0	Minimalwert
1	Das untere Quartil (25%-Quantil)
2	Der Median (50%-Quantil)
3	Das obere Quartil (75%-Quantil)
4	Maximalwert

Tabelle 8.1: Die Quartile und ihre Bedeutung

Besuchsstatistik durchführen

In der folgenden Aufgabe werden Kundenbesuche, die in einem Jahr durchgeführt wurden, in einer Excel-Liste eingetragen.

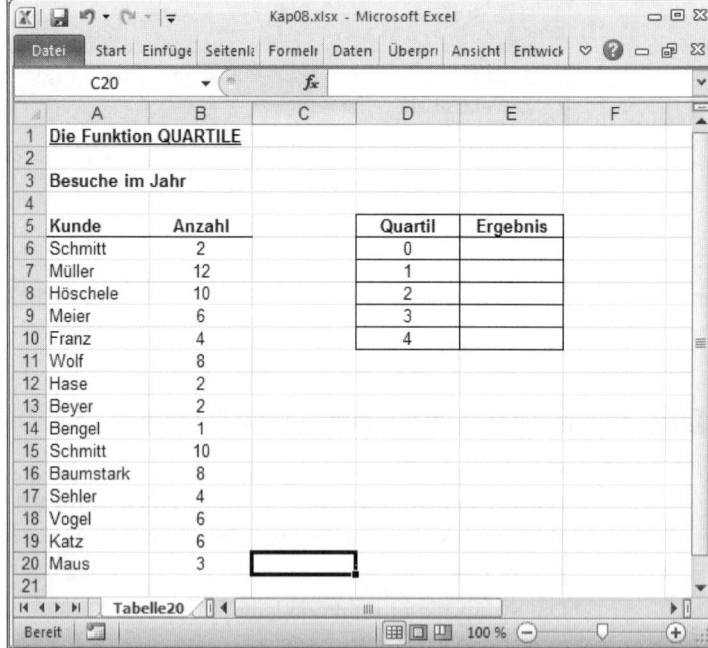

Abbildung 8.36: Die Kundenbesuche in einem Jahr

Die Aufgabe besteht nun darin, die unterschiedlichen Quartile zu errechnen. Dabei befolgen Sie die nächsten Arbeitsschritte:

1. Markieren Sie den Zellenbereich **E6:E10**.

2. Erfassen Sie die Formel **=QUARTILE($B$6:$B$20;D6)**.

3. Schließen Sie die Formel über die Tastenkombination $\boxed{\text{Strg}}$ + $\boxed{\longleftarrow}$ ab.

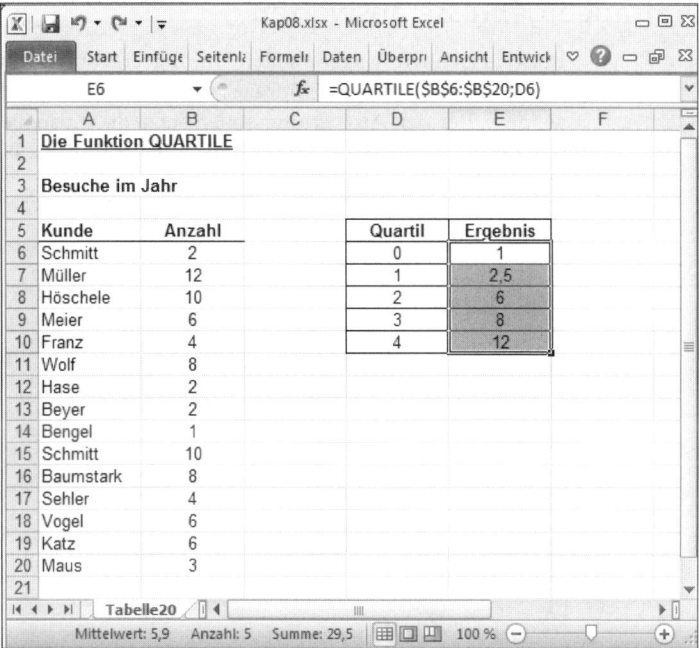

Abbildung 8.37: Die Quartile der Kundenbesuche

Die Tabellenfunktion GESTUTZTMITTEL

Mit der Tabellenfunktion **GESTUTZTMITTEL** können Sie den Mittelwert einer Datengruppe ermitteln, ohne die Randwerte zu berücksichtigen. Die Funktion berechnet den Mittelwert einer Teilmenge der Datenpunkte, die darauf basiert, dass entsprechend des jeweils angegebenen Prozentsatzes die kleinsten und größten Werte der ursprünglichen Datenpunkte ausgeschlossen werden.

Die Syntax dieser Funktion lautet:

=GESTUTZTMITTEL(Matrix;Prozent)

Geben Sie im Argument **Matrix** eine Gruppe von Werten an, die ohne ihre Ausreißer gemittelt werden.

Im Argument **Prozent** geben Sie den Prozentsatz der Datenpunkte an, die nicht in die Bewertung eingehen sollen.

Umfrageergebnisse auswerten

In der folgenden Aufgabe sollen Umfrageergebnisse ausgewertet werden. Dabei können pro Umfrage zwischen 10 und 50 Punkten erzielt werden. Bei der Auswertung sollen jetzt die Ausreißerwerte ausgeschlossen werden. Sehen Sie sich dazu **Abbildung 8.38** an.

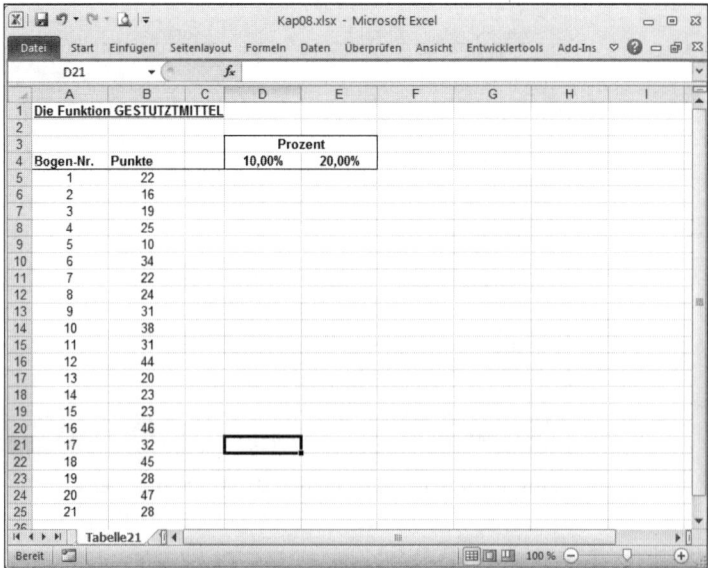

Abbildung 8.38: Diese Umfrageergebnisse sollen ausgewertet werden

Um diese Umfrageergebnisse auszuwerten, eliminieren Sie im ersten Fall 10% und im zweiten Fall 20% der Extremwerte. Dabei verfahren Sie wie folgt:

1. Markieren Sie den Datenbereich **D5:E5**.

2. Erfassen Sie die Formel **=GESTUTZTMITTEL($B$5:$B$25;D$4)**.

3. Schließen Sie die Formel über die Tastenkombination [Strg] + [↵] ab.

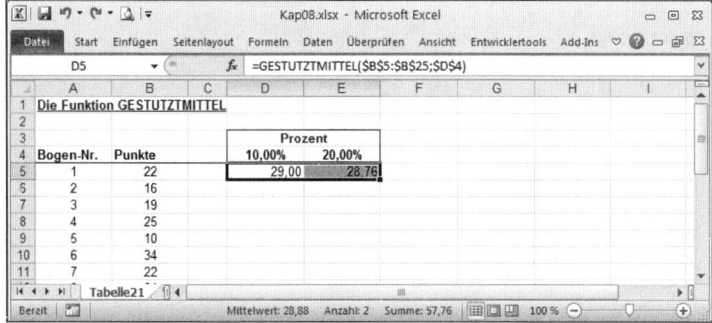

Abbildung 8.39: Es wurden 29,00 bzw. 28,76 Punkte im bereinigten Durchschnitt erreicht

9 Funktionen für die Finanzmathematik

In diesem Kapitel lernen Sie die Tabellenfunktionen der Finanzmathematik kennen. Darunter gibt es Funktionen, über die Sie die Abschreibung von Wirtschaftsgütern oder die Zins- und Tilgungsbelastung von Krediten errechnen können.

Die Tabellenfunktion BW

Bei der Investitionsrechnung mit Excel können Sie über die Tabellenfunktion **BW** errechnen, ob sich eine Investition für Sie lohnt oder nicht. Dabei errechnet Ihnen Excel anhand einiger Parameter exakt den Preis, den Sie für eine neue Investition ausgeben dürfen, um nicht in den Verlustbereich zu geraten. Über dieselbe Funktion können Sie auch mehrere Investitionen miteinander vergleichen und sich für die profitabelste entscheiden.

Selbstverständlich können Sie auch eine komplexere Investitionsrechnung mit Excel zusammenbasteln. Dabei erfassen Sie sämtliche Kosten und Erträge/Einsparungen, die diese Investition mit sich bringt, in einer Tabelle und werten diese danach aus.

Die Tabellenfunktion **BW()** gibt den Barwert einer Investition zurück. Der Barwert ist der gegenwärtige Wert der Reihe zukünftiger Zahlungen, die aus der Investition zurückfließen.

Die Syntax der Funktion lautet:

=BW(Zins; Zzr; RMZ; Zw;F)

Das Argument **Zins** ist der Zinssatz pro Periode (Zahlungszeitraum).

Das Argument **Zzr** gibt an, über wie viele Perioden die jeweilige Annuität (Rente) gezahlt wird (Zzr = Anzahl der Zahlungszeiträume).

Das Argument **RMZ** ist der Betrag (die Annuität), der in den einzelnen Perioden gezahlt wird. Dieser Betrag bleibt während der Laufzeit konstant.

Das Argument **Zw** ist der zukünftige Wert (Endwert) oder der Kassenbestand, den Sie nach der letzten Zahlung erreicht haben möchten.

Das Argument **F** kann den Wert **0** oder **1** annehmen und gibt an, wann die Zahlungen fällig sind (F = Fälligkeit). Geben Sie den Wert **0** an, wenn die Zahlung am Ende der Periode fällig ist. Beim Wert **1** ist die Zahlung zu Beginn der Periode fällig.

Was darf eine Investition kosten?

In der folgenden Aufgabe wird errechnet, wie viel eine Investition maximal kosten darf, damit sie für Sie noch einen Gewinn abwirft.

Gehen Sie dabei von folgenden Ansätzen aus:

✔ Die Investition erwirtschaftet in den nächsten fünf Jahren einen jährlichen Ertrag von 55.000 Euro.

✔ Um die Investition zu tätigen, benötigen Sie einen Kredit zu einem Zinssatz von 7,20%.

Legen Sie nun eine Tabelle nach folgendem Vorbild an:

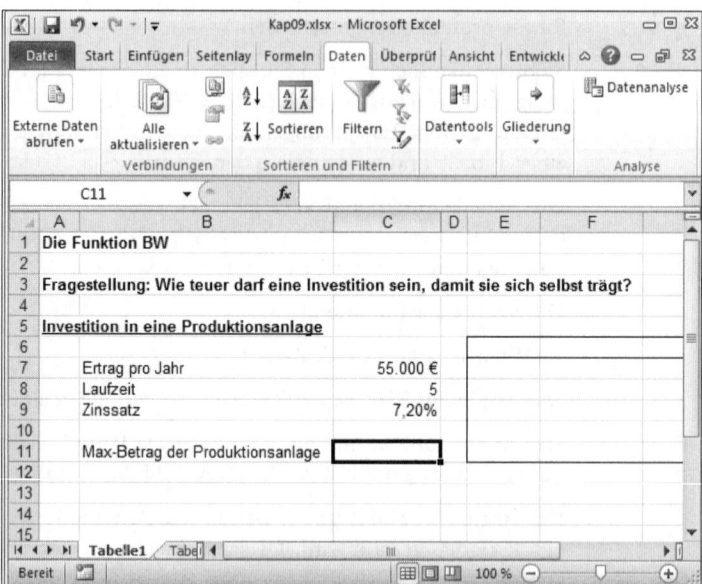

Abbildung 9.1: Welcher Betrag darf investiert werden?

Erfassen Sie jetzt die Formel **=BW(C9;C8;C7)** in Zelle **C11**.

Als Ergebnis erhalten Sie den Betrag, den eine Investition maximal kosten darf, damit Sie keinen Verlust erleiden. Beim Betrag von 224.308 Euro machen Sie weder Verlust noch Gewinn aus der Investition.

Rechnen Sie jetzt nach, ob diese Tabellenfunktion richtig gearbeitet hat. Dazu setzen Sie den Mauszeiger auf Zelle **F7** und verknüpfen damit die Ergebniszelle **C11**. Orientieren Sie sich dabei an der folgenden Abbildung:

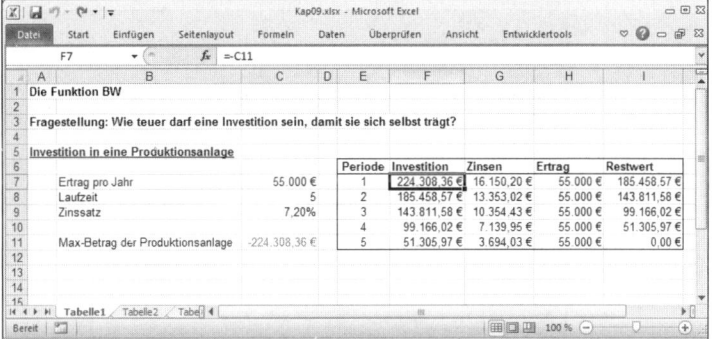

Abbildung 9.2: Die Kontrolle der Tabellenfunktion BW

Erfassen Sie jetzt die Formeln aus Tabelle 1.

Zelle	Formel
F7	=-C11
G7	=F7*$C$9
H7	=$C$7
I7	=F7+G7-H7
F8	=I7
G8	=F8*$C$9
usw.	

Tabelle 9.1: Die verwendeten Formeln

Wenn Sie alle Formeln richtig erfasst haben, dann müsste in Zelle **I11** der Wert **0** herauskommen.

Investitionen vergleichen

Die Tabellenfunktion **BW** können Sie auch direkt verwenden, wenn Sie mehrere Investitionen miteinander vergleichen möchten. Dabei geben Sie die Ihnen bekannten Daten wie die Investitionssumme, den Zinssatz, die voraussichtliche Nutzungsdauer sowie den zu erwartenden jährlichen Ertrag der Investition in eine Tabelle ein.

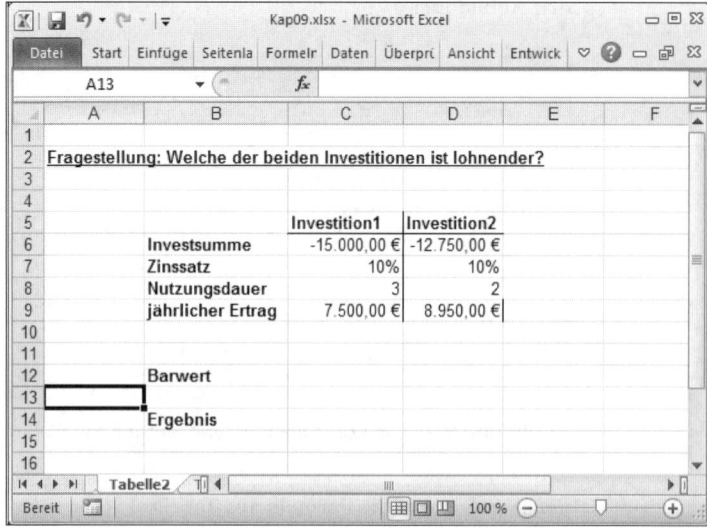

Abbildung 9.3: Welche Investition ist lohnender?

Um die bessere Investition zu ermitteln, verfahren Sie wie folgt:

1. Markieren Sie den Zellenbereich **C12:D12**.

2. Erfassen Sie die Formel **=BW(C7;C8;C9)**.

3. Bestätigen Sie die Eingabe, indem Sie die Tastenkombination Strg + ⏎ drücken.

4. Markieren Sie den Zellenbereich **C14:D14**.

5. Erfassen Sie die Formel **=C12-C6**.

6. Bestätigen Sie die Eingabe, indem Sie die Tastenkombination Strg + ⏎ drücken.

Abbildung 9.4: Die Investition 1 bringt mehr

Die lohnendere Investition ist die, die ein höheres Ergebnis liefert. Die Minuszeichen haben dabei keine Aussagekraft.

Die Tabellenfunktion DIA

Mit der Tabellenfunktion **DIA** können Sie die arithmetisch-degressive Abschreibung eines Wirtschaftsgutes für eine bestimmte Periode ermitteln.

Die Syntax dieser Funktion lautet:

=DIA(Ansch_Wert;Restwert;Nutzungsdauer;Zr)

Im Argument **Ansch_Wert** werden die Anschaffungskosten eines Wirtschaftsgutes angegeben.

Im Argument **Restwert** geben Sie den Restwert nach Ablauf der Nutzungsdauer an.

Über das Argument **Nutzungsdauer** wird die Anzahl der Perioden, über die das Wirtschaftsgut abgeschrieben wird, erfasst.

Im optionalen Argument **Zr** wird die Periode angegeben. Dabei muss dieselbe Zeiteinheit wie die Nutzungsdauer verwendet werden.

Die degressive Abschreibung errechnen

In der nächsten Aufgabe wird die degressive Abschreibung einer Maschine ermittelt. Dabei liegen die Anschaffungskosten, die geplante Nutzungsdauer sowie der Restwert der Maschine vor. Orientieren Sie sich an **Abbildung 9.5**.

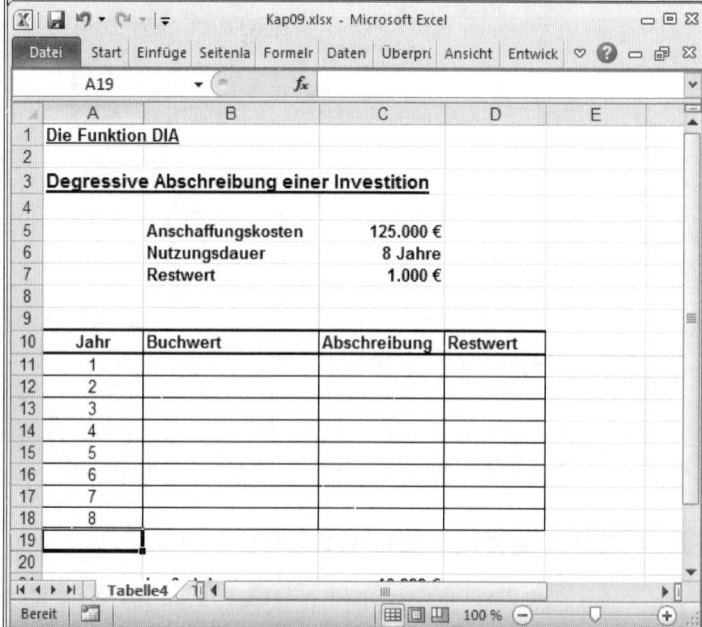

Abbildung 9.5: Die degressive Abschreibung soll ermittelt werden

Um jetzt die Abschreibungsbeträge zu errechnen, gehen Sie wie folgt vor:

1. Tragen Sie in Zelle **B11** die Formel **=C5** ein.

2. In Zelle **C11** ermitteln Sie den ersten Abschreibungsbetrag und erfassen dazu die Formel **=DIA($C$5;$C$7;$C$6;A11)**.

3. Den Restwert nach dem ersten Jahr in Zelle **D11** ermitteln Sie über die Formel **=B11-C11**.

4. Übertragen Sie nun diesen Restwert als Startwert für das zweite Jahr. Geben Sie dazu in Zelle **B12** die Formel **=D11** ein.

5. Ziehen Sie die Zelle **B12** über das Ausfüllkästchen bis in Zelle **B18** herunter.

6. Die Formeln für die Abschreibungen aus Spalte **C** kopieren Sie wie auch die Formeln der Spalte **D** ebenfalls jeweils über das Ausfüllkästchen nach unten.

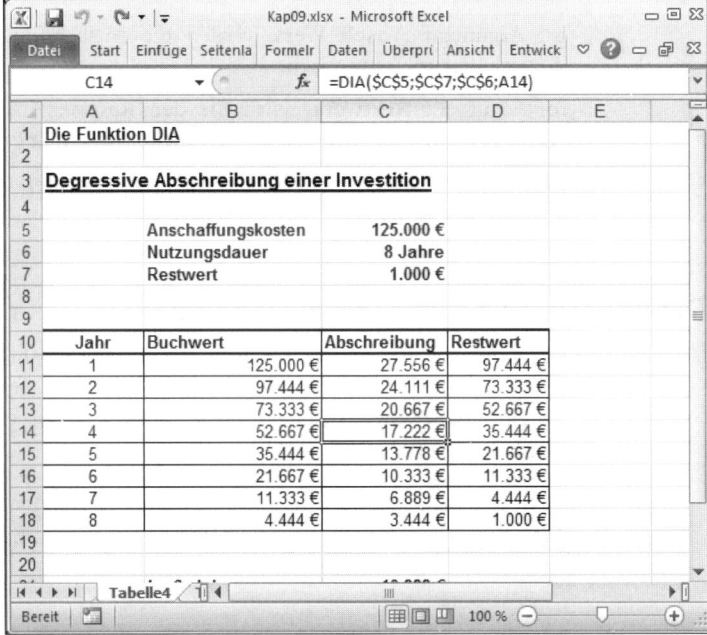

Abbildung 9.6: Nach acht Jahren beträgt der Restwert 1.000 Euro

Möchten Sie die Tabellenfunktion **DIA** direkt anwenden, um beispielsweise den Abschreibungsbetrag im sechsten Jahr zu ermitteln, dann muss das letzte Argument mit angegeben werden. Die Formel lautet dann:

=DIA($C$5;$C$7;$C$6;6)

Die Tabellenfunktion LIA

Mit der Tabellenfunktion **LIA** können Sie die lineare Abschreibung eines Wirtschaftsgutes pro Periode ermitteln.

Die Syntax dieser Funktion lautet:

=LIA(Ansch_Wert;Restwert;Nutzungsdauer)

Im Argument **Ansch_Wert** werden die Anschaffungskosten eines Wirtschaftsgutes angegeben.

Im Argument **Restwert** geben Sie den Restwert nach Ablauf der Nutzungsdauer (häufig auch als Schrottwert bezeichnet) an.

Im Argument **Nutzungsdauer** wird die Anzahl der Perioden, über die das Wirtschaftsgut abgeschrieben wird (auch als Lebensdauer bezeichnet), angegeben.

Die lineare Abschreibung errechnen

In der nächsten Aufgabe wird die lineare Abschreibung einer Maschine ermittelt. Dabei liegen die Anschaffungskosten, die geplante Nutzungsdauer sowie der Restwert der Maschine vor. Orientieren Sie sich an **Abbildung 9.7**.

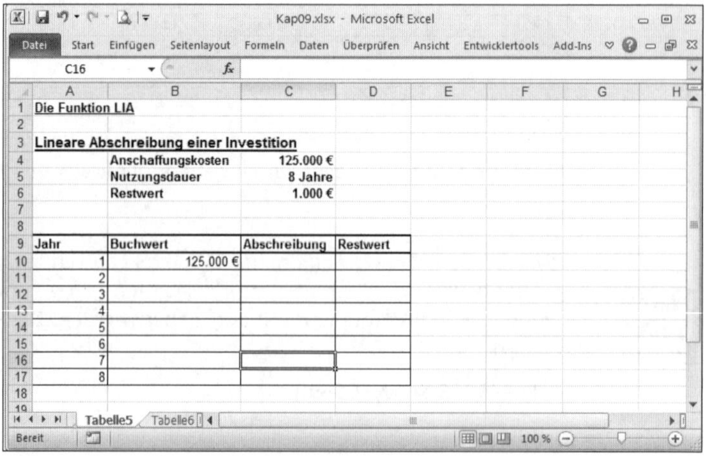

Abbildung 9.7: Die lineare Abschreibung soll ermittelt werden

Um die linearen Abschreibungsbeträge zu ermitteln, befolgen Sie die nächsten Arbeitsschritte:

1. Um den ersten Abschreibungsbetrag zu errechnen, schreiben Sie in Zelle **C10** die Formel **=LIA($C$4;$C$6;$C$5)**.

2. Den Restwert am Ende des ersten Jahres erfassen Sie in Zelle **D10** mit der Formel **=B10-C10**.

3. Übertragen Sie diesen Restwert zu Beginn des nächsten Jahres, indem Sie die Formel **=D10** in die Zelle **B11** schreiben.

4. Ziehen Sie das Ausfüllkästchen der Zelle **B11** nach unten bis in Zelle **B17**.

5. Ziehen Sie auch die Zellen **C10** und **D10** über das Ausfüllkästchen nach unten.

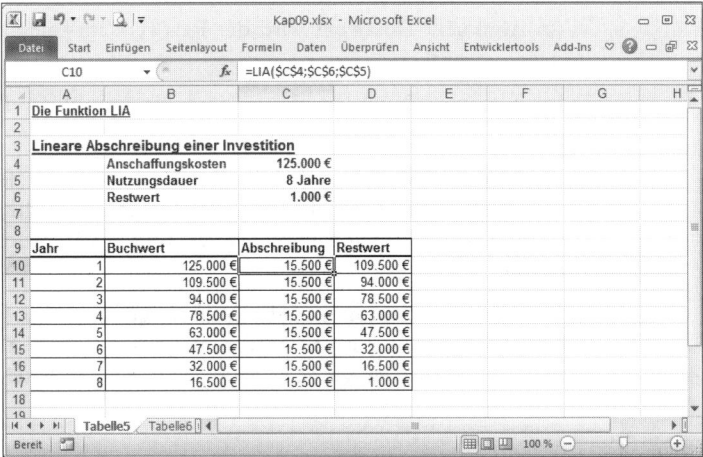

Abbildung 9.8: Die linearen Abschreibungen sind jedes Jahr gleich

Möchten Sie die Tabellenfunktion **LIA** direkt anwenden, um beispielsweise den Abschreibungsbetrag im sechsten Jahr zu ermitteln, dann muss das letzte Argument mit angegeben werden. Die Formel lautet dann:

=LIA($C$4;$C$6;$C$5;6)

Die Tabellenfunktion GDA

Mit der Tabellenfunktion **GDA** können Sie die Abschreibung eines Anlagegutes für einen angegebenen Zeitraum unter Verwendung der degressiven Doppelraten-Abschreibung oder eines anderen von Ihnen angegebenen Abschreibungsverfahrens anwenden. Die degressive Doppelraten-Abschreibung berechnet die Abschreibung mit einer beschleunigten Rate. Die Abschreibung ist in der ersten Periode am höchsten und nimmt in den nachfolgenden Perioden ab.

Die Syntax dieser Funktion lautet:

=GDA(Anschaffungswert;Restwert;Nutzungsdauer;Periode;Faktor)

Im Argument **Anschaffungswert** werden die Anschaffungskosten eines Wirtschaftsgutes angegeben.

Im Argument **Restwert** wird der Restwert am Ende der Nutzungsdauer angegeben.

Im Argument **Nutzungsdauer** wird die Anzahl der Perioden, über die das Wirtschaftsgut abgeschrieben wird, angegeben.

Im Argument **Periode** wird die Periode angegeben, deren Abschreibungsbetrag Sie berechnen möchten. Für das Argument **Periode** muss dieselbe Zeiteinheit verwendet werden wie für die **Nutzungsdauer**.

Im Argument **Faktor** wird das Maß festgelegt, um das die Abschreibung abnimmt. Fehlt das Argument Faktor, wird es als 2 angenommen (das Verfahren der degressiven Doppelraten-Abschreibung).

Bei allen fünf Argumenten muss es sich um positive Zahlen handeln.

Die degressive Doppelraten-Abschreibung anwenden

In der nächsten Aufgabe wird die degressive Doppelraten-Abschreibung einer Maschine ermittelt. Dabei liegen die Anschaffungskosten, die geplante Nutzungsdauer sowie der Restwert der Maschine vor. Orientieren Sie sich an **Abbildung 9.9**.

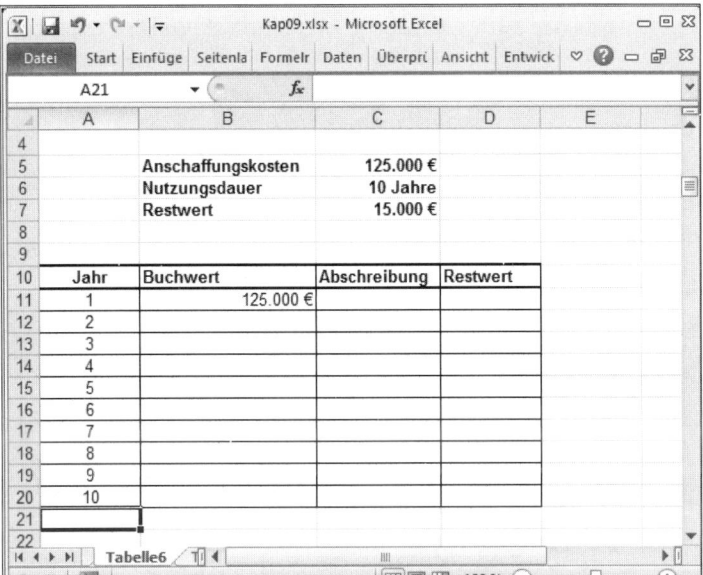

Abbildung 9.9: Die degressive Doppelraten-Abschreibung

Um die einzelnen Doppelraten-Abschreibungsbeträge zu ermitteln, befolgen Sie die nächsten Arbeitsschritte:

1. Um den ersten Abschreibungsbetrag zu errechnen, geben Sie in Zelle **C11** die Formel **=GDA($C$5;$C$7;$C$6;A11)** ein.

2. Den Restwert nach dem ersten Jahr in Zelle **D11** ermitteln Sie über die Formel **=B11-C11**.

3. Übertragen Sie diesen Wert als Anfangwert für das folgende Jahr, indem Sie in Zelle **B12** die Formel **=D11** eingeben.

4. Füllen Sie die Formel aus der Zelle **B12** nach unten aus, indem Sie das Ausfüllkästchen bis zur Zelle **B20** ziehen.

5. Auch die Formeln aus den Zellen **C11** und **D11** werden über das Ausfüllkästchen bis in Zeile **20** hinuntergezogen.

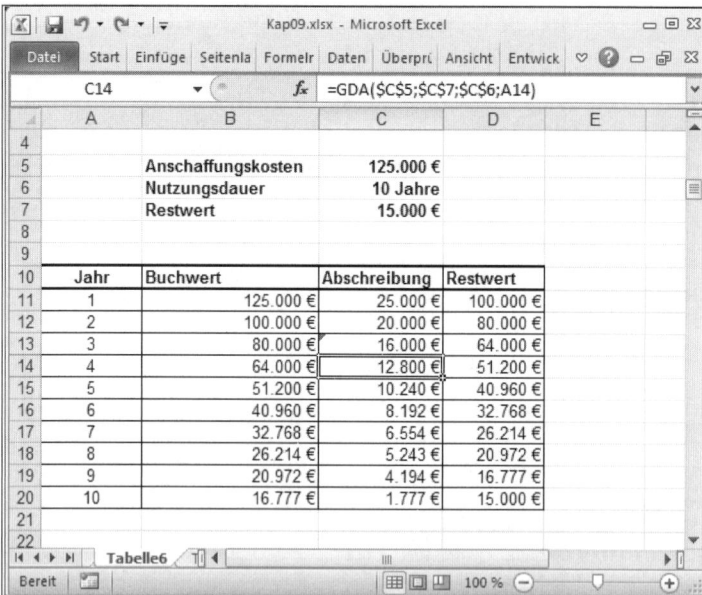

Abbildung 9.10: Die ersten Abschreibungen sind recht hoch

Möchten Sie die Tabellenfunktion **GDA** direkt anwenden, um beispielsweise den Abschreibungsbetrag im sechsten Jahr zu ermitteln, dann muss das letzte Argument mit angegeben werden. Die Formel lautet dann:

=GDA($C$5;$C$7;$C$6;6)

Die Tabellenfunktion **GDA** kann sogar taggenau verwendet werden. Um beispielsweise den Abschreibungsbetrag am ersten Tag der Abschreibung zu bestimmen, erfassen Sie die Formel:

=GDA($C$5;$C$7;$C$6*365;1)

Um den Abschreibungsbetrag im ersten Monat zu ermitteln, lautet die Formel:

=GDA($C$5;$C$7;$C$6*12;2)

Die Tabellenfunktion KAPZ

Mit der Tabellenfunktion **KAPZ** können Sie die Kapitalrückzahlung einer Investition für die angegebene Periode errechnen. Es werden konstante periodische Zahlungen und ein konstanter Zinssatz vorausgesetzt. (KAPZ = Kapitalrückzahlung)

Die Syntax dieser Funktion lautet:

=KAPZ(Zins;Zr;Zzr;Bw;Zw;F)

Im Argument **Zins** geben Sie den Zinssatz pro Periode an.

Im Argument **Zr** geben Sie die Periode an. Diese muss zwischen 1 und **Zzr** liegen (Zr = Zahlungszeitraum).

Im Argument **Zzr** geben Sie an, über wie viele Perioden die jeweilige Annuität (Rente) gezahlt wird (Zzr = Anzahl der Zahlungszeiträume).

Im Argument **Bw** wird der Barwert angegeben.

Im Argument **Zw** wird der zukünftige Wert (Endwert) oder der Kassenbestand angegeben, den Sie nach der letzten Zahlung erreicht haben möchten. Fehlt das Argument **Zw**, wird der Wert 0 (null) angenommen, das heißt, der Endwert eines Kredits ist gleich 0 (Zw = Zukünftiger Wert).

Im Argument **F** wird festgelegt, wann Zahlungen fällig sind. Beinhaltet dieses Argument den Wert 0, dann erfolgt die Zahlung am Ende einer Periode. Der Wert 1 bedeutet, dass die Zahlung am Anfang einer Periode geleistet wird. Fehlt das Argument **F**, wird es als 0 angenommen.

Tilgungsanteil für einen Kredit in einem bestimmten Zeitraum errechnen

In der folgenden Aufgabe soll der Tilgungsanteil eines Kredits über zwei Jahre ausgerechnet werden (siehe **Abbildung 9.11**).

Im ersten Argument geben Sie den Zinssatz an, den Sie für Ihren Kredit bezahlen müssen. Dabei müssen Sie diesen Jahres-Zinssatz auf Monatsbasis herunterrechnen. Im zweiten Argument geben Sie den Zahlungszeitraum an, für den Sie die Tilgung errechnen möchten. Im dritten Argument geben Sie die Gesamtzahl der Monate an, über die Ihr Kredit läuft. Im letzten Argument geben Sie die Gesamtsumme Ihres Kredits an (siehe **Abbildung 9.12**).

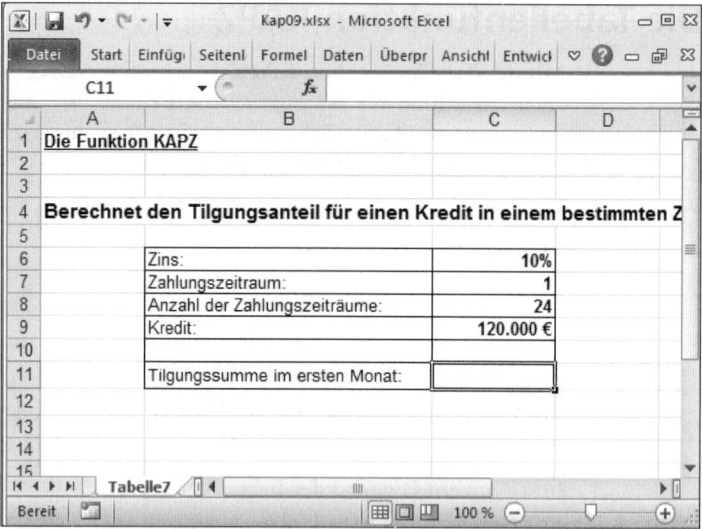

Abbildung 9.11: Wie lautet die Tilgungssumme im ersten Monat?

Erfassen Sie in Zelle **C11** die Formel **=KAPZ($C$6/12;C7;$C$8;$C$9)**.

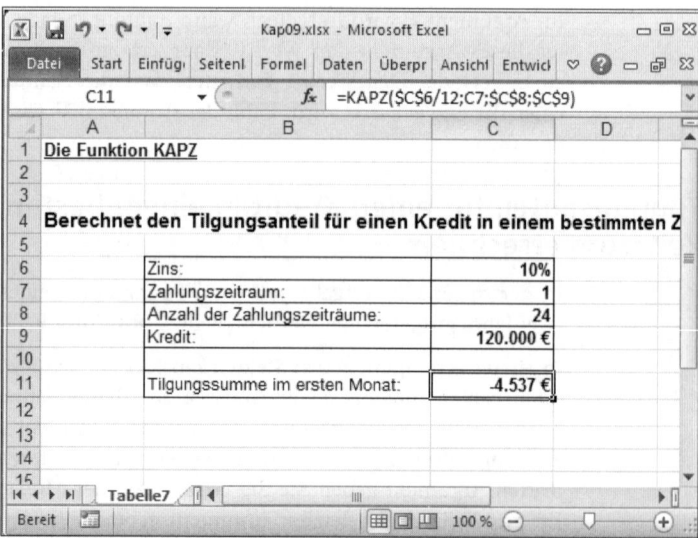

Abbildung 9.12: Die Tilgung im ersten Monat beträgt 4.537 Euro

Die Tabellenfunktion RMZ

Mit der Tabellenfunktion **RMZ** können Sie die konstante Zahlung einer Annuität pro Periode errechnen, wobei konstante Zahlungen und ein konstanter Zinssatz vorausgesetzt werden.

Die Syntax dieser Funktion lautet:

=RMZ(Zins;Zzr;Bw;Zw;F)

Im Argument **Zins** geben Sie den Zinssatz pro Periode an.

Im Argument **Zzr** geben Sie an, über wie viele Perioden die jeweilige Annuität (Rente) gezahlt wird (Zzr = Anzahl der Zahlungszeiträume).

Im Argument **Bw** wird der Barwert angegeben.

Im Argument **Zw** wird der zukünftige Wert (Endwert) oder der Kassenbestand angegeben, den Sie nach der letzten Zahlung erreicht haben möchten. Fehlt das Argument **Zw**, wird der Wert **0** (null) angenommen, das heißt, der Endwert eines Kredits ist gleich **0** (Zw = Zukünftiger Wert).

Im Argument **F** wird festgelegt, wann Zahlungen fällig sind. Beinhaltet dieses Argument den Wert **0**, dann erfolgt die Zahlung am Ende einer Periode. Der Wert **1** bedeutet, dass die Zahlung am Anfang einer Periode geleistet wird. Fehlt das Argument **F**, wird es als **0** angenommen.

Die Zinsbelastung für einen Kredit errechnen

Bei der folgenden Aufgabe soll die Zinsbelastung für einen Kredit im ersten Monat ermittelt werden. Gegeben sind der Kreditbetrag, der Zinssatz sowie die Laufzeit des Kredits. Sehen Sie sich dazu die folgende Abbildung an.

Abbildung 9.13: Wie hoch ist die Zinsbelastung im ersten Monat?

Erfassen Sie in Zelle **C9** die Formel **=RMZ($C$5/12;$C$6;$C$7)**.

Im ersten Argument geben Sie den Zinssatz an, den Sie für Ihren Kredit bezahlen müssen. Dabei müssen Sie diesen Jahres-Zinssatz auf Monatsbasis herunterrechnen. Im zweiten Argument geben Sie die Gesamtzahl der Monate an, über die Ihr Kredit läuft. Im letzten Argument geben Sie die Gesamtsumme Ihres Kredits an.

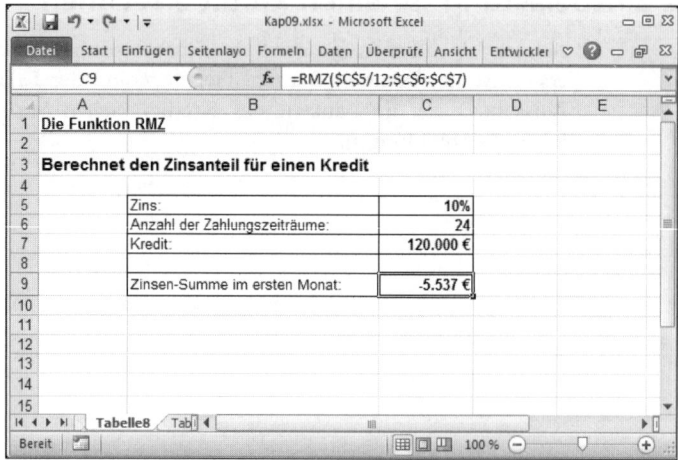

Abbildung 9.14: Die Zinsbelastung im ersten Monat beträgt 5.537 Euro

Die Tabellenfunktion ZW

Mit der Tabellenfunktion **ZW** können Sie den zukünftigen Wert (Endwert) einer Investition ermitteln. Die Berechnung basiert auf regelmäßigen, konstanten Zahlungen und einem konstanten Zinssatz.

Die Syntax dieser Funktion lautet:

=ZW(Zins;Zzr;Rmz;Bw;F)

Geben Sie im Argument **Zins** den Zinssatz pro Periode (Zahlungszeitraum) an.

Im Argument **Zzr** wird festgelegt, über wie viele Perioden die jeweilige Annuität (Rente) gezahlt werden soll (**Zzr** = Anzahl der Zahlungszeiträume).

Im Argument **Rmz** wird der Betrag (Annuität) angegeben, der in jeder Periode gezahlt wird. Dieser Betrag bleibt während der Laufzeit konstant. Üblicherweise umfasst **Rmz** das Kapital und die Zinsen, nicht jedoch sonstige Gebühren oder Steuern (Rmz = Regelmäßige Zahlung). Wenn **Rmz** nicht verwendet wird, müssen Sie das Argument **Zw** angeben.

Im Argument **Bw** wird der Barwert oder der heutige Gesamtwert einer Reihe zukünftiger Zahlungen angegeben. Fehlt das Argument **Bw** (Bw = Barwert), wird es als **0** (null) angenommen und Sie müssen das Argument **Zw** angeben.

Im Argument **F** wird festgelegt, wann Zahlungen fällig sind. Beinhaltet dieses Argument den Wert **0**, dann erfolgt die Zahlung am Ende einer Periode. Der Wert **1** bedeutet, dass die Zahlung am Anfang einer Periode geleistet wird. Fehlt das Argument **F**, wird es als **0** angenommen.

Geld ansparen

Im folgenden Beispiel gehen Sie davon aus, dass Sie über einen Zeitraum von einem Jahr jeden Monat 350 Euro auf ein Konto einzahlen. Der Zinssatz beträgt dabei 2,5%. Wie viel Geld haben Sie dann insgesamt am Ende des Jahres (siehe **Abbildung 9.15**)?

Im ersten Argument geben Sie den Zinssatz an, den Sie auf Ihrer Bank bekommen. Im zweiten Argument geben Sie die Laufzeit der Einzahlungen in Monaten ein. Im letzten Argument geben Sie die monatliche Einzahlung an.

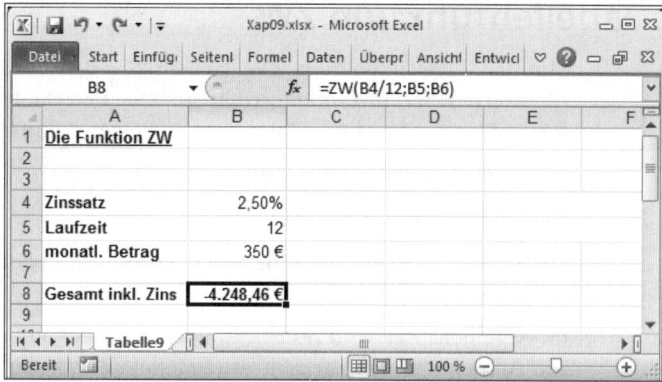

Abbildung 9.15: Der Gesamtbetrag am Ende des Jahres beträgt 4.828 Euro

Um diese Berechnung zu kontrollieren, erweitern Sie die **Tabelle9** wie in **Abbildung 9.16** gezeigt.

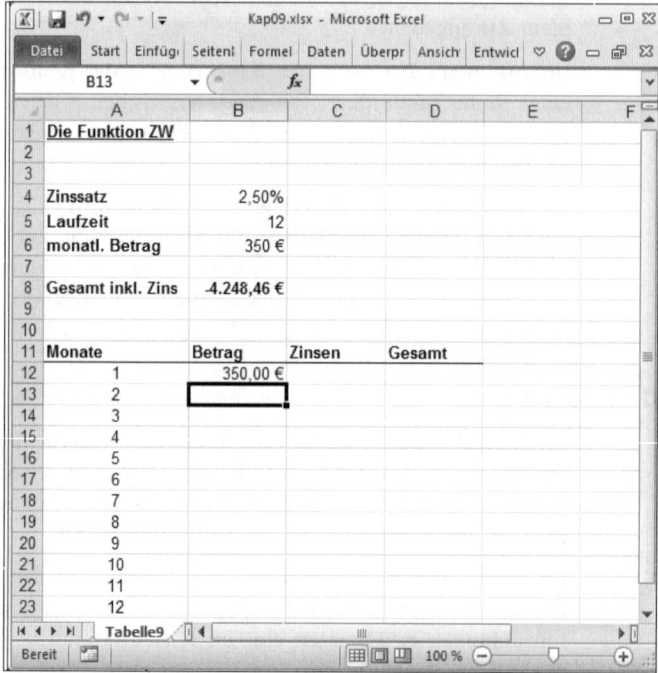

Abbildung 9.16: Die Plausibilitätsprüfung durchführen

Gehen Sie jetzt wie folgt vor:

1. Erfassen Sie in Zelle **C12** die Formel **=B12*($B$4/12)**, um den Zinsbetrag zu errechnen.

2. In Zelle **D12** addieren Sie die Einzahlung sowie den daraus resultierenden Zins, indem Sie die Formel **=B12+C12** eingeben.

3. Übertragen Sie dieses Ergebnis in Zelle **B13** und addieren Sie die nächste Einzahlung, indem Sie dort die Formel **=D12+$B$6** einsetzen.

4. Mit einem Doppelklick auf das Ausfüllkästchen dieser Zelle wird die Formel automatisch nach unten kopiert.

5. Füllen Sie auch die Formeln aus den Zellen **C12** und **D12** nach unten aus, indem Sie jeweils auf das entsprechende Ausfüllkästchen doppelt klicken.

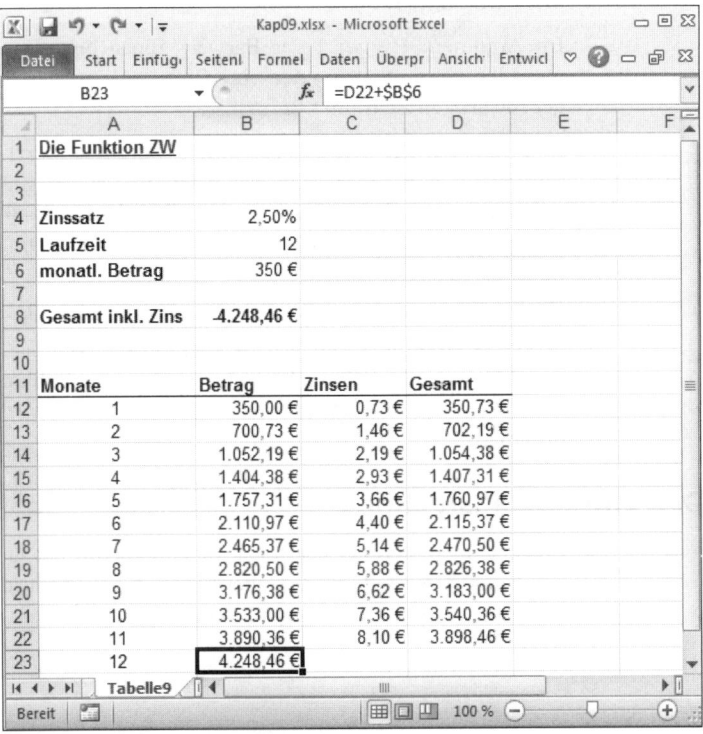

Abbildung 9.17: Der Plausibilitätscheck war erfolgreich

Die Tabellenfunktion ZINS

Mit der Tabellenfunktion **ZINS** können Sie den Zinssatz einer Annuität pro Periode errechnen.

Die Syntax dieser Funktion lautet:

=ZINS(Zzr;Rmz;Bw;Zw;F;Schätzwert)

Im Argument **Zzr** wird angegeben, über wie viele Perioden die jeweilige Annuität (Rente) gezahlt wird (Zzr = Anzahl der Zahlungszeiträume).s

Im Argument **Rmz** wird der Betrag (Annuität) angegeben, der in jeder Periode gezahlt wird. Dieser Betrag bleibt während der Laufzeit konstant. Üblicherweise umfasst **Rmz** das Kapital und die Zinsen, nicht jedoch sonstige Gebühren oder Steuern (Rmz = Regelmäßige Zahlung). Wenn **Rmz** nicht verwendet wird, müssen Sie das Argument **Zw** angeben.

Im Argument **Bw** wird der Barwert angegeben. Darunter versteht man den Gesamtbetrag, den eine Reihe zukünftiger Zahlungen zum gegenwärtigen Zeitpunkt wert ist.

Im Argument **Zw** wird der zukünftige Wert (Endwert) oder der Kassenbestand angegeben, den Sie nach der letzten Zahlung erreicht haben möchten. Fehlt das Argument **Zw**, wird es als **0** angenommen (beispielsweise ist der Endwert eines Kredits gleich **0**) (Zw = Zukünftiger Wert).

Im Argument **F** wird festgelegt, wann Zahlungen fällig sind. Beinhaltet dieses Argument den Wert **0**, dann erfolgt die Zahlung am Ende einer Periode. Der Wert **1** bedeutet, dass die Zahlung am Anfang einer Periode geleistet wird. Fehlt das Argument **F**, wird es als **0** angenommen.

Den Zinssatz ausrechnen

Im folgenden Beispiel liegt eine Tabelle vor, in der eine Lebensversicherung dargestellt wird. Dabei liegen die Laufzeit, die monatliche Einzahlung sowie der Endwert, der nach der Laufzeit erreicht wird, vor.

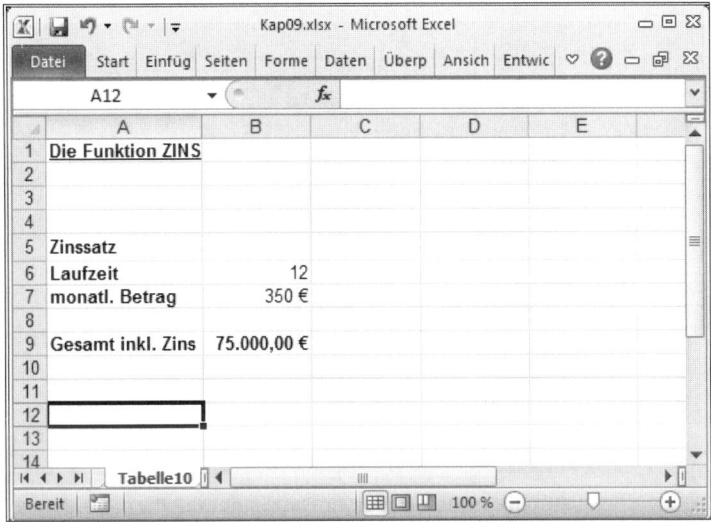

Abbildung 9.18: Wie hoch ist der Zinssatz?

Um den Zinssatz aus diesen Daten zu errechnen, können Sie die Tabellenfunktion **ZINS** einsetzen. Erfassen Sie dazu die Formel **=ZINS(B6*12;-B7;0;B9;0)*12** in Zelle **B5**.

Im ersten Argument geben Sie die Laufzeit in Monaten an. Bei zwölf Jahren bedeutet dies, dass Sie zwölf Jahre mit zwölf Monaten angeben müssen. Im zweiten Argument geben Sie den monatlichen Einzahlungsbetrag an. Das dritte Argument bleibt leer und im vierten Argument geben Sie den Gesamtwert an, der nach zwölf Jahren herauskommt. Indem Sie das fünfte Argument auf den Wert **0** setzen, legen Sie fest, dass die Einzahlungen jeweils am Ende eines Monats geleistet werden. Das komplette Ergebnis muss jetzt noch auf zwölf Monate hochgerechnet werden, um den jährlichen Zins um errechnen.

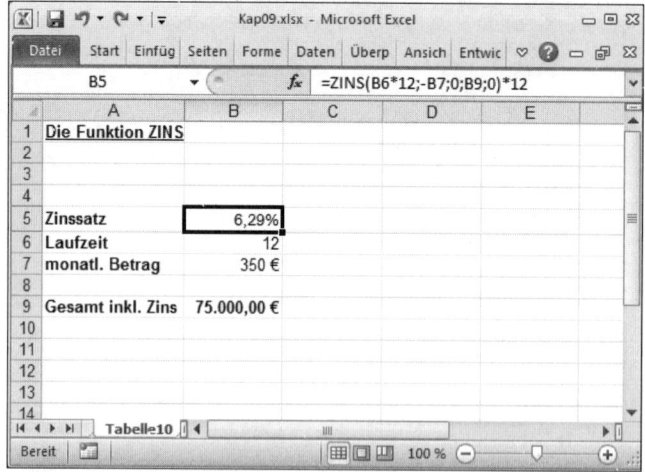

Abbildung 9.19: Der Zinssatz lautet 6,29%

10 Die Datenbankfunktionen von Excel

Neben den normalen Tabellenfunktionen können Sie in Excel auch die so genannten Datenbankfunktionen einsetzen, die Sie im *Funktions-Assistenten* unter der Kategorie **Datenbank** finden. Bei einer Excel-Tabelle kann man, was ihre Kapazität angeht, schon von einer Datenbank sprechen. Mit über einer Million Zeilen und 16.000 Spalten haben Sie genügend Platz, um Ihre Daten zu erfassen bzw. auch von externen Systemen einzulesen. Um diese unter Berücksichtigung verschiedener Kriterien auswerten zu können, stehen Ihnen einige sehr gute Datenbankfunktionen zur Verfügung, die in diesem Kapitel anhand von alltäglichen Aufgaben aus der Praxis vorgestellt werden.

Die Tabellenfunktion DBANZAHL

Mit der Datenbankfunktion **DBANZAHL** können Sie die Anzahl der Zellen in einer Spalte einer Liste oder Datenbank ermitteln, die die angegebenen Bedingungen erfüllen.

Die Syntax der Datenbankfunktion lautet wie folgt:

=DBANZAHL(Datenbank;Datenbankfeld;Suchkriterien)

Im Argument **Datenbank** geben Sie den Zellenbereich an, in dem die auszuwertenden Daten enthalten sind.

Das Argument **Datenbankfeld** gibt an, welches Feld in der jeweiligen Funktion verwendet werden soll. Dabei kann entweder ein Zellenbezug angegeben werden oder ein Text der Spaltenbeschriftung, den Sie in doppelten Anführungszeichen erfassen. Beim **Datenbankfeld** muss es sich um numerische Werte handeln!

Das letzte Argument **Suchkriterien** gibt den Zellbereich an, der die gewünschten Bedingungen enthält. Für das Argument **Suchkriterien** können Sie jeden Bereich verwenden, der mindestens eine Spaltenbeschriftung und eine Zelle darunter zur Festlegung der Bedingung enthält.

Bücherliste auswerten

Im ersten Beispiel haben Sie die Aufgabe, eine vorliegende Bücherliste auszuwerten.

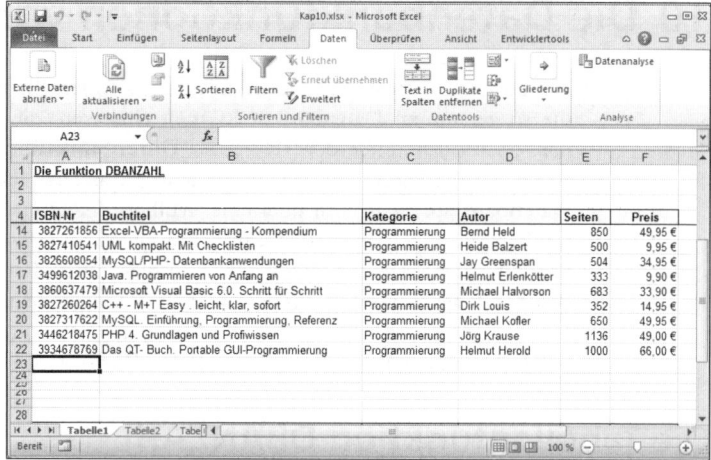

Abbildung 10.1: Diese Bücherliste soll ausgewertet werden

Bei sehr langen Listen empfiehlt es sich, die Überschriftenzeile zu fixieren. So stellen Sie sicher, dass die Überschriftenzeile immer eingeblendet bleibt, wenn Sie nach unten blättern. Setzen Sie dazu den Mauszeiger auf die Zelle **A5** und klicken Sie im Ribbon *Ansicht* auf das Symbol *Fenster einfrieren*. Dort wählen Sie *Oberste Zeile einfrieren* aus.

Ihre Aufgabe besteht nun darin, zu beantworten, wie viele Programmierbücher, die mehr als 650 Seiten haben und weniger als 50 Euro kosten, es in dieser Liste gibt.

Um diese Aufgabe zu lösen, befolgen Sie die nächsten Arbeitsschritte:

1. Markieren Sie den Zellbereich **A4:F4**.

2. Kopieren Sie diesen Datenbereich.

3. Setzen Sie den Mauszeiger auf Zelle **A29** und drücken Sie die Tastenkombination ⌨Strg + ⌨V, um die Überschriftenzeile einzufügen.

4. Geben Sie in Zelle **C30** die erste Bedingung (**Kategorie**) ein, nämlich den Text **Programmierung**.

5. In Zelle **E30** geben Sie an, wie viele **Seiten** das gesuchte Programmierbuch mindestens haben soll. Geben Sie dort den Wert **>650** ein.

6. Fügen Sie das dritte Kriterium (**Preis**) in Zelle **F30** ein. Erfassen Sie dazu den Wert **<50**.

7. Erfassen Sie in Zelle **B32** die Formel
=DBANZAHL(A4:F22;F29;A29:F30).

8. Bestätigen Sie mit [⏎].

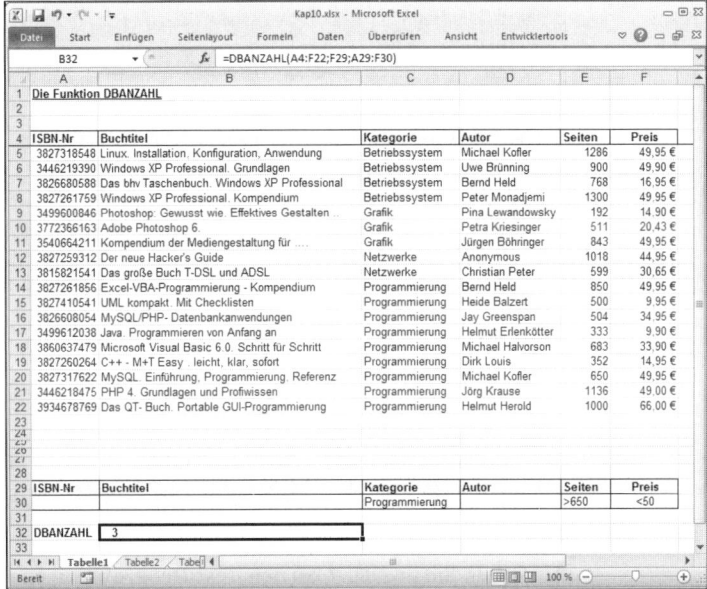

Abbildung 10.2: Es werden drei Bücher gefunden, die den gesuchten Kriterien entsprechen

Die Kriterien können in Zeile **30** jederzeit angepasst werden.

Bei der Festlegung der einzelnen Kriterien brauchen Sie sich zunächst um die Formatierung der Zellen überhaupt nicht zu kümmern. Wichtig sind hier nur die Kriterien, die Sie mit Operatoren wie < oder > angeben können.

Wenn Sie diese Aufgabe noch ein wenig weiter ausbauen möchten und beispielsweise alle Programmierbücher, die zwischen 650 und 1.000 Seiten haben und weniger als 50 Euro kosten, zählen möchten, dann können Sie dies wie folgt machen:

1. Erstellen Sie eine wie in **Abbildung 10.3** gezeigte Kriterienleiste. Die Kategorie **Seiten** ist dort zweimal angelegt.

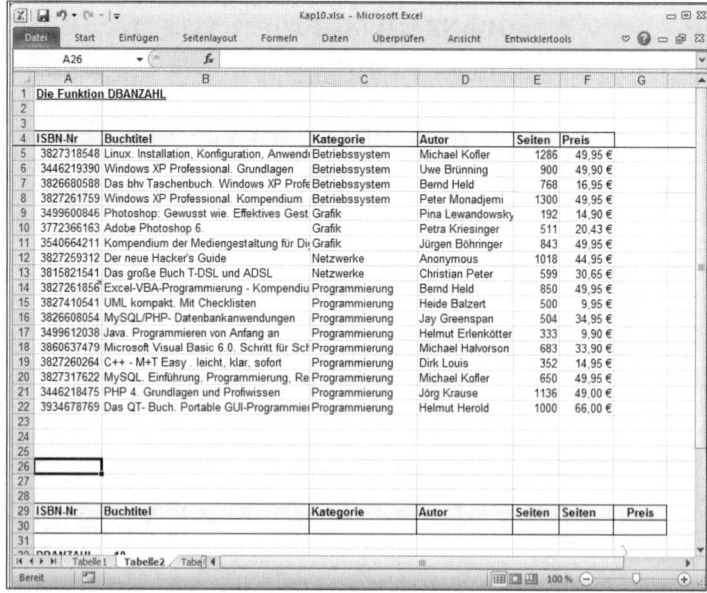

Abbildung 10.3: Eine erweiterte Auswertung durchführen

2. Geben Sie in Zelle **C30** den Text **Programmierung** ein.

3. Erfassen Sie in die Zelle **E30** den Text **>649**.

4. In Zelle **F30** schreiben Sie **<1001**.

5. In Zelle **G30** geben Sie **<50** ein.

6. In Zelle **B32** geben Sie die Formel **=DBANZAHL(A4:F22;"Preis";A29:G30)** ein.

7. Bestätigen Sie mit ⏎.

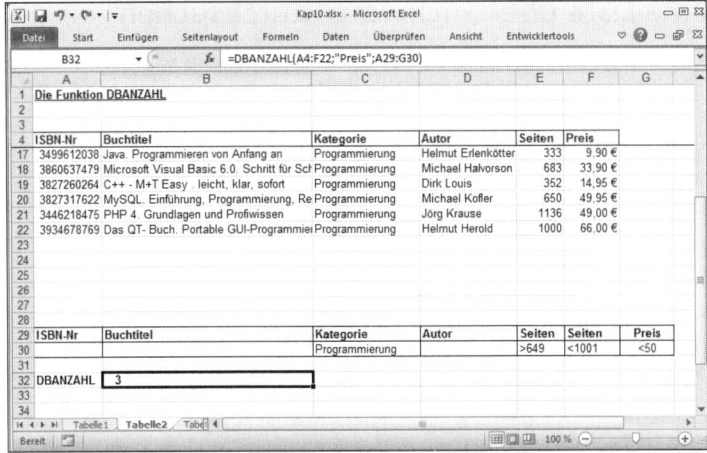

Abbildung 10.4: Von-bis-Abfragen realisieren

Die Tabellenfunktion DBANZAHL2

Mit der Datenbankfunktion **DBANZAHL2** können Sie die Anzahl der Zellen in einer Spalte einer Liste oder Datenbank ermitteln, die die angegebenen Bedingungen erfüllen.

Die Syntax der Datenbankfunktion lautet wie folgt:

=DBANZAHL2(Datenbank;Datenbankfeld;Suchkriterien)

Im Argument **Datenbank** geben Sie den Zellenbereich an, in dem die auszuwertenden Daten enthalten sind.

Das Argument **Datenbankfeld** gibt an, welches Feld in der jeweiligen Funktion verwendet werden soll. Dabei kann entweder ein Zellenbezug angegeben werden oder ein Text der Spaltenbeschriftung, den Sie in doppelten Anführungszeichen erfassen. Beim **Datenbankfeld** kann es sich auch um alphanumerische Werte handeln.

Das letzte Argument **Suchkriterien** gibt den Zellbereich an, der die gewünschten Bedingungen enthält. Für das Argument **Suchkriterien** können Sie jeden Bereich verwenden, der mindestens eine Spaltenbeschriftung und eine Zelle darunter zur Festlegung der Bedingung enthält.

Eine Liste über Stichworte durchsuchen

In der folgenden Aufgabe gehen Sie wiederum von der Bücherliste aus. Dieses Mal soll aber keine numerische Spalte, sondern eine alphanumerische Spalte ausgewertet werden. Werten Sie daher die Spalte **B** (**Buchtitel**) aus.

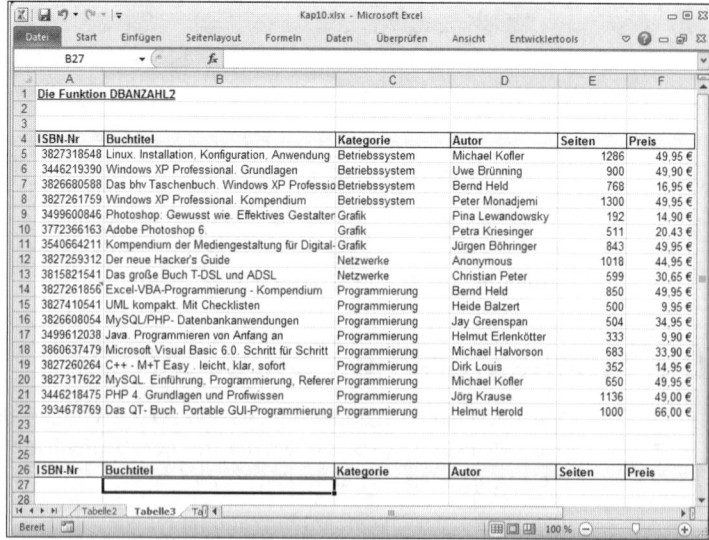

Abbildung 10.5: Die Liste soll nach einem Stickwort durchsucht werden

Um beispielsweise alle Bücher zu zählen, die im Titel an einer beliebigen Stelle den Text **Windows** haben, verfahren Sie folgendermaßen:

1. Setzen Sie den Zellenzeiger in Zelle **B27**.

2. Geben Sie den Text ***Windows*** ein.

3. Erfassen Sie in Zelle **B29** die Formel
   =DBANZAHL2(A4:F22;C26;A26:F27).
   Alternativ können Sie die Formel auch so eingeben:
   =DBANZAHL2(A4:F22;"Buchtitel";A26:F27).

4. Bestätigen Sie mit [⏎].

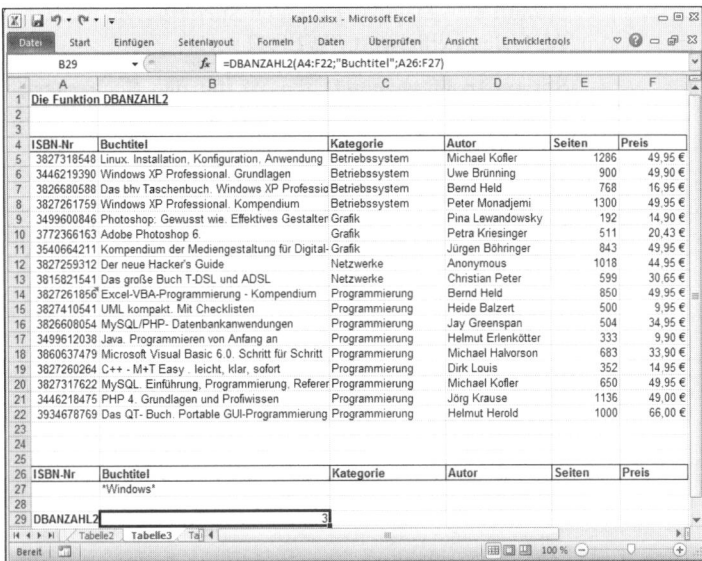

Abbildung 10.6 Alle Sätze, die in Spalte B den Text Windows enthalten, werden gezählt

Die Tabellenfunktion DBAUSZUG

Mit der Datenbankfunktion **DBAUSZUG** können Sie einen einzelnen Wert aus einer Spalte einer Liste oder einer Datenbank auslesen, der die angegebenen Bedingungen erfüllt.

Die Syntax der Datenbankfunktion lautet wie folgt:

=DBAUSZUG(Datenbank;Datenbankfeld;Suchkriterien)

Im Argument **Datenbank** geben Sie den Zellenbereich an, in dem die auszuwertenden Daten enthalten sind.

Das Argument **Datenbankfeld** gibt an, welches Feld in der jeweiligen Funktion verwendet werden soll. Dabei kann entweder ein Zellenbezug angegeben werden oder ein Text der Spaltenbeschriftung, den Sie in doppelten Anführungszeichen erfassen.

Das letzte Argument **Suchkriterien** gibt den Zellbereich an, der die gewünschten Bedingungen enthält. Für das Argument **Suchkriterien** können Sie jeden Bereich verwenden, der mindestens eine Spaltenbeschriftung und eine Zelle darunter zur Festlegung der Bedingung enthält.

Stimmt kein Datensatz mit den Suchkriterien überein, gibt **DBAUS-ZUG** den Fehlerwert **#WERT!** zurück.

Stimmt mehr als ein Datensatz mit den Suchkriterien überein, gibt **DBAUSZUG** den Fehlerwert **#ZAHL!** zurück.

Ein Artikelsuchsystem einrichten

Beim folgenden Praxisbeispiel richten Sie ein kleines Suchsystem für eine Artikeldatenbank ein. Dabei muss jeder Artikel in der Artikelnummer eindeutig sein. Sehen Sie sich zunächst die Artikelliste aus **Abbildung 10.7** an.

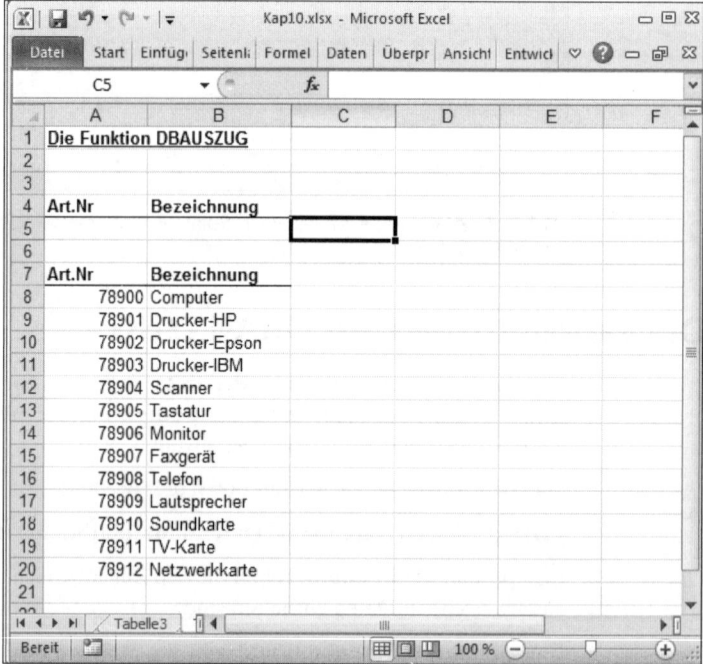

Abbildung 10.7: Die Artikeldatenbank

Die Überschriftenzeile, über die später die Suche stattfinden soll, wurde bereits eingerichtet. Nach der Eingabe einer Artikelnummer in die Zelle **A5** soll die dazugehörige Artikelbezeichnung aus dem Zellenbereich **B8:B20** gesucht und in Zelle **B5** übertragen werden. Um diese Aufgabe übersichtlich darzustellen, wurde daher eine etwas kleinere Datenbank angelegt. Diese Lösung funktioniert aber genauso gut mit ein paar Tausend Sätzen.

Um diese Aufgabe zu lösen, verfahren Sie wie folgt:

1. Geben Sie in Zelle **A5** beispielsweise die Artikelnummer **78908** ein.

2. Erfassen Sie in Zelle **B5** die Formel **=DBAUSZUG(A7:B20;B4;A4:A5)**.

3. Bestätigen Sie mit ⏎.

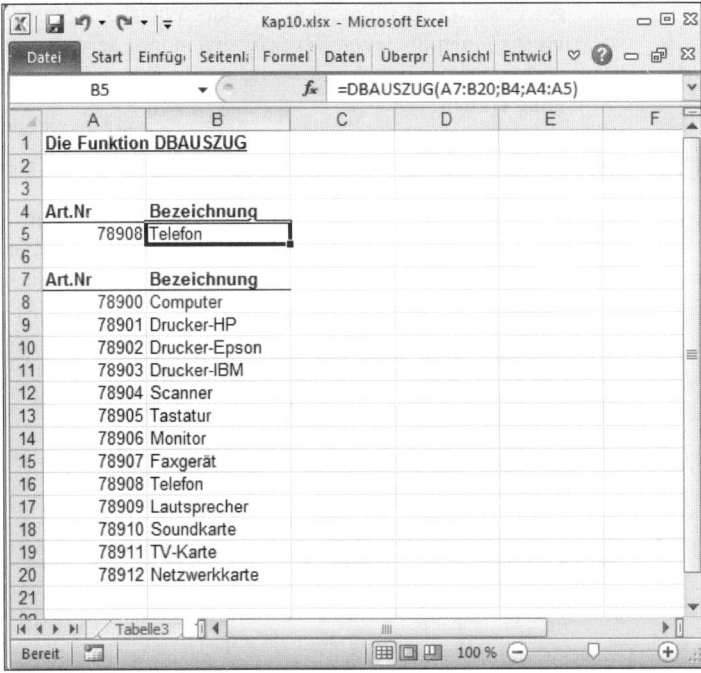

Abbildung 10.8: Der Artikel mit der Art.-Nr. 78908 wurde gefunden

Die Tabellenfunktion DBMAX

Mit der Tabellenfunktion **DBMAX** können Sie den größten Wert aus einer Spalte einer Liste oder Datenbank bestimmen, der den angegebenen Suchkriterien entspricht.

Die Syntax dieser Funktion lautet:

=DBMAX(Datenbank;Feld;Suchkriterien)

Im Argument **Datenbank** geben Sie den Zellenbereich an, in dem die auszuwertenden Daten enthalten sind.

Das Argument **Feld** gibt an, welches Feld in der jeweiligen Funktion verwendet werden soll. Dabei kann entweder ein Zellenbezug angegeben werden oder ein Text der Spaltenbeschriftung, den Sie in doppelten Anführungszeichen erfassen.

Das letzte Argument **Suchkriterien** gibt den Zellbereich an, der die gewünschten Bedingungen enthält. Für das Argument **Suchkriterien** können Sie jeden Bereich verwenden, der mindestens eine Spaltenbeschriftung und eine Zelle darunter zur Festlegung der Bedingung enthält.

Computerzubehör durchsuchen

In der nächsten Aufgabe liegt eine Liste mit diversen Monitoren vor. Ihre Aufgabe besteht nun darin, den größtmöglichen Monitor mit einer bestimmten Auflösung zu bestimmen. Sehen Sie sich zuvor dazu **Abbildung 10.9** an.

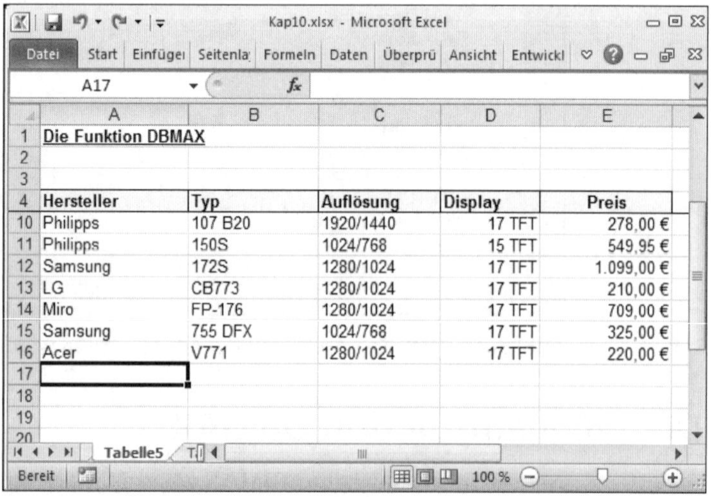

	A	B	C	D	E
4	Hersteller	Typ	Auflösung	Display	Preis
10	Philipps	107 B20	1920/1440	17 TFT	278,00 €
11	Philipps	150S	1024/768	15 TFT	549,95 €
12	Samsung	172S	1280/1024	17 TFT	1.099,00 €
13	LG	CB773	1280/1024	17 TFT	210,00 €
14	Miro	FP-176	1280/1024	17 TFT	709,00 €
15	Samsung	755 DFX	1024/768	17 TFT	325,00 €
16	Acer	V771	1280/1024	17 TFT	220,00 €

Abbildung 10.9: Die Liste mit den Monitoren

Um diese Aufgabe zu lösen, befolgen Sie die nächsten Arbeitsschritte:

1. Kopieren Sie den Zellenbereich **A4:E4**.

2. Fügen Sie diesen Bereich in Zeile **21** ein.

3. Geben Sie in Zelle **C22** die Auflösung **1280/1024** ein.

4. In Zelle **D22** geben Sie die Displaygröße von **17** ein.

5. Erfassen Sie in Zelle **E24** die Formel
   =DBMAX(A4:E16;E4;A21:E22).

6. Bestätigen Sie mit ⏎.

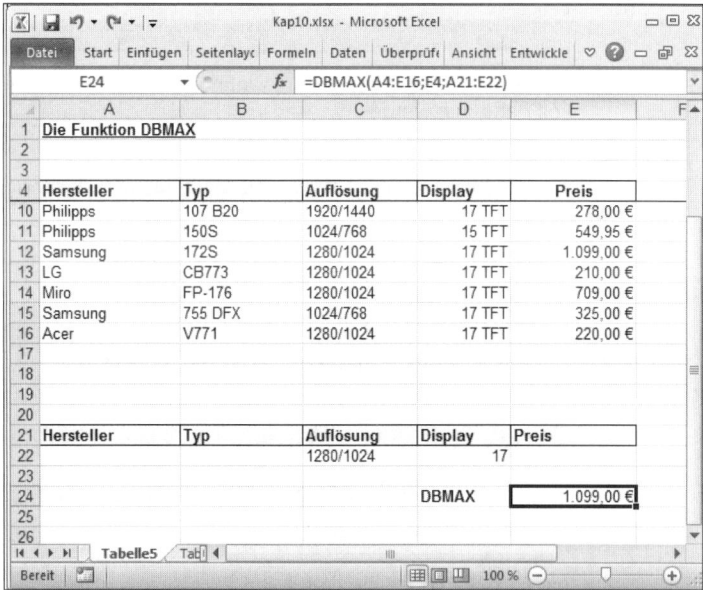

Abbildung 10.10: Es wurde der größte Monitor mit der vorgegebenen Auflösung gefunden

Die größte Wohnung ermitteln

In der folgenden Aufgabe soll aus einer Liste mit Mietwohnungen die größte Wohnung ermittelt werden. Darüber hinaus darf die Größe aber nicht das alleinige Kriterium sein. Auch Ort und Mietpreis spielen eine Rolle.

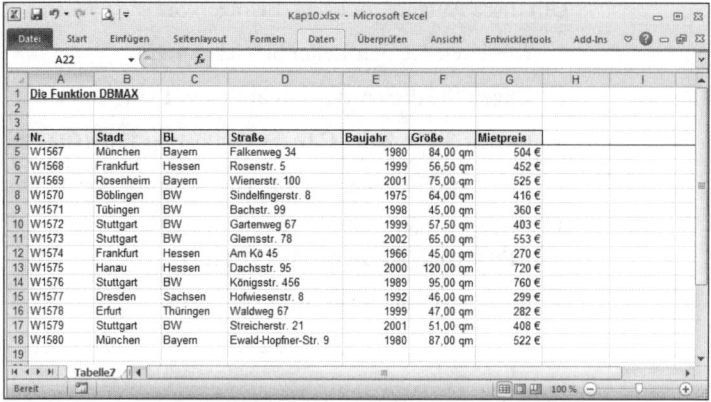

Abbildung 10.11: Die größte Wohnung zu einem vernünftigen Preis soll gefunden werden

Ermitteln Sie jetzt die Wohnung, die folgenden Kriterien entspricht:

✔ Die Wohnung befindet sich in Stuttgart.

✔ Die Wohnung hat mehr als 50 Quadratmeter.

✔ Die Miete beträgt nicht mehr als 500 Euro.

Um diese Aufgabe zu lösen, verfahren Sie wie folgt:

1. Kopieren Sie den Zellenbereich **A4:G4**.

2. Fügen Sie den Bereich in Zeile **21** ein.

3. Geben Sie in Zelle **B22** die Stadt **Stuttgart** ein.

4. In Zelle **F22** erfassen Sie den Text **>50**.

5. In Zelle **G22** schreiben Sie **<500**.

6. In Zelle **F24** erfassen Sie die Formel
   =DBMAX(A4:G18;F4;A21:G22).

7. Bestätigen Sie mit ⏎.

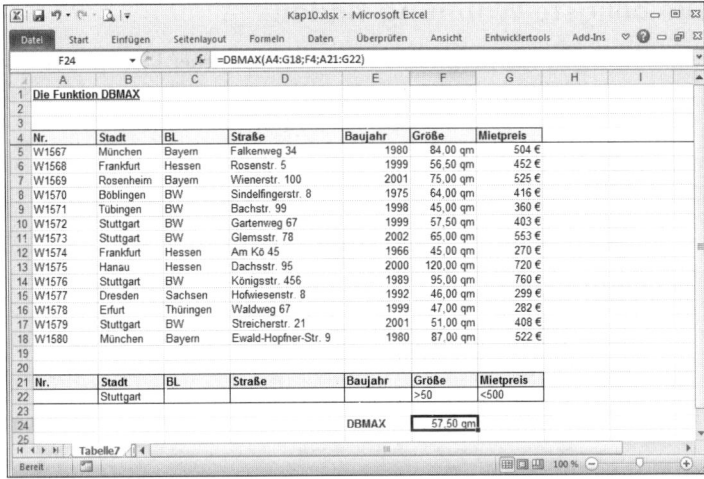

Abbildung 10.12: Die größte Wohnung mit den gesuchten Kriterien hat 57,50 qm

Die Tabellenfunktion DBMIN

Mit der Tabellenfunktion **DBMIN** können Sie den kleinsten Wert aus einer Spalte einer Liste oder Datenbank bestimmen, der den angegebenen Suchkriterien entspricht.

Die Syntax dieser Funktion lautet:

=DBMIN(Datenbank;Feld;Suchkriterien)

Im Argument **Datenbank** geben Sie den Zellenbereich an, in dem die auszuwertenden Daten enthalten sind.

Das Argument **Feld** gibt an, welches Feld in der jeweiligen Funktion verwendet werden soll. Dabei kann entweder ein Zellenbezug angegeben werden oder ein Text der Spaltenbeschriftung, den Sie in doppelten Anführungszeichen erfassen.

Das letzte Argument **Suchkriterien** gibt den Zellbereich an, der die gewünschten Bedingungen enthält. Für das Argument **Suchkriterien** können Sie jeden Bereich verwenden, der mindestens eine Spaltenbeschriftung und eine Zelle darunter zur Festlegung der Bedingung enthält.

Die billigste Wohnung finden

In der folgenden Aufgabe soll aus einer Liste mit Mietwohnungen die billigste Wohnung ermittelt werden. Darüber hinaus darf der Preis aber nicht das alleinige Kriterium sein. Auch Ort und Quadratmeter spielen eine Rolle.

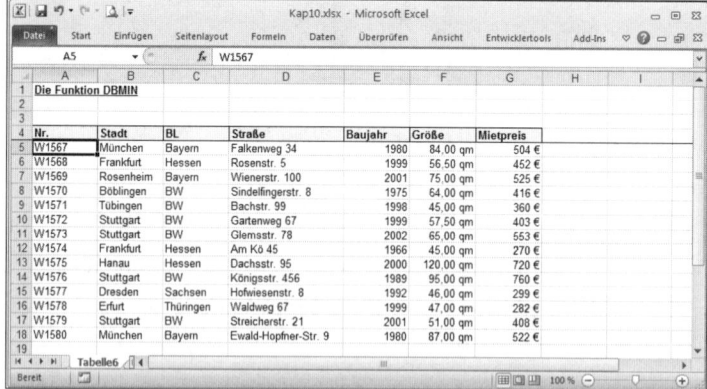

Abbildung 10.13: Die zur Verfügung stehenden Mietwohnungen

Ermitteln Sie jetzt die Wohnung, die folgenden Kriterien entspricht:

✔ Die Wohnung befindet sich in Stuttgart.

✔ Die Wohnung hat mehr als 45 Quadratmeter.

✔ Die Miete beträgt nicht mehr als 600 Euro.

Um diese Aufgabe zu lösen, verfahren Sie wie folgt:

1. Kopieren Sie den Zellenbereich **A4:G4**.

2. Fügen Sie den Bereich in Zeile **21** ein.

3. Geben Sie in Zelle **B22** die Stadt **Stuttgart** ein.

4. In Zelle **F22** erfassen Sie den Text **>45**.

5. In Zelle **G22** schreiben Sie **<600**.

6. In Zelle **G24** erfassen Sie die Formel **=DBMIN(A4:G18;G4;A21:G22)**.

7. Bestätigen Sie mit ⏎.

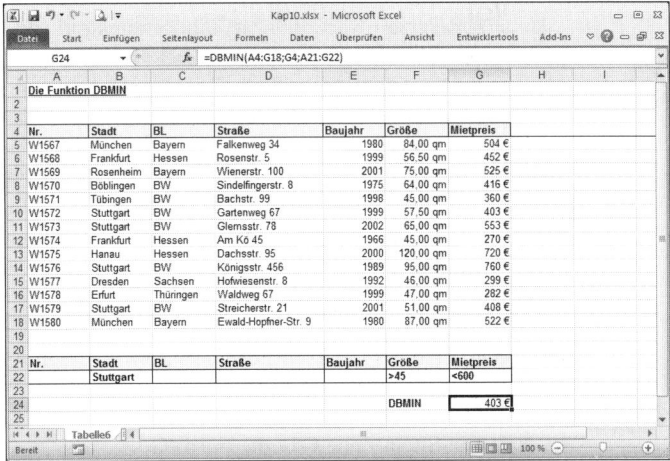

Abbildung 10.14: Die billigste Wohnung, die allen Kriterien entspricht, kostet 403 Euro

Den Jüngsten aus einer Gruppe ermitteln

In der folgenden Aufgabe liegt Ihnen eine Geburtstagsliste vor. In dieser Liste aus **Abbildung 10.15** sind der Name der Person, ihre Gruppenzugehörigkeit und ihr Alter erfasst.

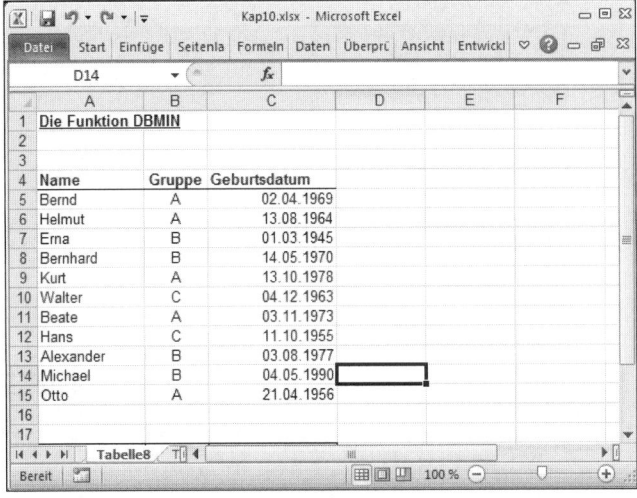

Abbildung 10.15: Die Geburtstagsliste

Die älteste Person wird über die Tabellenfunktion **DBMiN** ermittelt. Wenn Sie ein Datum in eine Zelle eingeben, dann wird dieses Datum intern in eine Zahl umgesetzt. Dabei entspricht die Zahl 1 dem 01.01.1900. Je weiter ein Datum in die Zukunft geht, desto größer wird also die Zahl, mit der Excel intern das Datum umsetzt. Um die älteste Person zu ermitteln, muss nach dem Minimum gesucht werden.

Ermitteln Sie nun die älteste Person, die der Gruppe **A** angehört. Dazu verfahren Sie wie folgt:

1. Kopieren Sie die Überschrift aus den Zellen **A4:C4**.

2. Fügen Sie diese Überschrift in den Zellenbereich **A18:C18** ein.

3. Geben Sie in Zelle **B19** die Gruppe **A** ein.

4. Erfassen Sie in Zelle **C21** die Formel
   =DBMIN(A4:C15;C4;A18:C19).

5. Bestätigen Sie mit ⤶.

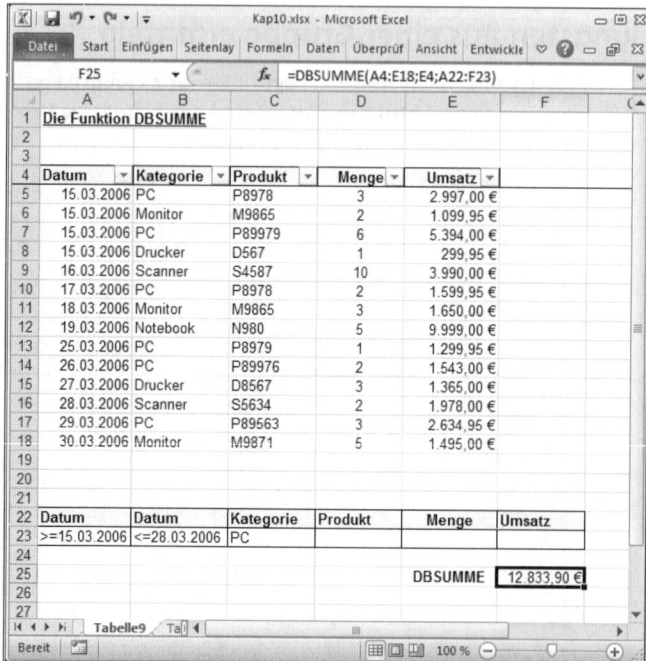

Abbildung 10.16: Die älteste Person aus Gruppe A wurde 1956 geboren

Die Tabellenfunktion DBSUMME

Mit der Tabellenfunktion **DBSUMME** können Sie Werte einer Spalte, einer Liste oder Datenbank summieren, die den angegebenen Suchkriterien entsprechen.

Die Syntax dieser Funktion lautet:

=DBSUMME(Datenbank;Feld;Suchkriterien)

Im Argument **Datenbank** geben Sie den Zellenbereich an, in dem die auszuwertenden Daten enthalten sind.

Das Argument **Feld** gibt an, welches Feld in der jeweiligen Funktion verwendet werden soll. Dabei kann entweder ein Zellenbezug angegeben werden oder ein Text der Spaltenbeschriftung, den Sie in doppelten Anführungszeichen erfassen.

Das letzte Argument **Suchkriterien** gibt den Zellbereich an, der die gewünschten Bedingungen enthält. Für das Argument **Suchkriterien** können Sie jeden Bereich verwenden, der mindestens eine Spaltenbeschriftung und eine Zelle darunter zur Festlegung der Bedingung enthält.

Verkaufserlöse auswerten

Bei der folgenden Aufgabe wurden alle Verkäufe in einer Excel-Liste erfasst. Dabei wurden die einzelnen Verkäufe wie in **Abbildung 10.17** gezeigt in Kategorien eingeteilt.

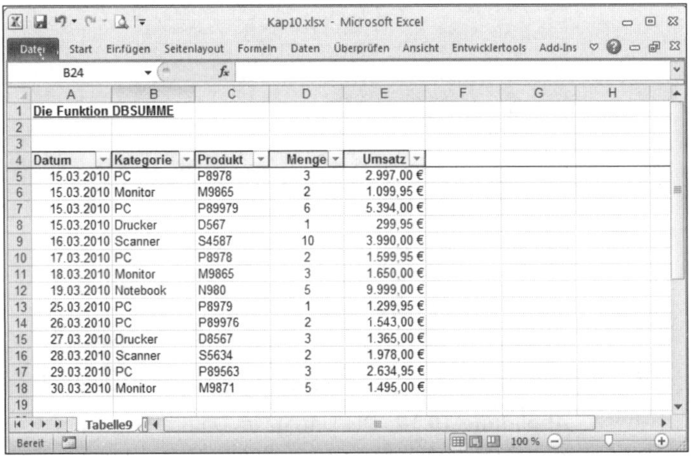

Datum	Kategorie	Produkt	Menge	Umsatz
15.03.2010	PC	P8978	3	2.997,00 €
15.03.2010	Monitor	M9865	2	1.099,95 €
15.03.2010	PC	P89979	6	5.394,00 €
15.03.2010	Drucker	D567	1	299,95 €
16.03.2010	Scanner	S4587	10	3.990,00 €
17.03.2010	PC	P8978	2	1.599,95 €
18.03.2010	Monitor	M9865	3	1.650,00 €
19.03.2010	Notebook	N980	5	9.999,00 €
25.03.2010	PC	P8979	1	1.299,95 €
26.03.2010	PC	P89976	2	1.543,00 €
27.03.2010	Drucker	D8567	3	1.365,00 €
28.03.2010	Scanner	S5634	2	1.978,00 €
29.03.2010	PC	P89563	3	2.634,95 €
30.03.2010	Monitor	M9871	5	1.495,00 €

Abbildung 10.17: Die Umsätze in verschiedenen Kategorien

Ihre Aufgabe besteht nun darin, die Summe aller Umsätze zu ermitteln, die zwischen dem **15.03.10** und dem **28.03.10** in der Kategorie **PC** gemacht wurden.

Um diese Aufgabe zu lösen, gehen Sie wie folgt vor:

1. Kopieren Sie den Zellenbereich **A4:E4**.

2. Fügen Sie diesen Bereich in Zeile **22** ein.

3. Fügen Sie hier eine neue Spalte direkt neben der Spalte **Datum** ein.

4. Schreiben Sie in Zelle **B22** die Überschrift **Datum**.

5. Geben Sie nun in Zelle **A23** das Kriterium **>=15.03.2010** ein.

6. In Zelle **B23** erfassen Sie das Kriterium **<=28.03.2010**.

7. Tragen Sie in Zelle **C23** das Kriterium **PC** ein.

8. Erfassen Sie in Zelle **F25** die Formel **=DBSUMME(A4:E18;E4;A22:F23)**.

9. Bestätigen Sie mit ⏎.

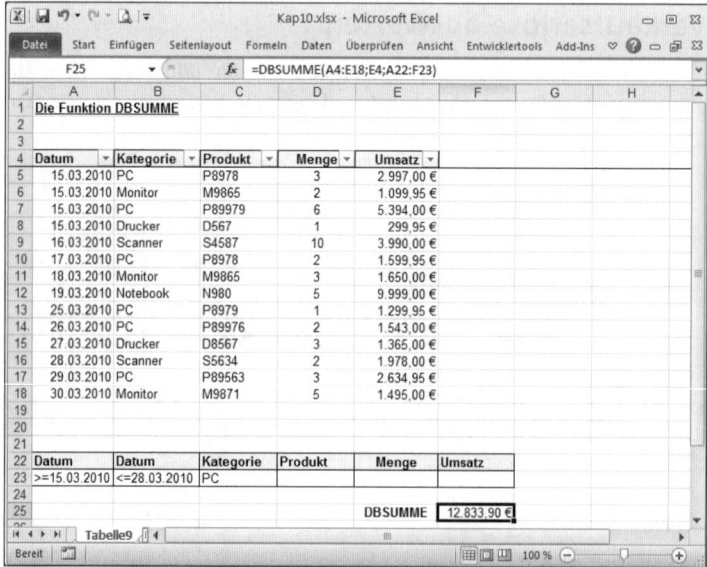

Abbildung 10.18: Der Umsatz im Datumsbereich in der Kategorie PC wurde errechnet

Eine Wohn-/Hausgeldabrechnung durchführen

In der folgenden Aufgabe soll eine Wohn-/Hausgeldabrechnung durchgeführt werden. Dabei werden die einzelnen Kosten in einer Excel-Liste (**Abbildung 10.19**) aufgeführt. Die Kosten werden einerseits über einen Umlageschlüssel umgelegt, der auf Basis der bewohnten Quadratmeter im Haus errechnet wird. Anderseits gibt es Kosten, die alle zu gleichen Teilen tragen müssen.

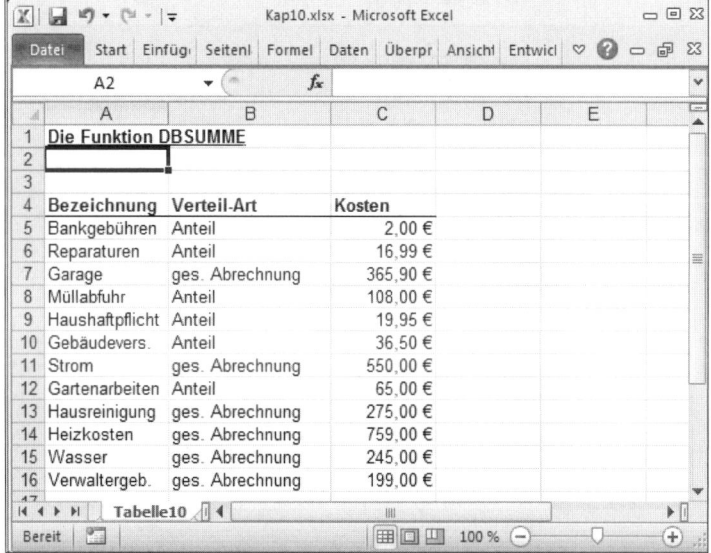

Abbildung 10.19: Die Kosten des Hausverwalters

Die Aufgabe besteht jetzt darin, die Kosten über 20 Euro zu summieren, die in den beiden Kategorien **Anteil** und **ges. Abrechnung** aufgeführt sind.

Um diese Aufgabe über die Datenbankfunktion **DBSUMME** zu lösen, verfahren Sie wie folgt:

1. Kopieren Sie den Zellenbereich **A4:C4**.

2. Fügen Sie diesen Bereich in Zeile **19** ein.

3. Geben Sie in Zelle **B20** das Wort **Anteil** ein.

4. In Zelle **C20** geben Sie **>20** ein.

5. In Zelle **C22** erfassen Sie die Formel
   =DBSUMME(A4:C16;C4;A19:C20).

6. Bestätigen Sie mit ⏎.

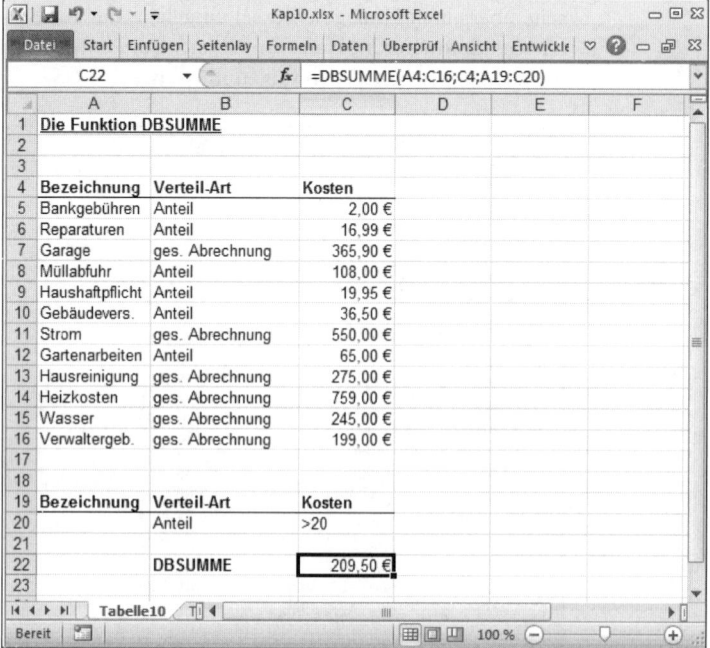

Abbildung 10.20: Die Summe der nach Anteil verteilten Kosten über 20 Euro wurde ermittelt

Die Tabellenfunktion DBMITTELWERT

Mit der Tabellenfunktion **DBMITTELWERT** können Sie den Mittelwert von Werten einer Spalte, einer Liste oder Datenbank bestimmen, die den angegebenen Suchkriterien entsprechen.

Die Syntax dieser Funktion lautet:

=DBMITTELWERT(Datenbank;Feld;Suchkriterien)

Im Argument **Datenbank** geben Sie den Zellenbereich an, in dem die auszuwertenden Daten enthalten sind.

Das Argument **Feld** gibt an, welches Feld in der jeweiligen Funktion verwendet werden soll. Dabei kann entweder ein Zellenbezug angegeben werden oder ein Text der Spaltenbeschriftung, den Sie in doppelten Anführungszeichen erfassen.

Das letzte Argument **Suchkriterien** gibt den Zellbereich an, der die gewünschten Bedingungen enthält. Für das Argument **Suchkriterien** können Sie jeden Bereich verwenden, der mindestens eine Spaltenbeschriftung und eine Zelle darunter zur Festlegung der Bedingung enthält.

Durchschnittliche Einnahmen pro Kategorie ausweisen

In der nächsten Aufgabe werden Sie eine Artikel-Verkaufsliste auswerten. Dabei liegt Ihnen eine Artikelliste, wie in **Abbildung 10.21** gezeigt, vor.

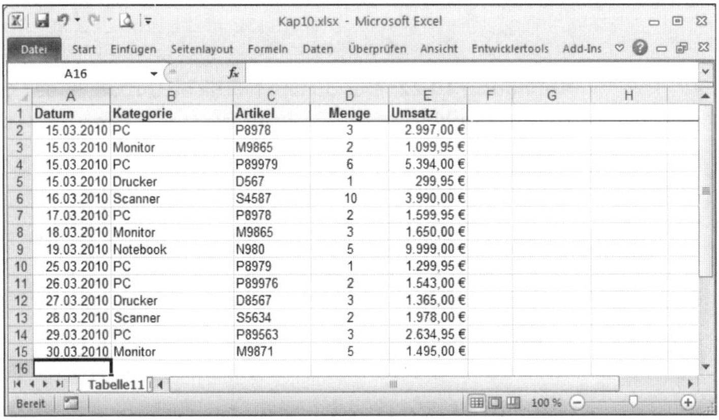

	A	B	C	D	E
1	Datum	Kategorie	Artikel	Menge	Umsatz
2	15.03.2010	PC	P8978	3	2.997,00 €
3	15.03.2010	Monitor	M9865	2	1.099,95 €
4	15.03.2010	PC	P89979	6	5.394,00 €
5	15.03.2010	Drucker	D567	1	299,95 €
6	16.03.2010	Scanner	S4587	10	3.990,00 €
7	17.03.2010	PC	P8978	2	1.599,95 €
8	18.03.2010	Monitor	M9865	3	1.650,00 €
9	19.03.2010	Notebook	N980	5	9.999,00 €
10	25.03.2010	PC	P8979	1	1.299,95 €
11	26.03.2010	PC	P89976	2	1.543,00 €
12	27.03.2010	Drucker	D8567	3	1.365,00 €
13	28.03.2010	Scanner	S5634	2	1.978,00 €
14	29.03.2010	PC	P89563	3	2.634,95 €
15	30.03.2010	Monitor	M9871	5	1.495,00 €
16					

Abbildung 10.21: Diese Artikelliste soll ausgewertet werden

Um den durchschnittlichen Umsatz in der Kategorie **PC** zu errechnen, befolgen Sie die nächsten Arbeitsschritte:

1. Kopieren Sie den Zellenbereich **A1:E1**.
2. Fügen Sie den kopierten Bereich in Zeile **19** ein.
3. Geben Sie in Zelle **B20** die Kategorie **PC** ein.
4. Erfassen Sie in Zelle **E23** die Formel **=DBMITTELWERT(A1:E15;E1;A19:E20)**.
5. Bestätigen Sie mit [↵].

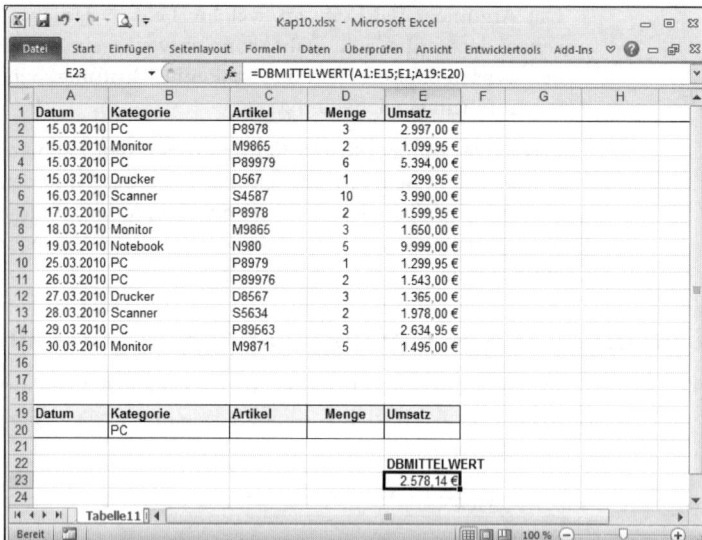

Abbildung 10.22: Der durchschnittliche Umsatz in der Kategorie PC wurde ermittelt

11 Die Funktionen aus der Kategorie Matrix

Zu den Matrixfunktionen zählen unter anderem Tabellenfunktionen, mit denen Sie Daten in Bereichen suchen können.

Die Tabellenfunktion SVERWEIS

Mit der Tabellenfunktion **SVERWEIS** können Sie einen Wert über einen Suchbegriff aus einem Datenbereich ermitteln und ausgeben. Die genaue Funktionsweise erklärt sich am besten aus der Syntax und einem anschließenden Praxisbeispiel:

Die Syntax dieser Funktion lautet:

=SVERWEIS(Suchkriterium;Matrix;Spaltenindex;Bereich_Verweis)

Das Argument **Suchkriterium** ist der Wert, der in der ersten Matrixspalte gefunden werden soll. **Suchkriterium** kann ein Wert, ein Bezug oder eine Textzeichenfolge sein. Das Argument **Matrix** ist die Tabelle mit Informationen, in der die Daten gesucht werden. Das Argument **Spaltenindex** ist die Spaltennummer in **Matrix**, aus der der entsprechende Wert zurückgegeben werden muss. Ein Spaltenindex von **1** gibt den Wert der ersten Spalte in **Matrix** zurück; ein Spaltenindex von **2** gibt den Wert der zweiten Spalte von **Matrix** zurück. Das letzte Argument ist **Bereich_Verweis**. Wenn dieses Argument **WAHR** ist, müssen die Werte in der ersten Spalte von **Matrix** in aufsteigender Reihenfolge angeordnet werden. Wenn **Bereich_Verweis** den Wert **FALSCH** aufweist, muss die Tabelle nicht sortiert vorliegen.

Artikeldaten heraussuchen

In der folgenden Aufgabe soll aus einer Artikeldatenbank ein bestimmter Satz herausgesucht werden. Sehen Sie sich dazu die Tabelle aus **Abbildung 11.1** an.

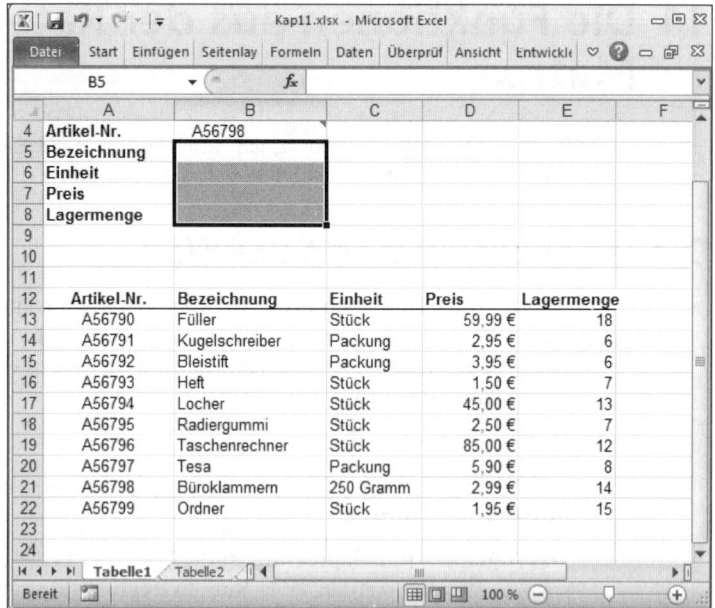

Abbildung 11.1: Die Artikeldatenbank

Ihre Aufgabe besteht nun darin, in Zelle **B4** eine Artikelnummer einzugeben. Alle anderen Informationen zu dieser Artikelnummer sollen danach automatisch in den Zellenbereich **B5:B8** eingefügt werden.

Um diese Aufgabe zu lösen, verfahren Sie wie folgt:

1. Setzen Sie den Mauszeiger in Zelle **B5**.

2. Erfassen Sie die Formel
   =SVERWEIS($B$4;$A$13:$E$22;2;FALSCH).

3. Bestätigen Sie die Eingabe über ⏎.

Mit dem Suchbegriff aus Zelle **B4** wird in Spalte **A** nach dem Auftreten dieser Artikelnummer gesucht. Wird die Artikelnummer gefunden, dann werden die Daten der Matrix übertragen. Der Spaltenindex 2 bedeutet, dass der Wert der zweiten Spalte der Matrix **A13:E22**, also der Wert aus Spalte **B**, übertragen wird. Wenn Sie die Formel aus Zelle **B4** nach unten kopieren, müssen Sie dabei jeweils den Spaltenindex anpassen. Entnehmen Sie die dazu notwendigen Formeln aus **Tabelle 11.1**.

Zelle	Formel
B5	=SVERWEIS($B$4;$A$13:$E$22;2;FALSCH)
B6	=SVERWEIS($B$4;$A$13:$E$22;3;FALSCH)
B7	=SVERWEIS($B$4;$A$13:$E$22;4;FALSCH)
B8	=SVERWEIS($B$4;$A$13:$E$22;5;FALSCH)

Tabelle 11.1: Die verwendeten Formeln

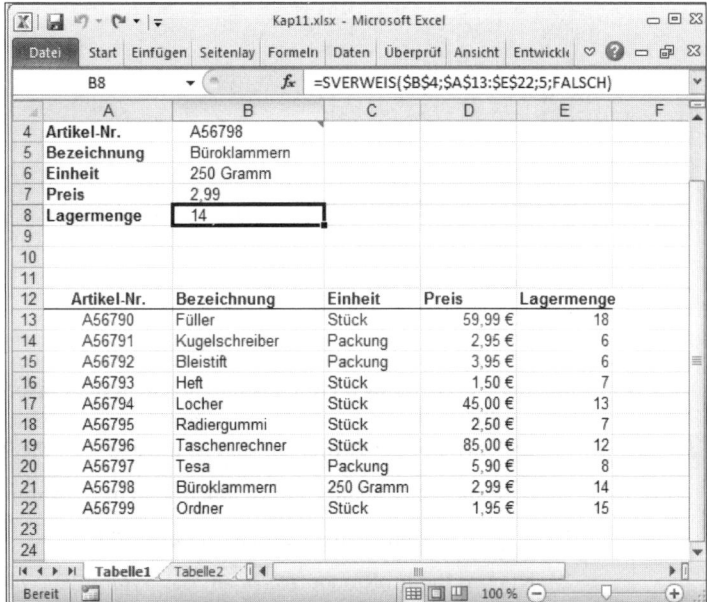

Abbildung 11.2: Mit SVERWEIS nach Daten suchen

Den richtigen Tarif abgreifen

In der folgenden Aufgabe soll aus einer Liste der richtige Tarif ermittelt werden. Dabei soll eine Eingabe zwischen 1 und 6 erfolgen. Excel muss danach aus einer Liste den zutreffenden Tarif auswählen. Sehen Sie sich dazu **Abbildung 11.3** an.

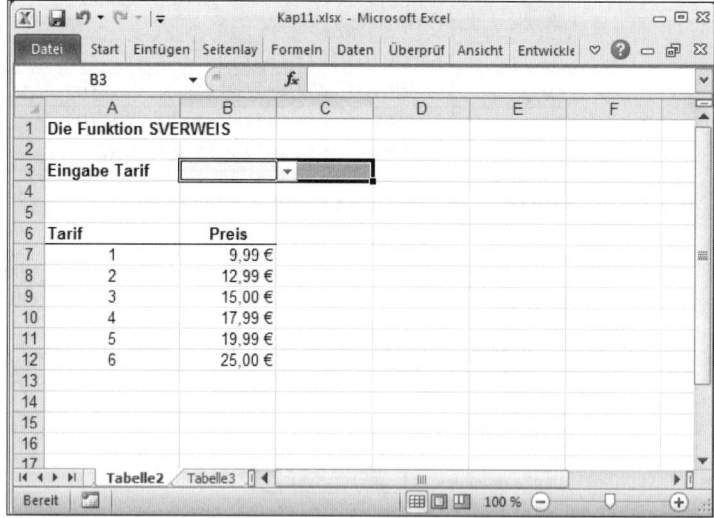

Abbildung 11.3: Die Tariftabelle

Um die Eingabe in Zelle **B3** zu vereinfachen, können Sie dem Anwender ein Dropdownfeld anbieten, aus dem der entsprechende Tarif ausgewählt werden kann. Dieses Dropdownfeld wird immer dann angezeigt, wenn der Anwender den Mauszeiger auf die Zelle **B3** setzt.

Um ein solches Zellendropdown einzurichten, verfahren Sie wie folgt:

1. Setzen Sie den Mauszeiger auf die Zelle **B3**.

2. Klicken Sie im Ribbon *Daten* auf das Symbol *Datenüberprüfung*.

3. Auf der Registerkarte *Einstellungen* wählen Sie aus dem Kombinationsfeld *Zulassen* den Befehl *Liste*.

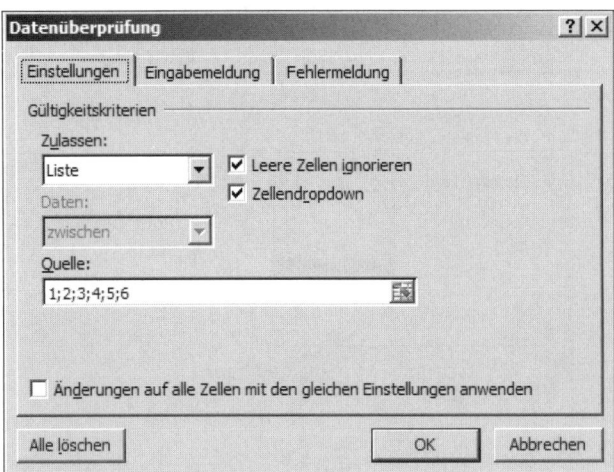

Abbildung 11.4: Die gültigen Werte eingeben

4. Erfassen Sie im Feld *Quelle* die Werte, die Sie zulassen möchten.

5. Wechseln Sie auf die Registerkarte *Eingabemeldung* und definieren Sie eine Meldung, die automatisch erscheint, wenn die Zelle **B3** aktiviert wird.

6. Auf der Registerkarte *Fehlermeldung* können Sie eine eigene Fehlermeldung definieren, die automatisch dann angezeigt wird, wenn eine ungültige Eingabe in Zelle **B3** vorgenommen wird.

7. Bestätigen Sie Ihre Einstellungen mit *OK*.

8. Erfassen Sie in Zelle **C3** die Formel
=SVERWEIS($B$3;$A$6:$B$12;2;FALSCH).

9. Bestätigen Sie mit ⏎

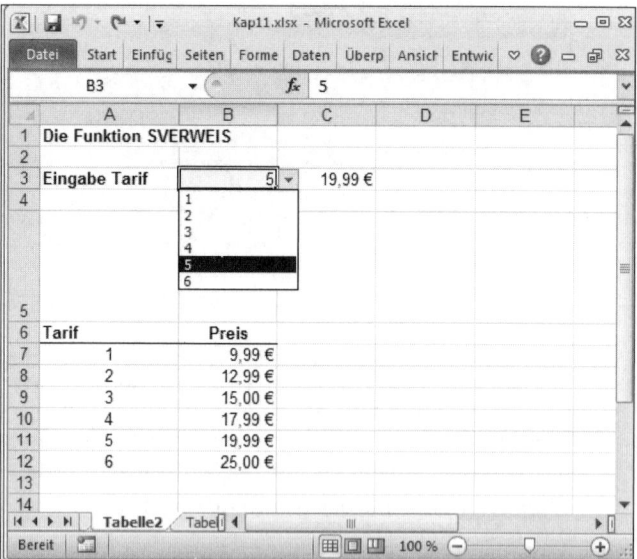

Abbildung 11.5: Schnelle und flexible Auswahl des Tarifs

In der nächsten Aufgabe wird der Tarif aus der **Tabelle2** in einer anderen Tabelle abgefragt. Die Tabellenfunktion **SVERWEIS** muss deshalb tabellenübergreifend arbeiten. Fügen Sie zu diesem Zweck eine neue Tabelle ein und gestalten Sie sie nach dem Vorbild der **Abbildung 11.6**.

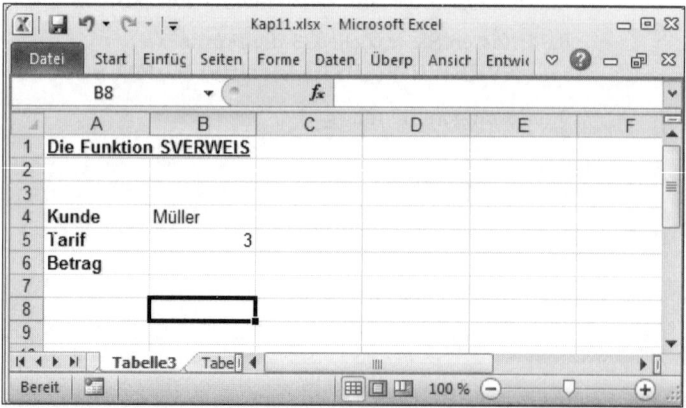

Abbildung 11.6: Zugriff auf ein separates Blatt

In Zelle **B6** soll nun die Tabellenfunktion **SVERWEIS** eingefügt werden. Dabei erfolgt in diesem Fall der Zugriff auf die **Tabelle2**, die die Tarifdaten enthält. Erfassen Sie daher die Formel **=SVERWEIS ($B$5;Tabelle2!$A$6:$B$12;2;FALSCH)** in Zelle **B6**.

> Befindet sich das Datenblatt in einer anderen Arbeitsmappe, dann lautet die Syntax wie folgt:
>
> **=SVERWEIS($B$5;[Mappe.xls]Tabelle1!$A$6:$B$12;2;FALSCH)**

Die Tabellenfunktion WVERWEIS

Die Tabellenfunktion **WVERWEIS** ähnelt der soeben beschriebenen Funktion. Auch hier erklärt sich die Funktion am besten aus der Syntax und einem nachfolgenden Praxisbeispiel.

Die Syntax dieser Funktion lautet:

=WVERWEIS(Suchkriterium;Matrix;Zeilenindex; Bereich_Verweis)

Das Argument **Suchkriterium** ist der Wert, der in der ersten Zeile der Tabelle gefunden werden soll. **Suchkriterium** kann ein Wert, ein Bezug oder eine Textzeichenfolge sein. Das Argument **Matrix** ist eine Tabelle mit Informationen, in denen Daten nachgeschlagen werden sollen. Beim Argument **Zeilenindex** ist die Nummer der Zeile in der Matrix gemeint, aus der der entsprechende Wert zurückgegeben wird. Ein Zeilenindex von **1** gibt den ersten Zeilenwert in **Matrix** zurück, ein Zeilenindex von **2** gibt den zweiten Zeilenwert in **Matrix** zurück usw. Das letzte Argument **Bereich_Verweis** sagt aus, ob **WVERWEIS** eine genaue Entsprechung oder eine ungefähre Entsprechung suchen soll. Wenn dieses Argument **WAHR** ist oder weggelassen wird, wird eine ungefähre Entsprechung zurückgegeben. Wenn das Argument den Wert **FALSCH** annimmt, sucht die Funktion eine genaue Entsprechung. Wenn keine gefunden wird, wird der Fehlerwert **#NV** zurückgegeben.

Kopfzahlen, Umsätze und Kosten darstellen

In der folgenden Aufgabe werden in einer Tabelle die Kopfzahlen von Mitarbeitern, deren Umsatz sowie die Kosten dargestellt. Über die Eingabe der Kostenstelle sollen die dazugehörigen Daten gefunden und angezeigt werden.

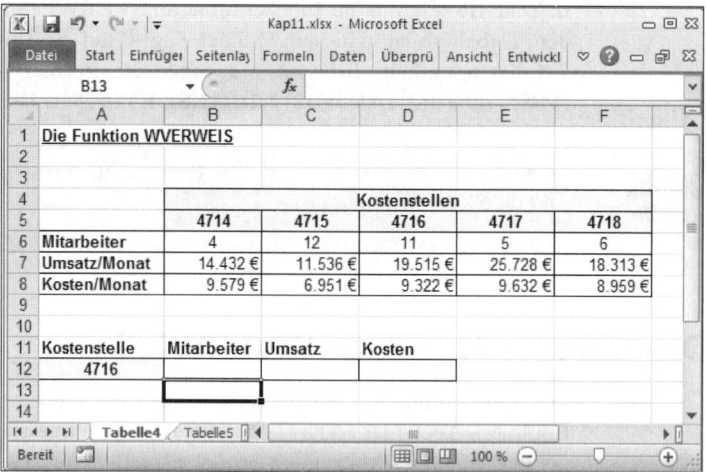

Abbildung 11.7: Die Ausgangssituation

Nach Eingabe der gewünschten Kostenstelle in Zelle **A12** sollen die dazugehörigen Daten aus der darüberliegenden Tabelle gesucht und in die Zellen **B12** bis **D12** übertragen werden. Um diese Aufgabe zu lösen, befolgen Sie die nächsten Arbeitsschritte:

1. Geben Sie in die Zelle **A12** zunächst eine beliebige Kostenstelle aus dem Zellenbereich **B5:F5** ein.

2. Erfassen Sie in Zelle **B12** die Formel
   =WVERWEIS($A$12;$B$5:$F$8;2;FALSCH).

3. In Zelle **C12** geben Sie die Formel
   =WVERWEIS($A$12;$B$5:$F$8;3;FALSCH) ein.

4. Die Zelle **D12** wird mit der Formel
   =WVERWEIS($A$12;$B$5:$F$8;4;FALSCH) ausgestattet.

5. Zunächst werden die Daten noch unformatiert übertragen. Übertragen Sie daher unter Verwendung des Format-Pinsels die entsprechenden Formate (siehe **Abbildung 11.8**).

Mit dem Suchbegriff aus Zelle **A12** wird in Zeile **5** nach dem Auftreten der Kostenstelle gesucht. Wird die Kostenstelle gefunden, werden die Daten der Matrix übertragen. Der Zeilenindex **2** bedeutet, dass der Wert aus der zweiten Zeile der Matrix **B5:F8**, also in diesem Fall die Zeile **6** übertragen wird.

D12 =WVERWEIS($A$12;$B$5:$F$8;4;FALSCH)

	A	B	C	D	E	F
1	Die Funktion WVERWEIS					
2						
3						
4		Kostenstellen				
5		4714	4715	4716	4717	4718
6	Mitarbeiter	4	12	11	5	6
7	Umsatz/Monat	14.432 €	11.536 €	19.515 €	25.728 €	18.313 €
8	Kosten/Monat	9.579 €	6.951 €	9.322 €	9.632 €	8.959 €
9						
10						
11	Kostenstelle	Mitarbeiter	Umsatz	Kosten		
12	4716	11	19.515 €	9.322 €		

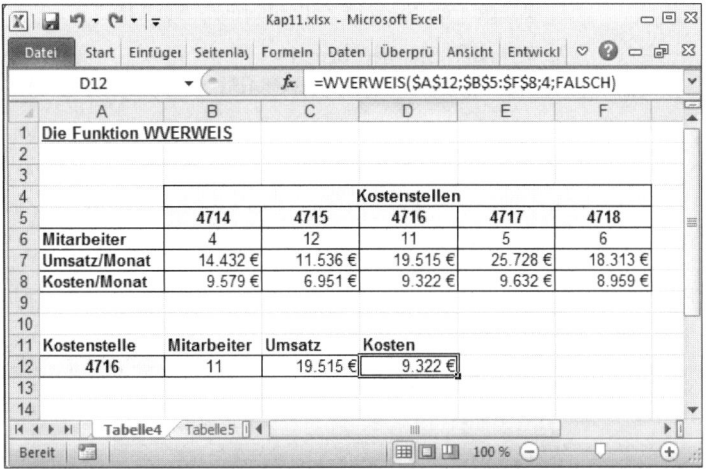

Abbildung 11.8: Dynamisches Suchen von Kennzahlen

Zahlen dynamisch aus Matrix heraussuchen

In der folgenden Aufgabe liegt eine Tabelle wie in **Abbildung 11.9** vor.

	A	B	C	D	E	F	G
1	Die Funktion WVERWEIS						
2							
3							
4	21.10.2010		19.10.2010	20.10.2010	21.10.2010	22.10.2010	23.10.2010
5			12	11	8	5	10
6			14	7	11	13	14
7			14	11	10	14	13
8			15	6	7	13	5
9			11	10	15	12	6
10			10	6	12	14	9

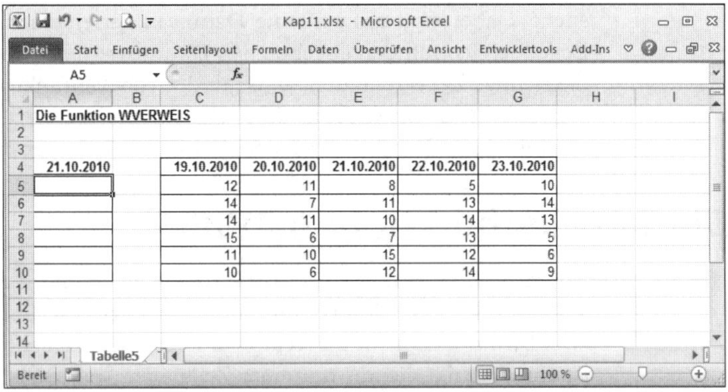

Abbildung 11.9: Die aktuellen Zahlen sollen ermittelt werden

Nach der Eingabe des Datums in Zelle **A4** sollen im Bereich **A5:A10** die zum eingegebenen Datum gehörenden Zahlen eingefügt werden. Um diese Aufgabe zu lösen, verfahren Sie wie folgt:

1. Markieren Sie den Zellenbereich **A5:A10**.

2. Erfassen Sie die Formel
   =WVERWEIS($A$4;$C$4:$G$10;(ZEILE()-3)).

3. Bestätigen Sie die Eingabe, indem Sie die Tastenkombination Strg + ⏎ drücken.

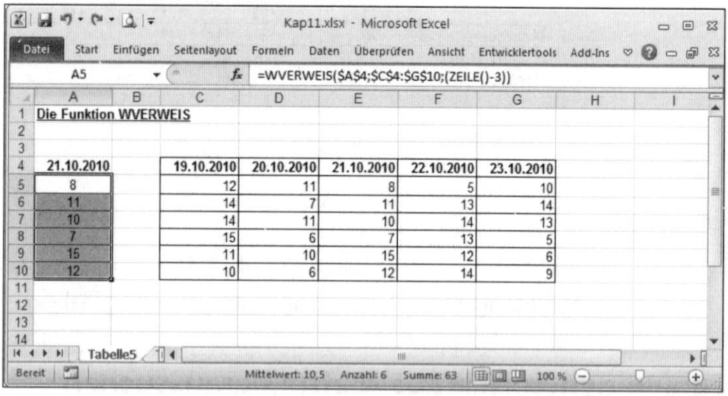

Abbildung 11.10: Daten werden gesucht und gefunden

Mit dem Datum aus der Zelle **A4** wird im Zellenbereich **C4:G10** gesucht. Dabei wird das gesuchte Datum in der ersten Zeile in diesem Zellenbereich mit den angebotenen Datumswerten abgeglichen. Wird die richtige Zelle gefunden, wird mit der Tabellenfunktion **ZEILE** die aktive Zeile ermittelt. Von dieser Zeile muss der Wert **3** subtrahiert werden, da im Beispiel die ersten drei Zeilen nicht verwendet werden.

Die Tabellenfunktion VERWEIS

Mit der Tabellenfunktion **VERWEIS** können Sie die Werte eines Vektors oder einer Matrix durchsuchen. Für diese Funktion gibt es zwei Syntaxversionen: die Vektor- und die Matrixversion. Ein Vektor ist eine Matrix, die aus nur einer Zeile oder Spalte besteht. Die Vektorversion von **VERWEIS** sucht in einem Bereich, der aus nur einer Zeile oder Spalte besteht (Vektor), nach einem bestimmten Wert und gibt einen Wert aus dieser Position in einem zweiten Vektor zurück. Die Matrixversion von **VERWEIS** sucht in der ersten Zeile oder Spalte einer Matrix nach dem angegebenen Wert und gibt einen Wert aus dieser Position in der letzten Zeile oder Spalte derselben Matrix zurück.

Die Syntax 1 lautet:

=VERWEIS(Suchkriterium;Suchvektor;Ergebnisvektor)

Geben Sie im Argument **Suchkriterium** einen Wert an, nach dem diese Funktion im ersten Vektor suchen soll. Das Suchkriterium kann dabei eine Zahl, eine Zeichenfolge (ein Text), ein Wahrheitswert oder ein Name bzw. ein Bezug sein, der sich auf einen Wert bezieht.

Im Argument **Suchvektor** wird ein Bereich angegeben, der nur eine Zeile oder Spalte enthält. Zulässige Elemente von **Suchvektor** sind Zeichenfolgen (Texte), Zahlen oder Wahrheitswerte.

Im Argument **Ergebnisvektor** wird ein Bereich angegeben, der nur eine Zeile oder Spalte enthält. Dieser Vektor muss genauso viele Elemente beinhalten wie der **Suchvektor**.

Die Syntax 2 lautet:

=VERWEIS(Suchkriterium;Matrix)

Im Argument **Suchkriterium** wird ein Wert angegeben, nach dem die Funktion in der Matrix suchen soll. Als Suchkriterium kann eine Zahl, eine Zeichenfolge (ein Text), ein Wahrheitswert oder ein Name bzw. ein Bezug angegeben werden, der sich auf einen Wert bezieht.

Im Argument **Matrix** wird ein Zellbereich angegeben, der entweder Text, Zahlen oder Wahrheitswerte enthält, die Sie mit **Suchkriterium** vergleichen möchten.

> Kann die Funktion **VERWEIS** keinen Wert finden, der mit dem jeweiligen Suchkriterium übereinstimmt, verwendet sie den größten Wert in der Matrix, der kleiner als das Suchkriterium ist.

Punkte und Prozente

In der folgenden Aufgabe wurde ein Multiple-Choice-Test durchgeführt und die Ergebnisse in einer Tabelle festgehalten. Von den insgesamt 100 Testpersonen haben vier Personen nur 10% der Fragen richtig beantwortet. Die weitere Aufteilung der Ergebnisse entnehmen Sie der **Abbildung 11.11**.

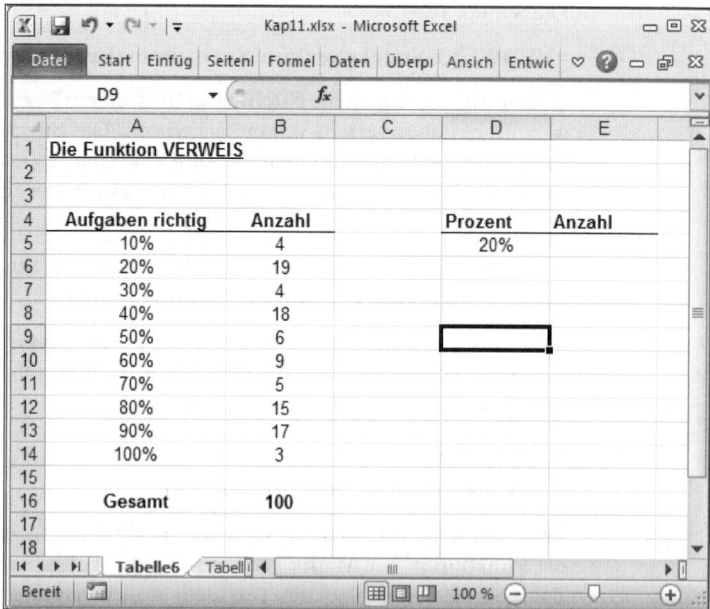

Abbildung 11.11: Die ausgewerteten Daten der Testbefragung

In Zelle **D5** soll nun ein Prozentsatz eingegeben werden. Zu diesem Prozentsatz soll danach die entsprechende Anzahl der Personen ausgegeben werden. Dazu erfassen Sie die Formel **=VERWEIS ($D$5;$A$4:$B$14)** in der Zelle **E5**.

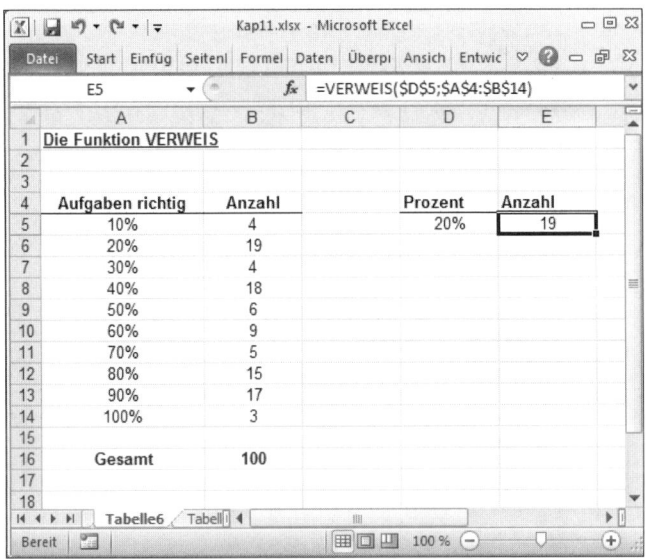

Abbildung 11.12: 19 Personen haben über 20% richtig beantwortet

Liegt die eingegebene Prozentzahl wertmäßig über den angebotenen Prozentwerten aus Spalte **A**, dann wird jeweils abgerundet. So wird bei **21%** oder **29%** die Anzahl **19** zurückgegeben.

Autotexte einsetzen

Beim folgenden Beispiel liegt eine Tabelle mit Autotexten vor. Bei Eingabe einer Zahl soll ein dazugehörender Text ausgegeben werden. Sehen Sie sich dazu **Abbildung 11.13** an.

Geben Sie jetzt in Zelle **A15** eine Zahl aus dem Zellenbereich **A5:A11** ein. Danach geben Sie die Formel **=VERWEIS($A$15;$A$4:$B$11)** in Zelle **B15** ein (siehe **Abbildung 11.14**).

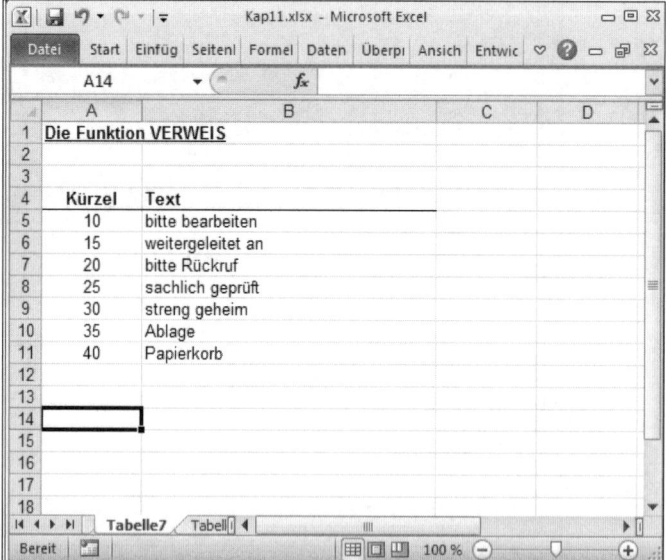

Abbildung 11.13: Die zur Verfügung stehenden Autotexte

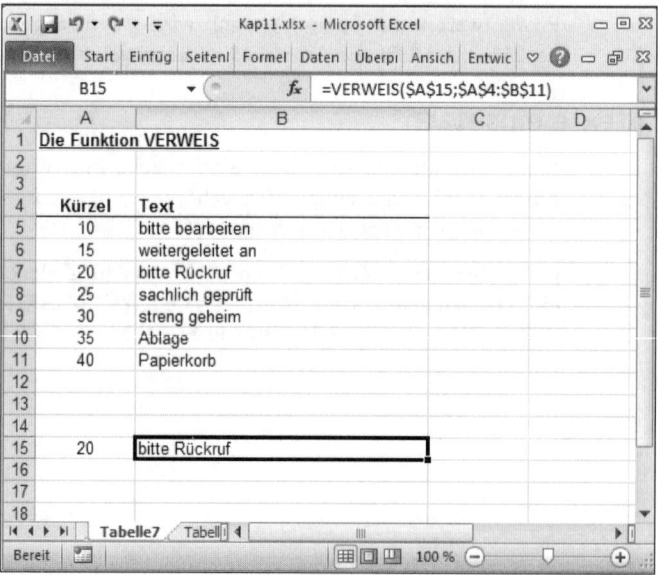

Abbildung 11.14: Mit einer Zahleneingabe einen Text anzeigen lassen

Diese mit Zahlen ausgestatteten Autotexte können auch beispielsweise auf einer separaten Tabelle angelegt werden und in anderen Tabellen zum Einsatz kommen. Die so angelegte Tabelle muss dazu nicht unbedingt eingeblendet bleiben. Um eine Tabelle auszublenden, klicken Sie mit der rechten Maustaste auf den Tabellenreiter. Wählen Sie danach den Befehl *Ausblenden* aus dem Kontextmenü.

Feiertage ermitteln

In der folgenden Aufgabe liegt eine Liste mit Datumsangaben und den dazugehörigen Feiertagen, wie in **Abbildung 11.15** gezeigt, vor. Mit der Tabellenfunktion **VERWEIS** soll jetzt über die Eingabe eines Datums der dazugehörige Name des Feiertages angezeigt werden.

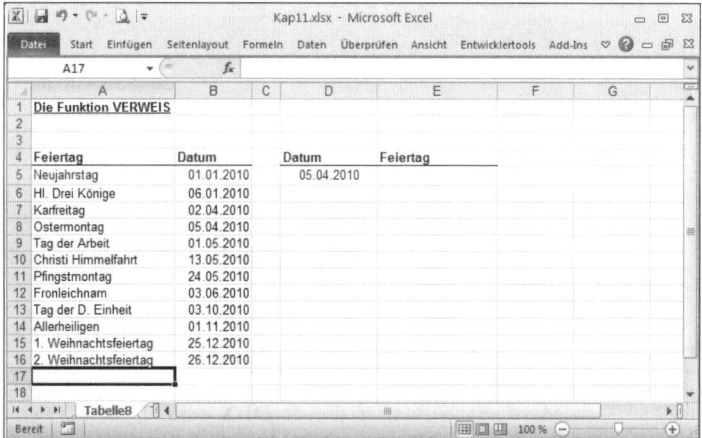

Abbildung 11.15: Die Feiertage in 2007 (Baden-Württemberg)

In Zelle **D5** soll ein Datum eingegeben werden können. Um die Auswahl des Datums zu erleichtern, können Sie ein Zellendropdown anlegen und die Daten des Zellenbereiches **B5:B16**zuordnen. Dabei gehen Sie wie folgt vor:

1. Setzen Sie den Mauszeiger in die Zelle **D5**.

2. Klicken Sie im Ribbon *Daten* auf das Symbol *Datenüberprüfung*.

3. Auf der Registerkarte *Einstellungen* wählen Sie aus dem Kombinationsfeld *Zulassen* den Befehl *Liste*.

4. Im Feld *Quelle* geben Sie den Zellenbezug **=$B$5:$B$16** ein.

5. Bestätigen Sie mit *OK*.

6. Geben Sie in die Zelle **E5** die Formel
   =VERWEIS($D$5;B5:B16;A5:A16 ein.

7. Bestätigen Sie mit *OK*.

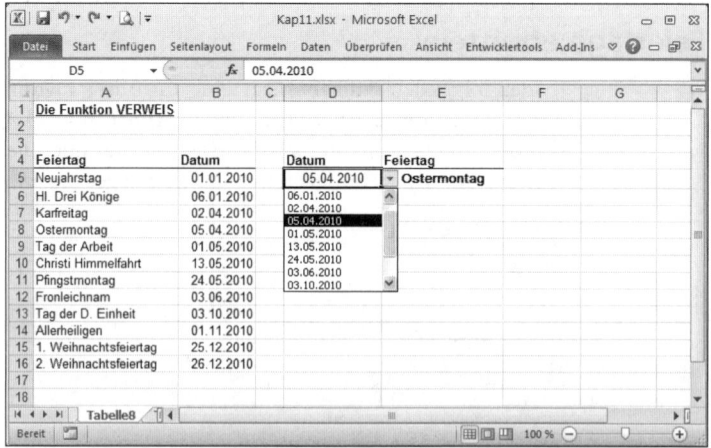

Abbildung 11.16: Die Auswahl eines Datums gibt den dazugehörigen Feiertagnamen aus

Die Tabellenfunktion INDEX

Mit der Tabellenfunktion **INDEX** können Sie über einen Index einen bestimmten Wert aus einer Matrix finden. Diese Funktion gibt es in zwei Versionen.

Syntax 1:

=INDEX(Matrix;Zeile;Spalte)

gibt den Bezug auf eine oder mehrere Zellen zurück, die zu **Matrix** gehören. Das Argument **Matrix** ist dabei ein Zellbereich oder eine Matrixkonstante. Besteht das Argument **Matrix** aus nur einer Zeile oder Spalte, ist das entsprechende Argument **Zeile** bzw. **Spalte** optional. Erstreckt sich **Matrix** über mehrere Zeilen und Spalten und ist nur eines der Argumente **Zeile** oder **Spalte** angegeben, liefert die Funktion eine Matrix, die der gesamten zugehörigen Zeile oder Spalte von **Matrix** entspricht.

Syntax 2:

=INDEX(Bezug;Zeile;Spalte;Bereich)

gibt den Bezug auf Zellen zurück, die zu dem mit **Bezug** angegebenen Bereich gehören. Im Argument **Bezug** wird ein Bezug auf einen oder mehrere Zellbereiche angegeben. Erstreckt sich jeder in **Bezug** angegebene Teilbereich über nur eine Zeile oder Spalte, ist das Argument **Zeile** bzw. **Spalte** optional.

Im Argument **Zeile** wird die Nummer der Zeile im Bereich angegeben, aus dem der Bezug geliefert werden soll.

Im Argument **Spalte** wird die Nummer der Spalte im Bereich angegeben, aus dem der Bezug geliefert werden soll.

Das Argument **Bereich** bestimmt den Zellbereich, dessen Schnittpunkt von Zeile und Spalte geliefert werden soll. Der erste markierte oder eingegebene Teilbereich erhält die Nummer 1, der zweite die Nummer 2 usw. Ist **Bereich** nicht angegeben, verwendet die Funktion den Teilbereich 1.

Uhrenmarken suchen

In der folgenden Liste liegt eine Auflistung mit Herstellern von Armbanduhren vor. Über die Eingabe der Artikelnummer soll der entsprechende Hersteller ermittelt werden.

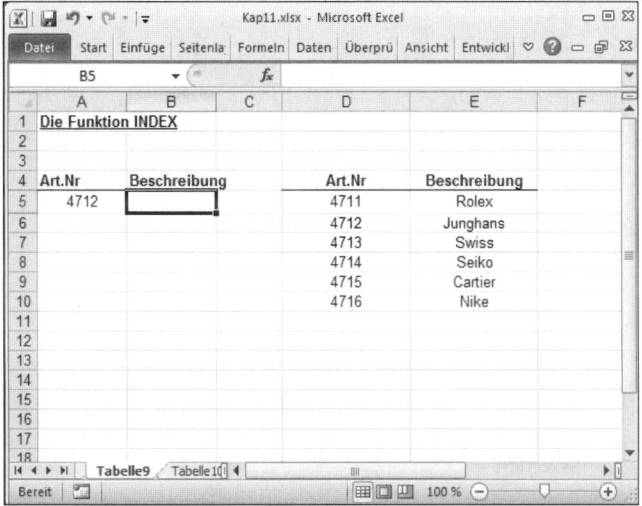

Abbildung 11.17: Welcher Hersteller gehört zu welcher Nummer?

Um die Zuordnung der Artikelnummer zum Hersteller vornehmen zu können, muss mit der eingegebenen Nummer in Zelle **A5** der entsprechende Hersteller im Bereich **E5:E10** ermittelt werden. Dieser Abgleich wird mit der Tabellenfunktion **VERGLEICH** durchgeführt, die im Zusammenspiel mit der Tabellenfunktion **INDEX** das gewünschte Ergebnis liefert. Erfassen Sie daher in Zelle **B5** die Formel:

=INDEX(E$5:$E$10;VERGLEICH($A$5;$D$5:$D$10;0))

und bestätigen Sie mit ⏎.

Im ersten Argument der Tabellenfunktion **INDEX** geben Sie den Zellenbereich an, in dem nach der Artikelnummer gesucht werden soll. Im zweiten Argument setzen Sie die Tabellenfunktion **VERGLEICH** ein, um die gewünschte Zeile zu ermitteln, die der Artikelnummer im Bereich **D5:D10** entspricht. Das letzte Argument, die **0**, repräsentiert die Spalte, aus der der Wert zurückgegeben werden soll. Da im ersten Argument der Zellenbereich **E5:E10** angegeben wurde und das Ergebnis auch in diesem Bereich gefunden werden soll, wird in diesem Fall die **0** angegeben.

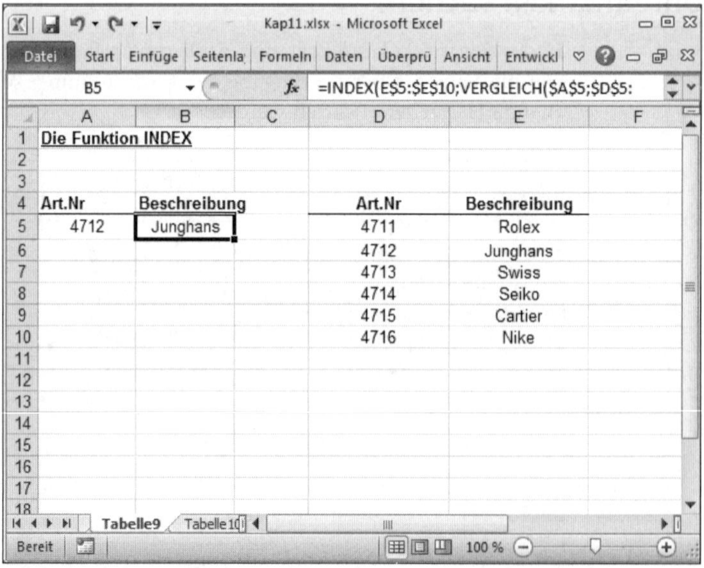

Abbildung 11.18: Der zur Artikel gehörende Hersteller konnte ermittelt werden

Umsatz pro Kunde ermitteln

In der folgenden Aufgabe liegt eine Tabelle mit Kundendaten vor. Als verfügbare Daten sind, wie in **Abbildung 11.19** gezeigt, die Kundennummer, der Kundenname sowie der Umsatz mit dem Kunden hinterlegt.

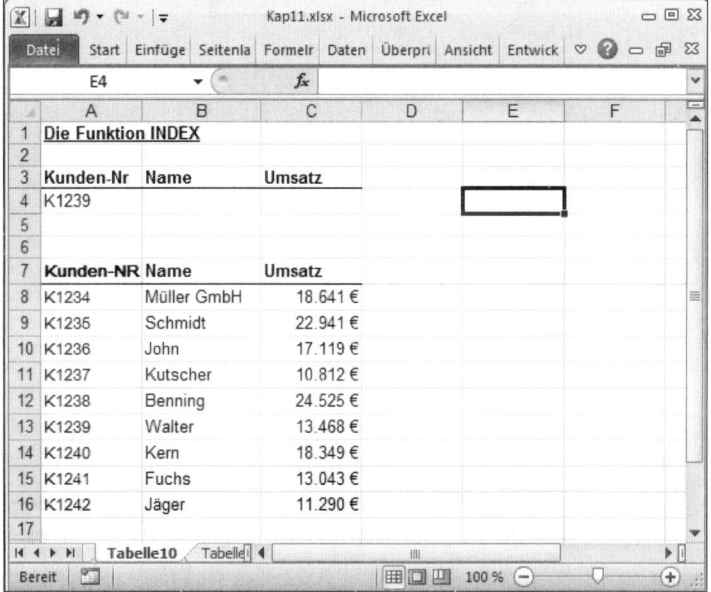

Abbildung 11.19: Diese Kundendaten sind verfügbar

Über die Eingabe einer Kundennummer in Zelle **A4** sollen die dazugehörigen Daten aus dem Zellenbereich **A7:C16** ermittelt und in die Zellen **B4** und **C4** transportiert werden.

Um diese Aufgabe zu lösen, verfahren Sie wie folgt:

1. Erfassen Sie in Zelle **B4** die Formel
   =INDEX($A$8:$C$16;VERGLEICH($A$4;$A$8:$A$16;0);2).

2. In Zelle **C4** schreiben Sie die Formel
   =INDEX($A$8:$C$16;VERGLEICH($A$4;$A$8:$A$16;0);3).

3. Bestätigen Sie die Eingabe beider Formeln mit der Taste ⏎.

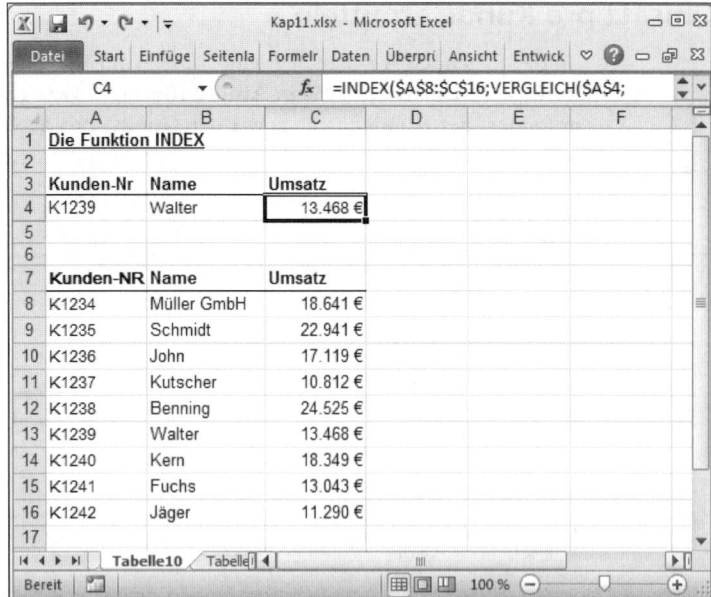

Abbildung 11.20: Suchen und Transportieren mit INDEX

Im ersten Argument der Tabellenfunktion **INDEX** wurde der Bereich angegeben, in dem alle Daten gespeichert sind. Im zweiten Argument muss die Zeile gefunden werden, in der die entsprechende Kundennummer steht. Diese Suche wird mit der Tabellenfunktion **VERGLEICH** durchgeführt. Dabei wird dieser Funktion der Suchbegriff, also die Kundennummer aus Zelle **A4**, sowie der Zellenbereich, in dem die Kundennummer gefunden werden kann, angegeben. Als Ergebnis wird die ermittelte Zeile zurückgegeben. Was jetzt noch fehlt, ist die Spalte, die zurückgegeben werden soll. Dazu geben Sie im letzten Argument der Tabellenfunktion **INDEX** den Wert 2 an, um die zweite Spalte im Bereich **A8:C16** anzusteuern. Diese zweite Spalte repräsentiert dabei die Spalte **B**. Der Wert **3** würde die Spalte **C** zurückgeben.

Den letzten Wert einer Spalte ermitteln

Möchten Sie den letzten Wert einer Spalte ermitteln, dann gibt es dafür mehrere Möglichkeiten. Sehen Sie sich zunächst **Abbildung 11.21** an.

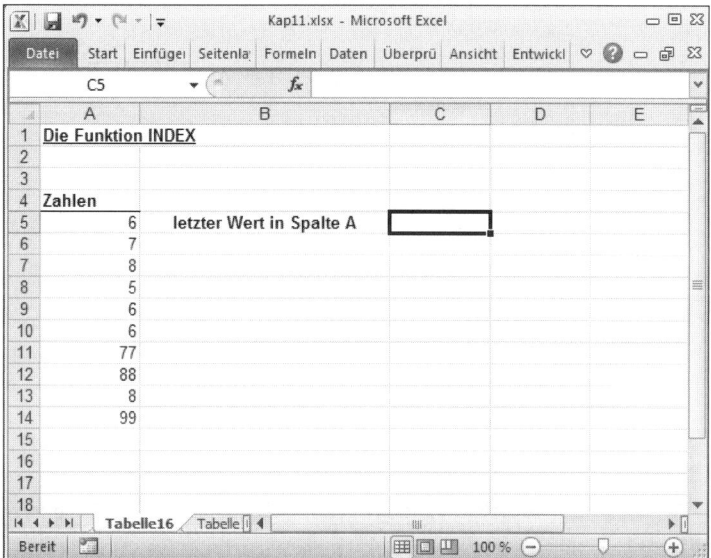

Abbildung 11.21: Die letzte Zelle in Spalte A soll ermittelt werden

Um den letzten Eintrag in Spalte **A** zu ermitteln, erfassen Sie die Formel **=INDEX(A:A;ANZAHL2(A:A)+ANZAHLLEEREZELLEN (A1:A14))** in Zelle **C5**.

Da in der **Tabelle16** auch leere Zellen (Zeile 2 und Zeile 3) vorhanden sind, müssen Sie diese Zellen mit der Tabellenfunktion **AN-ZAHLLEEREZELLEN** ermitteln und addieren.

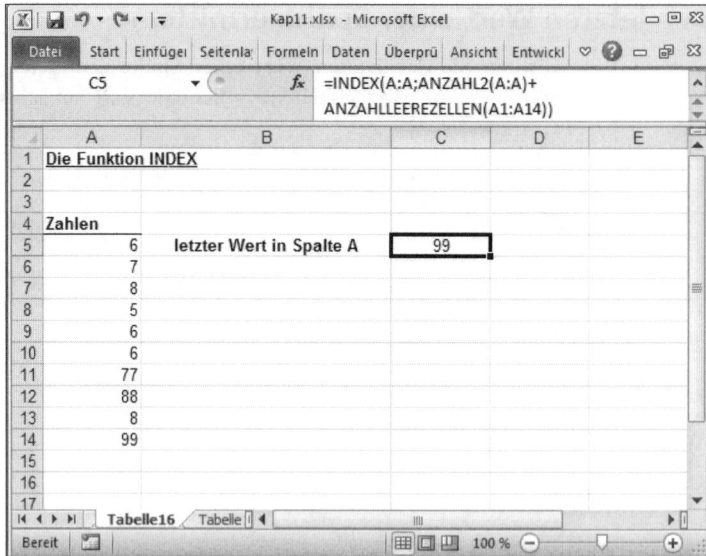

Abbildung 11.22: Der letzte Wert in Spalte A ist 99

Die gleiche Aufgabe kann auch über die etwas längere Formel

**=INDEX(A:A;SUMMENPRODUKT(MAX((A1:A65535<>"")
*ZEILE(A1:A65535)));1)**

gelöst werden.

Die Tabellenfunktion INDIREKT

Mit der Tabellenfunktion **INDIREKT** können Sie den Bezug eines Textwertes ermitteln. Bezüge werden sofort ausgewertet, damit die zu ihnen gehörenden Werte angezeigt werden.

Die Syntax dieser Funktion lautet:

=INDIREKT(Bezug;A1)

Im Argument **Bezug** wird der Bezug auf eine Zelle angegeben, die einen Bezug in der A1-Schreibweise, einen Bezug in der Z1S1-Schreibweise, einen definierten Namen als Bezug oder einen Zellbezug als Zeichenfolge enthält.

Im Argument **A1** wird ein Wahrheitswert angegeben, der angibt, welche Art von Bezug in der Zelle enthalten ist. Ist **A1** gleich **WAHR** oder nicht angegeben, wird **Bezug** als ein Bezug interpretiert, der in der A1-Schreibweise vorliegt. Ist **A1** gleich **FALSCH**, wird **Bezug** als ein Bezug interpretiert, der in der Z1S1-Schreibweise vorliegt.

Zahlen aus einer Matrix herauslesen

In der folgenden Aufgabe liegt ein Datenfeld **D4:F14** mit insgesamt **33** Feldern vor. Über die Eingabe der gewünschten Spalte bzw. der Zeile soll die Koordinate im Datenfeld bestimmt und das Ergebnis zurückgegeben werden. Sehen Sie sich zum besseren Verständnis **Abbildung 11.23** an.

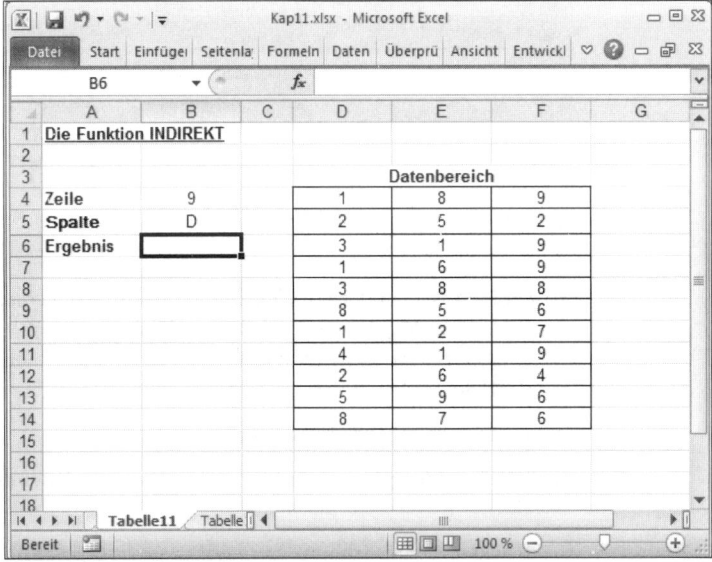

Abbildung 11.23: Die Ausgangssituation

Durch die Eingaben in den Zellen **B4** und **B5** soll der Schnittpunkt aus diesen Eingaben im Datenfeld **D4:F14** ermittelt werden. Die beiden Eingaben können Sie mit der Funktion **Gültigkeit** erleichtern. Dabei verfahren Sie wie folgt:

1. Setzen Sie den Zellenzeiger in Zelle **B4**.

2. Klicken Sie im Ribbon *Daten* auf das Symbol *Datenüberprüfung*.

3. Auf der Registerkarte *Einstellungen* wählen Sie im Kombinationsfeld *Zulassen* den Befehl *Ganze Zahl* aus.

4. Füllen Sie das Dialogfenster wie in **Abbildung 11.24** gezeigt aus.

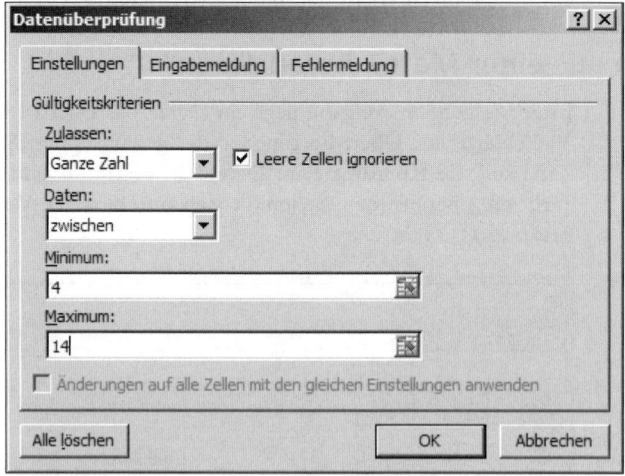

Abbildung 11.24: Gültigen Wertebereich definieren

5. Auf den Registerkarten *Eingabemeldung* und *Fehlermeldung* können Sie eigene Meldungen definieren, die automatisch angezeigt werden, wenn die Zelle aktiviert bzw. wenn eine fehlerhafte Eingabe vorgenommen wurde.

6. Bestätigen Sie Ihre Einstellungen mit *OK*.

7. Positionieren Sie im Anschluss daran den Zellenzeiger in Zelle **B5**.

8. Klicken Sie im Ribbon *Daten* auf das Symbol *Datenüberprüfung*.

9. Auf der Registerkarte *Einstellungen* wählen Sie aus dem Kombinationsfeld *Zulassen* den Befehl *Liste*.

10. Füllen Sie das Feld *Quelle* wie in **Abbildung 11.25** gezeigt aus.

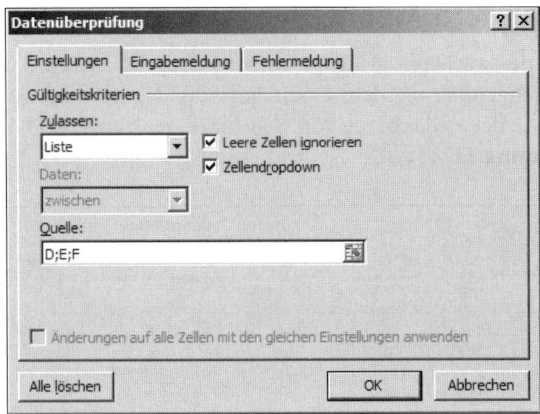

Abbildung 11.25: Nur gültige Spalten akzeptieren

11. Bestätigen Sie Ihre Einstellungen mit *OK*.

Komplettieren Sie nun die Tabelle, indem Sie in Zelle **B6** die Formel
=INDIREKT(B5&B4) eingeben und mit ⏎ bestätigen.

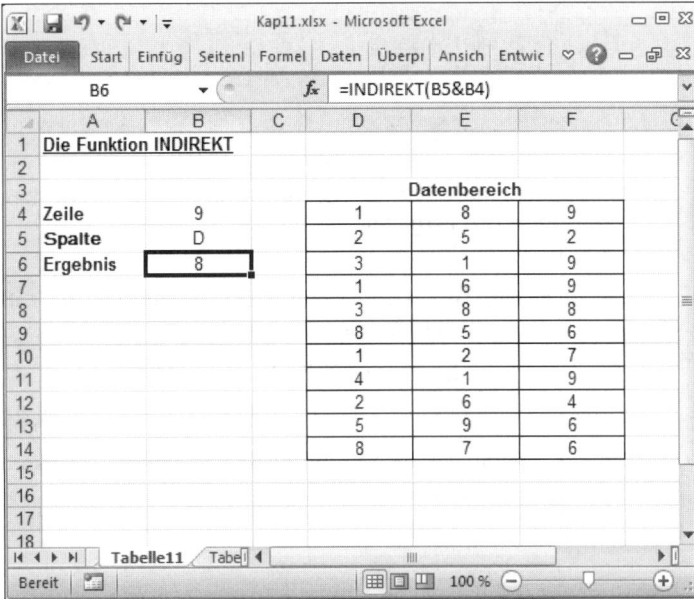

Abbildung 11.26: Dynamisch auf bestimmte Zellen zugreifen

Zugriff auf andere Tabelle

In der nächsten Aufgabe soll der Zugriff auf eine andere Tabelle durchgeführt werden. Dazu liegt der Name der jeweiligen Tabelle sowie der Zellenbezug vor. Sehen Sie sich zunächst die Liste aus **Abbildung 11.27** an.

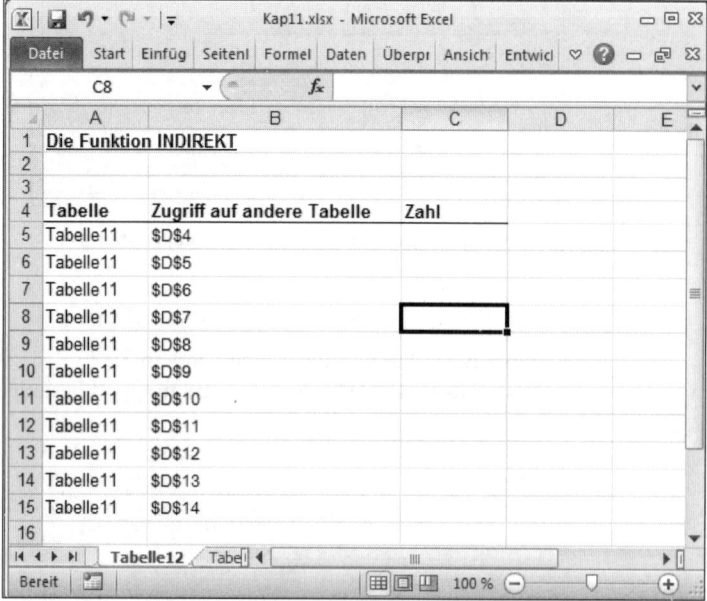

Abbildung 11.27: Der Zugriff auf die angegebene(n) Tabelle(n) und Bezüge soll hergestellt werden

Um den Zugriff ausgehend von **Tabelle12** auf die **Tabelle11** herzustellen, können Sie wie folgt vorgehen:

1. Markieren Sie den Zellenbereich **C5:C15**.

2. Erfassen Sie die Formel **=INDIREKT(A5&"!"&B5)**.

3. Bestätigen Sie die Eingabe, indem Sie die Tastenkombination ⌷Strg⌷ + ⌷⏎⌷ drücken.

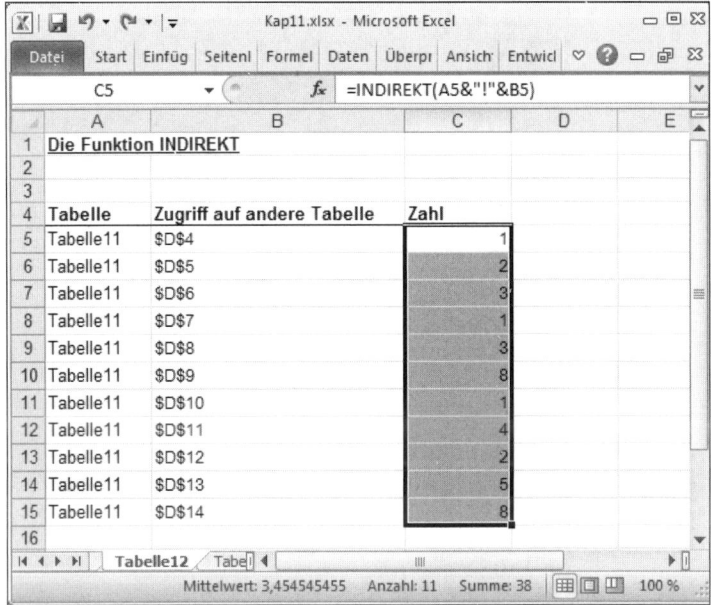

Abbildung 11.28: Der Zugriff wurde erfolgreich abgeschlossen

Der Sprung zum aktuellen Datum

In der folgenden Aufgabe liegt eine Tabelle mit einer Datumsleiste in Spalte **A** vor. Die Aufgabe besteht darin, einen Hyperlink zu Beginn der Tabelle einzurichten, über den man dann direkt zur Zelle mit dem aktuellen Tagesdatum springen kann. Sehen Sie sich zunächst die Ausgangssituation in **Abbildung 11.29** an.

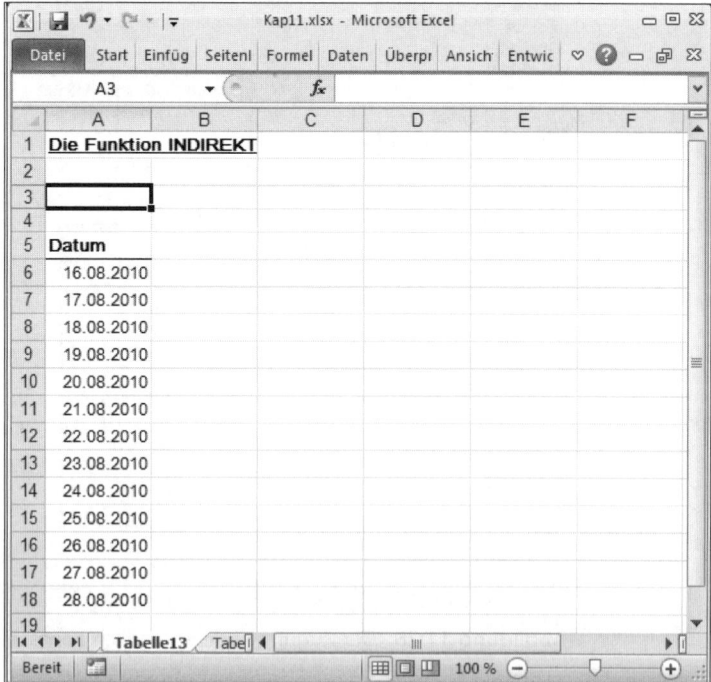

Abbildung 11.29: Über einen Hyperlink soll direkt zum aktuellen Tag gesprungen werden

Um den Hyperlink einzurichten, der die Zelle mit dem aktuellen Tagesdatum ansteuert, verfahren Sie wie folgt:

1. Benennen Sie die Zelle **A3** mit dem Namen **AKTDAT**. Dazu markieren Sie die Zelle, schreiben direkt in das Namensfeld den Namen **AKTDAT** und bestätigen mit ⏎.

2. Drücken Sie die Tastenkombination Strg + K, um das Dialogfenster *Hyperlink einfügen* aufzurufen.

3. Im Dialogfenster *Hyperlink einfügen* klicken Sie auf die Schaltfläche *Aktuelles Dokument*.

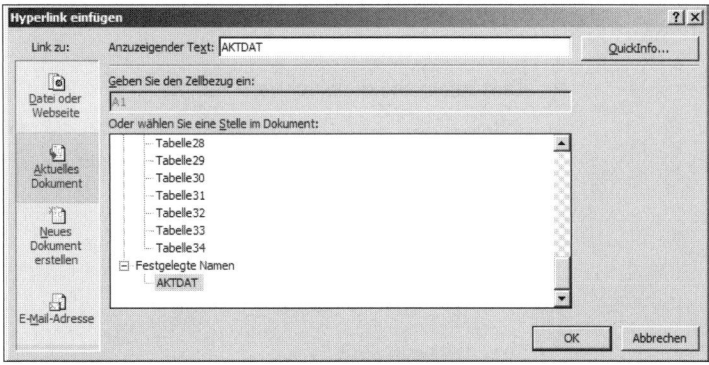

Abbildung 11.30: Einen Hyperlink einfügen

4. Im Feld *Anzuzeigender Text* geben Sie die Beschriftung des Hyperlinks ein.

5. Aktivieren Sie im Listenfeld den Namen **AKTDAT** und bestätigen Sie mit **OK**.

6. Klicken Sie im Ribbon *Formeln* auf das Symbol *Namens-Manager*.

7. Ändern Sie den Bezug des Namens, indem Sie das Dialogfenster wie in **Abbildung 11.31** gezeigt ausfüllen.

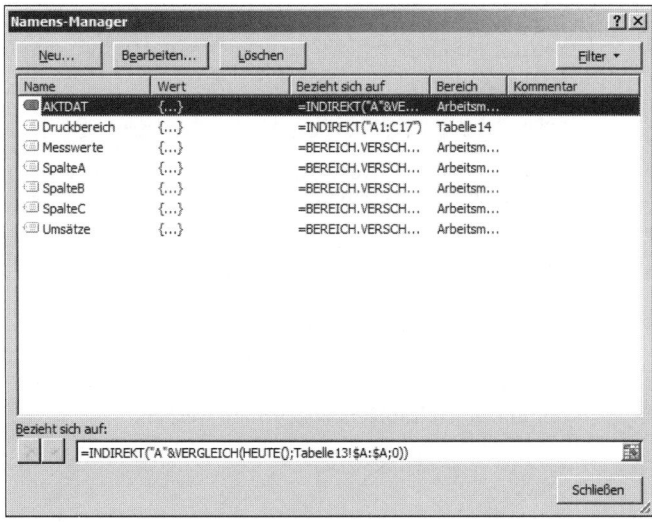

Abbildung 11.31: Eine Formel als Namen hinterlegen

8. Bestätigen Sie Ihre Anpassung mit einem Klick auf die Schaltfläche *Ok*.

9. Bestätigen Sie die Rückfrage mit *Ja*.

10. Klicken Sie auf den Hyperlink *aktueller Tag*. Der Mauszeiger springt augenblicklich zur Zelle mit dem aktuellen Tagesdatum.

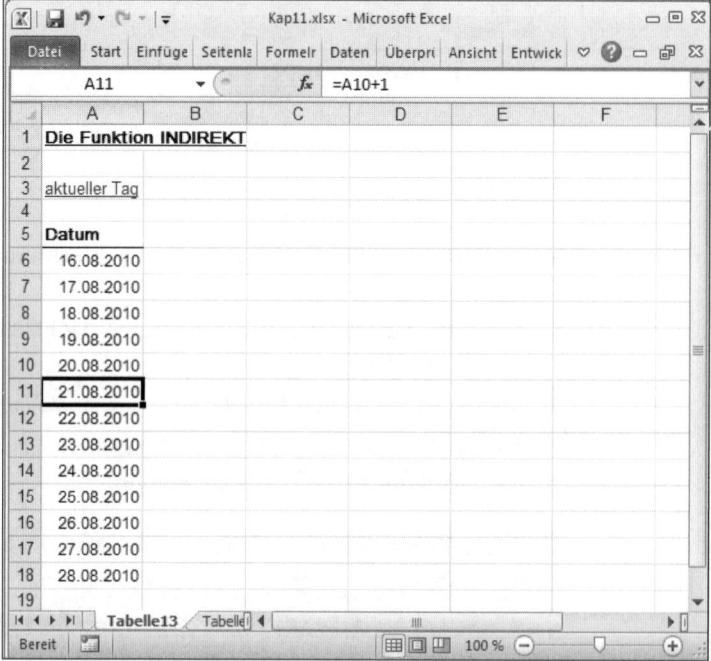

Abbildung 11.32: Der aktuelle Tag wird nach dem Betätigen des Hyperlinks direkt angesprungen

Eine Übersicht erstellen

In der nachfolgenden Aufgabe sind alle Namen der Tabellen einer Arbeitsmappe aufgelistet. Über den Einsatz der Tabellenfunktionen **INDIREKT** und **VERKETTEN** soll dabei auf eine bestimmte Zelle der einzelnen Tabellen zugegriffen werden.

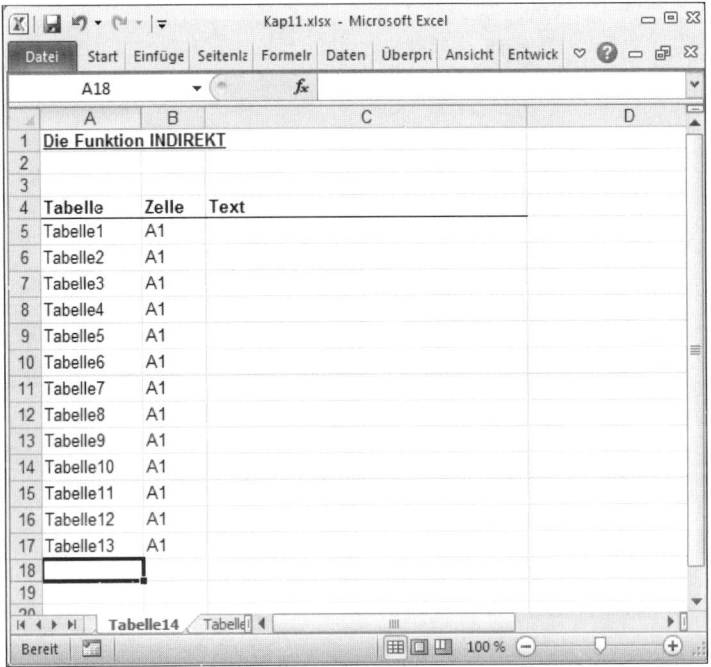

Abbildung 11.33: Der Inhalt der Zelle A1 soll ausgegeben werden

Um den Inhalt der Zelle **A1** jeder Tabelle in Spalte **C** auszugeben, gehen Sie wie folgt vor:

1. Markieren Sie den Zellenbereich **C5:C17**.

2. Erfassen Sie die Funktion
   =INDIREKT(VERKETTEN(A5;"!";B5)).

3. Schließen Sie die Eingabe ab, indem Sie die Tastenkombination
   ⌂Strg + ⎵ drücken.

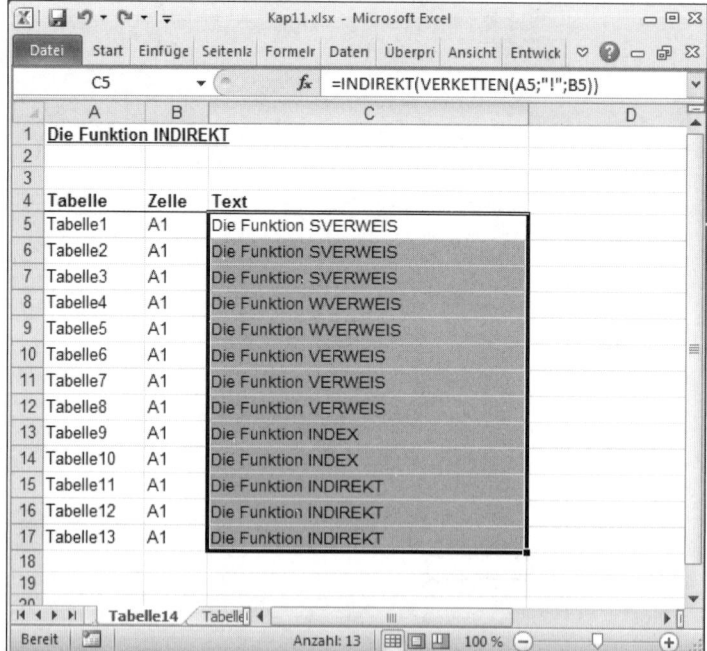

Abbildung 11.34: Die Titel aller Tabellen wurden in einer Tabelle zusammengeführt

Der feste Druckbereich

Wenn Sie einen Druckbereich auf einer Tabelle festlegen, wird er ständig erweitert, wenn innerhalb dieses Druckbereichs neue Zeilen eingefügt werden. Soll dieser Druckbereich aber immer gleich bleiben, dann müssen Sie zu einem Trick greifen. Dabei gehen Sie wie folgt vor:

1. Markieren Sie zunächst den Bereich **A1:C17** auf **Tabelle14**.

2. Klicken Sie im Ribbon *Seitenlayout* das Symbol *Druckbereich* an.

3. Wählen Sie danach den Befehl *Druckbereich festlegen*.

4. Rufen Sie den *Namens-Manager* auf, indem Sie die Tastenkombination [Strg] + [F3] drücken.

5. Ändern Sie die Bezugsadresse des Namens im Feld *Bezieht sich auf* wie in **Abbildung 11.35** angezeigt.

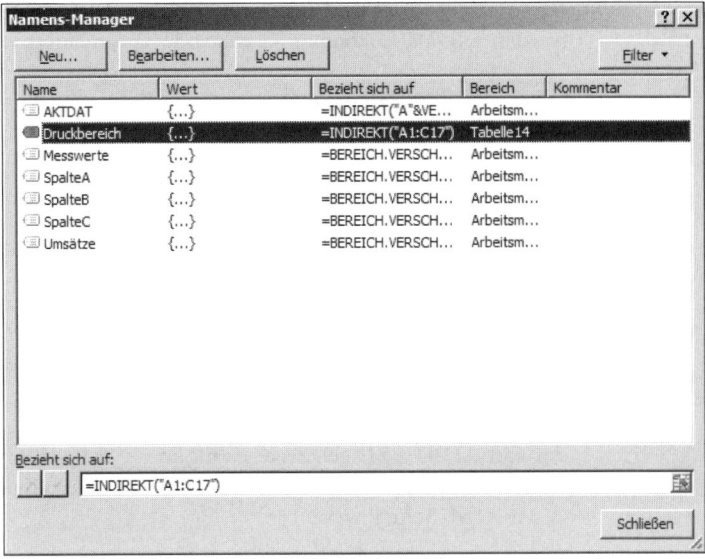

Abbildung 11.35: Den Namen anpassen

6. Bestätigen Sie diese Aktion mit einem Klick auf *OK*.

7. Bestätigen Sie die Rückfrage mit *Ja*.

Wenn Sie jetzt neue Zeilen einfügen, bleibt der Druckbereich konstant.

Die Tabellenfunktion ADRESSE

Mit der Tabellenfunktion ADRESSE können Sie einen Bezug auf eine Zelle einer Tabelle als Text erhalten.

Die Syntax dieser Funktion lautet:

=ADRESSE(Zeile;Spalte;Abs;A1;Tabellenname)

Im Argument **Zeile** wird die Zeilennummer angegeben, die für den Zellbezug verwendet werden soll.

Im Argument **Spalte** wird die Spaltennummer angegeben, die für den Zellbezug verwendet werden soll.

Im Argument **Abs** wird festgelegt, welcher Bezugstyp zurückgegeben werden soll. Dabei können Sie folgende Typen einsetzen:

Abs	Beschreibung
1	Absoluter Zellenbezug
2	Zeile absolut; Spalte relativ
3	Zeile relativ; Spalte absolut
4	Relativer Zellenbezug

Tabelle 11.2: Die möglichen Abs-Typen

Im Argument **A1** wird ein Wahrheitswert angegeben, der festlegt, ob der jeweilige Bezug in der A1- oder der Z1S1-Schreibweise ausgegeben werden soll. Ist **A1** mit **WAHR** belegt oder nicht angegeben, liegt der von **ADRESSE** gelieferte Bezug in der A1-Schreibweise vor; ist **A1** mit **FALSCH** belegt, liegt der von der Funktion gelieferte Bezug in der Z1S1-Schreibweise vor.

Im Argument **Tabellenname** kann eine Zeichenfolge angegeben werden, die den Namen eines Arbeitsblattes angibt, das als externer Bezug verwendet werden soll. Fehlt **Tabellenname**, wird kein solcher Name verwendet.

Größte Zahl in Spalte ermitteln

In der nächsten Aufgabe soll in einer Tabelle der größte Wert sowie die dazugehörige Zellenadresse ermittelt werden. Sehen Sie sich dazu **Abbildung 11.36** an.

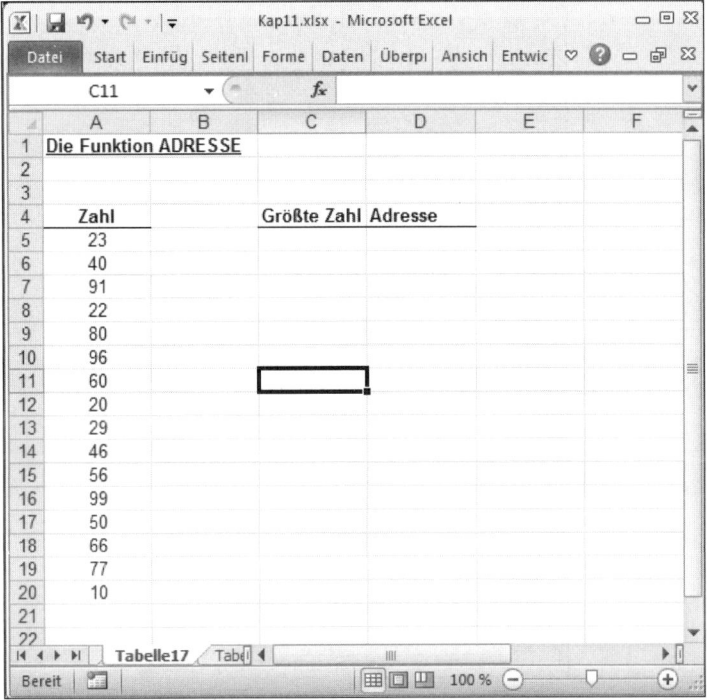

Abbildung 11.36: Die Zelle mit dem größten Wert soll gefunden werden

Um den größten Wert im Zellenbereich **A5:A20** zu finden sowie die dazugehörige Zellenadresse zu ermitteln, befolgen Sie die nächsten Arbeitsschritte:

1. Erfassen Sie in Zelle **C5** die Formel **=MAX($A$5:$A$20)**, um den größten Wert in diesem Zellenbereich zu ermitteln.

2. Geben Sie in Zelle **D5** die Formel **=ADRESSE(VERGLEICH (MAX(A:A);A:A);1;4)** ein, um die dazugehörige Zellenadresse zu erhalten.

3. Schließen Sie beide Formeln über die Taste ⏎ ab.

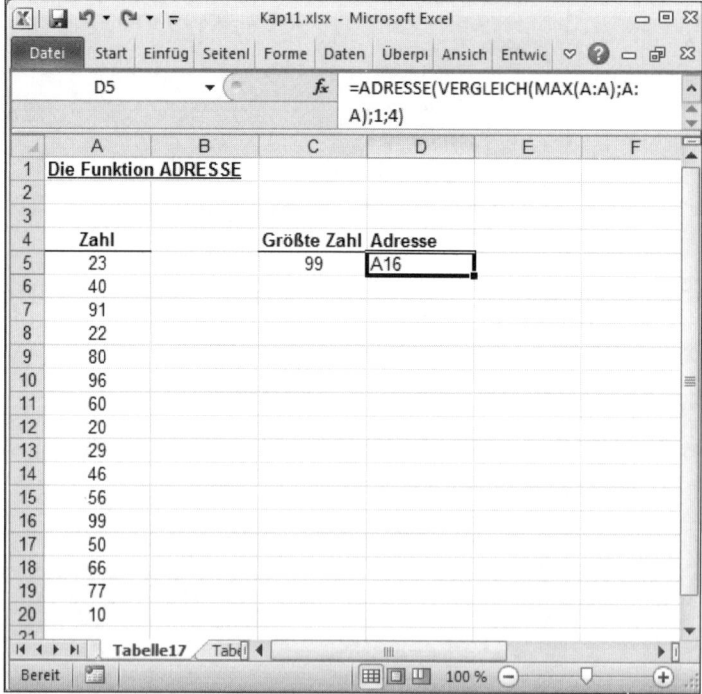

Abbildung 11.37: Die Koordinate der größten Zelle wurde ermittelt

Die Adresse der letzten Zelle in einer Spalte ermitteln

In der folgenden Aufgabe liegt eine Liste mit Daten in Spalte **A** vor. Die Aufgabe besteht nun darin, die letzte gefüllte Zelle in Spalte **A** zu ermitteln.

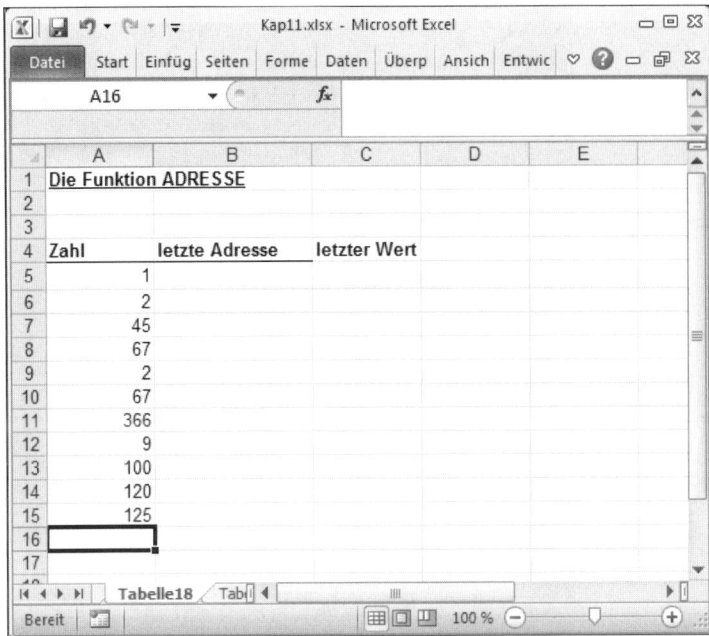

Abbildung 11.38: Wie lautet die Adresse der letzten gefüllten Zelle aus Spalte A?

Um sowohl die Adresse der letzten gefüllten Zelle aus Spalte **A** sowie auch den dazugehörigen Wert zu ermitteln, verfahren Sie folgendermaßen:

1. Erfassen Sie in Zelle **B5** die Matrixformel
   =ADRESSE(MAX((A5:A100<>"")*ZEILE(A5:A100));1).

2. Schließen Sie die Matrixformel ab, indem Sie die Tastenkombination `Strg` + `⇧` + `↵` drücken.

3. In Zelle **C5** geben Sie die Formel
   =INDEX(A:A;ANZAHL2(A:A)+ANZAHLLEEREZELLEN (A1:A15)) ein.

4. Bestätigen Sie diese Formel mit `↵`.

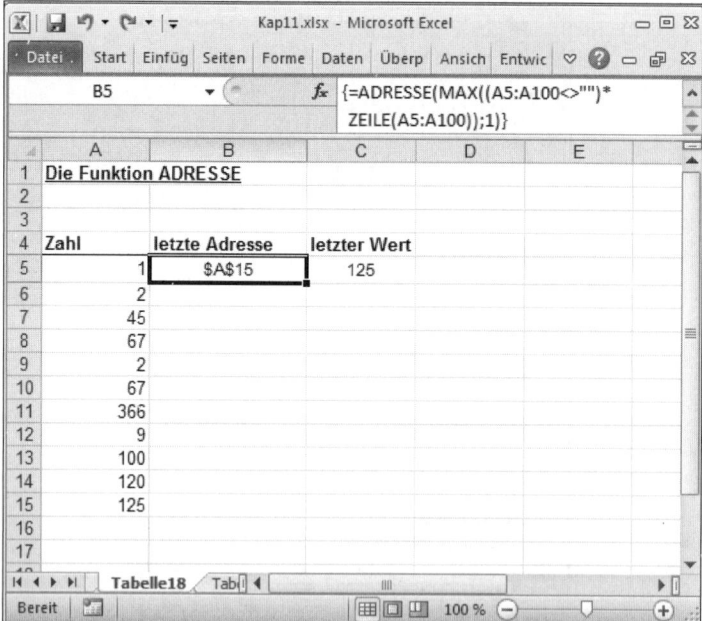

Abbildung 11.39: Die Adresse der letzten gefüllten Zelle aus Spalte A wurde ermittelt

Umsätze kumulieren

In einer Liste liegen tägliche Umsätze wie in **Abbildung 11.40** angezeigt vor. Ihre Aufgabe besteht darin, eine dynamische Lösung zu erstellen, bei der ausgehend von einem bestimmten Datum alle aufgelaufenen Umsätze kumuliert werden sollen. Schauen Sie sich zum besseren Verständnis die folgende Abbildung an:

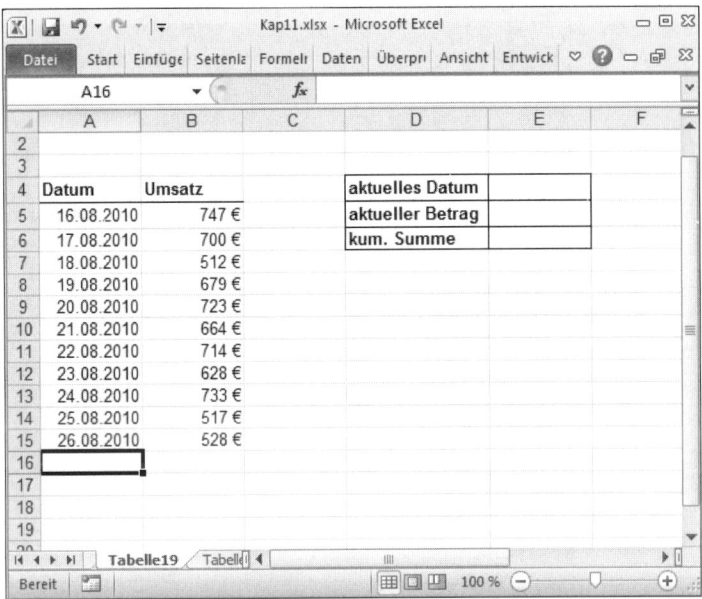

Abbildung 11.40: Die Umsätze sollen kumuliert werden

In den Zellen **E4** und **E5** sollen jeweils die Zellenadressen des aktuellen Datums sowie des aktuellen Umsatzes ermittelt werden. In Zelle **E6** sollen dann die bisher aufgelaufenen Umsätze kumuliert werden. Um diese Aufgabe zu lösen, befolgen Sie die nächsten Arbeitsschritte:

1. Erfassen Sie in Zelle **E4** die Formel
   =ADRESSE(VERGLEICH(HEUTE();$A$1:$A$20;1);1).

2. In Zelle **E5** schreiben Sie die Formel
   =ADRESSE(VERGLEICH(HEUTE();$A$1:$A$20;1);2).

3. Die kumulierte Summe bilden Sie in Zelle **E6** mit der Formel
   =SUMME(B5:INDIREKT(E5)).

4. Schließen Sie alle Funktionen jeweils mit der Taste ⏎ ab.

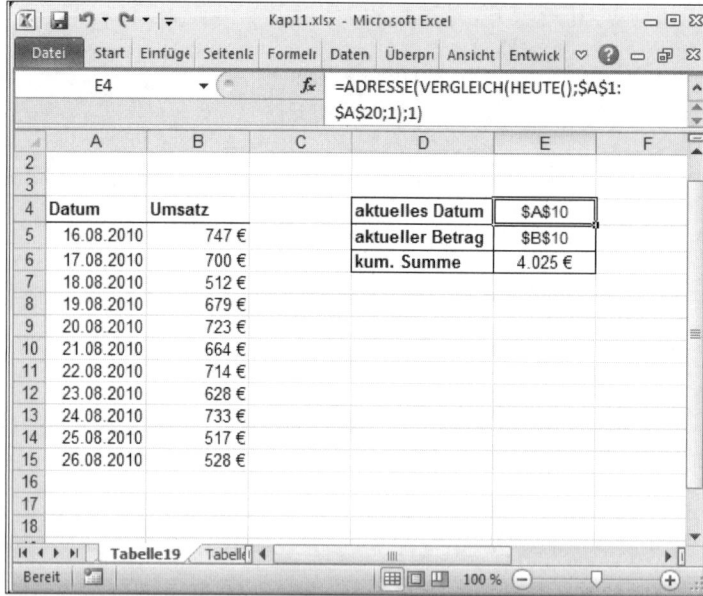

Abbildung 11.41: Die Umsätze wurden kumuliert

Mit der Tabellenfunktion **VERGLEICH** wird das aktuelle Tagesdatum, das über die Funktion **HEUTE** ermittelt werden kann, mit
der Datumsleiste aus dem Bereich **A5:A15** verglichen. Wird das aktuelle Tagesdatum in der Spalte **A** gefunden, dann erfolgt über das Argument **1** am Ende der Formel die Ausgabe der Spalte **A**. Bei der
Ermittlung des dazugehörenden Umsatzes wird auf dieselbe Formel
zurückgegriffen, nur das Spaltenargument wird auf die Spalte **2**
(= Spalte **B**) gesetzt. Der Rest ist Formsache. Mit der Tabellenfunktion **SUMME** wird der dynamische Bereich beginnend ab Zelle **B5**
und endend bei der Adresse, die in Zelle **E5** steht, addiert. Damit
Excel erkennt, dass es hierbei den Zellinhalt als Zellbezug verwenden soll, setzen Sie die Tabellenfunktion **INDIREKT** ein.

Sie können das Ergebnis sehr leicht überprüfen, indem Sie den Zellenbereich **B5:B10** markieren und in der Statusleiste die angezeigte
Summe betrachten.

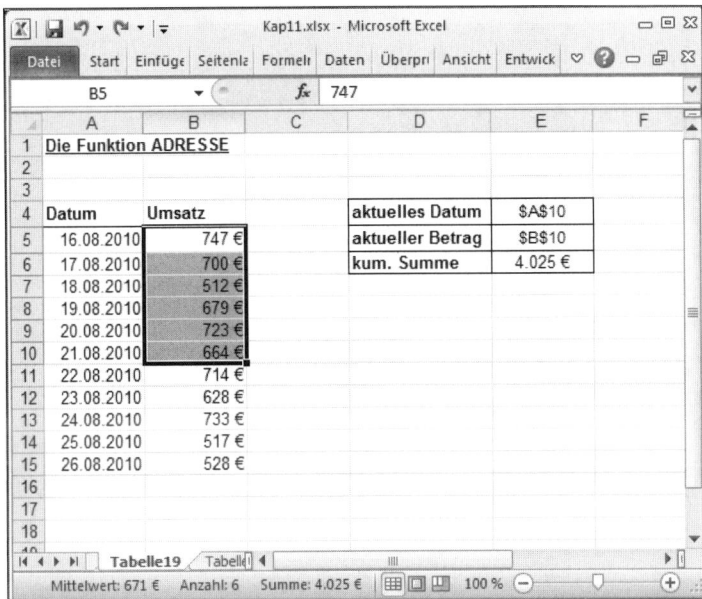

Abbildung 11.42: Plausibilitätsprüfung über die Statusleiste vornehmen

Die Adresse des kleinsten Wertes einer Liste bestimmen

In der nächsten Aufgabenstellung soll aus einer Spalte der kleinste Wert ermittelt werden. Sehen Sie sich dazu **Abbildung 11.43** an.

Um jetzt den Zellenbezug sowie den kleinsten Wert im Zellenbereich **A5:A20** zu ermitteln, verfahren Sie wie folgt:

1. Erfassen Sie in Zelle **C5** die Formel
   =ADRESSE(VERGLEICH(MIN(A1:A20);A1:A20;0);1).

2. In Zelle **D5** schreiben Sie die Formel **=MIN(A5:A20)**.

3. Bestätigen Sie beide Formeln mit ⏎ (siehe **Abbildung 11.44**).

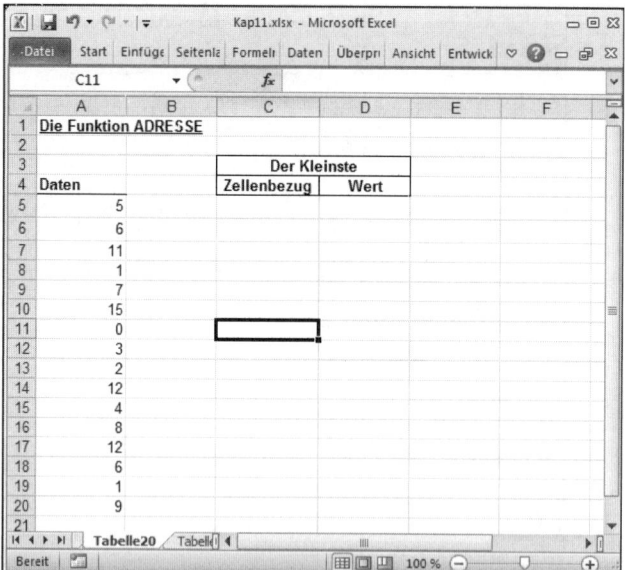

Abbildung 11.43: Die Minimal-Daten ermitteln

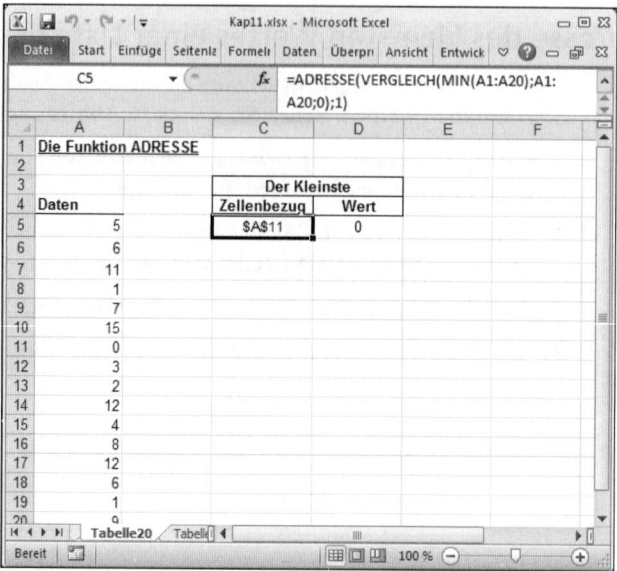

Abbildung 11.44: Der kleinste Wert ist in Zelle A11 zu finden

Die Tabellenfunktion BEREICH.VERSCHIEBEN

Mit der Tabellenfunktion **BEREICH.VERSCHIEBEN** können Sie einen Bezug zurückgeben, der gegenüber dem angegebenen Bezug versetzt ist. Der zurückgegebene Bezug kann eine einzelne Zelle oder ein Zellbereich sein. Sie können die Anzahl der zurückzugebenden Zeilen und Spalten festlegen.

Die Syntax dieser Funktion lautet:

=BEREICH.VERSCHIEBEN(Bezug;Zeilen;Spalten;Höhe;Breite)

Im Argument **Bezug** wird der Bezug angegeben, der als Ausgangspunkt des Verschiebevorgangs dienen soll. **Bezug** muss ein Bezug zu einer Zelle oder einem Bereich aus angrenzenden Zellen sein.

Im Argument **Zeilen** wird die Anzahl der Zeilen angegeben, um die Sie die obere linke Eckzelle des Bereiches nach oben oder nach unten verschieben möchten. Entspricht das Argument **Zeilen** beispielsweise 3, bedeutet dies, dass die obere linke Ecke des neuen Bezugs drei Zeilen unterhalb von **Bezug** liegt. Das Argument **Zeilen** kann sowohl einen positiven (unterhalb des Ausgangsbezugs liegend) als auch einen negativen Wert annehmen (oberhalb des Ausgangsbezugs liegend).

Im Argument **Spalten** wird die Anzahl der Spalten angegeben, um die Sie die obere linke Eckzelle des Bereiches nach links oder nach rechts verschieben möchten. Ist das Argument **Spalten** beispielsweise gleich 3, so bedeutet dies, dass die obere linke Ecke des neuen Bezugs drei Spalten rechts von **Bezug** liegt. **Spalten** kann sowohl einen positiven (rechts des Ausgangsbezugs liegend) als auch einen negativen Wert annehmen (links des Ausgangsbezugs liegend).

Im Argument **Höhe** kann die Höhe des neuen Bezugs in Zeilen angeben werden. Für **Höhe** muss ein positiver Wert angegeben werden.

Im Argument **Breite** wird die Breite des neuen Bezugs in Spalten angegeben. Für **Breite** muss ebenso ein positiver Wert angegeben werden.

Umsätze dynamisch halten

Im folgenden Beispiel liegt eine Tabelle mit Umsätzen vor. Diese Tabelle wird ständig erweitert, indem neue Zeilen jeweils am Ende der Liste hinzugefügt werden. Standardmäßig wird dadurch die Summenfunktion nicht automatisch erweitert. Sehen Sie sich zunächst **Abbildung 11.45** an.

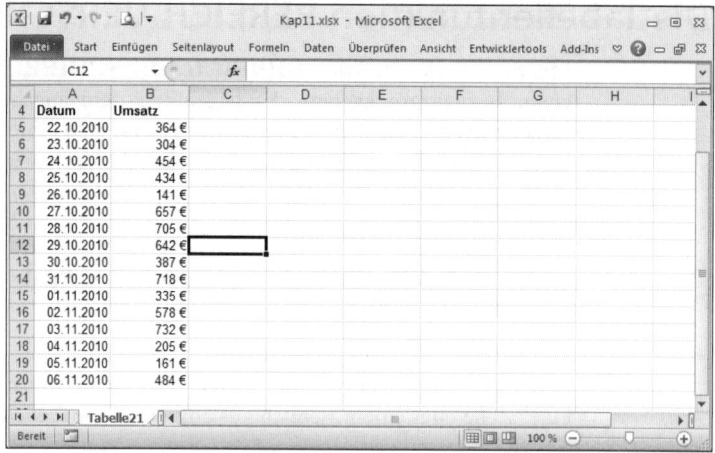

Abbildung 11.45: Die Umsatzliste

Wenn Sie nun die Summenfunktion in Zelle **E4** mit der Formel **=SUMME(B5:B20)** erfassen, dann wird diese Formel leider nicht erweitert, wenn Sie am Ende der Liste neue Daten hinzufügen.

Sie können Excel jedoch dazu bringen, einen dynamischen Bereich zu erstellen. Dabei verfahren Sie wie folgt:

1. Markieren Sie zunächst den Zellenbereich **B5:B20**.

2. Tippen Sie direkt ins Namensfeld, links oben, den Namen **Umsätze** ein und bestätigen Sie mit ⏎.

3. Drücken Sie die Tastenkombination Strg + F3, um den *Namens-Manager* aufzurufen.

4. Im Namens-Manager markieren Sie den Namen *Umsätze* im Listenfeld und ändern den Bezug im Feld *Bezieht sich auf.*

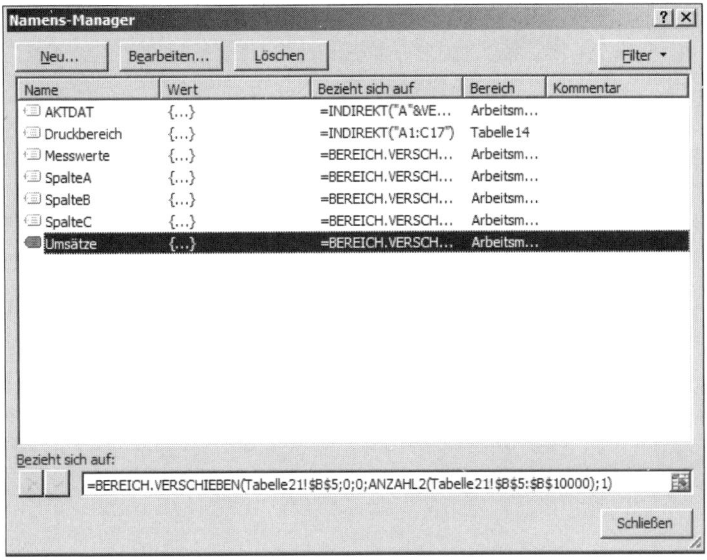

Abbildung 11.46: Den Bereich nach unten verschieben

5. Erfassen Sie in diesem Feld die Formel
   **=BEREICH.VERSCHIEBEN($B$5;0;0;ANZAHL2
   ($B$5:$B$10000);1).**

6. Bestätigen Sie mit einem Klick auf *OK*.

7. Erfassen Sie in Zelle **E4** die Formel **=SUMME(Umsätze)** und
   bestätigen Sie mit ⏎ .

Wenn Sie nun am Ende der Liste neue Daten erfassen, wird die Formel in Zelle **E4** angepasst. Die eigentliche Verschiebung des Bereichs
beginnt in Zelle **B5**. Mit der Tabellenfunktion **ANZAHL2** können
Sie die mit Zahlen gefüllten Zellen im Zellenbereich **B5:B10000**
ermitteln. Dies stellt dabei die Höhe der Verschiebung dar. Da die
Verschiebung in einer Spalte vor sich gehen soll, wird im letzten Argument der Wert **1** angegeben.

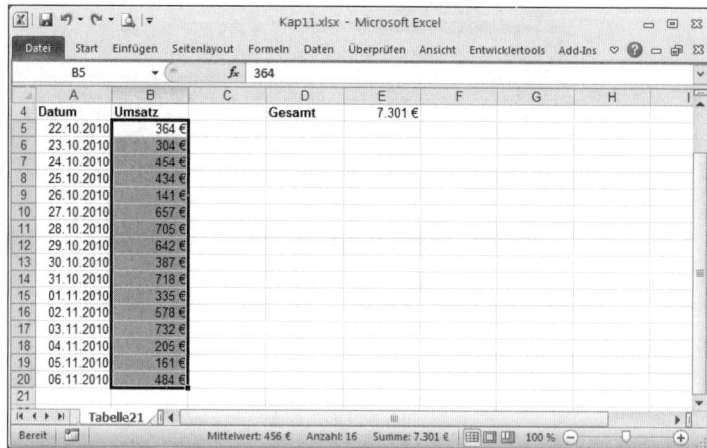

Abbildung 11.47: Die Summe bleibt dynamisch

Wenn Sie den Zellenbereich **B5:B20** markieren, können Sie in der Statusleiste das summierte Ergebnis kontrollieren.

Die dynamische Summe

In der nächsten Aufgabe lernen Sie eine Lösung kennen, bei der Sie eine Summen-Formel nicht erweitern müssen, wenn neue Zeilen am Ende bzw. vor dem Beginn der eigentlichen Liste eingefügt werden. Sehen Sie sich zunächst **Abbildung 11.48** an.

Erfassen Sie in Zelle **D10** die Formel **=SUMME(D6:D9)** und bestätigen Sie sie mit ⏎. Der Nachteil bei dieser Formel ist, dass sie nicht automatisch erweitert wird, wenn eine neue Zeile oberhalb der Zeile **6** eingefügt wird. Des Weiteren wird ein Eintrag in Zelle **D5** ebenso wenig in der Summenformel berücksichtigt.

Fügen Sie daher in Zelle **A10** die Formel **=SUMME(A1:BE-REICH.VERSCHIEBEN(A10;-1;0))** ein und bestätigen Sie mit ⏎ (siehe **Abbildung 11.49**).

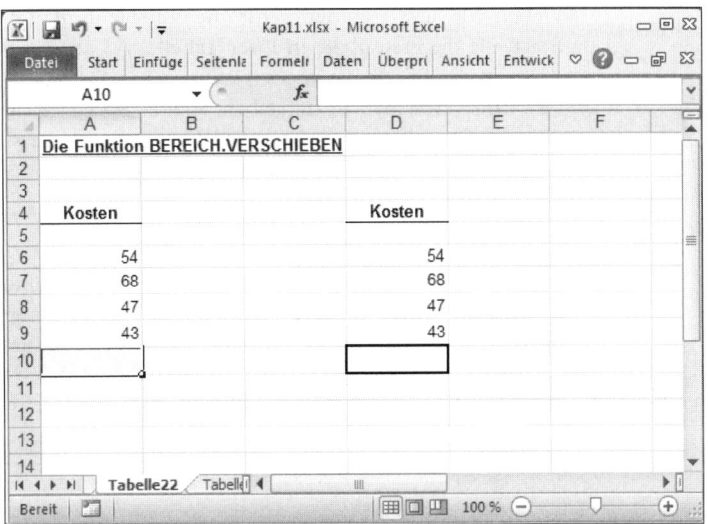

Abbildung 11.48: Zwei identische Spalten

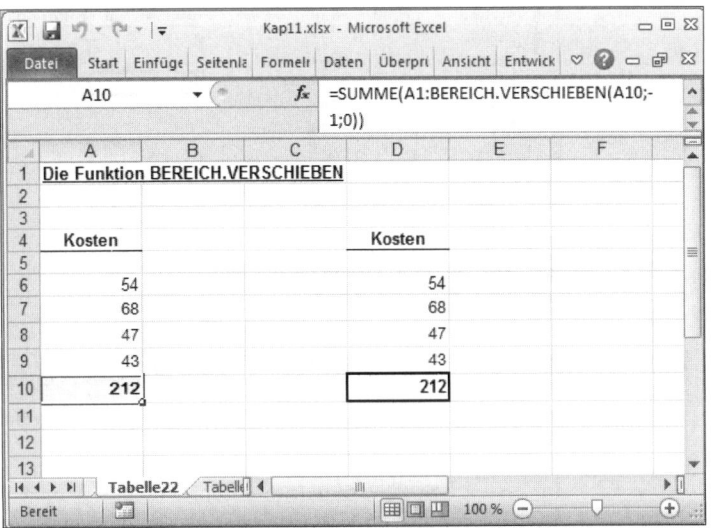

Abbildung 11.49: Die dynamische Summenformel wurde erstellt

Geben Sie als Argumente für die Tabellenfunktion **SUMME** als Startzelle die erste Zelle in Ihrer Tabelle, **A1** an. Ausgehend von der Zelle, in der Sie die Formel erfassen, gehen Sie eine Zeile nach oben (-1) und verbleiben in derselben Spalte. So gewährleisten Sie, dass sich die Summenformel bei jeder Erweiterung, die sich im Bereich **A1:A9** abspielt, ständig aktualisiert.

Kosten dynamisch kumulieren

In der folgenden Aufgabe liegt eine Plankosten-Jahres-Liste wie in **Abbildung 11.50** gezeigt vor. Über die Ermittlung des aktuellen Monats soll die kumulierte Summe der Kosten ermittelt werden.

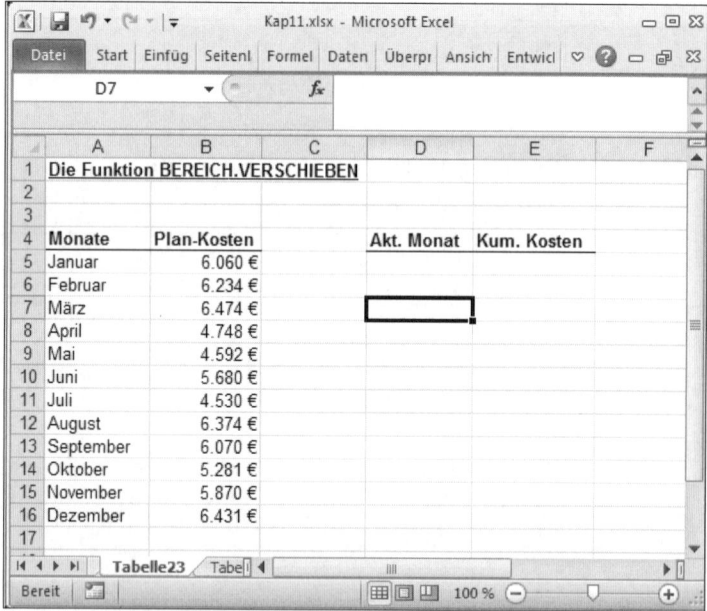

Abbildung 11.50: Die kumulierten Plan-Kosten sollen summiert werden

Im ersten Schritt ermitteln Sie den aktuellen Monat. Danach geben Sie die kumulierten Kosten beginnend ab dem Januar aus. Dabei verfahren Sie wie folgt:

1. Erfassen Sie in Zelle **D5** die Formel **=MONAT(HEUTE())**, um den aktuellen Monat zu ermitteln.

2. In Zelle **E5** geben Sie die Formel **=SUMME(BEREICH.VER-SCHIEBEN($B$5;0;0;$D$5;1))** ein.

3. Bestätigen Sie beide Eingaben mit ⏎.

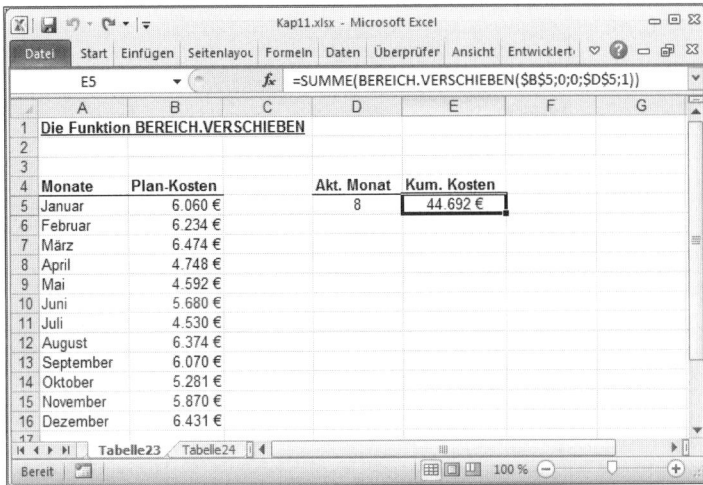

Abbildung 11.51: Die kumulierte Summe von Januar bis Oktober

Die eigentliche Verschiebung beginnt ab Zelle **B5**. Dabei erfolgt keinerlei Verschiebung zeilen- bzw. spaltenbezogen, daher die beiden Nullwerte. In der Höhe wird der Inhalt der Zelle **D5** angegeben. Die Breite entspricht genau einer Spalte.

Das Ergebnis können Sie schnell kontrollieren, indem Sie den Zellenbereich **B5:B14** markieren und die Summe in der Statusleiste ablesen.

Maschinenauslastungen taggenau wiederfinden

In der nächsten Aufgabe liegt Ihnen eine Liste mit Maschinenauslastungsdaten vor. Dabei wird in Spalte **A** das jeweilige Datum und in den Spalten **B** bis **G** die täglichen Auslastungsdaten der Maschinen 1 bis 6 ausgegeben. Es kann durchaus passieren, dass mehrere Messungen an einem Tag vorgenommen wurden.

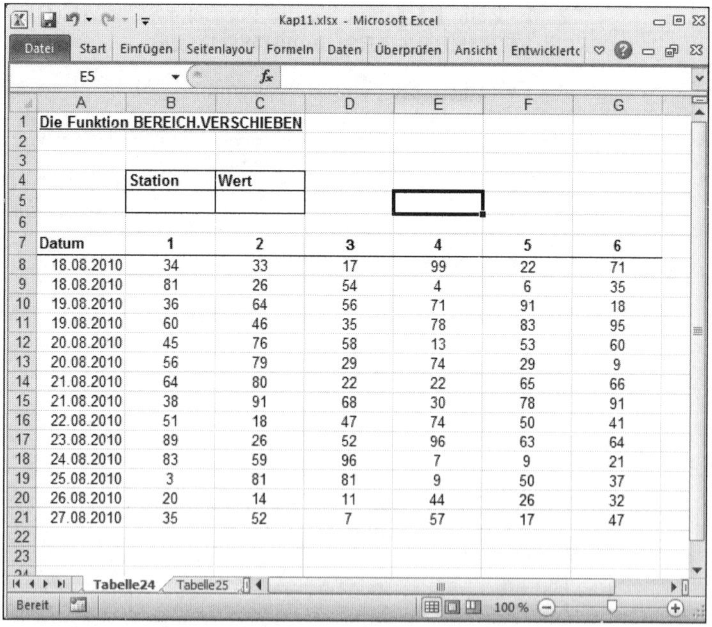

Datum	1	2	3	4	5	6
18.08.2010	34	33	17	99	22	71
18.08.2010	81	26	54	4	6	35
19.08.2010	36	64	56	71	91	18
19.08.2010	60	46	35	78	83	95
20.08.2010	45	76	58	13	53	60
20.08.2010	56	79	29	74	29	9
21.08.2010	64	80	22	22	65	66
21.08.2010	38	91	68	30	78	91
22.08.2010	51	18	47	74	50	41
23.08.2010	89	26	52	96	63	64
24.08.2010	83	59	96	7	9	21
25.08.2010	3	81	81	9	50	37
26.08.2010	20	14	11	44	26	32
27.08.2010	35	52	7	57	17	47

Abbildung 11.52: Die Auslastungsdaten der Maschinen 1 bis 6

Ihre Aufgabe besteht nun darin, die aktuellen Daten einer bestimmten Station in Zelle **C5** auszugeben. Dabei verfahren Sie zunächst wie folgt:

1. Legen Sie in Zelle **B5** eine Zellenauswahlliste an, indem Sie im Ribbon *Daten* auf das Symbol *Datenüberprüfung* klicken.
2. Auf der Registerkarte *Einstellungen* stellen Sie im Kombinationsfeld *Zulassen* den Eintrag *Liste* ein.
3. Das Feld *Quelle* füllen Sie wie in **Abbildung 11.53** gezeigt aus.
4. Bestätigen Sie Ihre Einstellung mit *OK*.
5. Erfassen Sie in Zelle **C5** die Formel **=SUMMEWENN($A$8:$A$23;HEUTE();BEREICH.VERSCHIEBEN($A$8:$A$23;0;VERGLEICH($B$5;$7:$7;)-1))**
6. Schließen Sie die Formel mit ↵ ab (siehe **Abbildung 11.54**).

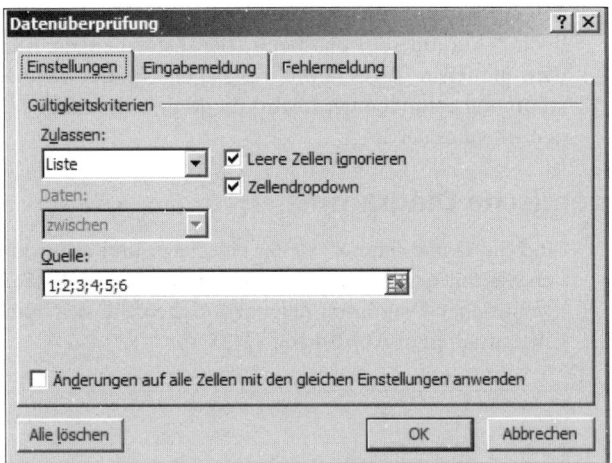

Abbildung 11.53: Eine Zellenauswahlliste erstellen

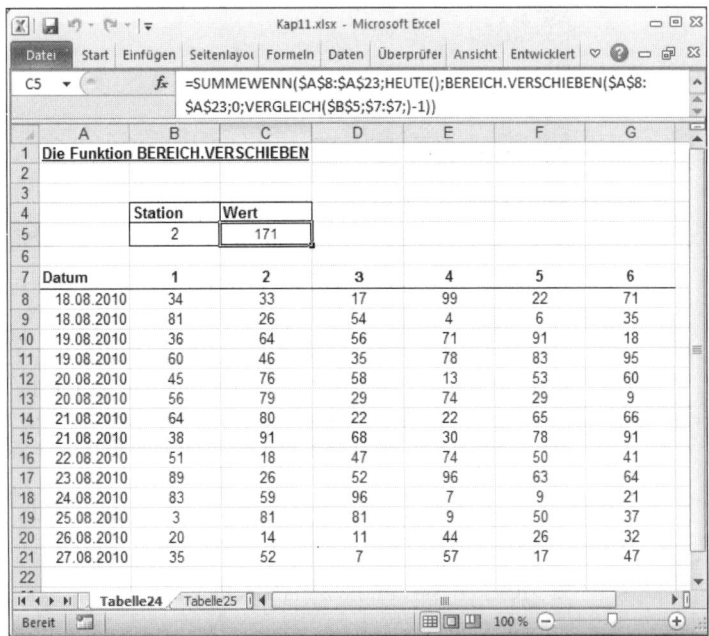

Abbildung 11.54: Die Messwerte am aktuellen Tag betragen insgesamt 171 Punkte

Mit der Tabellenfunktion **SUMMEWENN** können Sie einen Bereich bedingt summieren, das heißt, der Zellenbereich **A8:A23** wird mit dem aktuellen Tagesdatum verglichen. Immer wenn eine Übereinstimmung gefunden wird, wird die Maschine, die in Zelle **B5** angegeben ist, summiert.

Das dynamische Diagramm

Sind Sie es leid, immer wieder ein Diagramm anzupassen, dann können Sie mit der Tabellenfunktion **BEREICH.VERSCHIEBEN** ein dynamisches Diagramm erzeugen. Sehen Sie sich zunächst die Ausgangssituation in **Abbildung 11.55** an.

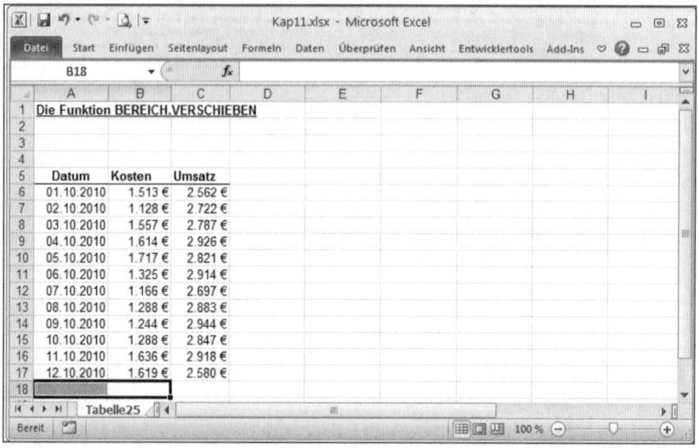

Abbildung 11.55: Diese Daten werden laufend erweitert

In der **Tabelle25** werden täglich Daten jeweils am Ende der Liste erfasst. Wenn also ein Diagramm auf herkömmliche Weise erstellt wird, dann muss es ständig erweitert werden. Um ein Diagramm auf Basis dieser Daten dynamisch zu erstellen, befolgen Sie die nächsten Arbeitsschritte:

1. Drücken Sie die Tastenkombination [Strg] + [F3], um den *Namens-Manager* aufzurufen.

2. Klicken Sie auf die Schaltfläche *Neu*.

3. Im Feld *Name* geben Sie den Namen **SpalteA** ein und erfassen im Feld *Bezieht sich auf* die Formel = **BEREICH.VERSCHIEBEN(Tabelle25!$A$6;0;0;ANZAHL (Tabelle25!$A$6:$A$1000)+1;1)**

4. Klicken Sie auf die Schaltfläche *OK*.

5. Klicken Sie auf die Schaltfläche *Neu*.

6. Im Feld *Name* geben Sie den Namen **SpalteB** ein und erfassen im Feld *Bezieht sich auf* die Formel **=BEREICH.VERSCHIEBEN(Tabelle25!\$B\$6;0;0;ANZAHL (Tabelle25!\$B\$6:\$B\$1000)+1;1)**.

7. Klicken Sie auf die Schaltfläche *OK*.

8. Klicken Sie abermals auf die Schaltfläche *Neu*.

9. Danach geben Sie im Feld *Name* den Namen **SpalteC** ein und erfassen im Feld *Bezieht sich auf* die Formel **=BEREICH.VERSCHIEBEN(Tabelle25!\$C\$6;0;0;ANZAHL (Tabelle25!\$C\$6:\$C\$1000)+1;1)**.

10. Klicken Sie auf die Schaltfläche *OK*.

11. Bestätigen Sie den Vorgang mit *Schließen*.

Erstellen Sie jetzt zunächst auf herkömmliche Art ein Diagramm, indem Sie den Zellenbereich **A5:C17** markieren und auf das jeweilige Diagrammsymbol im Ribbon *Einfügen* klicken. Entscheiden Sie sich für ein Säulendiagramm. Wenden Sie die benannten Bereiche an, indem Sie die nächsten Arbeitsschritte befolgen:

1. Markieren Sie das Diagramm.

2. Klicken Sie im Ribbon *Entwurf* das Symbol *Daten auswählen* an.

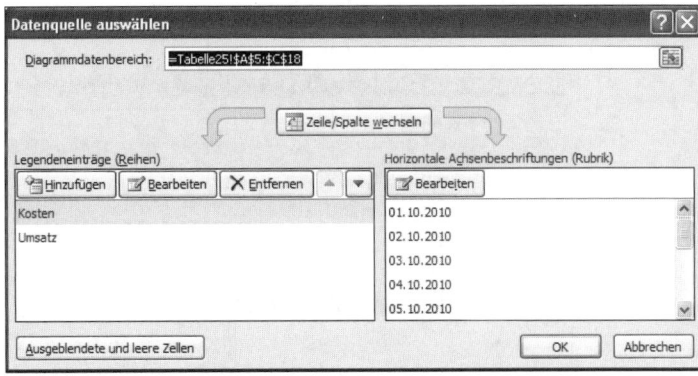

Abbildung 11.56: Die Namen sollen zugewiesen werden

3. Markieren Sie im Dialogfenster *Datenquelle auswählen* im Listen-feld *Legendeneinträge (Reihen)* die Reihe *Kosten*.

4. Klicken Sie auf die Schaltfläche *Bearbeiten*.

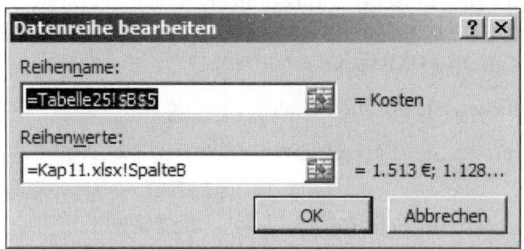

Abbildung 11.57: Die Namen sollen zugewiesen werden

5. Im Dialogfenster *Datenreihe bearbeiten* geben Sie den Bezug zur Mappe und zum Namen im Feld *Reihenwerte* an:
   =Kap11.xlsx!SpalteB.

6. Klicken Sie auf *OK*.

7. Markieren Sie im Listenfeld die Reihe *Umsatz*.

8. Klicken Sie auf die Schaltfläche *Bearbeiten*.

9. Im Dialogfenster *Datenreihe bearbeiten* geben Sie den Bezug zur Mappe und zum Namen im Feld *Reihenwerte* an:
   =Kap11.xlsx!SpalteC.

10. Klicken Sie auf *OK*.

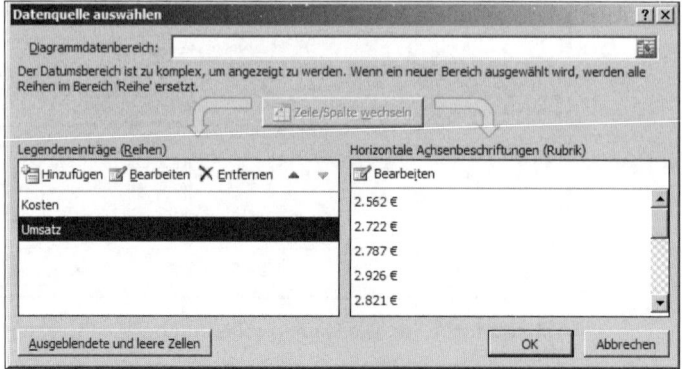

Abbildung 11.58: Die benannten Bereiche integrieren

11. Markieren Sie nochmals den Eintrag *Umsatz* im Listenfeld.

12. Klicken Sie jetzt auf die Schaltfläche *Bearbeiten* auf der rechten Seite des Dialogfensters.

13. Im Dialogfenster *Achsenbeschriftungen* überschreiben Sie den Inhalt des Feldes *Achsenbeschriftungsbereich* mit folgendem Bezug: **=Kap11.xlsx!SpalteA**.

14. Bestätigen Sie mit *OK*.

15. Beenden Sie den Vorgang mit *OK*.

Wenn Sie jetzt in die Zeile 18 neue Werte eintragen, werden diese augenblicklich im Diagramm hinzugefügt.

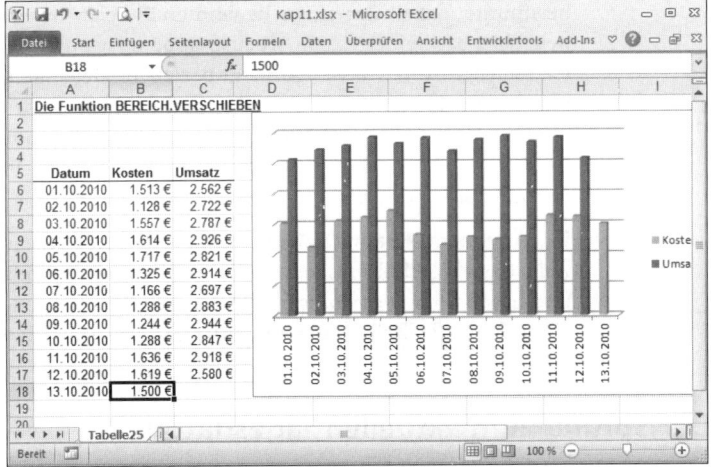

Abbildung 11.59: Das dynamische Diagramm ist fertig

Die Tabellenfunktion HYPERLINK

Mit der Tabellenfunktion **HYPERLINK** können Sie eine Verknüpfung oder einen Sprung zu einer anderen Zelle, einer Tabelle, einem Dokument oder ins Intranet/Internet durchführen. Beim Klicken auf die Zelle, die diese Funktion enthält, öffnet Microsoft Excel die in **Hyperlink_Adresse** gespeicherte Datei oder Webseite.

Die Syntax dieser Datei lautet:

=HYPERLINK(Hyperlink_Adresse,Freundlicher_Name)

Im Argument **Hyperlink_Adresse** wird der Pfad- und Dateiname des Dokuments angegeben, das geöffnet werden soll. Dabei kann sich diese Sprungadresse auf eine Stelle in einem Dokument, z.B. auf eine bestimmte Zelle oder einen benannten Bereich in einem Excel-Arbeitsblatt bzw. einer Excel-Arbeitsmappe oder auf eine Textmarke in einem Microsoft-Word-Dokument beziehen. Der Pfad kann entweder auf eine Datei verweisen, die auf einer Festplatte gespeichert ist, oder aber ein UNC(Universal Naming Convention)-Pfad auf einem Server (in Microsoft Excel für Windows) oder ein URL-Pfad (Uniform Resource Locator) sein.

Im Argument **Freundlicher_Name** wird die Beschriftung in der Zelle des Hyperlinks festgelegt. Dieser Text wird standardmäßig blau und unterstrichen angezeigt. Wenn dieses Argument nicht angegeben wird, zeigt die Zelle die **Hyperlink_Adresse** als Beschriftungstext an.

Der Sprung zum aktuellen Tagesdatum

Mit einem Hyperlink können Sie beispielsweise ganz bestimmte Zellen in einer Tabelle ansteuern. So wird in der folgenden Aufgabe eine Datumsleiste in Spalte **A** angelegt. Mit einem Klick auf einen Hyperlink soll dann die Zelle mit dem aktuellen Tagesdatum angesprungen werden.

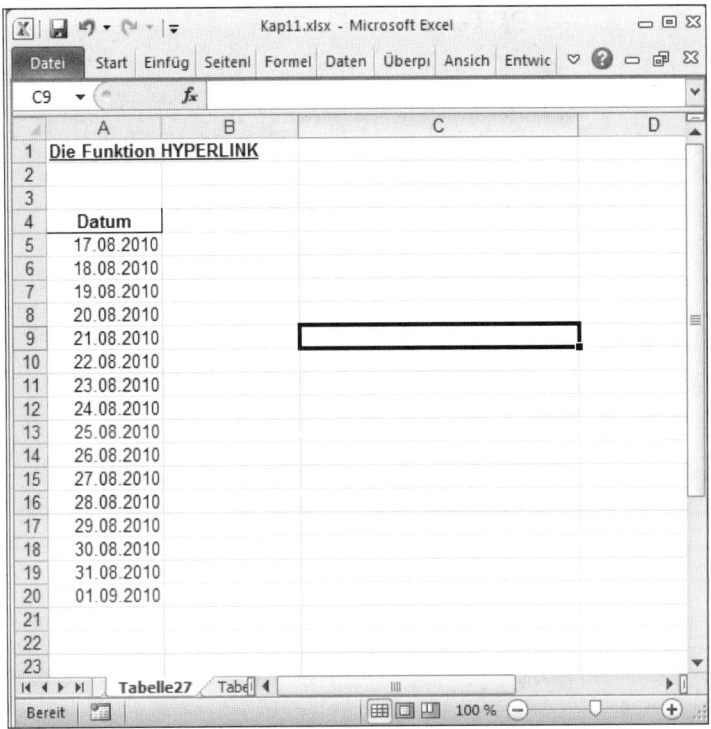

Abbildung 11.60: Über einen Link soll direkt zur aktuellen Zelle verzweigt werden

Erfassen Sie zu diesem Zweck in Zelle **C3** die Formel

=HYPERLINK("[Kap11.xlsx]Tabelle27!A" &VERGLEICH (HEUTE();A:A;0);"Sprung zum aktuellen Datum")

Über die Tabellenfunktion **HYPERLINK** wird ein Link eingefügt. Die Tabellenfunktion **VERGLEICH** sucht in Spalte **A** nach dem aktuellen Datum, das Sie über die Tabellenfunktion **HEUTE** ermitteln können. Als Sprungziel wird somit die Zelle aktiviert, die das aktuelle Datum enthält. Im letzten Argument kann der Hyperlink-Text beliebig angegeben werden.

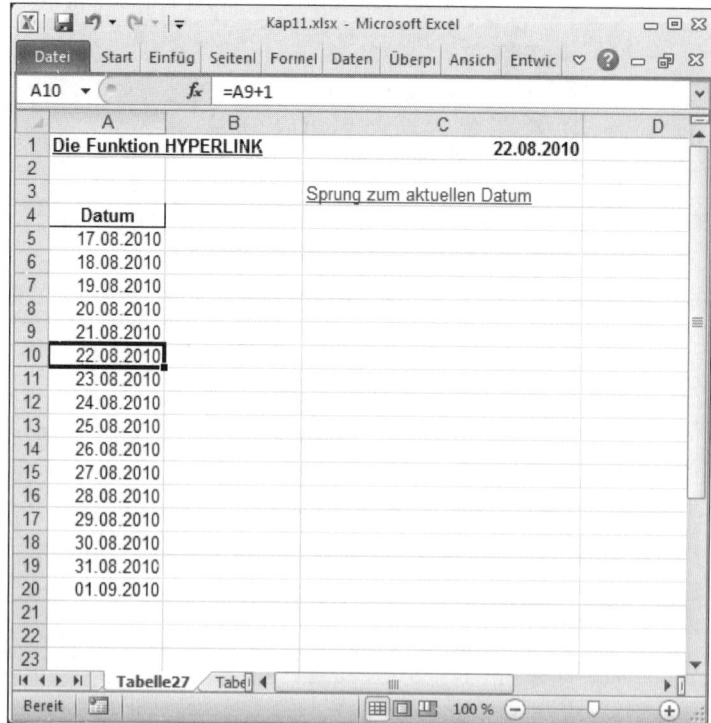

Abbildung 11.61: Der schnelle Sprung zum aktuellen Datum

Wird das gewünschte Vergleichsdatum aus einer Zelle bezogen, z.B. aus Zelle **C1**, dann lautet die dafür notwendige Formel:

=HYPERLINK("[Kap11.xlsx]Tabelle27!A"
&VERGLEICH(C1;A:A;0);"Sprung zum aktuellen Datum")

Den aktuellen Monat ansteuern

Die nächste Aufgabe ist mit der vorherigen Aufgabe verwandt. Bei dieser Aufgabe soll über einen Hyperlink der aktuelle Monat in Spalte **B** aktiviert werden.

Legen Sie zu diesem Zweck eine neue Tabelle an und geben Sie in Zelle **B1** den Monat **Januar** ein. Ziehen Sie das Ausfüllkästchen dieser Zelle nach unten bis in die Zelle **B12**, um auch die restlichen Monate einzufügen.

In Zelle **A1** erfassen Sie danach folgende Formel:

=HYPERLINK("[Kap11.xlsx]Tabelle28!B"&MONAT (HEUTE());"Aktueller Monat")

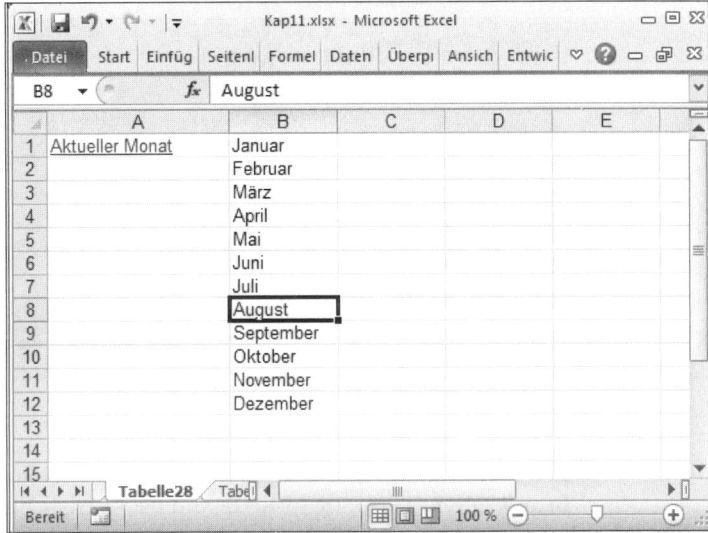

Abbildung 11.62: Der Sprung zum aktuellen Monat wurde ausgeführt

Ins Internet verzweigen

Bei der folgenden Aufgabe soll die Tabellenfunktion **HYPERLINK** eingesetzt werden, um ins Internet zu verzweigen. Die einfachste Variante, diese Aufgabe zu erledigen, ist, die URLs einfach direkt in die Zelle einzugeben. Excel wandelt standardmäßig alle Internet-Adressen, E-Mail-Adressen und Netzwerkpfade automatisch in Hyperlinks um. Die Beschriftung der einzelnen Hyperlinks soll aber dynamisch durchgeführt werden. Sehen Sie sich als Vorbereitung **Abbildung 11.63** an.

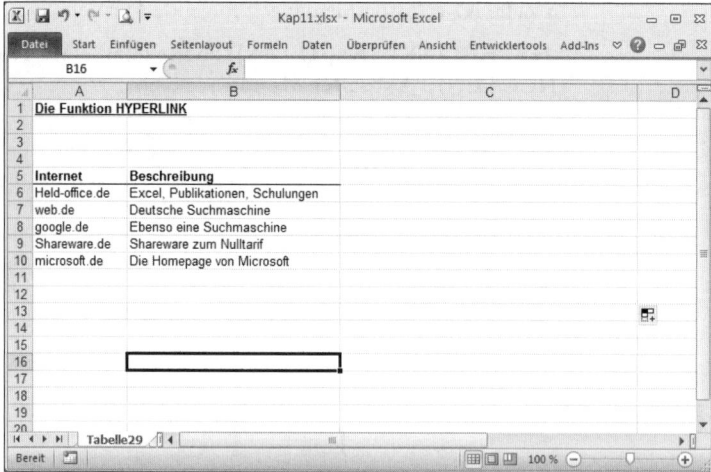

Abbildung 11.63: Die Sprungadresse sowie die Beschriftung der Links werden angegeben

In Spalte **A** finden Sie die URLs der Internetseiten, ohne den Textteil **http://** zu verwenden. In Spalte **B** wird die Kurzbeschreibung der Internetseiten angezeigt. Diese Kurzbeschreibung soll als Beschriftungstext der Hyperlinks eingesetzt werden.

Um diese Aufgabe zu lösen, befolgen Sie die nächsten Arbeitsschritte:

1. Markieren Sie den Zellenbereich **C6:C10**.

2. Erfassen Sie die Formel **=HYPERLINK("http://" & A6;B6)**.

3. Schließen Sie die Formel über die Tastenkombination $\boxed{\text{Strg}}$ + $\boxed{\ \longleftarrow\ }$ ab.

Das Kürzel **http://** muss in der Formel noch separat angegeben werden, da Excel sonst keine vollständige Internetadresse identifizieren kann (siehe **Abbildung 11.64**).

Mit einem Klick auf den gewünschten Hyperlink wird die Internetseite direkt geladen. Selbstverständlich müssen Sie dazu auch online sein.

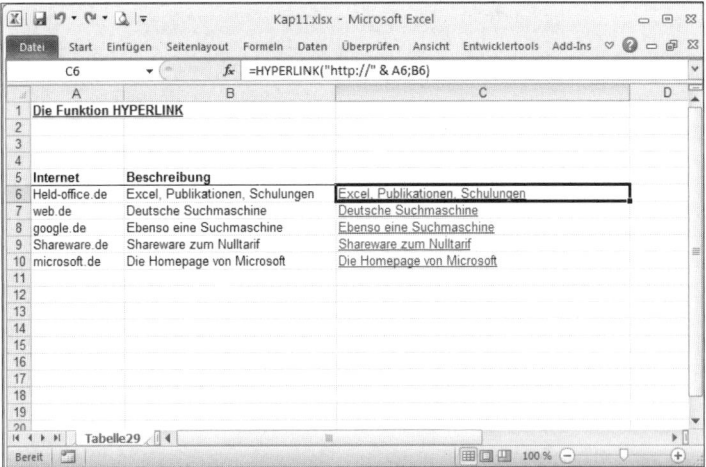

Abbildung 11.64: Die Hyperlinks wurden eingefügt

Hyperlinks werden standardmäßig in blauer Schriftfarbe und mit einer Unterstreichung dargestellt. Wurde ein Hyperlink einmal betätigt, dann wird er violett angezeigt. Soll die Farbe wieder zurückgesetzt werden, schließen Sie die Arbeitsmappe und öffnen sie direkt im Anschluss wieder. Dadurch werden alle Hyperlinks wieder zurückgesetzt.

Soll die Standardformatierung von Hyperlinks geändert werden, gehen Sie wie folgt vor:

1. Setzen Sie über die Pfeiltasten den Mauszeiger auf eine Zelle, die einen Hyperlink enthält.

2. Klicken Sie im Ribbon *Start* auf das Symbol *Zellenformatvorlagen*.

3. Klicken Sie mit der rechten Maustaste auf die Formatvorlage *Hyperlink*.

4. Wählen Sie aus dem Kontextmenü den Befehl *Ändern*.

5. Klicken Sie auf die Schaltfläche *Formatieren*.

6. Wechseln Sie im Dialogfenster *Zellen formatieren* auf die Registerkarte *Schrift*.

7. Im Kombinationsfeld *Farbe* wählen Sie beispielsweise eine andere Farbe aus.

8. Bestätigen Sie zweimal mit *OK*.

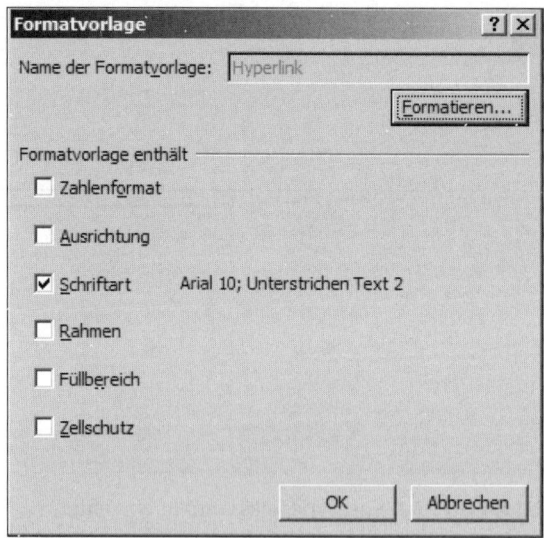

Abbildung 11.65: Die Standardformatierung von Hyperlinks ändern

Alle Hyperlinks, die Sie nun neu einfügen, bekommen die neue Formatierung. Auch die alten Hyperlinks werden automatisch in die neue Farbe umgesetzt.

Die Tabellenfunktion MTRANS

Mit der Tabellenfunktion **MTRANS** können Sie die transponierte Matrix der angegebenen Matrix zurückgeben. Diese Funktion muss als Matrixformel ausgeführt, also über die Tastenkombination [Strg] + [↑] + [↵] abgeschlossen werden.

Die Syntax dieser Funktion lautet:

=MTRANS(Matrix)

Im Argument **Matrix** wird eine Matrix oder ein Zellbereich in einem Arbeitsblatt festgelegt, der transponiert (= gedreht) werden soll. Die Transponierte einer Matrix wird erstellt, indem die Zeilen der Matrix zu den Spalten der neuen Matrix werden.

Eine Tabelle transponieren

Im nächsten Beispiel liegt eine Tabelle vor, die transponiert (= gedreht) werden soll.

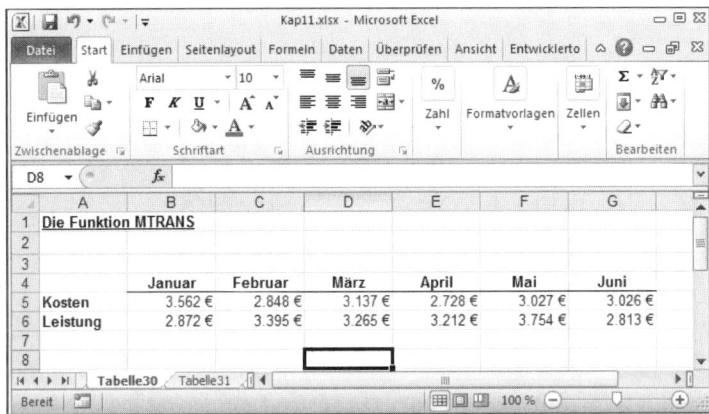

Abbildung 11.66: Die Ausgangstabelle mit Kosten und Leistung soll gedreht werden

Um diese Tabelle zu drehen, verfahren Sie wie folgt:

1. Markieren Sie den Zellenbereich **B10:B15**.

2. Erfassen Sie die Matrixformel **=MTRANS(B4:G4)**.

3. Schließen Sie diese Formel über die Tastenkombination $\boxed{\text{Strg}}$ + $\boxed{\Uparrow}$ + $\boxed{\longleftarrow}$ ab.

4. Markieren Sie den Bereich **C9:C15**.

5. Erfassen Sie die Matrixformel **=MTRANS(A5:G5)**.

6. Schließen Sie diese Formel über die Tastenkombination $\boxed{\text{Strg}}$ + $\boxed{\Uparrow}$ + $\boxed{\longleftarrow}$ ab.

7. Markieren Sie den Bereich **D10:D15**.

8. Erfassen Sie die Matrixformel **=MTRANS(A6:G6)**.

9. Schließen Sie diese Formel über die Tastenkombination $\boxed{\text{Strg}}$ + $\boxed{\Uparrow}$ + $\boxed{\longleftarrow}$ ab.

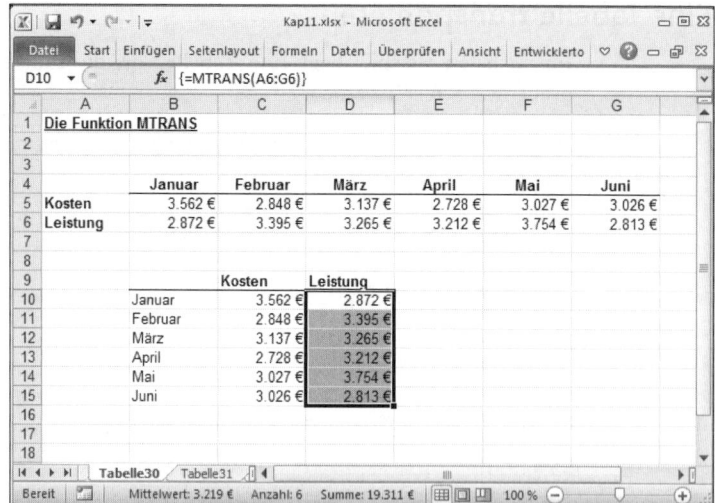

Abbildung 11.67: Die Kosten-Leistung-Tabelle wurde transponiert

Die Tabellenfunktionen SPALTE und SPALTEN

Mit der Tabellenfunktion **SPALTE** können Sie die Spaltennummer eines Bezugs zurückgeben.

Die Syntax dieser Version lautet:

=SPALTE(Bezug)

Geben Sie im Argument **Bezug** die Zelle oder den Zellbereich an, deren bzw. dessen Spaltennummer Sie ermitteln möchten.

Mit der Tabellenfunktion **SPALTEN** können Sie die Anzahl der Spalten einer Matrix ermitteln. Ein Matrixbereich ist ein rechteckiger Bereich aus Zellen, die auf einer gemeinsamen Formel basieren; eine Matrixkonstante ist eine Gruppe von Konstanten, die als Argument verwendet wird.

Die Syntax dieser Funktion lautet:

=SPALTEN(Matrix)

Im Argument **Matrix** wird eine Matrix, eine Matrixformel oder ein Bezug auf einen Zellbereich, dessen Spaltenanzahl Sie ermitteln möchten, angegeben.

Werte ausdünnen

In der folgenden Aufgabe soll eine Liste mit sehr vielen Werten ein wenig ausgedünnt werden. In **Abbildung 11.68** soll aus den Zeilen 5 bis 7 nur jeder dritte Wert weiterverarbeitet werden.

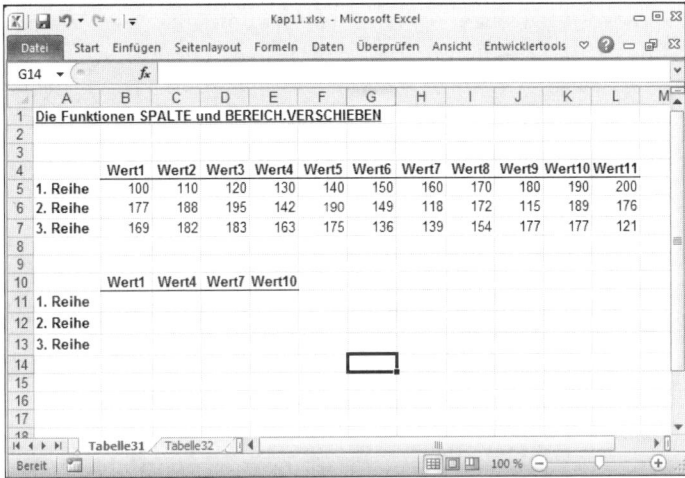

Abbildung 11.68: Diese Liste soll ausgedünnt werden

Um diese Aufgabe zu lösen, verfahren Sie wie folgt:

1. Markieren Sie den Zellenbereich **B11:E13**.

2. Erfassen Sie die Formel
   =BEREICH.VERSCHIEBEN($B5;0;(SPALTE()-2)*3).

3. Schließen Sie die Eingabe über die Tastenkombination [Strg] + [↵] ab (siehe **Abbildung 11.69**).

Der Verschiebeprozess beginnt für die Zeile **11** bei der Zelle **B5**. Über die Tabellenfunktion **SPALTE** wird die momentan aktive Spalte (hier Zelle **B11** = Spalte 2) zurückgegeben. Über eine anschließende Subtraktion bzw. Multiplikation wird die richtige Schrittweite eingestellt. So werden in diesem Beispiel jeweils immer nur die dritten Werte einer Reihe ausgegeben (siehe **Abbildung 11.70**).

Um diese Formel schrittweise zu testen, setzen Sie beispielsweise den Zellenzeiger in die Zelle **D11** und klicken im Ribbon *Formeln* auf das Symbol *Formelauswertung*.

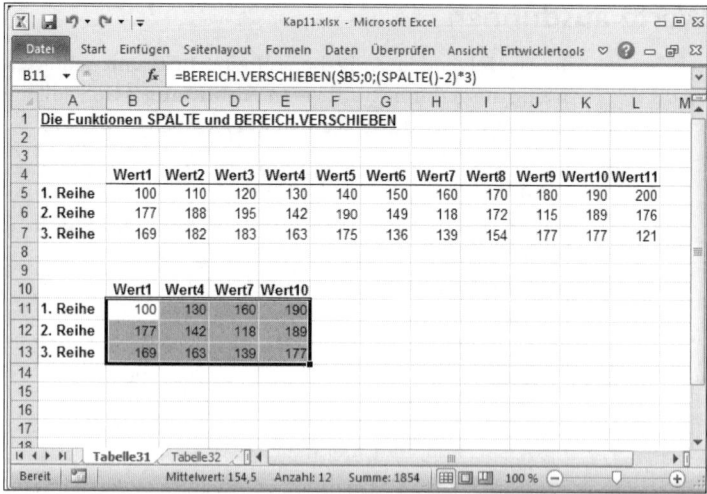

Abbildung 11.69: Nur jeder dritte Wert aus den Zeilen 5–7 wurde extrahiert

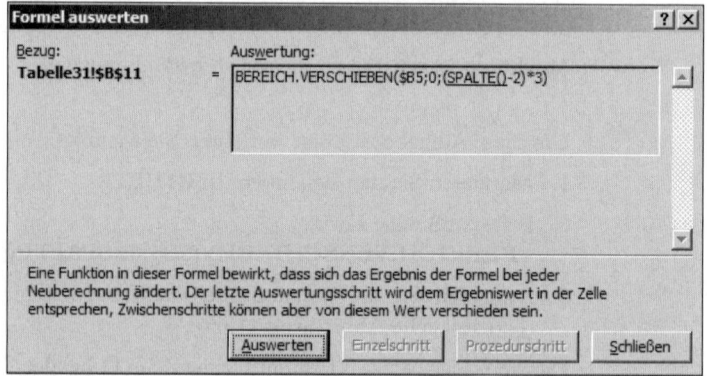

Abbildung 11.70: Die Formel wird jetzt Schritt für Schritt ausgewertet

Klicken Sie auf die Schaltfläche *Auswerten*.

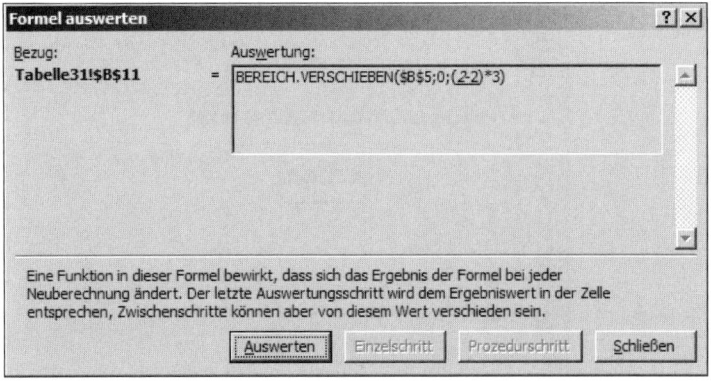

Abbildung 11.71: Die Funktion SPALTE wird als Erstes aufgelöst

Wenn Sie mehrmals hintereinander die Schaltfläche *Auswerten* anklicken, dann wird die Formel Schritt für Schritt aufgelöst und Sie können jederzeit die Zwischenergebnisse sehen.

Die Adresse der letzten belegten Zelle einer Spalte ermitteln

Bei der folgenden Aufgabe kommen gleich mehrere Tabellenfunktionen gemeinsam zum Einsatz. Dabei soll die Zellenadresse der letzten gefüllten Zelle in Spalte **A** ermittelt werden. Sehen Sie sich dazu **Abbildung 11.72** an.

Um diese Aufgabe zu lösen, geben Sie in Zelle **C5** die Formel

=ADRESSE(MAX(WENN($A$5:$A$100<>"";ZEILE($A$5:A 100)));SPALTE($A$5:$A$100);4)

ein und bestätigen diese Matrixformel, indem Sie die Tastenkombination Strg + ⇧ + ⏎ drücken.

Nachdem die Matrixformel eingegeben wurde, wird die zuletzt benutzte Zelle im Bereich **A5:A100** gefunden und deren Adresse ausgegeben (siehe **Abbildung 11.73**).

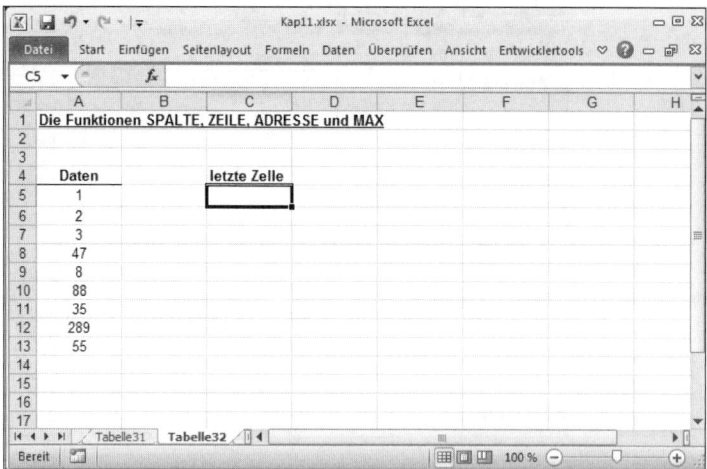

Abbildung 11.72: Die Adresse der letzten Zelle soll ermittelt werden

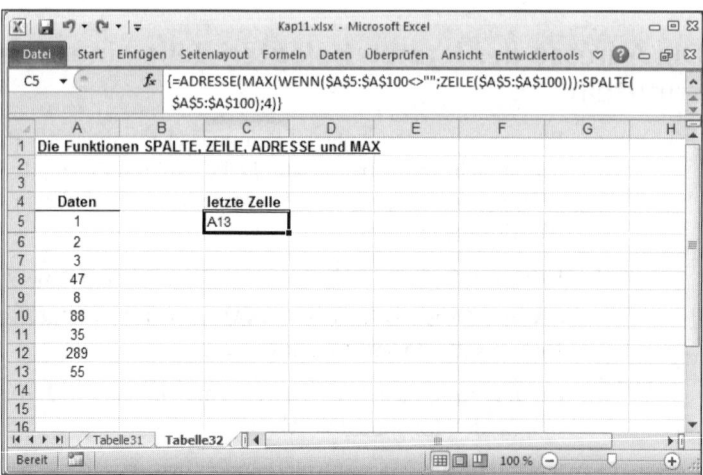

Abbildung 11.73: Die letzte gefüllte Zelle lautet A13

Die Tabellenfunktionen ZEILE und ZEILEN

Mit der Tabellenfunktion **ZEILE** können Sie die Zeilennummer eines Bezugs ermitteln.

Die Syntax dieser Funktion lautet:

=ZEILE(Bezug)

Im Argument **Bezug** wird die Zelle oder der Zellbereich angegeben, deren bzw. dessen Zeilennummer Sie ermitteln möchten.

Mit der Tabellenfunktion **ZEILEN** können Sie die Anzahl der Zeilen in einem Bezug oder einer Matrix ermitteln.

Die Syntax dieser Funktion lautet:

=ZEILEN(Matrix)

Im Argument **Matrix** wird eine Matrix, eine Matrixformel oder ein Bezug auf einen Zellbereich angegeben, dessen Zeilenanzahl Sie abfragen möchten.

Den letzten Wert einer Zeile finden

In der folgenden Aufgabe liegen in einer Tabelle einige Zeilen mit Daten vor. Diese Zeilen sind jedoch nicht gleichmäßig gefüllt. Sehen Sie sich zum besseren Verständnis **Abbildung 11.74** an.

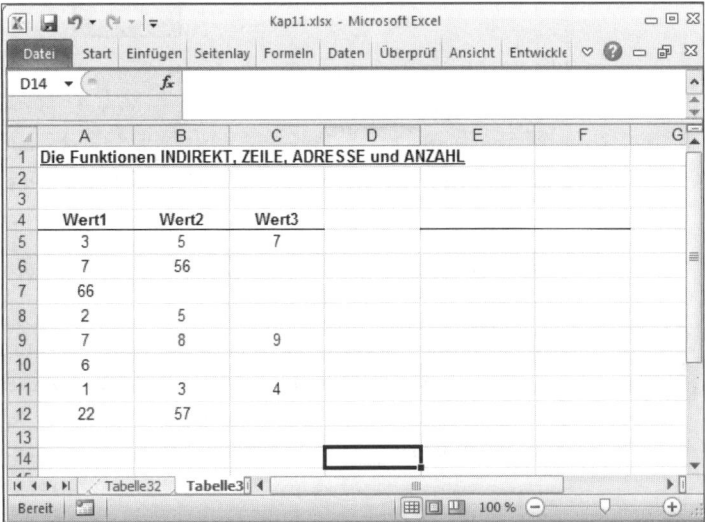

Abbildung 11.74: Die Zeilen sind ungleichmäßig gefüllt

Ihre Aufgabe besteht nun darin, den jeweils letzten Wert einer Zeile zu ermitteln. Dabei verfahren Sie wie folgt:

1. Markieren Sie den Zellenbereich **E5:E12**.

2. Erfassen Sie die Formel
   =INDIREKT(ADRESSE(ZEILE();ANZAHL(A5:C5)))

3. Schließen Sie die Eingabe der Formel ab, indem Sie die Tastenkombination ⌈Strg⌉ + ⌈⮐⌋ drücken.

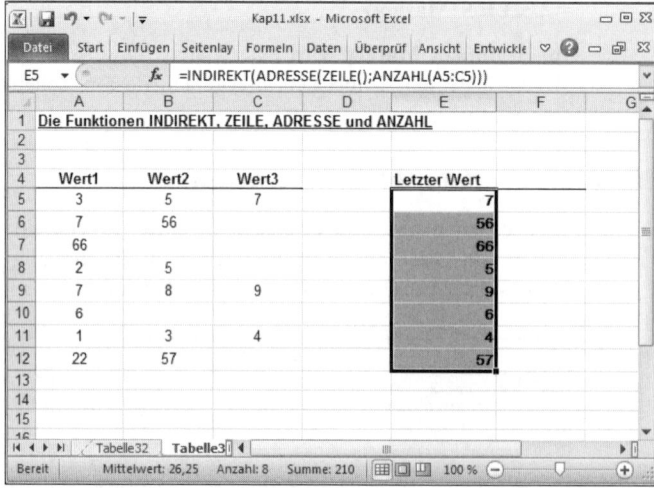

Abbildung 11.75: Die letzten Werte einer Zeile wurden ermittelt

Möchten Sie jetzt noch wissen, wie die Adressen dieser Zellen lauten, befolgen Sie die nächsten Arbeitsschritte:

1. Markieren Sie den Zellenbereich **F5:F12**.

2. Erfassen Sie die Formel **=ADRESSE(ZEILE();ANZAHL(A5:C5))**.

3. Schließen Sie die Eingabe der Formel ab, indem Sie die Tastenkombination ⌈Strg⌉ + ⌈⮐⌋ drücken.

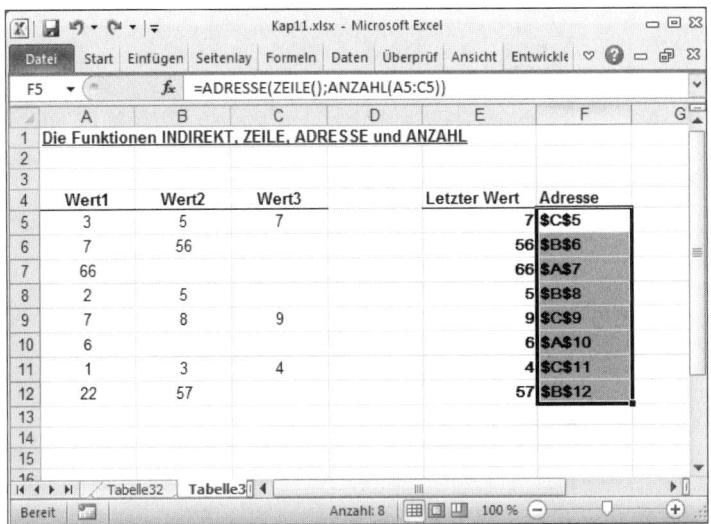

Abbildung 11.76: Die Adressen der letzten Zellen wurden ermittelt

Datenreihen ausdünnen

In der folgenden Aufgabe sind in Spalte **A** eine ganze Menge an Messdaten eingegeben worden. Diese Messdaten sollen ausgedünnt werden. Sehen Sie sich dazu **Abbildung 11.77** an.

Extrahieren Sie aus der Spalte **A** nur jeden dritten Eintrag. Verfahren Sie dabei wie folgt:

1. Erfassen Sie in Zelle **C2** die Formel
   =BEREICH.VERSCHIEBEN($A$2;(ZEILE()-2)*3;0)

2. Bestätigen Sie die Eingabe mit ⏎

3. Ziehen Sie das Ausfüllkästchen nach unten bis in die Zelle **C7** (siehe **Abbildung 11.78**).

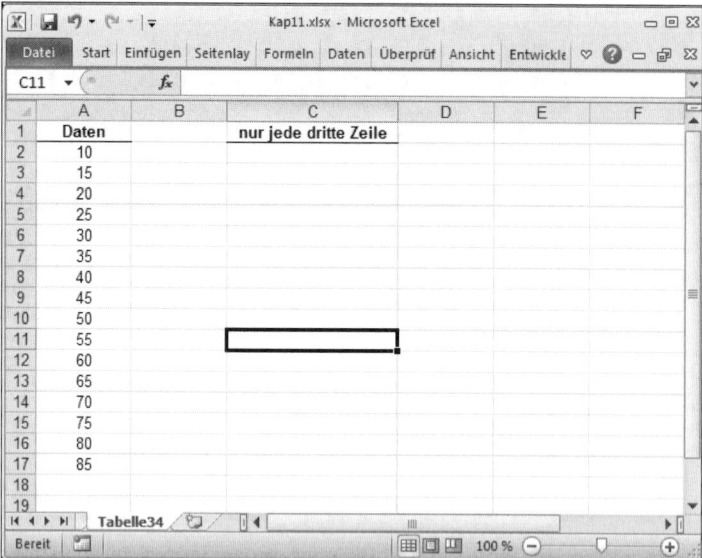

Abbildung 11.77: Die Ausgangsliste

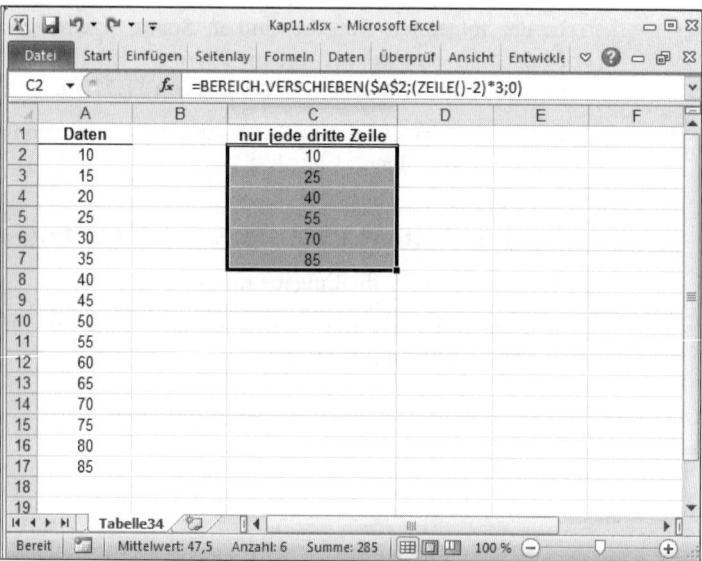

Abbildung 11.78: Jede dritte Zelle wurde aus der Spalte A extrahiert

12 Die Funktionen für die Informationsgewinnung

Zu den Informationsfunktionen zählen unter anderem Tabellenfunktionen, mit denen Sie Zellenformatierungen und -bezüge, Eingaben und mehr überprüfen können.

Die Tabellenfunktion INFO

Mit der Tabellenfunktion **INFO** können Sie Informationen zur aktuellen Systemumgebung abfragen.

Die Syntax dieser Funktion lautet:

=INFO(Typ)

Im Argument **Typ** wird ein Text angegeben, der bestimmt, welche Art von Informationen Sie erhalten möchten. Entnehmen Sie aus der **Tabelle 12.1** die dabei verfügbaren Texte.

Typ	Rückgabewert
"Dateienzahl"	Anzahl aktiver Arbeitsblätter in den geöffneten Arbeitsmappen
"System"	Der Name des Betriebssystems: Macintosh = "mac" Windows ="pcdos"
"Sysversion"	Version des aktuellen Betriebssystems als Text
"Ursprung"	Absoluter Bezug als Text in der A1-Schreibweise mit dem Präfix "$A:", Letzteres dient dazu, Kompatibilität zu Lotus 1-2-3, Version 3.x, zu gewährleisten. Gibt den Bezug der sichtbaren, obersten linken Zelle im aktuellen Fensterbereich zurück.
"Version"	Die Version von Microsoft Excel als Text
"Verzeichnis"	Der Pfad des aktuellen Verzeichnisses oder Ordners

Tabelle 12.1: Die verfügbaren Info-Typen

In **Abbildung 12.1** sehen Sie die Ergebnisse aller Info-Funktionen.

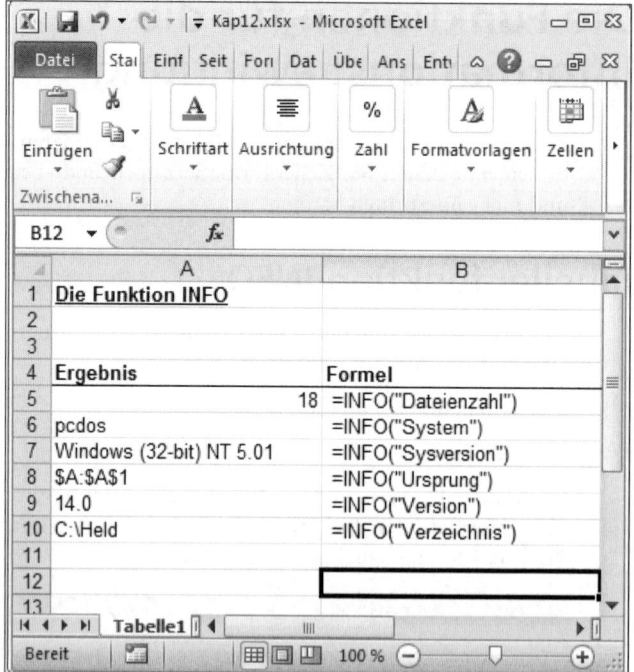

Abbildung 12.1: Die Ergebnisse der Info-Formeln

Die Tabellenfunktion FEHLER.TYP

Mit der Tabellenfunktion **FEHLER.TYP** können Sie eine Zahl zurückgeben, die einem der Fehlerwerte in Microsoft Excel entspricht, oder den Fehlerwert **#NV**, wenn kein Fehler vorhanden ist. Sie können diese Funktion in einer **WENN**-Funktion verwenden, um einen Fehlerwert zu ermitteln und eine Zeichenfolge, beispielsweise eine Meldung, anstelle des Fehlerwertes zurückzugeben.

Die Syntax dieser Funktion lautet:

=FEHLER.TYP(Fehlerwert)

Im Argument **Fehlerwert** wird der Fehlerwert angegeben, dessen Kennnummer Sie finden möchten. Üblicherweise besteht das Argument **Fehlerwert,** an dessen Stelle auch die definierten Fehlerwerte angegeben werden können, aus einem Bezug auf eine Zelle mit einer Formel, die Sie prüfen möchten. In **Tabelle 12.2** können Sie die Fehlertypen sehen, die Sie in Excel abfangen können.

Fehlerwert	Rückgabe von FEHLER.TYP
#NULL!	1
#DIV/0!	2
#WERT!	3
#BEZUG!	4
#NAME?	5
#ZAHL!	6
#NV	7
Sonstiges	#NV

Tabelle 12.2: Die verfügbaren Fehler-Typen

Fehlermeldungen verschwinden lassen

Wenn Sie in Excel versuchen, einen Wert durch die Zahl 0 zu teilen, meldet Excel dabei einen Fehlerwert **#DIV/0**. Diese Meldung soll in der nächsten Aufgabe versteckt werden. Sehen Sie sich zunächst **Abbildung 12.2** an.

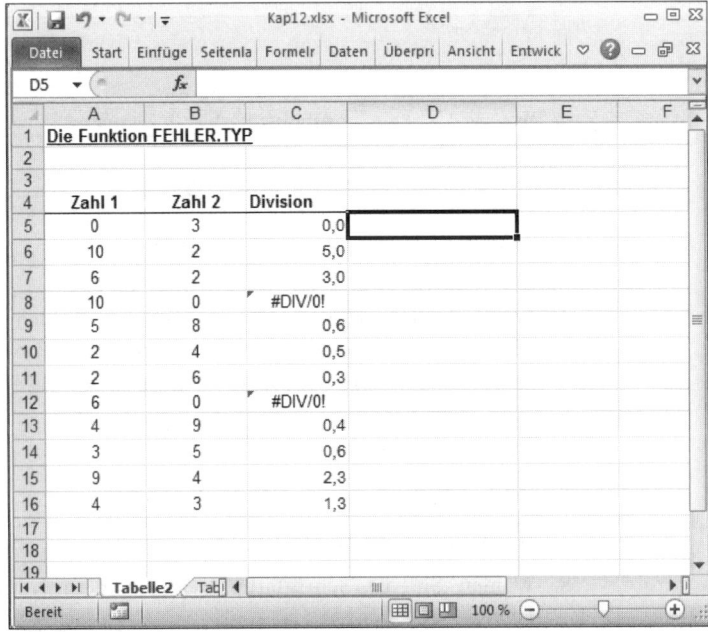

Abbildung 12.2: Einige Meldungen, die stören

Um jetzt die störenden Fehlermeldungen zu entfernen, wenden Sie die bedingte Formatierung von Excel an, indem Sie die nächsten Arbeitsschritte befolgen:

1. Markieren Sie den Zellenbereich **C5:C16**.

2. Klicken Sie im Ribbon *Start* auf das Symbol *Bedingte Formatierung*.

3. Wählen Sie danach den Befehl *Neue Regel*.

Abbildung 12.3: »Fehler«-Formel einstellen

4. Im Dialogfenster *Neue Formatierungsregel* wählen Sie aus dem Listenfeld *Neue Formatierungsregel* den Befehl *Formel zur Ermittlung der zu formatierenden Zellen verwenden* aus.

5. Im Feld *Regelbeschreibung bearbeiten* erfassen Sie die Formel **=Fehler.Typ(C5)=2**.

6. Klicken Sie auf die Schaltfläche *Formatieren*.

7. Wechseln Sie auf die Registerkarte *Schrift*.

8. Wählen Sie die Schriftfarbe *Weiß* aus dem Kombinationsfeld *Farbe*.

9. Bestätigen Sie zweimal mit *OK*.

	A	B	C	D	E
1	**Die Funktion FEHLER.TYP**				
2					
3					
4	Zahl 1	Zahl 2	Division		
5	0	3	0,0		
6	10	2	5,0		
7	6	2	3,0		
8	10	0			
9	5	8	0,6		
10	2	4	0,5		
11	2	6	0,3		
12	6	0			
13	4	9	0,4		
14	3	5	0,6		
15	9	4	2,3		
16	4	3	1,3		
17					
18					

Abbildung 12.4: Alle »Fehler«-Zellen werden ausgebleicht

Lernen Sie weitere praktische Beispiele für die bedingte Formatierung im Kapitel »Die bedingte Formatierung im Zusammenspiel mit Formeln« kennen.

Die IST-Tabellenfunktion

In Excel stehen Ihnen neun Tabellenfunktionen zur Verfügung, die zum Testen des Typs eines Werts oder eines Bezugs verwendet werden.

Jede dieser Funktionen, die zusammen als IST-Tabellenfunktionen bezeichnet werden, überprüft den Typ eines Wertes und gibt je nach Ergebnis **WAHR** oder **FALSCH** zurück.

Die Syntax dieser Funktionen lautet

=ISTLEER(Wert)

=ISTFEHL(Wert)

=ISTFEHLER(Wert)

=ISTLOG(Wert)

=ISTNV(Wert)

=ISTKTEXT(Wert)

=ISTZAHL(Wert)

=ISTBEZUG(Wert)

=ISTTEXT(Wert)

Im Argument **Wert** wird der Wert angegeben, der geprüft werden soll. **Wert** kann eine leere Zelle, ein Fehlerwert, ein logischer Wert, Text, eine Zahl, ein Bezugswert oder ein Name sein, der sich auf eine dieser Möglichkeiten bezieht, die Sie prüfen möchten.

Funktion	Bedingung, unter der WAHR zurückgegeben wird
ISTBEZUG	**Wert** bezieht sich auf einen Bezug.
ISTFEHL	**Wert** bezieht sich auf einen Fehlerwert mit Ausnahme von #NV.
ISTFEHLER	**Wert** bezieht sich auf einen beliebigen Fehlerwert (#NV, #WERT!, #BEZUG!, #DIV/0!, #ZAHL!, #NAME? oder #NULL!).
ISTKTEXT	**Wert** bezieht sich auf ein Element, das kein Text ist. (Beachten Sie, dass diese Funktion WAHR zurückgibt, wenn sich **Wert** auf eine leere Zelle bezieht.)
ISTLEER	**Wert** bezieht sich auf eine leere Zelle.
ISTLOG	**Wert** bezieht sich auf einen logischen Wert.
ISTNV	**Wert** bezieht sich auf den Fehlerwert #NV (Wert nicht verfügbar).
ISTTEXT	**Wert** bezieht sich auf Text.
ISTZAHL	**Wert** bezieht sich auf eine Zahl.

Tabelle 12.3: Die zur Verfügung stehenden IST-Funktionen

Nulldivisionen nicht anzeigen

In der vorherigen Aufgabe wurden Divisionen durch 0 über die bedingte Formatierung von Excel unsichtbar gemacht. Eine ähnliche Lösung können Sie über den Einsatz der Tabellenfunktion **ISTFEHLER** erreichen. Dabei wird vorher überprüft, ob eine Division durchgeführt werden kann. Wenn nicht, wird stattdessen ein Leerzeichen als Ergebnis in die Zelle eingefügt.

Kopieren Sie die **Tabelle2** in eine neue Tabelle und markieren Sie im Anschluss den Zellenbereich **C9:C20**. Erfassen Sie dann die Formel

=WENN(ISTFEHLER(A9/B9);"";A9/B9), die Sie mit der Tastenkombination ⌷Strg⌷ + ⌷↵⌷ abschließen und automatisch in alle Zellen der Markierung einfügen.

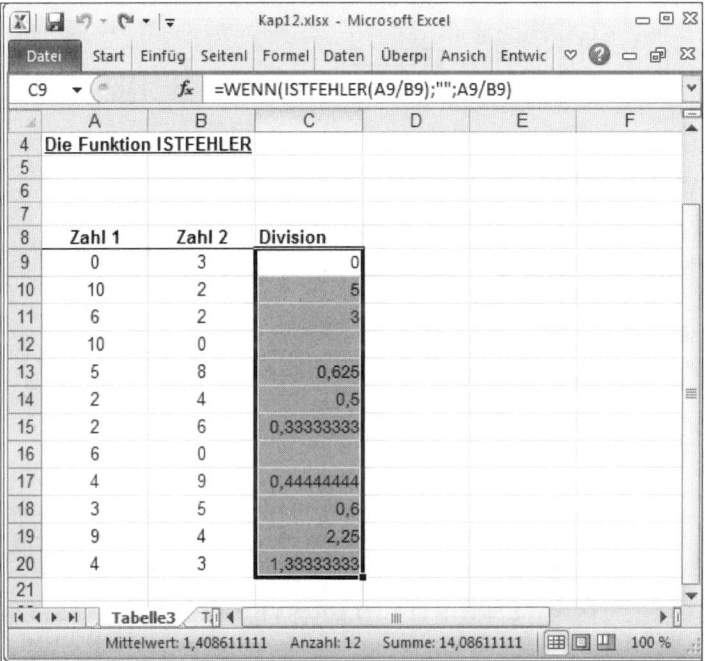

Abbildung 12.5: Fehlerhafte Divisionen werden erst gar nicht zugelassen

Die Fehlermeldung #NV sprechender machen

Im folgenden Beispiel greifen Sie auf ein Praxisbeispiel aus dem Kapitel »Die Funktionen aus der Kategorie Matrix« zurück. Dort wurden mit der Tabellenfunktion **SVERWEIS** über eine Artikelnummer alle dazugehörigen Daten einer Liste ermittelt. Dabei musste aber die korrekte Artikelnummer eingegeben werden, im anderen Fall wurde die Fehlermeldung **#NV** zurückgegeben.

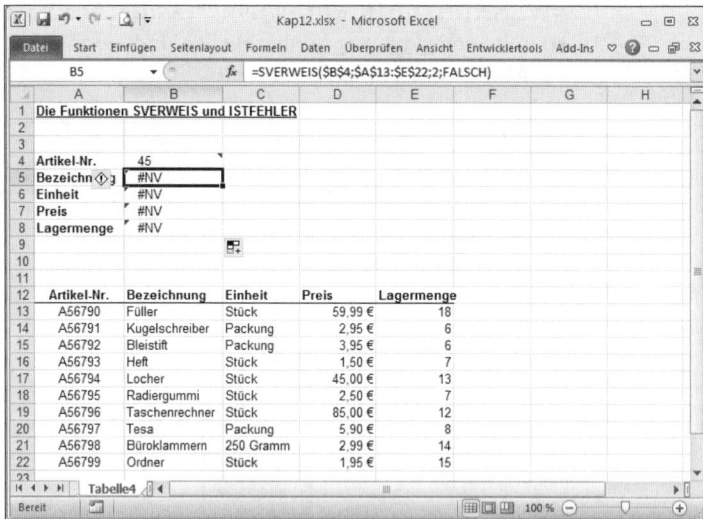

Abbildung 12.6: Die Ausgangssituation

Um die etwas kurze Fehlermeldung #NV durch eine aussagekräftigere Meldung zu ersetzen, passen Sie die Formeln in den Zellen **B5:B8** an. Erfassen Sie in Zelle **B5** die Formel:

=WENN(ISTFEHLER(SVERWEIS($B$4;$A$13:$E$22;2; FALSCH));"Keine Suchergebnisse";SVERWEIS ($B$4;$A$13:$E$22;2;FALSCH))

Ziehen Sie das Ausfüllkästchen nach unten und passen Sie jeweils den Spaltenindex an. Geben Sie danach eine Artikelnummer ein, die in der darunterliegenden Liste nicht existiert.

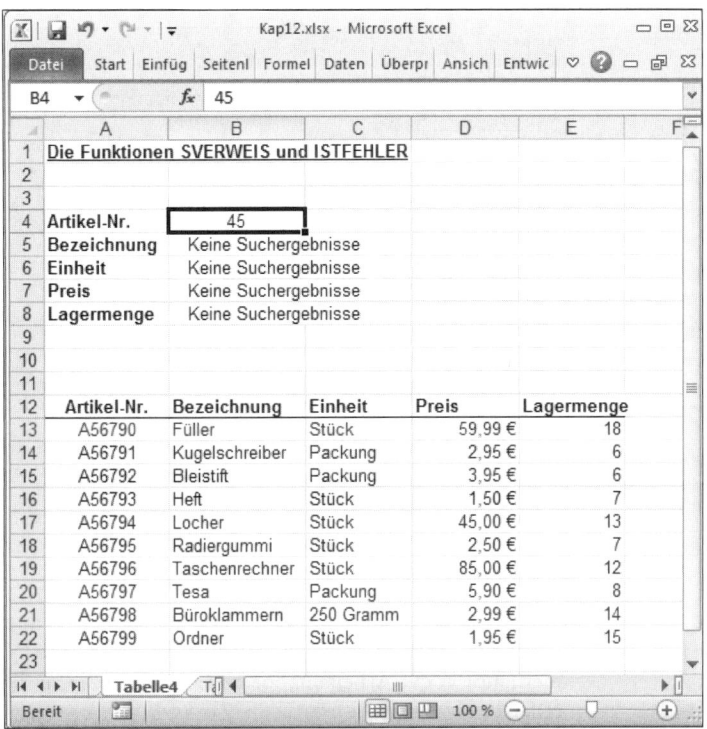

Abbildung 12.7: Diese Meldung sagt mehr aus

Auch die Tabellenfunktion **ISTNV** kann für diesen Zweck eingesetzt werden. Die dafür notwendige Formel lautet:

=WENN(ISTNV(SVERWEIS($B$4;$A$13:$E$22;2;FALSCH));"Keine Suchergebnisse";SVERWEIS($B$4;$A$13:$E$22;2;FALSCH))

Namen überprüfen

In Excel haben Sie die Möglichkeit, einzelne Zellen und Bereiche mit Namen zu benennen. Dies macht viele Tabellen leichter verständlich. Mit der Tabellenfunktion **ISTBEZUG** können Sie dabei prüfen, ob ein bestimmter Name in einer Tabelle verwendet wird. Sehen Sie sich zunächst **Abbildung 12.8** an.

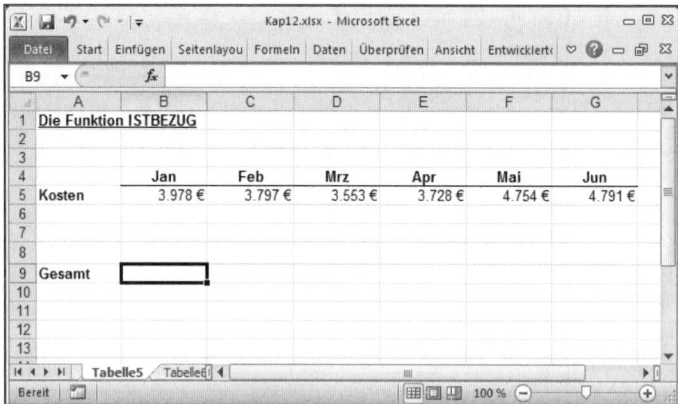

Abbildung 12.8: Eine Halbjahres-Kostentabelle

Markieren Sie den Zellenbereich **B5:G5** und geben Sie diesem Bereich den Namen **Kosten**. Dazu schreiben Sie diesen Namen direkt in das Namensfeld links oben und bestätigen mit [⏎].

Die Aufgabe besteht jetzt darin, den Bereich **Kosten** zu summieren. Dabei soll jedoch vorher geprüft werden, ob es den Namen **Kosten** überhaupt in der Arbeitsmappe gibt. Erfassen Sie zu diesem Zweck in Zelle **B9** die Formel:

=WENN(ISTBEZUG(Kosten);SUMME(Kosten);0)

und bestätigen Sie Ihre Eingabe mit [⏎].

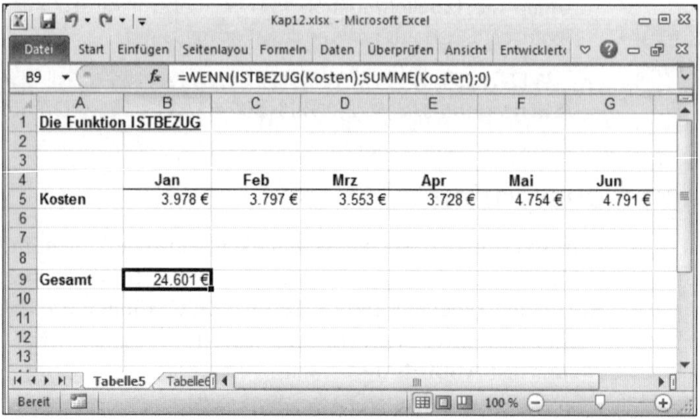

Abbildung 12.9: Vor der Summierung erfolgt eine Namensprüfung

Über die Tabellenfunktion **WENN** führen Sie eine Abfrage durch. Dabei gibt die Funktion **ISTBEZUG** den Wert **FALSCH** zurück, wenn es den Namen **Kosten** in der Arbeitsmappe nicht gibt. In diesem Fall soll das Ergebnis der Summierung mit **0** ausgewiesen werden. Anderenfalls kann der Name einem Zellenbezug zugeordnet werden. Danach wird der Bereich mit der Tabellenfunktion **SUMME** summiert.

Texte aufspüren

Nach einem Datenimport in Excel wurden einige Zellen als Text interpretiert. Rein äußerlich sieht man es diesen als Text verkleideten Zahlen jedoch nicht an.

Vergleichen Sie die beiden Summen-Zellen **A20** und **D20** in **Abbildung 12.10**.

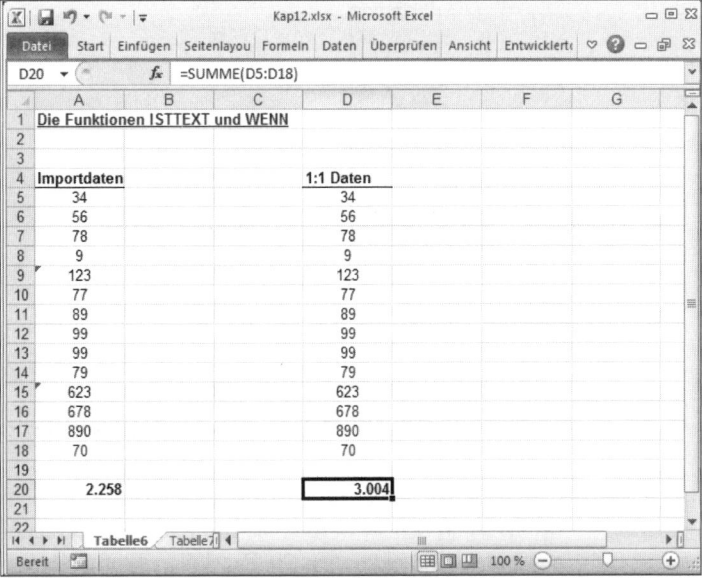

Abbildung 12.10: Die Summe bei den importierten Daten stimmt nicht

In Spalte **A** werden einige Zahlenwerte leider nicht richtig als Zahl erkannt. In den neueren Excel-Versionen werden diese Zellen in bestimmten Fällen mit einem grünen Dreieck in der linken, oberen Ecke der Zelle gekennzeichnet. Ihre Aufgabe besteht jetzt darin, die

Werte aus Spalte **A** so umzuwandeln, dass alle Werte auch als Zahlen erkannt werden können. Dabei führen Sie zunächst eine Prüfung mit der Tabellenfunktion **ISTTEXT** durch, indem Sie wie folgt vorgehen.

1. Markieren Sie den Zellenbereich **B5:B18**.

2. Erfassen Sie die Formel
   =WENN(ISTTEXT(A5);"TEXTWERT";A5)

3. Schließen Sie die Formel über die Tastenkombination `Strg` + `⏎` ab.

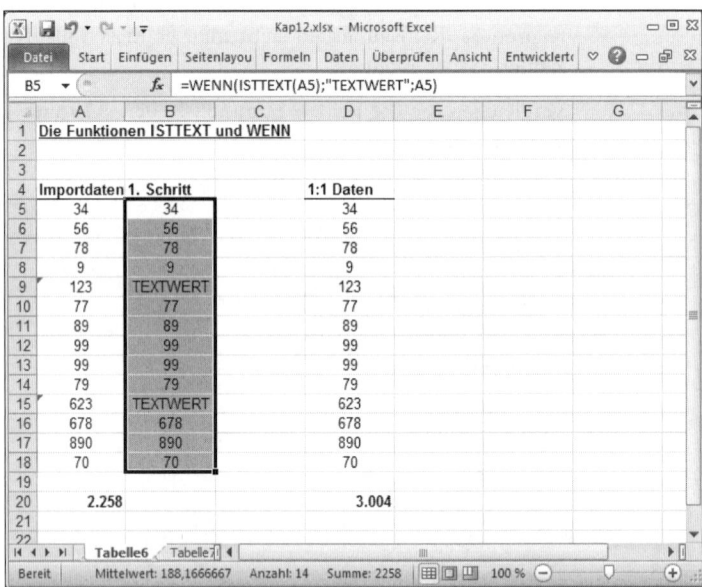

Abbildung 12.11: Die Zellen, die Texte enthalten, können identifiziert werden

Im nächsten Schritt werden die von Excel nicht erkannten Zellen umgewandelt. Dabei können Sie Excel überlisten, indem Sie der Anwendung mitteilen, dass es sich bei den nicht erkannten Zellen tatsächlich um Zahlenwerte handeln soll. Um diese Nachricht Excel zu übermitteln, multiplizieren Sie einfach jede Zelle mit dem Wert 1. Dadurch wird Excel gezwungen, noch einmal über die Zahlenerkennung nachzudenken. Möglich wäre auch, auf die Werte in den Zellen den Wert 0 zu addieren. In beiden Fällen werden die Werte in den Zellen wertmäßig nicht verändert.

Gehen Sie jetzt wie folgt vor:

1. Markieren Sie den Datenbereich **C5:C18**.

2. Erfassen Sie die Formel **=WENN(ISTTEXT(A5);A5*1;A5)**.

3. Schließen Sie die Formel über die Tastenkombination ⌷Strg⌷ + ⌷↵⌷ ab.

4. Geben Sie zur Kontrolle in Zelle **C20** die Formel **=SUMME(C5:C18)** ein und bestätigen Sie mit ⌷↵⌷.

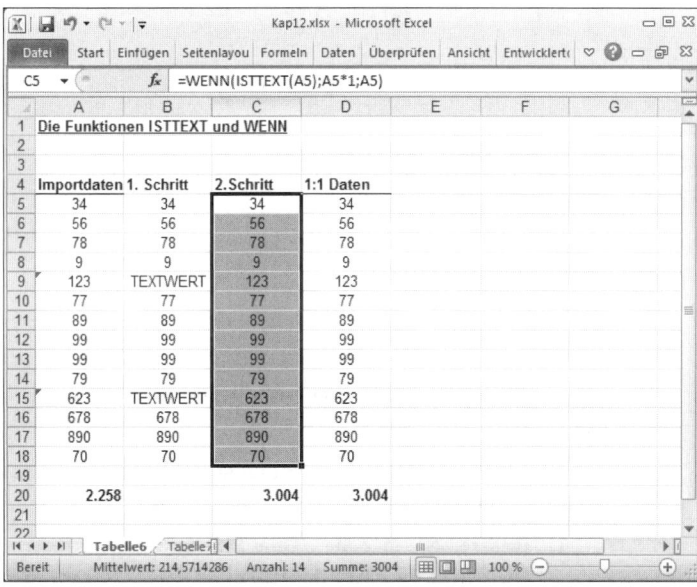

Abbildung 12.12: Die Zahlen werden jetzt alle erkannt

Wenn Sie lieber mit der Tabellenfunktion **ISTKTEXT** (Ist kein Text) arbeiten möchten, dann würde die Formel wie folgt lauten:

=WENN(ISTKTEXT(A5);A5;A5*1)

Leerzeilen erkennen

In sehr großen Listen kann es schon einmal passieren, dass sich leere Zeilen einschleichen. Mit der Tabellenfunktion **ISTLEER** können Sie diese Zeilen aufspüren. Sehen Sie sich **Abbildung 12.13** an.

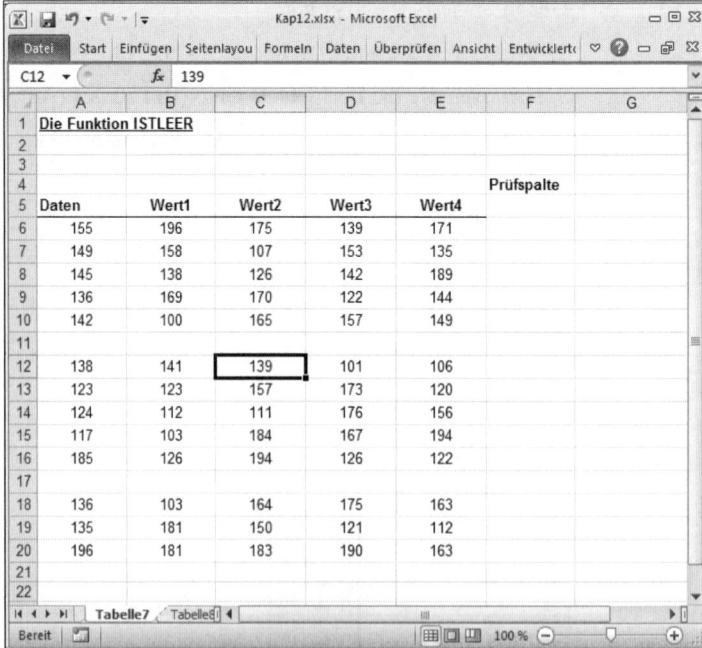

Abbildung 12.13: Die leeren Zeilen sollen aufgespürt werden

Um die leeren Zeilen mit Hilfe einer Matrixformel zu kennzeichnen, gehen Sie wie folgt vor:

1. Erfassen Sie in Zelle **F5** die Matrixformel
   =UND(ISTLEER(A5:E5)).

2. Schließen Sie die Matrixformel über die Tastenkombination Strg
   + ⇧ + ⏎ .

3. Ziehen Sie das Ausfüllkästchen der Zelle **F5** nach unten bis in
   Zelle **F20**.

	A	B	C	D	E	F
1	**Die Funktion ISTLEER**					
2						
3						
4						Prüfspalte
5	Daten	Wert1	Wert2	Wert3	Wert4	FALSCH
6	155	196	175	139	171	FALSCH
7	149	158	107	153	135	FALSCH
8	145	138	126	142	189	FALSCH
9	136	169	170	122	144	FALSCH
10	142	100	165	157	149	FALSCH
11						WAHR
12	138	141	139	101	106	FALSCH
13	123	123	157	173	120	FALSCH
14	124	112	111	176	156	FALSCH
15	117	103	184	167	194	FALSCH
16	185	126	194	126	122	FALSCH
17						WAHR
18	136	103	164	175	163	FALSCH
19	135	181	150	121	112	FALSCH
20	196	181	183	190	163	FALSCH
21						
22						

F5 ▾ fx {=UND(ISTLEER(A5:E5))}

Abbildung 12.14: Die leeren Zeilen werden mit dem Wert WAHR gekennzeichnet

Alternativ zur gerade vorgestellten Matrixformel können Sie diese Aufgabe auch über eine normale Formel lösen. Markieren Sie dazu den Zellenbereich **G5:G20** und erfassen Sie die Formel

=WENN(ANZAHL2(A5:E5);"Gefüllter Bereich";"Leerer Bereich")

Bestätigen Sie die Eingabe der Formel über die Tastenkombination Strg + ⏎.

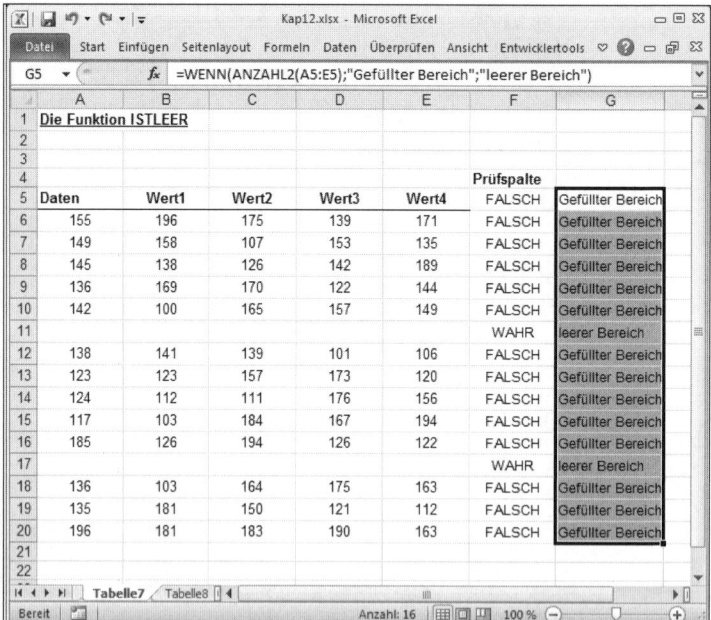

Abbildung 12.15: Eine Alternative, leere Zeilen festzustellen

Eingaben automatisch formatieren

In der folgenden Aufgabe soll in einem Zellenbereich auf alle Eingaben reagiert werden. Wird eine Eingabe vorgenommen, dann soll direkt danach die Zelle mit der Hintergrundfarbe **Grau** belegt werden. Wird in diesem Bereich ein Zellenwert wieder gelöscht, soll die Zelle die Hintergrundfarbe **Hellgelb** bekommen.

Sehen Sie sich zunächst das fertige Ergebnis aus **Abbildung 12.16** an.

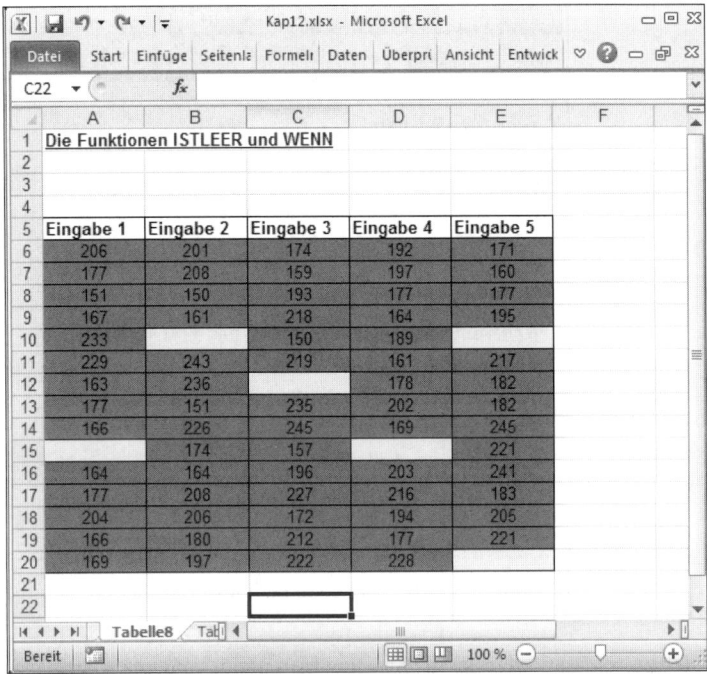

Abbildung 12.16: Die Zellen werden auf besondere Art und Weise hervorgehoben

Um diese automatische Formatierung in Excel einzustellen, nutzen Sie die Funktion der bedingten Formatierung und setzen dieses Feature im Zusammenspiel mit der Tabellenfunktion **ISTLEER** ein. Befolgen Sie jetzt die nächsten Arbeitsschritte:

1. Markieren Sie den Zellenbereich **A6:E20**.

2. Klicken Sie im Ribbon *Start* auf das Symbol *Bedingte Formatierung*.

3. Wählen Sie danach den Befehl *Neue Regel*.

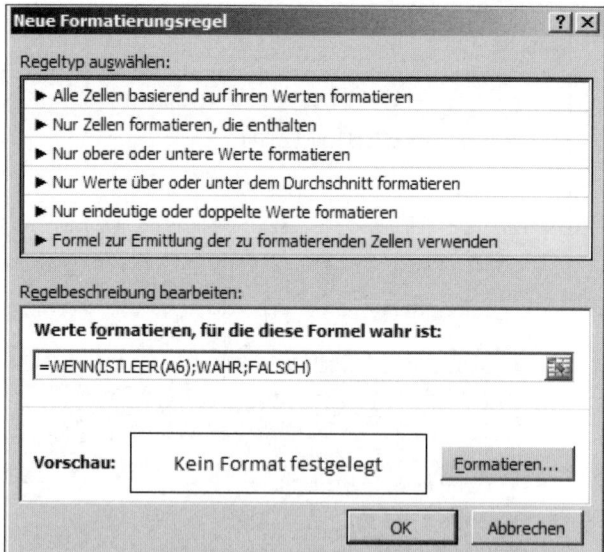

Abbildung 12.17: Die erste Bedingung festlegen

4. Markieren Sie im Listenfeld *Regeltyp auswählen* den Eintrag *Formel zur Ermittlung der zu formatierenden Zellen verwenden*.

5. Im Feld *Werte formatieren, für die diese Formel wahr ist:* erfassen Sie die Formel **=WENN(ISTLEER(A6);WAHR;FALSCH)**.

6. Weisen Sie das gewünschte Format mit einem Klick auf die Schaltfläche *Formatieren* zu, wählen Sie auf der Registerkarte *Muster* eine gewünschte Farbe und bestätigen Sie mit *OK*.

7. Um die zweite Formatierungsregel zu hinterlegen, klicken Sie im Ribbon *Start* auf das Symbol *Bedingte Formatierung*.

8. Wählen Sie danach den Befehl *Regeln verwalten*.

9. Klicken Sie im Dialogfenster *Manager für Regeln zur bedingten Formatierung* auf die Schaltfläche *Neue Regel*.

10. Füllen Sie das nachfolgende Dialogfenster wie in **Abbildung 12.18** aus.

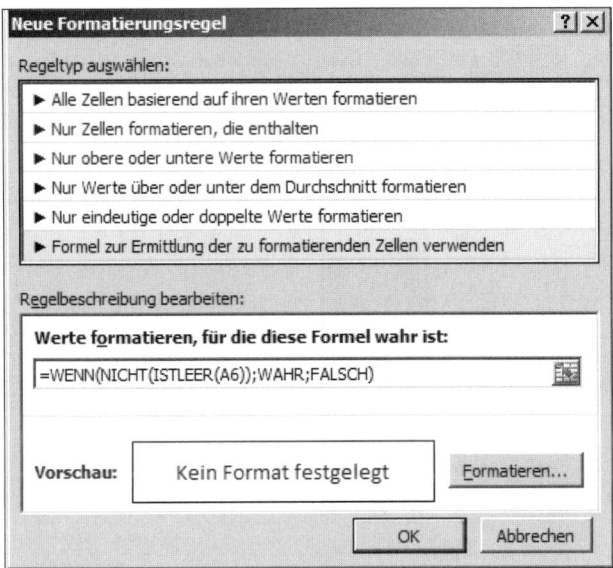

Abbildung 12.18: Die zweite Bedingung festlegen

11. Weisen Sie die gewünschte Formatierung wie oben bereits beschrieben zu.

12. Bestätigen Sie zweimal mit *OK*.

Bei der ersten Bedingung aus **Abbildung 12.17** wird geprüft, ob die jeweilige Zelle leer ist. Wenn ja, dann wird der Wert **WAHR** zurückgegeben, das heißt, die Bedingung wird hiermit erfüllt.

Bei der zweiten Bedingung aus **Abbildung 12.18** wird im Gegensatz zur ersten Bedingung auf nicht leere Zellen geprüft. Tritt dieser Fall auf, dann wird der Wert **WAHR** zurückgegeben, was in diesem Fall die andere Formatierung zur Folge hat.

Artikelnummern überprüfen

In der nächsten Aufgabe liegt eine Excel-Liste mit Artikelnummern, wie in **Abbildung 12.19** gezeigt, vor.

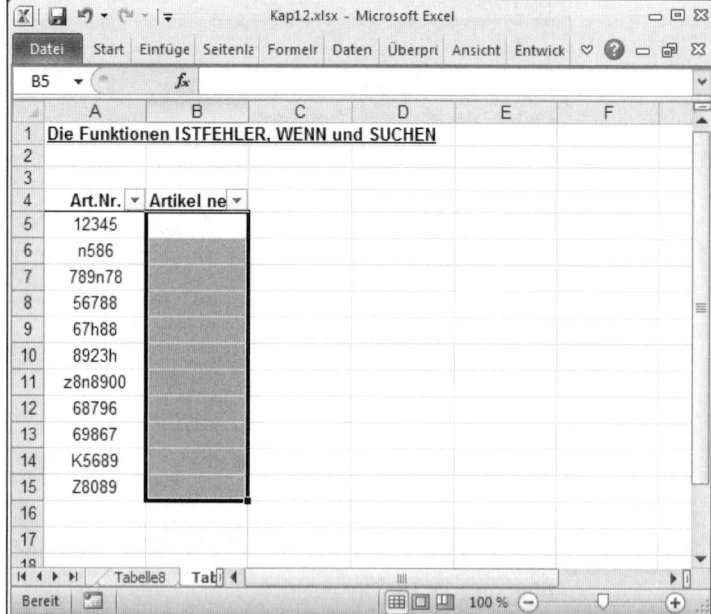

Abbildung 12.19: Die neuen Artikel dieser Liste sollen identifiziert werden

Alle neuen Artikel enthalten an einer beliebigen Stelle der Artikelnummer den Buchstaben **n**. Dies ist das Kriterium für einen neuen Artikel.

Um jetzt in Spalte **B** auszugeben, bei welchem Artikel es sich um einen neuen Artikel handelt, gehen Sie wie folgt vor:

1. Markieren Sie den Zellenbereich **B5:B15**.

2. Erfassen Sie die Formel **=WENN(ISTFEHLER(SUCHEN ("n";A5));"Artikel alt";"Artikel neu")**.

3. Bestätigen Sie die Eingabe mit der Tastenkombination ⌨ Strg + ↵.

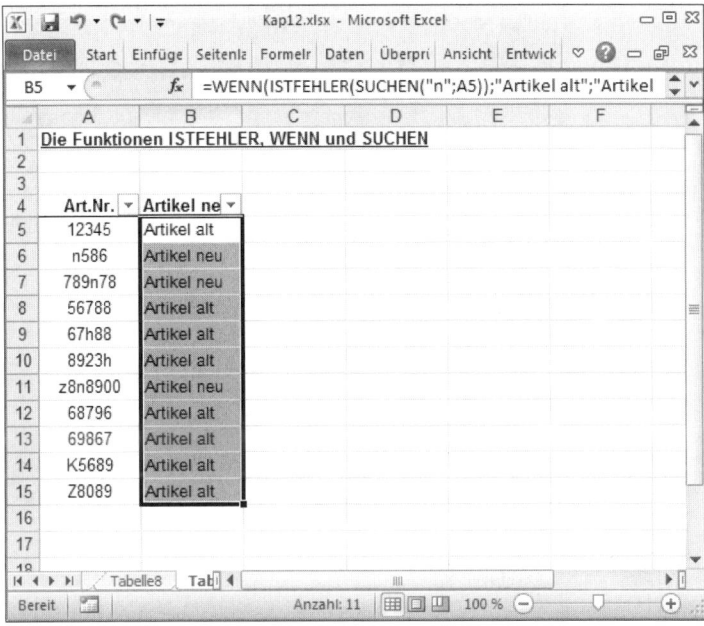

Abbildung 12.20: Die neuen Artikel wurden ermittelt

Wenn Sie auf das Symbol *Filtern* aus dem Ribbon *Daten* klicken, dann können Sie in Spalte **B** nach dem Text **Artikel neu** filtern.

Das letzte Datum und den letzten Umsatz ermitteln

In der Tabelle aus **Abbildung 12.21** liegen Umsätze, die an bestimmten Tagen gemacht wurden, vor.

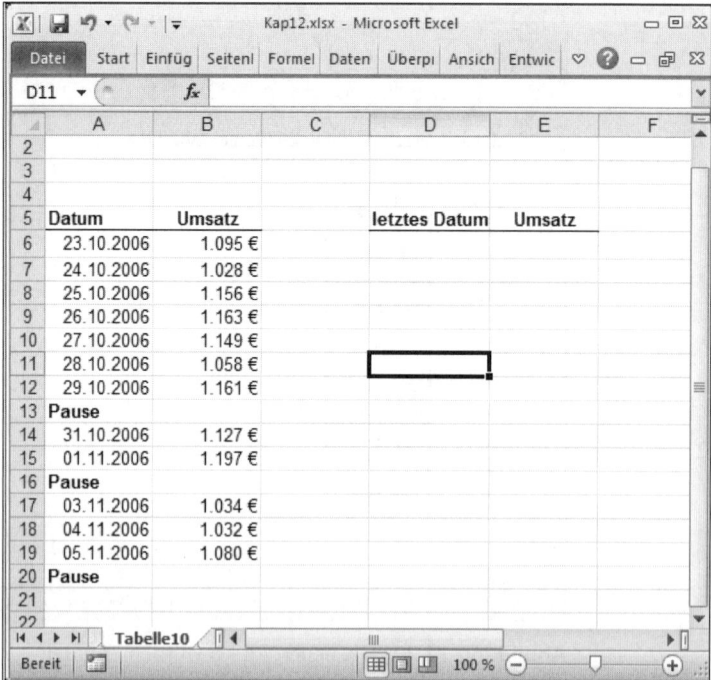

Abbildung 12.21: Die Umsätze sind durch einige Textzellen unterbrochen

Ihre Aufgabe besteht nun darin, das zuletzt erfasste Datum aus Spalte **A** sowie den dazugehörigen Umsatz zu ermitteln. Dabei sollen eventuell vorhandene Textzellen nicht berücksichtigt werden. Um diese Aufgabe zu lösen, befolgen Sie die nächsten Arbeitsschritte:

1. Erfassen Sie in Zelle **D6** die Matrixformel **=INDIREKT("A" & MAX(ISTZAHL(A5:A100)*ZEILE(5:100)))**.

2. Schließen Sie diese Matrixformel über die Tastenkombination [Strg] + [⇧] + [↵] ab.

3. Erfassen Sie in Zelle **E6** die Matrixformel **=INDIREKT("B"& MAX(ISTZAHL(B5:B100)*ZEILE(5:100)))**.

4. Schließen Sie diese Matrixformel über die Tastenkombination [Strg] + [⇧] + [↵] ab.

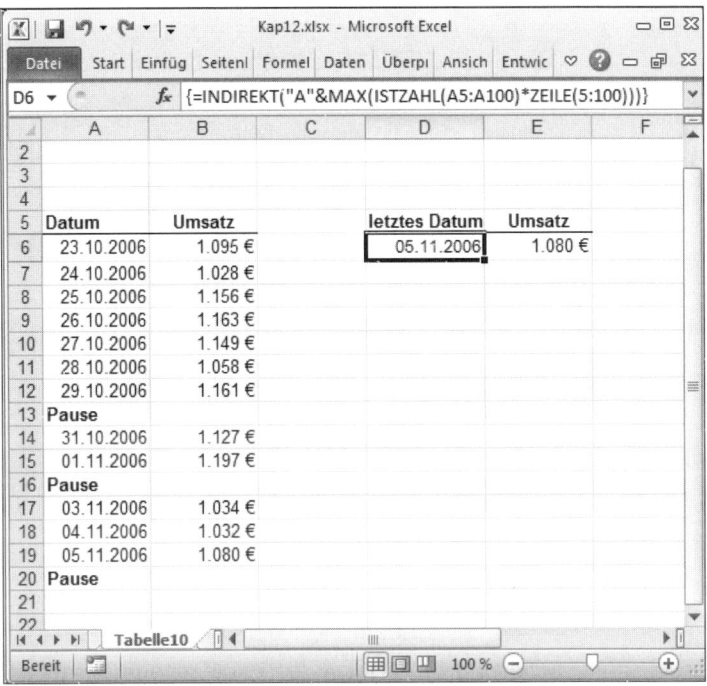

Abbildung 12.22: Das letzte Datum sowie der letzte Umsatz wurden ermittelt

Mit der Tabellenfunktion **ISTZAHL** können Sie ermitteln, ob die durch die Matrixformel gefundene letzte Zeile im Bereich **A5:A100** einen gültigen Zahlenwert hat. Auch Datumswerte sind in Excel gültige Zahlenwerte, da Excel Datumswerte intern in Zahlen umwandelt, um damit besser rechnen zu können.

Nur bestimmte Einträge zählen

Eine Erweiterung der standardmäßig eingesetzten Tabellenfunktion **ZÄHLENWENN** wird in der nächsten Aufgabe beschrieben. In **Abbildung 12.23** sollen nur Einträge gezählt werden, die einerseits einer bestimmten Zuordnungsstelle angehören und andererseits auch einen gültigen Umsatz haben.

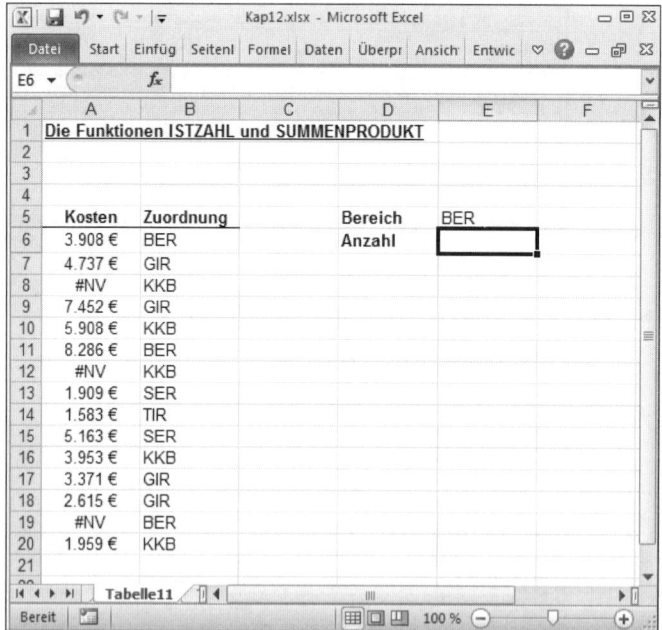

Abbildung 12.23: Die Ausgangsliste soll ausgewertet werden

Die Zuordnungseinheit soll aus Zelle **E5** entnommen werden. Dazu können Sie beispielsweise ein Zellendropdown einrichten, in dem die gültigen Zuordnungseinheiten angeboten werden. Dazu gehen Sie folgendermaßen vor:

1. Setzen Sie den Zellzeiger auf die Zelle **E5**.

2. Klicken Sie im Ribbon *Daten* auf das Symbol *Datenüberprüfung*.

3. Wechseln Sie auf die Registerkarte *Einstellungen*.

4. Stellen Sie im Kombinationsfeld *Zulassen* den Eintrag *Liste* ein.

5. Geben Sie die zulässigen Zuordnungseinheiten im Feld *Quelle* jeweils getrennt durch ein Semikolon ein.

6. Bestätigen Sie mit *OK*.

Ermitteln Sie jetzt die Anzahl der Sätze, die einen gültigen Umsatz aufweisen sowie der richtigen Zuordnungseinheit angehören. Erfassen Sie dazu in Zelle **E6** die Formel **=SUMMENPRODUKT(IST-ZAHL(A6:A20)*(B6:B20=E5))** und bestätigen Sie diese Eingabe mit ⏎.

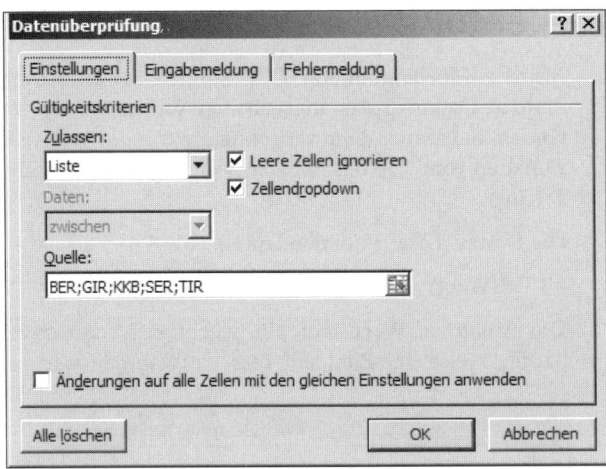

Abbildung 12.24: Eine Gültigkeitsliste erstellen

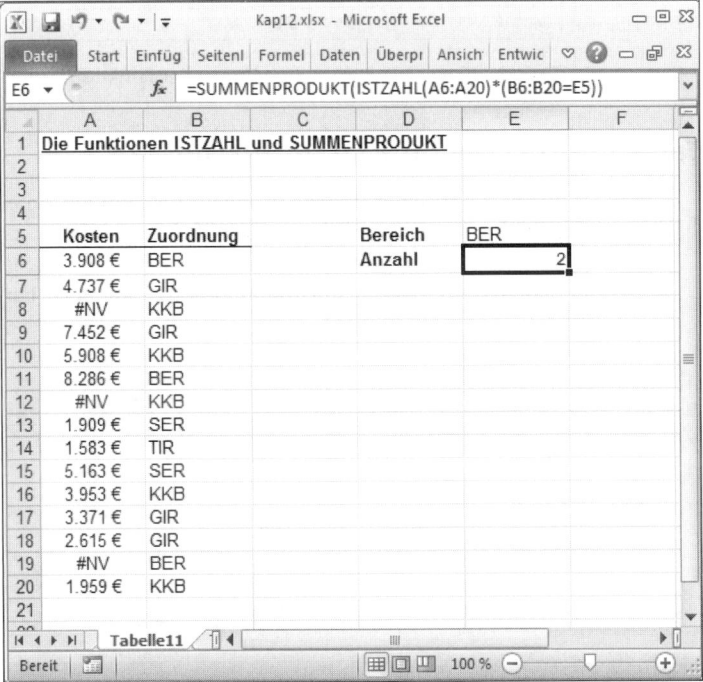

Abbildung 12.25: Die Sätze werden richtig gezählt

Die Tabellenfunktion TYP

Mit der Tabellenfunktion **TYP** können Sie eine Zahl zurückgeben, die den Datentyp des angegebenen Wertes anzeigt. Diese Funktion können Sie immer dann verwenden, wenn das weitere Verhalten einer Funktion vom Typ des in einer bestimmten Zelle enthaltenen Wertes abhängt.

Die Syntax dieser Funktion lautet:

=TYP(Wert)

Das Argument **Wert** kann ein beliebiger Microsoft-Excel-Wert sein, beispielsweise eine Zahl, ein Text, ein Wahrheitswert usw.

Wert	TYP
Zahl	1
Text	2
Ein Wahrheitswert	4
Ein Fehlerwert	16
Matrix	64

Tabelle 12.4: Die verfügbaren Werte der Funktion TYP

Texte und Zahlen optisch unterscheiden

Wenn Sie in einer Tabelle in einem bestimmten Bereich Zellen, die Zahlen bzw. Text enthalten, unterscheiden möchten, dann können Sie die Tabellenfunktion **TYP** einsetzen. Dabei können Sie alle Zellen, in denen Text eingegeben wird, automatisch mit einer Farbe belegen.

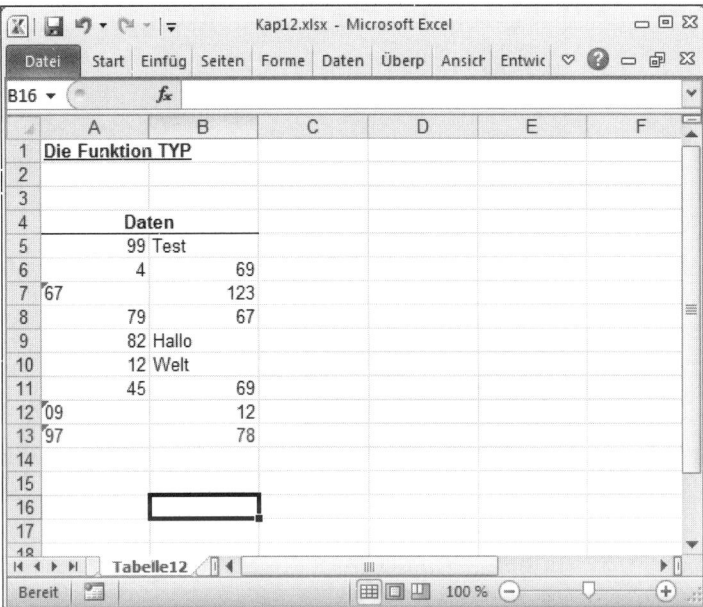

Abbildung 12.26: Textzellen und Zahlenzellen sollen unterschieden werden

Um jetzt alle Zellen im Zellenbereich **A5:B13**, die Texte enthalten, automatisch mit der Hintergrundfarbe **Gelb** zu belegen, verfahren Sie wie folgt:

1. Markieren Sie den Zellenbereich **A5:B13**.

2. Klicken Sie im Ribbon *Start* auf das Symbol *Bedingte Formatierung*.

3. Wählen Sie danach den Befehl *Neue Regel*.

4. Markieren Sie im Listenfeld *Regeltyp auswählen* den Eintrag *Formel zur Ermittlung der zu formatierenden Zellen verwenden*.

5. Im Feld *Werte formatieren, für die diese Formel wahr ist* erfassen Sie die Formel **=Typ(A5)=2**.

6. Weisen Sie das gewünschte Format mit einem Klick auf die Schaltfläche *Formatieren* zu, wählen Sie auf der Registerkarte *Muster* eine gewünschte Farbe und bestätigen Sie mit *OK*.

7. Bestätigen Sie zweimal mit *OK*.

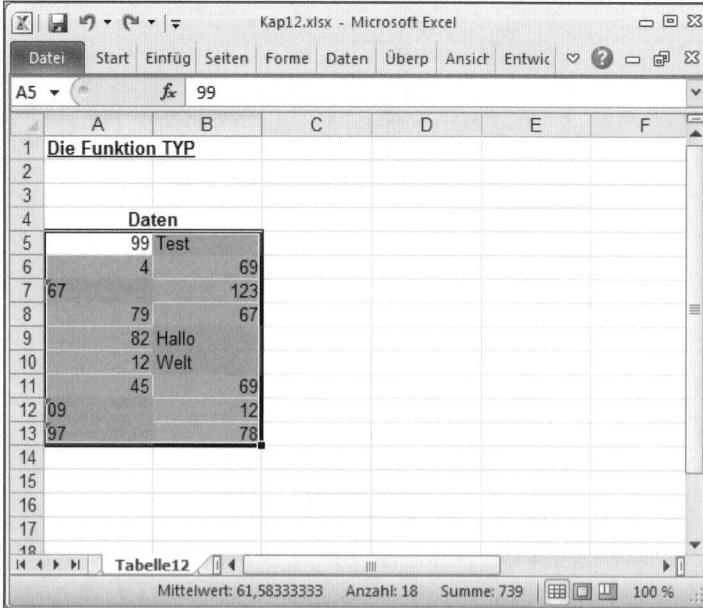

Abbildung 12.27: Auch einige Zahlen sind hier nicht richtig formatiert

Die Tabellenfunktion ZELLE

Mit der Tabellenfunktion **ZELLE** können Sie Informationen zur Formatierung, der Position oder dem Inhalt der Zelle links oben in einem Bezug zurückgeben.

Die Syntax dieser Funktion lautet:

=ZELLE(Infotyp; Bezug)

Im Argument **Infotyp** wird ein Textwert angegeben, der festlegt, welchen Typ von Zellinformationen Sie wünschen. In der folgenden Tabelle werden die möglichen Werte für **Infotyp** und die entsprechenden Ergebnisse angezeigt:

Infotyp	Rückgabewert
"Adresse"	Bezug der ersten Zelle in **Bezug** als Text
"Breite"	Spaltenbreite der Zelle, auf eine ganze Zahl gerundet. Jede Einheit der Spaltenbreite ist gleich der Breite eines Zeichens im Standardschriftgrad.

Infotyp	Rückgabewert
"Dateiname"	Dateiname (und vollständiger Pfad) der Datei, die **Bezug** enthält, als Text. Gibt eine leere Textzeichenfolge ("") zurück, wenn das Tabellenblatt, das **Bezug** enthält, noch nicht gespeichert wurde.
"Farbe"	1, wenn die Zelle für negative Werte farbig formatiert ist; andernfalls wird 0 (null) zurückgegeben.
"Format"	Textwert, der dem Zahlenformat der Zelle entspricht. Die Textwerte für die verschiedenen Formate werden in der folgenden Tabelle aufgeführt. Gibt "-" am Ende des Textwertes zurück, wenn die Zelle für negative Werte farbig formatiert ist. Gibt "()" am Ende des Textwertes zurück, wenn die Zelle für positive oder alle Werte mit Klammern formatiert ist.
"Inhalt"	Wert der linken obersten Zelle, die zu **Bezug** gehört; keine Formel
"Klammern"	1, wenn die Zelle für positive oder alle Werte mit Klammern formatiert ist; andernfalls wird 0 zurückgegeben.
"Präfix"	Textwert, der dem "Beschriftungspräfix" der Zelle entspricht. Gibt ein einfaches Anführungszeichen (') zurück, wenn die Zelle linksbündigen Text enthält, ein doppeltes Anführungszeichen ("), wenn die Zelle rechtsbündigen Text enthält, ein Zirkumflexzeichen (^), wenn die Zelle zentrierten Text enthält, einen umgekehrten Schrägstrich (\) , wenn die Zelle ausgefüllten Text enthält, und eine leere Textzeichenfolge (""), wenn die Zelle etwas anderes enthält.
"Schutz"	0, wenn die Zelle nicht gesperrt ist; 1, wenn die Zelle gesperrt ist.
"Spalte"	Spaltennummer der Zelle in **Bezug**
"Typ"	Textwert, der dem Datentyp in der Zelle entspricht. Gibt "b" zurück, wenn die Zelle leer (blank) ist, "l" für Beschriftung (label), wenn die Zelle eine Textkonstante enthält, und "w" für Wert, wenn die Zelle etwas anderes enthält.
"Zeile"	Zeilennummer der Zelle in **Bezug**

Tabelle 12.5: Die verfügbaren Infotypen

Im Argument **Bezug** wird die Zelle angegeben, zu der Sie Informationen wünschen. Wenn dieses Argument nicht angegeben wird, werden für die letzte Zelle, die geändert wurde, Informationen zurückgegeben, die in **Infotyp** angegeben wurden. Die folgende Liste beschreibt die Textwerte, die diese Funktion zurückgibt, wenn **Infotyp** vom Typ **"Format"** und **Bezug** eine Zelle ist, die mit einem integrierten Zahlenformat formatiert ist:

Microsoft-Excel-Format	Rückgabewert von ZELLE
Standard	"S"
0	"F0"
#,##0	"0,0"
0,00	"F2"
#,##0,00	",2"
$#,##0_);($#,##0)	"C0"
$#,##0_);[Rot]($#,##0)	"C0-"
$#,##0,00_);($#,##0,00)	"C2"
$#,##0,00_);[Rot]($#,##0,00)	"C2-"
0%	"P0"
0,00%	"P2"
0,00E+00	"S2"
# ?/? oder # ??/??	"G"
m/t/jj oder m/t/jj h:mm oder mm/tt/jj	"D4"
t-mmm-jj oder tt-mmm-jj	"D1"
t-mmm oder tt-mmm	"D2"
mmm-jj	"D3"
mm/tt	"D5"
h:mm AM/PM	"U1"
h:mm:ss AM/PM	"U2"
h:mm	"U4"
h:mm:ss	"U3"

Tabelle 12.6: Die verschiedenen Formate von Excel

Den Dateinamen der Arbeitsmappe ermitteln

Stellen Sie sich vor, Sie haben von einer Tabelle einen Ausdruck vorliegen. Diese Arbeitsmappe befindet sich irgendwo auf Ihrer Festplatte – nur Sie können sich nicht mehr genau erinnern, wo Sie diese abgelegt haben. Um dieser unnötigen Sucherei in Zukunft vorzubeugen, können Sie den Pfad- sowie den Dateinamen in eine beliebige Zelle Ihrer Tabelle schreiben. Dazu können Sie die Tabellenfunktion **=ZELLE("Dateiname")** verwenden. Wenn Sie diese Tabellenfunktion in eine beliebige Zelle erfassen, wird der komplette Speicherpfad der Arbeitsmappe, inklusive dem Namen der Arbeitsmappe sowie der aktuellen Tabelle in der Zelle ausgegeben. Achten Sie bei dieser Funktion darauf, dass Sie die Arbeitsmappe zuvor speichern müssen. Erst danach können die gewünschten Informationen von der Funktion **ZELLE** ermittelt werden.

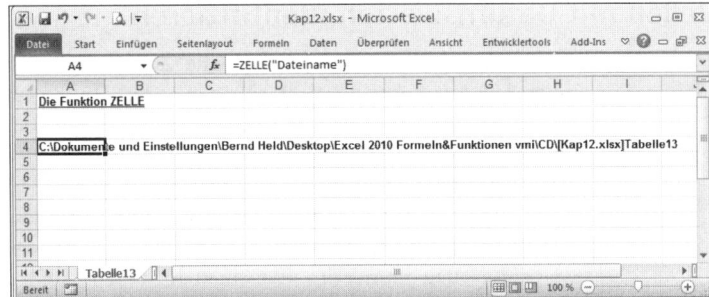

Abbildung 12.28: Über eine Tabellenfunktion stehen Ihnen gleich mehrere Informationen zur Arbeitsmappe zur Verfügung

Wenn Sie die einzelnen Informationen wie den Speicherpfad, den Dateinamen sowie den Namen der Tabelle in einzelnen Zellen wiedergeben möchten, dann greifen Sie auf weitere Tabellenfunktionen zu. Die dazu benötigten Funktionen lauten dabei wie folgt:

Der Speicherpfad in Zelle **A6** über die Formel:

=LINKS(A4;FINDEN("[";A4)-1)

Den Dateinamen in Zelle **A7** mit der Formel:

=TEIL(A4;FINDEN("[";A4)+1;FINDEN("]";A4)-FINDEN ("[";A4)-1)

und den Namen der Tabelle in Zelle **A8** über die Formel:

=TEIL(A4;FINDEN("]";A4)+1;LÄNGE(A4)-FINDEN ("]";A4))

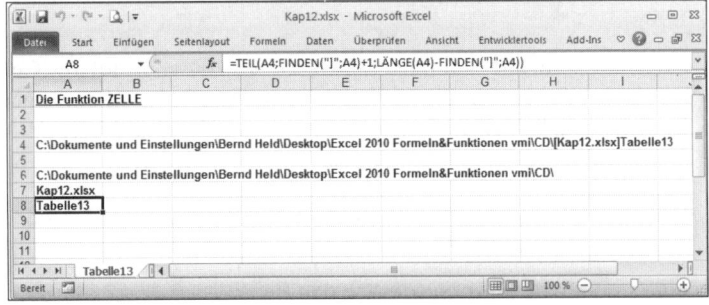

Abbildung 12.29: Alle Informationen zur aktiven Arbeitsmappe liegen vor

Zellen mit Datumswerten identifizieren

In der folgenden Aufgabe sollen alle Zellen einer Tabelle, die mit einem Datumsformat belegt sind, mit der Hintergrundfarbe Gelb belegt werden. Zu diesem Zweck setzen Sie die Tabellenfunktion **ZELLE** ein und übergeben als **Infotyp** den Text **Format**. Alle Datumsformate geben dabei Rückgabewerte von **D1** bis **D5** zurück. Wenn Sie nun mit der Tabellenfunktion **LINKS** nur das erste Zeichen des Rückgabewertes abfragen, können Sie alle Datumsangaben, egal wie diese auch immer im Einzelnen formatiert sind, identifizieren. Sehen Sie sich zunächst **Abbildung 12.30** an.

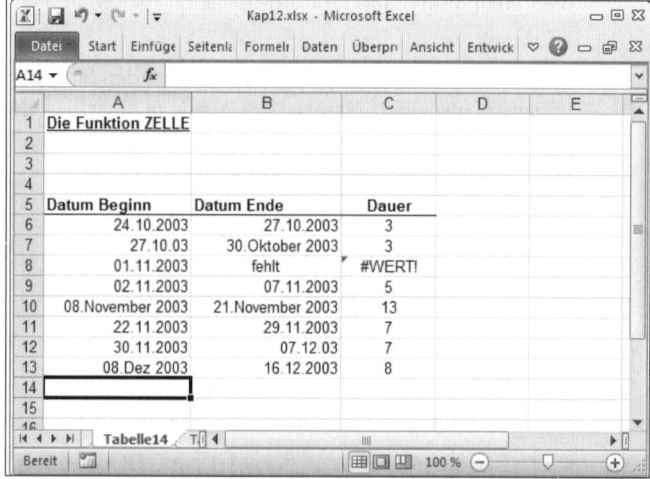

Abbildung 12.30: Alle gültigen Datumswerte sollen farbig unterlegt werden

Um alle erkannten Zellen mit der Hintergrundfarbe **Gelb** zu belegen, setzen Sie die bedingte Formatierung im Zusammenspiel mit den Tabellenfunktionen **ZELLE** und **LINKS** wie folgt ein.

1. Markieren Sie den Zellenbereich **A6:B13**.

2. Klicken Sie im Ribbon *Start* auf das Symbol *Bedingte Formatierung*.

3. Wählen Sie danach den Befehl *Neue Regel*.

4. Markieren Sie im Listenfeld *Regeltyp auswählen* den Eintrag *Formel zur Ermittlung der zu formatierenden Zellen verwenden*.

5. Im Feld *Werte formatieren, für die diese Formel wahr ist* erfassen Sie die Formel **=LINKS(ZELLE("Format";A6);1)="D"**.

6. Weisen Sie das gewünschte Format mit einem Klick auf die Schaltfläche *Formatieren* zu, wählen Sie auf der Registerkarte *Muster* eine gewünschte Farbe und bestätigen Sie mit *OK*.

7. Bestätigen Sie zweimal mit *OK*.

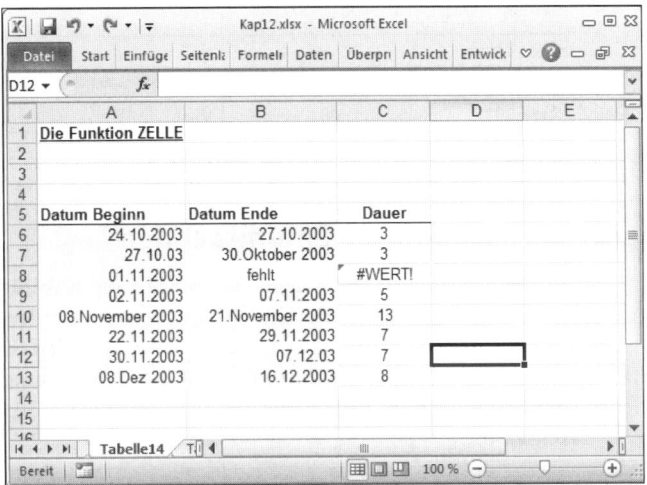

Abbildung 12.31: Alle Datumszellen wurden formatiert

Möchten Sie beispielsweise alle Zellen mit Zeitformaten in einer Tabelle farbig unterlegen, dann lautet die dazu notwendige Formel:

=LINKS(ZELLE("Format";A6);1)="U"

Setzen Sie diese Formel in Verbindung mit der bedingten Formatierung in Excel ein.

Die Tabellenfunktion N

Die Tabellenfunktion **N** gibt den in eine Zahl umgewandelten Wert zurück.

Die Syntax dieser Funktion lautet:

=N(Wert)

Im Argument **Wert** wird der Wert angegeben, den Sie in eine Zahl umwandeln möchten. **N** wandelt Werte gemäß der folgenden Tabelle um:

Wert ist oder bezieht sich auf	N gibt zurück
Eine Zahl	Diese Zahl
Ein Datum	Das Datum in einem der eingebauten Datumsformate von Microsoft Excel. Die fortlaufende Zahl dieses Datums
WAHR	1
FALSCH	0
Ein Fehlerwert, beispielsweise #DIV/0!	Ein Fehlerwert
Sonstiges	0

Tabelle 12.7: Die Rückgabewerte von N

Uhrzeiten in Industriezeiten umrechnen

In der nächsten Aufgabe liegt eine Tabelle aus **Abbildung 12.32** mit Uhrzeiten vor, die in Industriezeit umgerechnet werden müssen. Eine Industriestunde hat im Gegensatz zu einer normalen Stunde 100 Minuten. Also müssen die Uhrzeiten auf dieser Basis umgerechnet werden. So entspricht beispielsweise die Normalzeit 8:30 der Industriezeit 8:50.

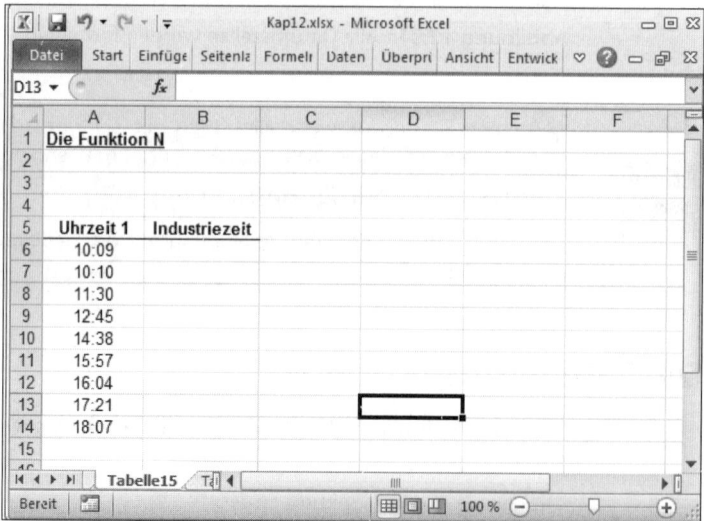

Abbildung 12.32: Diese Zeiten sollen umgerechnet werden

Um die Zeiten aus Spalte **A** in Industriezeit umzurechnen, gehen Sie wie folgt vor:

1. Markieren Sie den Zellenbereich **B6:B14**.

2. Erfassen Sie die Formel **=N(A6)*24**.

3. Bestätigen Sie Ihre Eingabe mit der Tastenkombination [Strg] + [↵].

4. Drücken Sie die Tastenkombination [Strg] + [1], um das Dialogfenster *Zellen formatieren* aufzurufen.

5. Auf der Registerkarte *Zahlen* stellen Sie das Format *Zahl* mit zwei Nachkommastellen ein.

6. Bestätigen Sie mit [↵].

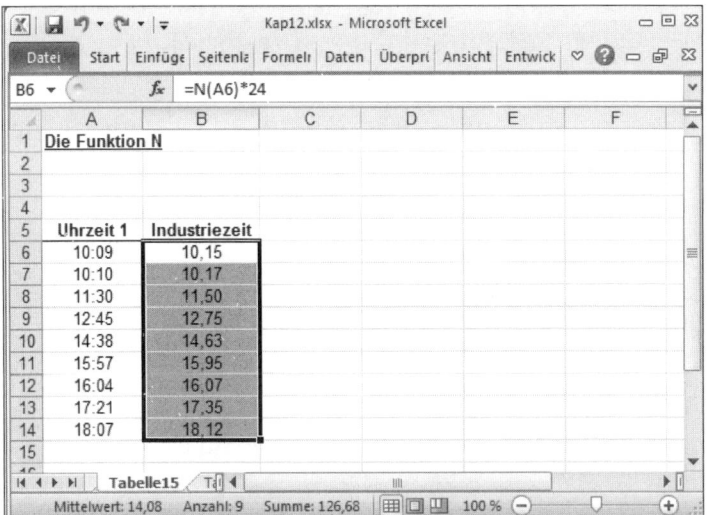

Abbildung 12.33: Alle Uhrzeiten wurden in Industriezeiten umgewandelt

13 Die bedingte Formatierung im Zusammenspiel mit Formeln

In diesem Kapitel erfahren Sie, wie Sie die bedingte Formatierung in Verbindung mit Formeln noch weiter ausreizen können. Die bedingte Formatierung gibt es in Excel seit der Version Excel 97. Damit lassen sich den Zellen je nach Zellenwert bzw. Formel unterschiedliche Formate wie Zellenhintergrundfarbe, Rahmungen sowie Schriftfarben und Schriftschnitte zuweisen. Dabei funktioniert die bedingte Formatierung ganz automatisch. Einmal eingestellt, befolgt sie strikt das, was Sie vorher festgelegt haben. Die Formatierung wird völlig automatisch vorgenommen und auch wieder entfernt, wenn die Eingabe nicht mehr der eingestellten Definition entspricht. Gerade für die aktuellen Versionen Excel 2007 und Excel 2010 wurde hier noch einiges an Erleichterungen hinzugenommen.

Standardmäßig können Sie bei der bedingten Formatierung bis zu drei unterschiedliche Formatierungen einstellen. Die bedingte Formatierung wird über das Ribbon *Start* und über das Symbol *Bedingte Formatierung* vorgenommen. Über die Schaltfläche *Neue Regel* stellen Sie dann die gewünschten Definitionen ein, nach denen Excel die automatische Formatierung vornehmen soll.

Bedingte Formate aufspüren

Auf den ersten Blick ist es in Excel gar nicht so einfach, Zellen mit bedingter Formatierung in einer Tabelle zu erkennen. Da die automatische Formatierung immer erst bei einer Zelleneingabe bzw. Zellenänderung aktualisiert wird, ist es sehr schwer, diese Zellen mit bloßem Auge aufzuspüren. Um diese »versteckten« Zellen schnell zu entdecken, gehen Sie wie folgt vor:

1. Aktivieren Sie die Tabelle, die die bedingten Formate enthält.

2. Drücken Sie die Taste [F5].

3. Im Dialogfenster *Gehe zu* klicken Sie auf die Schaltfläche *Inhalte*.

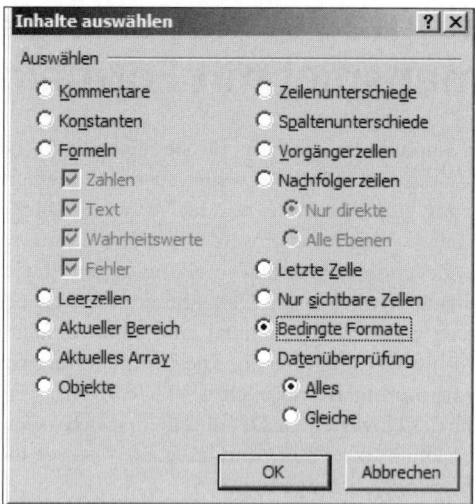

Abbildung 13.1: Die bedingten Formate aufspüren

4. Aktivieren Sie die Option *Bedingte Formate*.

5. Bestätigen Sie mit *OK*.

Nach diesen Arbeitsschritten werden alle Zellen mit bedingter Formatierung markiert. Sie können nun mit der 🔁-Taste von einer Zelle zur nächsten springen.

Typische Beispiele für den Einsatz der bedingten Formatierung

Es folgen jetzt eine ganze Reihe von praktischen Beispielen, an denen Sie sehen können, welche Möglichkeiten man hat, wenn man die bedingte Formatierung von Excel mit Formeln kombiniert.

Vergangenheit oder Zukunft?

In der nächsten Praxisaufgabe liegt eine Liste mit Datumsangaben und Umsätzen vor. Jeden Tag werden in dieser Liste aus **Abbildung 13.2** die Umsätze dokumentiert. Bei den Umsätzen aus der Zukunft handelt es sich um geplante Umsätze.

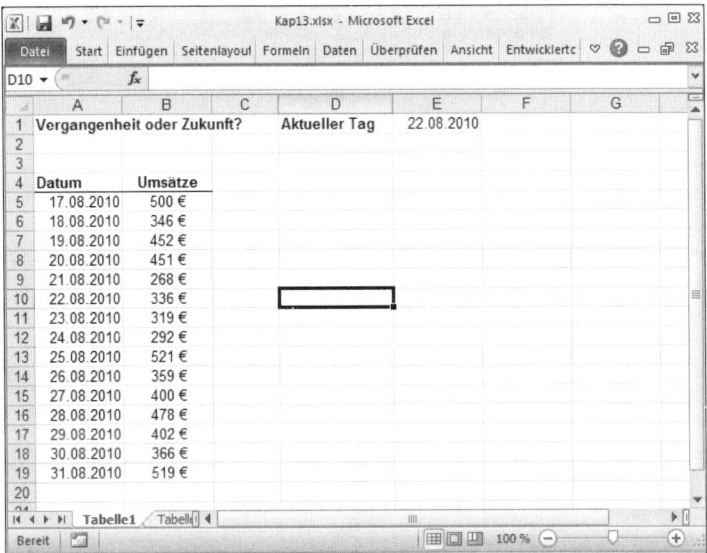

Abbildung 13.2: Die täglichen Umsätze

Ihre Aufgabe besteht nun darin, alle Zellen, die Planumsätze enthalten, mit der Schriftfarbe Blau zu formatieren. In Zelle **E1** wird mit der Tabellenfunktion **=HEUTE()** das jeweils aktuelle Tagesdatum angezeigt. Gleichen Sie dieses aktuelle Datum aus Zelle **E1** mit den Datumsangaben aus Spalte **A** ab und formatieren Sie alle Datumsangaben, die in der Zukunft liegen, mit einer blauen Schriftfarbe. Damit diese Lösung flexibel bleibt, setzen Sie die bedingte Formatierung von Excel wie folgt ein:

1. Markieren Sie den Zellenbereich **A5:A19**.

2. Wählen Sie im Ribbon *Start* über das Symbol *Bedingte Formatierung* die Schaltfläche *Neue Regel*.

3. Im Dialogfenster *Neue Formatierungsregel* stellen Sie im Listenfeld *Regeltyp auswählen* den Eintrag *Formel zur Ermittlung der zu formatierenden Zellen verwenden* ein.

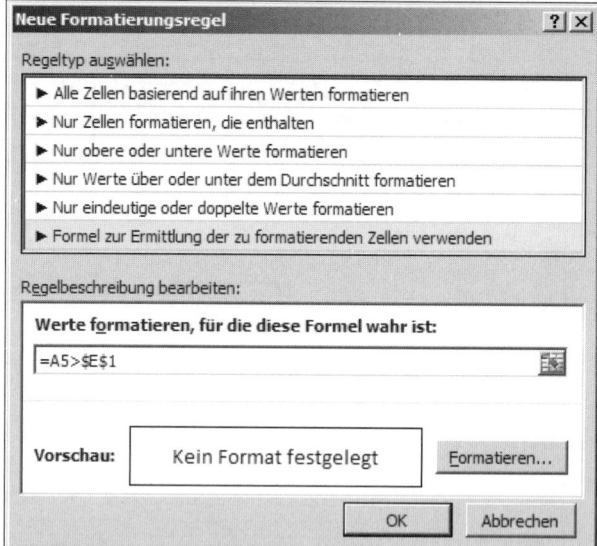

Abbildung 13.3: Eine bedingte Formatierung einstellen

4. Erfassen Sie im Feld *Regelbeschreibung bearbeiten* die Formel **=A5>$E$1**.

5. Klicken Sie auf die Schaltfläche *Formatieren*.

6. Wechseln Sie auf die Registerkarte *Schrift*.

7. Wählen Sie aus dem Listenfeld *Schriftschnitt* den Eintrag *Fett*.

8. Wählen Sie aus der Farbpalette die Farbe *Blau* aus.

9. Bestätigen Sie zweimal mit *OK*.

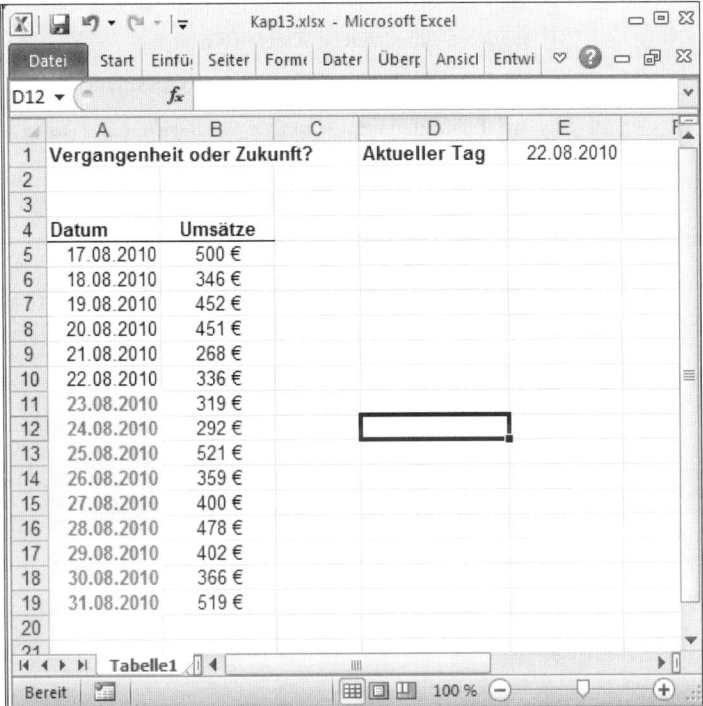

Abbildung 13.4: Alle Datumsangaben, die in der Zukunft liegen, wurden gekennzeichnet

Wenn beim Einstellen einer Formel in die bedingte Formatierung zuvor ein größerer Zellenbereich markiert wurde, sollte man in der Formel immer zuerst die erste Zelle der Markierung angeben und danach dann von Fall zu Fall entscheiden, welche Bezüge absolut und welche relativ bleiben müssen. In diesem Beispiel muss die erste Zelle in der Markierung **A5** relativ bleiben, da Sie vorher den Zellenbereich **A5:A19** markiert haben und jeweils das Datum der aktuellen Zelle mit dem absoluten Datum aus Zelle **E1** verglichen werden muss.

Erweitern Sie diese Aufgabe, indem Sie nicht nur die erste Spalte kennzeichnen, sondern noch die Spalte **B** hinzunehmen. Dabei fügen Sie zusätzlich noch eine Hintergrundfarbe, beispielsweise Gelb, ein.

Um diese Erweiterung durchzuführen, gehen Sie wie folgt vor:

1. Markieren Sie den Zellenbereich **A5:B19**.

2. Wählen Sie im Ribbon *Start* über das Symbol *Bedingte Formatierung* die Schaltfläche *Regeln verwalten*.

3. Ändern Sie den Zellenbezug in **=$A$5:$B$19**.

4. Im Dialogfenster *Manager für Regeln zur bedingten Formatierung* klicken Sie auf die Schaltfläche *Regel bearbeiten*.

5. Ändern Sie im Dialogfenster *Neue Formatierungsregel* die Formel wie in **Abbildung 13.5** gezeigt ab.

Abbildung 13.5: Der Absolut-Bezug für die Spalte A wurde hinzugefügt

6. Klicken Sie auf die Schaltfläche *Formatieren*.

7. Wechseln Sie auf die Registerkarte *Ausfüllen*.

8. Wählen Sie aus der Farbpalette die Farbe *Gelb* aus.

9. Bestätigen Sie zweimal mit *OK*.

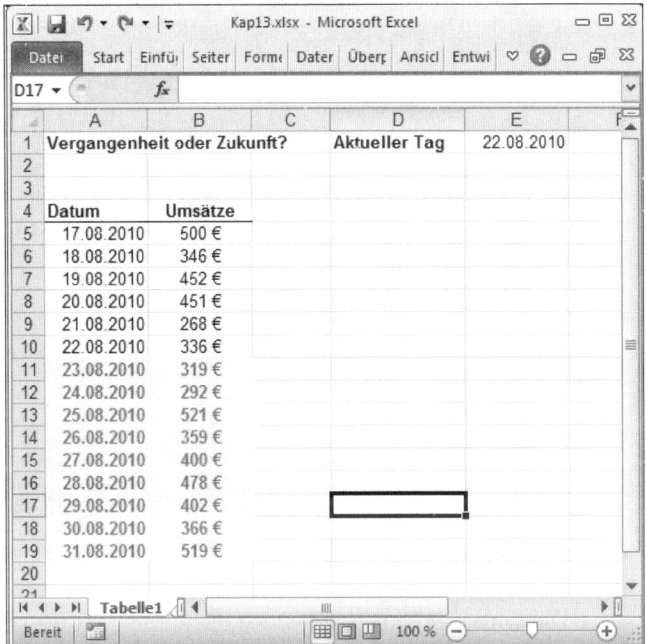

Abbildung 13.6: Alle Zeilen in der Zukunft wurden gekennzeichnet

Soll das aktuelle Datum auch in die Formatierung integriert werden, dann verwenden Sie die Formel:

=$A5=>$E$1

Eine dynamische Wareneingangs-Checkliste erstellen

Bei der nächsten Aufgabe wird eine Wareneingangs-Checkliste erstellt. In dieser Liste sind das Datum des Wareneingangs, die Bezeichnung, die Menge und der Einzelpreis sowie der Gesamtpreis verzeichnet. In einer zusätzlichen Spalte **F** soll jetzt die Liste überprüft werden können. Wenn in dieser Spalte der Buchstabe **N** (für Nein) eingetragen wird, dann wird dadurch die komplette Zeile mit der Hintergrundfarbe Rot formatiert. Wird hingegen der Buchstabe **J** (für Ja) eingetragen, dann ist mit dieser Warenlieferung alles in Ordnung.

Sehen Sie sich aber zunächst die Wareneingangs-Checkliste aus **Abbildung 13.7** an.

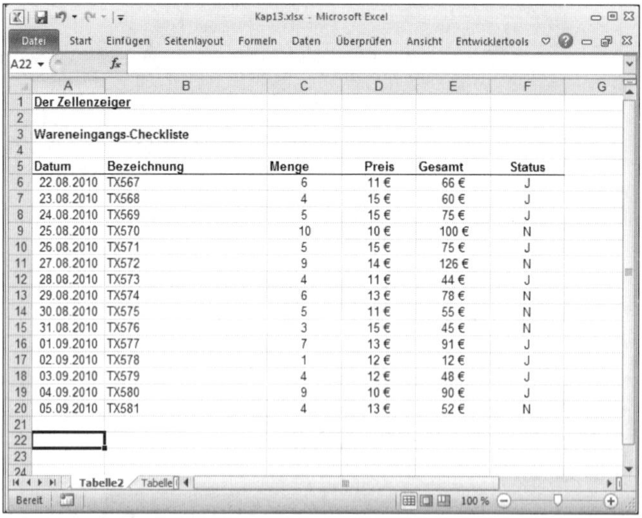

Der Zellenzeiger

Wareneingangs-Checkliste

Datum	Bezeichnung	Menge	Preis	Gesamt	Status
22.08.2010	TX567	6	11 €	66 €	J
23.08.2010	TX568	4	15 €	60 €	J
24.08.2010	TX569	5	15 €	75 €	J
25.08.2010	TX570	10	10 €	100 €	N
26.08.2010	TX571	5	15 €	75 €	J
27.08.2010	TX572	9	14 €	126 €	N
28.08.2010	TX573	4	11 €	44 €	J
29.08.2010	TX574	6	13 €	78 €	N
30.08.2010	TX575	5	11 €	55 €	N
31.08.2010	TX576	3	15 €	45 €	N
01.09.2010	TX577	7	13 €	91 €	J
02.09.2010	TX578	1	12 €	12 €	J
03.09.2010	TX579	4	12 €	48 €	J
04.09.2010	TX580	9	10 €	90 €	J
05.09.2010	TX581	4	13 €	52 €	N

Abbildung 13.7: Die Ausgangssituation

Die Eingabe in Spalte **F** können Sie insoweit erleichtern, als dass Sie die beiden möglichen Eingaben **N** oder **J** über eine Gültigkeitsliste vorgeben. Diese Gültigkeitsliste wird dann in Form eines Zellendropdowns automatisch angeboten, wenn die betreffende Zelle aktiviert wird. Um diese Gültigkeitsliste einzustellen, verfahren Sie wie folgt:

1. Markieren Sie den Zellenbereich **F6:F100**.
2. Klicken Sie im Ribbon *Daten* auf die Schaltfläche *Datenüberprüfung*.
3. Wechseln Sie auf die Registerkarte *Einstellungen*.
4. Stellen Sie im Kombinationsfeld *Zulassen* den Eintrag *Liste* ein.
5. Tragen Sie im Feld *Quelle* die Einträge ein, die Sie in diesen Zellen erlauben möchten.
6. Auf der Registerkarte *Eingabemeldung* können Sie eine eigene Meldung festlegen, die automatisch in Form eines QuickInfo-Fensters angezeigt werden soll, wenn eine Zelle in Spalte **F** aktiviert wird.
7. Auf der Registerkarte *Feldermeldung* können Sie eine eigene Fehlermeldung definieren, die automatisch angezeigt wird, sofern eine nicht zugelassene Eingabe in Spalte **F** vorgenommen wird.
8. Bestätigen Sie Ihre Einstellungen mit *OK*.

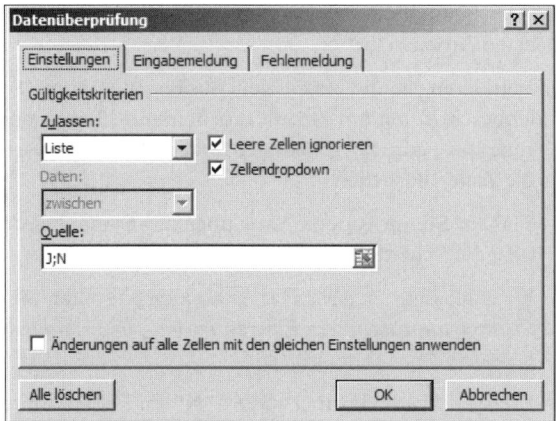

Abbildung 13.8: Die zugelassenen Werte eintragen

Der Zellenzeiger

Wareneingangs-Checkliste

Datum	Bezeichnung	Menge	Preis	Gesamt	Status
22.08.2010	TX567	6	11 €	66 €	J
23.08.2010	TX568	4	15 €	60 €	J
24.08.2010	TX569	5	15 €	75 €	J
25.08.2010	TX570	10	10 €	100 €	N
26.08.2010	TX571	5	15 €	75 €	
27.08.2010	TX572	9	14 €	126 €	
28.08.2010	TX573	4	11 €	44 €	J
29.08.2010	TX574	6	13 €	78 €	N
30.08.2010	TX575	5	11 €	55 €	N
31.08.2010	TX576	3	15 €	45 €	N
01.09.2010	TX577	7	13 €	91 €	J
02.09.2010	TX578	1	12 €	12 €	J
03.09.2010	TX579	4	12 €	48 €	J
04.09.2010	TX580	9	10 €	90 €	J
05.09.2010	TX581	4	13 €	52 €	N

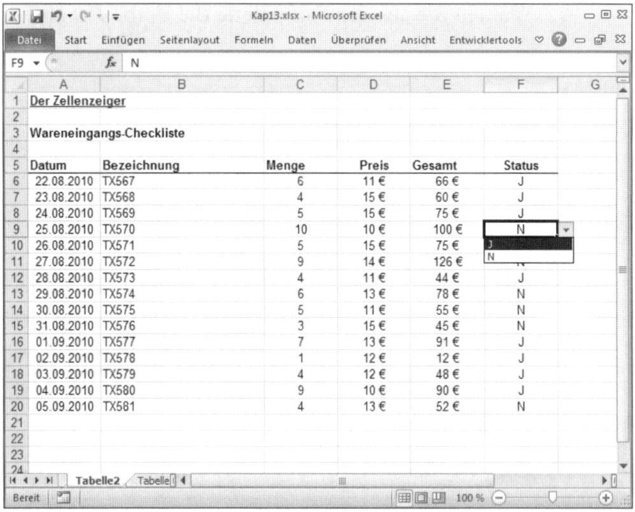

Abbildung 13.9: Über ein Zellendropdown einen zugelassenen Wert auswählen

Kümmern Sie sich jetzt um die bedingte Formatierung. Es soll jeweils die komplette Zeile mit der Hintergrundfarbe Rot belegt werden, wenn in einer Zelle aus Spalte **F** der Eintrag **N** vorgenommen wird. Die Eingabe der Buchstaben **N** oder **J** kann entweder direkt in die Zelle getippt oder über das Zellendropdown ausgewählt werden.

Um die bedingte Formatierung jetzt einzustellen, befolgen Sie die nächsten Arbeitsschritte:

1. Markieren Sie die ersten Zeilen **6** bis **100**, indem Sie auf die Zeilenbeschriftung am linken Tabellenrand klicken und die Markierung bei gedrückt gehaltener linker Maustaste nach unten bis in die Zeile **100** ziehen.

2. Wählen Sie im Ribbon *Start* über das Symbol *Bedingte Formatierung* die Schaltfläche *Neue Regel*.

3. Im Dialogfenster *Neue Formatierungsregel* stellen Sie im Listenfeld *Regeltyp auswählen* den Eintrag *Formel zur Ermittlung der zu formatierenden Zellen verwenden* ein.

4. Erfassen Sie die Formel **=$F6="N"** im Feld darunter.

5. Klicken Sie auf die Schaltfläche *Formatieren*.

6. Wechseln Sie auf die Registerkarte *Ausfüllen*.

7. Wählen Sie aus der Farbpalette die Farbe *Rot* aus.

8. Bestätigen Sie zweimal mit *OK*.

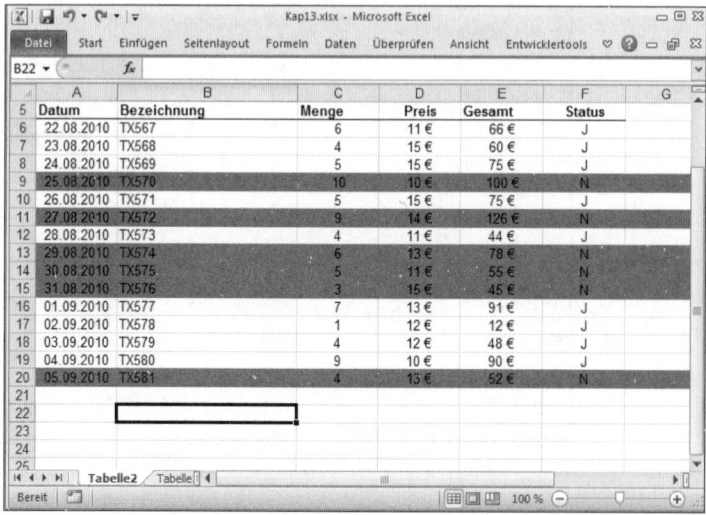

Abbildung 13.10: Alle zu überprüfenden Zeilen werden farbig unterlegt

Den aktuellen Tag kennzeichnen

In der Excel-Tabelle aus **Abbildung 13.11** wird die Anwesenheit von Mitarbeitern festgehalten. Dabei ist eine Datumsleiste vorgegeben. Immer dann, wenn ein Mitarbeiter anwesend ist, wird der Buchstabe **X** in die entsprechende Zelle eingefügt. Ist der Mitarbeiter abwesend (Urlaub, Gleittag, Schulung oder Krankheit) unterbleibt an diesen Tagen ein Eintrag.

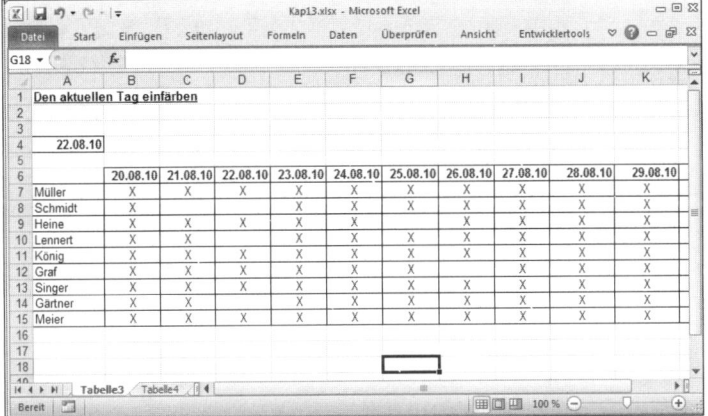

Abbildung 13.11: Die Anwesenheitsliste

Um die Kreuze auch immer am richtigen Tag einzufügen, soll die Spalte, die dem Tagesdatum entspricht, mit einem gelben Farbton eingefärbt werden.

Dabei verfahren Sie wie folgt:

1. Erfassen Sie in Zelle **A4** die Formel **=HEUTE()**. Diese Tabellenfunktion gibt das aktuelle Tagesdatum wieder und soll in diesem Beispiel nur der besseren Orientierung gelten.

2. Markieren Sie den Zellenbereich **B6:L15**

3. Wählen Sie im Ribbon *Start* über das Symbol *Bedingte Formatierung* die Schaltfläche *Neue Regel*.

4. Im Dialogfenster *Neue Formatierungsregel* stellen Sie im Listenfeld *Regeltyp auswählen* den Eintrag *Formel zur Ermittlung der zu formatierenden Zellen verwenden* ein.

5. Erfassen Sie die Formel **=B$6=Heute()** im Feld darunter.

6. Klicken Sie auf die Schaltfläche *Formatieren*.

7. Wechseln Sie auf die Registerkarte *Ausfüllen*.

8. Wählen Sie aus der Farbpalette die Farbe *Gelb* aus.

9. Bestätigen Sie zweimal mit *OK*.

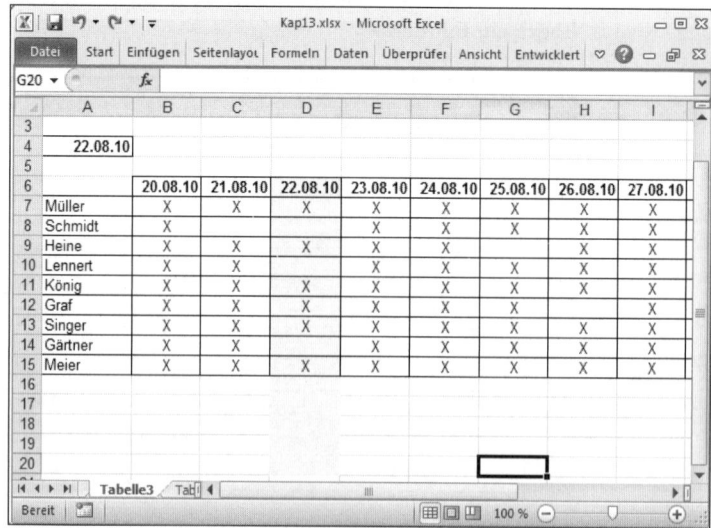

Abbildung 13.12: Der aktuelle Tag wird gefärbt

Die Zeiterfassung

In der folgenden Aufgabe liegt eine Tabelle mit einer Zeiterfassung für Arbeitszeiten vor. Diese Tabelle sieht wie in **Abbildung 13.13** gezeigt aus. Da in diesem Beispiel an Samstagen und Sonntagen nicht gearbeitet wird, wird eine farbliche Unterscheidung dieser Tage von den normalen Werktagen gefordert.

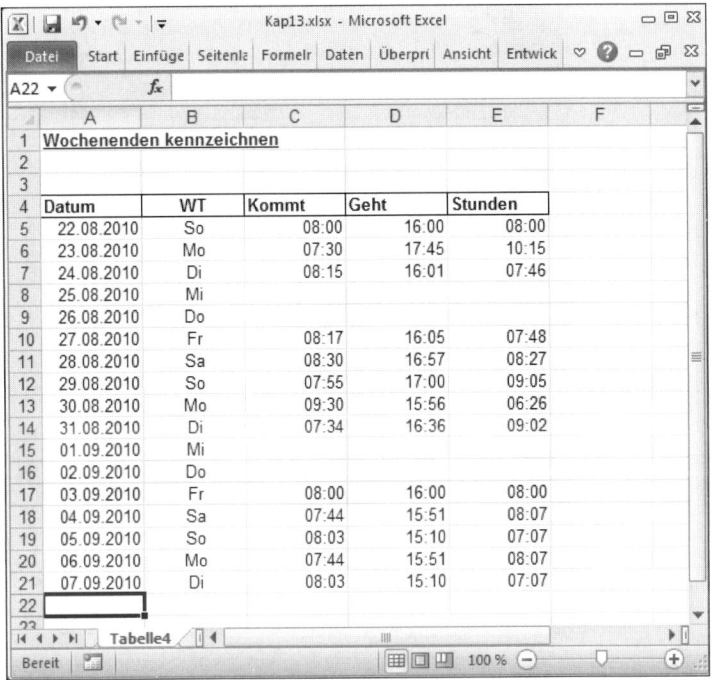

Abbildung 13.13: Die Zeiterfassung noch unformatiert

In Spalte **B** soll der Wochentag in der Form **Mo, Di, Mi, Do, Fr, Sa** und **So** geschrieben werden. Dazu gehen Sie wie folgt vor:

1. Markieren Sie den Zellenbereich **B5:B21**.

2. Erfassen Sie die Formel **=A5**.

3. Schließen Sie die Eingabe über die Tastenkombination Strg + ⏎ ab.

4. Drücken Sie die Tastenkombination Strg + 1, um das Dialogfenster *Zellen formatieren* aufzurufen.

5. Wechseln Sie auf die Registerkarte *Zahlen*.

6. Wählen Sie im Listenfeld *Kategorie* den Eintrag *Benutzerdefiniert*.

7. Geben Sie im Feld *Typ* die drei Buchstaben **TTT** ein.

8. Bestätigen Sie mit *OK*.

X	🖫 ⁹ ⁼ (ⁱ ⁼	⁼		Kap13.xlsx - Microsoft Excel				▭ ◻ ⌥

Datei   Start Einfüge Seitenlä Formelr Daten Überpri Ansicht Entwick ♥ ❷ ▭ ⬚ ⌥

B5 ▾ (⁼ 𝑓ₓ   =A5

⁤	A	B	C	D	E	F	⌐
1	Wochenenden kennzeichnen						
2							
3							
4	Datum	WT	Kommt	Geht	Stunden		
5	22.08.2010	So	08:00	16:00	08:00		
6	23.08.2010	Mo	07:30	17:45	10:15		
7	24.08.2010	Di	08:15	16:01	07:46		
8	25.08.2010	Mi					
9	26.08.2010	Do					
10	27.08.2010	Fr	08:17	16:05	07:48		
11	28.08.2010	Sa	08:30	16:57	08:27		▤
12	29.08.2010	So	07:55	17:00	09:05		
13	30.08.2010	Mo	09:30	15:56	06:26		
14	31.08.2010	Di	07:34	16:36	09:02		
15	01.09.2010	Mi					
16	02.09.2010	Do					
17	03.09.2010	Fr	08:00	16:00	08:00		
18	04.09.2010	Sa	07:44	15:51	08:07		
19	05.09.2010	So	08:03	15:10	07:07		
20	06.09.2010	Mo	07:44	15:51	08:07		
21	07.09.2010	Di	08:03	15:10	07:07		
22							
23							

◄ ◄ ► ►┤   Tabelle4 ⁄ ▯ ◄ ▭▭▭▭▭▭▭▭ ‖‖‖ ▭▭▭▭▭▭ ► ▯

Bereit | Mittelwert: Mo   Anzahl: 17   Summe: Fr | ▦ ▢ ▥ | 100 % ⊖ ▭▭ ⊕

Abbildung 13.14: Die Tagesnamen werden in verkürzter Form angezeigt

> Um den Tagesnamen ganz ausschreiben zu lassen, stellen Sie das benutzerdefinierte Format **TTTT** ein.

Um jetzt alle Wochenendtage aus der Liste über die bedingte Formatierung zu kennzeichnen, befolgen Sie die nächsten Arbeitsschritte:

1. Markieren Sie den Zellenbereich **A5:E21**.

2. Wählen Sie im Ribbon *Start* über das Symbol *Bedingte Formatierung* die Schaltfläche *Regeln verwalten*.

3. Im *Manager für Regeln zur bedingten Formatierung* klicken Sie auf die Schaltfläche *Neue Regel*.

4. Im Dialogfenster *Neue Formatierungsregel* bzw. Formatierungsregel bearbeiten, je nach dem, ob bereits eine Regel für den Bereich eingestellt war, stellen Sie im Listenfeld *Regeltyp auswählen* den Eintrag *Formel zur Ermittlung der zu formatierenden Zellen verwenden* ein.

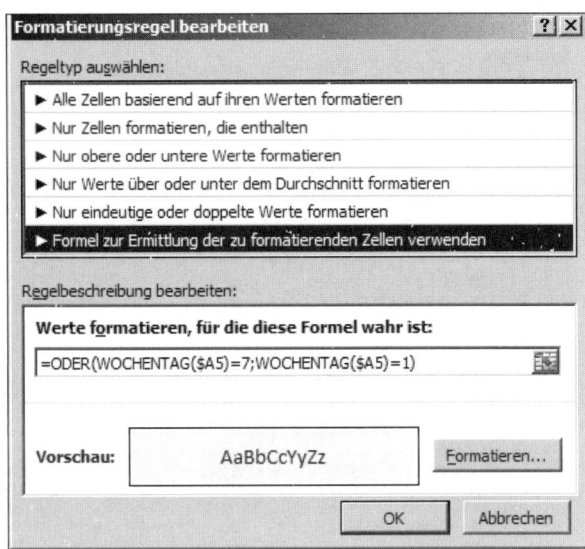

Abbildung 13.15: Die Wochenenden ermitteln

5. Geben Sie die Formel **=ODER(WOCHENTAG($A5)=7; WOCHENTAG($A5)=1)** ein.

6. Klicken Sie auf die Schaltfläche *Formatieren*.

7. Wechseln Sie auf die Registerkarte *Ausfüllen*.

8. Wählen Sie aus der Farbpalette die Farbe *Gelb* aus.

9. Bestätigen Sie dreimal mit *OK*.

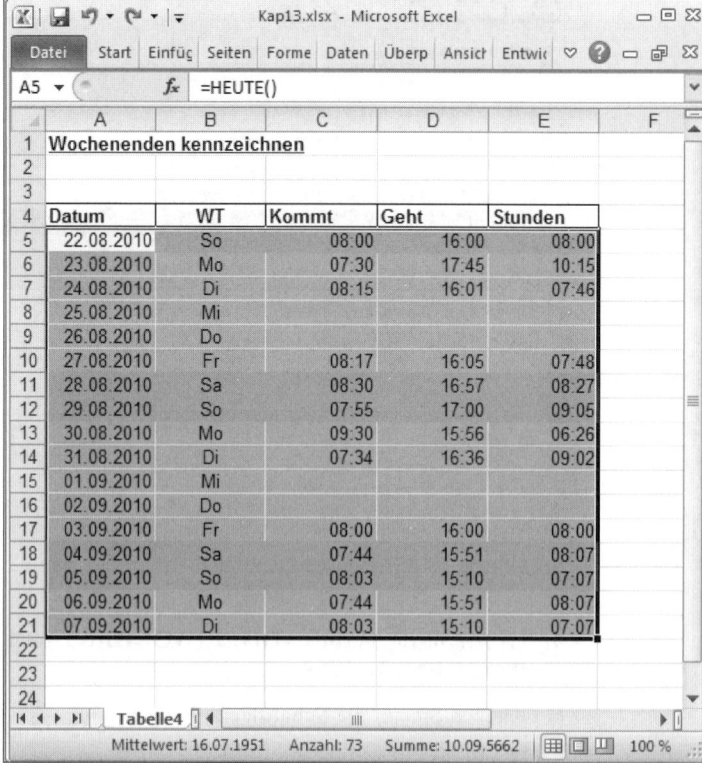

Abbildung 13.16: Die Wochenenden sind jetzt hervorgehoben

Bei der Tabellenfunktion **WOCHENTAG** repräsentiert der Rückgabewert **7** den Samstag und der Rückgabewert **1** den Sonntag. Bei dieser Funktion beginnt die Woche also am Sonntag.

Zahlungsziele überwachen

In der nächsten Praxisaufgabe wurde in einer Excel-Liste die Zahlungsmoral von Kunden ausgewertet. Dabei wurden das Datum der Rechnungsstellung, das Datum der Zahlung sowie das vereinbarte Zahlungsziel festgehalten. Sehen Sie sich vorab diese Auswertung aus **Abbildung 13.17** an.

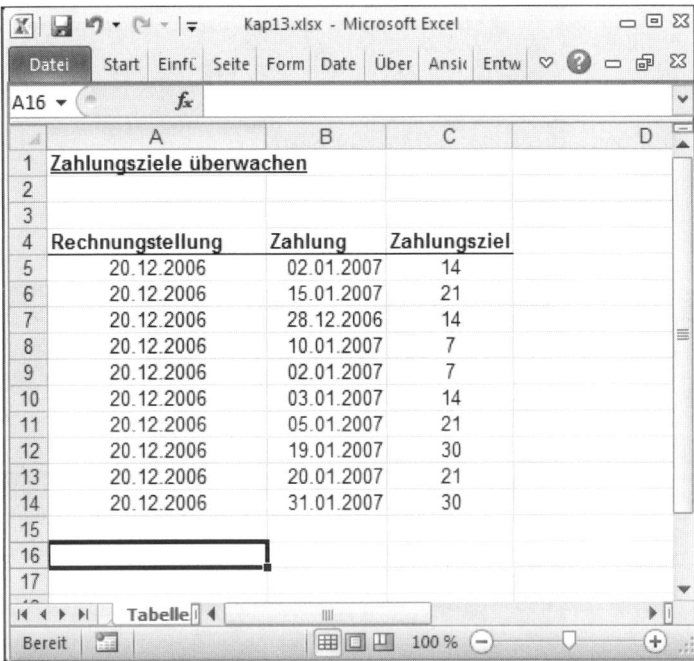

Abbildung 13.17: Wo wurde das Zahlungsziel überschritten?

Um Überschreitungen des Zahlungsziels festzustellen, können Sie beispielsweise die bedingte Formatierung von Excel einsetzen. Verfahren Sie dazu wie folgt:

1. Markieren Sie den Zellenbereich **A5:C14**.

2. Wählen Sie im Ribbon *Start* über das Symbol *Bedingte Formatierung* die Schaltfläche *Neue Regel*.

3. Im Dialogfenster *Neue Formatierungsregel* stellen Sie im Listenfeld *Regeltyp auswählen* den Eintrag *Formel zur Ermittlung der zu formatierenden Zellen verwenden* ein.

4. Erfassen Sie die Formel **=$B5-$A5>$C5** im Feld darunter.

5. Klicken Sie auf die Schaltfläche *Formatieren*.

6. Wechseln Sie auf die Registerkarte *Ausfüllen*.

7. Wählen Sie aus der Farbpalette die Farbe *Orange* aus.

8. Bestätigen Sie zweimal mit *OK*.

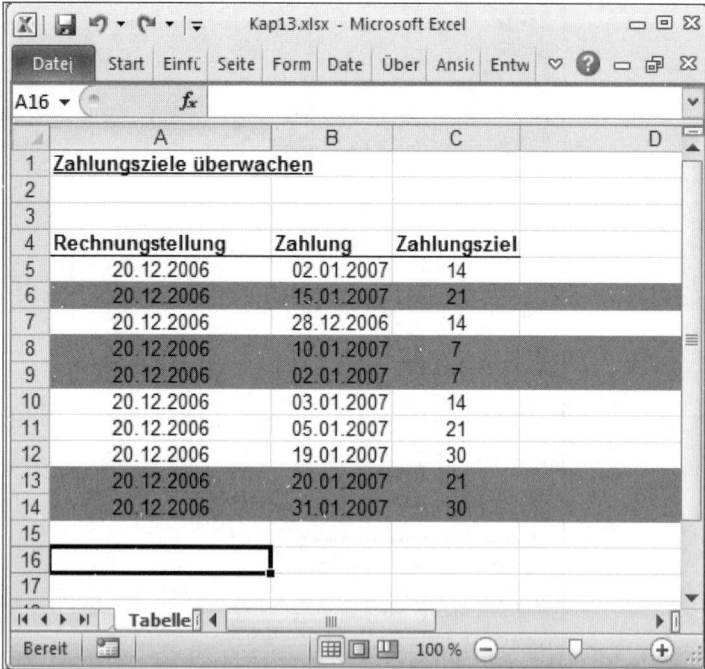

Abbildung 13.18: Die farbig unterlegten Zeilen stellen eine Verletzung des Zahlungsziels dar

Kontrollieren Sie das Ergebnis der bedingten Formatierung über eine Hilfsspalte, indem Sie folgendermaßen vorgehen:

1. Markieren Sie den Zellenbereich **D5:D14**.

2. Erfassen Sie die Formel
   =WENN(B5-A5>C5;"Zahlungsziel überschritten";"OK").

3. Bestätigen Sie diese Formel über die Tastenkombination Strg +
   ↵.

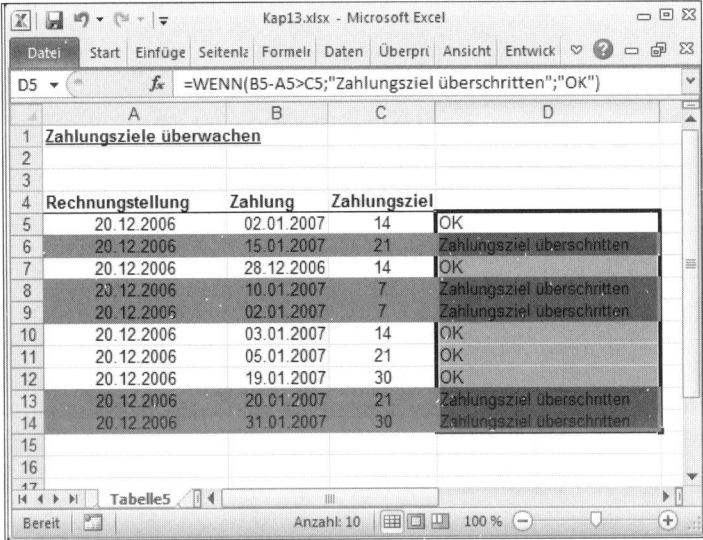

Abbildung 13.19: Beide Methoden kommen zum selben Ergebnis

Soll jetzt die bedingte Formatierung auf die gerade neu eingefügte Spalte übertragen werden, markieren Sie den Bereich **C5:C14**, klicken auf das Symbol *Format übertragen* im Ribbon *Start* und markieren im Anschluss daran den Zellenbereich **D5:D14**.

Extremwerte ermitteln

Im Kapitel »Statistische Funktionen in Excel« dieses Buches haben Sie mit den Tabellenfunktionen **MAX** und **MIN** den größten bzw. den kleinsten Wert aus einem Zellenbereich ermittelt. Dabei haben Sie einen bestimmten Bereich ausgewertet und das Ergebnis in einer Zelle ausgegeben.

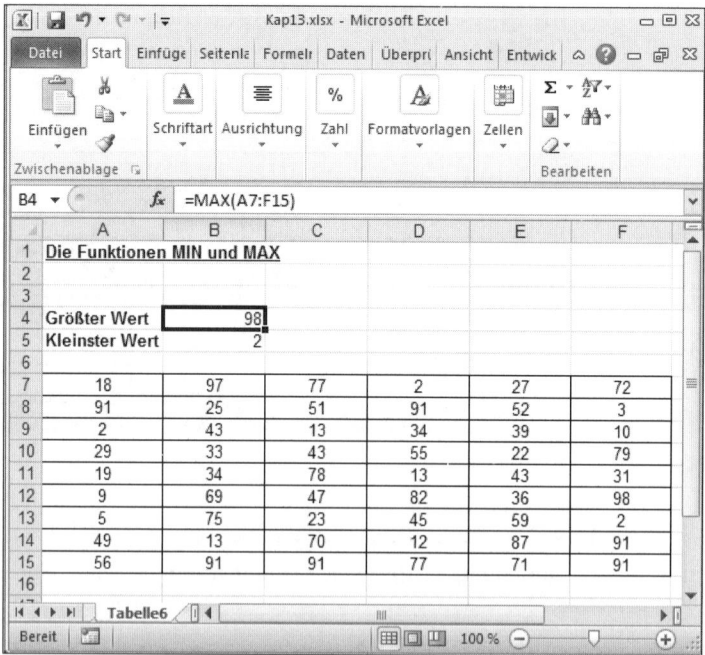

Abbildung 13.20: Die Extremwerte wurden ermittelt

Ihre Aufgabe besteht jetzt darin, die Extremwerte im Bereich **A7:F15** zu finden und farblich zu kennzeichnen. Den größten Wert formatieren Sie mit der Farbe Blau, den niedrigsten Wert formatieren Sie mit der Farbe Rot.

Zur Lösung dieser Aufgabenstellung stehen Ihnen zwei Möglichkeiten zur Verfügung:

✓ Über die Zellenwerte **B4** und **B5** im Zellenbereich **A7:F15** suchen

✓ Die Tabellenfunktionen **MAX** und **MIN** direkt in Verbindung mit der bedingten Formatierung einsetzen

Bei der ersten Variante werden die Ergebnisse der Tabellenfunktionen **MAX** und **MIN** aus den Zellen **B4** und **B5** herangezogen. Dabei verfahren Sie wie folgt:

1. Markieren Sie den Zellenbereich **A7:A15**.

2. Wählen Sie im Ribbon *Start* über das Symbol *Bedingte Formatierung* die Schaltfläche *Neue Regel*.

3. Im Dialogfenster *Neue Formatierungsregel* stellen Sie im Listenfeld *Regeltyp auswählen* den Eintrag *Formel zur Ermittlung der zu formatierenden Zellen verwenden* ein.

4. Erfassen Sie die Formel **=A7=$B$4** im Feld darunter.

5. Klicken Sie auf die Schaltfläche *Formatieren*.

6. Wechseln Sie auf die Registerkarte *Ausfüllen*.

7. Wählen Sie aus der Farbpalette die Farbe *Blau* aus.

8. Bestätigen Sie zweimal mit *OK*.

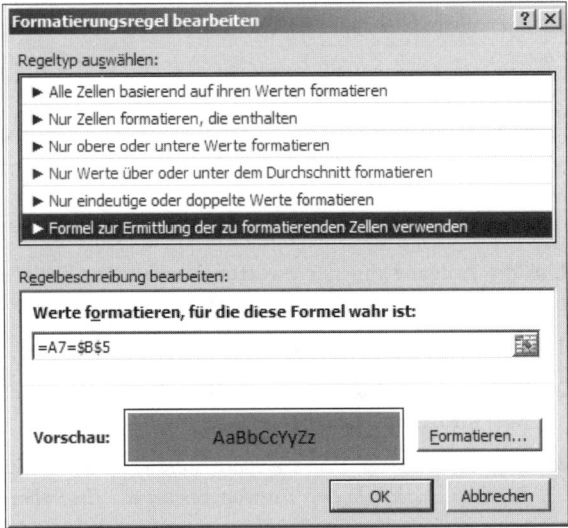

Abbildung 13.21: Die kleinsten Werte finden

9. Wiederholen Sie die Schritte 2–6 und stellen Sie eine andere Farbe für die zweite Bedingung ein. Die Formel der zweiten Bedingung lautet: **=A7=$B$5**.

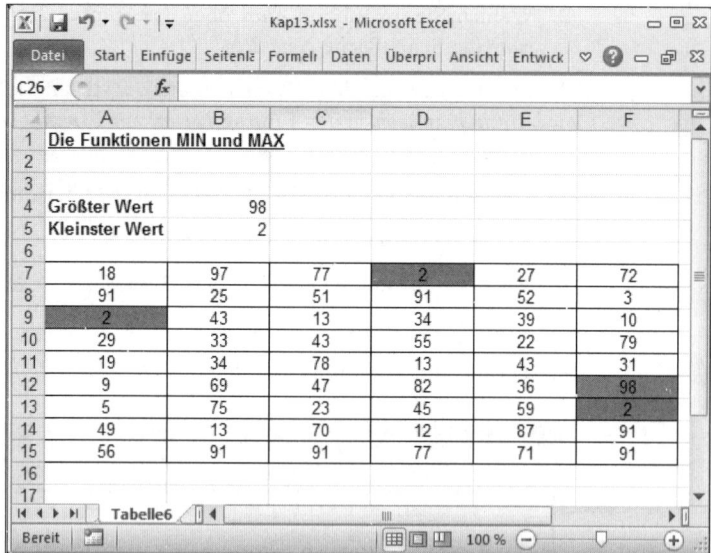

Abbildung 13.22: Tritt ein Extremwert mehrfach auf, wird er auch mehrfach gekennzeichnet

Um die Aufgabe mit der **zweiten** Variante zu lösen, gehen Sie wie folgt vor:

1. Markieren Sie den Zellenbereich **A7:F15**.

2. Wählen Sie im Ribbon *Start* über das Symbol *Bedingte Formatierung* die Schaltfläche *Neue Regel*.

3. Im Dialogfenster *Neue Formatierungsregel* stellen Sie im Listenfeld *Regeltyp auswählen* den Eintrag *Formel zur Ermittlung der zu formatierenden Zellen verwenden* ein.

4. Füllen Sie das Dialogfenster wie in **Abbildung 13.23** gezeigt aus.

5. Weisen Sie auf der Registerkarte *Ausfüllen* die gewünschte Formatierung zu.

6. Bestätigen Sie zweimal mit *OK*.

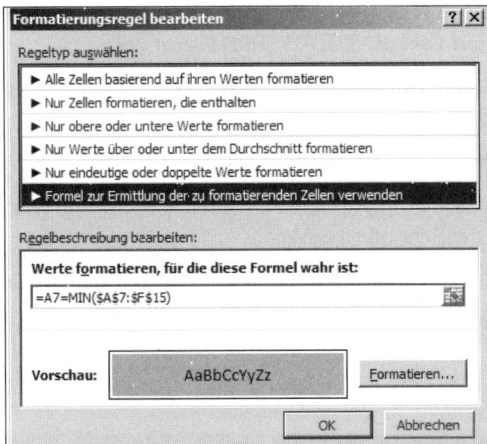

Abbildung 13.23: Über Formeln direkt die Extremwerte kennzeichnen

Wann kommt die Müllabfuhr?

In der nächsten Aufgabe liegt eine Excel-Liste mit einer Datumsliste wie in **Abbildung 13.24** gezeigt vor. In dieser Liste möchten Sie jetzt automatisch jeden zweiten Donnerstag hervorheben, indem Sie die komplette Zeile mit der Farbe Hellgrün formatieren.

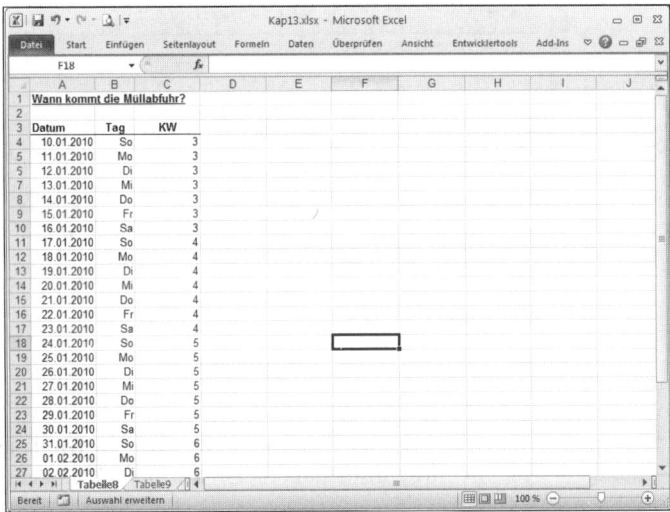

Abbildung 13.24: Jeder zweite Donnerstag soll hervorgehoben werden

Die jeweilige Kalenderwoche in Spalte **C** können Sie über die Tabellenfunktion **KALENDERWOCHE** ermitteln.

Heben Sie jetzt jeden zweiten Donnerstag hervor, indem Sie wie folgt vorgehen:

1. Markieren Sie die Zeilen **4** bis **29**.

2. Wählen Sie im Ribbon *Start* über das Symbol *Bedingte Formatierung* die Schaltfläche *Neue Regel*.

3. Im Dialogfenster *Neue Formatierungsregel* stellen Sie im Listenfeld *Regeltyp auswählen* den Eintrag *Formel zur Ermittlung der zu formatierenden Zellen verwenden* ein.

4. Füllen Sie das Dialogfenster wie in **Abbildung 13.25** gezeigt aus.

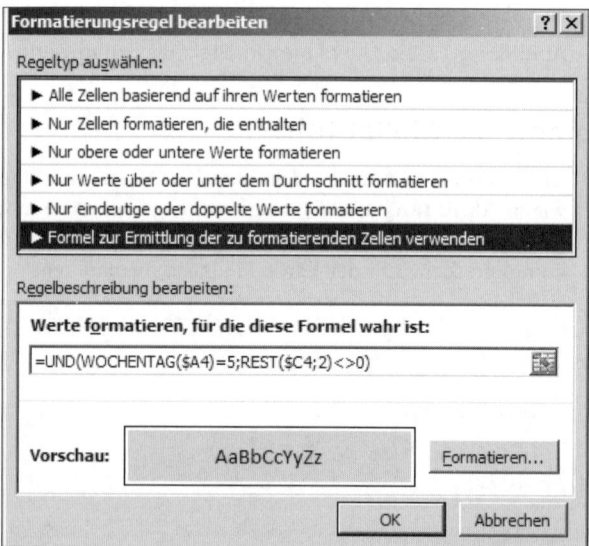

Abbildung 13.25: Eine Kombination der Funktionen UND, WOCHENTAG und REST

5. Klicken Sie auf die Schaltfläche *Formatierung* und wechseln Sie auf die Registerkarte *Ausfüllen*.

6. Wählen Sie in der Farbpalette die Farbe *Hellgrün* aus und bestätigen Sie Ihre Einstellung, indem Sie mit *OK* bestätigen.

7. Beenden Sie die bedingte Formatierung mit *OK*.

Bei dieser eingestellten Formel müssen zwei Kriterien erfüllt sein. Der Wochentag muss ein Donnerstag sein und die Kalenderwoche muss eine ungerade Kalenderwoche sein. Beim ersten Kriterium meldet die Tabellenfunktion **WOCHENTAG** für jeden Donnerstag den Wert **5**. Das zweite Kriterium wird über die Division der Kalenderwoche aus Spalte **C** durch den Wert **2** ermittelt. Verbleibt aus dieser Division ein Rest, dann handelt es sich um eine ungerade Kalenderwoche.

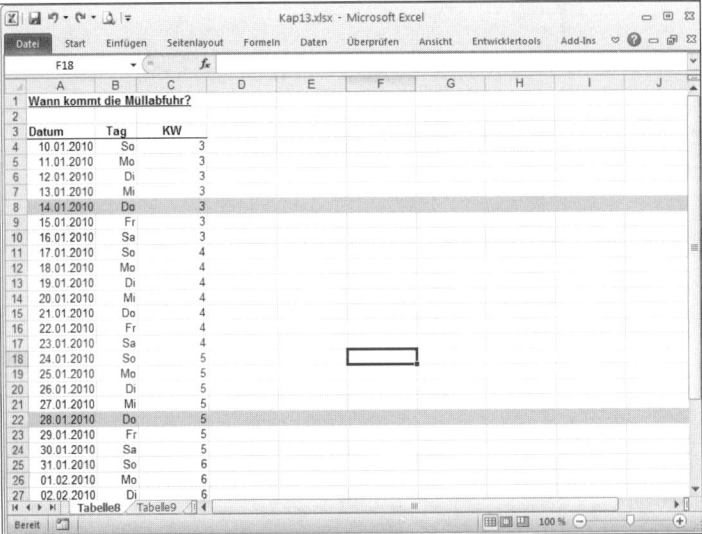

Abbildung 13.26: Übersichtlich wird jeder zweite Donnerstag gekennzeichnet

Ein Suchsystem einrichten

In der folgenden Aufgabe liegt eine Artikelliste vor. Aus dieser Liste soll ein bestimmter Artikel über die bedingte Formatierung gefunden und gekennzeichnet werden. Sehen Sie sich zunächst die Ausgangssituation in **Abbildung 13.27** an.

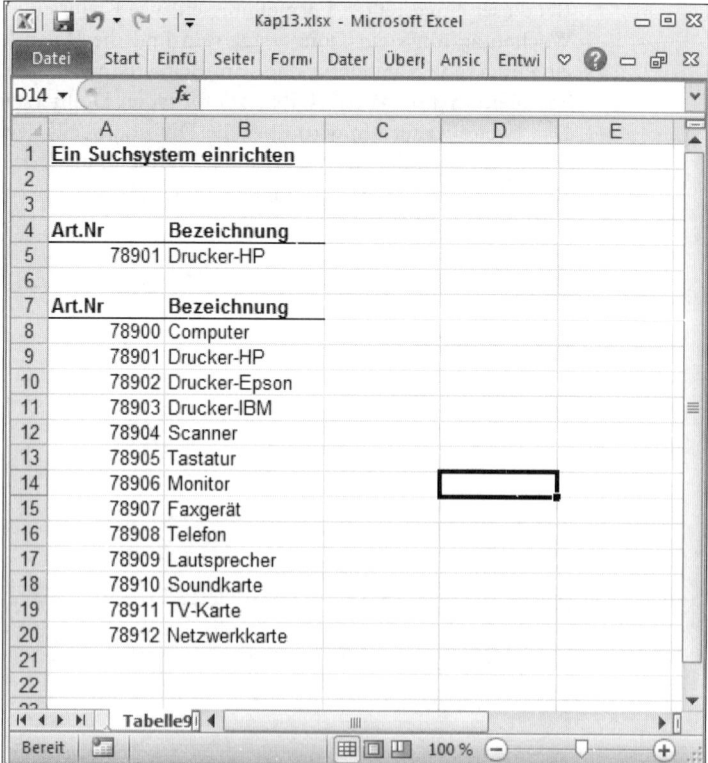

Abbildung 13.27: Der Artikel mit der Nr. 78901 soll in der Liste gefunden werden

Um den gewünschten Artikel im Zellenbereich **A8:B20** zu finden, befolgen Sie die nächsten Arbeitsschritte:

1. Markieren Sie den Zellenbereich **A8:B20**.

2. Wählen Sie im Ribbon *Start* über das Symbol *Bedingte Formatierung* die Schaltfläche *Neue Regel*.

3. Im Dialogfenster *Neue Formatierungsregel* stellen Sie im Listenfeld *Regeltyp auswählen* den Eintrag *Formel zur Ermittlung der zu formatierenden Zellen verwenden* ein.

4. Geben Sie im Feld darunter die Formel **=$A8=$A$5** ein.

5. Klicken Sie auf die Schaltfläche *Formatierung* und wechseln Sie auf die Registerkarte *Ausfüllen*.

6. Wählen Sie im Kombinationsfeld *Farbe* die Farbe *Hellgrau* und bestätigen Sie Ihre Einstellung mit *OK*.

7. Beenden Sie die bedingte Formatierung mit *OK*.

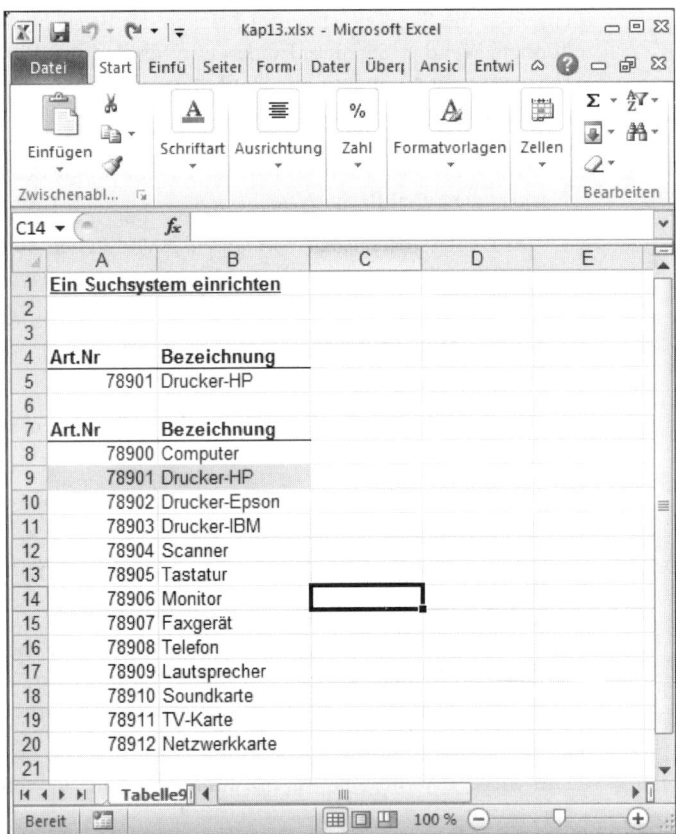

Abbildung 13.28: Der gesucht Artikel wurde gefunden

Bei der nachfolgenden Erweiterung soll folgender Effekt erreicht werden. In der Artikelliste soll zwar vorrangig nach der Artikelnummer gesucht werden, trotzdem sollen alle Artikel angezeigt werden, bei denen die ersten drei Zeichen aus der Zelle **B5** mit den Bezeichnungen aus den darunterliegenden Zellen übereinstimmen.

Kopieren Sie deshalb diese Tabelle und geben Sie in die Zelle **A5** die Artikelnummer **78901** ein. Als Ergebnis soll Excel jetzt alle **Drucker** aus der Liste markieren.

Um diese Aufgabe zu lösen, setzen Sie die Tabellenfunktion **LINKS** ein, über die Sie die ersten drei Zeichen der Bezeichnung extrahieren können. Wenden Sie diese Funktion in Verbindung mit der bedingten Formatierung an, indem Sie die nächsten Arbeitsschritte befolgen:

1. Markieren Sie den Zellenbereich **A8:B20**.

2. Wählen Sie im Ribbon *Start* über das Symbol *Bedingte Formatierung* die Schaltfläche *Neue Regel*.

3. Im Dialogfenster *Neue Formatierungsregel* stellen Sie im Listenfeld *Regeltyp auswählen* den Eintrag *Formel zur Ermittlung der zu formatierenden Zellen verwenden* ein.

4. Geben Sie im Feld darunter die Formel **=LINKS($B8;3)=LINKS($B$5;3)** ein.

5. Klicken Sie auf die Schaltfläche *Formatierung* und wechseln Sie auf die Registerkarte *Ausfüllen*.

6. Wählen Sie aus der Farbpalette die Farbe *Hellgrau* und bestätigen Sie Ihre Einstellung mit *OK*.

7. Beenden Sie die bedingte Formatierung mit *OK* (siehe **Abbildung 13.29**).

Verfeinern könnte man diese Aufgabe jetzt noch, indem man den genauen Suchtreffer mit einer hellblauen Hintergrundfarbe ausstattet und die verwandten Artikel mit der Hintergrundfarbe Hellgrau formatiert.

Um diese Erweiterung durchzuführen, gehen Sie folgendermaßen vor:

1. Markieren Sie den Zellenbereich **A8:B20**.

2. Wählen Sie im Ribbon *Start* über das Symbol *Bedingte Formatierung* die Schaltfläche *Neue Regel*.

3. Im Dialogfenster *Neue Formatierungsregel* stellen Sie im Listenfeld *Regeltyp auswählen* den Eintrag *Formel zur Ermittlung der zu formatierenden Zellen verwenden* ein.

4. Geben Sie im Feld darunter die Formel **=$A8=$A$5** ein.

5. Klicken Sie auf die Schaltfläche *Formatierung* und wechseln Sie auf die Registerkarte *Ausfüllen*.

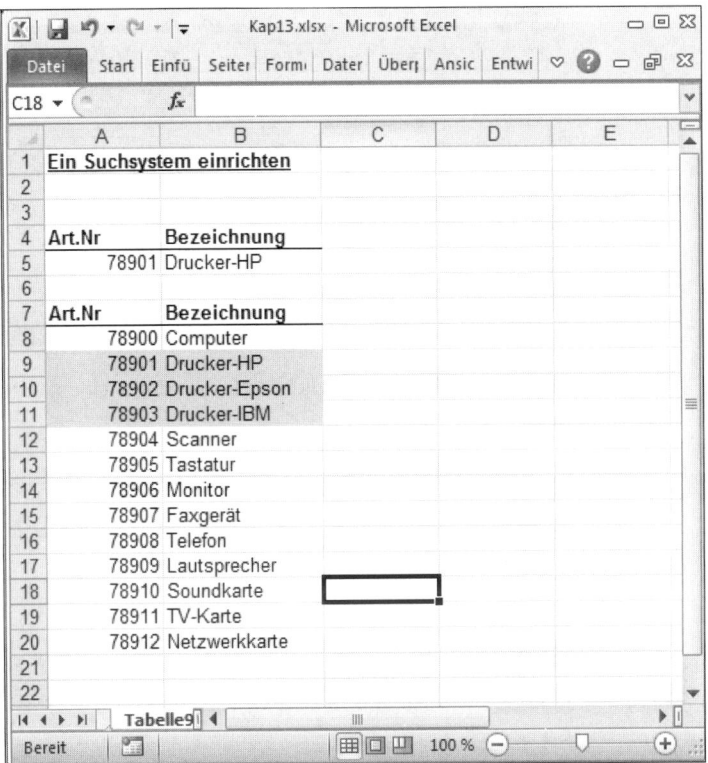

Abbildung 13.29: Alle verwandten Artikel wurden auch markiert

6. Wählen Sie aus der Farbpalette die Farbe *Hellgrau* und bestätigen Sie Ihre Einstellung mit *OK*.

7. Fügen Sie eine zweite Bedingung hinzu und verwenden Sie dabei die Formel **=LINKS($B8;3)=LINKS($B$5;3)** (siehe **Abbildung 13.30**).

8. Klicken Sie nach jeder Bedingung auf die Schaltfläche *Formatierung* und stellen Sie die gewünschten Formatierungen auf den Registerkarten *Ausfüllen* und *Rahmen* ein.

9. Bestätigen Sie diese Einstellungen jeweils mit einem Klick auf *OK*.

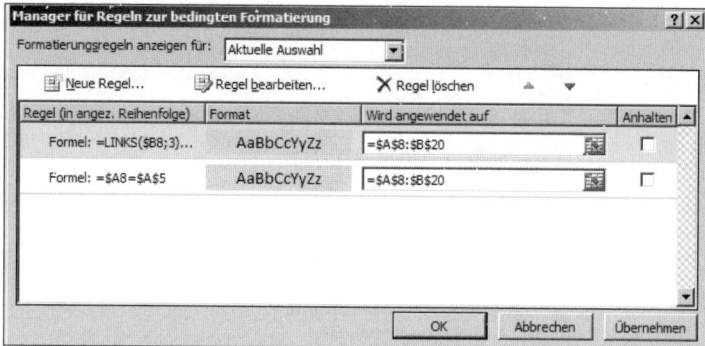

Abbildung 13.30: Zusätzlichen Nutzen durch eine zweite Bedingung gewinnen

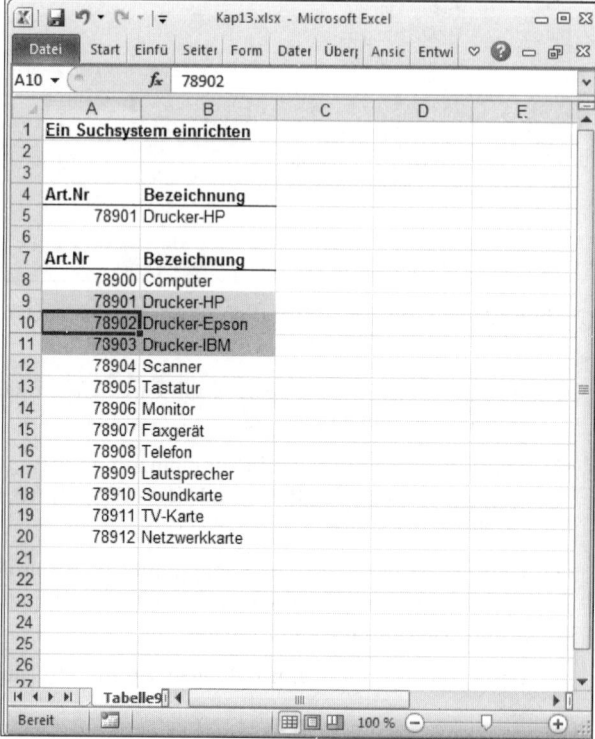

Abbildung 13.31: Der genaue sowie ähnliche Suchtreffer werden unterschiedlich gekennzeichnet

Bei der Reihenfolge der Bedingungen ist darauf zu achten, dass die Bedingungen nach Prioritäten sortiert eingegeben werden. Die erste Priorität war im letzten Beispiel die Artikelnummer, die zweite Priorität war die Suche über einen Teil der Bezeichnung.

Spalten miteinander vergleichen

In der nächsten Aufgabe werden die Kosten von zwei Jahren miteinander verglichen. Dabei sollen zwei Spalten abgeglichen werden. Sehen Sie sich dazu **Abbildung 13.32** an.

	A	B	C	D	E	F
1	Kostentyp	2009	2010			
2		Kosten	Kosten			
3	Software - Paket 1	10.822 €	10.281 €			
4	Software - Paket 2	10.309 €	11.450 €			
5	Software - Paket 3	10.069 €	10.116 €			
6	Software - Paket 4	10.864 €	10.859 €			
7	Software - Paket 5	10.541 €	10.982 €			
8	Software - Paket 6	10.758 €	11.294 €			
9	Software - Paket 7	11.034 €	10.685 €			
10	Software - Paket 8	10.399 €	11.132 €			
11	Software - Paket 9	10.867 €	10.074 €			
12	Software - Paket 10	10.042 €	10.176 €			
13	Software - Paket 11	11.433 €	10.448 €			
14	Software - Paket 12	10.826 €	10.766 €			
15	Software - Paket 13	11.328 €	10.955 €			
16	Software - Paket 14	11.328 €	10.955 €			
17						
18						

Abbildung 13.32: Die Ausgangssituation

In Spalte **C** sollen alle Zellen mit der Hintergrundfarbe Orange formatiert werden, die eine Abweichung von über 5% von der Spalte **B** aufweisen. Dabei soll es keine Rolle spielen, in welche Richtung die Abweichung auftritt.

Um diese Aufgabe zu lösen, befolgen Sie die nächsten Arbeitsschritte:

1. Markieren Sie den Zellbereich **C3:C16**.

2. Wählen Sie im Ribbon *Start* über das Symbol *Bedingte Formatierung* die Schaltfläche *Neue Regel*.

3. Im Dialogfenster *Neue Formatierungsregel* stellen Sie im Listenfeld *Regeltyp auswählen* den Eintrag *Formel zur Ermittlung der zu formatierenden Zellen verwenden* ein.

4. Füllen Sie das Dialogfenster wie in **Abbildung 13.33** gezeigt aus.

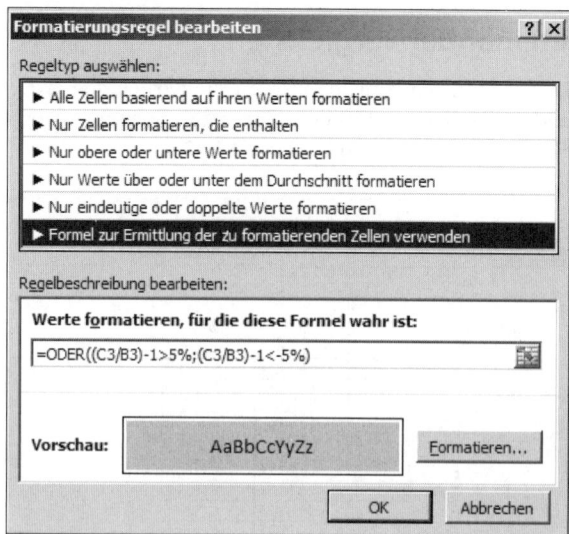

Abbildung 13.33: Die Abweichungen über 5% sollen gekennzeichnet werden

5. Klicken Sie auf die Schaltfläche *Formatieren*, wechseln Sie auf die Registerkarte *Ausfüllen* und stellen Sie die gewünschte Farbe ein.

6. Bestätigen Sie zweimal mit *OK*.

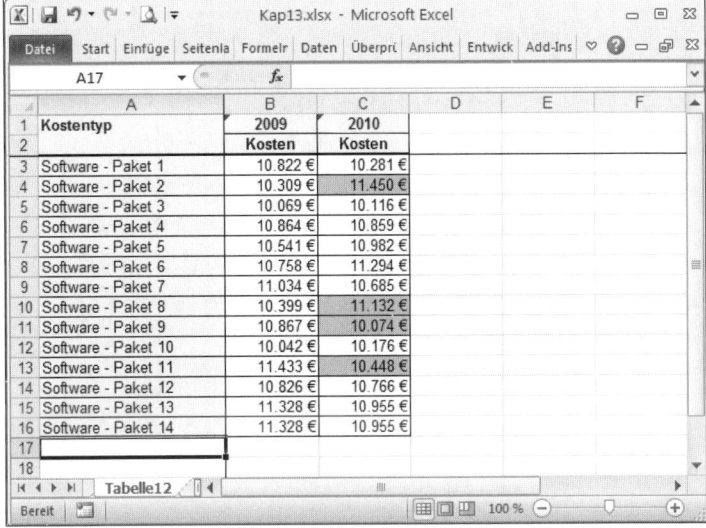

Abbildung 13.34: Die Abweichungen werden deutlich hervorgehoben

Führen Sie jetzt eine Plausibilitätsprüfung durch, indem Sie die Ergebnisse der bedingten Formatierung in Spalte **D** noch einmal kontrollieren. Verfahren Sie dazu wie folgt:

1. Markieren Sie den Zellenbereich **D3:D16**.

2. Erfassen Sie die Formel **=C3/B3-1**.

3. Bestätigen Sie Ihre Eingabe mit ⌈Strg⌋ + ⌈↵⌋.

4. Drücken Sie die Tastenkombination ⌈Strg⌋ + ⌈1⌋, um das Dialogfenster *Zellen formatieren* aufzurufen.

5. Wechseln Sie auf die Registerkarte *Zahlen*.

6. Stellen Sie im Listenfeld *Kategorie* den Eintrag *Prozent* ein.

7. Bestätigen Sie mit *OK*.

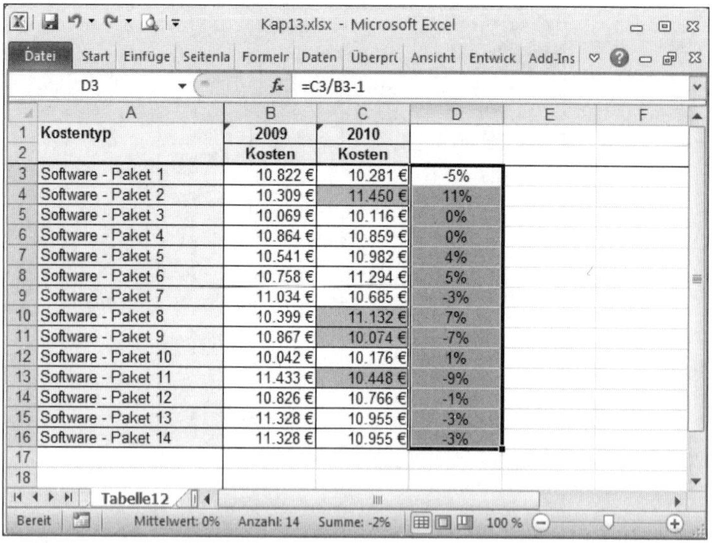

	A	B	C	D
1	Kostentyp	2009	2010	
2		Kosten	Kosten	
3	Software - Paket 1	10.822 €	10.281 €	-5%
4	Software - Paket 2	10.309 €	11.450 €	11%
5	Software - Paket 3	10.069 €	10.116 €	0%
6	Software - Paket 4	10.864 €	10.859 €	0%
7	Software - Paket 5	10.541 €	10.982 €	4%
8	Software - Paket 6	10.758 €	11.294 €	5%
9	Software - Paket 7	11.034 €	10.685 €	-3%
10	Software - Paket 8	10.399 €	11.132 €	7%
11	Software - Paket 9	10.867 €	10.074 €	-7%
12	Software - Paket 10	10.042 €	10.176 €	1%
13	Software - Paket 11	11.433 €	10.448 €	-9%
14	Software - Paket 12	10.826 €	10.766 €	-1%
15	Software - Paket 13	11.328 €	10.955 €	-3%
16	Software - Paket 14	11.328 €	10.955 €	-3%
17				
18				

Abbildung 13.35: Die Ergebnisse der bedingten Formatierung wurden bestätigt

Der Projektplaner für Excel

In der folgenden Aufgabe erstellen Sie Schritt für Schritt einen Projektplaner in Excel. Dabei werden jeweils der Beginn sowie das Ende eines Projektschrittes erfasst und die daraus resultierenden Tage berechnet. Fügen Sie zunächst eine neue Tabelle ein und erstellen Sie einen Projektplaner wie in **Abbildung 13.36** gezeigt.

Abbildung 13.36: Die Ausgangssituation des Projektplaners

Ab der Spalte **F** sollen die einzelnen Tage nun in einem GANTT-Diagramm dargestellt werden. Dabei werden die einzelnen Tage auf einer Zeitleiste dargestellt. Befolgen Sie jetzt die nächsten Arbeitsschritte, um die Zeitleiste anzulegen:

1. Markieren Sie die Spalten **F:FE**.

2. Klicken Sie im Ribbon *Start* auf das Symbol *Format*.

3. Wählen Sie danach den Befehl *Spaltenbreite*.

4. Geben Sie den Wert **2** ein.

5. Bestätigen Sie mit *OK*.

6. Geben Sie jetzt in die Zelle **F5** die Formel **=C6** ein, um die Tagesnummerierung am Beginn des Projektes starten zu lassen.

7. Markieren Sie danach den Zellenbereich **F5:FE5**.

8. Drücken Sie die Tastenkombination [Strg] + [1], um das Dialogfenster *Zellen formatieren* aufzurufen.

9. Wechseln Sie auf die Registerkarte *Zahlen*.

10. Wählen Sie im Listenfeld die Kategorie *Benutzerdefiniert*.

11. Geben Sie im Feld *Typ* das Formatkürzel **TT** ein.

12. Bestätigen Sie mit *OK*.

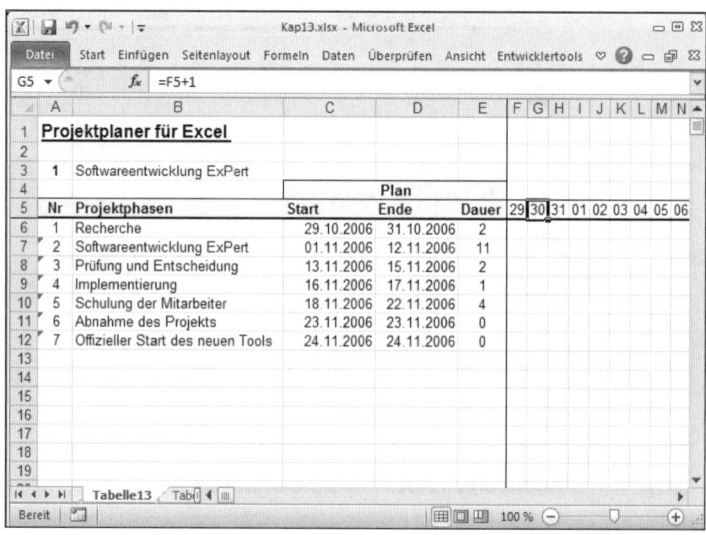

Abbildung 13.37: Die Zeitleiste ist vorbereitet

Im Zellenbereich **F6:FE12** sollen die benötigten Tage für die einzelnen Projektschritte nun gekennzeichnet werden. Dazu soll jeweils das Startdatum sowie das Enddatum eines Projektschrittes ermittelt und die entsprechenden Zellen mit der Hintergrundfarbe Blau formatiert werden. Um diese Aufgabe zu lösen, setzen Sie die bedingte Formatierung wie folgt ein:

1. Markieren Sie den Zellenbereich **F6:FE12**.

2. Wählen Sie im Ribbon *Start* über das Symbol *Bedingte Formatierung* die Schaltfläche *Neue Regel*.

3. Im Dialogfenster *Neue Formatierungsregel* stellen Sie im Listenfeld *Regeltyp auswählen* den Eintrag *Formel zur Ermittlung der zu formatierenden Zellen verwenden* ein.

4. Füllen Sie das Dialogfenster wie in **Abbildung 13.38** gezeigt aus.

Abbildung 13.38: Die beiden Datumsangaben mit der Zeitleiste verglei-chen

5. Klicken Sie auf die Schaltfläche *Formatieren* und wechseln Sie auf die Registerkarte *Ausfüllen*.

6. Stellen Sie die gewünschte Farbe ein und bestätigen Sie zweimal mit *OK*.

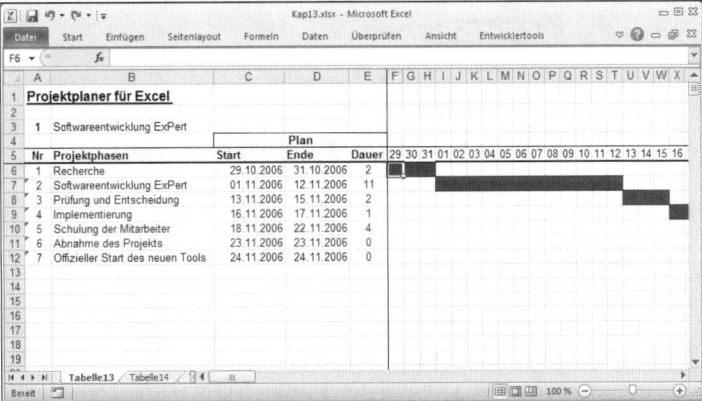

Abbildung 13.39: Das dynamische Balkendiagramm

Die bedingte Formatierung wird immer dann neu eingestellt, wenn entweder das Start- oder das Enddatum eines Projektschritts angepasst wird. Dabei erfolgt immer ein Abgleich dieser beiden Datumsangaben mit der Zeitleiste in Zeile 5. Liegt das Datum dort im Bereich zwischen dem Start- und dem Enddatum, wird die entsprechende Zelle mit der Hintergrundfarbe Blau formatiert.

Summenzeilen hervorheben

Im folgenden Beispiel werden in einer Tabelle die Umsätze einzelner Kostenstellen aufgeführt. Jeweils am Ende wird eine Summe über die Beträge der Kostenstellen eingefügt. Sehen Sie sich dazu **Abbildung 13.40** an.

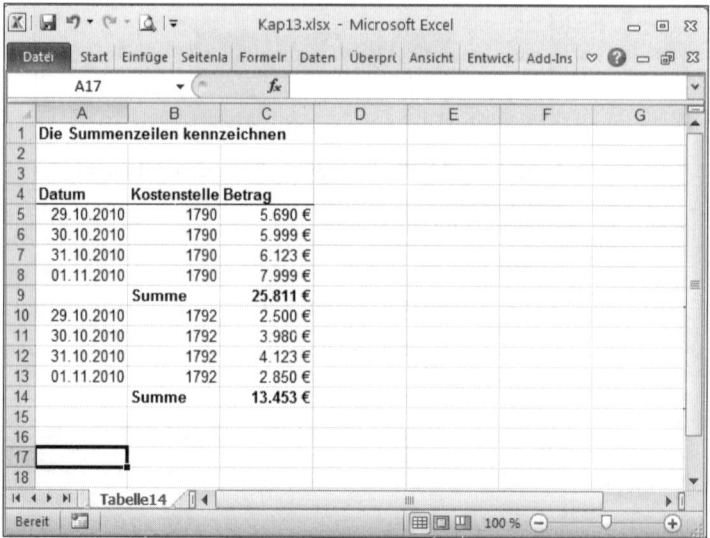

Abbildung 13.40: Die Kostenstellenauflistung

Die Kostenstellen sollen jetzt ein bisschen besser voneinander abgetrennt werden. Dazu soll jeweils nach der Summenzeile ein Strich eingefügt werden.

Um diese Aufgabe zu lösen, können Sie mit der bedingten Formatierung die Summenzeilen dynamisch aufspüren und über einen Rahmen das gewünschte Resultat erreichen. Dabei verfahren Sie wie folgt:

1. Markieren Sie die Zeilen **5** bis **15**, indem Sie die Zeilenbeschriftung am linken Rand der Tabelle anklicken und nach unten ziehen.

2. Wählen Sie im Ribbon *Start* über das Symbol *Bedingte Formatierung* die Schaltfläche *Neue Regel*.

3. Im Dialogfenster *Neue Formatierungsregel* stellen Sie im Listenfeld *Regeltyp auswählen* den Eintrag *Formel zur Ermittlung der zu formatierenden Zellen verwenden* ein.

4. Füllen Sie das Dialogfenster wie in **Abbildung 13.41** gezeigt aus.

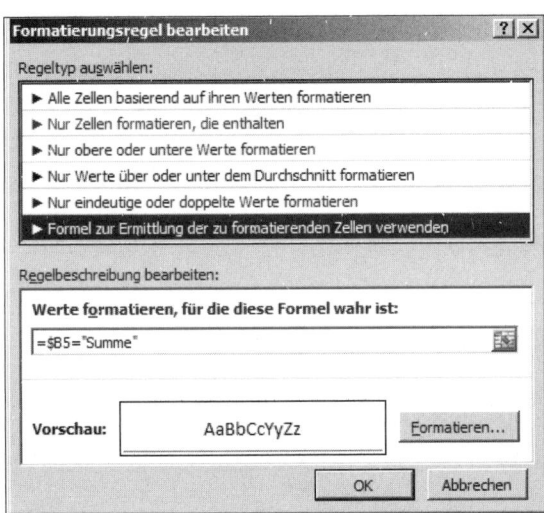

Abbildung 13.41: Die Bedingung einstellen

5. Klicken Sie auf die Schaltfläche *Formatieren*.

6. Wechseln Sie auf die Registerkarte *Rahmen*.

7. Wählen Sie zuerst die gewünschte Farbe des Rahmens im Kombinationsfeld *Farbe* aus (siehe **Abbildung 13.42**).

8. Im Feld *Art* können Sie die Linienart auswählen.

9. Klicken Sie danach im Rahmenfeld auf den unteren Rahmen, um den Rahmen in der gewünschten Farbe und Art festzulegen.

10. Bestätigen Sie die Rahmeneinstellung mit *OK*.

11. Beenden Sie die bedingte Formatierung mit einem Klick auf *OK* (siehe **Abbildung 13.43**).

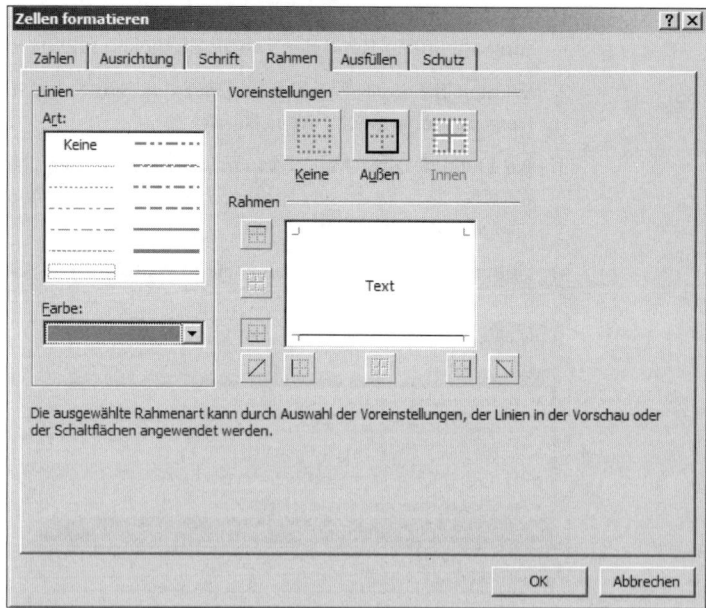

Abbildung 13.42: Den Rahmen einstellen

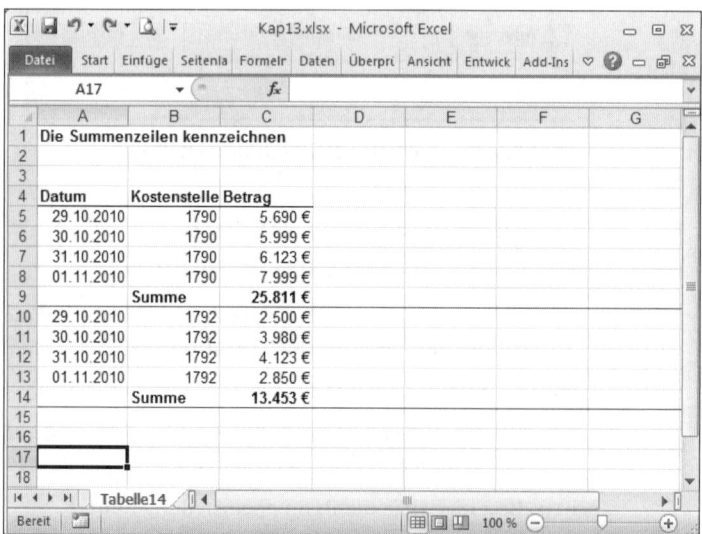

Abbildung 13.43: Die Summenzeilen sind jetzt besser erkennbar

Wo liegen die freien Zellen?

In der nächsten Aufgabe liegt eine Tabelle vor, bei der einige Zellen frei editierbar und andere gesperrt sind. Sehen sie sich zunächst **Abbildung 13.44** an.

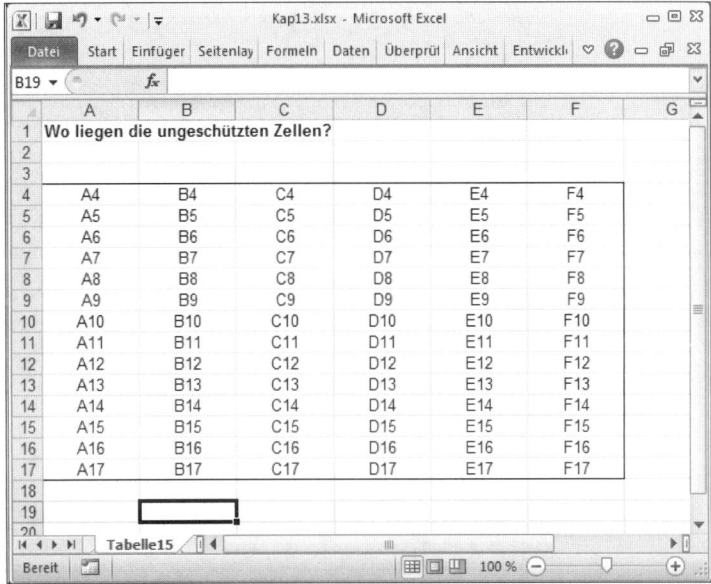

Abbildung 13.44: Einiger dieser Zellen sollen zur Bearbeitung zugelassen werden

Zur besseren Orientierung sind die Koordinaten der Zellen mit den jeweiligen Zellkoordinaten gefüllt worden. Wenn Sie im Ribbon *Überprüfen* den Befehl *Blatt schützen* wählen, dann werden standardmäßig alle Zellen der Tabelle geschützt und es ist keine Eingabe bzw. Änderung mehr möglich. Möchten Sie jedoch ganz bestimmte Zellen auch trotz eingestelltem Blattschutz editierbar belassen, dann müssen Sie zunächst den Blattschutz wieder entfernen, indem Sie im Ribbon *Überprüfen* den Befehl *Blattschutz aufheben* wählen und danach wie folgt vorgehen:

1. Markieren Sie ein paar Zellen im Bereich **A4:F17**, indem Sie die Taste ⌷Strg⌷ gedrückt halten und mit der linken Maustaste einzelne Zellen anklicken.

2. Drücken Sie die Tastenkombination `Strg` + `1`, um das Dialogfenster *Zellen formatieren* aufzurufen.

3. Wechseln Sie auf die Registerkarte *Schutz*.

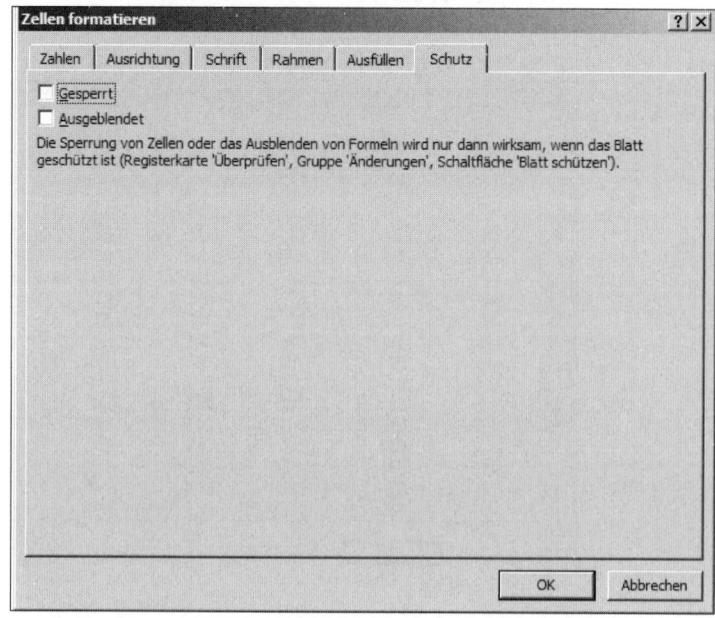

Abbildung 13.45: Den Zellenschutz einzelner Zellen aufheben

4. Deaktivieren Sie das Kontrollkästchen *Gesperrt*.

5. Bestätigen Sie mit *OK*.

6. Aktivieren Sie für ein paar Zellen, die Sie vorher markieren, das Kontrollkästchen *Gesperrt*.

Rein optisch sehen Sie nach dieser Einstellung keinen Unterschied bei der Formatierung der Zellen. Ihre Aufgabe besteht jetzt darin, die »freien« Zellen mit der Hintergrundfarbe Gelb zu kennzeichnen, damit der Anwender später sofort erkennen kann, in welchen Zellen er Eingaben vornehmen darf.

Um diese Aufgabe zu lösen, verfahren Sie wie folgt:

1. Markieren Sie den Zellenbereich **A4:F17**.

2. Wählen Sie im Ribbon *Start* über das Symbol *Bedingte Formatierung* die Schaltfläche *Neue Regel*.

3. Im Dialogfenster *Neue Formatierungsregel* stellen Sie im Listenfeld *Regeltyp auswählen* den Eintrag *Formel zur Ermittlung der zu formatierenden Zellen verwenden* ein.

4. Füllen Sie das Dialogfenster wie in **Abbildung 13.46** gezeigt aus. Ist die jeweilige Zelle nicht geschützt, meldet die Funktion den Wert **0** zurück.

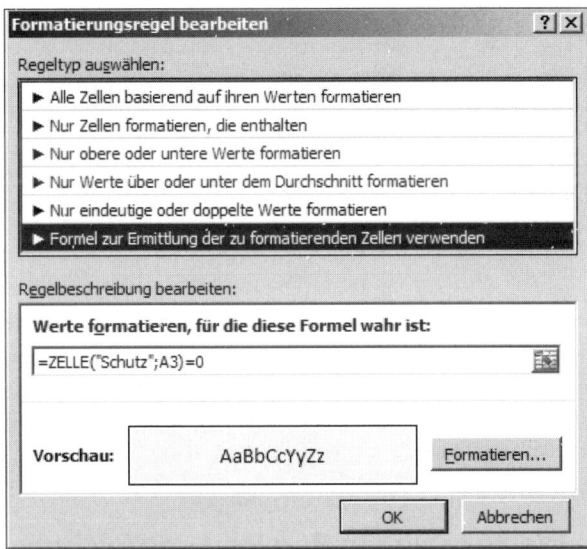

Abbildung 13.46: Die »Schutz-Formel« einstellen

5. Klicken Sie auf die Schaltfläche *Formatieren*.

6. Wechseln Sie auf die Registerkarte *Ausfüllen* und stellen Sie die gewünschte Farbe ein.

7. Bestätigen Sie diese Einstellung zweimal mit *OK*.

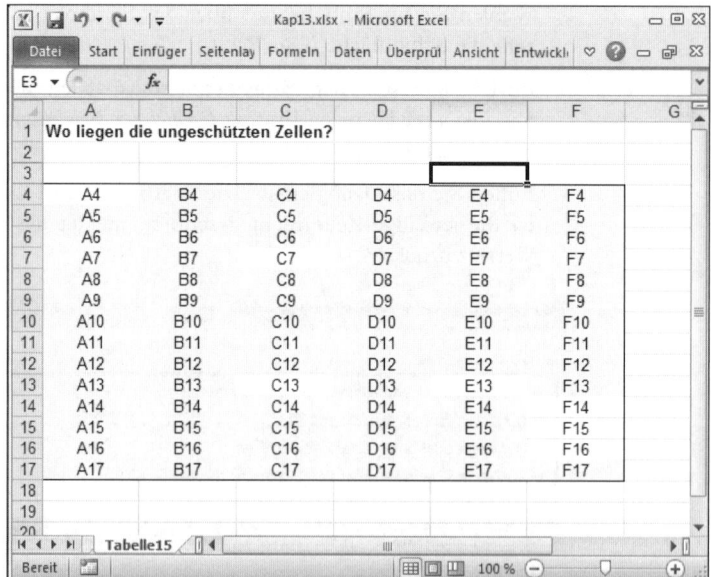

Abbildung 13.47: Die ungeschützten Zellen werden gekennzeichnet

Der eigentliche Schutz wird erst aktiv, wenn Sie im Ribbon *Überprüfen* den Befehl *Blatt schützen* wählen.

Doppelte Werte in einem Bereich kennzeichnen

In der nächsten Aufgabenstellung liegen in einem Zellenbereich Zahlenwerte vor. Dabei kommen einige Zahlen sogar doppelt vor (siehe **Abbildung 13.48**).

Ihre Aufgabe besteht nun darin, die doppelten Werte zu kennzeichnen. Befolgen Sie die nächsten Arbeitsschritte:

1. Markieren Sie den Zellenbereich **B5:F17**.

2. Klicken Sie im Ribbon *Start* auf das Symbol *Bedingte Formatierung*.

3. Wählen Sie den Befehl *Regeln zum Hervorheben von Zellen / Doppelte Werte* (siehe **Abbildung 13.49**).

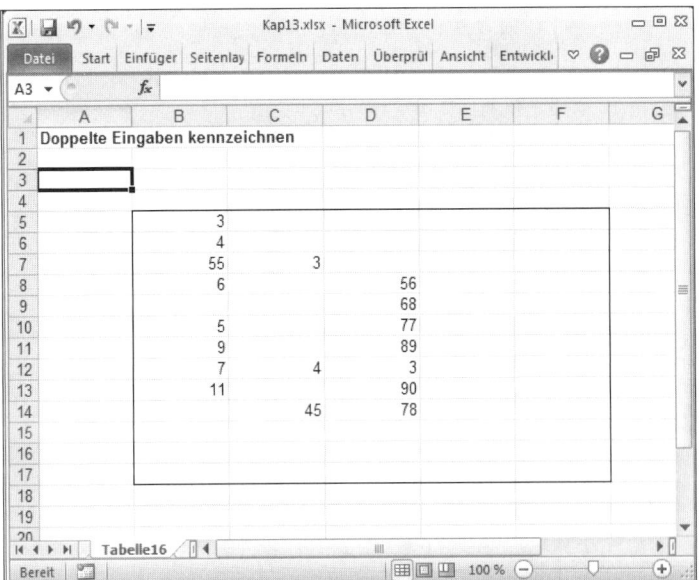

Abbildung 13.48: Einige Zahlen sind doppelt vorhanden

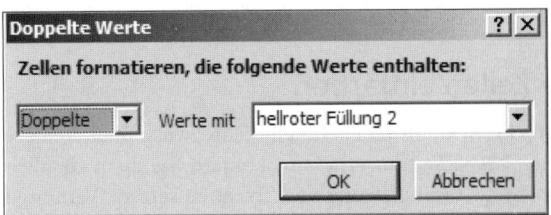

Abbildung 13.49: Alle doppelten Werte sollen gekennzeichnet werden

4. Wählen Sie im Dialogfenster *Doppelte Werte* die gewünschte Formatierung aus.

5. Bestätigen Sie mit *OK*.

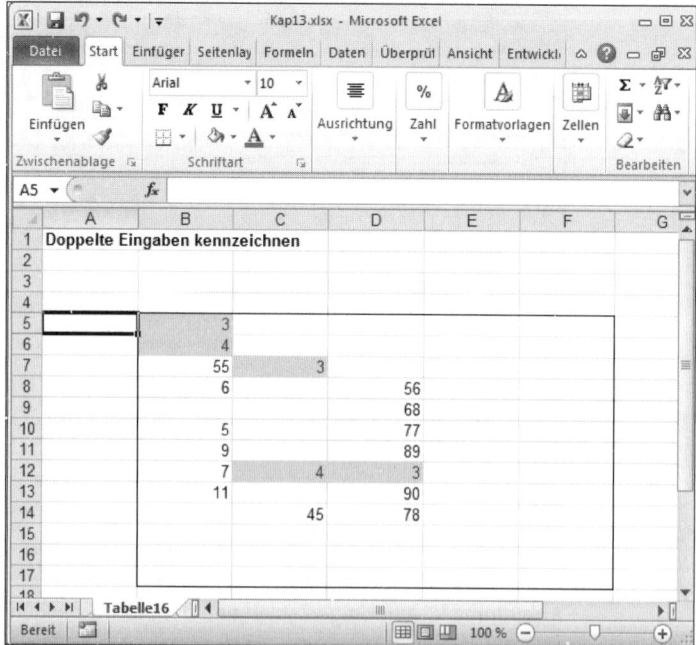

Abbildung 13.50: Alle doppelten Zahlen werden farbig unterlegt

Bestimmte Zeilen einfärben

Möchten Sie in einer Tabelle jede zweite Zeile einfärben, um somit ihre Lesbarkeit zu erhöhen, können Sie auch für diese Aufgabe die bedingte Formatierung von Excel einsetzen. Verfahren Sie dazu wie folgt:

1. Markieren Sie die Zeilen **1** bis **20**, indem Sie die Zeilenbeschriftung am linken Rand der Tabelle anklicken und nach unten ziehen.

2. Wählen Sie im Ribbon *Start* über das Symbol *Bedingte Formatierung* die Schaltfläche *Neue Regel*.

3. Im Dialogfenster *Neue Formatierungsregel* stellen Sie im Listenfeld *Regeltyp auswählen* den Eintrag *Formel zur Ermittlung der zu formatierenden Zellen verwenden* ein.

4. Füllen Sie das Dialogfenster wie in **Abbildung 13.51** gezeigt aus.

Abbildung 13.51: Jede zweite Zeile ermitteln

5. Klicken Sie auf die Schaltfläche *Formatieren* und wechseln Sie auf die Registerkarte *Ausfüllen*.

6. Stellen die gewünschte Farbe ein.

7. Bestätigen Sie diese Einstellung zweimal mit *OK*.

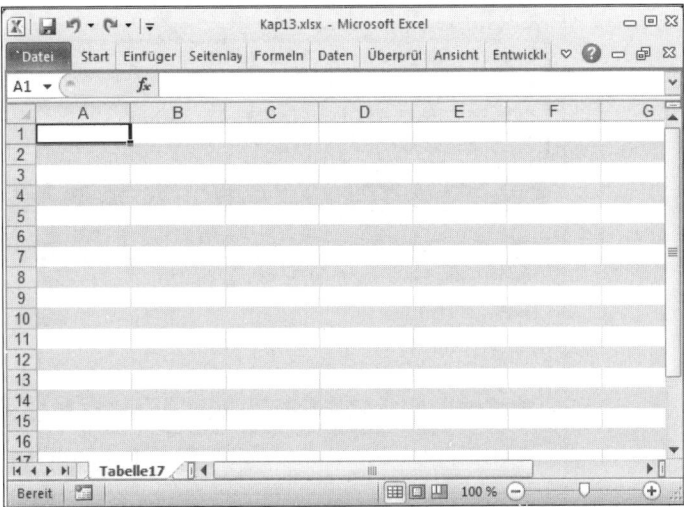

Abbildung 13.52: Jede zweite Zeile ist farbig unterlegt

Soll beispielsweise nur jede fünfte Zeile eingefärbt werden, dann lautet die Bedingung für die bedingte Formatierung:

=REST(ZEILE();5)=0

Bestimmte Spalten einfärben

Möchten Sie in einer Tabelle jede zweite Spalte einfärben, um somit ihre Lesbarkeit zu erhöhen, können Sie auch für diese Aufgabe die bedingte Formatierung von Excel einsetzen. Verfahren Sie dazu wie folgt:

1. Markieren Sie die Spalten **A** bis **Q**, indem Sie die Spaltenbeschriftung am oberen Rand der Tabelle anklicken und nach rechts ziehen.

2. Wählen Sie im Ribbon *Start* über das Symbol *Bedingte Formatierung* die Schaltfläche *Neue Regel*.

3. Im Dialogfenster *Neue Formatierungsregel* stellen Sie im Listenfeld *Regeltyp auswählen* den Eintrag *Formel zur Ermittlung der zu formatierenden Zellen verwenden* ein.

4. Füllen Sie das Dialogfenster wie in **Abbildung 13.53** gezeigt aus.

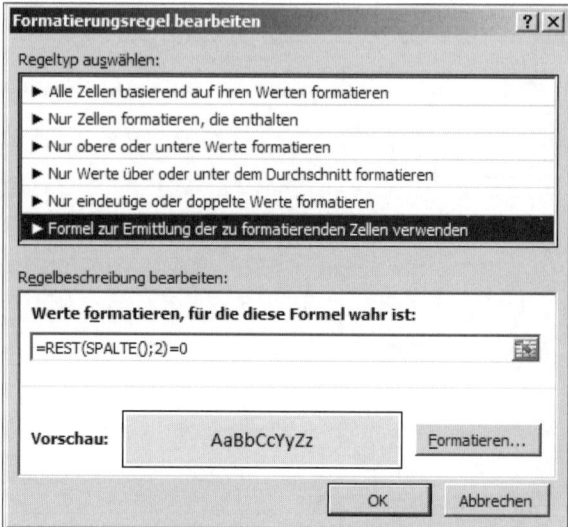

Abbildung 13.53: Spalten einfärben

5. Klicken Sie auf die Schaltfläche *Formatieren*.

6. Wechseln Sie auf die Registerkarte *Ausfüllen* und stellen Sie die gewünschte Farbe ein.

7. Bestätigen Sie diese Einstellung zweimal mit *OK*.

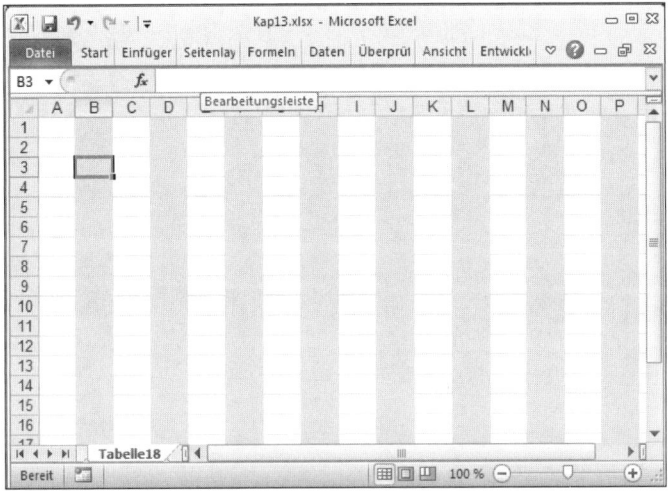

Abbildung 13.54: Jede zweite Spalte wurde farbig hinterlegt

Soll beispielsweise nur jede dritte Spalte eingefärbt werden, dann lautet die Bedingung für die bedingte Formatierung:

=REST(SPALTE();3)=0

14 Typische Aufgaben aus der Praxis

Im letzten Kapitel dieses Buches geht es darum, die erlernten Formeln und Tabellenfunktionen ein wenig zu üben. Dazu werden Aufgaben gestellt. Ihre Aufgabe besteht darin, zu erkennen, welche Tabellenfunktion für die jeweilige Aufgabenstellung verwendet werden kann. Alle Lösungen zu diesen Aufgaben werden gleich nach der Aufgabenstellung Schritt für Schritt beschrieben.

In den ersten beiden Kapiteln dieses Buches wurde der Umgang mit Formeln beschrieben und anhand einiger Beispiele erklärt. Die restlichen Kapitel beschäftigten sich mit den zur Verfügung stehenden Tabellenfunktionen sowie der bedingten Formatierung von Excel. Versuchen Sie jetzt, die gestellten Aufgaben zu lösen. Schlagen Sie dazu ruhig einmal in den vorherigen Kapiteln nach, um sich Anregungen und Erklärungen zu holen.

Die einzelnen Fragestellungen lauten:

- Wie errechne ich den Treibstoffverbrauch eines LKWs?
- Wie kann ich Brutto- und Nettopreise errechnen?
- Wie kann ich die Wirtschaftlichkeit von Produkten berechnen?
- Wie kann ich den Endpreis unter Berücksichtigung von Rabatten und Nachlässen ausrechnen?
- Wie kann ich Sätze nach bestimmten Kriterien aufspüren?
- Wie kann ich Orte und Postleitzahlen trennen?
- Wie kann ich Sonderzeichen eliminieren?
- Wie kann ich Texte und Datums- sowie Zeitangaben miteinander verbinden?
- Wie kann ich den letzten Tag des Monats bestimmen?
- Wie viele Arbeitstage stehen zur Verfügung?
- Wie kann ich das genaue Alter von Personen bestimmen?
- Wie viele Werte liegen in einem bestimmten Wertebereich?
- Wie kann ich den Wochenumsatz/Abteilung ermitteln?
- Wie kann ich auf volle 5 Cent runden?
- Wie kann ich den Lagerwert meiner Artikel bestimmen?
- Wie kann ich die besten Verkäufer/Monat ermitteln?

✔ Wie kann ich die drei höchsten Werte einer Liste ermitteln?

✔ Wie kann ich berechnen, wie teuer eine Investition sein darf?

✔ Wie kann ich dynamisch ermitteln, wie viele Artikel in einzelnen Kategorien sind?

✔ Wie kann ich aus einer Liste einen bestimmten Wert schnell finden?

✔ Wie kann ich die Tageskosten sowie Tagesumsätze dynamisch anzeigen lassen?

✔ Wie kann ich jeden vierten Wert aus einer Liste extrahieren?

✔ Wie kann ich den Namen der aktiven Mappe ermitteln?

Wie errechne ich den Treibstoffverbrauch eines LKWs?

Sehen Sie sich zur Verdeutlichung dieser Fragestellung die folgende **Abbildung 14.1** an.

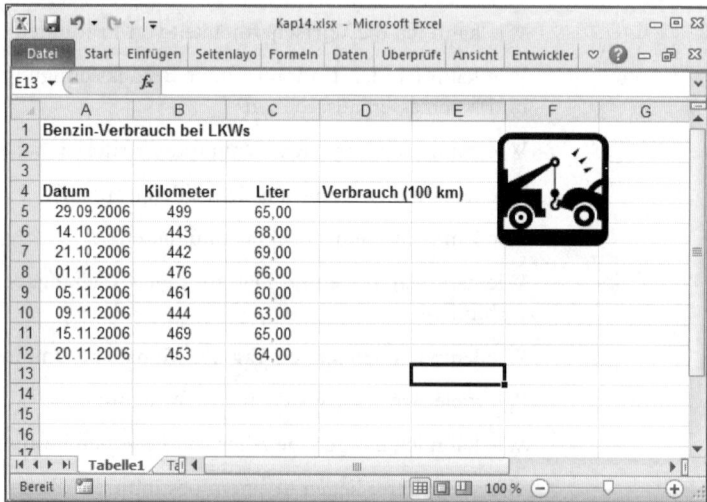

Abbildung 14.1: Wie hoch ist der Verbrauch auf 100 km?

In **Abbildung 14.1** liegen sowohl die Kilometerleistungen als auch die getankten Liter vor. Wie hoch liegt jetzt der durchschnittliche Verbrauch bei 100 km?

Um diese Aufgabe zu lösen, verfahren Sie wie folgt:

1. Markieren Sie den Zellenbereich **D5:D12**.

2. Erfassen Sie die Formel **=C5/B5*100**.

3. Schließen Sie die Eingabe mit der Tastenkombination ⌷Strg⌷ + ⌷↵⌷ ab.

4. Errechnen Sie nun den durchschnittlichen Verbrauch aller Betankungen, indem Sie in Zelle **D15** die Formel **=MITTEL-WERT(D5:D12)** erfassen und mit ⌷↵⌷ bestätigen.

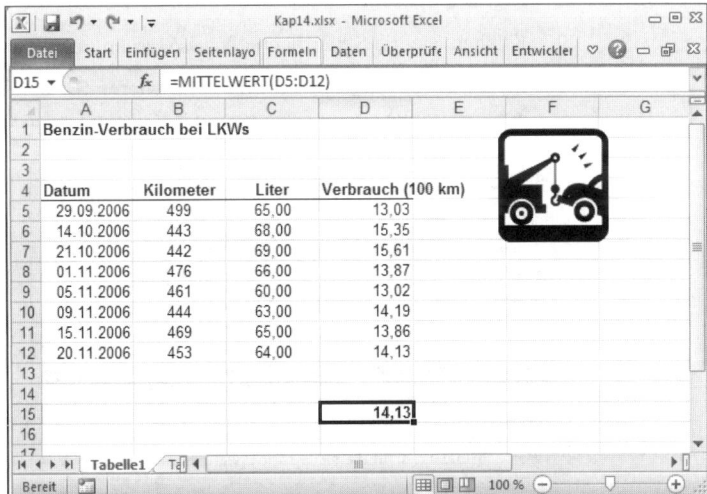

Abbildung 14.2: Durchschnittlich werden 14,13 Liter auf 100 km verbraucht

Erweitern Sie diese Aufgabe noch, indem Sie sowohl den niedrigsten als auch den höchsten Spritverbrauch in der Liste kennzeichnen. Dabei soll beim höchsten Verbrauch die Zeile mit der Hintergrundfarbe Rot sowie beim niedrigsten Verbrauch die Zeile mit der Hintergrundfarbe Grün belegt werden. Diese Anforderung können Sie mit Hilfe der bedingten Formatierung lösen. Verfahren Sie dabei wie folgt:

1. Markieren Sie den Zellenbereich **A5:D12**.

2. Klicken Sie im Ribbon *Start* den Befehl *Bedingte Formatierung /
   Neue Regel*.

3. Im Listenfeld *Regeltyp auswählen* aktivieren Sie den Eintrag *Formel
   zur Ermittlung der zu formatierenden Zellen verwenden*.

4. Erfassen Sie die Formel **=$D5=MAX($D$5:$D$12)** im Feld dar-
   unter.

5. Klicken Sie auf die Schaltfläche *Formatieren*.

6. Wechseln Sie auf die Registerkarte *Ausfüllen*.

7. Klicken Sie in der Farbpalette die Farbe *Rot* an und bestätigen Sie
   zweimal mit OK.

8. Klicken Sie im Ribbon *Start* den Befehl *Bedingte Formatierung /
   Regeln verwalten*.

9. Klicken Sie die Schaltfläche *Neue Regel* an.

10. Im Listenfeld *Regeltyp auswählen* aktivieren Sie den Eintrag *Formel
    zur Ermittlung der zu formatierenden Zellen verwenden*.

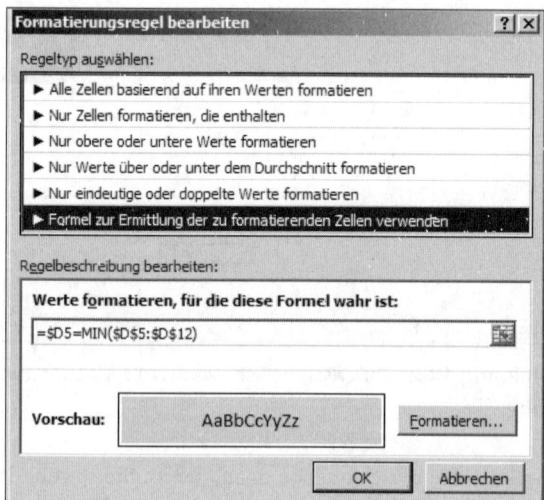

Abbildung 14.3: Die Extremwerte ermitteln

1. Erfassen Sie die Formel **=$D5=MIN($D$5:$D$12)** und weisen
   Sie das gewünschte Format zu.

2. Bestätigen Sie zweimal mit *OK*.

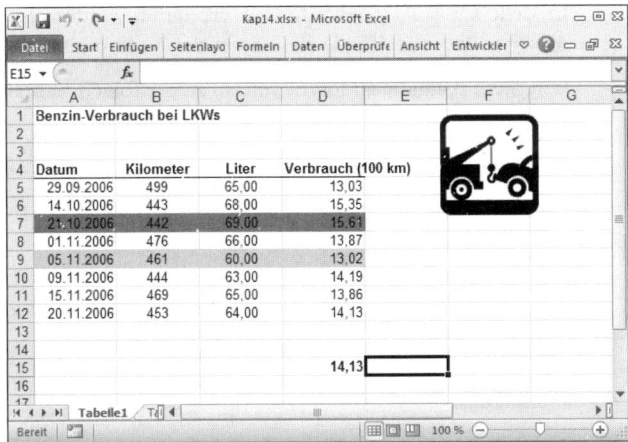

Abbildung 14.4: Die Extremwerte wurden in der Tabelle gekennzeichnet

Wie kann ich Brutto- und Nettopreise errechnen?

In der folgenden Aufgabe liegt eine Tabelle mit Brutto- sowie mit Nettopreisen vor. Ihre Aufgabe besteht nun darin, den Mehrwertsteuersatz von 7% herauszurechnen. Sehen Sie sich zur besseren Verständlichkeit einmal die **Abbildung 14.5** an.

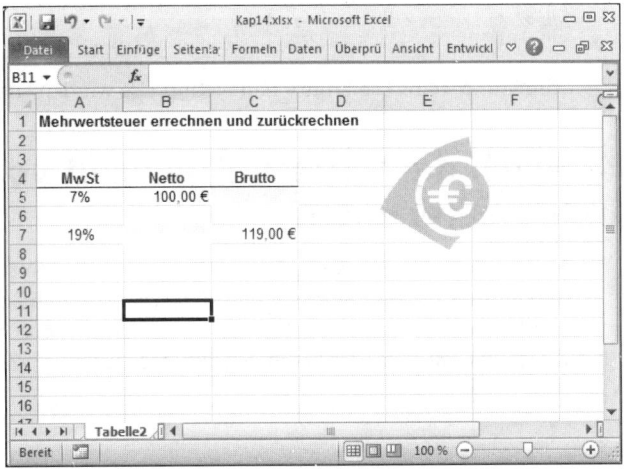

Abbildung 14.5: Wie lauten die Mehrwertsteuerbeträge?

In Zelle **C5** soll der Bruttopreis errechnet werden. In Zelle **C7** liegt dieser bereits vor. Wie lautet davon der Nettopreis?

Um diese Aufgabe zu lösen, verfahren Sie folgendermaßen:

1. Erfassen Sie in Zelle **C5** die Formel **=B5+B5*A5**.

2. Bestätigen Sie die Eingabe mit ⏎.

3. In Zelle **B7** geben Sie die Formel **=C5/(1+A5)** ein.

4. Bestätigen Sie die Eingabe mit ⏎.

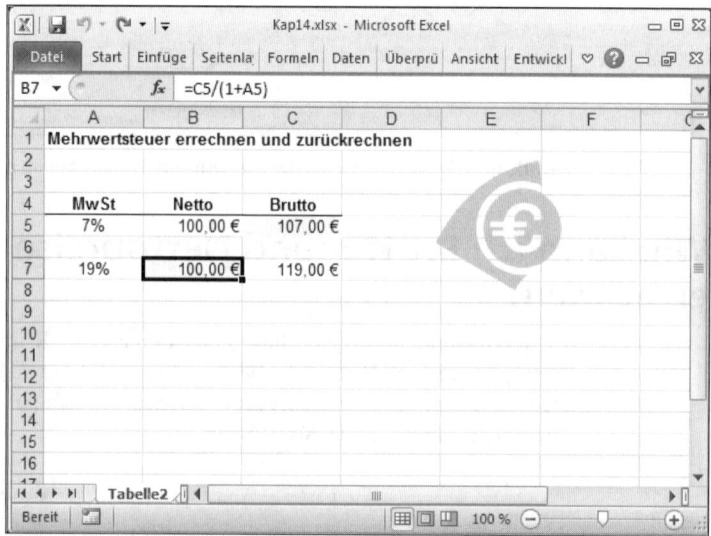

Abbildung 14.6: Die Brutto- und Nettopreise wurden errechnet

Wie kann ich die Wirtschaftlichkeit von Produkten berechnen?

In der Tabelle aus **Abbildung 14.**7 liegen die Kosten sowie die Verkaufserlöse verschiedener Produkte vor. Bestimmen Sie, welches Produkt das wirtschaftlichste ist, und kennzeichnen Sie dieses im Anschluss mit Hilfe der bedingten Formatierung.

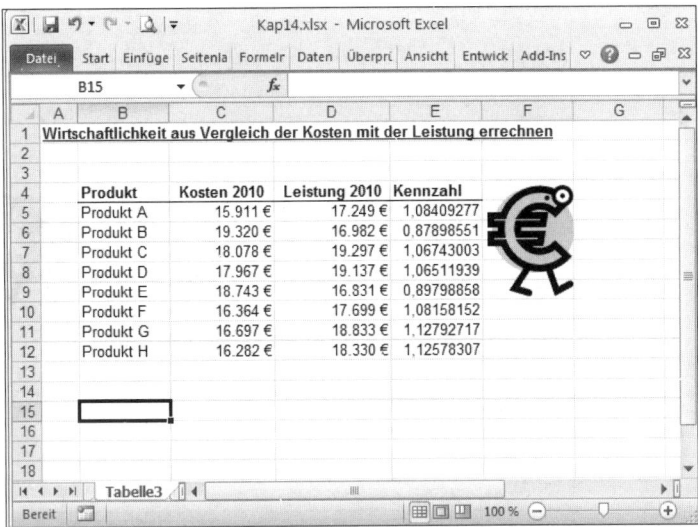

Abbildung 14.7: Welches Produkt ist am rentabelsten?

Um diese Aufgabe zu lösen, befolgen Sie die nächsten Arbeitsschritte:

1. Markieren Sie den Zellenbereich **E5:E12**.

2. Erfassen Sie die Formel **=D5/C5**.

3. Bestätigen Sie die Eingabe über die Tastenkombination Strg + ↵.

4. Markieren Sie danach den Zellenbereich **B5:E12**.

5. Wählen Sie im Ribbon *Start* den Befehl *Bedingte Formatierung/ Neue Regel*.

6. Im Listenfeld *Regeltyp auswählen* aktivieren Sie den Eintrag *Formel zur Ermittlung der zu formatierenden Zellen verwenden*.

7. Erfassen Sie die Formel **=$E5=MAX($E$5:$E$12)** im Feld darunter.

8. Klicken Sie auf die Schaltfläche *Formatieren*.

9. Wechseln Sie auf die Registerkarte *Ausfüllen*.

10. Klicken Sie in der Farbpalette die Farbe *Grün* an und bestätigen Sie mit *OK*.

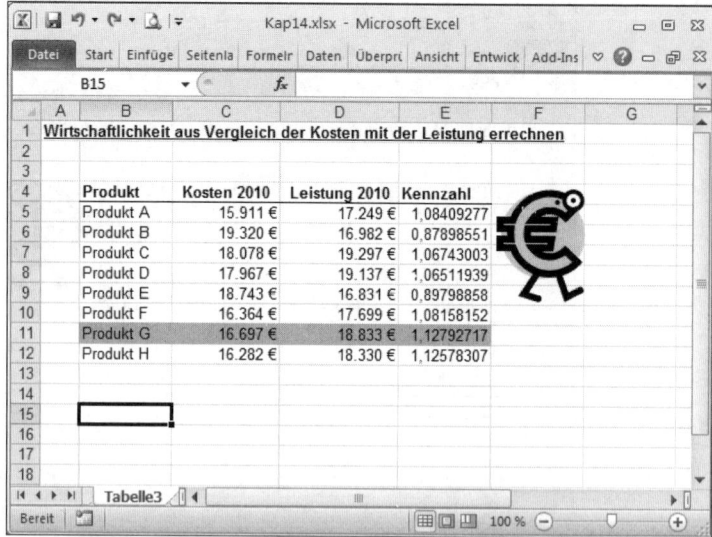

Abbildung 14.8: Die größte Kennzahl steht für die größte Wirtschaftlichkeit

Wie kann ich den Endpreis unter Berücksichtigung von Rabatten und Nachlässen ausrechnen?

In der folgenden Aufgabe liegt in **Abbildung 14.9** eine Preistabelle vor, auf dem der Nettopreis für einen Traktor sowie der Rabattsatz, der Nachlass für bestimmte Mängel sowie der Mehrwertsteuersatz bekannt ist. Die Aufgabe besteht nun darin, den Endpreis für den Traktor zu errechnen.

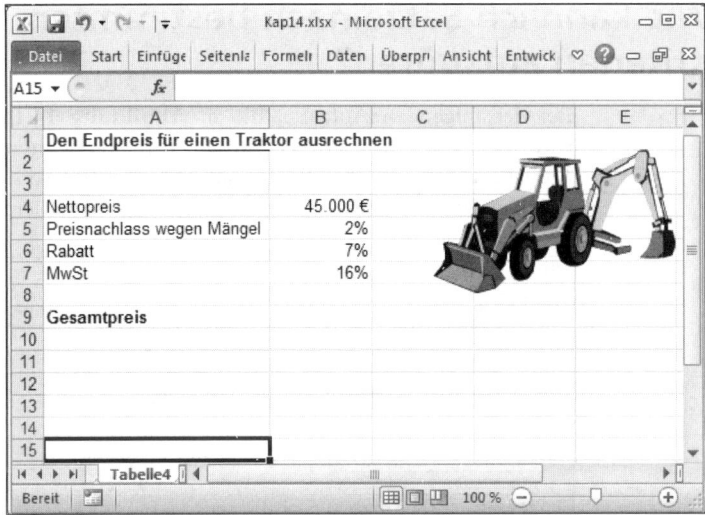

Abbildung 14.9: Was kostet der Traktor insgesamt?

Um diese Aufgabe am schnellsten zu lösen, erfassen Sie in Zelle **B9** die Formel **=B4*0,98*0,93*1,16** und bestätigen mit ⏎. Die Reihenfolge bei den Parametern spielt dabei keine Rolle.

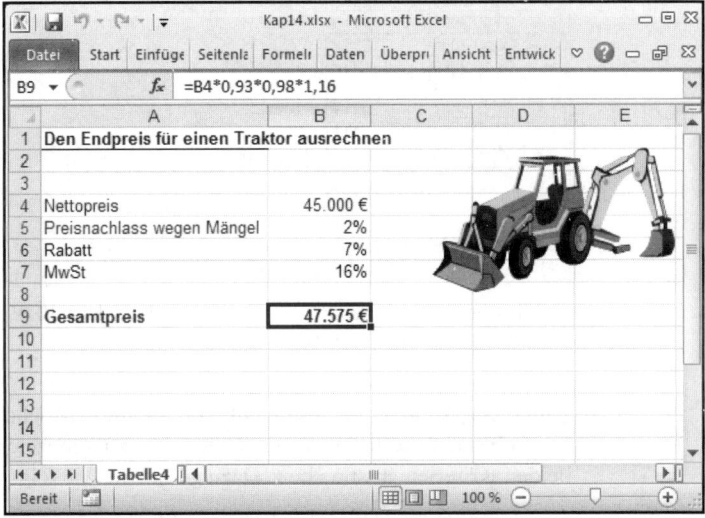

Abbildung 14.10: Der Bruttopreis beträgt 47.575 Euro

Wie kann ich Sätze nach bestimmten Kriterien aufspüren?

Bei der folgenden Aufgabe, die in **Abbildung 14.11** verdeutlicht wird, liegt eine Liste mit Datumsangaben und Umsätzen vor. Ihre Aufgabe besteht darin, alle Umsätze, beginnend von einem vorgegebenen Datum, die über 500 Euro liegen, zu summieren.

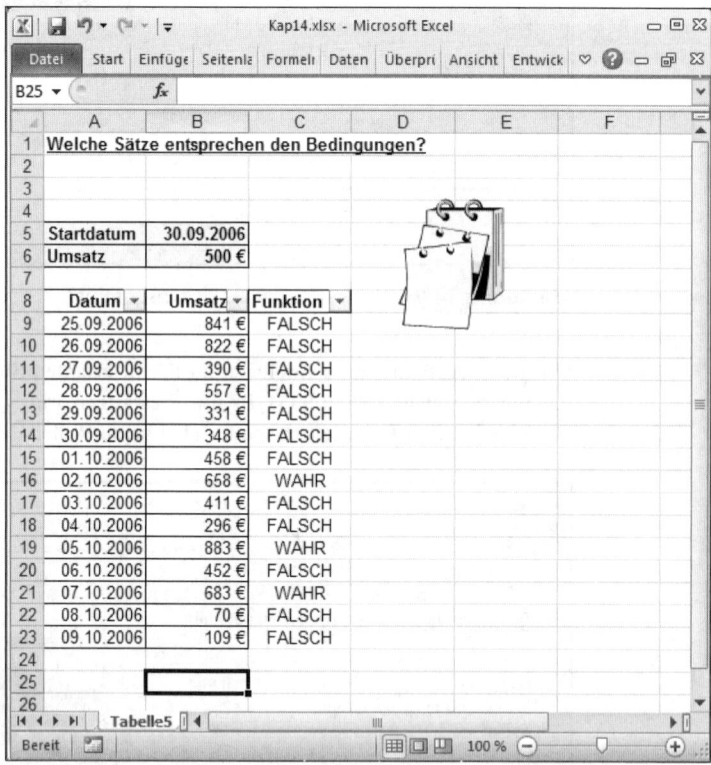

Abbildung 14.11: Die Umsätze beginnend ab dem 30.09.06 sollen ab der Wertgrenze 500 Euro summiert werden

Um diese Aufgabe zu lösen, gibt es mehrere Möglichkeiten. Eine davon besteht darin, in Spalte **C** die Sätze zu kennzeichnen, die den beiden Kriterien entsprechen. Dazu gehen Sie wie folgt vor:

1. Markieren Sie den Zellenbereich **C9:C23**.

2. Erfassen Sie die Formel **=UND(A9>$B$5;B9>$B$6)**.

3. Bestätigen Sie die Eingabe mit der Tastenkombination [Strg] + [↵].

4. Setzen Sie den Mauszeiger in Zelle **C25**.

5. Erfassen Sie die Formel
   =SUMMEWENN(C9:C23;WAHR;B9:B23).

6. Bestätigen Sie die Eingabe mit [↵].

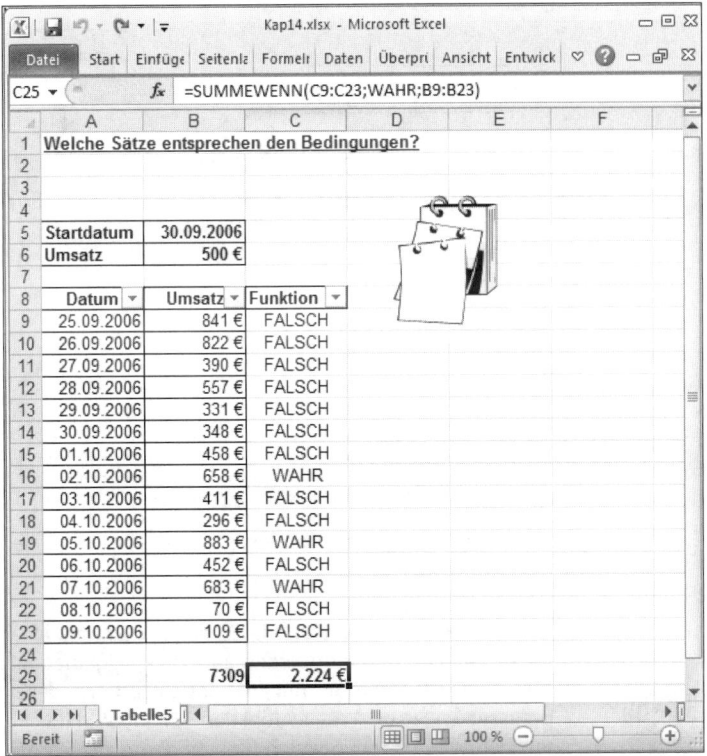

Abbildung 14.12: Die bedingte Summierung durchführen

Wenn Sie mit dem Datenfilter von Excel arbeiten möchten, dann können Sie die Spalte **C** nach den Einträgen **WAHR** filtern lassen. Dazu gehen Sie wie folgt vor:

1. Setzen Sie den Mauszeiger in Zelle **C8**.

2. Klicken Sie im Ribbon *Daten* auf die Schaltfläche *Filtern*.

3. Wählen Sie aus dem Dropdownelement der Zelle **C8** den Eintrag **WAHR**, um die Liste zu filtern.

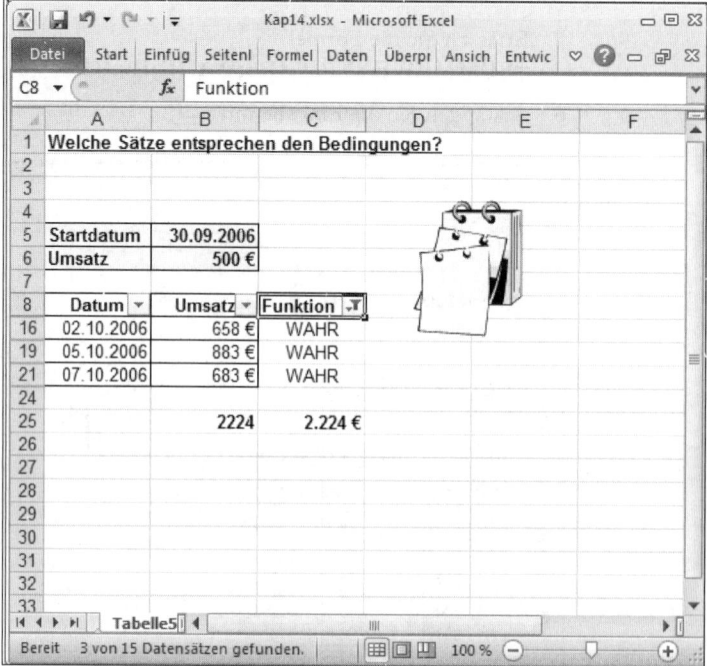

Abbildung 14.13: Die zutreffenden Sätze wurden gefiltert

Wenn Sie eine gefilterte Liste über die Tabellenfunktion **SUMME** summieren möchten, dann werden auch die ausgeblendeten Zeilen mit summiert. Möchten Sie nur die eingeblendeten Zeilen summieren, dann setzen Sie die Tabellenfunktion **TEILERGEBNIS** ein. Am schnellsten geht das, indem Sie den Mauszeiger in die Zielzelle setzen und danach im Ribbon *Start* auf das Symbol *Summe* klicken. Excel erkennt automatisch, dass hier eine gefilterte Liste vorliegt, und wählt selbstständig die Tabellenfunktion **TEILERGEBNIS**.

Wie kann ich Orte und Postleitzahlen trennen?

In der folgenden Aufgabe wurden in einer Tabelle die Postleitzahlen sowie die dazugehörigen Orte in einer Spalte erfasst. Diese Informationen sollen aber in zwei separaten Spalten dargestellt werden. n:separieren" 22.08.2010

Abbildung 14.14: Die PLZ soll vom Stadtnamen getrennt werden

Um diese Aufgabe zu lösen, befolgen Sie die nächsten Arbeitsschritte:

1. Markieren Sie den Zellenbereich **B5:B12.**"

2. Erfassen Sie die Formel **=LINKS(A5;SUCHEN(" ";A5)-1)**.

3. Schließen Sie die Eingabe über die Tastenkombination $\boxed{\text{Strg}}$ + $\boxed{\longleftarrow}$ ab.

4. Markieren Sie den Zellenbereich **C5:C12**.

5. Erfassen Sie die Formel
=RECHTS(A5;LÄNGE(A5)-(SUCHEN(" ";A5))).

6. Schließen Sie die Eingabe über die Tastenkombination $\boxed{\text{Strg}}$ + $\boxed{\longleftarrow}$ ab.

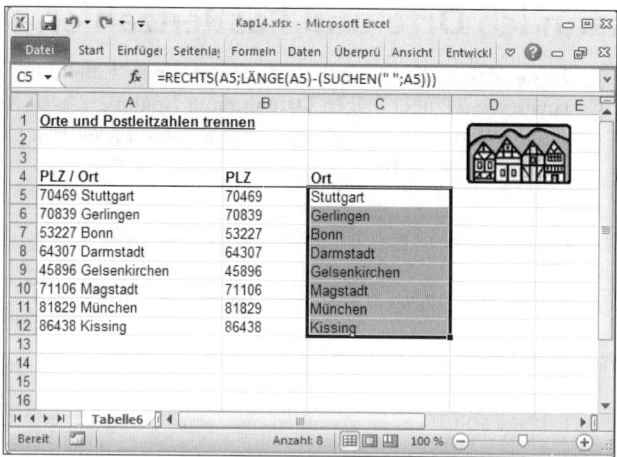

Abbildung 14.15: Die Informationen wurden erfolgreich getrennt

Wie kann ich Sonderzeichen eliminieren?

In der nächsten Aufgabe liegt eine Excel-Tabelle mit Telefonnummern vor. Diese Liste, die in **Abbildung 14.16** gezeigt wird, enthält eine ganze Reihe uneinheitlicher Nummern. So wurden beispielsweise diverse Trennzeichen zwischen Vor- und Durchwahl sowie Leerzeichen eingefügt.

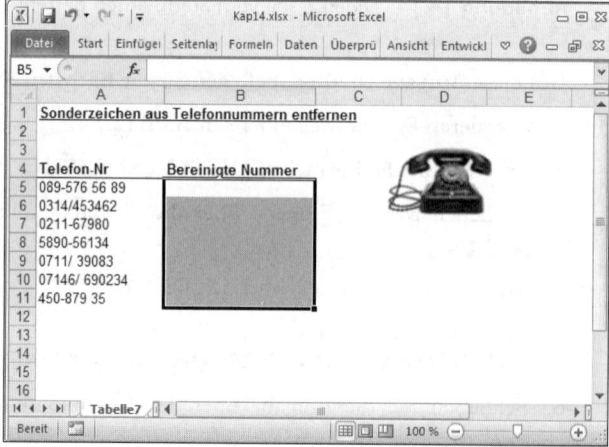

Abbildung 14.16: Die Telefonnummern sollen einheitlich gestaltet werden

Um jetzt alle unerwünschten Zeichen aus der Telefonliste zu eliminieren, gehen Sie folgendermaßen vor:

1. Markieren Sie den Zellenbereich **B5:B11**.

2. Erfassen Sie die Formel
   **=WECHSELN(WECHSELN(WECHSELN(A5;"-";"");"
   ";"");"/";"").**

3. Schließen Sie die Eingabe über die Tastenkombination ⌈Strg⌉ +
   ⌐⌐ ab.

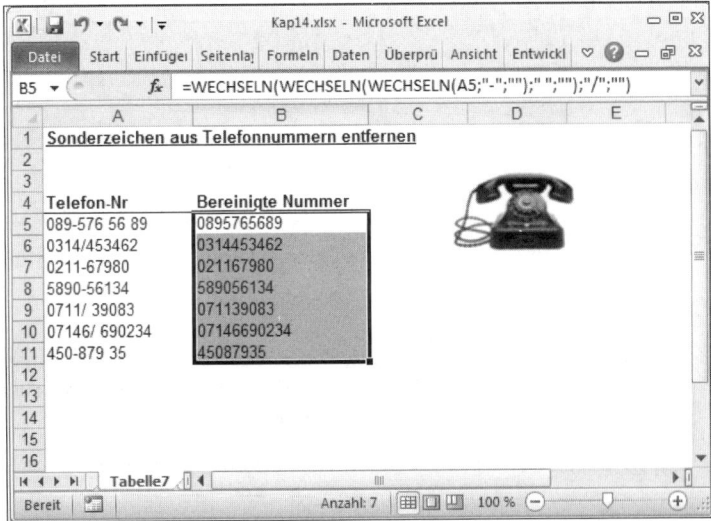

Abbildung 14.17: Die Sonderzeichen wurden aus den Telefonnummern herausgenommen

Wie kann ich Texte und Datums- sowie Zeitangaben miteinander verbinden?

Bei der folgenden Aufgabe sollen einzelne Textpassagen mit Datums- und Zeitangaben miteinander verbunden und in einer einzigen Zelle ausgegeben werden. Dazu müssen Sie Excel ein wenig austricksen. Sehen Sie sich zunächst aber einmal die **Abbildung 14.18** an.

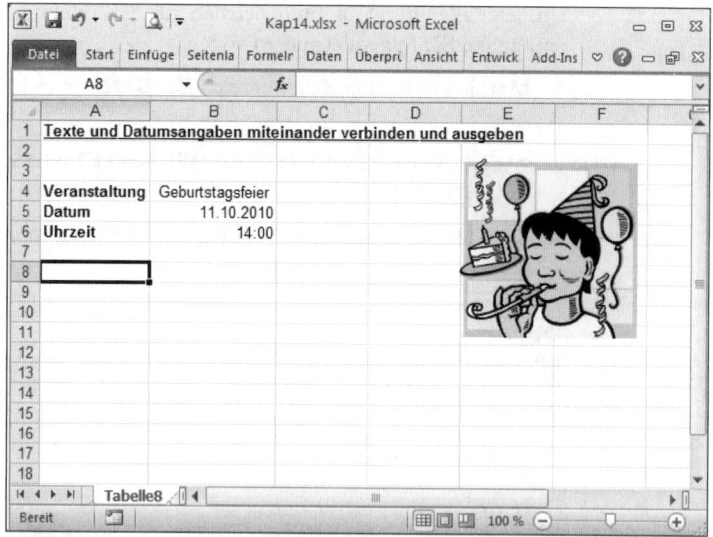

Abbildung 14.18: Die Daten der Feier sollen in Zelle A8 zusammengefasst werden

Um diese Aufgabe zu lösen, müssen Sie die Informationen aus den Zellen **B4** bis **B6** entnehmen und in der Zelle **A8** zusammenführen. Dazu gehen Sie wie folgt vor:

1. Setzen Sie den Zellenzeiger auf die Zelle **A8**.

2. Erfassen Sie die Formel
   ="Die " & B4 & " beginnt am " & TEXT(B5;"TT.MM.JJJJ") & " um " & TEXT(B6;"hh:mm") & " Uhr".

3. Bestätigen Sie diese Eingabe mit ⏎.

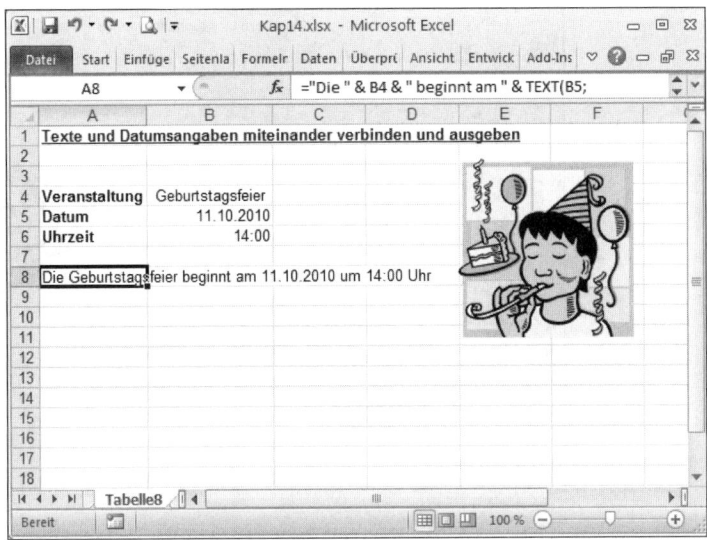

Abbildung 14.19: Die Informationen wurden erfolgreich miteinander verknüpft

Wie kann ich den letzten Tag des Monats bestimmen?

In der nächsten Aufgabe ist in **Abbildung 14.20** eine Tabelle mit Datumsangaben vorgegeben. Ihre Aufgabe besteht nun darin, jeweils den letzten Tag des Monats sowie seinen Namen unter Berücksichtigung des Monatsversatzes zu bestimmen.

Mit Hilfe der Tabellenfunktion **TEXT** weisen Sie den einzelnen Informationen das gewünschte Format zu, das leider bei der Verknüpfung verloren gegangen ist. Mehr zu den hier verwendeten Formatkürzeln können Sie im Kapitel »Datums- und Zeitfunktionen« nachlesen.

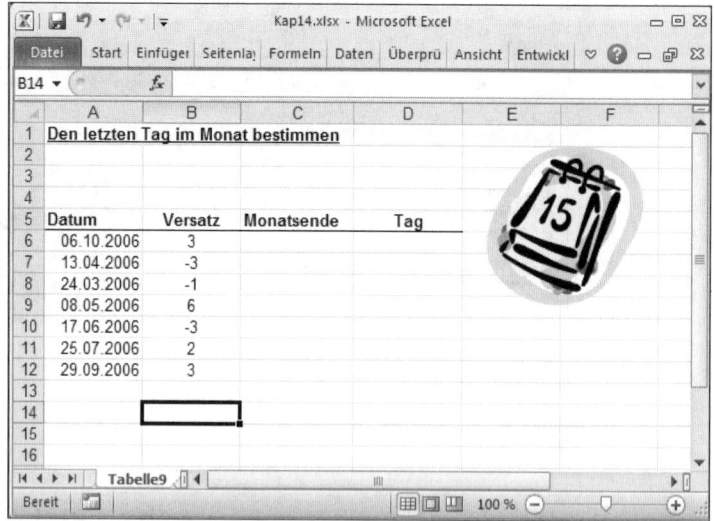

Abbildung 14.20: Den Monatsletzten bestimmen

Verfahren Sie wie folgt:

1. Markieren Sie den Zellenbereich **C6:C12**.

2. Erfassen Sie die Formel **=MONATSENDE(A6;B6)**.

3. Schließen Sie die Eingabe über die Tastenkombination [Strg] + [↵] ab.

4. Markieren Sie anschließend den Zellenbereich **D6:D12**.

5. Erfassen Sie die Formel **=C6**.

6. Schließen Sie die Eingabe über die Tastenkombination [Strg] + [↵] ab.

7. Klicken Sie die Tastenkombination [Strg] + [1], um den Dialog *Zellen formatieren* aufzurufen.

8. Wechseln Sie im Dialog *Zellen formatieren* auf die Registerkarte *Zahlen*.

9. Stellen Sie im Listenfeld *Kategorie* den Eintrag *Benutzerdefiniert* ein.

10. Geben Sie im Feld *Typ* das Formatkürzel **TTTT** ein.

11. Bestätigen Sie mit *OK*.

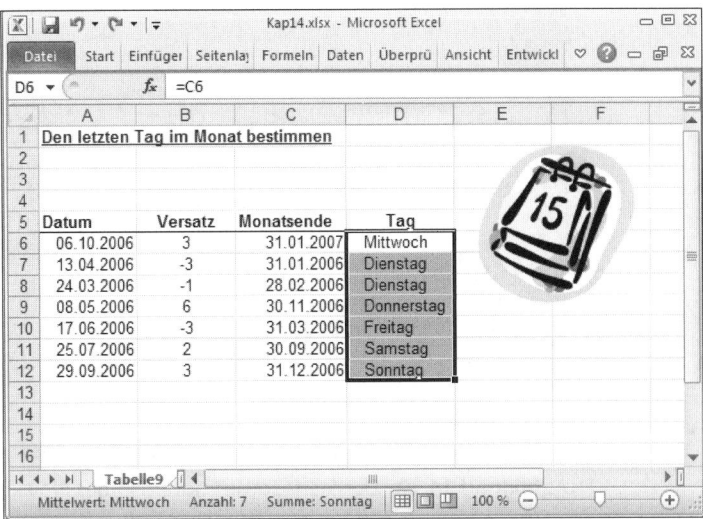

Abbildung 14.21: Der Tagesname des Monatsletzten wurde ermittelt

Wie viele Arbeitstage stehen zur Verfügung?

Bei der folgenden Aufgabe liegen für ein Projekt bereits das Start-
sowie das Enddatum vor. Da letztendlich an Wochenenden und an
Feiertagen nicht gearbeitet wird, zählen hierzu nur die wirklichen
Arbeitstage. Excel stellt Ihnen für derartige Berechnungen eine eigene
Tabellenfunktion zur Verfügung, die im Analyse-Add-In unter-
gebracht ist. Die Tabellenfunktion heißt **NETTOARBEITSTAGE**.
Sehen Sie sich zunächst einmal die Ausgangssituation aus **Abbildung
14.22** an.

Um diese Aufgabe zu lösen, wurden zur Vorbereitung im Zellenbereich **E2:E8** einige Feiertage erfasst, an denen nicht gearbeitet werden
kann. Dieser Bereich kann selbstverständlich erweitert werden, beispielsweise können Sie dort auch Tage eingeben, die aufgrund bestimmter Aktionen wie Betriebsfeiern und sonstigen Veranstaltungen
ebenso nicht mit gezählt werden dürfen.

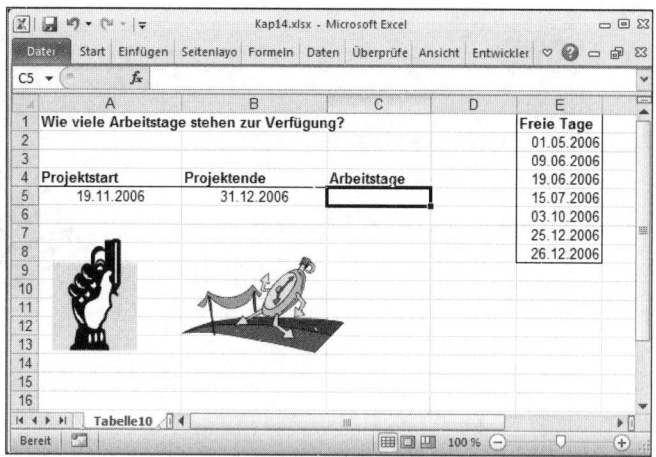

Abbildung 14.22: Der Start- sowie Endtermin des Projekts steht »fest«

Ermitteln Sie jetzt die Ihnen zur Verfügung stehenden Arbeitstage, indem Sie folgendermaßen vorgehen:

1. Setzen Sie den Zellenzeiger in die Zelle **C5**.

2. Erfassen Sie die Formel
   =NETTOARBEITSTAGE(A5;B5;E2:E8).

3. Bestätigen Sie die Eingabe mit ⏎.

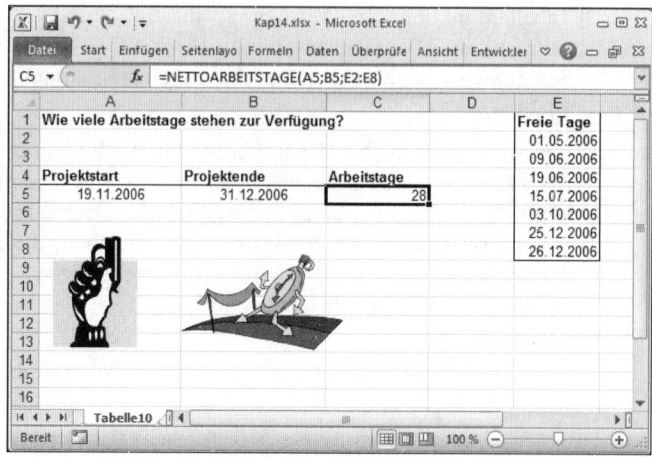

Abbildung 14.23: Es stehen Ihnen nur 28 Tage zur Verfügung

Verwandt mit dieser Funktion ist auch die Tabellenfunktion **ARBEITS-TAG**. Bei dieser Tabellenfunktion müssen das Startdatum sowie die Anzahl der Tage vorgegeben werden, an denen gearbeitet werden soll. Excel errechnet dann den Endtermin unter Berücksichtigung der Sonn- und Feiertage.

Wie kann ich das genaue Alter von Personen bestimmen?

In der folgenden Aufgabe liegt in **Abbildung 14.24** eine Geburtstagsliste vor. Ihre Aufgabe besteht jetzt darin, das exakte Alter der Personen zu bestimmen. Dazu wird das Alter in Jahren, Monaten und Tagen verlangt.

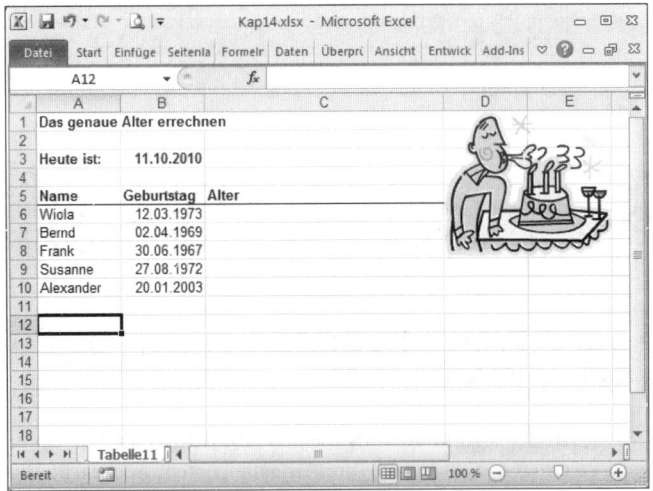

Abbildung 14.24: Bestimmen Sie das exakte Alter der Personen

Um diese Aufgabe zu lösen, verfahren Sie wie folgt:

1. Markieren Sie den Zellenbereich **C6:C10**.

2. Erfassen Sie die Formel **=DATEDIF(B6;$B$3;"Y") & " Jahre und " & DATEDIF(B6;$B$3;"YM") & " Monate und " & DATEDIF(B6;$B$3;"MD") & " Tage"**.

3. Schließen Sie die Eingabe über die Tastenkombination ⌐Strg⌐ + ⌐↵⌐ ab.

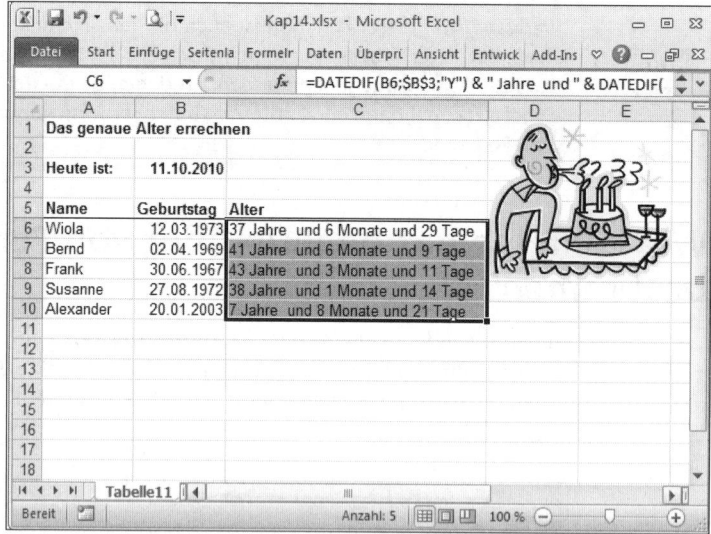

Abbildung 14.25: Das genaue Alter wurde bestimmt

 Wenn Sie die Berechnung aktualisieren möchten, brauchen Sie nur in Zelle **B3** das aktuelle Tagesdatum einzutragen. Soll diese Zelle dynamisch bleiben, dann erfassen Sie dort die Formel =HEUTE().

Wie viele Werte liegen in einem bestimmten Wertebereich?

In der folgenden Aufgabe aus **Abbildung 14.26** liegt eine Tabelle mit einigen Werten vor. Ihre Aufgabe besteht nun darin, die Werte zu zählen, die zwischen 50 und 100 liegen.

Diese Aufgabe kann beispielsweise über eine Matrixformel gelöst werden, die unter anderem auch im Kapitel »Mathematische Funktionen« dieses Buches beschrieben wird. Dazu verfahren Sie wie folgt:

1. Setzen Sie den Zellenzeiger in Zelle **D6**.

2. Erfassen Sie die Matrixformel
   =SUMME((A5:A16>=50)*(A5:A16<100)).

3. Schließen Sie die Matrixformel über die Tastenkombination [Strg] + [⇑] + [⏎] ab (siehe **Abbildung 14.27**).

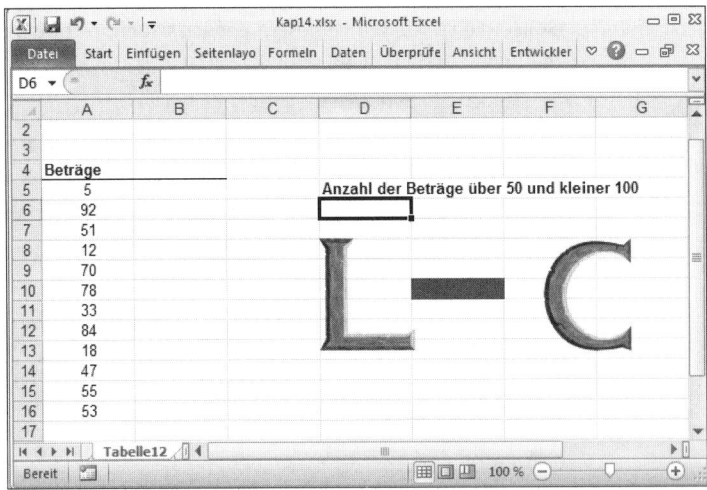

Abbildung 14.26: Wie viele Werte liegen im Bereich 50 bis 100?

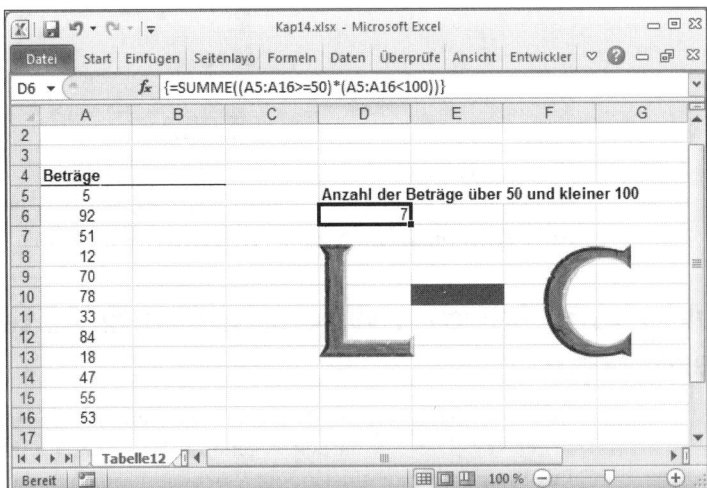

Abbildung 14.27: Es wurden genau 7 Werte ermittelt

Die geschweiften Klammern in Zelle **D6** werden durch die Tastenkombination [Strg] + [⇧] + [↵] automatisch erzeugt und dürfen nicht manuell eingegeben werden.

Sollen die Werte, die in diesem Bereich liegen, nicht gezählt, sondern summiert werden, dann gehen Sie folgendermaßen vor:

1. Setzen Sie den Zellenzeiger in Zelle **D16**.

2. Erfassen Sie die Matrixformel **=SUMME(WENN(A5:A16 >= 50; WENN(A5:A16 < 100;A5:A16)))**.

3. Schließen Sie die Matrixformel über die Tastenkombination Strg + ⇧ + ⏎ ab.

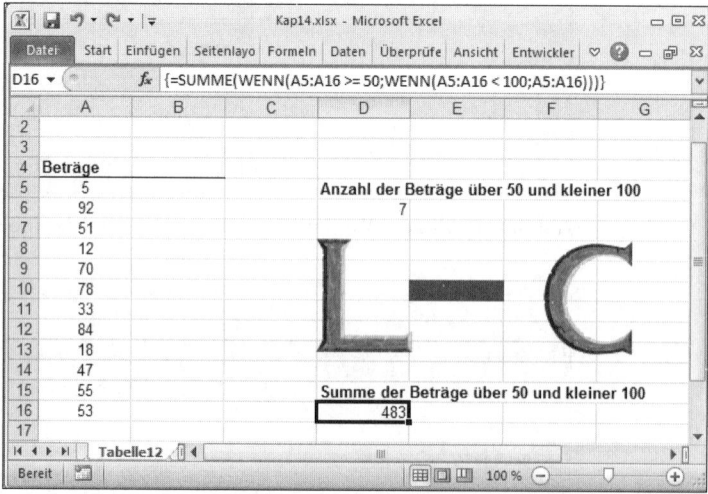

Abbildung 14.28: Die Summe der Werte entspricht 483

Wie kann ich den Wochenumsatz/Abteilung ermitteln?

In der nächsten Aufgabe liegen die Wochenumsätze einzelner Mitarbeiter vor. Diese Mitarbeiter gehören bestimmten Abteilungen an. Ihre Aufgabe besteht darin, die Wochenumsätze pro Abteilung zu ermitteln. Dabei soll die Abteilungsstärke keine Rolle spielen. Sehen Sie sich zunächst einmal die Ausgangssituation aus **Abbildung 14.29** an.

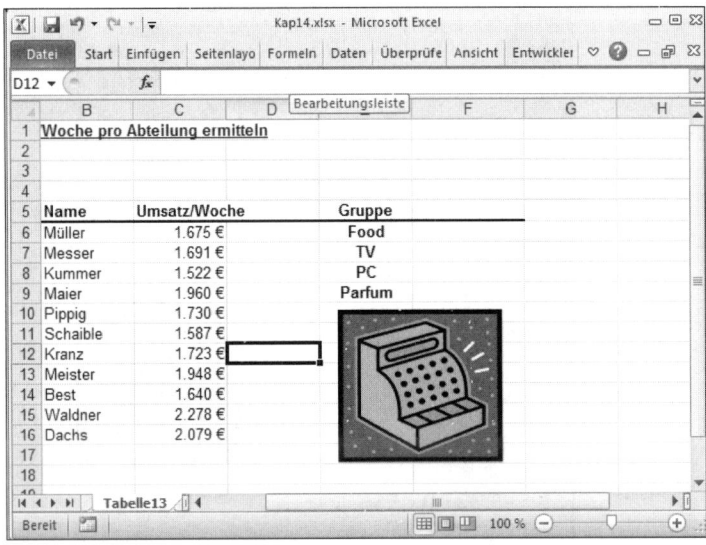

Abbildung 14.29: Ermitteln Sie den Wochenumsatz/Abteilung

Um diese Aufgabe zu lösen, befolgen Sie die nächsten Arbeitsschritte:

1. Markieren Sie den Zellenbereich **F6:F9**.

2. Erfassen Sie die Formel
   =SUMMEWENN($A$6:$A$16;E6;$C$6:$C$16).

3. Bestätigen Sie die Eingabe durch die Tastenkombination Strg +
   ⏎.

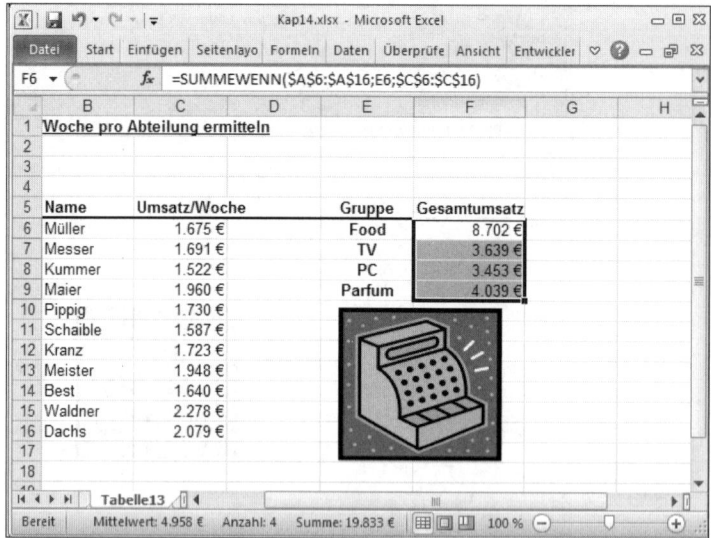

Abbildung 14.30: Die Abteilung Food macht den größten Wochenumsatz

Die Aussage in **Abbildung 14.30** täuscht ein wenig, da viel mehr Mitarbeiter in der Abteilung Food arbeiten als beispielsweise in der Abteilung Parfum. Daher müssen die Ergebnisse noch heruntergebrochen werden. Ermitteln Sie daher den durchschnittlichen Wochenverdienst pro Kopf und Abteilung und heben Sie die »beste« Abteilung farblich hervor. Verfahren Sie dazu wie folgt:

1. Markieren Sie den Zellenbereich **G6:G9**.

2. Erfassen Sie die Formel
    =F6/ZÄHLENWENN($A$6:$A$16;E6).

3. Schließen Sie die Eingabe über die Tastenkombination [Strg] + [↵] ab.

4. Markieren Sie jetzt den Zellenbereich **E6:G9**.

5. Klicken Sie im Ribbon *Start* das Befehl *Bedingte Formatierung / Neue Regel*.

6. Im Listenfeld *Regeltyp auswählen* aktivieren Sie den Eintrag *Formel zur Ermittlung der zu formatierenden Zellen verwenden*.

7. Erfassen Sie die Formel **=$E$6:$G$9** im Feld darunter.

8. Klicken Sie auf die Schaltfläche *Formatieren*.

9. Wechseln Sie auf die Registerkarte *Ausfüllen*.

10. Klicken Sie in der Farbpalette die Farbe *Hellblau* an und bestätigen Sie mit *OK*.

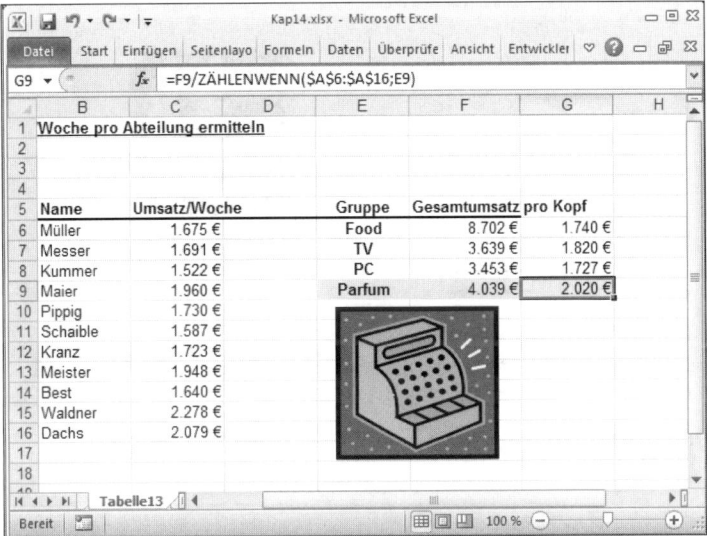

Abbildung 14.31: Nach dem Pro-Kopf-Umsatz liegt die Abteilung Parfum vorn

Wie kann ich auf volle 5 Cent runden?

In der nächsten Aufgabe sollen die Euro-Beträge der Excel-Liste aus **Abbildung 14.32** auf volle 5 Cent gerundet werden. Für das Runden von Zahlen stehen Ihnen in Excel einige Tabellenfunktionen zur Verfügung. Die für diese Aufgabe geeignete Tabellenfunktion heißt **VRUNDEN** und ist im Analyse-Add-In verfügbar.

Um diese Aufgabe zu lösen, gehen Sie wie folgt vor:

1. Markieren Sie den Zellenbereich **B5:B11**.

2. Erfassen Sie die Formel **=VRUNDEN(A5;0,05)**.

3. Schließen Sie die Eingabe über die Tastenkombination ⌨Strg + ⏎ ab (siehe **Abbildung 14.33**).

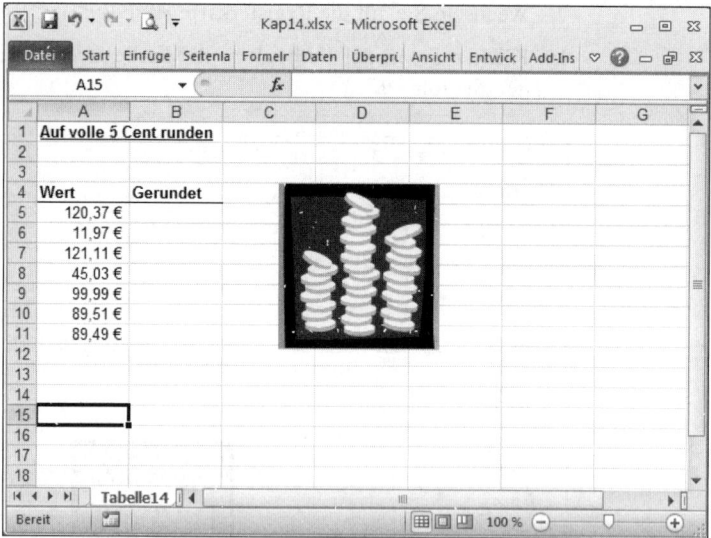

Abbildung 14.32: Runden Sie auf volle 5 Cent

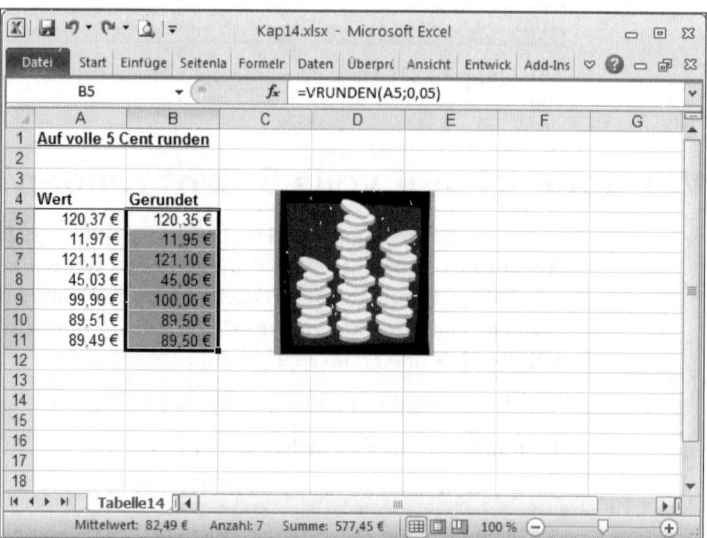

Abbildung 14.33: Es gibt jetzt keine »krummen« Beträge mehr

Wie kann ich den Lagerwert meiner Artikel bestimmen?

In der nachfolgenden Aufgabe liegt eine Liste wie in **Abbildung 14.34** gezeigt vor. In dieser Liste sind Artikel sowie deren Lagermenge und der dazugehörige Einzelpreis dokumentiert. Ihre Aufgabe besteht nun darin, den Gesamtwert der gelagerten Artikel zu errechnen.

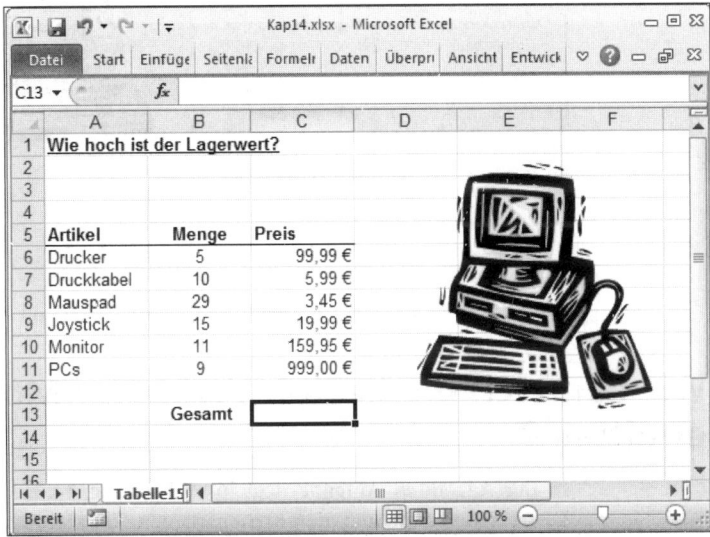

Abbildung 14.34: Bestimmen Sie den Gesamtwert der gelagerten Artikel

Selbstverständlich könnten Sie diese Aufgabe über eine Hilfsspalte lösen, in der Sie die jeweiligen Mengen und Preise miteinander multiplizieren. Am Ende würden Sie dann diese Hilfsspalte summieren, um den Gesamtlagerwert Ihrer Artikel zu bestimmen. Es geht aber auch viel kürzer, und zwar wie folgt:

1. Setzen Sie den Zellenzeiger in Zelle **C13**.

2. Erfassen Sie die Formel
   =SUMMENPRODUKT(B6:B11;C6:C11).

3. Bestätigen Sie die Eingabe mit ⏎.

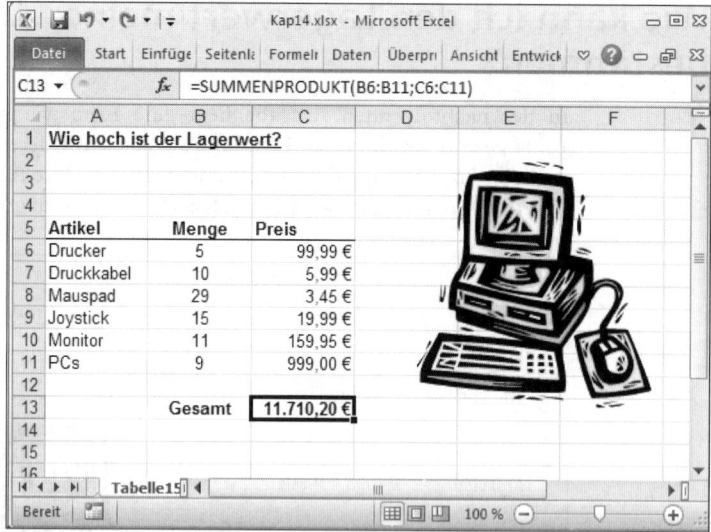

Abbildung 14.35: Der Lagerwert aller Artikel beträgt 11.710,20 Euro

Wie kann ich die besten Verkäufer/Monat ermitteln?

In der folgenden Aufgabe liegt in **Abbildung 14.36** eine Liste mit Vertriebspersonal und deren monatlichen Umsätzen vor. Ihre Aufgabe besteht jetzt darin, den jeweils besten Umsatz pro Monat zu ermitteln und in der Liste farblich zu kennzeichnen.

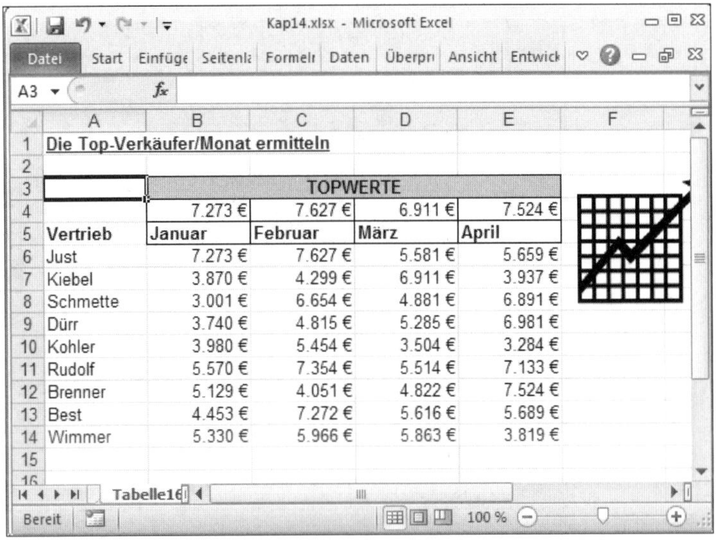

	A	B	C	D	E
1	Die Top-Verkäufer/Monat ermitteln				
2					
3		TOPWERTE			
4		7.273 €	7.627 €	6.911 €	7.524 €
5	**Vertrieb**	**Januar**	**Februar**	**März**	**April**
6	Just	7.273 €	7.627 €	5.581 €	5.659 €
7	Kiebel	3.870 €	4.299 €	6.911 €	3.937 €
8	Schmette	3.001 €	6.654 €	4.881 €	6.891 €
9	Dürr	3.740 €	4.815 €	5.285 €	6.981 €
10	Kohler	3.980 €	5.454 €	3.504 €	3.284 €
11	Rudolf	5.570 €	7.354 €	5.514 €	7.133 €
12	Brenner	5.129 €	4.051 €	4.822 €	7.524 €
13	Best	4.453 €	7.272 €	5.616 €	5.689 €
14	Wimmer	5.330 €	5.966 €	5.863 €	3.819 €

Abbildung 14.36: Wer ist der beste Verkäufer?

Um diese Aufgabe zu lösen, befolgen Sie die nächsten Arbeitsschritte:

1. Markieren Sie den Zellenbereich **B4:E4**.
2. Erfassen Sie die Formel **=MAX(B6:B14)**.
3. Schließen Sie die Eingabe über die Tastenkombination Strg + ↵ ab.
4. Markieren Sie danach den Zellenbereich **B6:E14**.
5. Klicken Sie im Ribbon *Start* den Befehl *Bedingte Formatierung / Neue Regel.*
6. Im Listenfeld *Regeltyp auswählen* aktivieren Sie den Eintrag *Formel zur Ermittlung der zu formatierenden Zellen verwenden.*
7. Erfassen Sie die Formel **=B$4=B6** im Feld darunter.
8. Klicken Sie auf die Schaltfläche *Formatieren.*
9. Wechseln Sie auf die Registerkarte *Ausfüllen.*
10. Klicken Sie in der Farbpalette die Farbe *Hellgrün* an und bestätigen Sie mit *OK.*

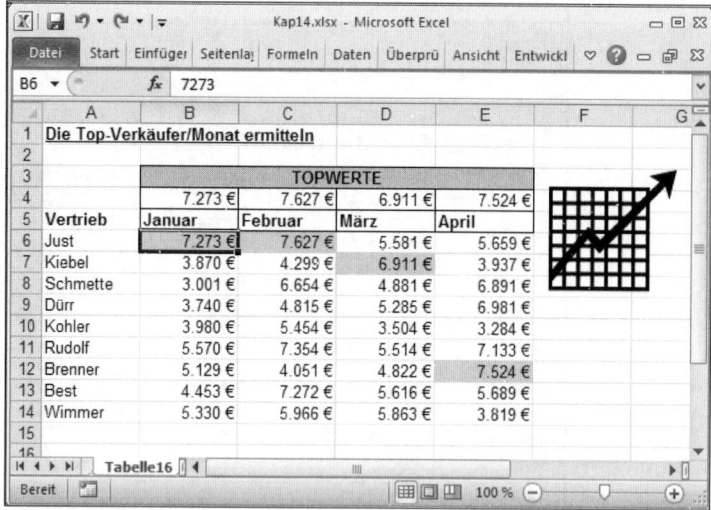

Abbildung 14.37: Herr Just hatte zwei starke Monate

Wie kann ich die drei höchsten Werte einer Liste ermitteln?

Bei einer Radarverkehrskontrolle in einer Zone-30-Straße wurden in einer Excel-Tabelle alle Tempoüberschreitungen wie in **Abbildung 14.38** festgehalten. Ihre Aufgabe besteht darin, die drei höchsten Geschwindigkeitsüberschreitungen festzustellen und in der Liste zu kennzeichnen.

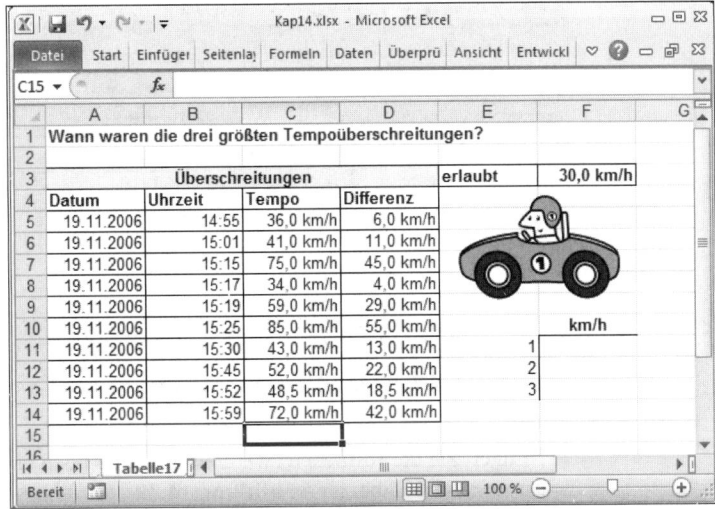

Abbildung 14.38: Wer sind die drei größten Temposünder?

Um diese Aufgabe zu lösen, verfahren Sie wie folgt:

1. Markieren Sie den Zellenbereich **F11:F13**.

2. Erfassen Sie die Formel **=KGRÖSSTE($C$5:$C$14;E11)**

3. Schließen Sie die Eingabe über die Tastenkombination [Strg] + [↵] ab.

4. Markieren Sie danach den Zellenbereich **A5:D14**.

5. Klicken Sie im Ribbon *Start* den Befehl *Bedingte Formatierung / Neue Regel*.

6. Im Listenfeld *Regeltyp auswählen* aktivieren Sie den Eintrag *Formel zur Ermittlung der zu formatierenden Zellen verwenden*.

7. Erfassen Sie die Formel **=$C5=$F$11** im Feld darunter.

8. Klicken Sie auf die Schaltfläche *Formatieren*.

9. Wechseln Sie auf die Registerkarte *Ausfüllen*.

10. Klicken Sie in der Farbpalette die Farbe *Rot* an und bestätigen Sie mit *OK*.

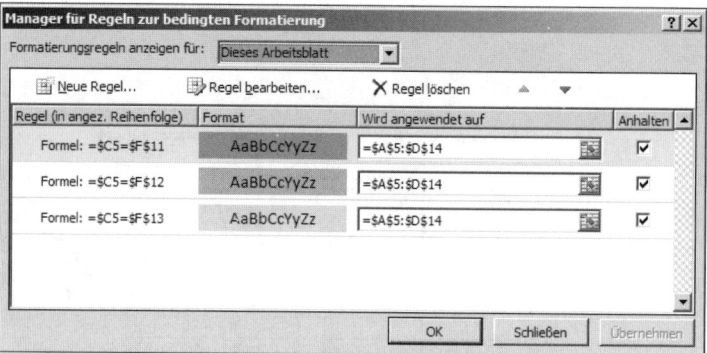

Abbildung 14.39: Die höchsten Geschwindigkeiten kennzeichnen

11. Fügen Sie die restlichen zwei Bedingungen noch ein und orientieren Sie sich dabei an **Abbildung 14.39**.

12. Bestätigen Sie die Formatierung mit *OK*.

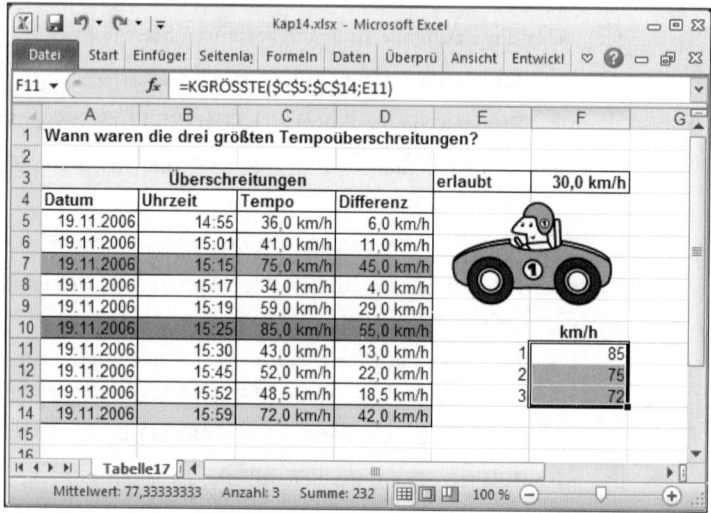

Abbildung 14.40: Die drei höchsten Geschwindigkeiten wurden farblich gekennzeichnet

Wie kann ich berechnen, wie teuer eine Investition sein darf?

Bei der Beurteilung, wie teuer eine Investition sein darf, damit sie sich trägt, geht man von Prämissen aus. Zum einen müssen Sie einschätzen, wie viel Ertrag Ihnen diese Investition jährlich einbringen wird. Des Weiteren muss die Laufzeit der Investition geschätzt werden. Eine dritte Variable ist der Zinssatz, den Sie auf der Bank bekommen würden, wenn Sie das Geld, anstatt der Investition, lieber auf der Bank anlegen würden. Alle diese Informationen können Sie in einer Excel-Tabellenfunktion namens Barwert (**BW**) angeben. Sie finden Beispiele zu dieser und ähnlichen Funktionen im Kapitel »Funktionen für die Finanzmathematik« dieses Buches. Sehen Sie sich zunächst die Ausgangssituation aus **Abbildung 14.41** an.

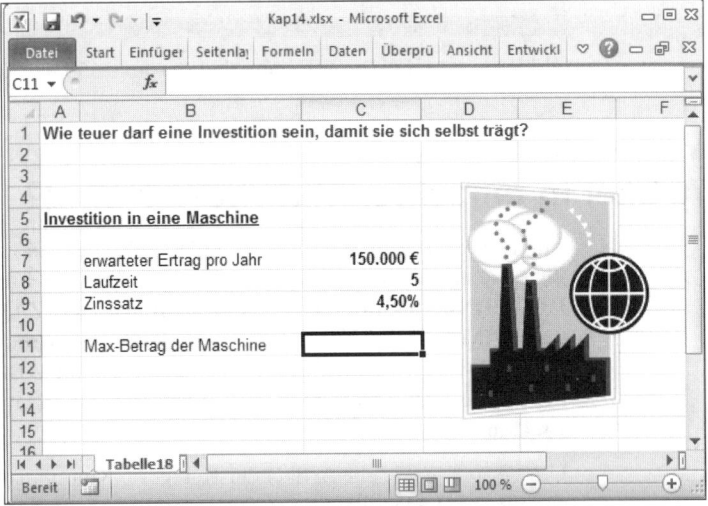

Abbildung 14.41: Wie teuer darf die Maschine maximal sein?

Um diese Frage zu beantworten, gehen Sie wie folgt vor:

1. Setzen Sie den Zellenzeiger in Zelle **C11**.

2. Erfassen Sie die Formel **=BW(C9;C8;C7)**.

3. Bestätigen Sie diese Eingabe mit [↵].

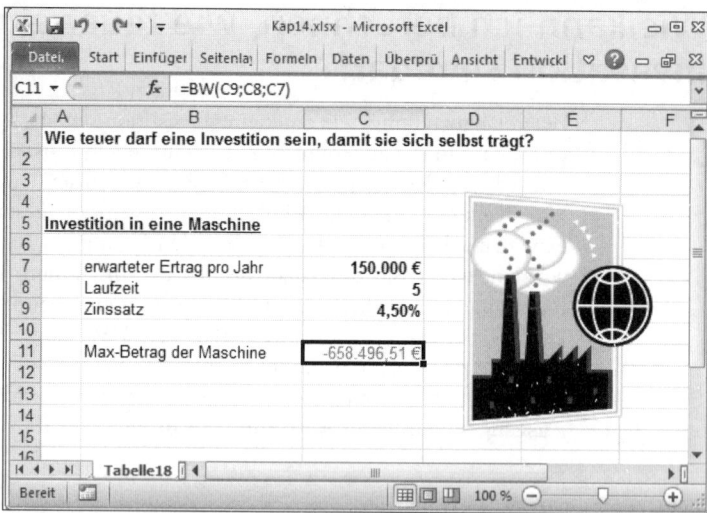

Abbildung 14.42: Die Maschine darf maximal 658.496 Euro kosten

Wie kann ich dynamisch ermitteln, wie viele Artikel in einzelnen Kategorien sind?

Für diese Fragestellung gibt es einige Lösungsansätze. Angefangen über die Anwendung einer Pivot-Tabelle, über die Funktion **TEIL-ERGEBNIS** bis hin zu den Tabellenfunktionen **ZÄHLENWENN** und **DBANZAHL** können Sie jede Lösungsvariante einsetzen. In diesem Beispiel wenden Sie die Tabellenfunktion **DBANZAHL** an. Sehen Sie sich vorab aber die Ausgangssituation aus **Abbildung 14.43** an.

Um beispielsweise alle Artikel der Kategorie Komponenten zu zählen, verfahren Sie wie folgt:

1. Geben Sie zunächst in die Zelle **C4** die Kategorie **Komponenten** ein.

2. Erfassen Sie in Zelle **C5** die Formel
   =DBANZAHL2($A$7:$E$52;C7;$A$3:$E$4).

3. Bestätigen Sie Ihre Eingabe mit ⏎ (siehe **Abbildung 14.44**).

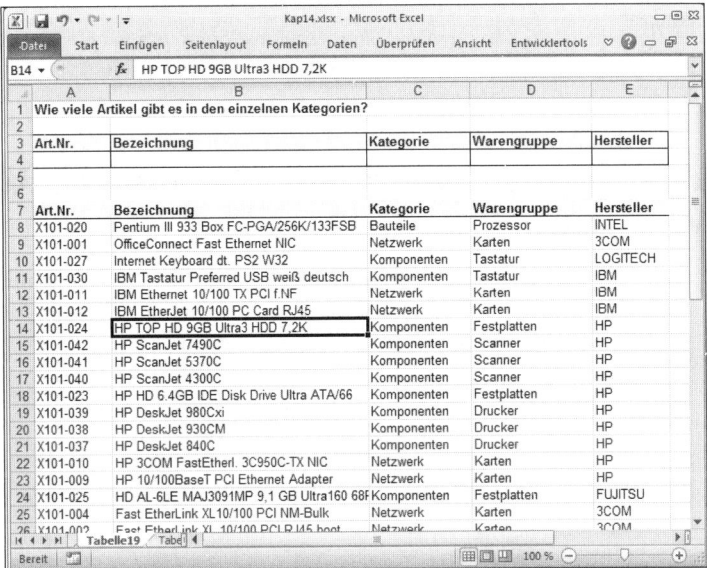

Abbildung 14.43: Die Ausgangsliste

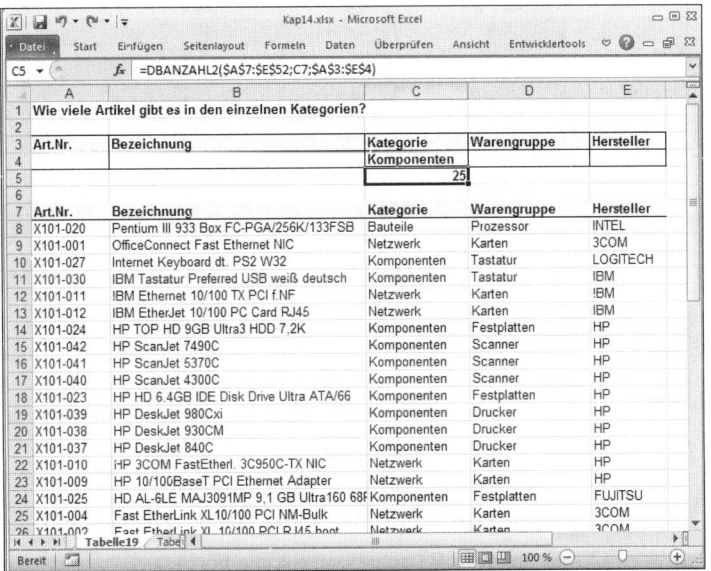

Abbildung 14.44: Die Funktion ANZAHL2 zählt Texte

> Im Kapitel »Die Datenbankfunktionen von Excel« können Sie weitere
> Beispiele für die Datenbankfunktionen nachlesen.

Wie kann ich aus einer Liste einen bestimmten Wert schnell finden?

In der nachfolgenden Aufgabe liegt Ihnen in **Abbildung 14.45** eine
Liste mit Flügen vor. Über die Eingabe der Flugnummer soll der entsprechende Flug herausgesucht und angezeigt werden.

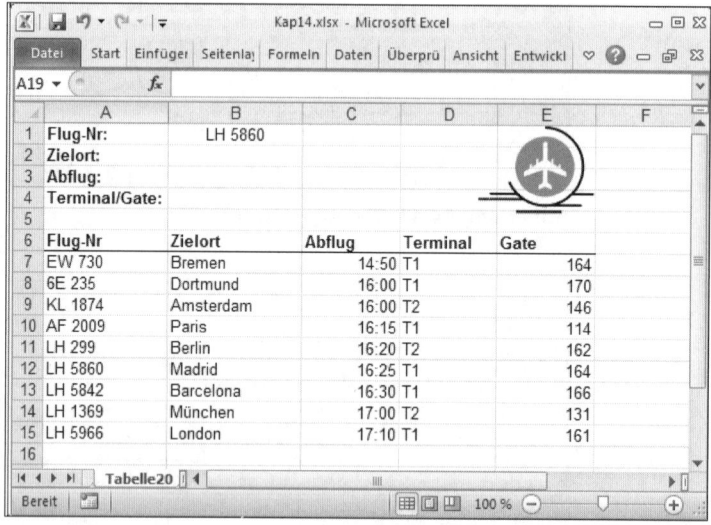

Abbildung 14.45: Wie lautet der dazugehörige Flug?

In Zelle **B1** wird die Flugnummer des gesuchten Fluges eingegeben.
In den Zellen **B2:B4** sollen danach die dazugehörigen Flugdaten ein-
gefügt werden. Um diese Aufgabe zu lösen, befolgen Sie die nächsten
Arbeitsschritte:

1. Erfassen Sie in Zelle **B2** die Formel
   =SVERWEIS($B$1;$A$6:$E$15;2;FALSCH).

2. In Zelle **B3** schreiben Sie die Formel
   =SVERWEIS($B$1;$A$6:$E$15;3;FALSCH).

3. Die Zelle **B4** erhält die Formel
   **=SVERWEIS($B$1;$A$6:$E$15;4;FALSCH) & " / " &
   SVERWEIS($B$1;$A$6:$E$15;5;FALSCH).**

4. Bestätigen Sie alle drei Formeln jeweils mit ⌐⌐⌐.

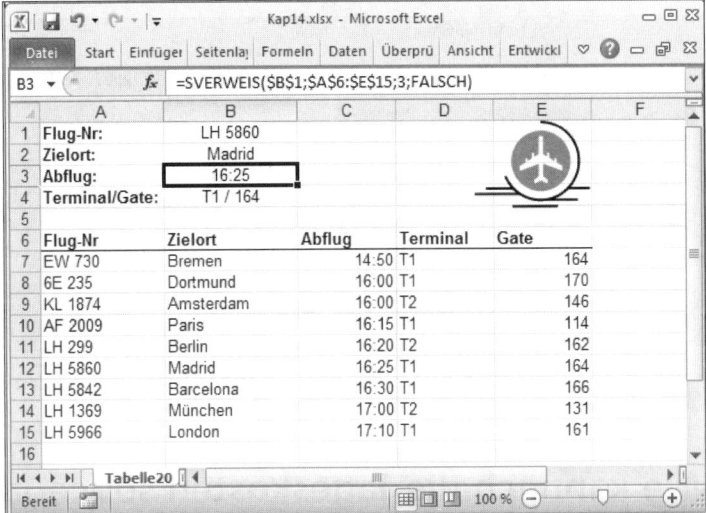

Abbildung 14.46: Alle dazugehörigen Fluginformationen anhand der Flugnummer herausfinden

Möchten Sie jetzt noch die dazugehörige Zeile im Datenbereich **A7:E15** farblich hervorheben, dann wenden Sie die bedingte Formatierung von Excel an, indem Sie wie folgt vorgehen:

1. Markieren Sie den Zellenbereich **A7:E15**.

2. Klicken Sie im Ribbon *Start* den Befehl *Bedingte Formatierung / Neue Regel*.

3. Im Listenfeld *Regeltyp auswählen* aktivieren Sie den Eintrag *Formel zur Ermittlung der zu formatierenden Zellen verwenden*.

4. Erfassen Sie die Formel **=$A7=$B$1** im Feld darunter.

5. Klicken Sie auf die Schaltfläche *Formatieren*.

6. Wechseln Sie auf die Registerkarte *Ausfüllen*.

7. Klicken Sie in der Farbpalette die Farbe *Hellgrün* an und bestätigen Sie mit *OK*.

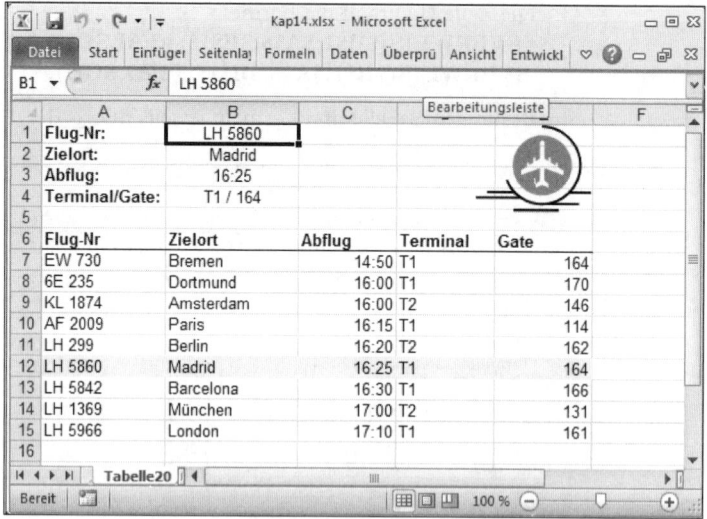

Abbildung 14.47: Die dazugehörigen Flugdaten werden in der Liste gekennzeichnet

Wie kann ich die Tageskosten sowie Tagesumsätze dynamisch anzeigen lassen?

In der nächsten Aufgabe liegt in der Tabelle aus **Abbildung 14.48** eine Darstellung von Umsätzen und Kosten auf einer Datumsleiste vor. Durch die Eingabe des gewünschten Datums sollen in der Liste der dazugehörige Umsatz sowie die Kosten angezeigt werden.

Um diese Fragestellung zu beantworten, befolgen Sie die nächsten Arbeitsschritte:

1. Erfassen Sie in Zelle **C5** die Formel
   =WVERWEIS($B$5;$B$8:$G$10;2;FALSCH).

2. In Zelle **D5** geben Sie die Formel
   =WVERWEIS($B$5;$B$8:$G$10;3;FALSCH) ein.

3. Bestätigen Sie beide Eingaben jeweils mit ⏎ (siehe **Abbildung 14.49**).

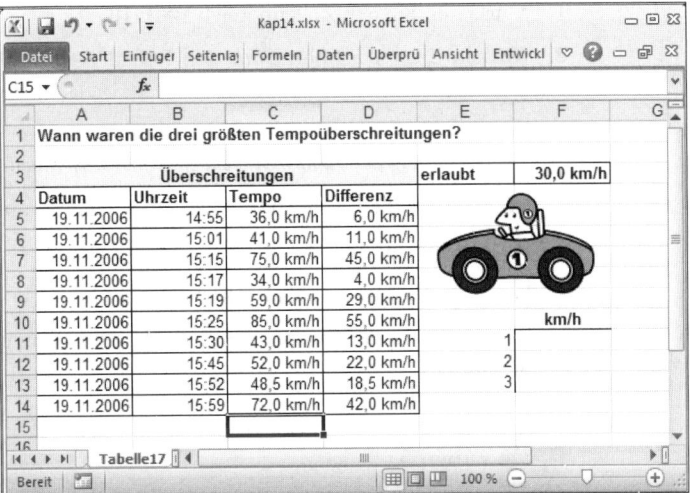

Abbildung 14.48: Wie hoch waren der Umsatz bzw. die Kosten am 19.11.2006?

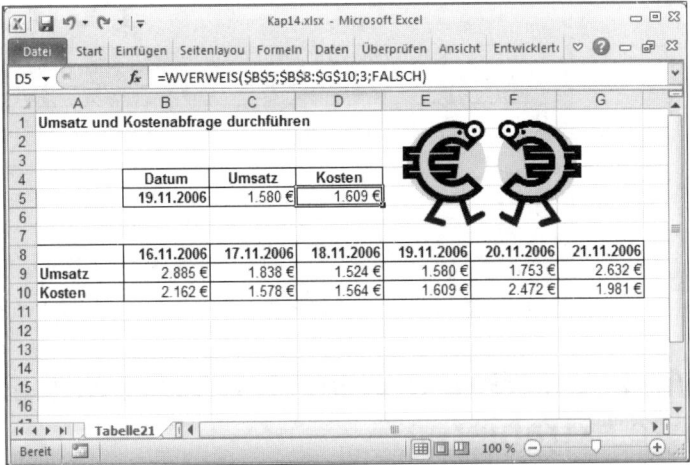

Abbildung 14.49: Die zum Datum dazugehörenden Daten werden dynamisch »gezogen«

Auch bei diesem Beispiel eignet sich die bedingte Formatierung von Excel erstklassig dazu, um die Ergebnisse in der Liste hervorzuheben. Befolgen Sie dazu die nächsten Arbeitsschritte:

1. Markieren Sie den Zellenbereich **B8:G10**.

2. Klicken Sie im Ribbon *Start* den Befehl *Bedingte Formatierung /
   Neue Regel*.

3. Im Listenfeld *Regeltyp auswählen* aktivieren Sie den Eintrag *Formel
   zur Ermittlung der zu formatierenden Zellen verwenden*.

4. Erfassen Sie die Formel **=B$8=$B$5** im Feld darunter.

5. Klicken Sie auf die Schaltfläche *Formatieren*.

6. Wechseln Sie auf die Registerkarte *Ausfüllen*.

7. Klicken Sie in der Farbpalette die Farbe *Orange* an und bestätigen
   Sie mit *OK*.

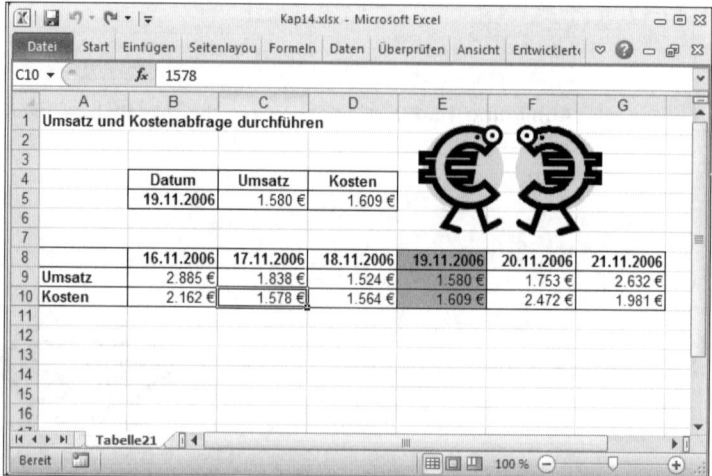

Abbildung 14.50: Die Spalte mit dem Datum wird hervorgehoben

Wie kann ich jeden vierten Wert aus einer Liste extrahieren?

In der folgenden Aufgabe liegt eine Tabelle aus **Abbildung 14.51** mit
Messdaten vor. Ihre Aufgabe besteht darin, die Messdaten, die im
Zwei-Minuten-Takt aufgezeichnet werden, zu komprimieren. Dabei
soll nur jeder vierte Wert aus der Liste in eine andere Liste übernom-
men werden.

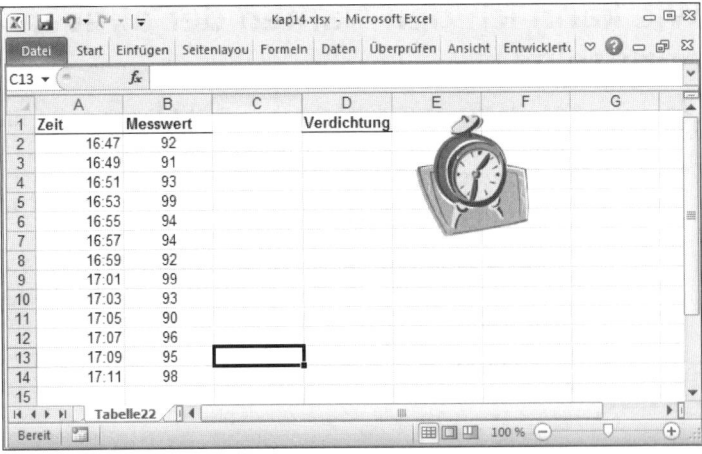

Abbildung 14.51: Übernehmen Sie nur jeden vierten Wert aus Spalte A

Um diese Aufgabe zu lösen, verfahren Sie wie folgt:

1. Markieren Sie den Zellenbereich **D2:D5**.

2. Erfassen Sie die Formel
   =BEREICH.VERSCHIEBEN($B$2;(ZEILE()-2)*4;0).

3. Bestätigen Sie die Eingabe über die Tastenkombination Strg +
   ↵.

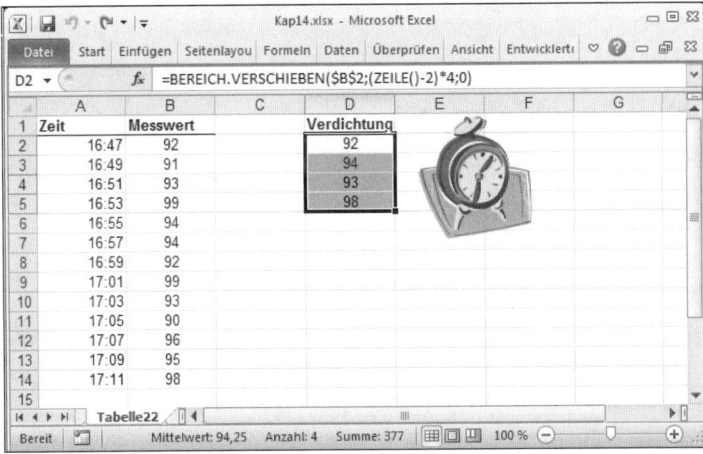

Abbildung 14.52: Die Daten wurden verdichtet

Wie kann ich den Namen der aktiven Mappe ermitteln?

Mit Hilfe der Tabellenfunktion **ZELLE** haben Sie die Möglichkeit, den Namen der aktiven Arbeitsmappe zu ermitteln. Erfassen Sie dazu in einer beliebigen Zelle die Formel:

=ZELLE("Dateiname")

Um das aktuell eingestellte Verzeichnis zu ermitteln, können Sie übrigens auch die Tabellenfunktion **INFO** einsetzen. Schreiben Sie einmal in eine beliebige Zelle die Formel:

=INFO("Verzeichnis")

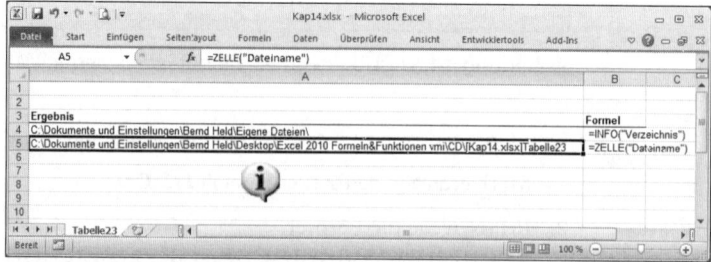

Abbildung 14.53: Die »Info-Funktionen« von Excel

Anhang

Da mehr und mehr Firmen auch international arbeiten, finden Sie im Anhang eine Liste mit einer Gegenüberstellung Deutsch-Englisch aller Tabellenfunktionen, die Excel zu bieten hat. Dabei werden die Funktionen nach den Kategorien in diesem Anhang präsentiert, wie sie auch in Excel selbst vergeben sind. Tabellenfunktionen des Add-Ins *Analyse-Funktionen* sind ebenfalls bereits berücksichtigt.

Die Funktionen der Kategorie LOGIK

In **Tabelle A.1** werden die Tabellenfunktionen aus der Kategorie **Logik** aufgeführt. Beispiele zu diesen Funktionen finden Sie im **Kapitel »Die Logik-Funktionen von Excel«**.

Deutsch	Englisch
FALSCH	FALSE
NICHT	NOT
ODER	OR
UND	AND
WAHR	TRUE
WENN	IF

Tabelle A.1: Die Funktionen aus der Kategorie Logik

Die Funktionen der Kategorie TEXT

In **Tabelle A.2** werden die Tabellenfunktionen aus der Kategorie **Text** aufgeführt. Beispiele hierzu finden Sie im **Kapitel »Textfunktionen einsetzen«**.

Deutsch	Englisch
CODE	CODE
ERSETZEN	REPLACE
FEST	FIXED
FINDEN	FIND
GLÄTTEN	TRIM
GROSS	UPPER
GROSS2	PROPER
IDENTISCH	EXACT

Deutsch	Englisch
KLEIN	LOWER
LÄNGE	LEN
LINKS	LEFT
RECHTS	RIGHT
SÄUBERN	CLEAN
SUCHEN	SEARCH
T	T
TEIL	MID
TEXT	TEXT
VERKETTEN	CONCATENATE
WECHSELN	SUBSTITUTE
WERT	VALUE
WIEDERHOLEN	REPT
ZEICHEN	CHAR

Tabelle A.2: Die Funktionen aus der Kategorie Text

Die Funktionen der Kategorie Datum & Zeit

In **Tabelle A.3** werden die Funktionen aus der Kategorie **Datum & Zeit** aufgeführt. Beispiele zu diesen Funktionen können Sie im **Kapitel »Datums- und Zeitfunktionen«** nachsehen.

Deutsch	Englisch
ARBEITSTAG	WORKDAY
BRTEILJAHRE	YEARFRAC
DATUM	DATE
DATWERT	DATEVALUE
EDATUM	EDATE
HEUTE	TODAY
JAHR	YEAR
JETZT	NOW
KALENDERWOCHE	WEEKNUM
MINUTE	MINUTE
MONAT	MONTH
MONATSENDE	EOMONTH
NETTOARBEITSTAGE	NETWORKDAYS
SEKUNDE	SECOND
STUNDE	HOUR

Deutsch	Englisch
TAG	DAY
TAGE360	DAYS360
WOCHENTAG	WEEKDAY
ZEIT	TIME
ZEITWERT	TIMEVALUE

Tabelle A.3: Die Funktionen der Kategorie Datum & Zeit

Die Funktionen aus der Kategorie Math. & Triginom.

In **Tabelle A.4** werden die Funktionen aus der Kategorie **Math. & Trigonom.** aufgeführt. Beispiele zu diesen Funktionen können Sie im **Kapitel »Mathematische Funktionen«** nachsehen.

Deutsch	Englisch
ABRUNDEN	ROUNDDOWN
ABS	ABS
ARCCOS	ACCOS
ARCCOSHYP	ACCOSH
ARCSIN	ASIN
ARCSINHYP	ASINH
ARCTAN	ATAN
ARCTAN2	ATAN2
ARCTANHYP	ATANH
AUFRUNDEN	ROUNDUP
BOGENMASS	RADIANS
COS	COS
COSHYP	COSH
EXP	EXP
FAKULTÄT	FACT
GANZZAHL	INT
GERADE	EVEN
GGT	GCD
GRAD	DEGREES
KGV	LCM
KOMBINATIONEN	COMBIN
KÜRZEN	TRUNC

Deutsch	Englisch
LN	LN
LOG	LOG
LOG10	LOG10
MDET	MDETERM
MINV	MINVERSE
MMULT	MMULT
OBERGRENZE	CEILING
PI	PI
POLYNOMINAL	MULTINOMIAL
POTENZ	POWER
POTENZREIHE	SERIESSUM
PRODUKT	PRODUCT
QUADRATESUMME	SUMSQ
QUOTIENT	QUOTIENT
REST	MOD
RÖMISCH	ROMAN
RUNDEN	ROUND
SIN	SIN
SINHYP	SINH
SUMME	SUM
SUMMENPRODUKT	SUMPRODUCT
SUMMEWENN	SUMIF
SUMMEX2MY2	SUMX2MY2
SUMMEX2PV2	SUMX2PV2
SUMMEXMV2	SUMXMV2
TAN	TAN
TANHYP	TANH
TEILERGEBNIS	SUBTOTAL
UNGERADE	ODD
UNTERGRENZE	FLOOR
VORZEICHEN	SIGN
VRUNDEN	MROUND
WURZEL	SQRT
WURZELPI	SQRTPI
ZUFALLSBEREICH	RANDBETWEEN
ZUFALLSZAHL	RAND

Tabelle A.4: Die Funktionen aus der Kategorie Math. & Trigonom.

Die Funktionen aus der Kategorie Statistik

In **Tabelle A.5** werden die Funktionen aus der Kategorie **Statistik** aufgeführt. Beispiele zu diesen Funktionen können Sie im **Kapitel »Statistische Funktionen in Excel«** nachsehen.

Deutsch	Englisch
ACHSENABSCHNITT	INTERCEPT
ANZAHL	COUNT
ANZAHL2	COUNTA
ANZAHLLEEREZELLEN	COUNBLANK
BESTIMMTHEITSMASS	RSQ
BETAINV	BETAINV
BETAVERT	BETADIST
BINOMWERT	BINOMDIST
CHIINV	CHIINV
CHITEST	CHITEST
CHIVERT	CHIDIST
EXPONVERT	EXPONDIST
FINV	FINV
FISHER	FISHER
FISHERINV	FISHERINV
FTEST	FTEST
FVERT	FDIST
GAMMAINV	GAMMAINV
GAMMALN	GAMMALN
GAMMAVERT	GAMMADIST
GEOMITTEL	GEOMEAN
GESTUTZTMITTEL	TRIMMEAN
GTEST	ZTEST
HARMITTEL	HARMEAN
HÄUFIGKEIT	FREQUENCY
HYPGEOMVERT	HYPGEOMDIST
KGRÖSSTE	LARGE
KKLEINSTE	SMALL
KONFIDENZ	CONFIDENCE
KORREL	CORREL
KOVAR	COVAR
KRITBINOM	CRITBINOM
KURT	KURT

Deutsch	Englisch
LOGINV	LOGINV
LOGNORMVERT	LOGNORMDIST
MAX	MAX
MAXA	MAXA
MEDIAN	MEDIAN
MIN	MIN
MINA	MINA
MITTELABW	AVEDEV
MITTELWERT	AVERAGE
MITTELWERTA	AVERAGEA
MODALWERT	MODE
NEBINOMVERT	NEGBINOMDIST
NORMINV	NORMINV
NORMVERT	NORMDIST
PEARSON	PEARSON
POISSON	POISSON
QUANTIL	PERCENTILE
QUANTILRANG	PERCENTRANK
QUARTILE	QUARTILE
RANG	RANK
RGP	LINEST
RKP	LOGEST
SCHÄTZER	FORECAST
SCHIEFE	SKEW
STABW	STDEV
STABWA	STDEVA
STABWN	STDEVP
STABWNA	STDVPA
STANDARDISIERUNG	STANDARDIZE
STANDNORMINV	NORMSINV
STANDNOMRVERT	NORMSDIST
STEIGUNG	SLOPE
STFEHLERYX	STEYX
SUMQUADABW	DEVSQ
TINV	TINV
TREND	TREND
TTEST	TTEST
TVERT	TDIST
VARIANZ	VAR

Deutsch	Englisch
VARIANZA	VARA
VARIANZEN	VARP
VARIANZENA	VARPA
VARIATION	GROWTH
VARIATIONEN	PERMUT
WAHRSCHBEREICH	PROB
WEIBULL	WEIBULL
ZÄHLENWENN	COUNTIF

Tabelle A.5: Die Funktionen aus der Kategorie Statistik

Funktionen aus der Kategorie Finanzmathematik

In **Tabelle A.6** werden die Funktionen aus der Kategorie **Finanzmathematik** aufgeführt. Beispiele zu diesen Funktionen können Sie im **Kapitel »Funktionen für die Finanzmathematik«** nachsehen.

Deutsch	Englisch
AMORDEGRK	AMORDEGRC
AMORLINEARK	AMORLINC
AUFGELZINSF	
AUSZAHLUNG	
BW	PV
DIA	SYD
DISAGIO	
DURATION	DURATION
EFFEKTIV	EFFECT
GDA	DDB
GDA2	DB
IKV	IRR
ISPMT	IPMT
KAPZ	PPMT
KUMKAPITAL	
KUMZINSZ	
KURS	
KURSDISAGIO	
KURSFÄLLIG	

Deutsch	Englisch
LIA	
MDURATION	
NBW	
NOMINAL	
NOTIERUNGBRU	
NOTIERUNGDEZ	
QIKV	
RENDITE	
RENDITEDIS	
RENDITEFÄLL	
RMZ	
TBILLÄQUIV	
TBILLKURS	
TBILLRENDITE	
UNREGER.KURS	
UNREGER.REND	
VDB	
XINTZINSFUSS	
XKAPITALWERT	
ZINS	
ZINSSATZ	
ZINSTERMNZ	
ZINSTERMTAGE	
ZINSTERMTAGNZ	
ZINSTERMTAGVA	
ZINSTERMVZ	
ZINSTERMZAHL	
ZINSZ	
ZW	
ZW2	
ZZR	

Tabelle A.6: Die Funktionen aus der Kategorie Finanzmathematik

Funktionen aus der Kategorie Datenbank

In **Tabelle A.7** werden die Funktionen aus der Kategorie **Datenbank** aufgeführt. Beispiele zu diesen Funktionen können Sie im **Kapitel** **»Die Datenbankfunktionen in Excel«** nachsehen.

Deutsch	Englisch
DBANZAHL	DCOUNT
DBANZAHL2	DCOUNTA
DBAUSZUG	DGET
DBMAX	DMAX
DBMIN	DMIN
DBMITTELWERT	DAVERAGE
DBPRODUKT	DPRODUCT
DBSTDABW	DSTDEV
DBSTDABWN	DSTDEVP
DBSUMME	DSUM
DBVARIANZ	DVAR
DBVARIANZEN	DVARP

Tabelle A.7: Die Funktionen der Kategorie Datenbank

Funktionen aus der Kategorie Matrix

In **Tabelle A.8** werden die Funktionen aus der Kategorie **Matrix** aufgeführt. Beispiele zu diesen Funktionen können Sie im **Kapitel »Die Funktionen aus der Kategorie Matrix«** nachsehen.

Deutsch	Englisch
ADRESSE	ADDRESS
BEREICH.VERSCHIEBEN	OFFSET
BEREICHE	AREAS
HYPERLINK	HYPERLINK
INDEX	INDEX
INDIREKT	INDIRECT
MTRANS	TRANSPOSE
SPALTE	COLUMN
SPALTEN	COLUMNS
SVERWEIS	VLOOKUP
VERWEIS	LOOPUP

Deutsch	Englisch
WAHL	CHOOSE
WVERWEIS	HLOOKUP
ZEILE	ROW
ZEILEN	ROWS

Tabelle A.8: Die Funktionen der Kategorie Matrix

Funktionen aus der Kategorie INFO

In **Tabelle A.9** werden die Funktionen aus der Kategorie **INFO** aufgeführt. Beispiele zu diesen Funktionen können Sie im **Kapitel »Die Funktionen für die Informationsgewinnung«** nachsehen.

Deutsch	Englisch
FEHLER.TYP	ERROR.TYPE
INFO	INFO
ISTBEZUG	ISREF
ISTFEHL	ISERR
ISTFEHLER	ISERROR
ISTGERADE	ISEVEN
ISTKTEXT	ISNONTEXT
ISTLEER	ISBLANK
ISTLOG	ISLOGICAL
ISTNV	ISNA
ISTTEXT	ISTEXT
ISTUNGERADE	ISODD
ISTZAHL	ISNUMBER
N	N
NV	NA
TYP	TYPE
ZELLE	CELL

Tabelle A.9: Die Funktionen der Kategorie INFO

Index